Gerda Lerner

Die Entstehung des feministischen Bewußtseins

Vom Mittelalter bis zur Ersten Frauenbewegung

Aus dem Englischen
von Walmot Möller-Falkenberg

Deutscher Taschenbuch Verlag

Von Gerda Lerner ist im Deutschen Taschenbuch Verlag erschienen:
Die Entstehung des Patriarchats (dtv 4710)

Januar 1998
Deutscher Taschenbuch Verlag GmbH & Co. KG, München
© 1993 Gerda Lerner
Titel der Orginalausgabe: ›The Creation of Feminist Consciousness‹
(Oxford University Press)
© der deutschsprachigen Ausgabe: 1993 Campus Verlag GmbH,
Frankfurt/Main
Umschlagkonzept: Balk & Brumshagen
Umschlagfoto: Suffragetten-Demonstration, 1910
(© CENTRAL ORDER, Köln)
Satz: Fotosatzstudio »Die Letter«, Hausen/Wied
Druck und Bindung: C. H. Beck'sche Buchdruckerei,
Nördlingen
Gedruckt auf säurefreiem, chlorfrei gebleichtem Papier
Printed in Germany · ISBN 3-423-30642-4

Für meine Enkelkinder,
denen das »Unmögliche« Selbstverständlichkeit sein wird:

SOPHIA und JOSHUA
REED und CLAY

Inhalt

Vorwort und Danksagung

An diesem zweibändigen Werk habe ich lange gearbeitet. Begonnen habe ich im Jahre 1977 mit der Hypothese, es liege an der besonderen Art des Verhältnisses der Frauen zur Geschichte, daß ihre Unterordnung so lange dauern konnte und sich ein feministisches Bewußtsein so langsam entwikkelt hat. Das Konzept des nun vorliegenden Buches war mir ziemlich klar, als ich mit der Arbeit anfing, aber ich merkte bald, daß ich mehr über die Entstehung und Ursachen der Unterordnung der Frauen vor dem Beginn der geschriebenen Geschichte wissen mußte, bevor ich das Verhältnis der Frauen zu dieser Geschichte würde darstellen können. So wurde Band I dieses Werkes, *Die Entstehung des Patriarchats*, gewissermaßen als weitgesteckter Umweg geschrieben. Ich bedaure diesen Umweg nicht, denn er trug sehr wesentlich bei zur Schärfung meines Verständnisses der Wechselbeziehung zwischen dem Zugang zu den materiellen Ressourcen (Klassenzugehörigkeit), der Kontrolle der Männer über die Sexualität und den Körper der Frauen und schließlich den sich aus solchen materiellen Voraussetzungen ergebenden Ideen über die gesellschafts- und kulturspezifische Geschlechtsrolle der Frauen. Aber die wichtigste Erkenntnis war, daß ich lernte, wie groß die Bedeutung der Beziehung der Frauen zum Göttlichen war und welch tiefreichende Wirkung die Lösung dieser Beziehung auf die Frauengeschichte hatte. Erst nach der Erforschung des Prozesses der »Entthronung der Göttinnen« in den verschiedenen Kulturen des Vorderen Orients der Antike konnte ich wirklich beurteilen, von welch fundamentaler Bedeutung die Suche von jüdischen und christlichen Frauen nach ihrer Verbindung zum Göttlichen war, die in einem Jahrtausend der Kritik von Frauen an der gängigen Bibelinterpretation und ihrer Neudeutung der Bibel zum Ausdruck kam. Die Einsicht, daß die Religion jahrhundertelang der wichtigste Ort der Auseinandersetzung war, an dem Frauen sich um ein feministisches Bewußtsein bemühten, war für mich neu. Sie eröffnete sich mir bei meiner Arbeit am ersten Band; ich hörte die Stimme von Frauen, die in Vergessenheit geraten sind, und nahm ernst, was sie mir mitteilten.

Band II ist das Ergebnis der Arbeit von weiteren sieben Jahren. Sie hätte noch sehr viel länger gedauert, hätte ich nicht die ständige Unterstützung der Universität von Wisconsin in Madison gehabt, die mich zur Senior Distinguished Research Professor der Wisconsin Alumni Research Foundation ernannte. Durch die großmütige Berufung auf diesen Lehrstuhl wurde ich in jedem Jahr ein Semester lang von Lehrverpflichtungen entbunden, was mir ein kontinuierliches Forschen und Schreiben ermöglichte. In meinem Alter haben eine derartige Hilfe und solches Vertrauen eine größere Bedeutung als in jüngeren Jahren. Ich bin außerordentlich dankbar dafür und hoffe, daß die Ergebnisse meiner Bemühungen das Vertrauen meiner Kolleginnen und Kollegen in meine Arbeiten rechtfertigen.

Ein Aufenthaltsstipendium des Studien- und Kongreßzentrums der Rockefeller Foundation in Bellagio, Italien, im Oktober und November 1991 half mir, das Buch und seine Bibliographie in einer besonders schönen Umgebung und anregenden Gesellschaft fertigzustellen. Ich danke der Rockefeller Foundation für diese Unterstützung.

Bei der 8. Berkshire Conference on the History of Women (8.–10. Juni 1990) im Douglass College habe ich einen Vortrag zum Thema »Die Entstehung des feministischen Bewußtseins: Die Idee der Mutterschaft« gehalten, der sich im wesentlichen auf Thesen stützte, die hier in Kapitel 8 vertreten werden. Die Kommentare und Kritik der Teilnehmerinnen auf dem Podium, Professor Eleanor McLaughlin (Mount Holyoke College), Clarissa Atkinson (Harvard Divinity School) und Sara Ruddick (New School for Social Research), waren wichtige Hinweise, die mich zu einem Überdenken der Fassung dieses Kapitels veranlaßten.

Einige andere Kapitel dieses Buches waren die Grundlage von Vorlesungen an folgenden Instituten: Colorado College 1989; University of South Florida, November 1989; Walter E. Edge Lecture Series der Princeton University, April 1990; University of Wisconsin-Madison, September 1991; University of Pittsburgh, März 1991; Lewis and Clark College, April 1991; Victoria University, Wellington/Neuseeland; Erasmus-Universität, Rotterdam 1991; Edgewood College, Madison/Wisconsin 1992. Bei jeder dieser Veranstaltungen boten mir die lebhaften und gründlichen Diskussionen im Anschluß an die Vorlesung die Gelegenheit, meine Argumente stichhaltiger werden zu lassen und Schwächen zu korrigieren.

Bei der Quellensuche wurde ich von mehreren Wissenschaftlerinnen sehr großzügig unterstützt, die Fortschritte ihrer eigenen Arbeit und ihr

Wissen mit mir teilten und mich auf wichtiges Quellenmaterial aufmerksam machten: die Professorinnen Ursula Liebertz-Grün (Universität zu Köln), Kari Elizabeth Børressen (Forschungsprofessur Oslo) und Suzanne Desan (University of Wisconsin-Madison). Chava Weissler (Princeton University) erlaubte mir die Auswertung ihrer veröffentlichten und unveröffentlichten Arbeitsergebnisse und machte mich mit vielen Quellen über jüdische Frauen bekannt. Maryanne Horowitz (Occidental College) ließ mich teilhaben an ihrem umfassenden Wissen über Quellen zur Erforschung der Renaissance und setzte sich intensiv mit meinen Interpretationen dieser Quellen auseinander, sehr zu meinem Vorteil.

Bei einer Arbeit dieses Umfangs ist die Kritik durch Fachgelehrte aus verschiedenen Wissenschaftsbereichen unerläßlich. So kam mir die Großzügigkeit vieler Wissenschaftler und Wissenschaftlerinnen zugute, die bereit waren, Teile meines Manuskriptes zu lesen und kritisch zu beurteilen, die sich auf ihr spezielles Fachgebiet bezogen. Mein tiefempfundener Dank gilt: Clarissa Atkinson, Constance Berman, Maryanne Horowitz, Ruth Perry (Massachusetts Instititute of Technology), Hilda Smith (University of Cincinnati), Nancy Isenberg (Commonwealth Center, Williamsburg), Virginia Brodine sowie dem Kollegen und den Kolleginnen an der Universität von Wisconsin-Madison: Judy Leavitt (Medizingeschichte), Linda Gordon (Geschichte), Carl Kaestle (Bildungsgeschichte). Daß sie mich an ihrem Wissen teilhaben ließen, machte meine »nicht zu bewältigende« Aufgabe weniger einschüchternd.

Eine späte Fassung dieses Buches ist gelesen worden von Paul Boyer (University of Wisconsin-Madison), Kathleen Brown (Princeton University), Steven Feierman (University of Florida, Gainesville), Linda Kerber (University of Iowa), Ann Lane (University of Virginia), Lawrence Levine (University of California at Berkeley) und Elizabeth Minnich. Die sorgfältige und detaillierte Kritik seitens dieser Wissenschaftler/Wissenschaftlerinnen und Freunde/Freundinnen machten es mir möglich, das Buch noch einmal gründlich zu überarbeiten und seine endgültige Form zu finden. Der kritische Zuspruch ermutigte und unterstützte mich in den schwierigsten Phasen der Arbeit.

Dies ist das dritte Buch, das ich in Zusammenarbeit mit Sheldon Meyer veröffentliche, und meine Wertschätzung für seinen Stil, seinen Geschmack und sein Verständnis ist mit jedem Jahr gewachsen. Ich kann mir keinen anderen Herausgeber vorstellen, der bei der Fertigstellung eines Manuskriptes einen Verzug von fünfzehn Jahren ohne Murren tolerieren, im Gegenteil einen so großen Umweg, wie den, den ich genommen habe, noch gutheißen und unterstützen würde. Dieses Verständnis gegenüber meiner Art zu denken und meiner Arbeitsweise hat mich immer wieder überrascht und gefreut. Ihm gebühren mein wärmster Dank und höchste Anerkennung.

Leona Capeless hat sich um diesen Band ebenso verdient gemacht wie um den ersten. Ihre Kenntnisse und Fertigkeiten, verstärkt noch durch ihre endlose Geduld, lassen den Prozeß der technischen Herstellung eines Buches erträglich, ja sogar interessant werden. Ich danke ihr aufrichtig dafür.

Eine Reihe von Projektassistentinnen haben sich durch die Quellen zur Frauengeschichte gearbeitet und in vieler Hinsicht meine Arbeit erleichtert oder verbessert. Elizabeth Williams, Kathryn Tomasek, Samantha Langbaum und Jennifer Frost möchte ich danken für ihr Bemühen und ihre Unterstützung. Anita Olson hat trotz all ihrer anderen Pflichten immer Zeit gefunden, um die bestmögliche schriftliche Fassung des Manuskripts und der Bibliographie zu erreichen. Ihr Interesse für dieses Werk übertraf von Beginn an das einer technisch versierten Helferin. Sie war oft die erste, die meine Arbeit las und einer wohlwollenden Kritik unterzog. Ich weiß ihre Hilfe sehr zu schätzen.

Viel verdanke ich dem Wissen und der zuvorkommenden Hilfe des Archivar- und Bibliothekpersonals der Wisconsin State Historical Society und Wisconsin University Memorial Libraries, beide in Madison/Wisconsin, der University of California Library in Berkeley, der Schlesinger Library im Radcliffe College, Cambridge/Massachusetts, der British Library und der Fawcett Library in London. Mein ganz besonderer Dank gilt Schwester Angela Carlevaris, Archivarin der Abtei St. Hildegard in Eibingen, die mir in diesem Kloster das Manuskript der Hildegard von Bingen zur Ansicht überließ und ihr enormes Wissen über Quellen und Interpretationen zum Werk der Hildegard mit mir teilte.

Die deutsche Ausgabe dieses zweibändigen Werkes wäre unmöglich gewesen ohne die Unterstützung von Frank Schwoerer, Campus Verlag, und die verständnisvolle Betreuung des Projektes in allen Phasen der Entwicklung und Realisation durch meine Lektorin, Beate Koglin. Ihr Vertrauen in dieses Werk und seine Autorin war mir eine wichtige Hilfe und ständiger Ansporn, wofür ich ihr zutiefst dankbar bin.

Das Werk einer Übersetzerin kann voll nur von denen geschätzt werden, die zweisprachig sind. Walmot Möller-Falkenberg hat die schwierige Aufgabe der Übersetzung kreativ und mit hohem professionellen Können ausgeführt. Daß sie sich noch dazu mit meinen vielfachen Randbemerkungen und Verbesserungsvorschlägen geduldig auseinandersetzte, ist wirklich bemerkenswert. Ich danke ihr von Herzen für ihre Arbeit und das Endresultat.

Dieser Band entstand in Jahren der Zurückgezogenheit, sehr wahrscheinlich hätte er anders nicht geschrieben werden können. Es war die schwierigste Arbeit, die ich je unternommen habe, weil mir die Größe der Hindernisse, Verluste und Enttäuschungen von Frauen, die furchtbare Tragödie der viele Jahrhunderte und Jahrtausende während Verschwendung von Begabung und Energie deutlicher als je bewußt wurden. Doch am Ende hatte ich auch die Kraft des Widerstands, der Ausdauer und Transzendenz, die leuchtende Spur einer gemeinsamen Suche nach der Geschichte gespürt und erfahren, das Bestehen der Frauen darauf, daß wir eine Geschichte haben und damit ein uneingeschränktes Menschsein.

Das anhaltende Bemühen und die Ergebnisse der wissenschaftlichen Arbeit all derer, die Frauengeschichte erforschen und darstellen, haben mir gegeben, was den Frauen, deren Leben und Kämpfen ich beschrieb, auf so tragische Weise fehlte – ein Unterstützung gewährendes Frauennetzwerk. Die Mannigfaltigkeit der Methoden, mit deren Hilfe wir uns im wachsenden Bewußtsein der Unterschiede an die Bewältigung unserer überaus schwierigen Aufgabe gemacht haben, hat der Erarbeitung einer soliden Grundlage unseres gemeinsamen Unterfangens gedient. Es geht uns nicht mehr darum, mit einer Stimme zu sprechen. Und es ist nicht länger unser Bestreben, uns eine einzelne Theorie oder ein bestimmtes Erklärungsmuster übereinstimmend zu eigen zu machen; und ein Konflikt, selbst zwischen uns, wirkt längst nicht mehr so bedrohlich wie früher. Er ergibt sich vielmehr als eine selbstverständliche Konsequenz aus der Breite unserer Bewegung zur Durchsetzung neuer Formen der Kultur.

Im persönlich-privaten Bereich hat mich die Liebe meiner Familie – Stephanie und Todd, Dan und Paula und die Kinder – getragen und mir gut getan. Meine engen Freunde und Freundinnen haben mir in guten und schlechten Zeiten mit Liebe und Freundschaft zur Seite gestanden. Und immer ist in diesen vergangenen Jahrzehnten meine liebe Freundin Eve Merriam trotz der großen geographischen Entfernung zwischen uns an meiner Seite gewesen, kenntnisreich und zuhörend, anteilnehmend wie Anteil gewährend. Nun ist sie nicht mehr, aber ihre Poesie, ihr Denken und ihre Liebe bleiben lebendig. Dieses Buch gehört *ihr*.

Madison, Wisconsin
August 1992   G. L.

Editorische Vorbemerkung

Im allgemeinen zitiere ich alle Primärquellen nach dem frühesten in der Originalsprache zur Verfügung stehenden Text. Bei Quellentexten, die ich wegen mangelnder Sprachkenntnisse nicht lesen kann, habe ich versucht, die erste erreichbare englische Fassung des Textes zu zitieren. Diesem Prinzip entsprechend habe ich auch die Namen von Autorinnen und Autoren in ihrer jeweiligen Muttersprache geschrieben. (Etwa Vilemína für die Führerin der Bewegung, die im Englischen und in anderen Sprachen »die Guglielmiten« genannt wird.) Wo ich von dieser Praxis abgewichen bin, habe ich auf die Ausgabe der Texte verwiesen, die ich als Quelle verwendet habe, um der Leserin, dem Leser ein leichtes Auffinden der Quelle zu ermöglichen und zu verdeutlichen, daß ich das Manuskript nicht im Original gelesen habe.

Die Begriffe, die Afroamerikanerinnen und Afroamerikaner zur Kennzeichnung ihrer selbst benutzt haben, haben sich im Laufe der Geschichte verändert. Zu jeder Zeit hat es gewöhnlich eine Reihe von Unterschieden hinsichtlich der Art gegeben, wie sie sich bezeichnet sehen wollten. Ich habe mich in der Regel danach gerichtet, welche Bezeichnung ein Autor, eine Autorin oder eine bestimmte Gruppe zu ihrer Zeit gewählt hat. (Also: »Negro Women's club movement«, aber »Black Liberation«.) Dementsprechend schreibe ich »woman's rights movement« für das 19. Jahrhundert und »women's rights movement« für das 20. Jahrhundert. Afroamerikanerinnen und Afroamerikaner haben über hundert Jahre lang darum gekämpft, daß der Begriff, der zur Bezeichnung ihrer Gruppe gewählt wird, im Englischen groß geschrieben wird wie die Bezeichnung anderer ethnischer oder rassischer Gruppen (»Italian, Spanish, Negro«). So kennzeichnet das Nomen »Schwarze/r« als Substitut für »Afroamerikaner/in« oder »Neger/in« die Rassenzugehörigkeit eines Menschen, weshalb es, wie

selbst die *New York Times* kürzlich zugestand, mit großem Anfangsbuch-
staben zu schreiben ist.

Weil dieses Buch thematisch gegliedert ist, war es nicht zu vermeiden, daß
einige Autorinnen in mehreren Kapiteln behandelt werden. So werden die
Schriften von Christine de Pizan in verschiedenen Kapiteln unter den
Aspekten von Mutterschaft, Bildung und Frauengeschichte diskutiert. Ich
gehe so vor, daß ich eine Lebensbeschreibung aufnehme, wenn eine Autorin zum ersten Mal erwähnt wird. Das Register verweist auf die anderen
Fundstellen im Hinblick auf eine Autorin und ihr Werk.

Kapitel 1

Einleitung

Im ersten Band dieser Untersuchung über »Frauen und Geschichte«, *Die Entstehung des Patriarchats*, habe ich dargestellt, wie das Patriarchat bereits vor dem Entstehen der abendländischen Kultur durchgesetzt wurde und daß es deshalb zu den Voraussetzungen und, weitgehend verdeckt, auch zum Inhalt aller geistigen Konstrukte, Wahrnehmungsweisen und Begriffe dieser Kultur gehört. Beim Nachzeichnen der historischen Entwicklung, durch die das Patriarchat zur beherrschenden Form des gesellschaftlichen Zusammenlebens wurde, habe ich gezeigt, wie nach und nach das Recht der Männer institutionalisiert wurde, die sexuellen und fortpflanzungsrelevanten Dienste von Frauen zu kontrollieren und auszunutzen. Aus dieser Form der Dominanz entwickelten sich andere Herrschaftsstrukturen, etwa die Sklaverei. Nachdem das Patriarchat als ein funktionierendes System komplexer hierarchischer Beziehungen etabliert war, veränderte es die sexuellen, gesellschaftlichen und ökonomischen Beziehungen und prägte auf bestimmende Weise alle Ideensysteme. Während des Prozesses der Etablierung des Patriarchats, und als Ergebnis dieses Prozesses ständig verstärkt, inkorporierten die tragenden Ideensysteme, die das Weltbild der abendländischen Kultur inhaltlich zum Ausdruck bringen und ordnen, eine Reihe von unerklärten und ungeprüften Annahmen über geschlechtsspezifisches Verhalten, von denen die Geschichte und das Denken der Menschen nachdrücklich und anhaltend bestimmt wurden und werden.

Ich habe gezeigt, wie die Metaphern zur Veranschaulichung der kulturell vermittelten Zuordnung von geschlechtsspezifischen Rollen den Mann als Norm, die Frau als Abweichung von der Norm, den Mann als vollkommen und mächtig, die Frau hingegen als unfertig, physisch minderwertig und emotional abhängig darstellten.

Die für patriarchale Gesellschaften charakteristischsten Behauptungen über die geschlechtsspezifischen Unterschiede zwischen Männern und Frauen sind, kurz zusammengefaßt, folgende:

- Männer und Frauen sind ihrem Wesen nach verschiedene Kreaturen, nicht nur in ihrer biologischen Ausstattung, sondern auch in ihren Bedürfnissen, Fähigkeiten und Funktionen. Männer und Frauen unterscheiden sich sogar in der Art, wie sie erschaffen worden sind, und darin, welche sozialen Aufgaben Gott ihnen zugedacht hat.
- Männer sind »von Natur aus« überlegen, stärker und klüger; und deshalb sind sie dazu bestimmt, die Dominierenden zu sein. Daraus ergibt sich, daß die Männer im politischen Bereich die Verantwortung für das Gemeinwohl zu übernehmen haben und die Gemeinschaft repräsentieren. Frauen sind »von Natur aus« schwächer, minderwertiger hinsichtlich ihrer Intelligenz und Fähigkeit zu rationalem Denken und Verhalten, emotional labil und deshalb unfähig zur Teilnahme am politischen Leben. Sie gehören nicht zu der an politischen Entscheidungen beteiligten Bürgerschaft.
- Die vernunftbegabten Männer erklären und ordnen die Welt. Die fürsorglich-pflegenden Frauen widmen sich den gewöhnlichen Aufgaben des Alltags und sorgen für die Fortpflanzung der Art. Obwohl beide Aufgabenbereiche von wesentlicher Bedeutung sind, werden die Funktionen der Männer denen der Frauen übergeordnet. Das wird auch zum Ausdruck gebracht in der These, das Handeln der Männer sei »transzendent«, das der Frauen hingegen – wie das von Menschen beiderlei Geschlechts in der Unterschicht – »immanent«.
- Männer haben ganz selbstverständlich das Recht, die sexuellen und fortpflanzungsrelevanten Funktionen der Frauen zu kontrollieren, während Frauen ein solches Recht Männern gegenüber nicht zusteht.
- Männer vermitteln die Beziehung zwischen Menschen und Gott, Frauen können Gott nur durch die Vermittlung von Männern erreichen.

Diese ungeprüften, nicht überprüfbaren Annahmen entsprechen selbstverständlich weder Gesetzen der Natur noch zwingenden Vorgaben des gesellschaftlichen Zusammenlebens oder sozialen Gesetzmäßigkeiten – auch wenn sie oft als solche betrachtet worden sind und sogar in die Gesetzeswerke menschlicher Gesellschaften Eingang gefunden haben. Sie sind von operativer Bedeutung – auf verschiedenen Ebenen, in unterschiedlicher Form und Intensität während verschiedener historischer Epochen. Veränderungen in der Art, wie diese patriarchalen Voraussetzungen das tatsächliche Verhalten der Menschen bestimmen, sind Zeichen für Veränderungen des

Status und der Position von Frauen in der jeweiligen Periode der gesellschaftlichen Entwicklung einer bestimmten Gemeinschaft. Die Entwicklung der Auffassungen von geschlechtsspezifischen Eigenschaften und Aufgaben sollten deshalb von Historikerinnen und Historikern, die sich über
das Leben von Frauen in einer Gesellschaft informieren wollen, genau
untersucht werden.

In Band I bin ich zu dem Schluß gekommen, daß Frauen eine andere
Beziehung zur Geschichte und zum historischen Prozeß haben als Männer.
Es ist sinnvoll, zwischen dem Geschehenen – Ereignissen der Vergangenheit – und aufgezeichneter Geschichte – Ereignissen der Vergangenheit,
wie sie von späteren Generationen von Historikern interpretiert worden
sind – zu unterscheiden. Letztere ist das kulturspezifische Produkt einer
Geschichtsschreibung, die aus der Fülle des vergangenen Geschehens
etwas auswählt, ein- und zuordnet und interpretiert. In dieser aufgezeichneten Geschichte sind Frauen übergangen oder als Randerscheinungen
behandelt worden. Ich versuche nun in dem hier vorliegenden Band, den
Unterschied zwischen diesen Inhalten und Bedeutungen des Begriffs
Geschichte, zwischen Geschehenem und Geschichte, genauer zu bestimmen
und zu zeigen, wie sich die besondere, kulturspezifische Konstruktion der
aufgezeichneten und überlieferten Geschichte auf Frauen ausgewirkt hat.

Als in den archaischen Staaten im Vorderen Orient der Antike Priesterschaft, Königtum und eine Militärelite entstanden, geschah dies in dem
gesellschaftlichen Zusammenhang einer sich durchsetzenden männlichen
Dominanz über Frauen und eines fest strukturierten Systems von Sklaverei. Es ist kein Zufall, daß die Zeit, Muße und Bildung, die zur Entwicklung von Philosophie, Religion und Wissenschaft nötig sind, nur einer
Elite von Priestern, Herrschern und Männern in Amt und Würden zur Verfügung standen, deren häusliche Versorgung durch die unbezahlte Arbeit
von Frauen und Sklaven sichergestellt war. Im zweiten Jahrtausend v. Chr.
gehörten zu dieser Elite gelegentlich auch weibliche Priesterinnen, Königinnen und Herrscherinnen; aber als etwa im 6. Jahrhundert v. Chr. das
Patriarchat fest etabliert war, bestand diese freigestellte Elite nur noch aus
Männern. (Daß es sehr selten eine Königin als Ersatz für einen fehlenden
männlichen Erben gegeben hat, bestätigt diese Regel nur.) Mit anderen
Worten: Es war die patriarchale Sklavenhaltergesellschaft, in der sich die
Ideensysteme entfalteten, die seit Jahrtausenden dazu dienen, die Welt zu
erklären und zu ordnen. Das zwiefältige Ideenkonstrukt – die philosophi-
schen und naturwissenschaftlichen Gedankensysteme – erklärt und ordnet
die Welt so, daß denen, die ihm zustimmen, Macht verliehen wird im
Gegensatz zu denen, die es in Frage stellen. Letzteren wird Macht und Ein-

fluß versagt. So wie die Verteilung und Zuteilung von Ressourcen den Herrschenden Macht verleiht, so verstärkt das Vorenthalten von Informationen
und das Zurückweisen von interpretierenden Hypothesen und Begriffen
die Macht der Systembildenden.

Seit dem Entstehen des Patriarchats kämpften Männer aus den nicht zur
Elite zählenden sozialen Schichten und Gruppen mit zunehmendem Erfolg
darum, an der Macht, Definitionen festzulegen und Begriffe zu bilden, teilzuhaben. Die Geschichte der westlichen Welt kann verstanden werden als
Entfaltung dieser Auseinandersetzung auf der Basis von Klassenunterschieden und als Prozeß, in dessen Verlauf mehr und mehr Männer, die nicht zur
Elite gehörten, sich Zugang zu den ökonomischen und geistigen Ressourcen verschafften. Doch während dieser langen Periode, bis zur Mitte des
20. Jahrhunderts, waren Frauen von diesem Prozeß ingesamt oder zumindest teilweise ausgeschlossen und nicht in der Lage, ihre Beteiligung durchzusetzen.

Frauen waren nicht nur wegen ihrer Benachteiligung im Bildungswesen
von dem Prozeß der Begriffsbildung ausgeschlossen, sondern es kam noch
hinzu, daß die Ideensysteme zur Erklärung der Welt androzentrisch ver-
zerrt waren und deshalb nur eine einseitige Sichtweise wiedergaben.
Frauen wurden in allen philosophischen Systemen wegdefiniert oder mar-
ginalisiert und mußten deshalb nicht nur gegen ihr Ausgeschlossensein
angehen, sondern auch gegen die Inhalte der herrschenden Lehre, denen
zufolge ihnen nicht uneingeschränkt der Status als Menschen zuerkannt
wurde und sie als abweichend, nicht der menschlichen Norm entsprechende Wesen galten.[1] Meiner Auffassung nach hat diese doppelte Depriva-
tion die weibliche Psyche über die Jahrhunderte so zugerichtet, daß die
Frauen an der Herausbildung des Systems, das sie unterdrückt, mitwirkten
und an dessen ständiger Bestätigung und Verfestigung in der Folge immer
neuer Generationen weiter mitgewirkt haben und noch immer mitwirken.

Ich habe in Band I gezeigt, wie die kulturell fixierte geschlechtsspezifische Rolle von Männern und Frauen zur dominanten Metapher wurde, mit
der Aristoteles das System der Sklavenhaltergesellschaft verteidigte und
rechtfertigte. Als Aristoteles sein Werk *Politica* schrieb, war es noch
umstritten, ob die Sklaverei moralisch zu rechtfertigen sei. Ganz sicher war
sie auch im Licht des von Aristoteles selbst entworfenen Systems von Moral
und Ethik in Frage zu stellen. Warum sollte ein Mann einen anderen beherrschen? Warum sollte einer der Herr, der andere Sklave sein? Aristoteles
führte aus, manche Männer seien zum Herrschen geboren, andere dazu,
beherrscht zu werden. Er erläuterte dieses Prinzip mit einer Analogie: dem
Verhältnis zwischen Körper und Seele – die Seele ist dem Körper überge-

ordnet und muß ihn deshalb beherrschen. Dementsprechend steht die Vernunft über der Leidenschaft und muß diese beherrschen. Und »daraus wird klar, daß es für den Körper naturgemäß und zuträglich ist, von der Seele beherrscht zu werden; ebenso für den leidenschaftsbegabten Teil der Seele, vom Geiste und vom vernunftbegabten Teil beherrscht zu werden. ... Desgleichen ist das Verhältnis des Männlichen zum Weiblichen von Natur so, daß das eine besser, das andere geringer ist, und das eine regiert und das andere regiert wird. Auf dieselbe Weise muß es sich nun auch bei den Menschen im allgemeinen verhalten.«[2] Die Analogie läßt sich auch auf die Herrschaft des Menschen über das Tier übertragen.

»Doch ihre Verwendung ist nur wenig verschieden: denn beide helfen dazu, mit ihrer körperlichen Arbeit das Notwendige zu beschaffen, die Sklaven wie die zahmen Tiere...
Es ist also klar, daß es von Natur Freie und Sklaven gibt und daß das Dienen für diese zuträglich und gerecht ist.«[3]

Bemerkenswert an dieser Erklärung ist, was für rechtfertigungsbedürftig gehalten und was als gegeben vorausgesetzt wird. Aristoteles räumt ein, daß es unterschiedliche Auffassungen darüber geben könne, ob im Falle eines ungerechten Krieges die Versklavung der Gefangenen oder unterworfener Völker gerechtfertigt sei. Was jedoch die Vorstellung von der Minderwertigkeit der Frauen betrifft, ist von Meinungsverschiedenheiten nicht die Rede. Die Unterordnung der Frauen wird als eine jeder Diskussion enthobene Tatsache betrachtet, als naturgegeben vorausgesetzt, und so dient die vom Mann dominierte arbeitsteilige Beziehung zwischen Ehemann und Ehefrau dem Philosophen als Metapher zur Rechtfertigung der Sklaverei. In seinem Bemühen um die Bestätigung der moralischen Berechtigung von Sklaverei hat Aristoteles immerhin das Menschsein des Sklaven als fundamentale Wahrheit anerkannt. Indem er es für unnötig hielt, die Unterordnung der Frauen zu erklären, und mit der biologischen Ableitung, die er an anderer Stelle anbot, fixierte Aristoteles die Frauen gedanklich auf einen Status von Wesen, denen »die Wirkkraft der Seele fehlt«, die unter dem vollentwickelten Menschen stehen. »Ein Weibchen« ist in seinen Worten »wie es war, ein verkrüppeltes Männchen«.[4]

Wichtiger als die frauenfeindliche Gedankenwelt des Aristoteles ist die Tatsache, daß seine Theorie fast zweitausend Jahre lang kaum hinterfragt und unablässig wiederholt worden ist. Seine Ideen erhielten eine verstärkende Bestätigung durch die im Alten Testament befürworteten Einschränkungen von Frauen und ihr Ausgeschlossensein aus der Gemeinschaft des Bundes zwischen Gott und den Männern, durch die frauenfeindlichen

Lehren der Kirchenväter und die im Einflußbereich des Christentums anhaltend-nachdrückliche Belastung Evas, und damit aller Frauen, mit der moralischen Schuld am Sündenfall der Menschheit.

Mehr als zweitausend Jahre nach Aristoteles debattierten die Gründerväter der amerikanischen Republik über die künftige Verfassung. Wieder einmal war eine Gruppe von revolutionären Führern, die sich selbst als republikanisch definierten und die Grundlagen einer politischen Demokratie schaffen wollten, mit dem Widerspruch konfrontiert, daß es in ihrer Republik Sklaverei gab. Die Frage nach der Zukunft der Sklaverei war ein heißumstrittenes und außerordentlich kontrovers diskutiertes Thema. Die Auseinandersetzung endete mit einem pragmatischen Kompromiß, der ein schwer belastendes soziales Problem mit in die neue Republik hineinnahm, das sich dort weiter auswirkte.

Die Unabhängigkeitserklärung stellt fest: »Folgende Wahrheiten erachten wir als selbstverständlich: daß alle Menschen gleich geschaffen sind; daß sie von ihrem Schöpfer mit gewissen unveräußerlichen Rechten ausgestattet sind; daß dazu Leben, Freiheit und das Streben nach Glück gehören.« Das besagt, daß alle menschlichen Wesen aufgrund des Naturrechts mit den gleichen Rechten ausgestattet sind. Wie ließen sich solche Grundsätze aufstellen und beibehalten angesichts der Sklaverei in den Südstaaten? Diese Frage stellte sich in den Debatten über die Gesetze zur Regelung des Sklavenhandels, zur Feststellung der Verantwortung für die Rückkehr geflohener Sklaven und über das Wahlrecht. Die letztere Thematik erwies sich als die bei weitem komplizierteste, weil die Vertreter der Nordstaaten argumentierten, daß die Sklaven als Eigentum zu gelten hätten und bei der Festlegung des Wahlrechts gar nicht berücksichtigt werden sollten. Die Vertreter der Südstaaten hingegen wollten, daß die Sklaven gezählt würden, als wären sie Bürger des Landes, daß aber ihr Wahlrecht von den Männern ausgeübt werden sollte, deren Besitz sie waren. Es ging also weniger um das grundsätzliche Problem der gesellschaftlichen Stellung der Schwarzen als darum, wie die einzelnen Staaten und Regionen im Vergleich zu anderen im Kongreß vertreten sein würden. Da die Bevölkerung der Südstaaten unter Einbeziehung der Sklaven größer war als die der anderen Staaten, würde ein Wahlrecht für diese den Südstaatlern im House of Representatives eine Mehrheit verschafft haben. Die Ironie dieser Debatte bestand darin, daß die Befürworter der Sklaverei mit den Menschenrechten der Sklaven argumentierten, die Gegner der Sklaverei aber die Sklaven als Eigentum, als Sache, behandelt wissen wollten. Die Definitionen waren in dieser Angelegenheit nicht von der Vernunft, der Logik oder von moralischen Erwägungen bestimmt, sondern abhängig vom jeweiligen politischen und ökonomischen Interesse.

Der schließlich in die Verfassung aufgenommene Kompromiß war in eine Sprache gefaßt, die so wenig konkret, so abstrakt wie nur möglich war. »Die Abgeordnetenmandate und die direkten Steuern werden auf die einzelnen Staaten... im Verhältnis zu ihrer Einwohnerzahl verteilt; diese wird ermittelt, indem zur Gesamtzahl der freien Personen, einschließlich der in einem befristeten Dienstverhältnis stehenden, jedoch ausschließlich der nicht besteuerten Indianer, drei Fünftel der Gesamtzahl aller übrigen Personen hinzugezählt werden.« Im Klartext hieß das, daß ein Sklave bei der Festlegung des Stimmrechts als Dreifünftel eines Mannes zu zählen war. Unausgesprochen beinhaltete diese Sprache wie die Debatte die Anerkennung der Tatsache, daß der Schwarze, obwohl als bewegliches Eigentum bezeichnet, doch ein Mensch ist. Das Unbehagen der Gründerväter in bezug auf die Sklaverei kam zum Ausdruck in dem Import- und Exportverbot für Sklaven im Jahre 1808, von dem die meisten annahmen, es werde dafür sorgen, daß die Sklaverei von selbst aufhörte. Davon zeugt auch der Wortlaut der Northwest Ordinance von 1787, die ausdrücklich feststellte, daß die Territorien, die damals als der Nordwesten definiert waren, frei bleiben sollten. Dies legte die Grundlage für die Argumentation der Antisklavereikampagne in der Verfassungsdiskussion der Zeit vor dem Bürgerkrieg (Antebellumperiode), daß es Aufgabe des Kongresses sei, dafür zu sorgen, daß es in den Territorien keine Sklaverei gebe. So enthielt der ungelöste Widerspruch der Verfassung in bezug auf die Sklaverei nicht nur den Keim des Bürgerkriegs, sondern setzte auch Ideen und Erwartungen frei, die den Kampf um die Emanzipation der Sklaven und Sklavinnen und ihre Anerkennung als gleichberechtigte Bürger und Bürgerinnen vorantrieben.

In der Frauenfrage war die Entwicklung anders. Es gab keine Kontroverse oder Debatte über die Definition des Wählers als Mann. Die amerikanische Verfassung enthielt dem herrschenden gesellschaftlichen Bewußtsein entsprechend die patriarchale Voraussetzung, daß Frauen nicht die vollen Bürgerrechte hätten. Es wurde für nötig gehalten, den Status von Bediensteten, Personen, »die in einem befristeten Dienstverhältnis stehen«, und von Indianern hinsichtlich ihres Wahlrechts genau zu definieren. Aber es bestand nicht das Bedürfnis zu erwähnen, geschweige denn zu erklären oder zu rechtfertigen, daß Frauen zwar mitgezählt wurden, wenn es darum ging, »die Gesamtzahl der freien Personen« in einem Staat zu ermitteln, um die Anzahl der Abgeordneten festzulegen, daß sie aber kein Wahlrecht hatten und auch nicht in öffentliche Ämter gewählt werden durften (Verfassung der USA, Artikel I). In keiner Debatte wurde je die Frage nach dem politischen Status und den Bürgerrechten der Frauen aufgeworfen, so wie diese auch in der Philosophie des Aristoteles nicht gestellt worden war.

Doch eine große Zahl von Frauen hatte sich während der amerikanischen Revolution an politischen Aktionen beteiligt und begonnen, sich selbst in bezug auf politische Vorgänge anders zu begreifen, als es ihre Mütter und Großmütter getan hatten. Zumindest hatten sie erlebt, wie sie durch Sammlungen, Teeboykotts und Aktionen gegen übervorteilende Kaufleute politischen Einfluß ausüben konnten. Loyal gesinnte Frauen stellten politische Forderungen auf, indem sie sich für ihre Eigentumsrechte unabhängig von denen ihrer Ehemänner einsetzten, oder als sie gegen bestimmte Grausamkeiten während des Krieges protestierten. Einige einflußreiche Frauen aus den führenden Familien des Landes setzten sich in privatem Rahmen für die Bürgerrechte der Frauen ein. Petitionen brachten dieses Thema in die öffentliche Debatte. Ungebeten, ohne ein anerkanntes öffentliches Forum, aber ermutigt von der revolutionären Rhetorik und der Programmatik der Demokratie, fingen Frauen an, ihren eigenen Status neu zu interpretieren. Wie es die Sklaven getan hatten, nahmen auch sie die Präambel der Unabhängigkeitserklärung wörtlich. Aber anders als im Falle der Sklaven wurde ihr Anliegen nicht einmal als ein zu debattierendes Problem betrachtet.[5]

Der weithin bekannte Briefwechsel zwischen John Adams und seiner Frau Abigail bezeichnet exemplarisch die Grenzen des Bewußtseins in dieser Hinsicht. Hier haben wir ein einträchtiges und liebendes Ehepaar, bei dem nur das politische Interesse und Engagement der Frau ungewöhnlich ist, das während der späteren Präsidentschaft des Mannes deutlich werden sollte, als sie einen Teil seiner Korrespondenz erledigte.[6] 1776 drängte Abigail Adams ihren Gatten in einem Brief, »die Damen nicht zu vergessen« bei seiner Arbeit an der Gesetzgebung für die neue Republik. Und sie machte ihn darauf aufmerksam, daß Ehefrauen gegen »von Natur aus tyrannische« Neigungen ihrer Männer beschützt werden müßten. Abigails Ausdrucksweise entsprach dem untergeordneten Status der Frauen in der Ehe und im gesellschaftlichen Leben: Sie bat um den ritterlichen Schutz der Männer gegenüber Exzessen anderer Männer. John antwortete: »Was Deinen ungewöhnlichen Gesetzentwurf angeht, so kann ich nur lachen...«. Er zeigte sich erstaunt, daß neben Kindern, ungehorsamen Dienern, widerspenstigen Indianern und aufmüpfigen Negern »ein anderer Stamm, zahlreicher und mächtiger als all die anderen, nun auch zu den Unzufriedenen gehören sollte«. Indem er seine Frau tadelte, doch wohl ein wenig »zu weit zu gehen«, trivialisierte er ihre Argumentation durch den Hinweis, in Wahrheit seien doch die Männer »die Untergebenen. Nur dem Namen nach sind wir die Herren.«[7] Ein Problem, das außerhalb der vorgegebenen Definitionen lag und den Rahmen der Diskussion gesprengt hätte, war nicht ernst zu nehmen. Und doch, nur für einen Augenblick, erlaubte John Adams sich einen ernsthaften Gedanken zum Thema – die von seiner Frau vorgeschlagene gesetzliche Bestimmung würde im Falle ihres Inkrafttretens die soziale Ordnung stören: »Du kannst Dich darauf verlassen, daß es uns nicht einfällt, unsere maskuline Ordnung abzuschaffen.«[8]

Hier sehen wir in außerordentlich klarer Form die Auswirkungen der Definitionsmacht der Männer auf die Geschichte. Nachdem das Patriarchat erst einmal zur Grundlage der Familie und des Staates gemacht worden war, erschien es als unveränderbar und diente geradezu als Definition der sozialen Ordnung. Es in Frage zu stellen, war lachhaft und zugleich höchst gefährlich.

Als Aristoteles die Sklaverei für gerechtfertigt erklärte, war die Frage, ob Sklaven Menschen seien, noch diskussionsbedürftig, aber kein politisches Problem. 1787 mußten die Gründer der neuen Republik das Menschsein der Sklaven anerkennen und die Verweigerung der Menschenrechte als ein politisches Problem diskutieren. Die Feststellung, daß der Sklave als ganzer Mensch zu gelten habe, wenn es darum gehe, die Machtverteilung (zwischen den Herren) zu regeln, daß er bei der Festlegung des Stimmrechts jedoch nur zu drei Fünfteln als Mensch und als Bürger überhaupt nicht zähle, war ein so offensichtlicher Widerspruch in einer christlichen Nation auf der Grundlage demokratischer Prinzipien, daß sie in weniger als einem Jahrhundert zwangsläufig zum Ende der Sklaverei führte. In der Einschätzung der Frauen hatte sich aber, was die öffentliche Debatte betrifft, seit der Zeit des Aristoteles nichts verändert. Was die Definition als Menschen angeht, so galten Frauen noch immer als unvollständig und marginal, als eine Spezies minderen Ranges. Und in der Politik wurden sie nicht einmal so weit anerkannt, daß versucht worden wäre, sie mit dem Gerede über eine »virtuelle Repräsentation« zu beschwichtigen. Ein Sachverhalt, der als soziales Problem gilt, kann zum Gegenstand der politischen Debatte werden und im politischen Kampf eine Rolle spielen. Eine Problematik, die wegdefiniert ist, wird in der politischen Auseinandersetzung stillschweigend übergangen.

Diese letzte Konsequenz der Definitionsmacht der Männer – nämlich die Macht zu bestimmen, was ein Gegenstand der Politik ist und was nicht – hatte tiefreichende Auswirkungen auf den Kampf der Frauen um ihre eigene Emanzipation. Ganz wesentlich hat diese Macht der Männer denkende Frauen gezwungen, viel Zeit und Energie auf eine defensive Argumentation zu verschwenden; sie hat das Denken dieser Frauen in enge Bahnen kanalisiert; sie hat das Entstehen eines Gruppenbewußtseins verzögert, und sie hat die intellektuellen Fähigkeiten der jahrhundertelang von Bildung abgeschnittenen Frauen zerstört oder doch verkümmern lassen.

Die Literatur über Frauengeschichte hat sich vor allem mit den verschiedenen Formen der Diskriminierung und Benachteiligung befaßt, denen Frauen unterworfen waren. Sozialstrukturelle, rechtliche und ökonomische Ungleichheiten zwischen Mann und Frau standen im Mittelpunkt des Interesses, wobei die Benachteiligung in Bildung und Ausbildung meistens als eine andere Form der ökonomischen Diskriminierung betrachtet worden ist, weil sie den Zugang der Frauen zu den Ressourcen und den Voraussetzungen, ihren Lebensunterhalt selbst zu bestreiten, einschränkte oder versperrte. Im Brennpunkt meiner Untersuchung steht die Benachteiligung der Frauen in Erziehung und Bildung als eine das individuelle und kollektive Bewußtsein von Frauen prägende Erfahrung und damit als ein bestimmender Faktor für ihr politisches Verhalten.

Ihre systematische Benachteiligung im Bildungswesen hat die Selbstwahrnehmung von Frauen sehr stark beeinflußt und sich auf ihre Fähigkeit ausgewirkt, die eigene Situation zu begreifen und sich vorzustellen, wie sich diese Situation durch gesellschaftliche Veränderungen verbessern ließe. Dies hatte Folgen nicht nur für die individuelle Situation der Frauen, sondern hat, und das ist weit folgenschwerer, auch die Beziehung der Frauen zum Denken und zur Geschichte auf eine ganz bestimmte Art geprägt. Sehr viel länger als jede andere gesellschaftliche Gruppierung haben Frauen im Zustand der antrainierten Ignoranz gelebt, entfremdet von ihrer kollektiven Erfahrung durch die Verleugnung der Existenz einer Frauengeschichte. Weit wichtiger noch war, daß Frauen jahrtausendelang sich selbst und anderen ihre Befähigung zum vollen Menschsein und ihre Fähigkeit zu abstraktem Denken immer wieder beweisen mußten. Das hat die intellektuelle Entwicklung der Frauen als Gruppe einseitig ausgerichtet, denn sie mußten viele Jahrhunderte lang ihre intellektuellen Bemühungen vor allem darauf konzentrieren, die alles durchdringenden patriarchalen Behauptungen über ihre Minderwertigkeit und Unvollkommenheit als menschliche Wesen zu widerlegen. Diese Tatsache ist von fundamentaler Bedeutung und erklärt, warum Frauen fast tausend Jahre lang ihre Intelligenz darauf verwendeten, die religiösen Auffassungen so zu verändern, daß Frauen in dem Drama von Sündenfall und Erlösung eine gleichwertige und zentrale Rolle zugestanden würde. So wurden die Ziele der Frauenemanzipation, lange bevor Frauen sich politische Lösungen zur Erreichung dieser Ziele vorstellen konnten, im Bereich der Theologie und des kirchlich-religiösen Lebens zum Gegenstand der Auseinandersetzung.

Die nächste Forderung, mit der das Streben der Frauen nach Gleichberechtigung zum Ausdruck gebracht wurde, richtete sich auf die Öffnung des Bildungswesens für Frauen. Auch hier waren die Frauen wieder jahrhundertelang gezwungen, nicht nur im Sinne eines Rechts auf gleiche Bildungschancen zu argumentieren, sondern zunächst einmal zu beweisen, daß sie überhaupt bildungsfähig seien. Dies erschöpfte die Energien der meisten klugen und engagierten Frauen und verzögerte ihre intellektuelle Entwicklung. Außerdem mußten Frauen in Europa und den USA bis zum Ende des 19. Jahrhunderts auf ein sexuelles Leben und Mutterschaft verzichten, wenn sie als Intellektuelle leben wollten – sie mußten sich entscheiden zwischen einem Leben als Frau und Mutter einerseits und Bildung andererseits. Keine Gruppe von Männern hat jemals in der Geschichte eine derartige Wahl treffen oder einen solchen Preis zahlen müssen für die Möglichkeit, ihre geistigen Fähigkeiten zu entwickeln.

Jahrhundertelang wurden die Begabungen und Fähigkeiten der Frauen darauf ausgerichtet, ihre Selbstverwirklichung in der Förderung der Entwicklung eines Mannes, nicht in der Entwicklung der eigenen Fähigkeiten erreichen zu wollen. Nachdem Frauen über Tausende von Jahren so konditioniert worden waren, daß sie die patriarchale Definition ihrer Rolle akzeptierten, haben sie Männer sexuell und emotional so versorgt, daß talentierte Männer sich in einer Weise vervollkommnen konnten, die Frauen niemals möglich war. Die geschlechtsspezifische Arbeitsteilung, derzufolge den Frauen die Hauptverantwortung für die häuslichen Dienstleistungen und die Versorgung der Kinder zukam, hat die Männer von den kräftezehrenden Details der täglichen Daseinsvorsorge befreit, während sie die Frauen überproportional mit diesem Sorgen und Schuften belastet hat. Frauen haben weniger Freizeit und, noch wichtiger, weniger ununterbrochene Zeit zum Reflektieren, Denken und Schreiben. Die psychologische Unterstützung durch Intimität und Liebe stand befähigten Männern weit eher zur Verfügung als fähigen Frauen. Hätte hinter jeder brillanten Frau ein Mann gestanden, so hätten ebenso viele große, anerkannte Frauen die Geschichte geprägt, wie hervorragende Männer es getan haben.

Andererseits läßt sich argumentieren, daß die Kenntnisse, die Frauen während der Jahrtausende ihrer Unterordnung erworben haben, genauer und lebensnäher sind als das Wissen der Männer. Es war ein Wissen, das sich nicht auf theoretische Voraussetzungen und Bücherstudium stützte, sondern praktisches Wissen, das sich herleitete aus der unmittelbaren sozialen Interaktion mit ihren Familienangehörigen, ihren Kindern, ihren Nach-

barn. Dieses Wissen trug seinen Lohn in sich selbst, denn es machte den
Frauen ihre wichtige Rolle für die Erhaltung des Lebens, der Familie und
der Gemeinschaft bewußt. Wie Männer untergeordneter Kasten, Klassen
und Rassen hatten auch die Frauen immer eine genaue Kenntnis vom Lauf
der Welt und davon, wie die Menschen leben und mit sich und anderen
umgehen. Dies ist das Überlebenswissen der Unterdrückten, die sich
durchschlagen und behaupten müssen in einer Welt, in der sie von sozial-
strukturell gesicherter Macht ausgeschlossen sind, und die wissen müssen,
wie sie mit den Machthabenden umzugehen haben, um den bestmöglichen
Schutz für sich und ihre Kinder zu erreichen. Ihre konkreten Lebensbedingungen verlangten von den Frauen, besondere Fähigkeiten im Umgang mit
anderen und die dafür erforderliche Sensibilität zu entwickeln, wie das
auch bei anderen unterdrückten Gruppen der Fall ist. Solche Fähigkeiten
und das dabei gesammelte Wissen kamen jedoch wegen der patriarchalen
Herrschaftsstruktur nicht der ganzen Gesellschaft zugute, sondern äußerten sich in dem, was wir heute Frauenkultur nennen. Ich werde in diesem
Buch zeigen, wie Frauen im Laufe der Zeit die Begriffe und Vorstellungen
des männlichen Denkens veränderten und subtil-subversiv ihr besonderes
Wissen und die spezifischen Gesichtspunkte der Frauenkultur geltend
machten. Diese Spannung zwischen patriarchaler Hegemonie und der Veränderung von Definitionen und Zielsetzungen durch die Frauen ist ein
Merkmal der historischen Entwicklung, das bisher nicht beachtet und
beschrieben worden ist.

Frauen wurde der »kulturelle Ansporn« vorenthalten, der sich aus dem
Dialog und der Auseinandersetzung mit Personen gleicher Bildung und
gleichen sozialen Ranges ergibt. Jahrhundertelang ausgeschlossen von den
Institutionen der höheren Bildung und mit Herablassung und Spott
bedacht, mußten gebildete Frauen ein eigenes soziales Netzwerk schaffen,
um ihre Gedanken, ihre Ideen und Arbeiten verbreiten zu können und auf
Resonanz zu stoßen. Und schließlich beeinträchtigte die Tatsache, daß
Frauen das Wissen um die Existenz einer Frauengeschichte vorenthalten
wurde, ihre intellektuelle Entwicklung als besondere Gruppe ganz entscheidend. Frauen, die keine Ahnung davon hatten, daß andere Frauen vor
ihnen einen Beitrag zum intellektuellen Wissen und zum schöpferischen
Denken geleistet hatten, wurden niedergehalten von dem überwältigenden
Gefühl ihrer Minderwertigkeit oder umgekehrt dem Gefühl, daß es außerordentlich gefährlich wäre, ein *Anders*sein zu wagen. Ohne die Kenntnis
der Vergangenheit der Frauen konnte keine Gruppe von Frauen ihre eigenen Ideen als Gleiche unter Gleichen überprüfen, sie vergleichen mit Vorstellungen von Menschen, die unter ähnlichen Bedingungen und in ähnlichen

Lebenssituationen entstanden waren. Jede denkende Frau mußte sich mit dem »großen Mann« in ihrem Kopf auseinandersetzen, statt im Gedenken an ihre Vormütter ermutigt und gestärkt zu werden. Für kluge Frauen war das Fehlen einer Frauengeschichte wahrscheinlich das größte Hindernis von all denen, die ihrer intellektuellen Entwicklung entgegenstanden.

In diesem Buch will ich das Entstehen eines feministischen Bewußtseins in Westeuropa und den USA von etwa dem 7. Jahrhundert bis zum Ende des 19. Jahrhunderts behandeln. Wenn wir auch annehmen können, daß es unter den Bedingungen des Patriarchats immer Frauen gegeben hat, deren Denken im Widerspruch dazu stand, so haben wir doch für die Zeit vor dem Christentum keine Möglichkeit, diese Hypothese anhand von Primärquellen zu überprüfen. Wir verfügen zwar über einige Primärquellen aus dem klassischen Altertum, etwa die Schriften der Sappho und ihrer Schule, aber diese sind nicht mehr als vereinzelte Stimmen, die jahrhundertelang weder ein Echo noch eine Antwort gefunden haben. Ich habe meine Forschung für dieses Buch auf die schriftlichen Quellen von und über Denkerinnen gestützt, die es im Bereich der westlichen Kultur erst seit dem 7. Jahrhundert gibt.

Was die Festsetzung des Endes der von mir untersuchten Periode angeht, so will ich hier ausdrücklich darauf hinweisen, daß mein Interesse vor allem der Entwicklung gilt, die *vor* dem historischen Moment liegt, an dem eine signifikante Zahl von Frauen in Europa und den USA ein feministisches Bewußtsein entwickelt hatte, also vor dem Zeitpunkt, der sich kennzeichnen läßt durch das Auftreten organisierter Frauenbewegungen zur Erkämpfung von Frauenrechten etwa im dritten Viertel des 19. Jahrhunderts. Meine Forschung erstreckt sich auf die schriftlichen Belege des Denkens von Frauen vom frühen Mittelalter bis zu den 70er Jahren des 19. Jahrhunderts, wobei ich nichts von dem einbezogen habe, was Frauen aus der organisierten Frauenbewegung geschrieben haben – ausgenommen Schriften über Religion und Frauengeschichte, die eine andere Art der Festlegung von Zeitabschnitten zu verlangen scheinen. Ich muß zugeben, daß meine Periodisierung nicht besonders sauber ist und sich stark unterscheidet von der herkömmlichen Geschichtsschreibung über dieses Thema, die sich überwiegend mit dem Aufzeichnen der unmittelbaren, nicht weit zurückliegenden Ursprünge der Frauenbewegung und mit der Geschichte dieser Bewegung befaßt hat.

Es ist eine wohlbegründete Erkenntnis in bezug auf die Frauengeschichte, daß ihr die übliche Periodisierung der traditionellen Geschichtswissenschaft nicht angemessen ist und nur unter großen Vorbehalten übernommen werden kann. Da Frauen in ihrer Geschichte so lange Zeit im öffentlichen

Raum der Politik und Kriegführung nicht aktiv oder sichtbar waren, waren die meisten Frauen von den historischen Veränderungen, die von der traditionellen Geschichtsschreibung zu Marksteinen der Geschichte erklärt worden sind, anders betroffen als die Männer. Die historiographische Berücksichtigung und Darstellung der organisierten Frauenbewegung ist Ausdruck des traditionellen Interesses an den Formen des organisierten politischen Handelns in der Öffentlichkeit. Dies ist ein sinnvolles und nützliches Thema historischer Forschung und Interpretation, aber es begünstigt das Übergehen anderer Aspekte der Frauengeschichte: die Kontinuität und Überlieferung des langfristigen, anhaltenden Widerstands von Frauen gegen das Patriarchat und die Faktoren, die zur Veränderung des Bewußtseins von Frauen in bezug auf ihre eigene Situation beigetragen haben. Diese beiden Themenkreise sind es, die mich interessieren und an denen sich die Gliederung dieses Buches orientiert.

Dies Buch ist weder eine Geistesgeschichte der Frauen noch eine zusammenfassende Synthese des Denkens von Frauen. Letztere ist dringend nötig, und ich hoffe, daß meine Arbeit andere zu einer derartigen Ideengeschichte anregt. Im Mittelpunkt meiner Untersuchung stehen Themen, die für die Entwicklung des Bewußtseins von Frauen hinsichtlich ihrer gesellschaftlichen Situation von grundlegender Bedeutung sind. Das Aufspüren und Nachzeichnen dieser Themen wird ganz notwendig zu theoretischen Einsichten führen. Die wichtigste dieser Erkenntnisse betrifft die Unterschiede zwischen Männern und Frauen in ihrer Beziehung zur historischen Entwicklung und zur Bildung von Begriffen und Theorien. Sind diese Unterschiede erst einmal definiert und eingestanden, so wird es meiner Meinung nach gelingen können, schließlich die Geschichte auf der Basis einer Synthese der traditionellen Geschichtsschreibung (von Männern) und der Frauengeschichte zu interpretieren und niederzuschreiben.

Es sind die Bedingungen der patriarchalen Hegemonie im Denken, in den Wertvorstellungen, in den Institutionen und bei der Verfügung über die materiellen Ressourcen, unter denen Frauen sich bemühen mußten, ein eigenes feministisches Bewußtsein zu entwickeln. Ich definiere feministisches Bewußtsein als die Einsicht von Frauen, daß sie einer untergeordneten Gruppe angehören; daß sie als Gruppe unter Mißständen leiden; daß ihr untergeordneter Status nicht naturbedingt, sondern gesellschaftlich produziert ist; daß sie sich mit anderen Frauen zusammentun müssen, um die Mißstände abschaffen zu können; und schließlich, daß sie eine Gegenvision von einer gesellschaftlichen Ordnung erarbeiten können und müssen, in der Frauen wie Männern Autonomie und Selbstbestimmung zustehen.[9] Die Historiker haben traditionsgemäß die Entwicklung des feministischen Bewußtseins auf das 19. Jahrhundert datiert, weil sie sich an der deutlich manifestierten Entwicklung einer politischen Frauenrechtsbewegung orientiert haben. Doch diejenigen, die sich gründlich mit Frauengeschichte befassen, haben begonnen, die Spuren des feministischen Bewußtseins sehr viel weiter zurückzuverfolgen. Manche sehen die Entstehung dieses Bewußtseins in den Arbeiten von Schriftstellerinnen im England des 17. Jahrhunderts, z. B. Mary Astell, Bethsua Makin, Aphra Behn; andere setzen den Anfang bei der französischen Autorin Christine de Pizan im 15. Jahrhundert.[10] Meiner Definition des Begriffs »feministisches Bewußtsein« entsprechend kann ich schon die frühesten Stadien des Widerstands von Frauen gegen patriarchale Ideen einbeziehen und zeigen, daß es ein oppositionelles Denken von Frauen schon in einer weit früheren Periode gegeben hat.

Die Entwicklung des feministischen Bewußtseins fand in verschiedenen Zeitabschnitten und Stufen über Hunderte von Jahren statt. Diese Bewußtwerdung vollzog sich durch voneinander isolierte Einsichten individueller Frauen, die nichts voneinander wußten: Ihre Einsichten fanden unter den Zeitgenossen und Zeitgenossinnen keinen Widerhall und waren für künftige Generationen verloren. Ich versuche, die verschiedenen Stadien dieses Prozesses der Herausbildung eines Gruppenbewußtseins von Frauen nachzuzeichnen und die Umstände zu beschreiben, unter denen es zu den einzelnen Stadien der Entwicklung gekommen ist.

Die Kombination von thematischer und chronologischer Darstellungsweise wird den Leserinnen und Lesern möglicherweise Schwierigkeiten bereiten. Manchmal werde ich die historische Entwicklung einer Idee, einer geistigen Strömung oder sozialen Bewegung nicht so ausführlich behandeln können, wie ich es für wünschenswert halte, da ich nicht so sehr an der historischen Darstellung interessiert bin wie daran, einige während der Geschichte regelmäßig wiederkehrende Verlaufsformen und Grundmuster aufzuspüren und nachzuweisen. Die Thematik wird für eine lange Zeit und einen großen geographischen Bereich bearbeitet: fast 1 200 Jahre (700–1900) in England, Frankreich, im deutschen und italienischen Raum, und weniger lang in den USA. Unvermeidlich ist, daß die Auswahl der in der Untersuchung berücksichtigten Länder sich nach der eigenen Fachkompetenz und den Sprachkenntnissen richtet. Und so muß ich zu Beginn einschränkend darauf hinweisen, daß sich dieses Buch auf die westeuropäischen Kulturen konzentriert, nicht weil ich das für angemessen halte – ich hielte einen interkulturellen Vergleich für wesentlich sinnvoller –, sondern weil ich nicht anders vorgehen kann. Abgesehen davon habe ich in dem

vorigen wie in diesem Band die Ursprünge des Patriarchats und seine Entwicklung in der abendländischen Kultur untersucht, und insofern passen
die Länder und Perioden, die analysiert werden, zueinander.

Ich glaube, daß das, was Mary Beard die »lange Geschichte« genannt
hat, für die Geschichte der Frauen besonders wichtig ist. Nur wenn wir
eine große Zeitspanne überblicken und die unterschiedlichen Kulturen und
historischen Entwicklungen vergleichen, können wir wichtige Entwicklungslinien herausarbeiten und wesentliche Unterschiede in der Art, wie
Ereignisse sich für Männer und Frauen ausgewirkt haben, beurteilen. Es ist
inzwischen bewiesen, daß technische, ökonomische und politische Veränderungen, die für Männer von entscheidender Bedeutung waren, Frauen in
ganz anderer Weise betroffen haben. Nur durch die Langzeituntersuchung
der Benachteiligung der Frauen im Bildungswesen etwa können wir erkennen, wie diese sich langfristig auf die Fähigkeit der Frauen ausgewirkt hat,
sich ökonomische Alternativen zur Sicherung des Lebensunterhalts durch
die Ehe vorzustellen, und können wir verstehen, warum sich die Emanzipation der Frauen gegenüber den Emanzipationsbewegungen anderer
benachteiligter Gruppen so ungeheuer verzögert hat.

In einem themenorientierten Überblick wie diesem ist es schwer, ein aus-
gewogenes Verhältnis zwischen den Gruppen, die Gegenstand der Untersuchung sind, und einzelnen Personen, die als »hervorragend« oder
»typisch« vorgestellt werden, zu erreichen. Ich habe versucht, in jedem
Kapitel das Leben und die Arbeit wenigstens einer Frau besonders intensiv
zu beleuchten und ausführlich zu behandeln, während ich auf andere nur
mit einer kurzen Zusammenfassung ihrer Biographie hinweise. Da die
intellektuelle Leistung von Frauen so wesentlich von den eingeschränkten
Lebensbedingungen aller Frauen beeinflußt ist, muß das Werk einer Frau in
einem engen Netz von Beziehungen und Umständen betrachtet werden.
Die Entscheidung für ein intellektuell bestimmtes Leben hat für viele
Frauen bedeutet, auf die Befriedigung ihrer sexuellen Bedürfnisse und auf
Mutterschaft zu verzichten. Umgekehrt konnten Frauen zu bestimmten
intellektuellen Einsichten und Fortschritten nur in Lebensabschnitten
gelangen, in denen sie ökonomisch und emotional von Männern unabhängig waren. Noch heute wird die Entscheidung einer Frau für einen zwang-
los-ungebundenen Lebensstil oft genug dazu benutzt, ihre intellektuelle
Arbeit zu diskreditieren. Für Frauen sind Leben und Denken unauflöslich
miteinander verknüpft. Dieses Buch soll diese Wechselbeziehung deutlich
machen.

Heute, in einer Zeit, in der sich Historikerinnen und Literaturwissenschaftlerinnen der Unterschiede zwischen Großgruppen sehr bewußt sind,

d. h. der Bedeutung von Rasse, ethnischer Zugehörigkeit, Klasse und Religion, ist der Versuch zu generalisieren verdächtig und den von zahlreichen Fehlerquellen und Fallstricken ausgehenden Gefahren ausgesetzt. Dennoch muß ein solcher Versuch unternommen werden, um die Unterschiede von Männern und Frauen als Gruppe zu verstehen. Es trifft zu, daß die Frauen, über die ich in diesem Band schreibe, zum größten Teil Weiße waren, der Oberschicht angehörten und reich oder doch ökonomisch privilegiert waren. Aber eben dies ist bezeichnend für die Problematik der Geschichte der intellektuellen Entwicklung von Frauen: Sehr viel länger als für Männer war Bildung für Frauen ein Klassenprivileg. Ich habe alles Material, das ich über das Leben und Werk von weniger privilegierten Frauen finden konnte, berücksichtigt – Frauen aus der Mittel- und Unterschicht, aus unterdrückten Gruppen wie etwa denen der Afroamerikaner und Juden.

Daraus ergibt sich fast zwingend ein Infragestellen von Begriffen wie »geniale Frauen«, »hervorragende Frauen« oder »bemerkenswerte«, »verdienstvolle«, »zu würdigende« Frauen. Letztere Kategorien waren in der Frauengeschichte lange suspekt, weil die Vorurteile und Kriterien einer patriarchal geprägten Auswahl die Tendenz förderten, nur diejenigen Frauen als »bemerkenswert« und »zu würdigend« darzustellen, die taten, was Männer taten und für wichtig hielten. Ich habe versucht, bei der Auswahl der Frauen, über die ich schreiben werde, nicht in diese Fallen zu geraten und mich auf das zu konzentrieren, was Frauen über sich selbst und andere Frauen geschrieben haben. Aber wenn es darum geht, die Ergebnisse der intellektuellen Bemühungen von Frauen zu behandeln, wird die Problematik dieser Fragestellung sehr viel komplexer, als wenn es um Sozialgeschichte geht. Die systematische Benachteiligung von Frauen im Bildungswesen über lange Zeit hat dafür gesorgt, daß jahrhundertelang ausschließlich adlige Frauen die Chance hatten, Bildung zu erlangen und sich – in welcher Tradition einzelner Lehren und Schulen auch immer – auszubilden. Selbst nach der Erfindung des Buchdrucks blieb es ein Klassenprivileg, Zugang zu Gedrucktem (und zur Überlieferung oder Geschichtsschreibung) zu haben. Die Quellen, die uns zur Verfügung stehen, wenn wir herausfinden wollen, was Frauen dachten und diskutierten, sind die Quellen, die erhalten geblieben sind. Sie waren bis in die Mitte des 17. Jahrhunderts von den oben geschilderten Vorurteilen und Auswahlkriterien geprägt. Ich unterstelle, daß jede Frau, deren Tagebücher, Briefe, Abhandlungen und Visionen überliefert sind, für viele andere steht, die ebenso begabt und klug waren wie sie, deren Aufzeichnungen aber verlorengegangen oder bewußt vernichtet worden sind. Unterdrückung bedeutet auch

Dominanz der Ideen und des Denkens der Herrschenden; und so bedeutete die Unterdrückung der Frauen, daß viele Zeugnisse ihres Denkens und ihrer Kreativität für immer verloren sind. So muß eine Historikerin, die in die historische Überlieferung die zum Schweigen gebrachten Stimmen und verwischten Spuren einfügen will, akzeptieren, daß ihren Bemühungen gewisse Grenzen gesetzt sind.

Warum dann überhaupt den Begriff »geniale Frauen« verwenden, und warum die Herausstellung einzelner Frauen im Sinne einer besonderen Würdigung? Ich habe mich dazu entschlossen, weil der Kampf um die Frauenemanzipation in der Geschichte immer mit der defensiven Argumentation im Sinne einer Anerkennung der intellektuellen Gleichheit von Frauen begonnen hat. Selbst heute, in diesem fortgeschrittenen Stadium der Frauenbewegung, bezweifeln Männer und Frauen immer noch, daß die hervorragendsten intellektuellen Leistungen der westlichen Zivilisation sowohl von Männern als auch von Frauen erbracht worden sind. Warum, so fragen sie, gab es keine Frauen als Theoretikerinnen und Gründerinnen von wissenschaftlichen Schulen, keinen weiblichen Kant, Marx und Freud? Warum gab es keine großen Frauen, die einen schöpferischen Beitrag zur geistigen Erneuerung leisteten? Ich meine, daß es solche Frauen gegeben hat, sie aber in unseren Darstellungen der Vergangenheit nicht genügend hervorgehoben und gewürdigt worden sind. Ich glaube auch und werde es beweisen, daß Frauen mit außerordentlichen Begabungen durch die ihnen vom Patriarchat auferlegten Beschränkungen daran gehindert worden sind, ihre Fähigkeiten ganz zu erkennen, zu entwickeln und gestaltend, theoretisch und praktisch, zu verwirklichen. Und schließlich gehe ich davon aus und werde in diesem Buch belegen, daß diese Einschränkungen in gewisser Weise alle Frauen betrafen, ungeachtet anderer Bedingungen ihrer Lebensgestaltung, und daß es diese Tatsache ist, die im Zuge der Entwicklung eines feministischen Bewußtseins als solche erkannt und benannt werden mußte. Die Bedingungen, unter denen Frauen sich vom Patriarchat denkend befreien konnten, waren Bedingungen, die das Patriarchat für sie vorsah oder ihnen aufgezwungen hatte. Kurz: Keine Frau, so begabt und fähig sie auch sein mochte, hatte die gleichen Entwicklungsmöglichkeiten wie ihr Bruder.

Es war sehr schwierig für mich zu entscheiden, welche der vielen Frauen, deren Leben und Werk ich studiert hatte, nun im Rahmen dieses Buches vorgestellt werden sollten. Mein Thema ist die Entstehung des *feministischen* Bewußtseins, und deshalb lasse ich alle Frauen, deren Arbeiten sich nicht auf die Emanzipation der Frauen beziehen, in diesem Buch unerwähnt. Andererseits habe ich viele Frauen einbezogen, die sich selbst zu ihren Lebzeiten nicht als Feministinnen bezeichnet hätten, einmal ganz abgesehen davon, daß dieser Begriff erst im späten 19. Jahrhundert geprägt worden ist. Jene Frauen hätten verneint, daß sie sich mit Problemen von Frauen als solchen befaßten, und einige von ihnen standen ganz deutlich im Widerspruch zu Frauenrechtsbewegungen. Ich habe einige von ihnen in meine Darstellung aufgenommen, einige Mystikerinnen etwa und Wegbereiterinnen der Frauenbildung, weil ihre Arbeit und ihr Denken unmittelbar zur Entwicklung des feministischen Denkens beigetragen haben, ob sie das nun beabsichtigt haben oder nicht.

Die lange Geschichte der Benachteiligung der Frauen im Bildungswesen, betrachtet als ein strukturelles und ein institutionelles Problem, wird in Kapitel 2 zusammengefaßt. Die Zurücksetzung der Frauen in bezug auf den Zugang zur Bildung allgemein und hinsichtlich der Möglichkeit, bestimmte Bildungseinrichtungen zu besuchen, ist ein universelles Merkmal patriarchaler Machtausübung in allen Staaten über mehr als zweitausend Jahre hinweg. Ich zeige die Auswirkungen dieser Verweigerung von Bildungschancen auf die Selbstwahrnehmung der Frauen. Die Verschwendung der Talente von Frauen und den Preis, den die einzelnen Frauen dafür gezahlt haben, werde ich an drei Beispielen deutlich machen.

In Kapitel 3 erörtere ich, wie schwer es für die Frauen war, sich selbst das Recht und die Fähigkeit zum Sprechen und Schreiben zuzugestehen und ihre Autorenschaft zu verteidigen. Im Mittelpunkt des Kapitels steht das Leben und Werk einer genialen Frau, Hildegard von Bingen, die sich von einer göttlichen Inspiration autorisiert fühlte, öffentlich das Wort zu ergreifen. Das Kapitel behandelt ihre Bemühungen um eine neue Rolle von Frauen im öffentlichen Leben und um eine Theorie, die Frauen eine wichtigere Rolle in der christlichen Theologie zugesteht.

Kapitel 4 und 5 enthalten die Darstellung der Mystik als einer alternativen Denkweise für Frauen. Es wird im einzelnen gezeigt, wie Frauen anhaltend darum kämpften, ihr volles Menschsein anerkannt zu sehen, indem sie darauf bestanden, daß auch sie zu Gott sprechen könnten und von ihm gehört würden. Nicht nur sprach Gott zu diesen Mystikerinnen, sondern sie brachten ihre Zeitgenossen und Zeitgenossinnen dazu, ihre ekstatischen Erfahrungen für real zu halten. Mystische Praxis und Disziplin befähigte die Frauen, eine andere Ebene der Neudefinition zu erreichen: In ihren Visionen, Träumen und Schriften bestätigten sie die weibliche Komponente des Göttlichen.

Kapitel 4 skizziert eine kurze Geschichte der Mystik und erläutert die Frauenmystik vom 11. bis zum 16. Jahrhundert.

Kapitel 5 stellt Mystikerinnen der protestantischen Reformation und Frauen in ketzerischen Sekten vor. Im Mittelpunkt des Interesses stehen Frauen, die neue Konzepte der christlichen Theologie entworfen haben, in denen Frauen eine größere Bedeutung im Erlösungsglauben zugestanden wird.

Kapitel 6 hat die Mutterschaft zum Thema – als ein Ideal, das Frauen zum Schreiben autorisiert, und als einheitsstiftender Begriff für eine alle Frauen einbeziehende Solidarität. Der Marienkult; die vereinzelten Stimmen der Frauen, die als Mutter sprechen; das starke Drängen der Reformation auf Höherbewertung der Mutterschaft und zugunsten der Erlaubnis, daß Frauen die Berechtigung zu religiösem und weltlichem Denken auf ihre Mutterpflichten gründen: das sind die hier von mir behandelten Themenkreise. Außerdem befasse ich mich mit dem Verständnis von Mutterschaft als Basis der weiblichen Kollektivität, die dem Konzept der Schwesternschaft vorangeht.

In Kapitel 7 zeige ich, wieviel Talent und Einsicht verschwendet worden sind, weil man Frauen das Wissen um die eigene Vergangenheit und die Arbeiten anderer Frauen vorenthalten hat. Männer entwickeln Ideen und Erklärungsmuster, indem sie aufnehmen, was vor ihnen gedacht und erfunden worden ist, unterziehen es einer kritischen Revision und gehen dann über diesen Wissensstand hinaus. Ohne Kenntnis der eigenen Geschichte wußten Frauen nicht, was Frauen vor ihnen gedacht und gelehrt hatten. So bemühten sie sich Generation nach Generation um Erkenntnisse, zu denen andere vor ihnen längst gelangt waren. Ich belege das am Beispiel der Bibelkritik während tausend Jahren und verdeutliche die ständige, endlose Wiederholung der Bemühungen – vergleichbar der immer neuen Erfindung des Rades.

Kapitel 8 stellt dar, wie Frauen sich selbst autorisierten, auf schöpferische Weise zu denken und zu sprechen. Dies waren die innovativ Wirkenden, die das patriarchale Denken einfach beiseite ließen und andere Welten entwarfen und zeigten. Die Werke von Schriftstellerinnen, von Marie de France bis Emily Dickinson, werden analysiert, um zu zeigen, was sie zur Entwicklung eines feministischen Bewußtseins beigetragen haben.

Kapitel 9 behandelt den langen Kampf um gleiche Bildungschancen. Dieses Kapitel bietet einen Überblick über die Argumentation von Frauen zugunsten des Rechts auf Lernen und ihre theoretische Annäherung an Bildungsinhalte und Wissenschaft von der Renaissance bis ins 19. Jahrhundert. Es wird dargestellt, wie sich die Forderung nach Bildung weiterentwickelt hat zur feministischen Argumentation zugunsten der Gleichberechtigung.

In ihrem Bemühen, für sich selbst zu denken, mußten die Frauen zunächst sich selbst in einer zentralen Position sehen, sich nicht mehr als »die anderen« definieren. Sie taten dies wie andere unterdrückte Gruppen, indem sie sich anderen zuwandten, die in der gleichen Lage waren, also Frauen. Aber Frauen sahen sich mit weit größeren Schwierigkeiten konfrontiert als andere Gruppen, denen es auch darum ging, sich in Gedanken einen Ausweg aus der Unterdrückung zu bahnen. In Kapitel 10 diskutiere ich die historischen Umstände, unter denen das feministische Bewußtsein entsteht, und untersuche, ob es in diesem Entstehungsprozeß erkennbare Entwicklungslinien und spezifische Muster gibt. Ich verfolge das Entstehen von Frauenzellen und Frauennetzwerken, um herauszufinden, welchen Einfluß sie auf das Frauenbewußtsein hatten. Die besonderen Probleme von klugen Frauen in einem gesellschaftlichen Rahmen, in dem diese zwar als gleichberechtigt betrachtet werden, sich aber immer noch unter männlicher Dominanz befinden, werden am Beispiel der Frauen in der deutschen Romantik erläutert.

Welche Anstrengungen unternommen wurden, um eine Frauengeschichte zu erarbeiten und ihr Anerkennung zu verschaffen, ist das Thema von Kapitel 11. Wie die Männergeschichte, die mit den Königslisten beginnt, hat die Frauengeschichte mit Listen zu tun, deren erste in der Renaissance zusammengestellt wurden. Weitere Aspekte sind Biographien, Autobiographien und die Aufzeichnungen von Lebensgemeinschaften, Bewegungen und Organisationen. Daran schließt sich die Arbeit von Historikerinnen im engeren Sinne an. Der Versuch, weibliche Rollenmodelle, Heldinnen und leuchtende Vorbilder und Führerinnen zu finden, schließt immer den Respekt vor praktischem Handeln im Lebensumfeld ein, richtet sich nicht nur auf Zeugnisse abstrakten Wissens. Das Kapitel schließt mit einer Diskussion der Frauenbewegung im 19. Jahrhundert und ihres Bemühens, Geschichte zu begründen und zu bewahren, und streift kurz die historische Bedeutung der Frauengeschichtsbewegung im 20. Jahrhundert.

In Kapitel 12 arbeite ich die theoretischen Grundsätze heraus, wie die Beziehung von Männern zum historischen Prozeß sich von der Beziehung der Frauen zu diesem Prozeß unterscheidet, und erörtere die Bedeutung der Ergebnisse meiner Arbeit.

Kapitel 2

Die Benachteiligung der Frauen in Erziehung und Bildung

In den 50er Jahren des 19. Jahrhunderts verließ die 62jährige Sarah Grimké (1792–1873) den Haushalt ihrer Schwester und ihres Schwagers, Angelina und Theodore Weld, und versuchte, sich selbständig zu machen und einen Beruf zu erlernen. Sie korrespondierte mit Rechtsanwälten und Ärzten aus ihrem Bekanntenkreis, um herauszufinden, welche Möglichkeiten einer Berufsausbildung sie hätte. Unterdessen arbeitete sie in öffentlichen Büchereien, um eine Zusammenstellung der in den verschiedenen Staaten in bezug auf Frauen geltenden Gesetze vorlegen zu können, damit durch diese Untersuchung die Öffentlichkeit auf die Ungleichbehandlung der Frauen aufmerksam gemacht werden könnte. Doch alle ihre Anfragen führten zu enttäuschenden Ergebnissen. Zum Jurastudium waren Frauen noch nicht zugelassen, und es war undenkbar, daß eine Frau ihres Alters Medizin studierte. Sarah Grimké, die 17 Jahre früher die erste schlüssige Argumentation einer Amerikanerin zugunsten der Frauenemanzipation vorgelegt hatte, fühlte sich zutiefst entmutigt. »Die Kraft meines Geistes durfte sich niemals entfalten«, beklagte sie sich in einem Brief an eine Freundin.[1] In dem nie veröffentlichten Fragment eines Essays faßte sie zusammen, wie sehr sie sich benachteiligt fühlte, und versuchte, ihre Situation verallgemeinernd, ein Programm für gleiche Bildungschancen von Männern und Frauen zu skizzieren.

»Für mich war Lernen eine Leidenschaft... Hätte ich die von mir ersehnte Ausbildung erhalten und wäre ich darauf vorbereitet worden, einen juristischen Beruf zu ergreifen, so hätte ich ein nützliches Mitglied der Gesellschaft werden können; und nicht ich und mein Eigentum hätten in der Obhut anderer gestanden, sondern ich hätte statt dessen eine Beschützerin der Hilflosen sein können...
Wie viele Frauen schaudert es... wegen des erschreckenden Verfalls der intellektuellen Kräfte, die in ihren frühen Jahren ein sinnvolles und glückliches Leben zu versprechen scheinen... Weil wir spüren, daß wir Kräfte haben, die zerstört werden, daß wir die

Fähigkeit zur Übernahme von Verantwortung haben, die wir nicht einsetzen dürfen, ...
Rechte als moralisch hochstehende und kluge Wesen, die ignoriert werden und auf
denen herumgetrampelt wird, ... weil wir all dies so überdeutlich fühlen, fordern wir
jetzt die gleichen Bildungschancen wie Männer.«[2]

In diesem eindringlichen und ungehörten Aufschrei brachte Sarah Grimké
das Leiden und die Benachteiligung von Millionen Frauen zum Ausdruck,
denen eine ihren Fähigkeiten entsprechende Ausbildung verweigert worden war, und sie bezeichnete diese Benachteiligung als ein Problem, das für
die geschlechtsspezifischen Lebensbedingungen aller Frauen von entscheidender Bedeutung ist. Die Signifikanz dieser Benachteiligung für den Verlauf der Frauenemanzipation ist bis heute nicht in ihrer ganzen Tragweite
verstanden worden.

Was die Geschichte der Erziehung und Bildung von Frauen in Europa
und später in den Vereinigten Staaten angeht, lassen sich zwei Verallgemeinerungen formulieren: Frauen sind fast immer und überall in ihren Bildungsmöglichkeiten gegenüber ihren Brüdern benachteiligt; Bildung ist
für die Frauen, die sie erhalten können, ein Klassenprivileg.

Historisch betrachtet werden Erziehung und Ausbildung unter dem
Gesichtspunkt der Nützlichkeit betrieben, denn es werden den Menschen
diejenigen Kenntnisse vermittelt, die von der jeweiligen Gesellschaft benö-
tigt werden. Jahrtausendelang war eine derartige Ausbildung als Lehre fami-
liengebunden. Obwohl die Ausbildungsmöglichkeiten im Familienver-
band der gegebenen geschlechtsspezifischen Arbeitsteilung entsprechend
zugeteilt wurden und Jungen und Mädchen darauf vorbereitet werden sollten, den gesellschaftlich definierten Rollenerwartungen zu entsprechen,
gelang es manchen Frauen, die gleichen Fertigkeiten und Kenntnisse zu
erwerben wie ihre Brüder. Die hauswirtschaftliche Ausbildung, den Mädchen zwar der Arbeitsteilung zwischen Mann und Frau entsprechend zugedacht, stattete die Frauen zugleich mit Fähigkeiten aus, die ihnen das Überleben als Unverheiratete oder Witwen ermöglichten. Im Mittelalter führten
Witwen zum Beispiel häufig die Geschäfte eines Handwerksbetriebs, und es
wurden ihnen Zunftrechte gewährt; die Entwicklung des Bierbrauens, der
Seiden- und Textilproduktion, des Stickens und anderer von Frauen ausge-
übter Handwerke als anerkannte Gewerbe bestätigen das. Die Ausbildung
im häuslichen Rahmen verlief informell, nutzenorientiert/produktbezo-
gen und individuell; Lesen und Schreiben waren nicht erforderlich, und
gesprochen wurde im jeweiligen heimischen Dialekt. Mütter gaben ihre
Erfahrungen an ihre Töchter und die weiblichen Hilfskräfte weiter; Väter
waren die Lehrer ihrer Söhne und der männlichen Helfer und Bediensteten. Es ist zu berücksichtigen, daß – statistisch gesehen – in allen Ländern

die Zahl der Leute, die lesen und schreiben gelernt hatten, bis zum 17. Jahrhundert sehr klein war. Im Mittelalter und während der Renaissance waren die allermeisten Leute Analphabeten ohne eine formale Schulbildung. Auch später noch, als Bildungseinrichtungen geschaffen worden waren und Jungen nach der Kindheit die Familie verließen, um eine Ausbildung zu erhalten, lag die frühe Erziehung der Kinder beiderlei Geschlechts in den Händen ihrer Mütter. So wurde die Benachteiligung der Mädchen bei den meisten Völkern Europas vor dem 16. Jahrhundert und in den amerikanischen Kolonien bis zum Ende des 18. Jahrhunderts nicht offensichtlich. Tatsächlich gab es diese Benachteiligung aber, wie eine Analyse der Bildungschancen des Adels und des reichen städtischen Bürgertums zeigt, also des kleinen Bevölkerungsteils, dem die Bildungsmöglichkeiten vorbehalten waren. Mit der Gründung von Universitäten während des 13. und 14. Jahrhunderts wurden Erziehung und Bildung für diese Schichten institutionalisiert. Die Universitäten bereiteten junge Männer auf den Staatsdienst und den Priesterberuf vor, und um dieses Studium aufnehmen zu können, mußten gute Lateinkenntnisse nachgewiesen werden. Als begonnen wurde, Söhnen in Vorbereitungsschulen und Akademien die Voraussetzungen für ein Studium zu vermitteln, wurde die Benachteiligung der Frauen deutlich erkennbar, vergrößerte sich die Kluft zwischen den Bildungschancen von Mädchen und Jungen und wurde institutionell fixiert.

Allgemein gesagt, wird Bildung institutionalisiert, wenn Eliten – militärische, religiöse oder politische – es für erforderlich halten, ihre Machtposition dadurch abzusichern, daß sie eine Gruppe von Leuten ausbilden, damit diese ihnen zu Diensten sind und ihre Interessen vertreten. Wann immer das in der Geschichte der Fall war, wurden Frauen diskriminiert und von Anfang an übergangen. Das früheste Beispiel dafür ist das Ausgeschlossensein der Frauen vom Unterricht in den neu entdeckten Fertigkeiten des Schreibens und Lesens in Sumer und Babylon im 2. Jahrtausend v. Chr. – was ich in Band I im einzelnen dargestellt habe. Abgesehen von einigen bemerkenswerten Ausnahmen – etwa die Erziehung der Mädchen im Sparta des klassischen Altertums oder das Ausbildungssystem der Klosterschulen in Europa, auf das ich noch eingehen werde – wurden Mädchen in allen bekannten Gesellschaften der westlichen Welt benachteiligt, was die Ausbildungsdauer, die Bildungsinhalte und den Bildungsstand ihrer Lehrer betraf. Dies war eine logische Konsequenz der Erziehungsziele: Da Frauen den militärischen, religiösen und politischen Eliten nicht angehören durften, bestand die Auffassung, ihr Bedarf an formaler Bildung sei gering. Andererseits wurden Töchter der Eliten, etwa Prinzessinnen und adlige Frauen, die unter Umständen als Stellvertreterinnen für ihre

Söhne oder Gatten würden einspringen müssen, ebenso sorgfältig ausgebildet wie ihre Brüder. Während des Mittelalters war der Inhalt ihrer Ausbildung der gleiche, und oft wurden sie von demselben Lehrer unterrichtet. Bildung war ein Klassenprivileg für beide Geschlechter und diente den Interessen der Familie und des Staates. Es kann also nicht überraschen, wenn wir feststellen, daß vom Altertum bis ins 16. Jahrhundert alle gebildeten Frauen, von denen wir wissen, dem Adel angehörten.[3]

Im frühen Mittelalter konnte eine formale Ausbildung nur bei Privatlehrern oder in kirchlichen Institutionen erworben werden. Viele Jahrhunderte lang sind gebildete Frauen, mit Ausnahme von wenigen Frauen des Adels an bestimmten Höfen, nur in Klöstern anzutreffen. Aus der Verbreitung von Nonnenklöstern läßt sich deshalb in etwa darauf schließen, wie viele gebildete Frauen es wo gegeben hat.

In den ersten Jahrhunderten des christlichen Zeitalters, als Heilige und Missionare den heidnischen Stämmen Europas das Christentum verkündeten, war die Beteiligung der Frauen sehr willkommen; sie wurden zu engagierter Mitarbeit ermutigt. Frauen begleiteten und unterstützten männliche Missionare beim Bekehren und Predigen und halfen, Mitglieder ihrer eigenen Familien zum Eintreten in die christliche Gemeinschaft zu bewegen, indem sie zu Hause religiöse Andachten hielten. In den ersten drei Jahrhunderten des Christentums lebten unverheiratete Frauen und Witwen, Kanonissen genannt, in von Diakonissen geleiteten Gemeinschaften und widmeten sich einem Leben in gemeinsamem Gebet und zur Vorbereitung anderer Frauen auf die Taufe. Diakonissen und Kanonissen versorgten Kranke und hielten Gottesdienste für die Armen. Diese Tradition wurde im frühen Mittelalter mit der Neugründung zahlreicher Klöster weit verbreitet und formalisiert.

Im 7. Jahrhundert traten mehr Frauen in Klöster ein als jemals zuvor. In Frankreich/Belgien und Britannien läßt sich dies an der wachsenden Zahl von Frauenklöstern erkennen. Lebten ein Jahrhundert früher in etwa 10 Prozent der Klöster Nonnen, so wuchs der Anteil der Nonnenklöster im 7. Jahrhundert auf über 30 Prozent.[4] Diese wachsende religiöse Aktivität von Frauen geht einher mit der Bekehrung der Franken und Angelsachsen zum Christentum. Die Kirche sah es gern, wenn die Frauen in ihren Familien den christlichen Glauben verbreiteten und Angehörige zum Eintritt in die Glaubensgemeinschaft motivierten. Adlige Familien hatten nicht nur religiöse, sondern auch ökonomische Vorteile von der Gründung von Familienstiften als Teil ihres Besitzes. Solche Stifte boten unverheiratet gebliebenen Töchtern und Witwen eine Zuflucht und fielen häufig nach dem Tod der Gründungsäbtissin an die Stifterfamilie zurück.

In der gleichen Zeit entstanden in Britannien und auf dem Kontinent Doppelklöster. Viele von ihnen waren so angelegt, daß die Mönche den Nonnen Schutz bieten, für sie körperliche Arbeit verrichten und ihre spirituellen Führer sein konnten. Da die Frauen keine Priesterinnen waren, mußten Mönche in Frauenklöstern die Feier des Meßopfers und das Spenden des Leibes und Blutes Christi übernehmen. Weil die meisten Doppelklöster von einer Äbtissin oder von einem Abt und einer Äbtissin gemeinsam geleitet wurden, begünstigten sie die Übernahme von Führungsfunktionen durch Frauen. Laon, eines der größten fränkischen Doppelklöster, beherbergte 300 Nonnen unter der Aufsicht der heiligen Salaberga. Die heilige Gertrud von Nivelles teilte sich die Leitung des Konvents mit dem heiligen Amand, hatte aber die letzte Entscheidungsbefugnis. Unter der Führung der Äbtissin Gertrud entwickelte sich Nivelles zu einem Zentrum des Lernens. Sie selbst sammelte Bücher und forderte die Nonnen des Klosters auf, sich zu bilden und Gedichte zu lesen. Königin Balthild gründete um 658 die Abtei von Chelles auf den Ruinen eines aufgelösten Konvents und entwickelte sie zu einem berühmten Kloster, in dem die Nonnen das Leben mehrerer weiblicher Heiliger aufschrieben. Der Ruf, hier werde die Bildung gefördert, wirkte anziehend auf so viele Männer, daß Chelles am Ende des Jahrhunderts zum Doppelkloster geworden war.[5] In Britannien ließ sich die 30jährige Hilda (– 680), die Großnichte von König Edwin von Northumbria, zur Nonne weihen. Sie wurde von Aidan von Lindisfarne gerufen, damit sie ihm bei der Bekehrung der Northumbrier helfe. Sie gründete mehrere Klöster, ist aber vor allem bekannt, weil sie Äbtissin von Whitby wurde, einem Doppelkloster, das für die Qualität seiner Bildungsmöglichkeiten weithin berühmt war. Während sie das Kloster leitete, fand dort 664 die Synode von Whitby statt. Sie war eine außergewöhnliche Frau, auch im Vergleich zu den anderen gebildeten Nonnen, die in Doppelklöstern lebten und arbeiteten.

Ein Jahrhundert später wurde Lioba, eine englische Nonne in Thanet, von der Äbtissin Eadburga darin unterwiesen, sich göttliche Gebote in Gedichtform einzuprägen. Sie schrieb später selbst religiöse Dichtung und war eine hochgebildete Vertreterin der klassischen Dichtkunst. 748 folgte sie dem heiligen Bonifatius auf dessen Bitten hin nach Germanien und unterstützte ihn bei der Christianisierung durch die Gründung von Klöstern. Sie wurde Äbtissin von Bischofsheim und bemühte sich dort 28 Jahre lang um eine Verbindung von handwerklichen Tätigkeiten mit dem Studium der lateinischen Sprache und der Schriften der Kirchenväter.[6]

Auch als die Doppelklöster aufgegeben wurden, blieb die Tradition der einflußreichen Äbtissinnen erhalten. Im 11. Jahrhundert hatte die Äbtissin von Maubeuge nicht nur die Macht über ihre Klöster, sondern auch über die Stadt und das Land, das dem Kloster gehörte. Die Äbtissinnen von Regensburg waren Prinzessinnen des Heiligen Römischen Reiches und schickten Gesandte als ihre Vertreter zu den Reichsversammlungen. Die Äbtissinnen von Herford und Quedlinburg rüsteten militärische Kontingente für die kaiserlichen Streitkräfte aus und waren bei den Reichstagen vertreten.[7]

Im frühen Mittelalter, als ständig Kriege stattfanden und die Söhne der Adligen vor allem in Kampftechniken und Kriegführung ausgebildet wurden, haben ihre Schwestern wahrscheinlich eine bessere formale Bildung erhalten als jene. Clothilde, die Tochter des Königs von Burgund, die im 5. Jahrhundert lebte, konnte ihren Gatten, den Frankenkönig Chlodwig, zum Christentum bekehren – sehr wahrscheinlich, weil sie gebildeter war als er. Im 6. Jahrhundert wurde Radegunde (ca. 530–587), eine thüringische Prinzessin, von Chlotar, dem jüngsten Sohn Chlodwigs, gefangengenommen, als sie noch ein Kind war. Sie wurde an den Hof des Frankenkönigs gebracht, dort erzogen und später von Chlotar zur Königin gemacht. Ausgebildet in einem Kloster, konnte sie mühelos lateinisch schreiben und lesen; sie schrieb eine Elegie, in der sie die Niederlage Thüringens, bei der ihr Vater und andere Verwandte von den einmarschierenden Truppen getötet worden waren, mit dem Fall Trojas verglich. Wie die Troerinnen wurde auch sie aus ihrer Heimat weggebracht und zum sexuellen Eigentum des Siegers und Entführers gemacht. Ihr Leben als verheiratete Frau verlief tragisch, denn Chlotar lebte wie andere Frankenkönige polygam und hatte fünf Frauen. Er behandelte sie äußerst brutal und lehnte sie wegen ihrer Frömmigkeit und ihrer Kinderlosigkeit ab. Als Chlotar ihren Bruder ermordete, flüchtete sie unter den Schutz von Bischof Medard und trat in ein Kloster ein. Später gründete sie in Poitiers das Kloster St. Croix, wo sie mit 200 Nonnen lebte und das zu einem Zentrum der Bildung wurde und Residenz eines Dichters war.

Während des ganzen Mittelalters gründeten und unterhielten Frauen aus den Königshäusern und Adelsgeschlechtern Klöster, in denen die Töchter des Adels und einige arme Mädchen, manchmal Jungen und Mädchen gemeinsam, Unterricht in Religion, Latein, Lesen, Schreiben, Rechnen und Singen erhielten. Alle Mädchen wurden hauswirtschaftlich ausgebildet und lernten Nähen, Spinnen und Weben. Manche Nonnenklöster spezialisierten sich auf die Herstellung feiner Stickereien, andere auf das Transkribieren und Illuminieren von Manuskripten. Einige Nonnen erlernten diese, eine hohe Qualifikation verlangenden Fertigkeiten, anderen wurden medizinische und chirurgische Kenntnisse vermittelt.[8]

Im 10. und 11. Jahrhundert wurden einige berühmte Abteien in Sachsen gegründet, darunter Gandersheim und Quedlinburg. Dort entwickelte sich eine Tradition der Frauenbildung, die außerordentliche geistige Leistungen ermöglichte. Äbtissin Gerberga von Gandersheim, die Tochter des Herzogs Heinrich von Bayern, war Lehrerin der Nonne Roswitha, einer der ersten hervorragenden Frauen der europäischen Literatur. In späteren Jahrhunderten bildeten Klosterschulen nicht nur die eigenen Novizinnen aus, sondern auch die Töchter des Adels und des aufsteigenden Bürgertums. Ein Beispiel dafür, wie ein Nonnenkloster Bildung und Wissenschaft fördern konnte, ist Paraklet, im 12. Jahrhundert von Abälard gegründet und der Leitung von Heloise unterstellt, die eine der gebildetsten Frauen ihrer Zeit war. Abälard forderte die Nonnen von Paraklet auf, nicht nur die Bibel zu studieren, sondern Latein, Griechisch und Hebräisch zu lernen, um die biblischen Texte verstehen und ihr Wissen anderen vermitteln zu können. Die Ordensregeln sahen vor, daß in dem Kloster zu allen Tageszeiten gelernt und gelehrt werden sollte.[9]

Es kann verschiedene Meinungen darüber geben, ob vor der Gründung der Universitäten ein geschlechtsspezifisches Privileg in bezug auf formale Bildung Frauen benachteiligte. Die meisten Menschen waren ohnehin Analphabeten und auf die informelle, familiengebundene Ausbildung angewiesen. Bildung war für Männer und Frauen ein Klassenprivileg. Aber es gab einen wichtigen Unterschied – die Kirche bildete arme Jungen, die sie für geeignet hielt, zu Priestern aus, während der Zugang zu Klöstern für Mädchen jahrhundertelang davon abhängig war, daß ihre Familie dem Kloster eine Mitgift übereignete.

Bis ins 12. Jahrhundert wurde in den meisten Klöstern und Stiften Latein unterrichtet, was bedeutete, daß die Nonnen nicht nur die Bibel und die Schriften der Kirchenväter lesen konnten, sondern auch lateinische Dichtung und weltliche Literatur. Mit der zunehmenden Bedeutung der Universitäten und der Durchsetzung des Lateinischen als Sprache der Kleriker mit Universitätsausbildung ging der Gebrauch und das Lehren des Lateinischen in den Klöstern dramatisch zurück. Ein Grund für diesen Niedergang mag die enorme Zunahme der Äußerungen von Frauen zu Glaubensfragen und ihr seit dem 11. Jahrhundert anhaltendes Bemühen um eine Übersetzung der Bibel und anderer religiöser Texte in die Landessprachen gewesen sein. Viele der Mystikerinnen des 11. bis 14. Jahrhunderts schrieben in ihrer Muttersprache. (Siehe dazu auch Kapitel 4.) Ob es nun an dem Verhalten und den Ansprüchen der Frauen lag oder nicht, daß es zu dieser Einschränkung der Bildungsmöglichkeiten kam, sie bedeutete jedenfalls, daß sich die Unterschiede zwischen den Bildungschancen von Männern und Frauen vergrößerten.

Auf der untersten Bildungsstufe entwickelten sich mit den Städten Laienschulen, in denen Pfarrer und Lehrer unterrichteten. Dort wurde den Söhnen aus den ärmsten Schichten ein recht begrenztes Grundwissen beigebracht: Lesen, Schreiben, Rechnen – soviel, wie sie brauchten, um sich für eine Beschäftigung im städtischen Gewerbe zu qualifizieren. Es gab im Hochmittelalter auch einige Laienschulen für Mädchen, die von einer Schulvorsteherin geleitet wurden.[10] Im 15. Jahrhundert boten sich durch die Gründung städtischer Grundschulen in Frankreich einige Bildungschancen für Mädchen und Jungen. Aber in diesen Schulen, wie in den damit vergleichbaren Armenschulen in Großbritannien und den Vereinigten Staaten bis ins 19. Jahrhundert hinein, wurden den Mädchen nur sehr geringe Kenntnisse in Schreiben, Lesen, Rechnen und Religion vermittelt. Einige begabte Jungen, auch aus ärmlichsten Verhältnissen, konnten durch Stipendien Zugang zu höherer Bildung erlangen; für die Mädchen blieb es bei der bruchstückhaften Grundschulausbildung.[11]

Es läßt sich also feststellen, daß im allgemeinen die Institutionalisierung der höheren Bildung in Universitäten zu sich vergrößernden Klassenunterschieden zwischen den Männern führte, wobei der Zugang zu Bildung eine der Voraussetzungen der Entstehung einer festgefügten Klassenstruktur war. Diese Klassenunterschiede gaben auch den geschlechtsspezifischen Unterschieden einen besonderen Akzent und verschärften sie.

In dieser trostlos-verödeten Landschaft der Diskriminierung von Frauen in Erziehung und Bildung, die mehr als ein Jahrtausend unverändert blieb, entstanden einige Inseln, die besonders begünstigten Frauen Sonderbedingungen boten. Hier bildeten sich Gruppen von gebildeten Frauen, deren Leistungen allein schon wegen der abgrundtiefen Ignoranz, von der sie sich absetzten und an der sie gemessen wurden, außergewöhnlich waren. Solche privilegierten Orte waren die Doppelklöster des 7. und 8. Jahrhunderts, die bereits als Bildungszentren erwähnten Nonnenklöster im 8. bis 13. Jahrhundert, die Städte in Holland und im Rheinland, in denen im 12. Jahrhundert die Bewegung der Beginen großen Zulauf hatte, die Adelshäuser einiger Städte im Italien und Frankreich der Renaissance sowie Zentren der protestantischen Reformation. Unter diesen Ausnahmebedingungen gibt es eine kleine Zahl von gebildeten Frauen. Ich werde in den folgenden Kapiteln im einzelnen auf sie eingehen, will aber hier zunächst darstellen, was ihnen gemeinsam war und welche übereinstimmenden Merkmale sich womöglich als eine Art von Grundmuster anhand ihrer Lebensgeschichten feststellen lassen.

Verallgemeinernd läßt sich feststellen, daß bis zum 17. Jahrhundert die Bildungschancen einer Frau am größten waren, wenn sie die Tochter eines

reichen Mannes von hohem Rang war; die Tochter aus einer Familie ohne
Sohn; oder Tochter eines Vaters, der in bezug auf die Bildungsfähigkeit von
Frauen eine aufgeklärte Auffassung vertrat. Solche Voraussetzungen kamen
nur selten zusammen, aber es gab diese Kombination. Auf die gebildeten
Prinzessinnen am Hof der Karolinger ist schon oft hingewiesen worden.
Karl der Große, selbst ein ungebildeter Befürworter des Lernens, ließ alle
seine Töchter von Tutoren unterrichten, zu denen der bedeutende Gelehrte
Alkuin gehörte. Dieser war auch der Lehrer von Karls Schwester Gisela,
die genug lernte, um die Werke von Beda Venerabilis zu lesen und sich kritisch mit Alkuins Kommentar zum Johannesevangelium auseinanderzusetzen. Später zog sie sich in die Abtei von Chelles zurück. Judith, die zweite
Frau des Nachfolgers von Karl dem Großen, Ludwigs des Frommen, nahm
sich intensiv der Bildung an. Ihr widmeten viele Schriftsteller ihre Werke,
und sie beauftragte Florus von Lyon, für sie eine Darstellung der Weltge-
schichte zu schreiben.[12]

Viele gebildete Frauen wurden von ihren Vätern unterrichtet, etwa Christine de Pizan im 14. Jahrhundert, die Renaissancegelehrten Laura Cereta,
Caterina Caldiera, Alessandra Scala und Olympia Morata sowie die Töchter
von Thomas Morus. Die wenigen jüdischen Frauen, die uns ihrer Bildung
wegen bekannt sind, wurden von ihren Vätern und manchmal ihren Männern unterrichtet. Die drei Töchter des berühmten hebräischen Gelehrten
Rashi, der von 1040 bis 1105 in Frankreich lebte, lernten Hebräisch und
schrieben in Vertretung ihres Vaters, als dieser krank war, Kommentare
zum Talmud. Miriam Luria war im 13. Jahrhundert eine Talmudgelehrte in
Italien wie auch Paula dei Mansi, die eine Sammlung von Bibelkommenta-
ren übersetzte und edierte. Über ihren Lebenslauf und sozialen Hintergrund ist nichts bekannt. Rebecca Tiktiner schrieb und veröffentlichte ein
Buch zur Morallehre, eine Frauen zugedachte Auswahl aus dem Talmud,
sowie Poesie. Eva Bacharach war eine Expertin für Bibeltexte und Bibel-
kommentare. Beide lebten im 17. Jahrhundert in Prag und waren die Töchter gebildeter Rabbiner.[13] Die Tradition der »gebildeten Töchter von gebildeten Männern«, um Virginia Woolfs treffenden Ausdruck zu verwenden,
setzte sich durch die Jahrhunderte fort bis hin zu den Kindern von Bronson
Alcott und zu Margaret Fuller im Amerika des 19. Jahrhunderts.

Andere Frauen wurden mit ihren Brüdern von Privatlehrern unterrich-
tet, so Isotta und Ginevra Nogarola, Cassandra Fedele, Ippolita Sforza.
Während in der Renaissance aus den bedeutenden herrschenden Familien
Italiens einige gebildete Frauen hervorgingen, besuchte nur eine, Cecilia
Gonzaga, mit ihren Brüdern die bahnbrechende Schule La Giocosa, die
von ihrem Vater, dem Herzog von Mantua, gegründet worden war und von

dem berühmten Humanisten Vittorino da Feltre geleitet wurde. Es überrascht nicht, daß es unter den gebildeten Frauen auch regierende Königinnen gab, etwa Eleonore von Aquitanien (12. Jahrhundert), Margarete von Navarra, Elisabeth I. von England. Diese wurden von Kindheit an dazu erzogen, Stellvertreterin eines Herrschers sein zu können, falls sich das als notwendig erweisen sollte, und deshalb lehrte man sie, alle Aufgaben wie ein Mann wahrnehmen zu können.

Der Ruhm und die Beachtung der »gelehrten Frauen« des Mittelalters und der frühen Renaissance bestätigen ihre Seltenheit – von einigen Ausnahmen abgesehen, wurden sie aber wohl eher der Tatsache ihrer Existenz als ihrer besonderen Leistungen wegen gerühmt.[14] Bis ins 17. Jahrhundert gab es nur wenige gebildete Frauen. Wir haben Kenntnis von etwa 30 sorgfältig ausgebildeten Nonnen bis zum Jahre 1400, und einige der hervorragendsten unter ihnen, etwa Hildegard von Bingen und Mechthild von Magdeburg, waren nicht in der Lage, lateinisch zu schreiben. Für die Zeit von 1350 bis 1530, eine Periode, in der es der Geschichtsschreibung zufolge besonders viele gebildete Frauen gab, hat eine der führenden Fachleute auf diesem Gebiet, Margaret King, nicht mehr als 35 solcher Frauen in Italien aufgespürt. Der auf die Geschichte des Mittelalters spezialisierte Roland Bainton fügt in seinem dreibändigen Werk über Frauen in der Reformationszeit in Europa nicht mehr als zehn Namen zu den von Margaret King genannten hinzu. Es kann also davon ausgegangen werden, daß der Fachwissenschaft für die Zeit bis 1700 in Westeuropa weniger als 300 gebildete Frauen bekannt sind.[15]

Zugang zu Bildung hatten während des Mittelalters nur Frauen, die wohlhabend genug waren, die geforderte Mitgift für ein Kloster aufzubringen, oder einer der herrschenden Familien angehörten. Margaret King hat nachgewiesen, daß alle gebildeten Frauen der italienischen Renaissance reichen Familien entstammten. Mit der Entwicklung der Städte seit dem 13. Jahrhundert war auch eine kleine Zahl von Töchtern aus bürgerlichen Schichten unter den Gebildeten zu finden. Bis zum Ende des 16. Jahrhunderts gilt die generelle Aussage, daß Bildung für Frauen ein Klassenprivileg ist, uneingeschränkt. Ein von König Heinrich VIII. in England erlassenes Gesetz macht dies auf dramatische Weise deutlich. Es »untersagte allen Frauen, die nicht der Gentry, dem niederen Adel oder dem Hochadel angehörten, ebenso wie Handwerkern und Gesellen, Bauern, Tagelöhnern und Dienstboten..., die Bibel in englischer Sprache für sich allein zu lesen oder anderen vorzulesen«.[16] Wenn es auch wahrscheinlich das Ziel des Gesetzes war, der Verbreitung von radikalen Sekten entgegenzuwirken, so zeigt doch die Tatsache, daß alle nichtadligen Frauen auf eine Ebene mit Män-

nern der niederen sozialen Schichten gestellt wurden, daß die Klassenzugehörigkeit für Frauen anders bestimmt wurde als für Männer.

Eine andere allgemeine Feststellung, die sich hinsichtlich gebildeter
Frauen jener Zeit treffen läßt, ist, daß sie meistens unverheiratet oder verwitwet waren, häufig in Klöstern oder sehr zurückgezogen lebten. Im allgemeinen zeigten sie eine in ihrer Jugend geförderte Frühreife, die aber später an ihrer weiteren Entwicklung gehindert wurde. Manche dieser Frauen
wurden in eine frühe Ehe gezwungen, und mit der Ehe brach ihre intellektuelle Entwicklung unweigerlich ab. Andere entzogen sich solchem Druck
und gingen in ein Kloster. Nur sehr wenige nahmen ihre Studien wieder
auf, nachdem ihre Kinder erwachsen oder sie verwitwet waren. Sie mußten
sich entscheiden zwischen einem typischen Frauenleben und dem Leben
eines denkenden Menschen. Es gab keine gesellschaftlich anerkannte
Rolle, die es einer Frau erlaubte, »normal« als Frau zu leben und gleichzeitig intellektuellen Interessen nachzugehen. Was diese geringe Wahlmög-
lichkeit für die einzelnen Frauen bedeutete, können wir ermessen, wenn
wir uns einige Beispiele vergegenwärtigen. Welche Folgen das für die
Gesellschaft insgesamt wegen der Verschwendung von Begabungen und
wegen des Verlustes der intellektuellen Arbeit der einen Hälfte der Bevölkerung hatte, läßt sich überhaupt nicht abschätzen. Wir können nur ahnen,
was es bedeutet, daß erst seit den ersten Jahrzehnten des 20. Jahrhunderts
in den USA und einigen anderen Industrienationen für Frauen die Möglichkeit besteht, sexuelles Leben und Mutterschaft mit intellektuellem Leben
zu vereinbaren. Für die meisten Frauen in den Entwicklungsländern gibt es
diese Möglichkeit bis heute nicht.

Ein Beispiel dafür, welchen Preis eine Frau dafür zu zahlen hatte, daß
sie denken und schreiben konnte, erlebte Gaudairenca, Frau des Troubadours Raimon de Miraval. Einer Anekdote zufolge »(sagte) Miraval ... zu
seiner Frau, er wolle keine Frau, die dichten könne; ein Troubadour im
Haus sei genug; sie solle sich darauf vorbereiten, in das Haus ihres Vaters
zurückzukehren, denn er betrachte sie nicht länger als seine Ehefrau«.[17]

Isotta Nogarola (1418–1466) ist ein Beispiel dafür, wie eine kluge Frau
auf andere Weise mit der Mißbilligung seitens der Männer und der Entmutigung ihrer geistigen Bemühungen umgehen konnte. Sie war berühmt als
die gebildetste Frau des Jahrhunderts. Mit ihrer Schwester Ginevra war sie
von einem humanistischen Lehrer unterrichtet worden. Im Alter von 18
Jahren begann sie mit männlichen Humanisten aus dem Kreis des Guarino
de Verona zu korrespondieren, der der Lehrer ihres Lehrers gewesen war.
Sie hoffte, durch eine derartige Korrespondenz in diesen Kreis aufgenommen zu werden, worin sie bestärkt wurde, als ihre Briefe Guarino gezeigt

und von ihm einem Freund gegenüber gelobt worden waren. Aber er beantwortete ihre an ihn gerichteten Briefe nicht, was sie zum Gespött ihrer Freundinnen machte, weil sie es gewagt hatte, sich einem so berühmten Mann zu nähern, und eine Antwort erwartet hatte. Isotta schrieb Guarino in einem weiteren Brief:

»Es gibt schon so viele Frauen in dieser Welt! Warum denn ... wurde ich als Frau geboren, um von Männern in Worten und Taten verhöhnt zu werden? Ich frage mich dies in Einsamkeit. ... Denn in der ganzen Stadt machen sie sich über mich lustig, die Frauen verspotten mich...«[18]

Auf diesen Brief hin erhielt sie endlich eine ermutigende Antwort von Guarino. Aber andere Männer, mit denen sie korrespondierte, äußerten, sie müsse »ein Mann werden«, wenn sie weiter schreiben wolle. Und ein anonymer Schreiber in Verona beschuldigte sie 1438 des Inzestes mit ihrem Bruder und verband diese Beschuldigung mit einer Attacke gegen alle gebildeten Frauen: »Eine beredte Frau ist niemals keusch; und das Benehmen vieler gebildeter Frauen bestätigt diese Feststellung.«[19] Diese Angriffe bedrückten Nogarola so sehr, daß sie drei Jahre nichts mehr schrieb. Dann traf sie eine ungewöhnliche Entscheidung: Sie würde weder heiraten noch eine Nonne werden, aber ihr Leben in Abgeschiedenheit gemeinsam mit ihrer Mutter in ihrem Hause verbringen und sich religiösen Studien widmen. Diese Rolle und Lebensweise einer Intellektuellen akzeptierte die Gesellschaft, weil sie die Tradition der gebildeten Nonnen fortsetzte. Nogarola lebte 25 Jahre lang auf diese Weise, und sie schrieb eine wichtige theologische Abhandlung während der kurzen Zeit, in der sie eine intellektuelle platonische Freundschaft mit dem Humanisten Ludovico Foscarini verband. Als sie im Alter von 35 Jahren ganz unvermutet von einem anderen Mann um die Ehe gebeten wurde, fragte sie Foscarini um Rat. Er drängte sie, das Keuschheitsgelübde, das sie sich selbst abverlangt hatte, im Interesse ihrer intellektuellen Entwicklung einzuhalten. Sie folgte seinem Rat, war aber von da an wiederholt krank. Der Preis, den Isotta Nogarola dafür zahlte, eine Denkerin zu sein und sich ihre Respektabilität zu erhalten, war ein Leben in Abgeschiedenheit von anderen Intellektuellen und lebenslange Keuschheit. Diesen Preis hat kein Mann jemals zahlen müssen, und diese Situation sollte auf keinen Fall verwechselt werden mit einem von anderen Frauen und Männern freiwillig gewählten zölibatären religiösen Leben.

Wie Isotta Nogarola akzeptierten auch ihre Zeitgenossinnen Cecilia Gonzaga und Maddalena Scrovegni die kulturell vorgegebene geschlechtsspezifische Rolle für denkende Frauen. Obwohl diese Entscheidung der Frauen von männlichen Intellektuellen mit Lob bedacht wurde, führte sie zu nur geringer oder gar keiner Produktivität des Denkens. Weder diese gebildeten Frauen noch die anderen, die sich für die Ehe entschieden hatten, erreichten je wieder die intellektuellen Fähigkeiten ihrer Jugendzeit oder waren in der Lage, ihr vielversprechendes Potential zu realisieren. Es gab in der Renaissance einfach keine sinnvolle Rolle für gelehrte Frauen, die nicht auf ein sexuelles Leben verzichten wollten.[20] Ihre Lebensgeschichten erzählen von unerfüllten Erwartungen, an ihrer Entfaltung gehinderten Talenten und langen Jahren des verzweifelten Schweigens.

Die protestantische Reformation führte zur Verbreitung von Schulen im allgemeinen und verbesserte die Bildungschancen von Mädchen im besonderen. Dies war in den deutschen Staaten besonders offensichtlich, wo protestantische Reformer wie Philipp Melanchthon, Martin Butzer, Andreas Mukulus und Johann Agricola die Gründung von Grundschulen und weiterführenden Schulen sowohl für Mädchen als auch für Jungen vorantrieben. Während des 17. Jahrhunderts wurde die Schulpflicht für Mädchen und Jungen in Thüringen, Württemberg und vielen anderen deutschen Staaten eingeführt. Doch nach einem Jahrhundert bemerkenswerter Fortschritte wurde die Benachteiligung der Mädchen wieder fest institutionalisiert. In den 102 Städten Brandenburgs z. B., wo sich die Zahl der Knabenschulen von 1539 bis 1600 verdoppelt und die der Mädchenschulen verzehnfacht hatte, gab es am Ende dieser Zeit 100 Schulen für Jungen und nur 45 für Mädchen.[21] Viele protestantische Humanisten verfaßten Schriften zugunsten einer Verbesserung der Mädchenbildung, doch ihre Programme wurden nicht in vollem Umfang verwirklicht. Und selbst diese relativ fortschrittlichen Reformer befürworteten einen sehr vereinfachten Lehrplan für die Mädchen im Vergleich zu dem für die Jungen vorgesehenen, wobei ein starkes Übergewicht zugunsten der religiösen Unterweisung bestehen sollte.

In Frankreich sorgten vom 16. Jahrhundert an Gemeindeschulen, die Kirchen zugeordnet waren und nur sehr rudimentäre Kenntnisse und Fertigkeiten vermittelten, für die Erziehung von Jungen und Mädchen. Mädchen konnten nach wie vor in Klosterschulen eine gründlichere Ausbildung erhalten. Seit dem 17. Jahrhundert boten Lehrorden wie die Ursulinen und die Filles de La Croix erweiterte Bildungsmöglichkeiten für Mädchen der Ober- und Mittelschichten, aber die Betonung lag vor allem auf moralischem und religiösem Gebiet und auf der Rekrutierung neuer Nonnen. Für adlige Frauen konnten Privatunterricht und die Benutzung privater Bibliotheken manche der Nachteile der geschlechtsspezifischen Belehrung ausgleichen. Einige Jahrhunderte lang kamen die gebildetsten Frauen aus diesen Kreisen, oft sehr stark von ihren Vätern angespornt.[22]

In England machte die Einrichtung der Lateinschulen im 16. Jahrhundert für die meisten Jungen eine Elementarbildung möglich, während die Erziehung der Mädchen ganz in der Hand der Mütter oder Gouvernanten blieb. Die Abschaffung der religiösen Orden und ihrer Schulen während der Reformation hatte einen sehr ungünstigen Einfluß auf die Bildungschancen englischer Frauen. Fast ein Jahrhundert lang gab es für sie keine Bildungstradition, und die Mädchen aus der Oberschicht erhielten nur soviel Bildung, wie sie brauchten, um auf dem Heiratsmarkt konkurrieren zu können – also sich gewisse »Fertigkeiten« des gehobenen Lebensstils anzueignen, wie etwa Feinstickerei oder die Fähigkeit, ein Instrument zu spielen oder zu singen. Jonathan Swift beklagte, daß »nicht eine Tochter adliger Herkunft unter tausend in ihrer Muttersprache lesen oder schreiben oder den Inhalt des einfachsten, in der Muttersprache geschriebenen Buches beurteilen kann... Nicht einmal das Buchstabieren wird ihnen in ihrer Kindheit beigebracht, noch lernen sie es in ihrem späteren Leben.«[23] Dennoch war, wie noch deutlich werden wird, die Zahl derer, die lesen und schreiben konnten, groß im Vergleich zu der in anderen Ländern Europas; doch eine weiterführende Bildung war nur schwer zu erlangen. Im 18. und 19. Jahrhundert trugen Missions- und Sonntagsschulen dazu bei, die Zahl der Analphabeten unter den Kindern der untersten sozialen Schichten zu senken, aber auch hier waren Mädchen sehr stark benachteiligt. Es sollte mehr als hundert Jahre dauern, bis die Bemühungen von einzelnen Frauen oder ein organisiertes Vorgehen von Frauengruppen den Zugang der Mädchen zu Institutionen der höheren Bildung verbessern konnten (siehe Kapitel 9).

Doch auch in dieser Zeit gab es Frauen von außerordentlicher Begabung, die sich ungeachtet aller Hindernisse und Widerstände Bildung aneigneten und ein geistiges Werk von hoher Qualität schufen. Allerdings wurden auch sie ganz unvermeidlich an der Entfaltung ihrer Talente gehindert und ihre Bemühungen durchkreuzt – wie es schon den gebildeten Frauen in der Renaissance ergangen war. Dies wird beispielhaft deutlich am Leben der Sor Juana de la Cruz aus Mexiko (1651–1695), die nicht nur ihrer Genialität und ihrer Lebensgeschichte wegen bemerkenswert ist, sondern auch weil sie eine der wenigen weiblichen Intellektuellen ihrer Zeit war, die nicht aus der Oberschicht stammte.

Sie wurde in einem mexikanischen Dorf geboren als eines von sechs Kindern einer unverheirateten Frau, die weder lesen noch schreiben konnte. Sie wuchs im Haushalt ihres Großvaters in einer Kleinstadt auf und zeigte früh einen ungewöhnlichen Lerneifer. Im Alter von drei Jahren brachte sie den Lehrer ihrer älteren Schwester durch eine List dazu, ihr das Lesen beizubringen. Sie übte es mit Hilfe der Bücher im Hause des Großvaters, und als sie sechs Jahre alt war, konnte sie schreiben. Sie bat ihre Mutter um die Erlaubnis, sich wie ein Junge zu kleiden und an der Universität von Mexiko City Naturwissenschaften zu studieren. Eine derartige Bitte mußte auf Ablehnung stoßen. Sie wurde jedoch im Alter von acht Jahren nach Mexiko City geschickt und erhielt dort zwanzig Stunden Lateinunterricht, woraufhin sie sich die weiteren Kenntnisse dieser Sprache selbständig aneignete. Die Frau des Vizekönigs wurde auf ihre Begabung aufmerksam, holte sie an den Hof und machte sie zu ihrer Hofdame, später zur offiziellen Hofdichterin. Juana wurde dem Hof und den Gästen als ein erstaunliches Wunder vorgestellt und zum Verfassen von zahllosen Gelegenheitsgedichten zu den unterschiedlichsten öffentlichen Ereignissen aufgefordert. Außer diesen Gedichten für den Hof schrieb sie Komödien und ein religiöses Drama. In einem ihrer längeren Gedichte kritisierte sie die Männer wegen ihrer Geringschätzung Frauen gegenüber. Was ihr vom Leben bei Hofe abverlangt wurde, schränkte ihre Möglichkeiten, die eigenen Studien fortzusetzen, so sehr ein, daß sie sich entschloß, Nonne zu werden. Zu den Gründen für diese Entscheidung schrieb sie:

»... in Anbetracht meiner uneingeschränkt negativen Einstellung zur Ehe war es die am wenigsten unpassende und die anständigste Lebensweise, die ich wählen konnte, um die Erlösung meiner Seele zu erreichen... Ich überwand alle Torheiten meiner Veranlagung, zu denen der Wunsch gehörte, allein zu leben und nicht zu irgendwelchen Tätigkeiten verpflichtet zu sein, um mich der grenzenlosen Freiheit zu erfreuen, ohne Pflichten gegenüber der Gemeinschaft, um derentwillen die friedliche Stille meiner Bücher unterbrochen würde, meinen Studien nachgehen zu können...«[24]

Immer wieder stoßen wir in der Geschichte auf die Selbstverleugnung von denkenden Frauen, so wie auch diese begabte Frau ihren Wunsch, das Leben einer Wissenschaftlerin führen zu können, als »Torheiten meiner Veranlagung« bezeichnet. 1669 trat sie in ein Kloster ein und erhielt aufgrund ihrer einflußreichen Stellung bei Hofe die Erlaubnis der kirchlichen Obrigkeit, ihre Klosterzelle mit Büchern auszustatten, Besucher zu empfangen und sich am literarischen Leben zu beteiligen. Doch selbst in dieser Zeit des relativen Beschütztseins stand Sor Juana unter der ständigen Aufsicht und Zensur ihres Beichtvaters Pater Antonio Nuñez. Offenbar zog er sie öffentlich zur Rechenschaft, weil sie Gedichte schrieb und mit Personen von Autorität und Macht in Verbindung stand. In einem erst kürzlich bekanntgewordenen Brief an Pater Nuñez verteidigte Sor Juana, abgesichert unter dem Schutz des Vizekönigs und seiner Frau, heftig ihr Recht, Gedichte zu schreiben, da schließlich der Himmel sie mit diesem Talent begabt habe, sowie ihr Recht auf Bildung. Sie stellte fest, daß sie alle ihre

Studien privat betrieben und die öffentliche Anerkennung weder gesucht habe noch wünsche. Aber, so schrieb sie voller Entschiedenheit und Nachdruck:

»Wer hat es Frauen verboten, sich privaten und individuellen Studien hinzugeben? Haben sie nicht eine vernunftbegabte Seele wie die Männer? Warum soll eine Frau dann nicht die Vorteile der Aufklärung genießen können, wie jene es tun? ... Welche göttliche Offenbarung, welche Regel der Kirche, welches Urteil der Vernunft hat eine für uns Frauen so folgenschwere Regel festgelegt? ... Ich habe diese Neigung (zu lernen), und wenn das eine Sünde ist, so bin ich nicht diejenige, die mich so gemacht hat – ich bin damit geboren, und ich werde sterben damit.«[25]

Trotz des heftigen Briefwechsels blieb Pater Nuñez offenbar ihr Beichtvater, und Sor Juana setzte ihre Studien und literarischen Aktivitäten fort, bis 1686 nach dem Tod der Marquesa und der Abreise einiger ihrer Beschützer ihr Einfluß bei Hofe nachließ. Einige Jahre später wurde sie in einen komplizierten literarisch-theologischen Streit verwickelt, der ihr Leben und ihr Schreiben überschattete.

1690 schrieb Sor Juana einen kritischen Essay über eine Predigt, die vierzig Jahre früher von einem bekannten Jesuiten gehalten worden war, der in Spanien und Mexiko sehr verehrt wurde, ganz besonders von Erzbischof Francisco Aguiar y Seijas. Ihr Essay fiel dem Bischof von Puebla, Fernandez de Santa Cruz, auf. Er publizierte die Arbeit auf eigene Kosten ohne ihr Wissen und sandte ihr ein Exemplar mit einem Brief, in dem er sie kritisierte, den er aber als »Sor Philotea« unterschrieb. Offensichtlich fand der Bischof es unziemlich, daß sie sich schriftlich zu theologischen Themen äußerte, und drängte sie, künftig ausschließlich religiöse Literatur zu lesen. »Es wäre schade, wenn ein so großer Geist so niedrig-erdverhaftetem Wissen zugewandt bliebe und nicht danach strebte, zu erkennen, was sich im Himmel ereignet. Aber da er sich herabläßt auf die unterste Ebene, sollte er nicht noch weiter gehen und prüfen, was in der Hölle vor sich geht.«[26] Sor Juana wußte wohl, wer der Autor war, wandte sich mit ihrer Antwort aber dennoch an »Sor Philotea« und hielt die Fiktion aufrecht, sie schreibe an eine Nonne. Ihre »Replik« war eine brillante Verteidigung des Rechtes der Frauen auf Bildung. Sie erläuterte ihre Lebensgeschichte, um zu zeigen, daß nichts bisher ihre Wißbegier unterdrücken oder behindern konnte, und nannte zahlreiche gebildete Frauen, von denen in der Bibel berichtet wird und die sie inspiriert hatten. Sie schloß mit einer entschiedenen Argumentation zugunsten der Weitergabe von Wissen durch ältere Frauen an jüngere und für das Recht der Frauen, ihre intellektuellen Möglichkeiten ausbilden und entwickeln zu können. Wir haben keine Kenntnis von der Antwort des Bischofs. Sor Juanas Essay wurde erst nach ihrem Tode veröffentlicht.

Die Umstände dieses Briefwechsels sind rätselhaft für Historikerinnen und Historiker und wohl auch nicht eindeutig. Hat der Bischof nur eine Gelegenheit zur Zurechtweisung Sor Juanas gesucht? Octavio Paz meint, der ganze Vorfall sei Ausdruck der Rivalität zwischen Bischof und Erzbischof, in der Sor Juana nur als Mittel zum Zweck benutzt worden sei. Diese Erklärung ist plausibel, aber Sor Juana mischte sich offenbar ganz bewußt in den Streit zwischen den beiden Klerikern ein; die von ihr vertretenen Auffassungen hatte sie, wie frühere private Briefe zeigen, schon lange Zeit zuvor entwickelt. Sie mochte sehr wohl die Gelegenheit begrüßt haben, diese Meinungen in einer eher öffentlichen Form darzustellen.[27] Nachdem Sor Juana ihre »Replik« geschrieben hatte, die vielleicht von Hand zu Hand zirkulierte, erhöhte sich der auf sie ausgeübte Druck noch. Ihr Beichtvater Pater Nuñez weigerte sich, ihr die Beichte abzunehmen, und klagte sie an, das Demutsgebot zu verletzen. Kurz darauf ordnete der Erzbischof an, sie hätte ihre Bücher zugunsten der Armenhilfe zu verkaufen. Sor Juana unterwarf sich, gedemütigt und ohne jede Unterstützung alleingelassen, und trennte sich 1693 von allen ihren Büchern, drei religiöse Werke ausgenommen. Sie gab eine öffenliche Erklärung ihrer Unterwerfung ab und bat die Nonnen ihres Ordens um Vergebung. 1694 unterzeichnete sie mit ihrem Blut eine Erneuerung ihres religiösen Gelübdes und sagte sich von allem anderen Hoffen und Streben los. Vielleicht den Tod suchend, pflegte sie kranke Nonnen während einer Epidemie und starb 1695.[28]

Das letzte Beispiel für die Blockierung und erzwungene Vernachlässigung außerordentlicher Begabungen entstammt einem späteren Jahrhundert, als gebildete Frauen nicht mehr ganz so selten waren. Die Geschichte der Versagung von Möglichkeiten für begabte Frauen folgt nicht der gewohnten Chronologie des Fortschritts im Erziehungs- und Bildungswesen. Sie scheint vielmehr das Prinzip zu belegen, daß ungeachtet der Fortschritte in der Ausbildung von Frauen die besten von ihnen behindert und letztlich zum Verzicht gezwungen werden, bevor sie erreichen, was sie aufgrund ihrer Begabungen und Bemühungen erreichen könnten.

Elizabeth Elstob (1683–1756) wurde von ihrer Mutter zum Lernen ermutigt, doch als sie acht Jahre alt war, untersagte ihr nach dem Tod der Mutter ihr Vormund, der gebildete Frauen verachtete, die von ihr angestrebte Ausbildung. Selbst ihre Bitte, Französisch lernen zu dürfen, lehnte er ab – mit der Bemerkung, für eine Frau sei es ausreichend, eine Sprache zu beherrschen. Doch irgendwie erreichte sie es, Französisch wenigstens lesen zu können.[29]

Sie bildete sich weiter durch die Lektüre der Bücher ihres Bruders William, der in Oxford studiert hatte und ihre intellektuelle Entwicklung förderte. Dreizehn Jahre lang lebte sie bei ihm, zunächst in Oxford, wo er unterrichtete, und später in London, wo er Prediger und Vorsteher zweier Gemeinden war. Er gab ihr die Möglichkeit, ihre wissenschaftlichen Interessen ernsthaft zu verfolgen. Acht Sprachen konnte sie fließend lesen und schreiben, darunter Gotisch, Fränkisch, Altdeutsch; und sie wurde gerühmt als eine der fähigsten Gelehrten ihrer Zeit auf dem Fachgebiet des Angelsächsischen. Sie arbeitete mit ihrem Bruder an dessen Übersetzung der von König Alfred dem Großen verfaßten angelsächsischen Ausgabe der Geschichtsdarstellung des Orosius. 1708 veröffentlichte sie eine Übersetzung von Madeleine de Scudérys *Essay über den Ruhm* und 1709 eine Übersetzung von Aelfrics *An Anglo-Saxon Homily on the Birthday of St. Gregory*.[30] Typisch ist, daß Elstob sich veranlaßt sah, im Vorwort wegen ihrer Arbeit um Verständnis und Nachsicht zu bitten:

»Ich weiß, daß gesagt werden wird: Was hat eine Frau denn mit Bildung zu schaffen?... Was ist falsch an dem Streben von Frauen nach Bildung? Warum werden sie nicht für gut genug gehalten, sich die höchsten Auszeichnungen zu verdienen? Was kann ihnen das schaden? Welchen Nachteil soll es denn für andere haben? Gemeinhin werden zwei Argumente gegen die Bildung von Frauen vorgebracht. Daß Bildung sie aufsässig macht und sie ihre häuslichen Pflichten vernachlässigen läßt. Wo das geschieht, ist es nicht gutzuheißen... Ich erlebe es höchst selten, daß gegen die üblichen weiblichen Zerstreuungen eingewandt wird, diese hielten die Frauen von ihren häuslichen Obliegenheiten ab. [Sie beklagt anschließend die Tatsache, daß nicht nur Männer, sondern auch manche Frauen weibliche Gelehrsamkeit ablehnen.] Und wird es einer Frau zugestanden, etwas zu lernen, so wird gefragt, ob sie denn nicht etwas anderes lernen kann, um sich die Zeit zu vertreiben? Was ist dies Angelsächsisch? Was hat sie zu tun mit diesem barbarischen alten Kram? So unnütz, so völlig abseitig?«[31]

Indem Elizabeth Elstob diese nicht zu beantwortenden Fragen stellte, formulierte sie, wieviel Mut sie bei ihrem Unterfangen aufbringen mußte – denn anders als andere gebildete Frauen, die einfach das bereits erworbene Wissen kundtaten oder von schöpferischen Eingebungen und Vorstellungen sprachen, beanspruchte sie ein Recht der Frauen auf eine akademische Ausbildung und wissenschaftliche Tätigkeit. Ganz unvermeidlich hatte auch sie sich zu verteidigen gegen die Anschuldigung, nicht sie habe ihre Werke verfaßt, deren Autor sei vielmehr ihr Bruder. Doch ihr Bruder erklärte und bewies daraufhin, daß sie es gewesen sei, die ihm bei seinen Arbeiten geholfen habe, nicht umgekehrt.

Sie setzte unter allgemeinem Beifall ihre Zusammenstellung einer ersten Grammatik des Angelsächsischen, *The Rudiments of Grammar*, fort –, und zwar in modernem Englisch, um so dieses Werk allen, in der Mehrzahl Frauen, zugänglich zu machen, die kein Latein konnten. Veröffentlicht 1715 in einem Subskriptionsverfahren, wurde diese Grammatik zum Standardwerk ihrer Art. Die Liste der 250 Subskribenten enthält die berühmtesten angelsächsischen Gelehrten ihrer Zeit, unter deren Schutz und in deren Gunst sie stand. Die Hälfte der Bücher wurde an Frauen verkauft.[32] Kurz vor dem Erscheinen der Grammatik war ihr Bruder gestorben, und sie stand nun ohne Unterhalt und ohne Zugang zum akademischen Leben allein. Sie hoffte, einige Bücher mit angelsächsischen Predigten herausgeben zu können, aber diese Arbeit verzögerte sich aus Mangel an Geld und wissenschaftlicher Unterstützung. Da sie den von ihr gewählten Beruf nicht ausüben und ihren Lebensunterhalt nicht davon bestreiten konnte, verschwand sie aus dem Kreis ihrer Freunde. Erst zwanzig Jahre später entdeckte Sarah Chapone, die Frau eines Pfarrers mit literarischen Interessen und Freundin mehrerer Schriftsteller, daß Elizabeth Elstob fast völlig verarmt in Worcestershire lebte und in einer kleinen Tagesschule unterrichtete. Mrs. Chapone stellte sie einem George Ballard vor, einem Korsettschneider, der »Antiquiertes« sammelte und am Erlernen des Angelsächsischen interessiert war und später, auf Elstobs Anregung hin, ein Buch über »gebildete Frauen« veröffentlichte. Ihre Freundschaft mit Ballard führte zu ihrer intellektuellen Wiederbelebung und zu einer fruchtbaren Zusammenarbeit der beiden an seinem Projekt.[33]

Mrs. Chapone, entschlossen, Elstob zu einer angemesseneren Beschäftigung zu verhelfen, schickte in deren Angelegenheit einen Brief an die Frauen des ländlichen Adels, woraufhin Elizabeth Elstob die Stelle der Leiterin einer örtlichen Armenschule angeboten wurde. Das Schreiben, mit dem sie begründete, warum sie die Aufgabe übernehme, wurde für so bemerkenswert gehalten, daß es Königin Caroline vorgelegt wurde. Diese war vom Inhalt des Briefes so bewegt, daß sie verfügte, Elstob solle 100 Pfund pro Jahr erhalten; doch das Geld wurde nie ausgezahlt. Wieder auf Betreiben einiger Frauen wurde die Herzogin von Portland auf Elstob aufmerksam gemacht. Die Lady entschied nach einigem Zögern, Elstob als Gouvernante ihrer Kinder mit einem Jahresgehalt von 30 Pfund einzustellen. Das Zögern war verursacht durch den Einwand ihres Mannes, Elstob sei nicht genügend qualifiziert, weil sie nicht Französisch spreche. Aber die Herzogin zerstreute die Bedenken und definierte die Aufgabe der Gouvernante so: »... sie verlangt und erwartet, daß Mrs. Elstob ... ihre Kinder in den Prinzipien der Religion und Sittsamkeit unterweist, sie lehrt, Englisch gut zu sprechen, zu schreiben und zu verstehen, daß sie ihren Geist so weit bildet, wie es den Fähigkeiten der Kinder entspricht, und ihnen Gesellschaft leistet.«[34] Nach zwanzig Jahren bedrückendster Armut, in denen sie ihre wissenschaftliche Arbeit nicht weiterführen konnte, nahm die damals 54jährige Elizabeth Elstob, ihrer Ausbildung und Leistung nach eine der führenden Gelehrten ihrer Zeit auf dem Gebiet der angelsächsischen Sprachen und Literatur, diese Stelle dankbar an. Sie verbrachte ihre letzten 17 Lebensjahre mit der Routinearbeit einer Gouvernante im Haushalt einer Familie des Hochadels.

Die geringe Zahl von gebildeten Frauen und die enormen Probleme, mit denen sie sich während ihres Lebens auseinanderzusetzen hatten, sind ein Merkmal, an dem sich ermessen läßt, wie hoch der Preis für die Benachteiligung der Frauen in Ausbildung und Bildung war. Eine andere Methode, dies einzuschätzen, ist eine Untersuchung der Verbreitung von Schreib- und Lesefähigkeit unter dem Gesichtspunkt geschlechtsspezifischer Unterschiede. Wenn Untersuchungen über den Grad der Alphabetisierung auch große methodologische Probleme aufwerfen, so zeigen doch alle zugänglichen Quellen aus allen Teilen der Welt den gleichen Sachverhalt: Von einigen ganz wenigen Ausnahmen bei bestimmten Eliten abgesehen, lernen Frauen das Lesen und Schreiben später und in geringerer Zahl als Männer.

Das erste Beispiel einer weitverbreiteten Schreib- und Lesefähigkeit in der Geschichte bietet das ptolemäische Alexandria. Dort konnten 80 Prozent der Männer und 40 Prozent der Frauen aus der bürgerlichen Schicht griechisch schreiben, sehr viel mehr schrieben nur ägyptisch. Diesem Verhältnis entsprach der im 4. Jahrhundert erreichte Alphabetisierungsgrad in Griechenland. In Teilen Indiens waren im 4. und 5. Jahrhundert und bis ins Mittelalter hinein die Hälfte der Männer und fünf Sechstel der Frauen Analphabeten.[35]

Im Mittelalter bezeichnete der Begriff *litteratus* einen Menschen mit Kenntnissen der Literatur (Lateinisch) und wurde verknüpft mit *clericus*, dem Kleriker. Dieser Begriff stand im Gegensatz zu *illitteratus*, das dem *laicus* zugeordnet war, also dem, der nicht dem Priesterstand angehörte, dem Laien.[36] Wir haben schon erörtert, wie diese Unterscheidung entsprechend der Kenntnis der lateinischen Sprache eine Trennung der Geschlechter nach sich zog und wahrscheinlich die Bildungsdefizite der Frauen noch vergrößerte. Der Aufschwung des Lesens und Schreibens in der Muttersprache hing zusammen mit der zunehmenden Bedeutung des Handels, zu beobachten etwa an der weitverbreiteten Schreib- und Lesefähigkeit bei den Kaufleuten in Florenz im 11. Jahrhundert und bei denen der Hanse im 13. Jahrhundert. Um 1400 konnten auch die Handwerker in England und Deutschland lesen und schreiben.[37]

Obwohl es keine genauen Zahlen darüber gibt, können wir annehmen, daß die Frauen dieser Kaufleute und Gewerbetreibenden die Grundkenntnisse erwarben, die erforderlich waren, um die Männer bei ihren Geschäften zu unterstützen. Dennoch blieben die allermeisten Frauen Analphabetinnen.

Die Erfindung des Buchdrucks durch Johannes Gutenberg 1440 war zwar der wichtigste technische Fortschritt hinsichtlich der Alphabetisierung, wirkte sich aber nicht unmittelbar und sofort in diesem Sinne aus. Zu einer deutlich erkennbaren Verbreitung der Schreib- und Lesefähigkeit kam es erst mit der protestantischen Reformation. Erst seit dieser Zeit liegen Historikerinnen und Historikern genaue Untersuchungen auf der Grundlage von Unterschriften auf Dokumenten vor, die alle die gleichen Schlußfolgerungen nahelegen: Überall können mehr Männer als Frauen lesen und schreiben, aber es gibt Unterschiede je nach Klasse und Religion sowie in Abhängigkeit von Gewerbezweig und spezieller Tätigkeit.[38] So zeigt eine Untersuchung über die Gerichtsakten in der Diözese von Norwich, England, aus den Jahren 1530 bis 1730 ein Analphabetentum zwischen null (Kleriker) und 85 Prozent (Arbeiter), während es bei den Frauen ganz allgemein bei 89 Prozent liegt.[39] Aus einer Studie über die Schreib- und Lesefähigkeit in Schottland für die Zeit von 1630 bis 1760 ergibt sich, daß 28 Prozent der Männer und 80 Prozent der Frauen nicht lesen und schreiben konnten. Wie anderswo war auch hier die Alphabetisierung vom Zugang zu Schulen abhängig und eindeutig klassenbedingt, doch haben auch das Alter und der Wohnort offenbar eine Rolle gespielt, denn es konnten mehr ältere und in der Stadt lebende Frauen lesen und schreiben als jüngere Frauen auf dem Lande.[40]

Die methodologische Schwierigkeit bei der Bewertung von Studien über die Alphabetisierung, die sich auf die Fähigkeit stützen, eine Unterschrift zu leisten, besteht darin, daß diese Untersuchungen vom Ansatz her eine Ausrichtung haben, die Menschen aus der Mittel- und Oberschicht eher in den Blick rücken als andere. Zunächst wurde den Kindern im Alter von zwei bis sechs Jahren das Lesen beigebracht, in der Regel zu Hause, dann erst lernten sie (ab sechs Jahren) schreiben, meistens in der Schule. Doch selbst da, wo Schulen erreichbar waren, konnten es sich die Armen nicht leisten, ihre Kinder zur Schule zu schicken, da deren Arbeitskraft zu Hause gebraucht wurde oder sie, später, in den Fabriken arbeiten mußten. Dementsprechend hatten Leute, die ihren Namen schreiben konnten, einen höheren Lebensstandard als diejenigen, die in einer Untersuchung, die sich auf Unterschriften bezieht, nicht berücksichtigt wurden. Einige Studien versuchten, diese Problematik zu umgehen. Eine Untersuchung über englische religiöse Autobiographen aus dem 17. Jahrhundert zeigte, daß sehr viel mehr Menschen aus der Unterschicht lesen konnten als schreiben gelernt hatten, weil lesen früher gelehrt wurde als schreiben. Diese Untersuchung gab auch Aufschluß darüber, wie Frauen, die nur lesen gelernt hatten, zur Alphabetisierung beitrugen. Eine Darstellung der Verhältnisse in einem kleinen Marktflecken in Staffordshire von 1693 - 1698 verwies auf einen Lehrer und fünf Lehrerinnen sowie einen Schreiblehrer, der zweimal im Jahr für sechs Wochen kam. Vier der fünf Frauen waren mit einem Tagelöhner oder Handwerker verheiratet. Ein Mann erzählt in seiner Lebensbeschreibung von seiner Mutter, der Frau eines Webers, die zwar lesen, nicht aber schreiben konnte, die aber dennoch ihre Kinder mit Hilfe der Bibel und anderer Bücher unterrichtete und armen Kindern dazu verhalf, lesen und schreiben zu lernen, indem sie ihnen Bücher kaufte, sie in die Schule schickte und ihren Lehrer bezahlte.[41]

In einer Untersuchung auf der Basis von Berichten aus der Erweckungsbewegung im schottischen Protestantismus waren 32 der untersuchten 36 Frauen Dienstbotinnen. Alle in die Untersuchung einbezogenen Männer und Frauen aus der Erweckungsbewegung konnten lesen, doch nur zwei Drittel der Männer und ein Zehntel der Frauen konnten schreiben. Zwei Frauen hatten sich das Lesen selbst beigebracht, indem sie in der Kirche den Bibellesungen mit Blick auf den Text folgten. Eine Haushaltshilfe lernte mit 18 Jahren lesen, nachdem sie es sich in ihrem Arbeitsvertrag ausbedungen hatte, daß sie täglich Leseunterricht erhielte.[42]

Unter dem Aspekt einer Untersuchung über geschlechtsspezifische Unterschiede ist die Frage entscheidend, ob sich ein gleichbleibender Unterschied zwischen Frauen und Männern in dem jeweiligen Anteil der Schreib- und Lesefähigen (literacy rate) an der Gesamtzahl der Frauen und Männer feststellen läßt. Eine Analyse auf der Grundlage der Eheschließungsregister in Frankreich aus dem 18. Jahrhundert zeigte einen Anstieg der Alphabetisierung bei Männern zwischen 1690 und 1790 von 29 auf 47 Prozent, bei den Frauen im gleichen Zeitraum von 14 auf 27 Prozent (aufgerundete Zahlen).[43]

Im 19. Jahrhundert gab es einen großen Fortschritt in der öffentlichen Erziehung und damit der Alphabetisierung. Die Unterlagen der Eheschließungsregister, die die Kirche von England seit 1754 aufbewahrt hat, erlauben einen Überblick hinsichtlich der Fähigkeit, eine Unterschrift zu leisten, unter Einbeziehung von etwa 90 Prozent aller Menschen, die seither geheiratet haben. Daraus ergibt sich folgendes:

Rate der Analphabeten in England
(Grundlage: 274 Gemeinden)

	Männlich	Weiblich
1750	36 %	64 %
1850	35 %	50 %

(Grundlage: alle Gemeinden)

	Männlich	Weiblich
1850	30 %	45 %
1911	1 %	1913 1 %

Es ist bemerkenswert, daß trotz der großen Fortschritte der Frauen in bezug auf das Lesen- und Schreibenlernen im 19. Jahrhundert der Alphabetisierungsgrad bei Frauen und Männern erst 1911/13 der gleiche ist.[45]

Vielleicht ist der Blick auf ein hinter der Entwicklung Westeuropas zurückgebliebenes Land von Interesse, das im 20. Jahrhundert eine noch nicht dagewesene Alphabetisierungskampagne durchführte. Das zaristische Rußland wies im Jahre 1897 einen Anteil von 78 Prozent Analphabeten an der Gesamtbevölkerung auf. Nach der Oktoberrevolution wurde die Alphabetisierung mit höchster Priorität betrieben. Hier die Ergebnisse:

Analphabeten in Sowjetrußland 1926[46]

Männer 24–25 Jahre alt	4,3 %
Frauen 19 Jahre alt	11,8 %

Eine von der UNESCO vorgelegte weltweite Studie hat gezeigt, daß die Zahl der weiblichen Analphabeten mit wenigen Ausnahmen in allen Ländern der Erde größer ist als die der männlichen Analphabeten. Die Ausnahmen bilden überwiegend Länder mit einem sehr hohen Alphabetisierungsgrad. Und auch bei diesen ist ein Gleichstand der beiden Geschlechter nur bei den jungen Menschen gegeben, bei den über 35jährigen gibt es starke vom Geschlecht abhängige Unterschiede.[47]

Wir wollen uns nun mit der Verbreitung der Schreib- und Lesefähigkeit in den Vereinigten Staaten befassen.[48] Die bekannteste Studie über Alphabetisierung in der Kolonialzeit ist die von Kenneth Lockridge, die sich auf 3000 Signaturen auf Testamenten stützt. Er weist einen starken Anstieg der Alphabetisierung bei Männern innerhalb von dreißig Jahren nach, bei gleichzeitig viel langsameren Fortschritten bei den Frauen. 1660 konnten etwa 60 Prozent der Männer, die ein Testament hinterließen, dieses unterschreiben; 1790 waren es ungefähr 90 Prozent. Bei den Frauen lag der

Anteil derer, die eine Unterschrift leisteten, deutlich darunter: 31 Prozent 1660, 46 Prozent 1790. Allerdings kann Lockridge aus methodologischen Gründen die Fähigkeit der Frauen, eine Unterschrift zu leisten, durchaus unterschätzt haben.[49] In einer neueren Studie über 907 Frauen in Connecticut, die Kaufverträge als Beteiligte oder Zeuginnen unterschrieben haben, gruppiert nach ihren Geburtsdaten, fand Linda Auwers heraus, daß 21 Prozent der Frauen, die in den 1660er Jahren geboren waren, und 94 Prozent der in den 1740ern Geborenen fähig waren, ein Schriftstück zu unterzeichnen.[50] Trotzdem waren weniger Frauen als Männer in der Lage, zu unterschreiben und also zu lesen und zu schreiben.[51]

Im New England der Kolonialzeit lernten sowohl Mädchen als auch Jungen die Grundlagen des Buchstabierens und Lesens von ihren Müttern oder von Nachbarinnen, die in ihren Häusern »Frauenschulen« unterhielten, entlohnt durch ein geringes Schulgeld, das die Schülerinnen entrichteten. Wie stark die religiösen und ökonomischen Antriebe für eine Verbesserung der Ausbildung in den Kolonien war, wird exemplarisch deutlich durch ein Gesetz des Staates Massachusetts aus dem Jahre 1642, demzufolge von den örtlichen Autoritäten die Fähigkeit aller Kinder, »die Prinzipien der Religion und die wichtigsten Gesetze dieses Staates zu lesen und zu verstehen«, überprüft werden sollte. Kinder, die diesen Ansprüchen nicht genügten, konnten ihren Eltern weggenommen und anderen Menschen zur Ausbildung übergeben werden. Ähnliche Gesetze gab es auch in den anderen Kolonien. Das Gesetz von Massachusetts bestimmte auch, daß den Knaben Lesen und Schreiben beizubringen sei, den Mädchen hingegen nur das Lesen. Erst 1771 forderte die Gesetzgebung, daß Kinder, die nach den Bestimmungen des Armenrechts erzogen wurden, folgendes zu lernen hätten: »männliche: Lesen, Schreiben, Rechnen; weibliche: Lesen, Schreiben«.[52]

Die Fähigkeit zu schreiben galt als eine Fertigkeit, die nur schwer zu vermitteln sei, weshalb der Schreibunterricht von Männern erteilt wurde. Da das Schreiben als Teil der Berufsvorbereitung galt, wurde es länger als hundert Jahre nur männlichen Schülern in Schulen, die von den Städten mitfinanziert wurden und in denen Schulmeister unterrichteten, beigebracht. Nach 1690 wurden einige Mädchen in diese Schulen aufgenommen, aber die meisten Mädchen hatten bis zur Mitte des 18. Jahrhunderts keinen Zugang zu Schulen, als 1760 zum ersten Mal in Dedham, Massachusetts, von der Stadt eine regelmäßige Sommerschule für Mädchen eingerichtet wurde. In Medford, Massachusetts, durften Mädchen ab 1766 nachmittags die Schule besuchen, wenn die Jungen nach Hause gegangen waren. New London, Connecticut, bot Mädchen die Möglichkeit des Schulbesuchs im

Sommer, und zwar von 5 bis 7 Uhr morgens. Mit der weiteren Verbreitung dieses Sommerunterrichts für Mädchen wurden auch Lehrerinnen eingestellt, die Lesen, Schreiben und Rechnen unterrichteten.[53]

In dem gleichen Verfahren, das uns aus der Vergangenheit Europas vertraut ist, wurde eine kleine Gruppe von Jungen aus privilegierten Schichten in Lateinschulen und Akademien auf das Universitätsstudium vorbereitet. Nach der amerikanischen Revolution verbesserten sich die Bildungschancen für Kinder beiderlei Geschlechts, doch die Erziehungsziele für Mädchen und Jungen lagen weiter auseinander denn je. Jungen sollten zu brauchbaren Mitgliedern der Gesellschaft und politischem Führungsvermögen als Bürger einer Republik erzogen werden; Mädchen hingegen waren auf ihre Nützlichkeit als Frauen und Mütter hin zu erziehen. Und obwohl die Vorstellung, daß ihnen als »Müttern der Republik« zunehmende Bedeutung zukäme, dazu genutzt wurde, die Bildung der Frauen zu erweitern, blieb diese doch in Qualität und Lehrstoff begrenzt und immer hinter dem zurück, was Jungen an Ausbildung und Bildung angeboten wurde.[54]

Zwischen 1790 und den 1840er Jahren gab es eine zunehmende Zahl von Fachschulen für Frauen im Nordosten, in den Siedlungen der Herrnhuter Brüdergemeinde in Pennsylvania, in Georgia und den Grenzgebieten Tennessee und Ohio. Ebenso wichtig war, daß nach und nach immer mehr Hochschulen für Jungen auch Mädchen als Studentinnen für ein Teil- oder Vollstudium akzeptierten. Die meisten der für Mädchen eingerichteten Akademien boten einen Lehrplan an, demzufolge der »Vervollkommnung von Fertigkeiten« ein besonderes Gewicht gegeben wurde und der die Orientierung der Mädchen auf eine genau festgelegte geschlechtsspezifische Rolle bestätigte oder noch verstärkte. Diese Mädchenschulen versetzten Mädchen in die Lage, ihren Aufgaben in der »weiblichen Sphäre« intelligenter, effektiver und anmutiger gerecht zu werden. Doch bei manchen der Absolventinnen erhöhte diese Ausbildung auch ihren Bildungsanspruch.[55]

Der entscheidende Bruch mit der Tradition erfolgte im Jahre 1818, als Emma Willard einen Plan zur Verbesserung der Ausbildung von Mädchen entwarf, der den Gesetzgebungsorganen des Staates New York zur Beratung und Beschlußfassung vorgelegt wurde. Mit diesem mutigen Schritt und der Gründung des Troy Female Seminary begann sie, was ein Jahrhundert lang die Bewegung von Frauen zur Durchsetzung der gleichen Bildungschancen sein sollte.[56]

Emma Willard, Mary Lyon, Catherine Beecher und einige andere Wegbereiterinnen, die höhere Bildungseinrichtungen für Frauen schufen, deren Lehrplan inhaltlich dem der Einrichtungen für Männer entsprach, hatten allerdings nicht die Absicht, die den kulturell vermittelten Geschlechtsrollen entsprechende Trennung von weiblicher und männlicher Sphäre in Frage zu stellen. Sie hatten lediglich den Wunsch, die »Sphäre der Frau« aufzuwerten und die ökonomischen Möglichkeiten von Frauen im Bildungswesen durch die Ausbildung einer großen Zahl von Lehrerinnen zu erweitern, die an den in allen Teilen des Landes neu eingerichteten öffentlichen Schulen unterrichten könnten. Im Hinblick auf diese Zielsetzung erreichten sie Bewunderungswürdiges, und Tausende von Schulen, die von den Akademieabgängerinnen von 1840 bis in die 1870er Jahre gegründet und aufrechterhalten wurden, sind Beweise ihrer großen Leistung. Eine unvorhergesehene Folge davon war, daß die große Zahl von besser ausgebildeten Frauen, die die Fachschulen verließen, dazu führte, daß immer mehr Frauen sich um die Zulassung zu Colleges und Universitäten bemühten. Die Tatsache, daß die Gründerinnen der Akademien dies gar nicht beabsichtigt hatten, ist dabei nicht wichtig. Wichtig ist das hier zutage tretende Verlaufsmuster, daß nämlich die Ausbildung von Frauen in Einrichtungen für Frauen Energien freisetzt, die auf gesellschaftliche Veränderungen dringen.[57]

Die Kluft zwischen dem Alphabetisierungsgrad von Männern und Frauen verringerte sich je nach dem Landesteil und der Klassen- und Rassenzugehörigkeit der Frau. 1840, als in öffentlichen Schulen Mädchen und Jungen der gleiche Unterricht angeboten wurde, konnten fast alle weißen Frauen im Nordosten lesen und schreiben.[58] Dieser Alphabetisierungsgrad wurde von weißen Frauen im Süden erst am Ende des 19. Jahrhunderts erreicht. Frauen in ländlichen Regionen, Immigrantinnen und Afroamerikanerinnen blieben länger Analphabetinnen als weiße Frauen, die im Lande geboren waren und die der Mittelschicht angehörten.[59] Aber welche Einzelgruppe und welche besondere örtliche Situation auch untersucht wird: Der Unterschied zwischen den Männern und Frauen einer bestimmten Gruppe hinsichtlich ihrer Fähigkeit zu lesen und zu schreiben besteht so lange, bis fast ausnahmslos alle lesen und schreiben können.

Ähnliche Feststellungen lassen sich treffen in bezug auf den erreichten Bildungsgrad in verschiedenen Gruppen und Klassen einer Bevölkerung. Bis 1837 hatten Frauen zum Beispiel keinen Zugang zu einem College oder einer Universität. 1870 waren 21 Prozent aller Collegestudenten und -studentinnen Frauen, 1880 waren es 32 Prozent und 1910 fast 40 Prozent. Obwohl die wachsende Zahl der Collegeabsolventinnen bemerkenswert ist, ist noch wichtiger, daß erst 1920 Frauen, die inzwischen 47 Prozent der Collegeabsolventen und -absolventinnen ausmachten, den gleichen

Zugang zum Collegestudium erreicht hatten wie Männer. Doch Ende der 30er Jahre dieses Jahrhunderts kam es – obwohl die Zahl der Absolventinnen des Colleges leicht zunahm – zu einem dramatischen Rückgang der Zahl von Frauen, die an einem Fachbereich der Universitäten ihr Examen ablegten. Der niedrigste Stand war 1960 zu verzeichnen, als der Anteil der Frauen an allen Studierenden mit dem Bachelor-of-Art-Examen (Diplom in geisteswissenschaftlichen Fächern) oder der ersten Prüfung im Fachstudium 35 Prozent betrug und bei den Promotionen nur 10 Prozent ausmachte.[60]

Erst seit den 1920er Jahren bestehen die gleichen Zulassungsvoraussetzungen für Männer und Frauen auf allen Ebenen des Bildungswesens. Doch die frühere Benachteiligung von Frauen in Erziehung und Bildung wirkt sich immer noch aus und bedingt ein schlechteres Abschneiden von Frauen bei Leistungstests im College und bei der Vergabe von Stipendien. Noch wichtiger ist, daß ganz unabhängig von verschiedenen anderen Variablen, die einzelne Gruppen aufweisen (Unterschiede nach ethnischer Zugehörigkeit, Alter, Region, Religion), es generell zutrifft, daß Frauen einer bestimmten sozialen Gruppe im Bildungsbereich noch immer geringere Möglichkeiten haben als Männer der gleichen Gruppe. Die einzige Ausnahme von dieser Regel sind die Afroamerikanerinnen, die zwischen 1890 und 1970 einen höheren Bildungsgrad erreichen konnten als die Männer ihrer Rasse. Dies ist zurückzuführen auf die Widersprüchlichkeit der Rassendiskriminierung, die den Männern wenig Anreiz zu einer weiterführenden Ausbildung bot, da sie selbst mit einem höheren Ausbildungsgrad und Abschlußexamen auf die am schlechtesten bezahlten Arbeitsplätze und auf Schwerstarbeit verwiesen waren. Andererseits hatten schwarze Frauen mit einer Ausbildung die Chance, dem Leben als Hausangestellte oder Arbeiterinnen der untersten Kategorie zu entrinnen. Deshalb hatten Familien einen guten Grund, eher die Ausbildung ihrer Töchter denn die ihrer Söhne zu fördern. Insofern sind die afroamerikanischen Familien eine Ausnahme von der fast allgemeingültigen Regel, daß Familien die Erziehung der Töchter zugunsten der Ausbildung der Söhne vernachlässigen.

Obwohl also die Afroamerikanerinnen und Afroamerikaner ganz allgemein erst viel später als die Weißen einen Zugang zu den Bildungseinrichtungen erhielten, ergab sich bei der Volkszählung 1960, daß der Anteil der schwarzen Ärztinnen an der Gesamtheit der schwarzen Ärzteschaft fast 10 Prozent betrug, hingegen nur 6 Prozent der weißen Ärzteschaft Ärztinnen waren. Bei den Anwälten betrug der entsprechende Anteil 9 Prozent schwarze Anwältinnen und 3 Prozent weiße Frauen im Anwaltsberuf. Entsprechendes war auch bei den Lehrern und Lehrerinnen festzustellen.

Ironischerweise besteht eine der wenigen Errungenschaften der Bürger-
rechtsbewegung (Civil Rights Movement) im 20. Jahrhundert, die nicht im
Laufe der Zeit zurückgenommen worden sind, darin, daß im Bildungsbereich die bevorzugte Position schwarzer Männer gegenüber schwarzen
Frauen nun den gleichen sexistischen Regeln folgt, die auch für weiße
Frauen und Männer gelten.[61]
Der Kampf der amerikanischen Frauenbewegung um die gleichen Bildungschancen für Männer und Frauen ist dem der Frauenrechtsbewegung
in Europa vergleichbar: Die Stufen des Bildungswesens konnten nach langen Kämpfen nur einzeln und nacheinander erklommen werden. Der
Widerstand seitens des männerkontrollierten Establishments und einzelner Männer war unnachgiebig und geschlossen. Auf jeder Ebene des Bildungswesens mußten Frauen sich das Recht zu lernen, dann das Recht zu
lehren und zuletzt das Recht, auf den Lehrstoff Einfluß zu nehmen, erst
erkämpfen. Letzteres, nämlich das Recht, den Inhalt des Lernens mitzube-
stimmen, ist ein Ziel, das noch immer nicht auf eine signifikante Weise
erreicht ist.

Warum gibt es keine großen Denkerinnen und Systembildnerinnen? Wo
sind die weiblichen Newtons, Kants, Einsteins? Virginia Woolfs brillante
Metapher von Shakespeares Schwester, die bei einer gleichen Begabung wie
der ihres Bruders bei weitem nicht das hätte vollbringen können, was ihm
möglich war, weil die geschlechtsspezifischen Aufgaben und Erwartungen
die Frauen so stark einschränkten, trifft einige historische Beispiele genau.
Diese Frauen hat es gegeben, Frauen von außergewöhnlicher Begabung,
geniale Frauen mit der Fähigkeit und dem Willen, Hervorragendes zu leisten, Neues zu schaffen und Definitionen zu erarbeiten: Isotta Nogarola,
die zur Erklärung ihrer großen literarischen Leistungen des Inzestes mit
ihrem Bruder beschuldigt wurde; Sor Juana de la Cruz, die auf Befehl des
Erzbischofs als Beweis ihrer Unterwerfung die wertvollen Bände ihrer
Bibliothek verkaufte; Elizabeth Elstob, Gouvernante der Kinder des Herzogs von Portland; und das ansonsten unbekannte 16jährige Mädchen,
Lucinda Foote, dem die Zulassung zur Yale Universität 1792 mit der Bemerkung verweigert wurde, sie sei in jeder Hinsicht qualifiziert, »abgesehen
von ihrem Geschlecht«. Lucinda Foote war vielleicht nur mäßig begabt,
vielleicht auch genial. Wir werden es niemals wissen, denn sie war ein Mädchen, und das war alles, worauf es ankam.

Kapitel 3

Selbstautorisierung

Noch folgenreicher als die im Vergleich zu den Männern schlechteren Ausbildungsmöglichkeiten der Frauen war die Frauenfeindlichkeit der Begriffssysteme und Interpretationsmuster, von denen die Dogmen der Kirche bestimmt und die allgemeinen Auffassungen über die geschlechtsspezifischen sozialen Rollen von Männern und Frauen geprägt waren. Die Vorstellungen von der gottgegebenen Minderwertigkeit der Frauen und von ihrer naturbedingt untergeordneten Position im gesellschaftlichen Leben stammen aus der vorchristlichen Zeit, wurden aber erweitert und verdichtet in den Jahrhunderten nach 300 n. Chr., als sich die Kirche zu einer Hierarchie verfestigte, die sich auf eine männliche Priesterschaft stützte. Allerdings war zu dieser Zeit die Erinnerung an die Frauen im Kreise Christi und der Apostel noch so stark und der Gedanke an die weiblichen Heiligen und Anachoretinnen so gegenwärtig, daß sie den frauenfeindlichen Ideen entgegenwirkten. Neu belebt und intensiviert wurde die Frauenfeindlichkeit während der Karolingerzeit durch das Bemühen von Kirche und Staat, die Polygamie zu überwinden, das in der Priesterschaft verbreitete Konkubinat zu unterbinden und die Scheidung zu erschweren oder zu verbieten. Durch diese Reformen wurde nicht nur die monogame Ehe zur ökonomischen Basis der Gesellschaft gemacht, sondern auch die Klassenbildung unter den Besitzenden gefördert. Die Veränderungen hatten nachhaltige Auswirkungen auf die soziale Stellung der Frauen: Unverheiratete Frauen waren großen wirtschaftlichen Risiken ausgesetzt, die Möglichkeit des sozialen Aufstiegs durch Heirat wurde unwahrscheinlicher, und das Los der früheren Lebensgefährtinnen von Priestern war prekär. Es ist kein Zufall, daß die ideologischen Angriffe auf Frauen zunahmen und die erste Anklage wegen Hexerei gegen eine Frau in dieser Zeit erhoben wurde.[1]

Frauenfeindliche Einstellungen waren zunächst nur ein Instrument zur Verfolgung kurzfristiger Interessen von Staat und Amtskirche, aber sie verselbständigten sich bald. Die Behauptung, Frauen seien von Geburt an minderwertig, mental und intellektuell schwächer und ihren Emotionen und sexuellen Versuchungen in höherem Maße unterworfen als Männer und bedürften deshalb der Führung und Anleitung durch Männer, hatte verheerende Folgen für das Denken und Empfinden der Frauen. Selbst außergewöhnliche Frauen – Begabungen, die es nur ein oder zweimal in einem Jahrhundert gibt – mußten gegen derartige Vorstellungen angehen, die ihnen Authentizität, Autorität und Kompetenz absprachen. Jede denkende Frau mußte enorm viel Zeit und Kraft daran wenden, die bloße Tatsache ihres Denkens zu rechtfertigen.

In neuerer Zeit hat die feministisch-kritische Wissenschaft untersucht und festgestellt, welchen Preis die einzelnen Denkerinnen wegen dieses Handicaps zahlen mußten, ganz besonders die nach dem 17. Jahrhundert lebenden. Das Entfalten eines authentischen Selbst, das über die eigene Kreativität bestimmt, ist ein historisches Phänomen und war für Frauen erst in einer sehr viel späteren Zeit zu verwirklichen als für Männer. Die im 5. Jahrhundert geschriebenen »Bekenntnisse« des heiligen Augustinus werden allgemein als die erste Autobiographie betrachtet, durch die zugleich ein eigenständiges Selbst konstruiert wurde. Aber dieses Selbst war männlich; bereits seine Definition schloß aus, daß eine Frau sich damit identifizieren konnte. Es läßt sich darüber diskutieren, wann es der ersten Autobiographie einer Frau gelungen ist, auf ähnliche Weise ein authentisches Selbst zu schaffen und darzustellen. Die Werke der Mystikerinnen seit Hildegard von Bingen verdienen ganz gewiß Beachtung – über ihre Beschreibung eines spirituellen Weges hinaus – als Autobiographien; doch als solche fehlt ihnen genau die Autorität und Selbstsicherheit, durch die das Selbst exemplarisch zu einem Teil des Heilsgeschehens gemacht wird. Die Mystikerinnen suchten ihr Selbst eher zu unterdrücken, um sich ekstatischen Erleuchtungen zu öffnen. Sie sahen sich als bedeutungslose Instrumente, durch die sich die Macht Gottes manifestierte – »Gottes kleine Posaune«, wie Hildegard von Bingen sich selbst bezeichnete. Die Suche nach einem authentischen Selbst mußte sich bei Frauen anders vollziehen als bei Männern, denn bei Männern wurden Glaubwürdigkeit und Eigenständigkeit vorausgesetzt, während sie Frauen abgesprochen wurden. So war jede Frau, die sich Autorität zugestand, eine selbstdefinierte Abweichung, die sich in ihren Schriften mit dieser Tatsache auseinanderzusetzen hatte, bevor ihre Leserschaft sich ihren Worten und ihrem Denken zuwenden konnte.[2]

Schreibende Frauen, die wirkten, bevor anerkannt wurde, daß Frauen als autonom Denkende fähig sein könnten, am öffentlichen Diskurs teilzunehmen – eine Anerkennung, die auf das 17. Jahrhundert datiert werden kann –, mußten drei Einwände entkräften, bevor sie ihre Stimme zu Gehör bringen konnten: Sie mußten davon überzeugen, 1. daß sie tatsächlich die Verfasserinnen ihrer Werke waren, 2. daß sie ein Recht hatten, selber zu denken, 3. daß ihr Denken in anderen Erfahrungen und einem anderen Wissen wurzeln könnte als das ihrer männlichen Mentoren und Vorgänger. Waren diese Vorbehalte endlich ausgeräumt, so hatten die schreibenden Frauen immer noch das Problem, eine Leserschaft zu finden, die für ihr Werk empfänglich war. Wenn sich die Frauen an Männer wandten, so mußten sie den patriarchalen Bezugsrahmen, der ihre Arbeit entwertete oder trivialisierte, überwinden oder sprengen. Außerdem mußten sie das Besondere und Einzigartige ihrer weiblichen Erfahrungen herunterspielen, was nicht selten dazu führte, daß sie ihre eigene Erfahrung aufspalteten, verleugneten oder für wertlos hielten. Waren Frauen ihr Publikum, so mußten sie Symbole und eine verschlüsselte Sprache entwickeln, die es ihren Leserinnen erlaubten, den Prozeß nachzuvollziehen, den sie zu absolvieren hatten, um überhaupt denken zu können. Sie mußten Quellen der Erfahrung und des Wissens erschließen und legitimieren, die zu nutzen Frauen sich gewöhnlich versagten, um sich in einer patriarchalen Welt zu behaupten. Es mußte ihnen gelingen, eine von den tradierten Geschlechterrollen geprägte Metaphorik zu durchdringen und an das tatsächliche aktuelle Wissen und Fühlen anzuknüpfen, um es so weit aufzuwerten, daß es den Anforderungen des universellen abstrakten Denkens genügen konnte; und sie mußten in anderen Frauen Mut und Selbstvertrauen wecken, damit jene ihnen auf diesem Weg folgen und dann ihren eigenen Weg gehen könnten. Dies waren Aufgaben, die sich sehr unterschieden von dem, was männliche Denker zu leisten hatten, deren Autorität nicht in Frage gestellt wurde, denen ganz selbstverständlich das Recht auf eigene Erfahrungen zugestanden wurde und die ihr Denken in einem ständigen Diskurs mit großen Denkern früherer Zeiten entwickeln konnten. Frauen wurden alle diese notwendigen Voraussetzungen der Entwicklung eines abstrakten Denkens vorenthalten.

Jede Frau, die sich das Recht auf eine eigene Stimme nahm, war gezwungen zu beweisen, daß sie ihre Werke selbst geschrieben hatte und diese nicht von einem männlichen Berater verfaßt worden waren. Die Authentizität der im 10. Jahrhundert von der Nonne Roswitha von Gandersheim geschriebenen Stücke ist von Historikern und Literaturwissenschaftlern zwar nicht bestritten worden, doch wurde ihr Talent geschmälert, indem behauptet wurde, sie imitiere nur den römischen Komödiendichter Terenz.

Erst vor kurzem wurden in der hervorragenden Arbeit von Peter Dronke voller Respekt der ganze Reichtum und die Tiefe ihres Denkens gewürdigt. Roswitha selbst beschrieb ihren Zweifel an sich selbst und die zu erwartenden Hindernisse, denen sie sich voraussichtlich gegenübersehen werde, sobald ihre Begabung bemerkt werde, in ihrem ersten Vorwort zu einer Reihe von Legenden.

> »... ich wagte nicht, meine inneren Regungen und Absichten dadurch zu offenbaren, indem ich einen der Gelehrten um Rat bat, damit mir nicht aufgrund meiner Tölpelhaftigkeit verboten werde zu schreiben. So bemühte ich mich in völliger Abgeschiedenheit und heimlich – bald mich mit der Dichtung quälend, bald das schlecht geratene Werk zerstörend –, Texte von auch nur kleinstem Nutzen zu verfassen, für die als Quellen Passagen aus Schriften dienten, die ich gesammelt hatte, um sie auf der Tenne des Gandersheimer Klosters zu lagern.«[3]

Wenn wir erfahren, daß die Nonne Roswitha ihre Schriften und deren Quellen auf der Tenne des Klosters von Gandersheim, einem berühmten Zentrum von Bildung und Kultur, versteckte, so läßt uns das, schmerzlich berührt, an Harriet Beecher Stowe im 19. Jahrhundert denken, die das, was sie geschrieben hatte, in ihrem Nähkorb verbarg, weil Familie und Freunde ihr unziemliches Bemühen, eine Schriftstellerin zu werden, mißbilligten. Das Manuskript, an dem sie damals arbeitete, war der Text des Romans *Onkel Toms Hütte*. Fast neunhundert Jahre lang blieb der Anspruch von Frauen auf das Recht zu denken und zu schreiben ein heftig umstrittenes und vieldiskutiertes Thema.

In einem späteren Vorwort zu ihren Dramen gibt Roswitha einen Hinweis auf die beinahe fatalen Folgen weiblicher Selbstverachtung und Selbstzensur, als sie schreibt: »So wagte ich mein ungepflegtes Geschreibsel auch nur wenigen und nur meinen Vertrauten zu zeigen, weshalb auch beinahe die Arbeit gestockt hätte.«[4] Roswitha fährt fort mit neuem Selbstvertrauen, indem sie versichert, ihre literarische Begabung komme von Gott, und die Worte des Apostels Paulus paraphrasiert (»durch Gottes Gnade bin ich, was ich bin«, 1 Kor. 15:10), als sie schreibt: »... daß nämlich Gott, durch dessen Güte ich allein das bin, was ich bin, in mir gepriesen wird, freut mich zutiefst; doch fürchte ich, größer zu scheinen, als ich es bin.«[5] Sehr früh in der Geistesgeschichte der Frauen ist hier das Grunddilemma der Autorität von Frauen klar und schmerzhaft bezeichnet – ihre Begabung ist gottgegeben, doch sie fürchtet die Konsequenzen, weil die gesellschaftliche Definition ihrer geschlechtsspezifischen Rolle das Vorhandensein einer solchen Begabung ausschließt. Die Nonne Hildegard von Bingen (1098–1179), die zweihundert Jahre später lebte und als einzigartige und begnadete Denkerin aus einer Gemeinschaft von Frauen herausragt, war sich ihres von Gott gegebenen Talentes sehr viel sicherer als Roswitha. Doch die

Authentizität ihrer medizinischen Schriften wurde von mehr als einem Historiker in Frage gestellt.[6] Es ist von einigen Wissenschaftlern auch bestritten worden, daß Heloise, eine Äbtissin im 12. Jahrhundert, ihre Briefe an ihren früheren Geliebten Abälard selbst verfaßt hat.[7] Und in ähnlicher Weise wurden einige der Verse einer bemerkenswerten Gruppe von provenzalischen Troubadourinnen, die im gleichen Jahrhundert großen Erfolg hatten, lange Zeit männlichen Troubadouren zugeschrieben, die angeblich mit weiblicher Stimme sprachen.[8] Auch Marie de France, eine der großen weltlichen Schriftstellerinnen des Mittelalters, die ebenfalls im 12. Jahrhundert lebte, mußte sich mit dem allgemein üblichen Vorbehalt auseinandersetzen, sie könne nicht die Verfasserin der von ihr vorgelegten Werke sein. Sie antwortete auf diese Verdächtigungen im Epilog zu ihren Fabeln:

»Es kann nämlich sein, daß einige Schriftsteller meine Arbeit für sich in Anspruch nehmen, ich möchte nicht, daß irgendjemand sie ihnen zuschreibt; es handelt schlecht, welcher seiner selbst vergißt.«[9]

Die erste Frau, von der bekannt ist, daß sie mit Schreiben ihren Lebensunterhalt verdiente, Christine de Pizan (1365–ca. 1430), antwortete auf die übliche Frage nach der Authentizität ihrer Werke in der für sie charakteristischen munteren Art. In ihrer Allegorie *Christines Vision* läßt sie die »Dame Meinung« sagen:

»Manche behaupten, Schriftsteller oder Priester hätten deine Werke für dich verfaßt, denn sie könnten nicht von weiblicher Intelligenz geschaffen worden sein. Aber diejenigen, die so etwas sagen, sind ungebildet, denn sie wissen nichts von den Schriften der Frauen, die weiser sind als du, nicht einmal von denen der Prophetinnen, über die in früherer Zeit berichtet worden ist... So forderte ich dich auf, fortzufahren mit deinem Werk, das Gültigkeit beanspruchen kann, und dich nicht vor mir zu fürchten.«[10]

Die Notwendigkeit, sich gegen den Vorwurf, abgeschrieben zu haben, zu verteidigen, ergab sich für Frauen in jedem Jahrhundert aufs neue. In der Renaissance wurde die Humanistin Laura Cereta (1469–1499) von männlichen Kollegen bezichtigt, sie gebe ihres Vaters Werk als das eigene aus, denn keine Frau könne jemals derart kluge Briefe geschrieben haben. Cereta entgegnete, sie fühle sich durch den Vergleich mit ihrem Vater, den sie bewundere, geschmeichelt. In ihrer Erwiderung entfaltete sie ihre Gelehrsamkeit und Schreibkunst und lieferte damit den Beleg, daß sie die Briefe selbst geschrieben hatte.[11]

Vom 17. bis 19. Jahrhundert versuchten viele britische Schriftstellerinnen, solchen Beschuldigungen vorzubeugen, indem sie männliche Autoritäten bestätigen ließen, daß sie ihre Werke selbst verfaßt hätten. Solche Bestäti-

gungen bescheinigten zwar die Autorenschaft der Frau, konnten aber auch
sehr demütigend und entwürdigend sein. Einer der schlimmsten Fälle dieser Art ist der von Sir Egertin Brydges, M. P., dessen Vorwort zu einem
autobiographischen Werk von Margaret Cavendish, Herzogin von Newcastle, uns mitteilt, daß es der Herzogin

»an kultiviertem Urteilsvermögen mangelt; daß ihr Wissen eher weitschweifig denn
exakt ist; daß bei ihr die Kräfte der Phantasie und des Gefühls sehr viel ausgeprägter
sind als Denkvermögen und Verstandeskräfte... Ihro Gnaden lassen Geschmack ver-
missen... Alles entquillt einem zu Unterscheidungen nicht fähigen Denken, und sie
vermengt das Ernste mit Gewöhnlichem und selbst Vulgärem in einer Art, die durch
nichts zu rechtfertigen ist.«[12]

Offenbar unbeeindruckt von dieser Kritik besteht die Herzogin darauf,
daß sie ihre Erinnerungen »um meiner selbst willen« niederschreibt.[13]

Im 18. Jahrhundert versicherte die Frau eines Kaufmanns, deren
Gedichte veröffentlicht wurden, was eine große Seltenheit war, ihrer Leserschaft, daß sie, »ohne ihres Mannes Geschäft zu vernachlässigen, genügend
Muße gefunden habe, um einige kleine Texte zu schreiben«. Auch sie hatte
unter der Demütigung zu leiden, daß ein prominenter Befürworter sie ein-
führte. Der große Jonathan Swift schrieb in einer Empfehlung an einen
Gönner:

»Sie scheint tatsächlich einen poetischen Genius zu haben, der besser kultiviert ist, als
man hätte vermuten können, und zwar sowohl wegen ihres Geschlechts als auch wegen
des Milieus, in dem sie als Frau eines Bürgerlichen verkehrte... Die Poesie war nur ihr
Lieblingszeitvertreib; wozu sie nur eine Qualifikation hat..., nämlich daß sie bereit ist,
sich beraten zu lassen und ihre Gedichte denen zur Korrektur vorzulegen, die nach allgemeiner Auffassung am ehesten geeignet sind, sie beurteilen zu können.«[14]

Die Liste derart gönnerhafter und zutiefst entwürdigender Helfer, die ihre
schützenden Arme um die schwachen Schultern ihrer Opfer schlingen, ist
weniger bemerkenswert als die frappierende Langmut und Ausdauer der
Frauen, die derartige Demütigungen hinnahmen, sie zu ihrem Vorteil nutzten und an ihrem Ziel, sich selbst ausdrücken zu können, festhielten.

Von wesentlich nachhaltigerer Bedeutung für das Denken von Frauen war
die Internalisierung des Gefühls der Minderwertigkeit und Unterlegenheit,
das sie verunsicherte oder in eine Verteidigungshaltung zwang, was das
Recht zu denken angeht. Mittelalterliche Schriftstellerinnen, selbst die
meistbeachteten und einflußreichsten wie etwa die Mystikerinnen, hielten
es für angebracht, den Lesern gegenüber ihre Wertlosigkeit zu betonen.
Hildegard von Bingen, eine der gebildetsten Frauen ihres Jahrhunderts,
bezeichnete sich selbst als *ignota*, als eine Unwissende. Mechthild von

Magdeburg beteuerte den Lesern und Leserinnen gegenüber ihre Einfältig-
keit und ihren Mangel an Bildung. Juliana von Norwich, bedeutende englische Mystikerin, benutzte fast die gleichen Worte, als sie sich eine »unlet-
tyrde« nannte, was wohl bedeutete, daß sie nicht über Kenntnisse des Lateinischen, der Sprache der gebildeten Männer, verfügte.[15] Zwar benutzten
auch Mystiker wie Mystikerinnen das Argument, sie seien Unwissende –
eine »Demutsformel« oder »Bescheidenheitsetikette«, wie es die Literaturwissenschaftler nennen –, um die Intensität und die Wirkung ihrer von übernatürlichen Kräften hervorgerufenen Inspirationen zu erhöhen; doch bei
den fast gewohnheitsmäßigen Rechtfertigungen und Entschuldigungen, mit
denen Schriftstellerinnen ihre Arbeiten einleiteten, handelte es sich um etwas
anderes. Sie können als die pathetischen Spuren verzweifelter Kämpfe gelten, die jede Frau mit sich, in ihrer Seele und ihrem Geist, ausfechten mußte.

Einige Beispiele solcher Rechtfertigungen sollen ein Licht auf das allgemeine Verhaltensmuster werfen. Hugeburc, Äbtissin von Heidenheim,
eine angelsächsische Nonne, ließ sich 762 in Deutschland nieder, schrieb
die Biographie zweier Brüder, des Bischofs von Eichstätt und des Abtes
von Heidenheim. In der Einleitung spricht sie so von sich:

»Ich bin unwürdig... Ich, die ich seit jeher eine schwache Kreatur bin, wenn ich mich
mit meinen Mitchristen vergleiche..., besonders verführbar wegen der weiblich-sünd-
haften Torheit meines Geschlechts, nicht gestützt auf irgendeinen Vorzug von Weisheit
oder besonders gestärkt von einer anderen großen Kraft als dem Willen, als eine kleine
unwissende Kreatur einige Gedanken aus dem Reichtum des Herzens wählend, gefällt
es mir, von den vielen früchtetragenden Bäumen im Schmuck ihrer Blätter und übersät
mit einer Vielfalt von Blüten einiges zu pflücken, zu sammeln und vor euch auszubrei-
ten, damit ihr sie in Erinnerung behaltet.«[16]

Ihre Feststellung, daß ihr die Worte aus dem Herzen kommen, wird zum
Prototyp einer typisch weiblichen Rechtfertigung für ihr Denken – Frauen
denken mit dem Herzen, nicht mit dem Verstand, und das macht ihre
Gedanken irgendwie akzeptabler. Sie betont, daß sie nicht den Regeln entsprechend schreibt, sondern »pflückt und sammelt«, eine mindere Art geistiger Tätigkeit, ähnlich dem Arrangieren von Blumen oder dem Nähen
von Quilts, Steppdecken aus Stoffresten, und ohne Anspruch auf Originalität. Auch viele andere Frauen verharmlosten in ihren öffentlichen Rechtfertigungen für das gewagte Unterfangen, sich über die patriarchale Doktrin von ihrer Unfähigkeit hinwegzusetzen, ihr Tun auf ähnliche Weise. Sie
behaupteten, Gedanken nur zu übersetzen, sie neu zu arrangieren, keinesfalls aber, selbst zu denken.

Doch Frauen dachten, Frauen schrieben und handelten. Selbst die, die
um Vergebung baten und die »Demutsformel« scheinbar für gerechtfertigt

hielten, vermittelten in dem, was sie sonst schrieben, eine andere Einstellung, so als fühlten sie sich, wenn sie erst einmal die Formalität des Eingestehens ihrer Minderwertigkeit erledigt hatten, befreit, ihre Stärken, ihre Begabung und ihre Individualität zu beweisen.

Das Leben der Hildegard von Bingen (1098 – 1179) ist ein Beispiel für den Durchbruch des Genies einer Frau, der es gelang, eine völlig neue Frauenrolle zu erschaffen, ohne erkennbar die patriarchalen Grenzen, in deren Rahmen sie wirkte, zu verletzen.

Diese bemerkenswerte Nonne des 12. Jahrhunderts setzte bei ihrer Gründung und Leitung zweier religiöser Gemeinschaften die Tradition der starken religiösen Führerinnen fort. Noch wichtiger war, daß sie ein umfangreiches und sehr originelles Werk hinterließ, Schriften von großem Einfluß zu ihren Lebzeiten und jahrhundertelang nach ihrem Tode. Durch die Verbindung von Spiritualität, moralischer Autorität und öffentlichem Handeln war sie von wegweisender Bedeutung bei der Entwicklung einer neuen Rolle für Frauen im öffentlichen Leben. Diese große Leistung war nur möglich, weil Gott zu ihr sprach und sie das nicht nur selbst glaubte und wußte, sondern dies auch die Menschen in ihrer Umgebung glauben und wissen machte.

Sie wurde 1098 als das jüngste von zehn Kindern des edelfreien Hildebert auf Gut Bermersheim in Rheinhessen geboren. Weil sie schon früh ein starkes Interesse an religiösen Fragen zeigte, wurde sie im Alter von acht Jahren in das Kloster der Benediktinerinnen zu Disibodenberg unter die Obhut der Klausnerin Jutta von Sponheim gegeben, die ihre Ausbildung nach den Regeln der Benediktinerinnen überwachte. Sie lernte Lesen und Schreiben, Liturgie und Gesang, was später in ihren musikalischen Kompositionen zum Ausdruck kam.[17] 1136, nach Juttas Tod, wurde sie deren Nachfolgerin als Führerin der Klostergemeinschaft.

Hildegard leitete ihre Autorität ganz von ihren Visionen ab, die zum ersten Mal auftraten, als sie fünf Jahre alt war, die sie aber lange für sich behielt. Sie offenbarte ihre Visionen erst, als eine innere Stimme es ihr ausdrücklich aufgetragen hatte, und auch dann erst, als diese sie durch eine schwere Krankheit davon überzeugte, daß dieser Auftrag tatsächlich Gottes Wille sei.[18] Sie beschreibt die Quelle ihrer Autorität und die Art, in der sie ihr entsprach:

»Im Jahre 1141 der Menschwerdung des Sohnes Gottes, Jesu Christi, als ich zweiundvierzig Jahre und sieben Monate alt war, kam ein feuriges Licht mit Blitzesleuchten vom offenen Himmel hernieder. Es durchströmte mein Gehirn und durchglühte mir Herz und Brust gleich einer Flamme, die jedoch nicht brannte, sondern wärmte, wie die

Sonne den Gegenstand erwärmt, auf den sie ihre Strahlen legt. Nun erschloß sich mir plötzlich der Sinn der Schriften, des Psalters, des Evangeliums und der übrigen katholischen Bücher des Alten und Neuen Testaments ... Die Kraft und das Mysterium verborgener, wunderbarer Gesichte erfuhr ich geheimnisvoll in meinem Innern seit meinem Kindesalter, das heißt, seit meinem fünften Lebensjahre, sowie auch heute noch. Doch tat ich es keinem Menschen kund, außer einigen wenigen, die wie ich im Ordensstande lebten. Ich deckte alles mit Schweigen zu bis zu der Zeit, da Gott es durch seine Gnade offenbaren wollte.«[19]

Hildegards Beschreibung ihrer plötzlichen Eingebung entspricht weitgehend den Beschreibungen anderer Mystiker und Mystikerinnen. Diese Offenbarung bezog alle Sinne ein – bei anderen Visionen beschreibt sie ausführlich das Gefühl von Süße auf der Zunge und einen süßen Duft; diese Erfahrung schloß körperliche und spirituelle Erlebnisse ein und war allumfassend. Es gibt keine Möglichkeit, das Geschehene zu analysieren oder rational zu erklären. »Und plötzlich wußte ich...« Von diesem Wissen bezog Hildegard ihre Selbstgewißheit, ihre Authentizität. Alle Mystikerinnen und Mystiker, alle, die Visionen hatten, beschreiben ihre Erfahrung so und erklären sie mit der gleichen Einfachheit und Gläubigkeit. Hildegard unterschied sich von anderen dadurch, wie sie von ihren Visionen Gebrauch machte und welche Reaktionen sie dabei hervorrief. Auch daß sie ihre Visionen geheimhielt, ist recht charakteristisch für die Lebensgeschichten der meisten großen Mystikerinnen. Demut, Zweifel an sich selbst und die Angst vor Zensur oder Lächerlichkeit hielten die Mystikerinnen davon ab, ihr besonderes Wissen und ihre intuitiven Eingebungen preiszugeben.[20] Anscheinend schilderte Hildegard ihre Erfahrungen einigen der mit ihr lebenden Nonnen. Nur infolge der Ermutigung durch diese Frauen und gedrängt von einem ihr während ihrer »Schauung« offenbarten Befehl, sprach sie mit ihrem geistlichen Beistand über die Visionen. Ihr wurde ohne Vorbehalte geglaubt, was keineswegs typisch ist für das Verhalten gegenüber den Mystikern und Mystikerinnen. Die endgültige Bestätigung ihrer »Privatoffenbarungen« während des Konzils von Trier durch Papst Eugen III. im Beisein von Bernhard von Clairvaux verlieh ihr eine Autorität, die für Mystiker sehr ungewöhnlich war und mehr noch für eine Mystikerin. Wir werden sehen, wie weit Hildegard diese Anerkennung nutzte, um die ihr wegen ihres Frauseins auferlegten Beschränkungen zu überwinden.

Ihre wiederholten Hinweise auf ihren Mangel an Bildung (»Da ich eine Unwissende bin«) sind durch Historiker der heutigen Zeit entkräftet worden, da sich aus ihrem umfangreichen Werk ergibt, daß sie die Schriften der Kirchenväter gekannt haben mußte und sicher auch eine gute Ausbildung in Bibelexegese, Philosophie, Astronomie, Naturwissenschaft und Musik erhalten hatte. Sie kannte die lateinische Bibel sehr gut und erklärte, daß sie die göttliche Stimme in lateinischer Sprache vernommen hätte. Ihre Werke zur Medizin stützten sich so direkt auf die Schriften Galens, daß davon ausgegangen werden muß, daß sie dessen Werk gekannt hat.[21] Ihre den Konventionen entsprechende Beteuerung, sie sei eine ungebildete Frau, sollte zweifellos den Anspruch stärken, von Gott erleuchtet worden zu sein; dazu diente auch die ins einzelne gehende Beschreibung in einem Brief, den sie später an den Mönch Guibert von Gembloux geschrieben hat, der ihr Sekretär wurde:

»Alles, was ich in dieser Schau sehe und lerne, das behalte ich lange Zeit in meinem Gedächtnis, weil, sobald ich es sehe oder höre, es in mein Gedächtnis eingeht. Ich sehe, höre und weiß gleichzeitig, und wie in einem Augenblick lerne ich das, was ich weiß. Was ich aber nicht sehe, das weiß ich nicht, denn ich bin ungelehrt und wurde nur unterwiesen, in Einfalt Buchstaben zu lesen. Und was ich schreibe, das schaue und höre ich in der Vision und setzte keine anderen Worte als die, die ich höre und in ungefeilten lateinischen Worten, so wie ich sie in der Vision höre, kundtue. Denn ich werde in der Schau nicht gelehrt, wie die Philosophen zu schreiben.«[22]

Auch hier also wieder die Bestätigung ihres überwältigenden Erlebnisses der Offenbarung. (»Ich sehe, höre und weiß gleichzeitig.«) Hildegard unterscheidet genau zwischen Wissen und Verstehen, wenn sie schreibt: »... und wie in einem Augenblick lerne ich das, was ich weiß.« Ihre Visionen erscheinen ihr wie sinnlich wahrnehmbare Bilder, die sie sehr detailliert und mit großer dichterischer Kraft beschreibt. Aber die Interpretation dieser Bilder ist eine andere Art des »Wissens«, es ist die Erkenntnis, die nur aufgrund einer zusätzlichen Gnade gewonnen werden kann. Hildegard nahm diese Art des Erkennens immer für sich in Anspruch und bestand mit großer Überzeugungskraft auf ihrer Interpretation dieser Visionen. Sehr wahrscheinlich war es dieser Aspekt ihres Glaubens, der sie befähigte, ihre einzigartige gesellschaftliche Funktion erschaffen und wahrnehmen zu können.

Das Buch über ihre Visionen, *Liber Scivias*, wurde der Synode von Trier von Bernhard von Clairvaux zur Lektüre empfohlen. Hildegard mußte sich der Prüfung durch eine von Papst Eugen III. ernannte Kommission unterziehen, nach der er die Authentizität ihrer Visionen anerkannte. Dies verlieh Hildegard eine bis dahin unbekannte Autorität und machte sie zu einer Person des öffentlichen Lebens, deren Rat Menschen aus allen sozialen Schichten suchten und deren Einfluß in ganz Europa spürbar wurde.

1148 hatte sie eine Vision, in der ihr aufgetragen wurde, ein neues Kloster zu gründen. Doch Abt Kuno von Disibodenberg verweigerte ihr die

Erlaubnis, dies zu tun. Wie es schon wiederholt geschehen war, wenn sie sich Hindernissen gegenübersah, erkrankte sie schwer, was den Abt schließlich dazu brachte, ihrer Bitte zu entsprechen. 1150 zog sie mit 18 Nonnen, die alle adlig waren, an den neuen Platz und baute das Kloster von Rupertsberg bei Bingen am Rhein. Sie erreichte es, daß dieses Kloster der Kontrolle des Abtes Kuno völlig entzogen war, und erkannte nur den Erzbischof von Mainz als ihren Oberen an. Mehr als ein Jahrzehnt später akzeptierte Kaiser Friedrich Barbarossa nicht nur ihren Tadel in bezug auf seine Politik, sondern garantierte ihrem Kloster auch seinen besonderen Schutz während kriegerischer Zeiten. Hildegard gründete später ein weiteres Kloster in Eibingen und leitete beide Einrichtungen bis zu ihrem Tode.

Nachdem sie an die Öffentlichkeit getreten war, begab sie sich in einer bis dahin beispiellosen Weise auf weite Reisen in viele Gegenden Deutschlands, predigte in großen Städten, besuchte Klöster, war Ratgeberin von Klerikern und Laien und verbreitete die Texte ihrer Predigten.[23] Fünf Jahre lang schrieb sie an ihrem zweiten Buch, *Liber Vitae meritorum*. Das letzte Buch über ihre Visionen, *Liber Divinorum Operum* beendete sie 1173 im Alter von 75 Jahren. Sie hinterließ ein umfangreiches Werk, darunter zwei Hauptwerke über Heilkunde und Naturwissenschaft, *Physica* und *Liber Simplicis Medicinae* und *Causae et Curae oder Liber Compositae Medicinae* (Heilkunde).[24] Sie verfaßte auch ein Theaterstück, *Ordo virtutum*, zwei Bücher über eine Geheimsprache, die sie erfunden hatte, ein Buch zur Psalmenexegese und zwei Biographien, die St. Rupert und St. Disibodus würdigen.

Die Sammlung ihrer Briefe belegen eine erstaunlich weitgespannte Korrespondenz mit berühmten Persönlichkeiten des politischen und religiösen Lebens ihrer Zeit, darunter Heinrich II. von England, Eleonore von Aquitanien, Bernhard von Clairvaux, die Päpste Eugen III., Anastasius IV., Hadrian IV. und Alexander III., die Kaiser Konrad III. und Friedrich Barbarossa und die Erzbischöfe von Mainz, Trier und Salzburg.[25] Sie stand im Briefwechsel mit Äbten und Äbtissinnen, Nonnen und Laien. Sie erteilte Ratschläge, beantwortete Fragen zur Theologie und Morallehre, stellte politische Entscheidungen in Frage und empfahl dieses oder jenes Verhalten, und immer sprach sie mit der erleuchteten Stimme von »Gottes kleiner Posaune«. Der Ton ihrer Briefe ist autoritativ und sicher, ohne die unterwürfige Ehrerbietung, Schüchternheit und Demutsbeteuerungen, die bei Frauen ihrer Position sonst üblich waren. Sie sprach Päpste und Kaiser als Gleichgestellte an und wurde auch von ihnen in dieser Weise angesprochen. In späteren Jahrhunderten sollte es eine Reihe von hervorragenden Mystikerinnen und Heiligen geben, etwa die heilige Katharina von Siena oder die heilige Theresa von Avila, die auf ähnliche Weise das kontemplative Leben

von visionären Mystikerinnen mit politischer Bedeutung und publikums-
wirksamem Auftreten verbanden, doch Hildegard war die erste, die eine
derartige Rolle auf sich selbst zuschnitt. Zweifellos war sie ein Vorbild für
viele.

Daß sie sich ihrer Macht voll bewußt war und auch willens, sie zu
gebrauchen, wird deutlich in dem langen und erbittert ausgetragenen
Kampf, den sie führte, um zu verhindern, daß ihre enge Freundin und
Schülerin Richardis von Stade ihr Kloster verließ. Diese junge Adlige, die
seit Jahren ihre Schreiberin war, hatte beschlossen, das Angebot, Äbtissin
eines anderen Klosters zu werden, anzunehmen. Weil sie Richardis von diesem Entschluß nicht abbringen konnte, protestierte Hildegard aufs schärfste bei deren Familie, bei den Erzbischöfen von Mainz und Bremen und
schließlich sogar beim Kaiser. Ihre Sprache zeigte die gewohnte Offenheit
und Entschlossenheit, als sie so weit ging, ihren Oberen, den Erzbischof
von Mainz, des Ämterkaufs zu beschuldigen. »Der Geist Gottes spricht in
seinem Eifer: O Hirten, klagt und trauert in dieser Zeit, denn ihr wißt
nicht, was ihr tut, wenn ihr die in Gott begründeten Ämter um Geldbesitz
... verschleudert.«[26] Dennoch waren all ihre Bemühungen diesmal verge-
bens, es gelang ihr nicht, Richardis umzustimmen. Dies ist der einzige
bekannte Fall, in dem sie nachgeben mußte. Und das, obwohl sie Auseinandersetzungen nie zu vermeiden suchte.

Die letzte Kontroverse ergab sich, als sie achtzig Jahre alt war und in eine
schwierige moralische und politische Auseinandersetzung verstrickt
wurde. Sie hatte einem Adligen und Stifter, der vorher exkommuniziert
worden war, ein christliches Begräbnis innerhalb der Mauern des Klosters
Rupertsberg gewährt. Hildegard glaubte, daß er vor seinem Tode seinen
Frieden mit der Kirche geschlossen hätte, und widersetzte sich der von der
Mainzer Diözese in Abwesenheit des Erzbischofs Christian erlassenen Verfügung, die Leiche zu exhumieren und aus dem Kloster zu entfernen.
Wegen dieser Weigerung unterlagen sie und ihre Nonnen einem Interdikt
(Verbot gottesdienstlicher Handlungen), und es wurden ihnen die Segnungen der Messe und der Sakramente versagt. Da ein Interdikt außerdem
bedeutete, daß ihr im Falle ihres Todes die Sterbesakramente nicht zuteil
werden würden, muß dies für die hochbetagte Äbtissin eine furchtbare
Bedrohung gewesen sein. Dennoch blieb sie bei ihrer Auffassung. Auf sehr
charakteristische Weise stützte sie ihre Weigerung auf ihre Erleuchtung, der
sie größere Autorität zusprach als dem Befehl des Erzbischofs. »Ich habe in
meiner Seele folgendes gesehen: Würde gemäß ihrer Vorschrift der Leib dieses Toten ausgegraben, so würde durch die Entfernung unserm Orte eine
große Gefahr drohen und uns umlagern gleich der schwarzen Wolke, die

Sturm und Gewitter anzuzeigen pflegt. Deshalb maßen wir uns nicht an, den Leib des Verstorbenen ... herauszuholen.«[27] Ihrer Auffassung nach war der Tote geweiht durch seine Bestattung in heiliger Erde, und so würde eine Schändung seiner Leiche einer Schändung der Sakramente gleichkommen. Diese tiefe Überzeugung von der theologischen Richtigkeit ihrer Argumentation machte es Hildegard möglich, sich von dem Interdikt nicht anfechten zu lassen. Schließlich entschied der Erzbischof aufgrund von formalen Überlegungen und unter Umgehung der theologischen Argumentation, den Bann zurückzunehmen und sie dadurch, sechs Monate vor ihrem Tode, wieder in alle Rechte einzusetzen.

In Umfang und Tiefe ist ihr Werk, das sich auf die Gebiete der Medizin, der Naturwissenschaft, Kosmologie, Theologie, Ethik, mystischen Offenbarung und Dichtkunst erstreckte, in seiner Bedeutung mit dem des großen Philosophen Avicenna gleichgesetzt worden.[28] Ihre Schriften waren nicht nur in der Zeit ihres Wirkens von großem Einfluß und weithin verbreitet, sondern sie war auch im 13. Jahrhundert noch eine berühmte Frau, und ihre Manuskripte wurden in der Renaissance erneut veröffentlicht (1533 und 1544). Ihr Einfluß ist bis ins 16. und 17. Jahrhundert nachgewiesen.[29] Sie ist die erste Denkerin und Schriftstellerin, die eine derartige Wirkung zu Lebzeiten und noch einige Jahrhunderte nach ihrem Tode entfalten konnte. Als solche verdient sie eine intensive Auseinandersetzung mit ihrem Werk, zumal ihre Arbeit und ihr Leben einige der wesentlichsten Spannungen und Konflikte sowie die besondere Stärke zeigen, die charakteristisch sind für das Leben und Arbeiten der Denkerinnen in späterer Zeit.

Hildegard gelang es, das größte Hindernis zu überwinden, mit dem sich alle denkenden Frauen konfrontiert sahen und sehen: die kaum zu bewältigende Aufgabe, beweisen zu müssen, daß sie berechtigt und fähig sind, überhaupt zu denken – im Gegensatz zu den traditionellen Rollenerwartungen, die sie erfüllen sollen. Wie wir schon gesehen haben, konnte sie diese Einschränkung durchbrechen, indem sie sich von der Rolle der Gattin und Mutter freimachte, das Leben im Dienste der Religion wählte und dann ihre Autorität auf mystische Offenbarung und eine direkte Beziehung zu Gott stützte. Daß dieser Lösungsversuch weder einfach war noch konfliktfrei verlief, läßt sich an ihrer lebenslang angegriffenen Gesundheit und den fast tödlich verlaufenden Krankheiten vor den Wendepunkten ihres Lebens erkennen. Eine solche Krankheit ereilte sie, als sie im Alter von 42 Jahren von ihrer inneren Stimme gedrängt wurde, das ihr Offenbarte niederzuschreiben. Sie widersetzte sich diesem Auftrag und wurde krank; und erst als sie erkannte, wie ernst ihre Krankheit war, sah sie einen Zusammenhang zwischen ihrem Widerstand ihrer inneren Stimme gegenüber und dem Versagen ihres Körpers. Sie mußte tun, wie ihr aufgetragen war, oder sie würde sterben. Und so tat sie, was von ihr verlangt wurde. Das gleiche geschah, als ihr eingegeben wurde, sie solle ein eigenes Kloster gründen und von Disibodenberg fortgehen. Den entschiedenen Widerstand ihres Abtes gegen diesen Auftrag konnte sie nur überwinden, weil sie wieder schwer krank wurde. Was geschah, beschrieb sie so:

»Als mein Abt, die Brüder und das Volk der Umgegend von dieser Veränderung hörten ... Daß dies nicht geschähe, sie vielmehr uns widerständen, dazu verabredeten sie sich gegenseitig. Sie behaupteten auch, daß ich mich von einer leeren Einbildung habe täuschen lassen...
Da ich dies hörte, wurde mein Herz zermalmt und mein Fleisch und meine Adern vertrockneten, und während sehr vieler Tage vernahm ich, auf mein Lager niedergeworfen, eine mächtige Stimme, welche mir verbot, noch irgendetwas an jenem Ort über dieses Gesicht vorzubringen oder zu schreiben.«

Eine Adlige verwandte sich daraufhin beim Erzbischof für sie, und so erhielt Hildegard die Erlaubnis, mit ihren Nonnen das neue Kloster zu beziehen. Aber sie waren in ihrer neuen Bleibe extremer Armut und vielen Widrigkeiten ausgesetzt, und Hildegard war die Bedeutung der ihr auferlegten Prüfungen nicht klar.

»Darauf sah ich in einem wahren Gesichte, daß diese Bedrängnisse über mich gekommen waren, wie (einstens) über den Moses, da die Kinder Israels, als er sie aus Aegypten durch das rote Meer in die Wüste führte, gegen Gott murrten und auch den Moses sehr bedrängten... So ließ Gott mich einigermaßen in Bedrängniß gerathen durch das gemeine Volk, durch meine Verwandten und Manche, die bei mir wohnten, da es ihnen am Nothwendigen fehlte...«[30]

Der metaphorische Vergleich zwischen sich und Moses ist aufschlußreich; er zeigt, daß sie sich zur spirituellen Führung berufen fühlte, daß sie sich als Prophetin sah und sich auch nicht scheute, eine derartige Rolle zu übernehmen. Und doch forderten die Spannungen und Konflikte, die das Übernehmen einer solchen Rolle mit sich brachte, einen hohen Preis. Ihr Leben lang klagte sie, daß ihre Visionen zu körperlicher Erschöpfung führten; sie litt ständig unter Migräne und erlebte ihren Körper fortwährend als schwach und labil. Dennoch führte sie ein Leben in ständiger Aktivität: Anstrengende Reisen und öffentliche Auftritte, ihre kräftezehrende geistige Arbeit setzte sie bis ins hohe Alter fort. Dieser verborgene Konflikt mit seinen kaum zu beziffernden Kosten ist für viele Denkerinnen durch die Jahrhunderte charakteristisch.

Hildegard hatte den Vorzug, daß sie sich den traditionellen geschlechtsspezifischen Rollenerwartungen entziehen konnte, indem sie innerhalb einer Gemeinschaft von Frauen lebte und sich dessen erfreute, was Sara Evans als eine Voraussetzung feministischen Bewußtseins bezeichnete: eines »Freiraums«[31]. Es war dies der Freiraum, den das Klosterleben bot, ohne die Verantwortung der Hausfrau und Mutter; aber es muß bewußt bleiben, daß es sich um einen nur relativ »freien Raum« innerhalb einer patriarchalen Institution handelte, innerhalb der katholischen Kirche, in der männliche Kleriker alle höheren Ämter und Machtpositionen innehatten. Ganz eindeutig erlaubte im Falle Hildegards dieser Freiraum mehr Autonomie, als sie vielen anderen Frauen, die im religiösen Leben eine Rolle spielten, gewährt wurde. Das wird beispielhaft deutlich in ihrem Kampf um die Herauslösung ihres neugegründeten Klosters in Bingen aus der restriktiven Kontrolle durch Abt Kuno, wie auch darin, daß sie durchsetzen konnte, nur einem einzigen männlichen Oberen unterstellt zu sein, dem Erzbischof von Mainz, und indem sie sich des Schutzes Kaiser Barbarossas für ihr Kloster versicherte. Es zeigte sich auch in ihrem von all ihren Nonnen sogar angesichts eines Interdiktes unterstützten Widerstand gegen eine von ihr für willkürlich gehaltene Maßnahme und falsche Auslegung des Kirchengesetzes durch ihren Vorgesetzten.

Wie andere Nonnen vor und nach ihr erwähnte und würdigte Hildegard den starken Einfluß einer Lehrerin, in ihrem Fall der Klausnerin Jutta. Sie selbst bot ihren Schülerinnen ein ähnliches Modell von Lehren und Führen, wie es etwa in ihrer Beziehung zu Richardis deutlich wurde. Ihre Gewißheit, als unabhängige Autorität handeln zu können, zeigte sich auch in den von ihr eingeleiteten Veränderungen im Leben ihres Ordens, die sich ebenso auf die Organisation des Alltags bezogen wie auf das geistliche Leben: das Installieren von sanitären Anlagen innerhalb der Häuser in Bingen, das Tragen von Ringen, weißseidenen Gewändern und goldgewirkten Kronen durch die Nonnen bei festlichen Anlässen zu Ehren der Jungfrau Maria. Sie begründete und verteidigte diese Neuerungen mit einer theologisch verankerten Argumentation, woraus wir schließen können, daß diese nach gründlichem Überlegen ganz bewußt eingeleitet wurden.[32]

Hildegards Vater hat vielleicht an dem ersten Kreuzzug teilgenommen, als sie noch ein Kind war. Sie sprach zu den vom zweiten Kreuzzug Heimkehrenden und befürwortete ohne Einschränkung die Verfolgung der Katharer, von denen sie entsprechend der herrschenden Lehre der Kirche annahm, sie seien eine ketzerische Sekte. Wie ihr Mentor und Förderer Bernhard von Clairvaux, der die Juden gegen die brutale Verfolgung im Vorfeld des ersten Kreuzzugs in Schutz nahm, verhielt sich auch Hildegard freundlich gegenüber Juden und führte eine Reihe von Gesprächen mit ihnen. Offenbar kamen sie zu Disputationen in ihr Kloster.[33] Hildegards

Vorstellung vom Kosmos, von Natur und Menschheit ist beeindruckend in ihrer ganzheitlichen Einbeziehung aller Teile der Schöpfung. Die wunderschönen Illustrationen des Kodex von Rupertsberg, der unter ihrer persönlichen Aufsicht von den Nonnen ihres Klosters angefertigt wurde, spiegeln die Harmonie und Größe ihrer Visionen wider. Konzentrisch angeordnete Figuren halten das Meer, die Erde, den Himmel, die Sterne und das Himmelsrund im Gleichgewicht. Die verwendeten Symbole sind ebensooft weiblich wie männlich, und unter den Anbetenden befinden sich Frauen und Männer in gleicher Zahl. Wo immer Angehörige des Klerus zu sehen sind, sind sie als männliche und weibliche Gläubige dargestellt.[34] Hildegards Seele scheint im Einklang mit dem physischen und dem metaphysischen Sein gewesen zu sein, mit dem Materiellen wie mit dem Spirituellen.

Hildegards religiöse Schriften spiegeln im großen und ganzen die in ihrer Zeit vorherrschende christliche Tradition. Die Aufmerksamkeit, die sie Themen der Fortpflanzung und Sexualität des Menschen schenkte, ist jedoch recht ungewöhnlich für ihre Zeit, etwa in bezug auf die Definition sexueller Beziehungen, deren Konsequenzen für das reproduktive Verhalten und ihr Schema zur Klassifizierung von Männern und Frauen mit unterschiedlichen Temperamenten. Es scheint, als hätte sie die traditionelle Festlegung der geschlechtsspezifischen Rollen von Männern und Frauen, wie sie von den Kirchenväter gelehrt wurde, akzeptiert; so betonte sie wiederholt, Frauen seien schwächer und hätten eine andere physische und psychische Konstitution als Männer und seien deshalb dazu bestimmt, dem Manne untertan zu sein. Der Mann sei aus Lehm zu Fleisch geworden und deshalb stärker, die Frau sei vom Fleische genommen worden und auch Fleisch geblieben und deshalb schwächer.[35] Da sie schwächer und weicher als der Mann sei, sei es nur natürlich, daß die Frau als erste der Verführung erlegen sei – und das, so meint Hildegard, sei positiv zu sehen. Denn hätte Adam als erster gesündigt, so wäre seine Sündhaftigkeit stärker und eine Erlösung nicht möglich gewesen.[36] Hildegards Erklärung der Empfängnis stützt sich ebenfalls auf den qualitativen Unterschied zwischem dem Beitrag des Mannes und dem der Frau zu diesem Vorgang. Sie erklärt, daß es zur Empfängnis kommt, wenn der Schaum eines Mannes und einer Frau beim Geschlechtsverkehr aufeinandertreffen. Da der »Schaum« der Frau schwächer ist als der des Mannes, ist sie mehr die Empfangende seines Schaums, den sie in ihrem Leib mal wärmt, mal kühlt oder trocknet. Dann erläutert Hildegard, daß sich die Unterschiede der Nachkommen aus einer Kombination der Stärke des Samens mit der Einstellung der Eltern ergeben. Die Stärke des Kindes scheint ihr zufolge von der Stärke des männlichen Samens abzuhängen, doch der Charakter richtet sich nach der gegenseitigen Liebe von Mann und Frau. Während Hildegards Vorstellung von der Empfängnis voraristotelisch ist und Auffassungen Galens widerspiegelt, verändert die leichte Wendung, die sie ihrer Erklärung durch die Einführung der Gesichtspunkte Liebe und Gegenseitigkeit gibt, die Funktion und Wichtigkeit der beiden Geschlechter bei der Empfängnis auf eine dramatische Weise. Nur wenn der Mann und die Frau einander lieben und der Samen des Mannes stark ist, kann ein starker Knabe geboren werden. Wenn es dem Partner oder der Partnerin an Liebe mangelt, wird das gezeugte Kind entweder ein Mädchen oder ein verbittert-anfälliger Junge.[37] Diese Erklärung wertet die Rolle der Frau bei der Empfängnis auf von einer lediglich passiven Rolle zu einer, in der ihre Gefühle und Einstellungen einen entscheidenden Einfluß auf das Ergebnis des Zeugungsaktes haben. Ähnlich verhält es sich, wenn Hildegard zwar in ihrer Anerkennung der Überlegenheit der Männer die patriarchalen Werte übernimmt, gleichwohl aber ihre Neuformulierung der Schöpfungsgeschichte die Worte der Genesis ganz neu interpretiert. Ihre Ausdrucksweise ist poetisch und voller Kraft:

»Als Gott den Adam schuf, hatte Adam eine große Liebe in seinem Schlafe, den Gott über ihn sandte. Und Gott gab der Liebe des Mannes Gestalt, und so ist die Frau die Liebe des Mannes. Als nämlich Adam Eva das erstemal erblickte, war er ganz von Weisheit erfüllt, da er in ihr die Mutter seiner Kinder erkannte. Als aber Eva Adam ansah, schaute sie ihn so an, als blickte sie in den Himmel hinein und als richtete sie ihre Seele empor... Und darum wird eine einzige Liebe sein, und nur so sollte es sein in der Liebe zwischen Mann und Frau und nicht anders. Die Liebe des Mannes ist im Brand seiner Leidenschaft wie das Feuer brennender Berge, das kaum einzudämmen ist, die Liebe der Frau gleicht dagegen der Flamme in einem Holzstoß, die man leicht wieder auslöscht...
Ihre Liebe dem Mann gegenüber ist wie die ausgeglichene Wärme der Sonnenglut, die fruchtbringend wirkt... Deshalb vermag die Frau auf eine angenehmere Weise ihre Frucht auszutragen.«[38]

Hildegards Illustration dieser Vision ist noch wesentlich radikaler in ihrer Abweichung von der traditionellen Lehre als der Text. Sie verbindet Elemente der Schöpfungsgeschichte mit solchen der Geschichte vom Sündenfall. In einem Bild, bei dem die Darstellung der vier Elemente, des Himmels, der Sterne und der Engel dominiert, liegt Adam auf seiner Seite über einem Bild der beiden Bäume des Paradieses. Aus seiner Seite wird Eva geboren, und zwar in der Form einer Muschel, die Sterne enthält, die Hildegard als die »kostbaren Perlen der Menschheit« bezeichnet. Die linke Seite des Bildes wird beherrscht von einer schwarzen Figur, die wie ein Baum und ein See von Feuer aussieht und im Kopf einer Schlange endet, der mit feurigen Zungen über die Muschel [Eva] atmet. Diese schwarze Gestalt repräsentiert den gefallenen Luzifer [Teufel], der die Form einer Schlange annimmt, um Eva in Versuchung zu führen.[39] Das Fehlen einer Darstellung Evas als Mensch ist einzigartig in der Ikonographie der Schöpfungsgeschichte. Die Entsprechung zwischen den Sternen im Himmel über der Szene, die Hildegard zufolge die Engel repräsentieren, und der Sterne in der Muschel, die für die künftigen menschlichen Wesen stehen, die von Eva geboren werden, betont Evas erlösende Rolle, weniger ihre Rolle als Ursache des Sündenfalls.

Ähnlich verhält es sich bei ihrer Neuformulierung der Geschichte vom Sündenfall, wobei Hildegard die Schuld am Sündenfall von Eva und allen Frauen nimmt. Statt dessen wird der Sündenfall fast vorherbestimmt durch die körperliche Schwäche, die Eva vom Schöpfer eingegeben worden ist. Wir werden sehen, daß diese Version des Sündenfalls von vielen Frauen in späteren Jahrhunderten immer wieder beschrieben wird.

Obwohl Hildegard der Überlieferung entsprechend bei ihrer Darstellung historischer Ereignisse Gott als Mann bezeichnet – Vater, König, Erlöser –, verwendet sie in ihrer Darstellung des zeitlosen, kosmischen Geschehens weibliche Symbole für Gott. Das Überwiegen von weiblichen Gestalten sowohl in ihren Visionen als auch in bildlichen Darstellungen ist sehr erstaunlich. Die drei Figuren, die immer wieder erscheinen, sind Wissen (Sophia), Scientia Dei (das Erkennen Gottes), die Güte und Schrecken in sich vereint, und Sapientia, die die göttliche Weisheit in Kirche und Kosmos repräsentiert. Sie steht auf einer von sieben Säulen gestützten Plattform, was die traditionelle Art ist, das Haus des Wissens ikonographisch darzustellen. Sie ist sowohl schrecklich als auch freundlich gegenüber der Menschheit und offenbart sich in ganzer Fülle nur Gott. Verschiedene Male wird sie als Königin Consort, Braut Gottes, bezeichnet. Die widersprüchlichen Eigenschaften dieser weiblichen Gestalten, Freundlichkeit und Schrecklichkeit, und die stark erotische Sprache, in der Hildegard von ihnen spricht, betonen die Kontinuität der Symbolik von den alten vorchristlichen Göttinnen an. Dies ist besonders auffallend in der Darstellung von Sophia, die eine stilisierte Krone trägt – ähnlich der Ikonographie der hellenistischen Sophia und den Muttergottheiten des Vorderen Orients. Auf diese Kontinuität von alten heidnischen Symbolen und deren Transformation in die christliche Tradition in der Form einer »Theologie der Weisheit« ist häufig hingewiesen worden. Das Zusammenfallen der alttestamentarischen Figur der Sophia (Weisheit), die den weiblichen Aspekt Gottes repräsentiert, mit Maria, der Braut Gottes und Mutter Christi, ist charakteristisch für die Theologie der Weisheit und kommt in den Schriften späterer Mystiker immer wieder vor.[40]

Die Gestalt der Sophia erscheint bei Hildegard in drei aufeinanderfolgenden Visionen (*Scivias*, II, 3–5). Bei der ersten interpretiert Hildegard
sie als »die Braut meines Sohnes [die Kirche], die ihm stets neue Kinder
schenkt durch die Wiedergeburt aus dem Geiste und dem Wasser«.[41] Diese
Vision ist reich an weiblichen und geburtsbezogenen Darstellungen. Der
»Schoß des Weibes« repräsentiert »die Mutterliebe, die sich zum Fang der
gläubigen Seele öffnet« (das »Netz« der Kirche zum Fangen der Sünder, um
sie zu erlösen). Die Brust der Jungfrau repräsentiert das Herz der Gläubigen. Die weibliche Gestalt

> »[breitet] ihren Glanz aus wie ein Gewand und sagt, sie müsse empfangen und gebären.
> Das bedeutet die Ausweitung der Kirche im Sakrament der wahren Dreieinigkeit... Die
> Kirche ist also die jungfräuliche Mutter aller Christen. Sie empfängt und gebiert ihre
> Kinder durch die geheime Kraft des Heiligen Geistes und schenkt sie Gott, so daß sie
> Gotteskinder heißen.«[42]

Hildegard beschreibt die Frau in einer anderen ihrer Visionen mit den Worten, sie hätte eine »himmlische Stimme« sprechen hören: »Dies ist die Blüte
des himmlischen Sion. Mutter wird sie sein und doch eine Rosenblüte und
eine Lilie der Täler. O Blüte, du wirst dem mächtigsten König vermählt,
und wenn du erstarkt bist, wenn deine Zeit gekommen ist, wirst du dem
erlauchtesten Kinde Mutter sein.«[43] In ihrer ausführlichen Erläuterung der
Details dieser Vision beschreibt Hildegard den Zustand der Kirche, dargestellt durch drei Gruppen, die sie definiert als die Apostel und ihre Nachfolger, den Klerus; »den edelsten Teil des himmlischen Jerusalem« – »die Jungfrauen und die jungfräulichen Märtyrerinnen«; und drittens die Laien,
Könige, Adlige und die Armen. Es ist bezeichnend für Hildegards Denken,
daß Jungfrauen, das sind die Frauen mit religiöser Berufung, bei der Darstellung und Aufrechterhaltung der Stärke der Mutter Kirche eine Position
einnehmen, die der des Klerus gleich ist.

Hildegard verband bei der Entwicklung ihrer Theologie die Idee von der
Vorherbestimmung des Schicksals Christi vorrangig mit dem Weiblichen.
So wie sie Maria an Sophia in ihren mütterlichen Eigenschaften band, so
schaute sie eine weibliche Caritas, die wie Sapientia eine mysteriöse persona ist, die Elemente von Christus und der Jungfrau Maria enthielt. »In
ihrer rechten Hand hielt sie Sonne und Mond und umarmte sie voll Zärt-
lichkeit«, und sie sprach zu »der Gestalt, die in ihrer Brust erschien... Ich
habe dich geboren aus meinem Schoß vor der Morgenröte.«[44] Die Idee der
Prädestination war zu Hildegards Zeiten Allgemeingut, sie war sogar in
einem bevorzugten Handbuch für Nonnen enthalten. Diese Vorstellung
legte den Schluß nahe, daß Gott die Welt schuf, um sie zu erlösen. So dienen die jungfräulich-mütterlichen Eigenschaften der drei Mutterfiguren in

Hildegards Visionen – Caritas, Maria und Kirche – dem göttlichen Ziel, Christus in die Welt zu bringen, um sie zu erlösen.[45]

Hildegards wiederholte Vision der Kirche als Mutter und ihre Beschreibungen des kreativen, lebensspendenden Aspekts der Kirche, die sie verglich mit »der Grüne« (*viriditas*), ihrem ganzheitlichen Symbol der Lebenskraft der Erde, der Natur, des menschlichen Lebens und Geistes, das alles bringt ihr beharrliches Bestehen auf der Einheit von männlichen und weiblichen Prinzipien im Weltall, auf der Erde und im Himmel, zum Ausdruck. Ihre Theologie bricht entschieden mit den zweiteilenden Kategorien der Scholastik und mit den patriarchalen Hierarchien, die in deren Denken enthalten sind. Hildegards Visionen vermischen männliche und weibliche Elemente, das Physische und Geistige, die rational-praktischen und die mystischen Aspekte der Existenz. Es ist kein Zufall, daß die Illuminationen ihrer Visionen eine Vielzahl von Kreisen, Bögen und Wellen in einer den *Mandalas* ähnlichen Art aufweisen, die jede Vorstellung von Hierarchie vermeiden zugunsten von Ganzheit, Kreisförmigkeit, Abgerundetsein und Einbeziehen.[46]

Es ist hier nicht möglich, den Reichtum ihrer Visionen, die Vielfältigkeit ihres Denkens und die Originalität vieler ihrer Schriften angemessen darzustellen. Sie war beeinflußt von den Lehren der Benediktiner und den medizinischen Theorien des Claudius Galen, die »Körpersäfte«, bestimmte Arten von »Feuchtigkeit« als die für Natur und Menschen bestimmenden Grunddaten definierten und »Phlegma« als die wichtigste Ursache von Krankheiten. Sie bezog Prinzipien der volkstümlichen Heilkunde und Überlieferungen des Volkes in ihre medizinischen Werke und ihre Kosmologie ein, etwa den Glauben an die Heilkraft von Mineralien und kostbaren Steinen. Da es eine Übersetzung der wissenschaftlichen Werke des Aristoteles ins Lateinische in Westeuropa damals noch nicht gab, war Hildegard durch aristotelische Erklärungen von physikalischen oder biologischen Phänomenen nicht beeinflußt. Sie war also sehr selbständig beim Verfassen ihrer medizinischen Schriften und insbesondere ihrer poetischen Kosmologie.[47] Ihre sorgfältigen, oft sehr genauen Beschreibungen des Geschlechtsverkehrs und ihr Bestehen darauf, daß sexuelle Aktivitäten für die Menschen über ihre Funktion im Zusammenhang der Fortpflanzung hinaus wohltuend seien, belegen eine recht ungewöhnliche Auffassung von der menschlichen Natur und eine ziemlich liberale Deutung der menschlichen Möglichkeiten – vor allem, wenn man bedenkt, daß sie seit ihrem neunten Lebensjahr in einer klösterlichen Umgebung lebte. Außerdem weisen ihre Beschreibungen von charakteristischen männlichen und weiblichen Eigenschaften als ganz unabhängig voneinander und die in ihren Schriften vielfältig begrün-

dete Aufwertung der Frauenrolle darauf hin, daß sie trotz ihrer Anerkennung von traditionellen Definitionen der geschlechtsspezifischen Aufgaben in ihren Schriften Teile ihrer Lebenserfahrung berücksichtigte. In
diesen Schriften erscheinen Frauen trotz der Bestätigung ihrer Schwäche
und Unterlegenheit als aktive, starke Menschen.

Hildegard, die erste einer langen Reihe von Mystikerinnen und Spiritualistinnen, leitete ihre Autorität und ihr Recht zu sprechen und zu denken
direkt von Gott ab. Gott sprach zu Hildegard – davon war sie überzeugt,
und sie hatte die Gabe, ihre Mitmenschen davon zu überzeugen. Daraus
schöpfte sie ihre große Energie, Vitalität und Führungsfähigkeit.

In drei der Illuminationen zu ihrem Spätwerk *De Operatione Dei* hat
Hildegard sich selbst in die visionären Bilder hineingemalt. Diese Visionen
sind abstrakt und ausdrucksvoll in ihren Sinnbildern, die »den Lebens-
kreis«, »die Natur des Menschen« und »die Vollendung des Kosmos« darstellen. Jede dieser Illuminationen zeigt ein Mandala mit vielen Kreisen, die
verschiedene Aspekte des Universums zum Ausdruck bringen sollen, mit
einer menschlichen Figur im Mittelpunkt. In der linken unteren Ecke eines
jeden dieser Bilder sieht man die Gestalt einer sitzenden Nonne, die auf
zwei Tafeln schreibt, die aussehen wie die Tafeln des Moses. Ihr Gesicht ist
nach oben gerichtet und wird von einer Art Strahlen berührt. Diese selbstbewußte Darstellung kann als Selbstdarstellung einer Frau sehr wohl die
erste ihrer Art sein.[48] Die Wiederholung dieses Motivs und seine Einbeziehung in Illuminationen, die sehr umfassende philosophische Themen zum
Gegenstand haben, zeigen, daß Hildegard zu dieser Zeit die konventionelle
Einstellung von Selbsterniedrigung und Unterwerfung hinter sich gelassen
hatte. Nicht länger als »Gottes kleine Posaune« wollte sie nun gesehen werden, sondern beim Niederschreiben ihrer Visionen als Autorin. In dem
Wunsch, daß sie um ihrer selbst willen im Gedächtnis bliebe, wurde sie zur
ersten Frau, die, von mystischen Offenbarungen inspiriert, für sich einen
Platz in der Geschichte beanspruchte.

Kapitel 4

Der Weg der Mystikerinnen I

Wenn Tradition, Religion und tägliche Erfahrungen den Frauen ein tiefreichendes Gefühl ihrer geistigen Minderwertigkeit vermittelten, die als naturbedingt und gottgegeben zu betrachten war, ist es um so erstaunlicher, daß es einigen von ihnen gelungen ist, diese Einstellung zu überwinden und sich selbst die Autorität und Befugnis zuzugestehen, zu denken, zu sprechen und sogar zu schreiben. Wir haben bereits einige der Widerstände, mit denen sich diese Frauen auseinandersetzen mußten, diskutiert und gesehen, welche Opfer sie zu bringen hatten, um ein Leben als Denkerinnen führen zu können. Wir wollen uns nun mit einigen Tendenzen und Bewegungen befassen, die die spirituelle und geistige Emanzipation der Frauen förderten.

Die Denker des klassischen Altertums und die Kirchenväter hatten den Verstand des Menschen, seine Fähigkeit, logisch und ohne die Subjektivität von Emotionen zu denken, zu einer Gabe Gottes erhoben, die den Weg zur Erlösung weise. Wegen der Kraft seiner Vernunft und wegen seines freien Willens führe den Menschen die Fähigkeit, sich mit Hilfe der Theorie und Praxis der Kirche für das Gute zu entscheiden, von der Sündhaftigkeit zur Erlösung. Die Deutung der Bibel stützte sich auf rationale, philosophische und theologische Argumente, auf das scholastische Fortschreiten von einer Schlußfolgerung zur nächsten und auf komplexe Symbole, deren Verständnis die Interpretation durch eine gebildete klerikale Elite erforderte. Ein Großteil des frauenfeindlichen Inhalts der patristischen (auf das Studium der Kirchenväter gestützten) Lehre hatte die Aufgabe, Männer und Frauen davon zu überzeugen, daß diese Rationalität eine den Männern vorbehaltene natürliche Begabung sei, während die Frauen wegen des Fehlens dieser Fähigkeit zu anerzogener Ignoranz und intellektueller Abhängigkeit verurteilt seien.

Es gab aber eine alte aus der vorchristlichen Zeit stammende und sich von Anfang an im Christentum entwickelnde Tradition, die eine andere Art des Verstehens und Erkennens zuließ. Die Mystik in ihren verschiedenen Formen bestätigte, daß transzendentes Wissen nicht das Ergebnis rationalen Denkens sei, sondern sich aus einer bestimmten Lebensweise, individueller Inspiration und plötzlichen Offenbarungen herleite. Die Mystik sah die Menschen, die Welt und das Universum in einem umfassenden Zusammenhang, offen für ein Verstehen durch intuitives und unmittelbares Erfassen. Für die Mystiker und Mystikerinnen war Gott in der gesamten Schöpfung allgegenwärtig-immanent, erreichbar durch bedingungslose Liebe und konzentrierte Hingabe, etwa in aufrichtigem Gebet und religiöser Andacht.[1] »Wie in einem Augenblick erlerne ich das, was ich weiß«, schrieb Hildegard von Bingen. Die erste Mystikerin in den Niederlanden im 13. Jahrhundert, Hadewijch von Brabant, führte aus: »... verschmäht die Minne alles, was Vernunft und was in der Vernunft ist, und alles, was darüber und darunter ist. Denn was zur Vernunft gehört, das ist alles gegen das Heil der wahren Natur der Minne. Vernunft kann der Minne weder nehmen noch geben. Denn die wahre Natur der Minne ist allzeit eine schwellende Flut ohne Gedanken und ohne Vergessen.«[2] Nachdem sie mit starken körperlichen Bezügen die Sehnsucht ihrer Seele nach der Vereinigung mit ihrem »Geliebten« (Gott) beschrieben hat, stellt Mechthild von Magdeburg, eine Mystikerin des 13. Jahrhunderts, ihr Erlebnis poetisch dar:

»Die grosse zunge der gotheit
Hat mir zugesprochen manig kreftig wort
Dú han ich empfangen mit wenigen oren miner snodigkeit
Und das allergroste licht hat sich ufgetan
Gegen die ogen miner sele.
Daine han ich gesehen die unsprechliche ordenunge
Und bekante die unzellichen ere,
Das unbegriflich wunder
Und das sunder trúten mit unterscheide,
Die genúgekeit vf das hochste
Und die grossen zuht in der bekantnisse,
Die gebruchunge mit der abebrechunge
Nach der maht der sinen,
Die ungemengete frode in der einunge
Der gesellschaft, und das lebende liep der ewekeit,
Als es nu ist und jemer wesen soll.« (Morel)

»Die große Zunge der Gottheit
Hat mir zugesprochen manch starkes Wort;
Dies vernahm ich mit den armseligen Ohren meiner Nichtigkeit.
Und das allerstrahlendste Licht hat sich aufgetan

Den Augen meiner Seele.
In ihm sah ich die unaussprechliche Ordnung
Und erkannte die unsägliche Herrlichkeit
Und das unfaßliche Wunder
Und die einzigartige Süße mit ihrer Unterscheidungsgabe
Und die höchste Sättigung
Und die größte Ordnung der Erkenntnis
Und den Genuß mit Zurückhaltung
Gegenüber den (begrenzten) Kräften
Und die ungemengte Freude in der Einung
Und das lebendige Leben der Ewigkeit
Wie es jetzt ist und immer sein wird.« (Oehl)[3]

Viele Mystikerinnen und Mystiker erlebten über einen längeren Zeitraum immer wieder ekstatische Verzückungen; bei manchen von ihnen wiederholten sich solche Erlebnisse ihr Leben lang. Andere hatten derart intensive Erlebnisse nur selten. Juliana von Norwich soll alle ihre Erleuchtungen innerhalb von 24 Stunden intensiver Visionen gehabt haben. Die Mystikerinnen und Mystiker setzten die biblische Tradition der Prophetie und Offenbarungen fort, ganz besonders bezogen auf die Symbole des Hohen Liedes, das als sinnbildliche Darstellung der mystischen Vereinigung von Gott und Seele diente, seit Bernhard von Clairvaux es als eine Allegorie gedeutet hatte. Andere Quellen der Mystik waren die Werke Platons und die Spiritualität des östlichen Christentums vom 4. bis 6. Jahrhundert, insbesondere das Werk des syrischen Mönchs, der als Pseudo-Dionysos bekannt geworden ist und von dem sich die Sprache und Bilderwelt der mittelalterlichen Mystik zu einem großen Teil herleiten läßt. Die Mystik hatte zwar schon eine lange Geschichte, doch die religiöse Erweckungsbewegung des 12. Jahrhunderts in Westeuropa belebte sie neu. Die Gründung des Zisterzienserordens durch Bernhard von Clairvaux, der selbst ein Mystiker war, entsprach dem Wunsch vieler religiöser Menschen nach Askese und Meditation, die eine tiefe spirituelle Vereinigung mit Gott zu erlangen suchten. Das Ziel der christlichen Mystiker und Mystikerinnen war die spirituelle Vereinigung mit Christus, die durch asketische Übungen, Leiden und Abtötung der fleischlichen Lust, durch Meditation und Offenheit gegenüber der erleuchtenden Erfahrung erreicht werden konnte. Die Mystikerinnen und Mystiker haben ganz verschiedene Wege zu Gott beschrieben, aber gewöhnlich gelangten sie über mehrere Stadien zu ihrem Ziel: 1. Die Reinigung von Körper und Seele durch das Ausschließen aller Empfindungen sinnlicher Lust und Ablenkung, was erreicht wurde durch asketische Übungen und Gebet sowie ein Freimachen der Seele von allen irdischen Interessen. 2. Auf diese »Nacht des Geistes« oder »Dunkelheit des Nichtwissens«, wenn zur Vorbereitung und Einstimmung der Seele alles zuvor Gewußte verbannt ist, folgt eine transzendentale Erfahrung, eine plötzliche Erleuchtung. Mystikerinnen und Mystiker beschrieben die Anwesenheit Gottes als die plötzliche Gewißheit einer metaphysischen Wirklichkeit, die sie als ungeheure Freude und Bestätigung empfanden. 3. Das letzte Stadium, das zugleich oder später erreicht werden kann, ist die Einheit mit Christus, zu der die Mystikerin oder der Mystiker durch die imitatio Christi gelangt, das Wiedererleben des Leidens und der Kreuzigung Christi, oder aber durch ein überwältigendes Gefühl von Einheit, Verschmelzen und manchmal ein orgiastisches Veräußern des Selbst an den Anderen, ein verzücktes Entrücktsein und Sich-im-Anderen-Versenken. Alle großen Mystikerinnen und Mystiker haben solche Erfahrungen beschrieben, manchmal in Worten, die darum rangen, die Unangemessenheit von Worten zum Ausdruck zu bringen. Hadewijchs Erklärung ist recht typisch: »Und in der Einheit, in die ich da aufgenommen und verklärt war, da verstand ich dies Wesen und erkannte es klarer, als man eine noch so erkennbare Sache auf Erden mit der Sprache, mit der Vernunft und mit dem Gesichte erkennen und erklären kann. Aber es erscheint wunderbar – ich weiß wohl, daß es dich nicht wundert, denn die Erde kann himmlische Denkkraft nicht begreifen. Für alles, was es auf Erden gibt, kann man Gedanken und Deutsch genug finden; aber hierfür weiß ich kein Deutsch und keinen Gedanken, trotzdem ich mich auf des Denkens verborgensten Sinn verstehe, wie nur ein Mensch es verstehen mag.«[4] Ganz ähnlich sagt Mechthild von Magdeburg nach einer hochpoetischen Passage der Beschreibung einer ihrer Visionen: »Nun gebricht mir mein Deutsch, Latein aber kann ich nicht. – Was hier gutes dran ist, das ist nicht mein Verdienst. Denn es war nie ein Hund so böse, daß er nicht gerne käme, lockte ihn sein Herr mit einer weißen Semmel.«[5]

Das Wechseln in die Alltagssprache drückt hier nicht nur die Unzulänglichkeit von Sprache angesichts der mystischen Offenbarung aus, auch ihre Metapher des Hundes, dem eine weiße Semmel hingehalten wird, ist Ausdruck ihres Gefühls, an einem Mangel zu leiden, weil ihr nicht das kostbare Geschenk der lateinischen Sprache zuteil geworden ist.

Was Mystikerinnen oder Mystiker in Ekstase und plötzlichem Entrücktsein lernen, wird den Mitmenschen in Offenbarungen, Prophezeiungen, Visionen und spirituellen Kommentaren mitgeteilt. Manche mystische Visionen ergeben ein zusammenhängendes theologisches System, andere sind fragmentarisch und unsystematisch. Einige stützen sich auf eine biblische und traditionell-ritualisierte Bildersprache, andere sind von erstaunlicher Originalität in der inhaltlichen Aussage und den verwendeten Symbolen. Mystikerinnen und Mystiker nutzten offenbar alles Material, das sich ihnen aufgrund ihrer Lebenserfahrung bot. So waren die in Klöstern lebenden Mystikerinnen und Mystiker von den Bildern beeinflußt, die sie in den Kirchen gesehen hatten, von der Bibel und den heiligen Manuskripten, zu denen sie Zugang hatten. Mystikerinnen, die lange außerhalb von Klöstern gelebt hatten oder erst in fortgeschrittenem Alter mystische Erlebnisse hatten – etwa Hadewijch, Mechthild von Magdeburg, Margery Kempe, Dorothea von Montau –, und die späteren protestantischen Mystikerinnen nutzten eine Bildersprache, die ihre weltlichen Erfahrungen widerspiegelten. Margery Kempe zog bei ihrer Beschreibung eines ekstatischen Erlebnisses Metaphern aus dem Haushalt heran, die sie aus ihrer Lebenserfahrung als Hausfrau und Mutter in Lynn in Norfolk ableitete. Sie beschrieb wunderbare Töne, die sie hörte: »Der eine war ein Ton, als bliesen ihr ein paar Blasebälge ins Ohr ... es war der Ton des Heiligen Geistes. Und dann verwandelte unser Herr diesen Ton ... in die Stimme eines kleinen Vogels, der Rotkehlchen genannt wird, und sang oft freudig in ihr rechtes Ohr.«[6] Die im 17. Jahrhundert lebende pietistische Mystikerin Anna Vetter hatte Visionen von Christus, in denen er mit ihr bei einer Hochzeitsfeier tanzte, und von einer gewissen mystischen Erscheinung, die bei einem Streit im Wirtshaus schlichtend eingriff.[7] Die mystischen Visionen sind im allgemeinen außerordentlich konkret in den Details. Zweifellos wurden wirklich erlebte Erfahrungen dargestellt, ob es sich nun um Visionen, Träume, Halluzinationen oder Zustände der Verzückung handelte. Im Fall der Hildegard von Bingen und der Juliana von Norwich ereigneten sich die Visionen im Zustand vollen Bewußtseins in der Art von »Gesichten«, visuell und akustisch wahrgenommenen Bildern, die später von »Stimmen« erläutert wurden. Die wichtige Leistung der uns bekannten Mystikerinnen und Mystiker ist, daß sie nicht nur diese außergewöhnlichen Erfahrungen erlebten, sondern ihre Mitmenschen sowohl von ihrem Stattfinden als auch von ihrer spirituellen Bedeutung überzeugen konnten.[8] Die Mystiker des Mittelalters waren alle Mitglieder des Klerus, die keine andere Autorisation für ihr Auftreten in der Öffentlichkeit und zum Übernehmen öffentlicher Funktionen brauchten als ihre religiöse Ausbildung. Bei Frauen trugen Selbstzüchtigung und persönliche Disziplin, Leiden und Entsagung und deren Belohnung durch das mystische Erleben manchmal dazu bei, daß eine Mystikerin in der Öffentlichkeit ihre Stimme erheben und eine leitende Position einnehmen konnte, die für ihr Geschlecht sehr ungewöhnlich war, so etwa Hildegard von Bingen und später Katharina von Siena und Theresa von Avila.

Hugo von Sankt Viktor, einer der ersten Mystiker, war wie viele andere Mystiker der Auffassung, daß die Philosophie der Scholastik und der institutionalisierte Ritus einem Offensein für spirituelle Erfahrungen nicht dienlich sei. Die Art, in der die Mystikerinnen und Mystiker ihre Botschaft empfingen, war also eine Alternative zu der dominanten theologisch-religiösen Art des Erkennens und Wissens. Diese Erkenntnisweise wurde den Bedürfnissen von Menschen, die nicht lesen konnten, die arm waren und verachtet wurden, in besonderer Weise gerecht. Hatte nicht Jesus davon gesprochen, daß eben diese Männer und Frauen, die Armen im Geiste, ins Himmelreich kommen würden? Jede Mystikerin setzte sich auf ihre Art mit dem Problem ihrer Unwürdigkeit hinsichtlich der Aufgabe, zu der sie sich berufen fühlte, auseinander. Auf eine Weise, die bei den Frauen, die sich auf ihr Recht zu denken beriefen, so weit verbreitet war, daß man von einem Denk- und Verhaltensmuster sprechen kann, verwandelten sie diese ihnen zugeschriebene weibliche Schwäche in eine Stärke. Gerade weil sie schwach, ungebildet und einfach und von den Privilegien der Priesterschaft ausgeschlossen waren, hätte Gott sie zu Werkzeugen seines Heilsplans gemacht. Dieses Argument begegnet uns durch die Jahrhunderte immer wieder. Hadewijch setzt sich in ihrem Buch mehrmals damit auseinander. In einem Abschnitt mit dem Titel »Über dieses Buch und seine Verfasserin« fragt sie im Gebet, warum ihr aufgetragen wurde, es zu schreiben.

»Oh Herr! wäre ich ein gelehrter Geistlicher
Und hättest Du dies geringe Wunder an ihm getan,
So würdest Du auf ewig verehrt werden.
Doch wie soll jemand von Dir glauben,
Daß Du in einem unflätigen Pfuhl
Ein goldenes Haus gebaut hast...«

Worauf Gott antwortet:

»Man findet manchen weisen Schriftgelehrten,
Der dennoch in meinen Augen ein Tor ist.
Und ich sage dir zudem,
Daß es mich erhöht und ehrt
Und die heilige Christenheit erstarken läßt,
Wenn der ungelehrte Mund
Die gelehrten Zungen über meinen heiligen Geist belehrt.«[9]

In einer anderen charakteristischen Passage ließ sie Gott die Zweifler daran erinnern, daß auch die Apostel zunächst schwach waren, daß Moses zögerte, die Führung zu übernehmen und seine Macht zu nutzen. »Frage auch, wie es denn möglich war, daß Daniel trotz seiner jungen Jahre (so weise) gesprochen hat«[10]

Die apologetische Haltung der nicht im Kloster lebenden Begine Mechthild von Magdeburg gegenüber ihrer prophetischen Begabung mag an
ihrem randständigen Status gelegen haben, wie die Mediävistin Caroline
Bynum vermutete. Sie stellte fest, daß die Nonnen des Klosters Helfta, die
eine Generation später in einer großen und mächtigen Gemeinschaft von
Frauen lebten, in einem viel selbstbewußteren Ton über ihr Recht, zu
unterrichten und andere Christen zu beraten, sprachen. Mechthild von
Hackeborn und ihre Schwester Gertrude, die Äbtissin von Helfta war,
akzeptierten die ihnen von ihren Visionen zukommende Autorität, Mittle-
rinnen sowie »Predigerinnen und Lehrerinnen« zu sein. Bynum weist darauf hin, daß diese Art der Autorität gerade deshalb entstand, weil den
Frauen eine aktive Rolle in der Amtskirche versagt war.[11]

Die mystische Art der Erkenntnis reichte über nationale und religiöse
Grenzen hinaus. Praktizierende Mystikerinnen und Mystiker hat es in
allen Religionen und in fast allen historischen Epochen gegeben. Um die
Universalität der mystischen Erfahrung zu demonstrieren, ist es von Interesse, die schon erwähnten Charakteristika mit den Eigenschaften einer
afroamerikanischen Evangelistin des 19. Jahrhunderts zu vergleichen.

Julia Foote, die frei geborene Tochter eines Sklaven, wuchs im Staate
New York auf und zog später mit ihrem Mann nach New England. Sie
spürte schon sehr früh eine starke religiöse Berufung, aber als sie zwei
Visionen hatte, in denen ein Engel ihr eine Schriftrolle reichte mit der Aufforderung zu predigen, widersetzte sie sich diesem Ruf. »›Nein, Herr, nicht
ich‹... Ich meinte, es könnte doch nicht sein, daß ich zum Predigen berufen sei... Ich, so schwach und unwissend... Ich war immer gegen das Predigen von Frauen gewesen, und ich hatte das auch offen ausgesprochen.«[12]
Entsprechend dem von anderen Mystikerinnen bereits bekannten Verhaltensmuster wurde sie schwer krank. Ihre Freunde, Freundinnen und Verwandten versammelten sich in Erwartung ihres Todes an ihrem Bett. Da
hatte sie die Vision der Dreieinigkeit in einem Garten. Sie wurde vor Gott
den Vater, den Sohn und den Heiligen Geist und viele Engel gebracht.
Gottvater forderte sie auf, zu entscheiden, ob sie ihm gehorchen wolle. Sie
bejahte. Danach führte Christus sie zu einem Wasser »und entkleidete
mich,... dann schien Christus mich zu waschen, und das Wasser fühlte sich
recht warm an.« Dann hörte sie süße Melodien, und ein Engel reichte ihr
ein festliches Gewand. Der Heilige Geist pflückte ihr Früchte von einem
Baum und fütterte sie damit. Dann befahl Gottvater ihr zu gehen; aber sie
gab zu bedenken, daß die Menschen ihr nicht glauben würden. »Da schien
Christus mit goldener Feder und goldener Tinte etwas auf goldenes Papier
zu schreiben. Er rollte es zusammen und ermahnte sie, sie solle es an ihrem

Busen tragen, und sagte, ›... wo immer du hingehst, zeige es, und sie werden wissen, daß ich dich gesandt habe, um allen das Heil zu bringen‹.«[13]

Wie so viele Mystikerinnen vor ihr stieß Julia Foote auf heftig mißbilligende Ablehnung. Sie wurde von ihrer Kirche exkommuniziert, von ihrem Bischof der Zensur unterworfen, und oft wurde es ihr untersagt, zu sprechen oder zu predigen. Aber sie blieb standhaft und gewann eine große Anhängerschaft für ihre Erlösungslehre. Dreißig Jahre später kommentierte sie diesen Versuch, ihr die Autorität einer Predigerin abzusprechen:

»Es wird manchmal gesagt, daß wenn eine Frau den Anspruch erhebt, einen göttlichen Ruf erhalten zu haben, ... ihr geglaubt wird, wenn sie Beglaubigungen aus dem Himmel vorzeigt, d. h. wenn sie ein Wunder bewirkt. Sollte es notwendig sein, das Recht zu predigen zu beweisen, so fordere ich meine Brüder auf, mir ihre Beglaubigung vorzuzeigen, oder ich kann nicht glauben, daß sie rechtmäßige Prediger sind.«

Auch hier folgte Julia Foote Vorgängerinnen aus sehr viel früherer Zeit, wenn sie mit Bibelzitaten das Recht der Frau zu predigen verteidigte. Sie zitierte die Apostel und besonders Paulus. »Als Paulus sagte: ›Nehmt Euch dieser Frauen an, die mit mir im Dienst für das Evangelium gekämpft haben‹, da meinte er ganz gewiß, daß sie mehr getan hatten, als Tee auszuschenken.«[14] Mit diesem verbittert-scharfen Kommentar stellt sich diese afroamerikanische Evangelistin des 19. Jahrhunderts, die Autodidaktin war, in die lange Reihe von Christinnen, die ihre Autorität als Lehrerinnen und Predigerinnen auf ihre mystischen Erfahrungen und auf Bibelzitate stützten.

Die Geschichte hat gezeigt, daß mystisches Denken eine besondere Anziehungskraft auf Frauen hatte und daß in bestimmten Perioden und Gegenden auffallend viele Mystikerinnen auftraten. In ihrer soziologischen Untersuchung über 864 christliche Heilige stellen Weinstein und Bell fest, daß das Verhältnis von männlichen und weiblichen Heiligen insgesamt fünf zu eins war. Obwohl nicht alle Mystikerinnen und Mystiker heiliggesprochen wurden, zeigt die Studie von Weinstein und Bell Muster, die für Mystikerinnen und Mystiker ebenso gelten wie für Heilige. Weinstein und Bell fanden heraus, daß der Anteil der weiblichen Heiligen gegenüber dem der männlichen Heiligen vom 11. bis zum 13. Jahrhundert allmählich zunahm und dann im 14. und 15. Jahrhundert jäh anstieg, bis unter vier Heiligen jeweils eine Frau war.[15] Weinstein und Bell zeigen auch die Beziehung zwischen der Mystik und der Heiligsprechung von Frauen. Obwohl nur 17 Prozent aller in der Studie berücksichtigten Heiligen Frauen sind, stellten sie 40 Prozent aller Heiligen, die wegen mystischer Kontemplation berühmt geworden sind, und 45 Prozent aller Heiligen mit visionären Erfahrungen. Das wichtigste Charakteristikum weiblicher Heiliger scheint deren Sensiblität für übernatürliche Zeichen und Kommunikationsformen zu sein; in bezug auf dieses Merkmal machen die Frauen 52 Prozent der von Weinstein und Bell untersuchten Gruppe aus.[16] Mystische Kontemplation, Visionen und Kommunikation mit dem Übernatürlichen, die sich in Zeichen manifestieren, sind eine individuell-private Form von Wundern. Da Frauen nicht zur Priesterschaft gehörten und auch mit Ausnahme der Krankenpflege keine anderen öffentlichen Funktionen ausüben durften, kann es nicht überraschen, daß sie ihre religiöse Erfahrung in dieser mehr privaten Art der Mystik zum Ausdruck brachten. Die Notwendigkeit einer besonderen Autorisation von Frauen, damit sie sich Gehör verschaffen konnten, die wir bereits erörtert haben, kann ebenfalls dazu beigetragen haben, daß sie solche mystischen Ausdrucksformen wählten: Die göttliche Erscheinung autorisiert sie, sendet eine Schriftrolle, spricht direkt zu ihnen. Diese Erscheinung vollzieht eine mystische Hochzeit, wäscht sie rein in einem Akt der Taufe, übermittelt Vollmachten, Zeichen und Botschaften. Ohne diese würde niemand einer Mystikerin zuhören und Glauben schenken. Aus den Statistiken läßt sich schließen, daß Frauen mehr als Männer zu Visionen und mystischer Kontemplation neigten, aber es kann auch sein, daß diese Manifestationen eher bei Frauen als bei Männern zur Heiligsprechung führten. Die geschlechtsspezifische Definition, daß Frauen emotionaler seien als Männer, kann die Amtskirche, die die Heiligsprechung kontrollierte, dazu gebracht haben, solche Manifestationen bei Frauen wohlwollender zu beurteilen als bei Männern.

Mystikerinnen treten manchmal in größerer Zahl auf. Auf die großen Mystikerinnen des 12. Jahrhunderts – Hildegard von Bingen und Elisabeth von Schönau, die beide vor 1180 starben – folgten die Beginen-Mystikerinnen Marie von Oignies, Hadewijch, Mechthild von Magdeburg und die erstaunlichen Nonnen von Helfta, deren Mystik im späten 13. Jahrhundert zu voller Blüte kam.[17] Im 14. Jahrhundert gelangte die weibliche Mystik in den Niederlanden, Deutschland, England, Frankreich und Italien zu großer Bedeutung. Mit den sich ausbreitenden Hexenverfolgungen und dem Beginn der Reformation nahm die Zahl der weiblichen Heiligen rapide ab, und danach ging sie stetig zurück. Doch in den katholischen und protestantischen Sekten des 16. und 17. Jahrhunderts gab es weiter Predigerinnen, die, gestützt auf ihre Visionen, prophetische Aussagen machten. Die Gegenreformation inspirierte die Mystik der Theresa von Avila und Madame Guyon. In späteren Jahrhunderten trat mystisches Denken in verschiedenen protestantischen Sekten auf, etwa bei den Shakers, den Spi-

ritualisten und in vielen der kleineren evangelischen Glaubensgemeinschaften.

Lokale Gruppenbildungen von Mystikerinnen lassen sich auch dadurch
erklären, daß die Praktiken der Mystik erlernt werden konnten. Die Nonnen der Abtei von Helfta in Sachsen und des Klarisenkonvents von San
Damian in Assisi unterwiesen einander in den Methoden zum Erreichen
mystischer Erleuchtung. Christina Ebner, selbst eine Mystikerin, hielt es
für ungewöhnlich, daß einige Nonnen in ihrem Konvent keine derartigen
Erfahrungen gemacht hatten.[18] Wie ist das Phänomen der Blüte der Mystik
vom 12. bis zum 14. Jahrhundert zu erklären?[19] Viele Historikerinnen und
Historiker meinen, daß die sozialen Bedingungen, die mystische Tendenzen förderten, im 11. Jahrhundert entstanden, als die Gregorianischen
Reformen der Kirche den Einfluß des Klerus und dessen Kontrolle über die
Laien ausweiteten. Im frühen Mittelalter manifestierte sich die Quelle
übernatürlicher Kräfte für die Laien im Alltag überwiegend durch die
Reliquien von Heiligen, während sich der Kontakt des gemeinen Volkes
mit dem Klerus auf Taufe, Beerdigung und das Zahlen des Zehnten
beschränkte. Klösterliche Spiritualität diente als Ideal, während die Gebete
von Mönchen und Nonnen einzelnen und Gemeinschaften die Gnade Gottes sicherten. In der Mitte des 12. Jahrhunderts hatten die Kirchenrefor-
men, die Durchsetzung des Zölibats, die Überarbeitung des Kanonischen
Rechts und das Erziehungsmonopol der Kirche die Position des Klerus aufgewertet, während die Welt des Spirituellen schärfer von der materiellen
Welt getrennt wurde. Das Reich des Geistes und des Glaubens wurde mehr
und mehr als über dem Reich des Materiell-Weltlichen stehend gesehen.
Theologisch betrachtet, nahm die Bedeutung des Priesteramtes erheblich
zu, weil der Priester die Macht hatte, in der Messe das Sakrament der
Eucharistie zu feiern und dabei Leib und Blut Christi auszuteilen. Dies
zeigte sich auch in der beachtlich zunehmenden Zahl neugegründeter
Mönchsorden. Der Orden von Fontevrault, im Jahre 1100 gegründet von
Robert von Arbrissel, wuchs rasch. Die Zisterzienser unter der Leitung
von Bernhard von Clairvaux breiteten sich im 12. und 13. Jahrhundert in
viele Länder aus: 1270 hatte dieser Orden in Westeuropa 671 Abteien. Der
1120 von Norbert von Xanten gegründete Prämonstratenserorden evange-
lisierte in ganz Deutschland.[20]

Als die Rolle des gebildeten Klerus an Bedeutung gewann, wurde die
Rolle der Frauen unter Hinweis auf ihren Mangel an Bildung und Eignung
zur Übernahme kirchlicher Ämter abgewertet, was für sie die Einschränkung ihrer Verbindung zur Welt des Geheiligten bedeutete. Diesem Verlust
an spirituellen Möglichkeiten entsprach, daß die Frauen sichtbar an Auto-

rität verloren. Während die Zahl derer, die als Nonnen religiösen Orden
beitraten, im 12. Jahrhundert auf deutlich wahrnehmbare Weise wuchs,
bewirkten Änderungen im Klosterleben jedoch auch, daß die Autonomie
der Ordensfrauen reduziert wurde. Am Ende dieses Jahrhunderts gab es in
Westeuropa so gut wie keine Doppelklöster mehr, die von Äbtissinen geleitet wurden. Die drei neuen Orden zögerten zunächst, Frauen zuzulassen,
und bauten dann getrennte Klosteranlagen für sie, wobei die Regeln der
Frauenorden strenger waren als in früheren Zeiten. In der Mitte des 12.
Jahrhunderts war die völlige Abgeschiedenheit der Nonnen und ihre geistliche Führung durch Priester zur Norm geworden. Zur selben Zeit wurden
für die Nonnen neue Bildungsziele festgesetzt, das Lateinstudium wurde
zur Ausnahme.

Doch zugleich entwickelten und verbreiteten sich neue Formen des religiösen Lebens. Die Nachfolge der Apostel wurde nun von Laiengemein-
schaften angestrebt, in denen Männer das Heil auf eine neue Art suchen
konnten. Manche zogen sich in die Wildnis zurück, um in Armut und im
Gebet zu leben; andere bildeten Gruppen von Wanderpredigern, deren
religiöser Eifer eine große Anziehungskraft ausübte. In der zweiten Hälfte
des 12. Jahrhunderts kam es zum Aufstieg der ketzerischen Albigenser,
auch Katharer genannt. Einige Laien und geistliche Abweichler, darunter
auch Peter Valdes, versuchten, durch ein beispielgebendes Leben der
Armut und der guten Werke eine Reform der Amtskirche zu erreichen. Valdes gab der Waldenserbewegung ihre Ausrichtung – Laien, die eine Lebens-
form zu verwirklichen suchten, die dem Leben Christi und der Apostel
nahekommen sollte. Diese Bewegung, die zunächst von der Kirche toleriert worden war, wurde bald der Ketzerei bezichtigt. Andererseits
betrachtete Papst Innozenz III. Gruppen von Idealisten, die die Kirche von
innen heraus reformieren wollten, durchaus wohlwollend – etwa die neuen
Ordensbruderschaften der Dominikaner und Franziskaner. Die Mitglieder
dieser Orden legten wie Mönche ein religiöses Gelübde ab, traten aber
nicht in ein Kloster ein, sondern lebten mit dem Volk, erbettelten sich ihren
Lebensunterhalt und widmeten sich guten Werken und dem Predigen. Die
Bewegung, die von Franziskus von Assisi gegründet worden war, inspirierte Klara von Assisi, ihm zu folgen und mit seiner Zustimmung den
Orden der Armen Klarissen zu gründen. Frauen schlossen sich den Wanderpredigern und ihren Sekten an; und viele gehörten zu ketzerischen
Gemeinschaften, was wir noch erörtern werden. Auf diese Weise setzte sich
der religiöse Eifer der Frauen über den Widerstand der Männer hinweg.[21]

In den ketzerischen Sekten fanden Frauen zeitweise, oft nur kurzfristig,
Unterstützung für ihre Idee der natürlichen Gleichheit von Männern und

Frauen als Geschöpfen Gottes. Frauen schlossen sich in großer Zahl diesen Sekten an, waren aktiv im organisatorischen Bereich, bemühten sich um neue Anhänger und Anhängerinnen und gehörten zu den Verfolgten und Gemarterten. Das entsprach einem Entwicklungsschema, das aus der Geschichte des frühen Christentums bekannt ist: Solange Bewegungen klein und wenig strukturiert sind und verfolgt werden, sind Frauen als Mitglieder willkommen, haben sie Zugang zu Führungspositionen in der Organisation und teilen sie die Macht mit Männern. Sobald die Bewegung erfolgreich wird, verfestigen sich die Strukturen, bilden sich Hierarchien heraus und wächst die Dominanz von Männern. Frauen werden dann auf Hilfsfunktionen verwiesen und treten nach außen hin nicht mehr in Erscheinung. Das läßt sich am Beispiel der Katharer verdeutlichen.

Das Ketzertum der Katharer blühte im 11. Jahrhundert im Languedoc und verbreitete sich von dort aus im 12. Jahrhundert bis nach Italien, ins Rheinland und in die Niederlande. Das dualistische Glaubenssystem dieser Sekte stützte sich überwiegend auf gnostische Texte und Interpretationen.[22] Die Lehre der Katharer besagte, es gebe zwei verschiedene Gottheiten, den Schöpfer des Guten und den Schöpfer des Bösen. Die materielle Welt sei geschaffen von dem bösen Gott, und deshalb sei auch ihre Reproduktion dem Bereich des Bösen zuzurechnen. Daher lehnten die Katharer die Ehe ab und mieden, was sie als die Früchte der körperlichen Vereinigung bezeichneten: Fleisch und Milch. Da dieser Auffassung nach die Sünde vom Satan kam, galt Eva bei den Katharern als am Sündenfall unschuldig, weil sie nur das Werkzeug des Satans gewesen sei. Der gnostischen Lehre entsprechend glaubten die Katharer, Maria Magdalena sei die Frau oder Konkubine Christi gewesen. Sie lehnten das Dogma der leiblichen Auferstehung ab und waren der Meinung, daß sich die Auferstehung nur auf die Seele beziehe. Daß es männliche und weibliche Geschöpfe gebe, sei ein Werk des bösen Gottes; im himmlischen Königreich würden alle Kreaturen Engel ohne irdische Sexualität sein. Diese Unterschiede in der Glaubenslehre zwischen der katholischen Orthodoxie und der Sekte erlaubte es den Katharern, im Hinblick auf die göttlichen Ziele und die Kraft des Glaubens mehr Ähnlichkeit als Verschiedenheit zwischen Frauen und Männern zu sehen. Die Katharer glaubten, daß es den Menschen möglich sei, durch ein asketisches Leben den Zustand der Perfektion zu erreichen. Alle, denen dies gelang, wurden als *perfecti/perfectae* bezeichnet, denn es konnten Frauen oder Männer sein. Die meisten Menschen erreichten dieses Stadium erst kurz vor ihrem Tode. Die Ehe wurde bei den gewöhnlichen Gläubigen toleriert, war aber den perfecti und perfectae verboten. *Perfectus/perfecta* wurde ein Mann/eine Frau durch die Zeremonie des *consolamentum*, eine

Art Taufe durch Handauflegen. Dies bedeutete, daß die gewöhnlichen Gläubigen während ihres Lebens eine relativ große sexuelle Freiheit hatten, da sie sicher sein konnten, nach dem Bekennen ihrer Sünden und dem Empfangen des *consolamentum* zu *perfecti* oder *perfectae* zu werden und dann gerettet zu sein. Bezeichnend für den hohen Status der Frauen bei den Katharern ist, daß zumindest in der Theorie Frauen und Männer das *consolamentum* erteilen konnten, wenn auch nur wenige Frauen es je getan haben.[23]

Die Bewegung der Katharer entwickelte sich in den Städten des Languedoc, vor allem in Toulouse, dem Zentrum der Textilproduktion und des Tuchhandels. Viele Frauen in den Tuchmanufakturen schlossen sich den Katharern an, wie das auch männliche Handwerker und Textilarbeiter taten. Da in der Textilproduktion die Löhne der Arbeiterinnen weit niedriger waren als die der Arbeiter, konnten Frauen sich sogar bei Vollzeitarbeit kaum selbst ernähren. Solche Frauen hat der Glaube der Katharer wahrscheinlich auf Erlösung und praktische Unterstützung durch die Gemeinschaft hoffen lassen. Die unverhältnismäßig große Zahl von Frauen unter diesen Häretikern fiel selbst damals auf.

Einige Frauen aus dem Hochadel des Languedoc waren als Führerinnen der Katharer und *perfectae* bekannt. Phillipa, Frau des Grafen von Foix, leitete einen Konvent von *perfectae*; eine Schwester des Grafen war Esclarmonde von Foix, die »katharische Prinzessin«. Nach dem Tod ihres Mannes kehrte sie an den Hof des Bruders zurück, der ein Haus baute, in dem sie mit seiner früheren Frau und anderen *perfectae* lebte. 1207 fand eine öffentliche Disputation zwischen mehreren katholischen Bischöfen und Vertretern der Katharer und Waldenser statt. Es ist bezeichnend sowohl für ihren hohen Status als auch für die Beschränkungen ihrer Position, daß Esclarmonde an dieser berühmten öffentlichen Disputation in Pamiers auf seiten der Häretiker teilnahm und daß einer der Bischöfe »sie anherrschte: ›Setzen Sie sich an Ihren Spinnrocken, meine Dame, Sie haben kein Recht, in solchen Versammlungen zu sprechen!‹«[24]

In der zweiten Hälfte des 12. Jahrhunderts wurden von den Katharern zahlreiche Frauenkonvente für unverheiratete Töchter und Witwen aus dem niederen Adel gegründet. Diese von einer *perfectae* geleiteten Gemeinschaften standen unter der spirituellen Leitung eines häretischen Bischofs. Während diese Frauen der Katharer ebenso wie die katholischen Nonnen Unterricht gaben und beim Spinnen und Weben tätig waren, bemühten sie sich außerdem, neue Anhänger und Anhängerinnen zu gewinnen, und zelebrierten sie einige der religiösen Zeremonien.[25]

Die ständige Verfolgung der Katharer durch die Inquisition unterhöhlte die Stärke der Bewegung. Die Schrecken des grausamen Albigenserkreuz-

zuges 1209 trafen Frauen mit ganz besonderer Härte. In diesem Jahr fand in
Béziers ein Massaker an ketzerischen Frauen und ihren Kindern statt, und
ein Jahr später wurden in Minerve Katharer vor die Wahl gestellt, abzu-
schwören oder verbrannt zu werden. 140 Frauen und Männer gaben sich
den Flammen preis. Als die Kreuzzügler ein Terrorregime gegen die *perfectae* aufbauten, stellte sich die örtliche Bevölkerung manchmal vor die Ket-
zer und Ketzerinnen. 1234 verhinderten bewaffnete Frauen und andere
Einwohner die Festsetzung von Ketzerinnen. 1243 beteiligten sich käm-
pfende Frauen an der Verteidigung der Burg von Montsegur, der letzten
Zuflucht der Katharer. Während des Kampfes vereinbarten fast alle der
adligen Frauen in der Burg mit dem Bischof, ihnen das *consolamentum* zu
erteilen, wenn sie verwundet würden und nicht mehr sprechen könnten.
Diese Zusage wurde erfüllt, als die Situation in der Festung hoffnungslos
wurde. Nach der Niederlage durften die militärischen Verteidiger der Burg
kampflos abziehen, aber 200 männliche und weibliche Katharer aus der
Zivilbevölkerung wurden auf einem großen Scheiterhaufen verbrannt, darunter mehrere berühmte *perfectae*. Nach dem Kampf um Montsegur zog
sich der Adel langsam von der Bewegung der Katharer zurück und die Konvente der Katharer wurden nach und nach aufgelöst.[26]

Am Ende des 13. Jahrhunderts enthielten die Listen der Inquisition keine
Namen von *perfectae* mehr, was zeigt, daß sie keine leitenden Positionen in
der Sekte mehr innehatten. In der Phase des Niedergangs übte die Sekte eine
größere Anziehungskraft auf die städtischen Mittelschichten aus. Stadtbe-
wohner der mittleren Stände entschieden sich für die Katharer, weil diese im
Gegensatz zur katholischen Kirche Profit und Zinsen erlaubten.[27] Die
Frauen in dieser Gruppe der Katharer erscheinen in den Quellen als Gläubige, nicht aber in führenden Funktionen. Sie unterstützten die Bewegung
durch das Sammeln von Geld, Hilfen für Flüchtlinge und das Übernehmen
missionarischer Aufgaben. Mit der Zerstörung der Konvente war den Frauen
die Möglichkeit einer autonomen Machtausübung und sogar politischer
Führung genommen. Viele der früheren *perfectae* schlossen sich den Beginen
an, andere fanden in katholischen Klöstern Zuflucht. Mitte des 14. Jahrhunderts gab es kaum noch Katharer. Wie es noch oft in späteren revolutionären und ketzerischen Bewegungen der Fall sein sollte, hatte die Lehre
und Bewegung der Katharer den Frauen anscheinend eine Rolle von spiritueller und theologischer Gleichheit mit den Männern versprochen. Unter
dem Druck der Verfolgung und nach den Kriterien einer standesbewußten
Respektabilität wurde dieses Versprechen zugunsten der Dominanz von
Männern und patriarchaler Strukturen aufgegeben. Der Mut der bewaffneten Frauen bei der Verteidigung ihrer Dörfer im Languedoc gegen die ein-

marschierenden Truppen der Kreuzzügler war nur ein vereinzelter Aufstand, der erstickt wurde und schnell in Vergessenheit geriet.

Die Entwicklung der Beginenbewegung am Anfang des 13. Jahrhunderts in den Niederlanden, dem Rheinland, der Schweiz und Nordfrankreich öffnete den Frauen eine neuen Weg zum Heil. Die Beginen – weibliche Laien, verpflichtet zu Armut, Keuschheit, körperlicher Arbeit und gemeinschaftlichem Gottesdienst – lebten in selbstverwalteten Gemeinschaften, zu denen nur Frauen gehörten. Über die angegebenen spirituellen Gründe hinaus gab es auch ökonomische Gründe für die Verbreitung dieser Bewegung in bestimmten Regionen. Im 12. und 13. Jahrhundert gab es einen Frauenüberschuß, der es vielen Frauen unmöglich machte, zu heiraten. Es bedurfte keiner Mitgift, um einer Beginengemeinschaft beizutreten, wie sie beim Eintritt in ein Kloster erforderlich war. Dieser Umstand erklärt, so die Auffassung maßgeblicher Historikerinnen und Historiker, die schnelle Ausbreitung der Beginenbewegung.[28] Beginengemeinschaften boten ledigen Frauen nicht nur einen geschützten Freiraum und einen neuen Lebensstil, sondern förderten auch die Lektüre der Bibel in der jeweiligen Landessprache, was dazu beitrug, daß auch ungebildete Frauen sich mit Glaubensfragen beschäftigen konnten. Im Zusammenhang damit ist interessant, daß einige Beginen berühmte Mystikerinnen wurden. Obwohl die weitere Verbreitung des Beginentums im frühen 14. Jahrhundert zum Stillstand kam, weil die Beginen der Ketzerei und Hexerei beschuldigt wurden, konnte das die Bedeutung der Mystik nicht beeinträchtigen.[29]

Zu Beginn dieser Erörterung habe ich die Mystik als eine alternative Methode des Denkens im Gegensatz zum patriarchalen Denken definiert. Trifft das zu, so läßt sich erklären, warum die Mystik in Zeiten des sozialen Umbruchs, als den Frauen Wege der Selbstverwirklichung und der religiösen Artikulation versperrt waren, eine so große Anziehungskraft besaß. Welche Motive Frauen auch immer gehabt haben mögen, Mystikerinnen zu werden, es war für Frauen schwieriger als für Männer, sich auf ihre mystischen Erlebnisse zu berufen und als Heilige anerkannt zu werden. Die Gläubigen waren sehr viel geneigter, Männern, die meist Mönche oder Priester waren, diese Eigenschaften zuzugestehen und solche Auszeichnungen zuteil werden zu lassen. Es gibt einen bemerkenswerten Unterschied in der Popularität zu Lebzeiten und im Fortwirken nach dem Tode zwischen Mystikerinnen, die unter der Obhut eines männlichen Beraters standen oder von einem Kloster oder Orden unterstützt wurden, und solchen, die nicht auf einen solchen Beistand bauen konnten. Es war ziemlich unmöglich für eine Frau, ohne die Fürsprache und Förderung durch einen

Mann des Klerus in den Rang einer Heiligen erhoben zu werden. Hildegard von Bingen hat trotz ihrer nicht seltenen Konflikte mit den kirchlichen Autoritäten schon sehr früh die Gunst des Bernhard von Clairvaux und des Papstes selbst gewonnen, was ihr Anerkennung verschaffte und sie zu einer im öffentlichen Leben hochgeachteten Persönlichkeit machte. Christine von Markyate, eine angelsächsische Mystikerin und Einsiedlerin, wurde von dem Eremiten Roger und Abt Geoffrey von St. Alban unterstützt. Margareta und Christina Ebner wurden von ihrem geistlichen Mentor, Heinrich von Nördlingen, protegiert. Die hl. Klara von Assisi hatte den Beistand des hl. Franz von Assisi, die hl. Katharina von Siena wurde durch ihren geistlichen Beistand Raimund von Capua, später General des Dominikanerordens, gefördert. Diesen Mystikerinnen, die zu ihren Lebzeiten und noch lange danach großen Einfluß hatten, gelang es, ihre außergewöhnlichen Rollen im öffentlichen Leben, Lehrerin und Predigerin zu sein, mit der traditionellen Rolle einer weiblichen Gläubigen innerhalb der katholischen Kirche zu vereinbaren.

Schwieriger war es für eine Frau außerhalb des Klosters oder für eine Frau, die erst spät ins Kloster eintrat. Sie mußte ihre Familie oder, wenn sie bereits verheiratet war, ihren Ehemann von ihrem Streben nach einem keuschen Leben und ihrer Entschlossenheit zur Keuschheit überzeugen. Oft war es ein langer und erbittert geführter Kampf, wie der Lebenslauf einiger berühmter Mystikerinnen zeigt.[30]

Christine von Markyate (geboren 1096), eine Frau aus dem angelsächsischen Adel, gelobte Keuschheit schon in jungen Jahren; aber ihre Familie versuchte dennoch, sie zum Widerruf ihres Gelübdes zu verleiten. Christine widersetzte sich. Sie entfloh und wurde von dem Eremiten Roger aufgenommen, der ihr geistlicher Beistand wurde. Sie lebte lange als eine Einsiedlerin und wurde später Priorin einer kleinen Gemeinschaft von Benediktinerinnen in Markyate. Marie von Oignies (geboren 1176), deren Ehe geschlossen wurde, als sie 14 Jahre alt war, überredete ihren Mann zu einer Ehe in Keuschheit und Askese und sogar dazu, mit ihr ein Leben in Armut auf sich zu nehmen. Auch Birgitta von Schweden (1302 oder 1303 – 1373) konnte erreichen, daß ihr Mann mit ihr ein Leben in Keuschheit und Askese führte, aber erst nachdem sie acht Kinder geboren und ein traditionsbestimmtes Leben als Dame des königlichen Hofes verbracht hatte. Nach dem Tod ihres Mannes suchte sie ein Unterkommen und fand Unterstützung in der Zisterzienserabtei von Alvastra, deren Prior ihr Beichtvater und Berater wurde. Dort diktierte sie ihre Offenbarungen. Schon bald begab sie sich nach Rom und begann ihre öffentliche Karriere als Ratgeberin in geistlichen Angelegenheiten, Lehrerin und Gründerin des Birgitten-

ordens. Ihre Tochter, die spätere hl. Katharina von Schweden (1331–1381),
wurde im Alter von zwölf Jahren verheiratet, überredete aber ihren Mann,
die Ehe nicht zu vollziehen. Mit 18 Jahren, noch immer Jungfrau, verließ
sie ihren kranken Mann in Schweden und zog zu ihrer Mutter nach Rom.
Gott bestätigte ihr in einer Vision, daß es dies war, was sie tun mußte, und
daß ihr Mann bald sterben werde, was auch geschah. Als Witwe folgte sie
ihrer Berufung als Mystikerin und Gottgeweihte.

Einige andere verheiratete Mystikerinnen hatten es schwerer, sich ihr
Recht auf ihre Berufung zu erstreiten. Dorothea von Montau (1347–1394)
war sich sehr früh ihrer religiösen Berufung gewiß, wurde aber dennoch
mit sechzehn Jahren verheiratet und gebar neun Kinder, von denen acht
noch zu Dorotheas Lebzeiten starben. Sie unterwarf sich vielfältigen Formen der Askese, indem sie ständig Hingabe im Gebet und Abtötung des
Fleisches praktizierte, was im Widerspruch stand zu ihren Pflichten als
Ehefrau und Hausfrau. Ihr Mann mißbrauchte und schlug sie wegen dieser
Unbotmäßigkeit, aber sie betrachtete ihre Leiden, ob selbst auferlegt oder
von ihrem Mann zugefügt, als eine besondere Fügung Gottes, die ihre Verzückung und Trancezustände noch zunehmen ließ. Während sie auf einer
Wallfahrt war, starb ihr Mann, und sie stellte sich unter den Schutz von
Johannes von Marienwerder, der ihren Ruf als Wundertäterin verbreitete
und zwei Lebensgeschichten über sie verfaßte. Dorothea von Montau verlebte ihre letzten Lebensjahre als Anachoretin, eingemauert in einer Zelle
in der Kathedrale von Marienwerder.

Clara Gambacorta (gestorben 1419) entstammte einer der führenden
Familien in Pisa, wurde mit sieben Jahren verlobt und im Alter von zwölf
Jahren zum Haus ihres Verlobten geschickt, damit sie dort wohne. Als er
starb, bevor die Ehe vollzogen werden konnte, wollte die Familie sie ein
zweites Mal verloben; doch sie widersetzte sich und verwies auf das Beispiel der Katharina von Siena. Sie flüchtete und trat in den Orden der
Armen Klarissen ein. Ihr Bruder erschien mit einer bewaffneten Bande und
drohte, er würde den Konvent niederbrennen, wenn sie nicht entlassen
werde. Die Nonnen schickten sie zu ihrer Familie zurück, wo sie in ihrem
Zimmer mehrere Monate gefangengehalten wurde, bis ihr Vater schließlich
von ihrer religiösen Berufung überzeugt war. Er begründete für sie eine
neue Gemeinschaft von Dominikanerinnen, deren Priorin sie später
wurde.

Frauen, die nicht unter der Obhut ihrer Eltern oder eines Mannes standen, wurden leicht der Ketzerei verdächtigt und waren diesem Verdacht
schutzlos ausgeliefert. Die als Beginen lebenden Mystikerinnen wurden oft
der Häresie beschuldigt und angegriffen. Die Begine Hadewijch von Bra-

bant, die in einer Gemeinschaft von Frauen lebte, deren spirituelle Führerin sie war, entging der Verfolgung als Ketzerin wahrscheinlich nur, weil sie die Gemeinschaft verließ und in völliger Isolation lebte. Die Begine Mechthild von Magdeburg mußte noch im hohen Alter Schutz und Unterkunft im Kloster Helfta suchen. Die meisten der nicht in einem Kloster lebenden Mystikerinnen berichten bis ins 19. Jahrhundert, daß sie belästigt, lächerlich gemacht und öffentlich geschmäht wurden. In der Zeit der Hexenjagd war für diese Frauen die Gefahr, verfolgt und getötet zu werden, besonders groß.

Der Fall der Marguerite Porète ist dafür bezeichnend und eines der wenigen Beispiele, in der die Worte und der Glauben der wegen Ketzerei Angeklagten uns durch ihre Schriften und nicht nur durch die Prozeßakten der Inquisitionsverfahren überliefert sind. Da viele der zu ihrer Zeit Lebenden von ihr als einer Begine sprachen, können wir annehmen, daß sie eine Begine war und dies den Verdacht nährte, unter den sie geriet. Marguerite Porète wurde in Hainaut geboren und schrieb ihr Buch *Der Spiegel der einfachen Seelen* irgendwann zwischen 1296 und 1306. Dieser lange Text, der aus Versen und Kommentaren besteht, hat die Form eines Dialogs zwischen Liebe und Vernunft über die Seinsweisen der Seele.[31] Vorgestellt werden sieben Zustände der frommen Seele, sieben Stufen der Gnade, die hinleiten zur Vereinigung der Seele mit Gott. Auf der vierten Stufe befindet sich die Seele auf einer Ebene der Kontemplation, in der sie frei ist von aller Beachtung äußerer Autoritäten und Gesetze. Auf der siebten Stufe erreicht die Seele die Ebene der »Glorifizierung«, wo »die Tugenden... immer bei ihr (sind), freilich in vollkommenem Gehorsam ihr gegenüber«.[32] Porète fährt fort mit dem Argument, daß in diesem Zustand die Seele nicht nach Meßfeiern, Predigten, Fasten oder Gebet verlangt. Sie singt: »Tugenden, ich nehme Abschied von euch auf immer!/ Mein Herz ist nun ganz unbelastet und recht hochgemut./ Euer Dienst ist zu sehr festgefahren, ich weiß es wohl./ ... Entkommen bin ich aus eurer Gewalt, in Frieden verbleibe ich nun.«[33] Diese Auffassung, die der Häresie des Antinomismus sehr nahekommt, war als solche schon ein Angriff auf die Orthodoxen. 1306 wurde ihr Buch von einem Kirchengericht in Valenciennes als häretisch verdammt und in ihrer Gegenwart verbrannt. Sie wurde davor gewarnt, das Buch oder ihre Ideen weiter zu verbreiten. Im Jahre 1308 wurde ihr vor dem neuen Bischof von Cambrai, Philipp de Marigny, und dem Provinzialinquisitor von Hochlothringen erneut der Prozeß gemacht, weil sie angeblich wieder Exemplare ihres Buches hatte zirkulieren lassen. Sie wurde nach Paris zur weiteren Überprüfung durch den Generalinquisitor für das Königreich, den Dominikaner Wilhelm von Paris, geschickt, weigerte sich aber, irgend-

welche Fragen zu beanworten und die zu ihrer Vernehmung erforderlichen
Eide zu leisten. Daraufhin wurde sie eingekerkert und blieb anderthalb
Jahre lang im Gefängnis. Als sie schließlich 1310 vor Gericht gebracht
wurde, legte der Inquisitor eine Liste von Auszügen aus ihrem Werk vor,
die der Richter als ketzerisch bezeichnete. Der Inquisitor wandte sich
besonders heftig gegen eine Passage des *Spiegel*, in der es heißt: »Eine
in der Liebe des Schöpfers zu Nichts gewordene (Seele) ... gewährt der
Natur alles, wessen sie bedarf, ohne Gewissenszweifel.« Der Gutachter,
der diese inkriminierte Passage zitierte und auf deren Ähnlichkeit mit dem
Glauben der Anhänger der Sekte der Freien Geister hinwies, hatte absichtlich den nächsten Satz des Textes weggelassen, der ausführt: »Eine solche
Natur ist jedoch so gut in der Ordnung durch die Umformung in der Liebes-
einheit, in die der Wille dieser Seele verschlungen ist, daß die Natur gar
nichts verlangte, was verboten wäre.«[34] Das von ihr zu ihrer Verteidigung
vorgebrachte Argument, sie habe vor dem Prozeß das Buch an drei hohe
Würdenträger der Kirche gesandt und diese hätten es nicht als ketzerisch
beurteilt, wirkte zu ihrem Nachteil. Weil sie durch ihre Anwesenheit bei
der Verbrennung der Bücher in Valenciennes doch offensichtlich der Ketzerei abgeschworen hatte, werteten die Mitglieder der Gutachterkommission
ihren erneuten Verstoß als besonders verwerflich und verurteilten sie als
»rückfällige Ketzerin«. Sie wurde sofort den weltlichen Gerichten übergeben und am folgenden Tag auf der Place de Grève in Paris verbrannt. Eine
Zeugin der Hinrichtung bestätigte ihre ungewöhnliche Würde und Gefaßt-
heit, die viele der Anwesenden in Tränen ausbrechen ließen.[35]

Marguerite Porète glaubte tatsächlich an »freie Seelen«, aber sie meinte
damit eine unsichtbare Gemeinschaft von freien Seelen, die in der Liebe
Gottes vereint sind. Im *Spiegel* zeigt sie den Weg, auf dem diese Ebene von
Liebe und Spiritualität erreicht werden kann. Bis dahin befand sie sich noch
im Bereich des akzeptierten mystischen Denkens. Ihre Lehre von der
mystischen Vereinigung mit Gott reflektiert Ideen, die sich auch in den
Schriften der Hildegard von Bingen und Mechthild von Magdeburg finden;
doch anders als diese respektierte Marguerite Porète die Amtskirche nicht
als die einzige oder doch wichtigste Vermittlungsinstanz auf dem Weg zum
Seelenheil. Porète machte einen Unterschied zwischen ihrer metaphysischen »Heiligen Kirche die Große« und der irdischen »Heiligen Kirche die
Kleine«. Ihrer Ansicht nach konnte die große Kirche der freien Geister
über der geringeren, der scholastischen Amtskirche, stehen. Diese unorthodoxe Einstellung unterschied sie von den meisten anderen Mystikerinnen. Ihre Formulierungen werden scharf, fast polemisch, wenn sie sich mit
diesem Thema befaßt:

>»Ihr Theologen und sonstwie Gebildeten,
ihr werdet nicht zum Verständnis gelangen,
wie scharf eure Denkfähigkeit auch sei,
wenn ihr nicht demütig vorgeht,
und beide, Liebe und Glauben,
euch nicht die Vernunft überwinden lassen:
sie beide sind Herrinnen des Hauses.«

Und in ihrem »Schlußlied« schlägt sie erneut einen trotzigen Ton an:

>»Ach Freunde, was werden die Beginen sagen
>   und die geistlichen Leute,
>wenn sie die Vortrefflichkeit
>   eures göttlichen Liedes vernehmen?
>Die Beginen sagen, ich irre – dasselbe die
>   Priester, Kleriker und Prediger,
>die Augustiner und auch die Karmeliter
>   und die Minderbrüder –,
>darum, weil ich vom Wesen schreibe
>   der vollendeten Liebe.
>Ihre Vernunft lasse ich nicht heil davonkommen,
>   da sie solches zu sagen ihnen eingibt!«.../
>»Ich irre nicht...«[36]

Doch die theoretischen Abweichungen von der Orthodoxie sind zu gering, um ihr Schicksal zu erklären. Der Historiker Robert Lerner meint, Grund für ihre Verfolgung sei die Tatsache gewesen, daß sie nicht im Kloster lebte und zu einer Zeit angeklagt wurde, als aus politischen Gründen, die nichts mit ihr zu tun hatten, König Philipp seine orthodoxe Haltung demonstrieren mußte. Lerner vertritt die Auffassung, daß Porète willkürlich zum Opfer dieses politischen Kalküls gemacht wurde, als Bischof Marigny, ihr Ankläger und König Philipps enger Vertrauter, einige Passagen ihres Buches fälschlich als einen Angriff auf den König interpretierte.

Doch trotz ihrer Hinrichtung als Ketzerin und obwohl die Inquisition erklärte, daß der Besitz eines Exemplares ihres Buches die Exkommunikation nach sich ziehen werde, wurde der *Spiegel* in den folgenden Jahrhunderten viel gelesen und hoch geschätzt. Ein Exemplar des Originals wurde gerettet, und während des Mittelalters wurden fünf Übersetzungen (zwei ins Lateinische, zwei ins Italienische und eine ins Mittelenglische) angefertigt, durch die der Text erhalten geblieben ist. Eine Zeitlang wurde das Werk sogar dem berühmten Mystiker Ruysbroeck zugeschrieben, dessen Orthodoxie nicht angezweifelt wurde.[37] Porètes Arbeit war immer eher zu akzeptieren als ihre Person und ihre Einstellung gegenüber jeder Autorität. Andere rebellierende Frauen, die sich sozialen Bewegungen anschlossen,

die als revolutionär oder ketzerisch galten, wurden wegen dieser Gruppenbildung heftig verfolgt, doch Porète war eine eher einzelgängerische
Gestalt. Wie Jeanne d'Arc und viel später die Quäkerin Mary Dyer folgte
sie ihrer inneren Stimme und lehnte es ab, sich kirchlicher oder staatlicher
Autorität zu unterwerfen. Die Tatsache, daß sie nach anderthalbjähriger
Haft während ihres Gerichtsverfahrens schwieg und alle Aufforderungen,
ihre Werke zu widerrufen und zu verwerfen, zurückwies, macht sie zu
einer Heldin, die tapferer war als Galileo und andere, von denen wir mehr
wissen und die zu größerer Berühmtheit gelangt sind. Galileo soll, nachdem er unter dem Druck der Inquisition seine Theorien widerrufen hatte,
auf dem Totenbett gesagt haben: »Und sie (die Erde) bewegt sich doch...«
Marguerite Porète, die nicht widerrief, nahm ihr Martyrium vorweg und
trotzte – nachdem sie der Reihe nach alle genannt hatte, die ihr vorhalten
würden, daß sie irre – der Zukunft mit ihrer stolzen Feststellung: »Ihre Vernunft lasse ich nicht heil davonkommen, da sie solches zu sagen ihnen ein-
gibt.«/»Ich irre nicht.«

Wir haben gesehen, wie die Mystik manchen Frauen einen befreienden Weg
zur eigenen Erfüllung und sogar zur Übernahme von Aufgaben im öffentlichen Leben eröffnete. Das Einschlagen dieses Weges der Mystik gab diesen Frauen Kraft und befähigte sie, ein sehr idealistisches und heroisches
Leben zu führen und all den Vorschriften der patriarchalen Ideologie zu
trotzen. Doch diese wenigen und ganz gewiß ungewöhnlich begabten
Frauen zahlten einen sehr hohen Preis durch Unsicherheit, Krankheit und
Verletzlichkeit. Von wenigen Ausnahmen abgesehen war ihre gesellschaftliche Stellung randständig und sehr gefährdet. Die im 15. Jahrhundert
lebende Mystikerin Margery Kempe beschreibt in ihrer Autobiographie –
die erste Autobiographie einer Frau in England – sehr lebendig, mit welchen Risiken und Hindernissen sie wegen ihres ungewöhnlichen Berufs
und ihres abweichenden Lebensstils konfrontiert war. Margery erregte
nicht nur zu ihren Lebzeiten Anstoß, sondern galt auch in späteren Zeiten
noch als anstößig.[38] Wenn wir uns Hildegard von Bingen, die adlige Nonne
von anerkannter Genialität, als ein extremes Beispiel im Spektrum der
Mystikerinnen denken, dann stellt Margery Kempe, die städtische Hausfrau und Mutter, die sich selbst zur Pilgerin und Ausgestoßenen machte,
ein anderes dar.

Margery Kempe (ca. 1373–1438) war die Tochter einer geachteten Familie des Bürgertums in Lynn, Norfolk, und die Frau eines ebenfalls dort
lebenden Kaufmanns. Ohne formale Bildung, aber sehr aufgeweckt, führte
sie ein recht konventionelles Leben bis zur Geburt ihres ersten Kindes, die

eine ernste körperliche und seelische Krise auslöste. Sie glaubte, sterben zu
müssen, und hatte eine Vision, in der ihr Christus erschien, woraufhin sie
gesund wurde. Danach entschied sie, daß »sie Gott verpflichtet sei und
ihm dienen werde«. Doch während sie sich noch ihrer Berufung widersetzte, begann sie eine Erwerbstätigkeit als Brauerin, in der sie drei Jahre
lang erfolgreich war, dann aber einen Fehlschlag erlitt. Da sie dies als eine
Strafe Gottes für ihre Sünden deutete, versuchte sie sich als Müllerin, hatte
aber keinen Erfolg. Inzwischen machte ihr Mann seine ehelichen Rechte
geltend, was sie als so »abstoßend« beschrieb, »daß sie lieber Abwässer
und Kot aus der Gosse essen und trinken würde, als einer körperlichen Vereinigung zuzustimmen, es sei denn aus Gründen bloßen Gehorsams«.[39]
Daraus können wir schließen, daß ihre vierzehn Schwangerschaften nicht
freiwillig zustande kamen. In ihrer Lebensbeschreibung, in der sie viele
alltägliche Dinge ohne besondere Bedeutung sehr detailliert darstellt,
erwähnt sie ihre vierzehn Kinder mit keinem Wort, ausgenommen einen
Sohn, der viele Schandtaten beging und dem sie zu Reue und Umkehr verhalf.

Margery Kempes Kampf um Keuschheit in der Ehe dauerte lange und
war offensichtlich lange erfolglos. Sie fühlte sich sehr stark zu Wallfahrten
gedrängt und überwand das Zögern ihres Mannes, brachte ihn schließlich
sogar dazu, sie zu begleiten. Auf ihrer ersten Reise, nachdem sie freiwillig
acht Wochen lang keusch gelebt hatten, kam es zu dem entscheidenden
Erlebnis. Margery Kempe beschreibt in ihrer gewohnt einfachen und
bodenständigen Art – sich an »die glühende Hitze« erinnernd –, daß sie
von York her kamen und sie eine Flasche Bier für ihren Mann trug. John
Kempe fragte sie, ob sie ihn lieber enthauptet sähe oder lieber wieder mit
ihm schlafen wolle. Sie antwortet in großem Kummer: »Fürwahr, ich
würde dich eher erschlagen sehen wollen, als daß wir zu unserer Unreinheit
zurückkehren würden.« Und er erwiderte: «Ihr seid keine gute Ehefrau«,
bot allerdings einen Kompromiß an. Er werde »nicht mehr versuchen, sie
herumzukriegen«, wenn sie seine Schulden bezahlen werde; er verlangte,
daß sie weiter zusammen im Bett liegen sollten und daß sie freitags mit ihm
zusammen essen und trinken sollte, wie sie es früher getan hatte.[40] Während sie den beiden ersten Punkten sofort zustimmte, versicherte sich
Margery der Zustimmung Christi hinsichtlich der Entscheidung, freitags
nicht zu fasten, die sie offenbar erhielt, so daß sie sich auf den von ihrem
Mann vorgeschlagenen Handel einließ. Danach lebten sie in einer keuschen
Ehe nach den abgesprochenen Regeln.

Die Einfachheit und Naivität ihrer Standpunkte sind Gründe für Kempes negative Reputation bei den Historikern, die sie für eine Hysterike-

rin oder Schwindlerin halten. Ihr extrovertiertes und skandalöses Verhalten wird oft der introvertierten, tiefen mystischen Versenkung der im Kloster lebenden Frauen gegenübergestellt. Aber es ist wichtig, daß es gerade das Ungewohnte und Provozierende der von ihr selbst geschaffenen Rolle ist, was auch einfachen Frauen, die im Alltag des weltlichen Daseins lebten, den Weg der mystischen Religiosität zugänglich machte. Kempe verstand ihre Mission so, daß sie den Sündern in ihrem alltäglichen Lebensumfeld ein Spiegel sein sollte, so daß diese durch ihr Beispiel gerettet werden könnten. Seit ihr Christus zum ersten Mal erschienen war, lebte sie nach den Regeln der Askese, fastete viel, züchtigte sich und ging häufig zur Kommunion. Sie hatte ihre Visionen ohne Schwierigkeiten und offenbar ohne die Ängste und Schmerzen, mit denen so viele der Mystikerinnen für ihre Verzückung zahlen mußten. Sie sprach zu Christus so familiär und offen wie mit ihrem Mann oder anderen Mitmenschen. Häufig machte sie auf Befehl des Herrgotts Besorgungen, indem sie für ihn Botschaften übermittelte. Einmal trug Gott ihr kurz nach der Geburt eines Kindes auf, zum Vikar der Gemeinde von St. Stephan in Norwich zu gehen und »ihm deine Geheimnisse und Meine Ratschläge vor Augen zu führen, so wie Ich sie dir offenbare«. Sie erklärte dem Vikar, »wie der himmlische Vater manchmal zu ihrer Seele so direkt und offen gesprochen habe, wie es unter Freunden üblich sei. Manchmal seien es zwei, manchmal drei Personen der Dreieinigkeit oder nur eine Substanz der Gottheit, die zu ihrer Seele sprechen. ... Manchmal spreche die Jungfrau sie an, manchmal der heilige Petrus oder der heilige Paulus, manchmal auch die heilige Katharina ...«[41] Sie gab zu, daß manche Leute sie verleumdeten und nicht glaubten, daß sie Gottes Wort verbreite, aber es gelang ihr immer wieder, Geistliche, Mönche und Bischöfe von der Glaubwürdigkeit ihrer Aussagen zu überzeugen.

Margery Kempe befaßte sich mit Geld, mit Schulden und der Sicherung des Lebensunterhalts. Ihre Spiritualität war in der Alltagswelt verwurzelt. Und gerade dies macht ihr Wirken so einzigartig und ihre Autobiographie zu einer zuverlässigen Quelle der Sozialgeschichte, ganz abgesehen davon, daß sie auch an und für sich interessant ist.

Kempe konnte weder lesen noch schreiben, und ihre Autobiographie diktierte sie zwei Schreibern, als sie schon über sechzig Jahre alt war. Die Lebensgeschichte ist in der dritten Person geschrieben, und stets bezeichnet sie sich als »dieses Geschöpf«. Das Werk gibt es in einem Manuskript aus dem 15. Jahrhundert, das bis zum Jahre 1934 in einem Haus in Lancashire unentdeckt blieb. Deshalb fehlen die damals übliche Hagiographie und alle formalen Angaben über Herkunft und Lebenslauf, wie sie uns von den meisten Mystikerinnen überliefert sind. Kempe war zu ihren Lebzeiten außerhalb eines Kreises von Nachbarn und Verwandten ziemlich unbekannt und hatte keine Gefolgschaft, die die Erinnerung an sie wachgehalten hätte. Sie schrieb das Buch als ein Zeugnis der »grenzenlosen und unaussprechlichen Gnade unseres Herrn und Erlösers« und hoffte, es werde andere »bedauernswerte Sünder« ermutigen, in der Gnade Christi Trost und Erquickung zu finden. Sie steht damit in Ton und Einstellung den radikalen Sektierern der Reformation und den schwarzen Evangelisten in den Vereinigten Staaten des 19. Jahrhunderts näher als den theologisch orientierten Mystikerinnen, über die ich bisher berichtet habe.

Nachdem Margery Kempe sich die Freiheit verschafft hatte, Wallfahrten zu unternehmen, wann immer Gott das von ihr verlangte, begann sie mit einer sonderbaren und sie ins Gerede bringenden Lebensführung. Gott verlangte, sie solle nur weiße Kleidung tragen, was ihr große Schwierigkeiten bereitete und Angriffe anderer Menschen provozierte. Es diente aber dazu, sie von anderen als einzigartig und fremd zu unterscheiden. Sie befand sich fast ständig auf Pilgerfahrten, anscheinend ohne Unterstützung durch ihren Mann oder die Familie. So reiste sie nach Deutschland, nach Rom und ins Heilige Land. Sie berichtete von unzähligen Schwierigkeiten wegen ihres Herumziehens und abweichenden Lebensstils. In ihrer Zeit reisten anständige Frauen aus gutem Hause nicht allein, so daß Kempe immer versuchte, sich irgendwelchen Pilgergruppen anzuschließen. Aber die besondere Art ihrer Hingabe, ihr lautes und jammerndes Seufzen und Weinen in Kirchen und an den heiligen Stätten lenkte die Aufmerksamkeit der anderen Pilger auf sie und machten sie unbeliebt, so daß sie wieder und wieder aus der jeweiligen Reisegruppe ausgestoßen wurde. Wenn sie auch schon früher in »heilige Tränen« und lautes Schluchzen ausgebrochen war, sobald sie an das Leiden Christi dachte, so steigerte sich das, als sie im Heiligen Land auf dem Kalvarienberg war. »Sie fiel zu Boden, weil sie weder stehen noch knien konnte, und rollte und wand sich hin und her, während sie die Arme ausbreitete und mit lauter Stimme schrie, als bräche ihr das Herz.«[42] Dieses Schreien und Weinen kam über sie, wenn sie ein Kruzifix sah, an anderen heiligen Stätten oder wenn sie erlebte, wie ein Tier oder eine Person verletzt wurde. Ihre Mitmenschen (aber auch spätere Leser) fanden ihr Weinen stark übertrieben. Zunächst kam es in unregelmäßigen längeren Abständen über sie, später täglich; an einem Tag hatte sie sieben derartige Anfälle. Sie versuchte, sich zu kontrollieren, konnte es aber nicht. »Manche sagten, ein böser Geist schüttele sie; manche sagten, es handele sich um eine Krankheit; manche meinten, sie habe zuviel Wein getrunken; wieder andere verdammten sie... und manche wünschten, sie befände sich in einem Boot ohne Boden auf dem Meer.«[43] Es ist klar, daß das Weinen und

Schreien sich ihrer Kontrolle entzog und ihr großen Kummer bereitete.
Doch es beeindruckte ihre Mitmenschen auch wegen ihrer Andersartigkeit
und Kraft und machte, in Verbindung mit ihren Visionen und ihrer Energie, ihre Fähigkeiten als Mystikerin glaubhaft.

Kempe berichtet, sie habe eine Reihe von Wundern bewirkt – etwa,
indem sie durch ihre Gebete, die einen Schneefall zur Folge gehabt hätten,
die brennende Zunfthalle in King's Lynn vor der Vernichtung bewahrt
hätte. Sie hatte unter der Bevölkerung eine große Anhängerschaft, die sie
bat, für sie, besonders für Sterbende und Kranke, zu weinen und zu beten.
Ihren Berichten zufolge hatte sie durch ihre Tränen und Gebete einige
Erfolge bei der Heilung von Kranken. Während der langen Jahre, in denen
sie auf Reisen oder Pilgerfahrten war, verbrachte sie viel Zeit unter Fremden; und die Fragwürdigkeit ihrer Lebensumstände führte dazu, daß sie
der Ketzerei angeklagt wurde, und einmal sogar zu der Beschuldigung,
eine Lollardin (Anhängerin Wykliffs) zu sein. Sie wurde ins Gefängnis
gebracht und einer Befragung unterzogen, aber ihre Antworten auf theologische Fragen waren so orthodox, daß sie wieder freigelassen wurde. Wenn
sie sich in gefährlichen Situationen befand, zögerte sie nicht, auf ihre Beziehungen als Tochter eines angesehenen Bürgers von Lynn und als Gattin
eines anderen hinzuweisen und diese auch zu nutzen. Sie versicherte den
Anklägern, daß sie mit Erlaubnis ihres Mannes gereist sei. Bei verschiedenen anderen Gelegenheiten appellierte sie an hochrangige Vertreter der
Amtskirche, wenn sie in Schwierigkeiten geraten war, und diese sympathisierten mit ihr und boten ihr Schutz gegen die Mitglieder des niederen
Klerus an, die sie angeklagt hatten. Bei solchen Anlässen zeigte sie große
Standhaftigkeit, viel Witz und Findigkeit.

Eines Tages versuchte der Erzbischof von York, ihr das Versprechen
abzunehmen, daß sie nicht in seiner Diözese lehren werde, doch sie
bestand darauf, auch weiterhin »von Gott zu sprechen«. Die Mönche
beriefen sich gegen sie auf den heiligen Paulus, doch sie hatte sofort eine
Antwort parat: »Ich predige nicht, Sir. Ich rede nicht von der Kanzel. Ich
beschränke mich auf Gespräche und gutes Zureden, und das werde ich tun,
solange ich lebe.«[44] Sie wurde wiederholt wegen sexuellen Fehlverhaltens
angeklagt und fühlte sich oft von Vergewaltigung bedroht. Es ist festzuhalten, daß ihr übertrieben starkes Weinen, ihre Angst und die Furcht vor Vergewaltigung und Verfolgung Eigenschaften waren, die sie mit vielen anderen Frauen ihrer Zeit gemeinsam hatte, die sie aber dramatisierte und
gezielt in den Dienst ihrer Berufung stellte. Sie lebte in einer grausamen
Welt in schwierigen Zeiten, hatte sich der Bequemlichkeit, der Sicherheit
und dem Schutz entzogen, die sie als Frau eines Bürgers in Lynn gehabt

hätte, und machte sich durch ihren ungewöhnlichen Lebensstil verdächtig. Während ihre Ausbrüche das Stereotyp von der Frau als ewigem Opfer, von den haltlos weinenden Frauen bestätigte, war sie zugleich aktiv, findig und mit einem Talent zur Selbsterhaltung versehen. In Krisenzeiten zeigte sie ein auftrumpfendes Selbstbewußtsein und wandte sich mit sicherem Instinkt an den jeweils wichtigsten männlichen Würdenträger oder Amtsinhaber, zu dem sie Zugang hatte. Margery Kempe zeigte wenig introspektive Einfühlung und schwang sich nur selten zu theologischen Spekulationen auf. Ihre größte Sorge galt der Frage, ob sie ihren Visionen trauen könne oder vielleicht vom Teufel in die Irre geführt werde. Sie fragte die dominikanische Anachoretin Juliana von Norwich um Rat und wurde von ihr beruhigt: »Tochter, du liegst an der Brust Christi und erhältst von ihm deine Stärke, und du hast einen Notgroschen im Himmel.«[45] Mehrere Mönche und Bischöfe, die sie konsultierte, glaubten an ihre göttliche Inspiration. Ihre Pilgerfahrten stärkten ihren Glauben an sich selbst, und sie fand immer wieder Menschen, die an sie glaubten und sie unterstützten. Trotz aller Anklagen wegen Ketzerei blieb sie bis zu ihrem Tode eine gläubige Tochter der Kirche.

Margery Kempes Gespräche mit Gott sind geradeheraus und fast einfältig. Als Mystikerin ist sie vergleichbar mit Holzschnitzern und Malern, deren Kunstwerke in praller Schönheit, aber derber Ausführung Dorfkirchen schmücken. Sie brachte sich selbst voran, originell, gottesfürchtig und zutiefst menschlich in ihrem Überlebenswillen und ihrem Bestreben, gehört zu werden. In ihr war der gesteigert-gefühlsbetonte Aspekt der Mystik bis zum Extrem entwickelt, doch wurde er immer in Schach gehalten von ihrem gesunden Menschenverstand und ihrer Fähigkeit, mit Menschen umzugehen. Wo die patriarchale Gesellschaft Frauen vor die Wahl zwischen klösterlicher Jungfräulichkeit oder häuslicher Schufterei stellte, da zeigte Margery Kempe einen neuen Weg für Hausfrauen, Mütter, weltliche Charismatikerinnen und Reformerinnen. Sie stand am Ende einer langen Reihe von heiligen Frauen, etwas verschroben und manchmal komisch, aber eigensinnig-unbeugsam, und sie verwies auf neue Möglichkeiten der Lebensgestaltung von Frauen in künftigen Zeiten.

Kapitel 5

Der Weg der Mystikerinnen II

Wir haben gesehen, wie Frauen durch mystische Erfahrungen die Selbstsicherheit und Autorität entwickelten, um öffentlich reden, lehren und andere Menschen beeinflussen zu können. Andere Frauen gingen andere Wege, um ihren Anspruch auf religiöse Gleichheit geltend zu machen. Sie setzten als einzelne, jede in der ihr eigenen Art, ihre Bemühungen jahrhundertelang fort. Dieses Bestreben nahm verschiedene Formen an: 1. die Entwicklung eines weiblichen Gottesbegriffs und einer dementsprechenden Symbolik; 2. die Neubestimmung Gottes als ebenso weiblich wie männlich; 3. ein direktes Eingreifen von Frauen in Erlösung und Heilsgeschehen; 4. die gezielte und oft wissenschaftliche Bibelkritik. Letztere werde ich in einem der nächsten Kapitel gesondert behandeln.

Die Entwicklung eines weiblichen Gottesbegriffs und einer dementsprechenden Gottessymbolik hat eine komplizierte und schwer zu interpretierende Geschichte, weil sowohl Männer als auch Frauen daran beteiligt waren, wenn auch vielleicht zum Teil aus sich widersprechenden Gründen. Die Mediävistin Caroline Bynum hat die verschiedenen weiblichen Symbole untersucht, die von Mystikern und Mystikerinnen während des späten Mittelalters für Christus benutzt worden sind: Christus der Erlöser als Mutter, die ihr Kind nährt und rettet; das Nähren der Seele beim Empfangen des heiligen Abendmahls ähnlich dem Nähren des Säuglings durch die Mutter; das Bild von der Stärkung der Seele durch die symbolische Einverleibung des Leibes und des Blutes aus den Wunden Christi; und schließlich das häufig verwendete Bild der Kirche oder des Priesters als einer Mutter, die den Seelen mit der Milch der Religion Nahrung spendet. Diese Sinnbilder wurden von männlichen und weiblichen Gläubigen verwendet, aber, so hat Bynum beobachtet, die »weiblichen« dieser Bilder wurden häufiger von Männern als von Frauen benutzt. Frauen bevorzugten offenbar die Vorstellung, das Kind oder die Braut von Jesus zu sein.[1] Bynum stellt fest, daß die Metapher vom Kirchenführer als »Mutter« gewöhnlich männliche Autoritätspersonen bezeichnet – Apostel, Äbte, Bischöfe. Sie begreift dies als Ausdruck eines Wunsches von Mönchen des 12. Jahrhunderts, eine mehr auf Liebe, weniger auf Autorität und Macht gegründete Konzeption von Führung zu entwickeln, und warnt davor, daraus auf eine hohe Wertschätzung von Frauen zu schließen. Tatsächlich nämlich geht der Marienkult und die Verwendung von weiblichen Symbolen zur Beschreibung Gottes einher mit Frauenfeindlichkeit und der Beschränkung der Macht und des Einflusses von Frauen in der Kirche und im weltlichen Leben.[2]

Die Vorstellung von der Mystikerin als der Braut oder der Geliebten Christi finden wir immer wieder. Ich belege das hier mit nur einem Beispiel. Hadewijch faßte eine ihrer Visionen in charakteristische erotische Bilder:

»An einem Pfingsttage hatte ich ein Gesicht in der Morgenröte. Man sang die Messe in der Kirche und ich war dabei. Mein Herz und meine Adern und alle meine Glieder schütterten und bebten vor Begierde; und, wie mir schon oft gewesen war, so wütend und schrecklich war mir zu Mute, daß ich glaubte, ich sei meinem Geliebten nicht genug und mein Geliebter erfülle mich nicht ganz: so müsse ich ganz gegen mich selbst wütend sterben und sterbend gegen mich wüten... Ich begehrte meinen Geliebten ganz zu genießen, zu erkennen und zu empfinden, um im vollen Umfange seine Menschheit mit der meinen zu genießen...

Da kam Er vom Altare in der Gestalt des Kindes; und das Kind war in derselben Gestalt wie Er in seinen ersten drei Jahren. Er kehrte sich zu mir, nahm aus dem Zimborium seinen Leib in seine rechte Hand und in seine linke Hand nahm er einen Kelch...

Damit kam er in die Gestalt und die Kleidung des Mannes, der er an dem Tage war, als er uns seinen Leib zum ersten Male gab; ganz als Mensch und Mann, wunderbar und schön und mit verklärtem Antlitze kam er in hingegebener Haltung auf mich zu wie einer, der einem anderen ganz gehört. Er gab sich mir in der Gestalt des Sakramentes, in der Form, in der man es zu nehmen pflegt; und darnach gab er mir aus dem Kelche zu trinken, in Gestalt und Geschmack, wie es üblich ist. Dann aber kam er selbst zu mir, nahm mich ganz in seine Arme, drückte mich an sich; und alle meine Glieder fühlten die seinen in vollem Genügen nach dem Herzensbegehren meiner Menschheit. ... bald aber, nach ganz kurzer Zeit, verlor ich den schönen Mann in seinen äußeren Formen. Ich sah ihn ganz zunichte werden und so zerfließen und ganz in Eins verschmelzen, daß ich ihn außerhalb meiner nicht mehr erkennen und vernehmen und in mir nicht mehr vorstellen konnte. Da war es mir, als ob wir ohne Unterschied Eins wären...

So blieb ich denn in staunendem Schrecken in meinem Liebsten, so daß ich ganz in ihn verschmolz und mir von mir selbst nichts mehr blieb; und ich ward verwandelt und aufgenommen in den Geist, und das Gesicht währte Stunden.«[3]

Nicht viele Mystikerinnen nehmen die erotischen Gleichnisse so wörtlich, aber die meisten Mystikerinnen verwenden geschlechtsspezifische körper-

bezogene Metaphern, um ihre unbegreiflichen und mysteriösen transzen-
denten Erlebnisse in Worte zu fassen. Sie beschreiben, wie sie das Christuskind füttern, manchmal stillen; wie sie das Kind wiegen und liebkosen; sie
haben die Vorstellung, vom Blut Christi zu trinken, wenn sie die Sakramente empfangen. Caroline Bynum hat gezeigt, daß die eucharistische
Andacht ein überwiegend von Frauen eingeführter Beitrag zum Ritual der
Kirche ist.[4]

Die Neubestimmung des Göttlichen als sowohl männlich wie auch weiblich ist schon in den Werken der Hildegard von Bingen enthalten, worauf in
Kapitel 3 hingewiesen worden ist. Die archetypischen mütterlichen Gestalten in ihren Visionen – Caritas, Maria und Ecclesia – vermitteln zwischen
Gott und den Menschen in ihrer »reichnuancierten Theologie des Weiblichen«.[5] Doch ihre Hinzufügung eines weiblichen Elements zum Göttlichen ist, wenn es auch mächtig und überzeugend ist, letztlich ein Ein-
sprengsel in einer Theologie, durch die der dreifaltige Gott weiter als männlich beschrieben und männlich personifiziert wird.

Am weitestgehenden ist die Neubestimmung des Göttlichen bei Juliana
von Norwich, einer englischen Mystikerin und Klausnerin des 14. Jahrhunderts. In sechzehn Visionen, von denen sie in ihrem Buch *Offenbarungen*
berichtet, macht Juliana uns mit einem androgynen Gott bekannt, einem
Gott, dessen Wesen in männlichen und weiblichen Symbolen zum Ausdruck gebracht wird.

»Ebenso wahrhaft wie Gott unser Vater ist, so wahrhaft ist Gott auch unsere Mutter;
das bezeugt Er in allem, und besonders in jenen süßen Worten: ›Ich bin es‹. Das bedeutet: Ich bin es – die Macht und die Güte der Vaterschaft. Ich bin es – die Weisheit und die
Freundlichkeit der Mutterschaft. Ich bin es – das Licht und die Gnade, die ganz und gar
segensreiche Liebe ist. Ich bin es – die Dreifaltigkeit. Ich bin es – die Einheit. Ich bin es
– die erhabene Güte, herrschend über alle Dinge. Ich bin es, der dein Sehnen weckt. Ich
bin es – die ewige Erfüllung aller rechten Wünsche... Aus diesem wahrhaften Urgrund
haben wir all unsere Tugenden. Daher ist es an uns, unsern Gott zu lieben, in welchem
wir unser Sein haben, Ihm, der uns geschaffen hat, ehrfürchtig zu danken und Ihn zu
preisen. Voll Ernst und Eifer sollen wir zu unserer Mutter um Barmherzigkeit und
Erbarmen flehen und zu unserm Herrn, dem Heiligen Geist, um Hilfe und Gnade.
Denn in diesen Dreien ist unser ganzes Leben beschlossen...«[6]

Juliana befaßt sich an anderer Stelle mit Metaphern der Mutterschaft. Wie
die Mutter das Kind säugt, so bietet uns Jesus, unsere Mutter, sich selbst als
Nahrung an. Wie die Mutter das Kind an ihre Brust legt, so nimmt Jesus,
unsere Mutter, uns an seine Brust. Sie fährt fort:

»Die besonderen Eigenschaften einer Mutter sind freundliche Liebe, Weisheit und Einsicht, und so ist es gut. Obwohl unsere leibliche Geburt nur etwas Kleinliches, Gering-
fügiges und Einfaches ist im Licht unserer geistlichen Geburt, so ist es doch Er, der sie

bewirkt in den Geschöpfen, durch die sie geschieht. So ist Er unsere Mutter der Natur nach, indem Er die Gnade wirken läßt in der niederen Sphäre um der höheren willen. «[7]

Auch andere Theologen vor ihr haben das Sinnbild Gottes als Vater und Mutter verwendet, doch Juliana stellt diesen Begriff in den Mittelpunkt ihrer Theologie. Die Idee eines androgynen Gottes oder eines weiblichen Anteils an der Dreieinigkeit begegnet uns wieder im Werk des Mystikers Jacob Böhme und später bei einigen radikalen Sekten der protestantischen Reformation, die wir noch behandeln werden. Interessant ist, daß Frauen diese Vorstellung erst im 18. Jahrhundert erneut aufgreifen, als Ann Lee eine Theologie entwirft, die von der vollen Gleichheit des männlichen und des weiblichen Anteils an der Gottheit ausgeht.

Der neue Ansatz im Denken der Frauen über die christliche Theologie, der dem der Juliana von Norwich am nächsten kommt, legt das Hauptgewicht auf ein Überdenken der weiblichen Rolle bei der Erlösung. Einen radikalen Ausdruck findet diese Tendenz im 13. Jahrhundert bei einer kleinen Gruppe von Ketzern, die sich Vilemiten nannten. Wir wissen über sie nicht mehr als das, was den Niederschriften des Inquisitionsprozesses gegen die Anhängerschaft einer Vilemína von Mailand (Wilhelmine von Böhmen) zu entnehmen ist, die als Inkarnation des Heiligen Geistes verehrt wurde. Sie war eine mysteriöse Persönlichkeit, wahrscheinlich eine Tochter des Königs von Böhmen, die mit ihrem kleinen Sohn vor ihrer Familie nach Mailand flüchtete, wo sie als Terziarin der Zisterzienser lebte. Sie stand in enger Verbindung zum Kloster St. Maria de Chiaravalle, trat dem Orden aber nicht bei. Sie predigte eine Weisheitslehre, beriet hilfesuchende Menschen, beschrieb ihre Visionen und wirkte als Wunderheilerin. Bald hatte sie eine große Anhängerschaft von Männern und Frauen, die sie als Heilige verehrten. Ihre Anhänger verbreiteten die Lehre, ihr körperliches Leben entspreche dem Leben Christi, sie werde sterben, um die Ungläubigen zu retten; Erlösung sei nur möglich durch die Inkarnation der Gottheit sowohl im Weiblichen als auch im Männlichen. Sie betrachteten Vilemína als die Inkarnation des Heiligen Geistes. Vilemína bestimmte zu ihrer Stellvertretung und als ihre Nachfolgerin eine Päpstin, so wie Petrus der Stellvertreter Christi gewesen war, nämlich Mayfreda da Pirovana, eine Cousine des späteren Herzogs von Mailand, Matteo Visconti. Nach Vilemínas Tod im Jahre 1281 erwarteten ihre Anhänger, daß sie leibhaftig zum Himmel auffahren würde. Ihrem Wunsche entsprechend wurde Vilemína im Kloster Chiaravalle begraben, das dann zum Zentrum ihrer Verehrung als Heilige wurde, denn dort wurden ihre Reliquien aufbewahrt und suchten Pilger an mehreren ihr geweihten Festtagen Wunderheilungen.

Einen Monat nach der Bestattung Vilemínas wurde ihr Leichnam einer feierlichen Waschung unterzogen und dann in ein Hemd aus Seide und ein weißes Skapulier gekleidet, worauf sich später die Annahme stützte, sie sei eine Terziarin der Zisterzienser gewesen. Das zur Waschung verwendete Wasser wurde sorgfältig aufbewahrt und an Schwester Mayfreda übergeben, die es zu Wunderheilungen benutzte. Die Vilemiten versammelten sich zum Gebet und zu feierlichen Gastmahlen. Mayfreda predigte über Vilemínas göttliches Wesen und ihre Lehre und ging sogar so weit, daß sie zweimal die Messe las – Funktionen, die zu übernehmen nur männlichen Klerikern gestattet war. Neunzehn Jahre nach Vilemínas Tod führte die Inquisition zwei Verfahren gegen Mayfreda und einige ihrer Anhänger und Anhängerinnen durch. Sie kam zu dem Schluß, daß Mayfreda und die Vilemiten, insbesondere aber die tote Vilemína der Ketzerei schuldig seien. Im Jahre 1300 wurden Mayfreda und zwei ihrer Anhänger mit den exhumierten Gebeinen Vilemínas auf dem Scheiterhaufen verbrannt. Dies kann wohl als Hinweis darauf gelten, daß die kirchliche Obrigkeit ihren Ruf fürchtete und das Fortbestehen eines Kultes um Vilemína verhindern wollte.[8]

Ein ähnlicher Anspruch, was die Bedeutung der Frauen als Vermittlerinnen bei der Erlösung angeht, wird kurz nach diesem Inquisitionsverfahren erneut formuliert. Eine Prous Boneta wurde in Montpellier festgenommen und in Carcassonne vor das Inquisitionsgericht gebracht. Sie legte dort am 6. August 1325 ein öffentliches Bekenntnis ab und wurde anschließend auf dem Scheiterhaufen verbrannt. Boneta, eine einfache Analphabetin, stand offenbar im Mittelpunkt einer kleinen Gruppe von radikalen Sektierern, was von ihrer Schwester und einer anderen Frau, die mit ihr angeklagt worden war, bestätigt wurde. Boneta behauptete, der damalige Papst Johannes XXII. sei in Wirklichkeit ein Antichrist, unter dessen Herrschaft keine Seelen mehr zum Heil gelangen könnten. Ihre eigene Verdammung als Ketzerin wertete sie als die Erlösung des Heiligen Geistes, die für die Erlösung der Menschheit notwendig sei. Denn sie, Prous Boneta, sei als Vertreterin der Dreieinigkeit und als Spenderin des Heiligen Geistes an die sündige Menschheit auserwählt worden. Sie hatte anscheinend keine große Anhängerschar, aber ihr Bekenntnis ist ein weiteres Beispiel einer Frau, die versuchte, eine vollständige theologische Doktrin zu formulieren, die Frauen in den Mittelpunkt des göttlichen Heilsplans stellt.[9]

Wir wissen nicht, wie viele der wegen Hexerei angeklagten und verbrannten Frauen in den folgenden zwei Jahrhunderten ähnliche Vorstellungen hatten. Wir müssen aber zur Kenntnis nehmen, daß es keine Überlieferung solcher Ideen von einer Generation zur nächsten oder deren Verbreitung von einem Ort zum anderen gegeben hat. Jede »verrückte« Frau mit Visionen, die sich mit den grundlegenden Fragen der theologischen Definition des Menschseins herumschlug – Definitionen, die sie aus Gottes Heilsplan ausgrenzten –, spielte ihre örtlich begrenzte Rolle und geriet aus dem Blick. Es gibt nur noch vereinzelte Spuren von den Frauen, die ihre Gleichheit als menschliche Wesen betonten und nach einer angemessenen Ausdrucksform für solche Vorstellungen, Sehnsüchte und Erkenntnisse suchten.

Besonders interessant finde ich die Visionen von Mystikerinnen, in denen sie bei der Geburt Christi einbezogen sind. Solche Visionen ereigneten sich über die Jahrhunderte verstreut und aus ganz verschiedenen Anlässen. In diesen Visionen ist die Seherin nicht mit Maria, der Mutter Christi, identifiziert. Im Gegenteil, die Visionärin übernimmt eine außergewöhnliche, aktive und generative Rolle, ohne die das Wunder der Geburt Christi nicht stattfinden könnte. Wie wir sehen werden, wird diese spezielle weibliche Funktion in einigen Fällen so interpretiert, als sei sie wesentlich für die Wiederkehr Christi.

Zu den einfachsten und überzeugendsten Visionen dieser Art gehört eine, die von Christina Ebner (1277–1356), einer deutschen Nonne aus dem Dominikanerinnenkloster in Engelthal, berichtet wird. Diese praktizierte eine strenge Form der Selbstentäußerung und Selbstkasteiung und hatte im Alter von sechzehn Jahren nach einer schweren Krankheit erstmals Visionen. Sie machte, ermutigt und unterstützt von ihrem Beichtvater, Konrad von Füssen, Aufzeichnungen über ihre Visionen. Im Alter von zwanzig Jahren war sie weit über ihr Kloster hinaus berühmt geworden, und 1350 bat Kaiser Karl IV. um ihren Segen. Heinrich von Nördlingen, der auch mit anderen Mystikerinnen enge Beziehungen unterhielt, besuchte sie drei Wochen lang und korrespondierte mit ihr. Sie verfaßte ein Buch über ihre Visionen, das in verschiedenen Ausgaben erschien, und schrieb das *Engelthaler Schwesternbuch*, eine Geschichte ihres Konvents.

»In einer Zeit, da sie gesund war von 24 Jahr (anno 1301), da träumte ihr, dass sie unseres Herrn schwanger wär worden, und war so voll Gnaden, dass kein Glied an ihrem Leib war, es empfindet sondere Gnaden davon, und kam in eine solche Zartheit gegen das Kindlein, dass er sein selbst also hüttet, dass sie das dünket... und etwan eine Zeit war vergangen, da träumt ihr, wie sie ihn gebären sollt ohn allen Schmerzen, und empfing so gar überschwengliche Freud von seinem Angesicht, und da sie etliche weil mit diesen Freuden umging, da möchte sie es nimmer verhelen und nahm das Kindlein an ihre Arm und trug es unter die Versammlung in dem Refectorio und sprach: Freuet euch mit mir allesamt... ich empfing Jesum und hab ihn nun geboren, und zeiget ihnen das Kindlein, und da sie also groß war in den Freuden und mit umging, da erwachet sie.«[10]

Christina Ebner interpretierte dieses freudige und fröhliche Erlebnis nicht theologisch. Sie beschrieb es vielmehr als einen Schritt auf ihrem

Wege zur *Imitatio Christi*, der Nachfolge Christi durch den emphatischen Nachvollzug des Lebens des Heilands.

Die nächste Visionärin, die diese Metapher verwendet, gehört zu einer der radikalen Sekten der protestantischen Reformation. Doch bevor ich auf sie eingehe, möchte ich zunächst auf die wichtigen Veränderungen in Form und Inhalt des religiösen Diskurses im Protestantismus und dessen Auswirkungen auf Frauen eingehen.

Die Frage, wie sich die protestantische Reformation auf Frauen ausgewirkt hat, war und ist das Thema heftiger Kontroversen, ganz besonders zwischen feministischen Wissenschaftlerinnen. Die Debatte bezieht sich auf einander widersprechende Interpretationen der Natur und der gesellschaftlichen Rolle der Frau bei Luther und Calvin. Diejenigen, die der Meinung sind, die Reformation habe das Los der Frauen erleichtert, weisen in der Regel auf die Verbreitung von Bildung und die Aufwertung der Frauen als Mütter und Erzieherinnen des Nachwuchses hin. Diejenigen, nach deren Auffassung die Reformation sich nachteilig für die Frauen ausgewirkt hat, verweisen auf die zunehmende patriarchale Orthodoxie innerhalb der reformierten Kirchen, auf die fortgesetzte Reduzierung der Bürgerrechte und öffentlichen Funktionen der Frauen und auf die Einschränkung der Nonnenklöster, die als Institutionen gelten können, die Frauen einen besonders geschützten Raum gewährten. Diese Kontroverse läßt sich nicht einfach entscheiden, denn wie bei so vielen anderen Reformen in patriarchal strukturierten Gesellschaften sind die Ergebnisse der Reform doppelsinnig-zwiespältig. Ich denke, daß die Reformation unter den Gesichtspunkten der Geistes- und Religionsgeschichte ein entscheidender Wendepunkt für Frauen gewesen ist und deren Möglichkeiten, ein feministisches Bewußtsein zu entwickeln, erweitert und verbessert hat. Der Durchbruch im theologischen und religiösen Denken bestand in Luthers Einsicht, daß alle Seelen den gleichen Zugang zu Gott haben, und seine revolutionierende Feststellung, daß es einer Vermittlung zwischen Gott und den Menschen nicht bedarf. Plötzlich, als wäre der jahrtausendealte Schleier weggezogen worden, wurde den Frauen gesagt, daß sie direkt mit Gott sprechen könnten und daß Gott zu ihnen sprechen könne und wolle. Zwar ist es orthodoxen Katholikinnen gelungen, eben dieses durch mystische Praktiken zu demonstrieren, doch andererseits ist offensichtlich, daß nur die wenigsten und nur ganz besondere Menschen die Möglichkeit hatten, Mystikerinnen oder Mystiker zu werden. Das mystische Schauen war eine Gnade, ein Geschenk, und nur durch große Hingabe und Askese zu erreichen. Nun erklärte Luther, daß dieses Geschenk für alle da sei, für jede und jeden, ob Frau oder Mann.

Es ist allerdings festzuhalten, daß diese aufrührerischen Ideen wegen der wachsenden Orthodoxie der protestantischen Amtskirche und ihrer Führungsschichten von den radikalen Gruppierungen innerhalb der Reformation stärker betont wurden als von den anderen. Frauen waren in einigen der radikalen Sekten aktiv am Geschehen beteiligt, so bei den Anabaptisten, den Quäkern und dem streng mystischen Pietismus. Glücklicherweise können wir auf eine Reihe von Primärquellen zurückgreifen, Zeugnisschriften, Autobiographien und Berichte von Visionen der deutschen Pietistinnen, in denen diese Frauen selbst zu Wort kommen. Wenn manche dieser Visionärinnen auch mit den mittelalterlichen katholischen Mystikerinnen zu vergleichen sind, so entstammten sie doch deutlich niedrigeren sozialen Schichten. Es waren Frauen aus dem städtischen Bürgertum, Frauen und Töchter von Gewerbetreibenden, die sich als Lehrerinnen, Predigerinnen und populäre Rednerinnen betätigen wollten. Deutsche und holländische Pietistinnen teilten mit anderen Protestantinnen die Überzeugung, daß Frauen sich nicht öffentlich zu Glaubensdingen äußern sollten, aber sie entwickelten mit der Hauskirche, Andachten in einer Wohnung, eine Form der eingeschränkten Öffentlichkeit, in der Frauen predigen und lehren konnten.[11]

Eine deutsche Pietistin, Anna Vetter, »eine einfältige Frau von niedrigem Rang«, wie ein Zeitgenosse sie charakterisierte, hinterließ eine besonders lebendige Darstellung ihres Lebens und ihrer Visionen, die hier von Interesse ist, weil sie ein Thema aufgreift, auf das wir bereits gestoßen sind, nämlich eine besondere Funktion der Frauen für die Wiederkunft des Herrn. Anna Vetter stammte aus Franken, sie war die Tochter eines Schmieds.[12] Als sie vier Jahre alt war, marschierten Soldaten in ihren Geburtsort ein, raubten die Familie aus und schlugen ihren Vater so sehr, daß er an seinen Verletzungen starb. Ihre Mutter und die vier Kinder lebten in großer Armut in einem anderen Ort, und Anna trug als Näherin zum Lebensunterhalt bei. Sie heiratete einen Steinmetz, von dem sie sagte, er sei an Glaubensfragen nicht interessiert. Innerhalb von zehn Jahren gebar sie sieben Kinder; vier blieben am Leben. Mit dreißig Jahren starb sie beinahe an einer schweren Krankheit, während der ihr Mann sie vergewaltigte. Die Schwangerschaft infolge dieser Vergewaltigung verlängerte ihre Krankheit; das Kind starb kurz nach der Geburt. Anna Vetter deutete diese Erlebnisse theologisch: »Ich solte nemlich ein gantz anderer Mensch werden/ leiblich und geistlich erneuert...«[13]

Nach diesen Erfahrungen hatte sie das erste Mal Visionen, die sie schriftlich festhielt. Schon die Tatsache dieser Aufzeichnungen an sich war ein Wunder: Anna Vetter war bis zu ihren Visionen Analphabetin; aber es wurde ihr von Gott aufgetragen, diese sorgfältig niederzuschreiben, damit sie anderen Menschen mitgeteilt werden könnten. So lernte sie in einer Nacht schreiben und schrieb ihre Lebensgeschichte. Ihr Gemeindepfarrer bestätigte dies und zog daraus den Schluß, es handele sich um ein Zeichen wahrhafter Inspiration. Wenn sich andere gegen Vetter wandten und protestierend verlangten, sie solle sich an den Rat des heiligen Paulus halten, antwortete sie, Paulus sei für seine Gemeinde verantwortlich gewesen und sie sei verantwortlich für ihre. Seine Regeln gingen sie nichts an, aber sie glaube, daß ihr Predigen von demselben Geist beseelt sei wie das des heiligen Paulus. Sie betrachtete sich selbst als eine Prophetin wie Hosea und Jeremiah und hielt es für ihre Pflicht, die sündhaften deutschen Städte zu retten, vor allem Nürnberg und Weißenbach, wo sie lebte. Gottes Auftrag folgend, widmete sie sich dem Predigen und Reden auf dem Marktplatz und vernachlässigte ihre Hausfrauenpflichten. Sie lebte wie eine Witwe, obwohl ihr Mann noch lebte.[14] In ihrer Lebensgeschichte teilt sie mit, sie sei von Gott beauftragt worden, bis zum St.-Bartholomäus-Tag 1663 seine Sprecherin zu sein. Danach führte sie ein ruhigeres Leben, und ihre Visionen hörten auf.

Anna Vetter schreibt im Dialekt einer Frau, die keine Schule besucht hat, und vermischte ihre chronologische Darstellung übergangslos und ohne Kommentar mit Träumen, Visionen und alltäglichen Ereignissen. Das macht die Aufzeichnungen besonders überzeugend und authentisch, denn es finden sich keine Anzeichen einer literarischen Überarbeitung oder »Verbesserung«. Die Stadt, die in der folgenden Vision eine Rolle spielt, ist Nürnberg.

»Endlich sah ich die Stadt als ein grosses schwangeres Weib / deren Zeit herbeykommen / daß sie gebären solt / und ihre ammenweiber sassen alle um sie herum / und sie kunten das kind nicht gebären / und musten mutter und kind sterben und ewig verderben lassen; da gedacht ich / ich darff diß weib nicht so verderben lassen samt dem kind / und machte mich zu dem Weib und gebar mit ihr ein Knäblein / das brachte ich zu GOtt; ich muste so grosse schmertzen leiden / als das weib in der geburt / mit grossem geschrey; ... es hat mein blut mit gekostet; es ist diese geburt nichts anders als des Sohns GOttes leiden und sterben / da ich seinem bild muß gleich werden. ... Dieß knäblein aber sind allen seelen der menschen in der gantzen stadt zusammen verbunden / in eines kindes gestalt mir vorgestellt / das hat oben aus dem hertzen müssen geboren werden / und nicht wie ein leibliches Kind durch unten aus der mutter brechen; diß hat eben aus dem hertzen kommen müssen / und hat die saure arbeit mir das blut aus der rechten Seiten gepreßt / und ein engel / so im gesicht bey mir war / der sprach / als ich darüber erschrak / es müste also seyn / es wuerde bald besser werden. Meine tochter / so ich als ein verlohrnes kind mit meinem mann gezeuget / von seinem samen / und das knäblein aus dem schwangern weib ist eins; da bin ich 27. wochen für sie in ketten und banden gelegen / biß ich sie beyde zu GOtt gebracht / und damit ich für die andern seelen der menschen/so das knäblein abgebildet/desto eifriger betete/muste mein eignes kind in das buch des lebens so lange nicht geschrieben seyn/biß ich überwunden und versöhnet; da kamen 2. Engel vom himmel herab/schrieben an meines kindes wiegen; und da ich sie fragte was sie da machten/antworteten sie/sie thäten was sie wolten; da wurde meine tochter und das knäblein wieder in das buch des lebens geschrieben; ... da nahm ich ein messer und schnitt die eiserne ketten entzwey/und flohe wahrhafftig dahin gegen Wedelsheim/5. Meilen von Anspach; wenn ich nicht aus dem weib das kind geboren hätte/so würde jetzt kein mensch mehr selig; die vorige erlösung hat ein ende...«[15]

Diese bemerkenswerte Vision verbindet ganz selbstverständlich die prosaischen Einzelheiten – sie floh und gibt die Namen der Orte und ihre genaue Entfernung voneinander an – mit detailliert ausgeführten religiösen Metaphern, etwa ihre Verantwortung für die sündige Stadt als eine Schwester, den Besuch der Engel bei ihr, das Wunder ihres Durchtrennens der eisernen Kette, ihre Erlösung der anderen durch Schmerzen und Opfer. Wie Abraham gibt sie gehorsam ihr eigenes Kind und wird so zu einem Instrument des Heilsgeschehens. Wie das Blut Christi fließt auch ihr Blut aus der rechten Seite, um ihr Streben nach Erlösung zu bezeugen. Die Geburt des Knaben ist eine Widerspiegelung der Geburt des Heilands und trägt Züge der Wiederkunft. Die Erlösung ist unmöglich, bis das zweite Kind, der Knabe, geboren und Gott dargebracht ist. Aber neu und anders an der Vision Anna Vetters ist ihre aktive Rolle beim Prozeß der Erlösung. Anfangs beansprucht sie, eine Prophetin zu sein, und warnt die sündhafte Stadt, aber tatsächlich tut sie mehr als das: sie gebiert einen wundersamen Knaben, durch den die Stadt und alle ihre Bewohner das Heil erlangen. »Wenn ich nicht aus dem Weib ein Kind geboren hätte, so würde jetzt kein Mensch mehr selig.« Dieser Satz ist vielsagend – sie beansprucht nicht, der Frau geholfen zu haben – wobei sie die Rolle übernommen hätte, die uns von den Visionen der Mystikerinnen vertraut ist: die einer sympathetischen Helferin der Jungfrau Maria. Durch ihre Wehen – nach dem Versagen der leiblichen Mutter und der versammelten Hebammen – bringt Anna Vetter vielmehr selbst das Kind zur Welt, das ganz eindeutig nicht das Christuskind, aber wahrscheinlich der Heiland der Zweiten Wiederkunft ist, der Erlöser der Welt. Dies ist ein Riesenschritt vorwärts in der weiblichen Imagination, die hier den Anspruch der Frauen, einen wesentlichen Anteil am Heilsplan Gottes zu haben, zum Ausdruck bringt. Es ist unmöglich, daß Anna Vetter etwas über die Ideen der auf dem Scheiterhaufen verbrannten Ketzerin Vilemína von Mailand oder Prous Boneta gewußt hat, die vierhundert Jahre vor ihr gelebt hatten. Aber sie hatte eine ähnliche Einsicht wie jene beiden: Die Erlösung ist nicht möglich ohne die zutiefst weibliche Funktion, die heilige Frau als Gebärende.

Wäre diese Vision die einer Gläubigen im Kloster als Ergebnis scharfer Askese gewesen, so wäre sie schon etwas ganz Besonderes und bemerkenswert. Aber Anna Vetter war die Tochter eines Handwerkers und die Frau eines Handwerkers, die Mutter von sieben Kindern. Die Tochter in der Vision war das nach der Vergewaltigung durch ihren Mann geborene Kind. Die Vergewaltigung war der wesentlichste Grund für die prophetischen Visionen. Es wäre naheliegend zu vermuten, daß eine Frau, die den Schmerzen und der Entwürdigung eines solchen Übergriffs ihres Gatten ausgesetzt war, ihn für den Tod des Kindes verantwortlich gemacht oder den Tod als Gottes Willen akzeptiert hätte. Doch Anna Vetter verwandelte das Ereignis in eine beeindruckende prophetische Vision, in der sie ihre irdische Rolle und ihr Schicksal transzendierte und kühn den höchsten Anspruch, den eine Frau erheben konnte, anmeldete: Sie und also mit ihr alle Frauen waren wesentlich für die Verwirklichung des göttlichen Heilsplans zur Erlösung der Menschheit.

Anna Vetters Vision war beeinflußt von den Ideen der männlichen und weiblichen Pietisten, deren Theologie den orthodoxen christlichen Glauben über die Rolle der Frauen in Kirche und Staat nachhaltig in Frage stellte. Von seinen Anfängen an behandelte der Pietismus Prophetien und Visionen von Frauen mit großem Respekt. Adelheid Sibylle Schwarz und Rosamund von Asseburg wurden von ihren Glaubensbrüdern wegen ihrer Weisheit, ihrer Einsichten, ihrer Frömmigkeit bewundert und als Heilige betrachtet. Die Pietisten hielten die Emotionalität der Frauen für eine Stärke, die zu tieferen religiösen Einsichten befähigte. Während Anna Vetter in Nürnberg und Umgebung predigte und prophezeite, lehrte und schrieb in den Niederlanden eine Pietistin namens Antoinette Bourignon (1606–1680). Sie wurde von den Jesuiten verfolgt, die sie zwangen, eines ihrer Traktate zu verbrennen; sie floh aus Brabant nach Holland und von dort nach Hamburg und wieder zurück nach Holland, um der Verfolgung zu entgehen. Sie war eine ideenreiche und offenbar populäre Schriftstellerin. Die Wut und der Haß, den sie bei ihren Gegnern weckte, lassen erkennen, wie groß ihr Einfluß gewesen sein muß. Ein Polemiker, der ein Pamphlet gegen sie verfaßte, verkehrte die Metapher der Geburt ins Gegenteil, um diese Frau der Lächerlichkeit preiszugeben und zu verspotten, die von ihren Verfolgern im wahrsten Sinne des Wortes zu Tode gehetzt wurde – sie starb auf der Flucht von Deutschland nach Holland. Er schrieb:

»Jetzund kommt hinterher im nachtropp noch ein altes weib auf demselben thier angeritten, machet ein geplerr, daß ihre gebährens-zeit sey gekommen; erwehlet sich den Nordstrand, allda ihr kinder-bette zu halten, und ihren alten drachensaamen auszuspeyen... Ich hätte sie wohl immerhin hutfeln lassen, doch weil sich einige gefunden, ͵

die da lust haben der alten saue milch zu schmecken, habe ich die feder zur hand nehmen wollen... vielen werden die augen aufgethan werden, daß sie den greuel des teufels
in diesem weibe sehen, ihr gehäßig werden... das weib ist närrisch, toll und gottlos.«[16]

Auch ihre Schriften sind nicht erhalten, doch aus den extrem heftigen
Attacken gegen sie können wir auf den großen Einfluß, den sie auf ihre Mitmenschen ausübte, schließen. Außerdem wissen wir aus den Schriften
männlicher Pietisten, daß Antoinette Bourignon für eine Heldin und ein
Muster an Frömmigkeit gehalten wurde. Gottfried Arnold, der die Lebensläufe vieler Pietisten und Pietistinnen aufgeschrieben hat und selbst einer
der Führer der Glaubensgemeinschaft war, empfahl allen Gemeindemit-
gliedern die Lektüre der Schriften Bourignons.[17]

Von einer anderen deutschen Pietistin, Beate Sturm, wurde gesagt, sie
könnte die Bibel auswendig. Sie wiederholte alle Bibeltexte und Predigten,
die sie bei den Samstagstreffen ihrer Gemeinde gehört hatte, und kommentierte sie. Auf diese Art entwickelte sie eine spezifisch weibliche Art der
religiösen Unterweisung. Das erinnert an eine ähnliche Methode, die von
Anne Hutchinson im kolonialen Massachusetts angewendet wurde und zu
ihrer Exkommunikation und Vertreibung aus der Kolonie führte. Beate
Sturm fühlte sich zum öffentlichen Predigen berufen. Ihre Predigten betrafen kirchliche und weltliche Themen, dauerten manchmal vier Stunden und
wurden von Hunderten von Leuten gehört.[18]

Eine weitere führende Pietistin, Johanna Eleonora Petersen (1644–
1724), hinterließ eine umfangreiche, zwischen 1688 und 1719 geschriebene
Autobiographie, die auch von ihren Visionen berichtet. Von besonderem
Interesse ist ihre letzte Vision, in der sie sich als Gefangene in einem Haus
sah, in dem 24 Bilder an der Wand hingen. Indem sie diesen Bildern wie
Führern folgte, befreite sie sich; doch dann sah sie sich vor einer verschlos-
senen Tür, hinter der das Geheimnis ihrer Erlösung verborgen war, »ein
Vater, eine Mutter und ein Sohn«. Sie hatte keine Ahnung, was sie tun
mußte, um die Tür zu öffnen, doch dann erinnerte sie sich daran, daß sie in
einem zuvor betrachteten Bild eine Nachtigall gesehen hatte, und deutete
dies so, daß sie wie eine Nachtigall singen müßte, und »da ich nun anfing
und meine Stimme immer stärker und stärker erhob, da ging die Tür auf,
und mir wurde sehr wohl, worauf ich gleich aus dem Schlaf erwachte«. Sie
interpretierte dieses letzte Bild als das der Dreieinigkeit: Vater, Sohn und
»die fruchtbare Mutter und brütende Taube [des Heiligen Geistes]«[19].

Frauen wie diese beeinflußten das Denken und die Theorien des Grafen
von Zinzendorf, der 1730 zusammen mit seiner Frau Erdmuthe die bedeutendste pietistische Gemeinschaft, die Mährische Bruderschaft der Herrnhuter, gründete.[20] Weitgehend infolge seiner eigenen religiösen Entwick-

lung, die er besonders dem Einfluß seiner Großmutter verdankte, machte Zinzendorf es sich ganz bewußt zur Aufgabe, die Rolle der Frauen in der Gemeinschaft aufzuwerten, und wies mit einer auf die Bibel gestützten Argumentation nach, daß Jesus Frauen als Evangelistinnen betrachtete. Zinzendorf wollte, daß Frauen predigten, weil er glaubte, daß sie eine größere emotionale Überzeugungskraft hätten als Männer. Theologisch argumentierte er, daß Adam vor dem Sündenfall androgyn gewesen sei und daß Männer weiblicher werden müßten, bevor Erlösung möglich wäre. Diese revolutionären Ideen über geschlechtsspezifische Rollenzuschreibungen führten zu Konflikten mit traditioneller denkenden Männern in den pietistischen Gemeinschaften. Nach dem Tode Zinzendorfs setzten sich die mehr den traditionellen Werten verhafteten Männer durch, und 1764 schloß die Synode Frauen aus leitenden Positionen der Gemeinschaft aus.[21] Einige Jahrzehnte lang bot der Pietismus in Europa und den utopischen Lebensgemeinschaften Philadelphias in den USA beachtliche Möglichkeiten für religiöse Führung durch Frauen und eine Theologie, die solche Ansätze unterstützte. Doch dann triumphierte wie in anderen revolutionären Bewegungen die Orthodoxie, und die Frauen hatten sich wieder auf ihre traditionellen, untergeordneten Aufgabenbereiche zurückzuziehen.

Die mittelalterlichen Mystikerinnen hatten für Klosterfrauen eine Rolle geschaffen und behauptet, die es ihnen – unter der Obhut und Anleitung und innerhalb des geschützten Raums des Klosterlebens – erlaubte, die Politik in Kirche und Welt zu beeinflussen und eine ehrenvolle und respektierte Stellung in der Öffentlichkeit einzunehmen. In den ketzerischen Sekten des 12. bis 15. Jahrhunderts wirkten Frauen im öffentlichen Raum als Lehrerinnen, Predigerinnen, Bekehrerinnen und Märtyrerinnen; doch wir haben keine Aufzeichnungen über das, was sie gesagt haben. Die Beiträge, die Anna Vetter, Beate Sturm und Eleonore Petersen zu einer theologischen Neuorientierung der Frauen geleistet haben, übten zwar auf ihre Zeitgenossinnen eine große Anziehungskraft aus, konnten aber nicht weitervermittelt und von ihnen reproduziert werden, weil die Gemeinschaft von Frauen, aus der sie jeweils hervorgingen, nicht mehr bestand. Aber in einer anderen protestantischen Sekte wurden solche Praktiken und Ideen weiter vermittelt: bei den Quäkern; und bei ihnen stoßen wir wieder auf Frauen, denen wichtige intellektuelle Fortschritte gelangen.

Seit der Gründung von Quäkergemeinden erhielten Frauen in ihren Frauenversammlungen und durch ein Board of Women Elders (Rat von weiblichen Gemeindeältesten) Anleitung in religiösen und moralischen Fragen durch Frauen. Quäkerinnen waren in der Regel besser ausgebildet als andere Frauen ihrer Zeit und standen in einer Tradition, die es Frauen zugestand, öffentlich zu reden und in der Religionsgemeinschaft leitende Funktionen zu übernehmen. Sie beteiligten sich aktiv an der Gründung neuer Quäkergemeinden; sie waren Ministrantinnen, Predigerinnen, Missionarinnen auf mehreren Kontinenten. Viele von ihnen wurden wegen ihrer religiösen Überzeugung eingekerkert und sogar getötet, etwa Mary Dyer 1660 in Boston.[22]

Nach der Restauration der Monarchie in England setzten sich viele radikale Frauen in Petitionen und Flugschriften für die Anschaffung des Zehnten ein. Manche gingen noch weiter und prophezeiten die Zerstörung sündhafter Städte.[23]

Einige englische Quäkerinnen hatten seit den frühen 1650er Jahren eine radikale Kritik der Lehren des heiligen Paulus und der Frauenfeindlichkeit formuliert. Möglicherweise nahm George Fox, der Begründer des Quäkertums, Bezug auf diese Ansichten, als er in seinem Pamphlet *The Woman Learning in Silence* (London 1656) (Die Frau bildet sich in der Stille) den Glaubensgrundsatz der Quäker formulierte, daß Gott alle menschlichen Wesen gleich geschaffen habe, indem er den ihnen innewohnenden Geist jedem Menschen eingegeben habe. Er interpretierte diesen Glaubenssatz dahingehend, daß der Geist Christi ebenso in einer Frau wie in einem Mann zum Sprechen kommen könnte. An diese Auffassungen anknüpfend, erweiterte Margaret Fell seine Lehre, so daß sie auch das Recht der Frauen zu predigen einbezog.

Margaret Fell (1614–1702), eine enge Mitarbeiterin von George Fox und von 1669 an seine Frau, nahm als Missionarin, Predigerin, Lehrerin und Schriftstellerin am öffentlichen Leben teil. Ihre Bücher wurden ins Hebräische, Lateinische und Holländische übersetzt. Jährlich unternahm sie ausgedehnte Reisen durch England, auch um an Quäkerversammlungen teilzunehmen und Mitglieder der Glaubensgemeinschaft zu verteidigen, die im Gefängnis saßen und Handgreiflichkeiten ausgesetzt waren. Ihr und George Fox wurde 1664 der Prozeß gemacht, weil sie sich geweigert hatten, den Treueid zu leisten, und Quäkerversammlungen abgehalten hatten. Sie wurde zu lebenslanger Haft verurteilt und verlor ihr gesamtes Vermögen. Nach vier Jahren wurde sie auf Anordnung des Königs aus dem Gefängnis entlassen, später aber noch zweimal inhaftiert. Als sie das erste Mal im Gefängnis war, schrieb und veröffentlichte sie *Women's Speaking Justified* (Predigen der Frauen gerechtfertigt), eine ausführliche, auf die Heilige Schrift gegründete Argumentation, die die aktive Rolle der Frauen in der biblischen Geschichte darstellte und ihr Recht, am öffentlichen Leben der Glaubensgemeinschaft teilzunehmen, betonte.[24] Sie stellte einen geschlossenen theologischen Abriß der Problematik vor; ihre Aussagen waren selbstsicher und ohne irgendeine der um Entschuldigung oder Verständnis bittenden Formulierungen, die wir jahrhundertelang in den Schriften von Frauen gelesen haben.

»Diejenigen, die dagegen reden, daß die Macht des Herrn und der Geist des Herrn in einer Frau zum Ausdruck kommen, einfach nur wegen ihres Geschlechts, oder weil sie eine Frau ist, nicht achtend auf den Samen, und den Geist und die Macht, die in ihr sind; solche Leute sprechen gegen Christus, und gegen seine Kirche, und sind die Samen der Schlange...

Gott der Herr machte bei der Schöpfung, als er den Menschen nach seinem Bilde erschuf, diesen männlich und weiblich; und ... Jesus Christus wurde aus einer Frau gemacht, und die Macht des Allerhöchsten beschützte sie und der Heilige Geist kam über sie...«[25]

Sie zitierte jede Stelle im Alten und Neuen Testament, in der eine Frau prophezeit, öffentlich das Wort ergriffen oder in Gesprächen ihre Auffassung vertreten hatte; und so stattete sie alle Frauen, die sich auf der Grundlage der Heiligen Schrift gegen die orthodoxe Frauenfeindlichkeit wenden wollten, mit wichtigen und schwer zu widerlegenden Argumenten aus.

Margaret Fells Streitschrift, ihr Leben und ihr Wirken sind bezeichnend für den qualitativen Sprung nach vorne, den Frauen als Ergebnis der protestantischen Reformation intellektuell machen konnten. Die Tatsache, daß auch protestantische Frauen, die nach ihr lebten, noch weiter darum kämpfen mußten, in Kirche und Staat als gleichberechtigt zu gelten, verweist auf die negativen Seiten der Reformation, ihre Institutionalisierung einer patriarchalen Orthodoxie und ihren Widerstand gegen einen fundamentalen Wandel.

So blieb die mutige Neuorientierung durch Margaret Fell ohne Widerhall bis zum 18. Jahrhundert, als Ann Lee die Sekte der Shakers gründete und die wesentliche Bedeutung der Frauen für die Wiederkehr des Herrn betonte.

Ann Lee (1736–1784) wurde in England in die Familie eines armen Schmieds hineingeboren. Als sie über zwanzig Jahre alt war, trat sie in eine Sekte ein, die sich von den Quäkern abgespalten hatte und Shakers, Zitterer, genannt wurde wegen ihrer Gewohnheit, im Gottesdienst zu singen, zu tanzen und zu schreien. Einige Jahre später heiratete sie und gebar in rascher Folge vier Kinder, die schon früh starben. Wie bei so vielen anderen Mystikerinnen führte die fast tödlich verlaufende Krankheit nach ihrem letzten Kindbett zu einer tiefen emotionalen Krise. Sie war überzeugt davon, daß der Tod ihrer Kinder eine Strafe für ihre Sinneslust sei. Sie fürchtete sich, mit ihrem Mann zu schlafen, um nicht »in der Hölle zu erwachen«, und verbrachte die Nächte mit Herumwandern, Beten und Stöhnen. Dann verweigerte sie jede Nahrung, um ihren Körper abzutöten, damit ihre Seele »nach nichts mehr hungere als nach Gott«. In diesem Zustand hatte sie ein tiefreichendes psychisches Erlebnis: Sie glaubte, in ein geistiges Reich wiedergeboren zu sein. Lee begann dann eine Zeitlang zu predigen und zu lehren, und nach einigen Jahren übernahm sie die Leitung der kleinen Sekte der Manchester Shakers. Obwohl sie ihren Vater und einen ihrer jüngeren Brüder zum Übertritt in diese Glaubensgemeinschaft bewegen konnte, versuchte ein anderer Bruder einmal, ihren Willen zu brechen, indem er sie schwer verprügelte und sie mit einem Stock auf Gesicht und Kopf schlug. Aber Ann Lee flehte Gott um Hilfe an. »Während er [der Bruder] mich fortwährend schlug, fühlte ich, daß mein Atem wie eine heilende Salbe aus meinem Mund und meiner Nase strömte..., so daß ich den Schmerz der Schläge nicht spürte.«[26] Dies war nur die erste von vielen Begebenheiten, bei denen sie Schläge, Inhaftierung und Belästigungen mit der stoischen Haltung einer Märtyrerin ertrug. 1772 und auch im Jahr darauf verbrachte sie einige Zeit im Gefängnis, weil sie wegen der ekstatischen Tänze ihrer Gruppe während des Gottesdienstes angeblich die Sonntagsruhe gebrochen hatte. Während ihres Gefängnisaufenthalts hatte sie ihre große Vision des Sündenfalls, durch die sie zu verstehen glaubte, daß »die lustvolle Befriedigung fleischlicher Gelüste die Quelle und die Grundlage der menschlichen Schlechtigkeit« wäre. Nun wußte sie, daß sie bei der Erfüllung des Werkes Christi einen besonderen Auftrag hatte. »Nicht ich bin es, die spricht, es ist Christus, der in mir wohnt.«[27] Danach lebte sie ein zölibatäres Leben und machte auch ihren Anhängern und Anhängerinen das Zölibat zur Pflicht. Die Mitglieder ihrer Sekte sahen in ihr eine Verkörperung des auferstandenen Christus und nannten sie Mutter Ann Lee der neuen Schöpfung.

Um der Verfolgung zu entgehen, reisten Ann Lee und achtzehn ihrer Getreuen nach New England und ließen sich bald in der Nähe von Albany im Staate New York nieder. Sie gründete dort eine utopische Siedlung und setzte ihr Predigen und Missionieren fort. Doch auch hier wurde sie verfolgt und mehrmals von einer wütenden Menge angegriffen, weil sie für eine Ketzerin und sogar für eine britische Spionin gehalten wurde. Dennoch konnten sie und ihre Gruppe sich halten.[28]

Ann Lees Lehre nahm das Konzept eines androgynen Gottes wieder auf – Sophia, die heilige Weisheit der Bibel, war das weibliche Prinzip in Gott, in Christus war das männliche Prinzip manifest geworden, und in Ann Lee war das weibliche Prinzip reinkarniert. Ann Lees Offenbarungen wiesen darauf hin, daß das Reich Gottes kurz bevorstünde und die Shakers sein

Kommen durch Einhaltung des Zölibats und frommen Lebenswandel beschleunigen könnten. Mutter Lee folgte ihrem Auftrag bis zum Tode. Danach wurde die Sekte von ihren Nachfolgern weitergeführt und konnte ihren Einfluß ausdehnen, neue Anhänger und Anhängerinnen gewinnen.

Entsprechend der Lehre von Ann Lee glaubten die Shakers an die Gleichheit der Geschlechter. In den Gemeinden teilten sich Männer und Frauen die Leitung, und die Überzeugung, daß Frauen ebenso gut wie Männer lehren und predigen könnten, wurde in die Praxis umgesetzt.[29]

Die in Amerika geborene Jemima Wilkinson (1752–1819) setzte die Tradition der Prophetinnen fort. Wilkinson wuchs als Quäkerin auf, wurde aber aus der Glaubensgemeinschaft ausgeschlossen, weil sie an einer Versammlung der New Light Baptists teilgenommen hatte. Im Alter von dreiundzwanzig Jahren starb sie beinahe an einem Fieber, und während dieser Krankheit hatte sie die Vision, daß sie tatsächlich gestorben und vom Himmel zurückgekehrt wäre. Als sie wieder gesund war, änderte sie ihren Namen in »Public Universal Friend« (Freundin der Allgemeinheit) und predigte und prophezeite mehr als vierzig Jahre lang im Sinne ihrer Lehre, die das Kommen des Tausendjährigen Reiches verkündete. Sie fühlte sich berufen, in der Nähe des Seneca Sees eine utopische Gemeinschaft zu gründen, New Jerusalem, wohin ihr mehr als zweihundert Siedlerinnen und Siedler folgten. Trotz rechtlicher Schwierigkeiten zog das Charisma Wilkinsons viele Gläubige an, und die von ihr geleitete Gemeinschaft blieb bis zu ihrem Tode bestehen.[30]

Joanna Southcott (1750–1814), eine britische Zeitgenossin von Ann Lee und Jemima Wilkinson, war Kellnerin und Polstererlehrling, als sie im Alter von 42 Jahren ihre ersten Visionen hatte. Sie beschrieb ihre Visionen in nicht weniger als 65 Büchern und kurzen Abhandlungen, die von 1801 bis zu ihrem Tode veröffentlicht wurden und eine weite Verbreitung fanden. Southcott erhob den Anspruch, eine Frau der Offenbarungen zu sein, »eine Frau, umglänzt von Sonnenlicht... und sie ist schwanger und schreit, liegt in den Wehen und ist voller Schmerzen der Niederkunft«. Sie entwickelte eine feministische Theologie, indem sie argumentierte, daß die Frau, da sie ja die sündhafte Frucht pflückte, auch das Wissen der guten Frucht haben mußte. Sie glaubte an die unmittelbar bevorstehende Zweite Wiederkunft und daran, daß sie auserwählt war, diese zuwege zu bringen. Ganz im Geiste der früheren Mystikerinnen strebte sie nicht nach dieser besonderen Aufgabe, sondern widersetzte sich ihr zunächst.

»Dies ist etwas Neues in der Geschichte der Menschheit, daß eine Frau der Größte Prophet ist, den es je gegeben hat, um die Menschheit aus der Dunkelheit in Mein strahlendes Licht zu führen... Und welch eine große, eitle Närrin muß ich sein, von mir zu behaupten, ich wüßte mehr als die Gebildeten und könnte ihnen aufgrund meiner Weisheit neue Erkenntnisse vermitteln. Soll ich sagen, ich wüßte es von den Philosophen, wenn ich ihnen nicht einmal den Namen auch nur eines Planeten nennen kann? Soll ich sagen, mein Wissen stamme von Gott, wo ich nie in meinem Leben mehr in der Bibel gelesen habe, als ich es im Sinne meines eigenen Heils für nötig erachtete... Ich hielt mich immer für [die einfachste in meines Vaters Haus]; aber der Herr hat die schwachen einfältigen Dinge dieser Welt auserwählt, die großen und mächtigen zu beschämen.«[31]

Southcott erhielt ihre Offenbarungen von Dem Geist, einer Stimme, die regelmäßig zu ihr sprach. Als sie diese Offenbarungen niederschrieb, konnte wegen ihrer schlechten Handschrift niemand das Geschriebene lesen. Später machte sie eine Anhängerin zu ihrer Sekretärin. Von 1801 an lebte sie in London, sammelte dort Anhängerinnen und Anhänger und verfaßte zahlreiche Schriften. Einen Teil des Jahres war sie auf Reisen, besuchte ihre Glaubensschwestern und -brüder und hielt Reden in allen Teilen Englands. 1804 wurde die wohlhabende Jane Townley ihre ergebene Schülerin und lud sie ein, bei ihr zu wohnen. Daraufhin zog Southcott zu ihr und brauchte sich um ihren Lebensunterhalt nicht mehr zu sorgen. Southcott suchte zunächst die Zustimmung der Methodisten. Doch obwohl es ihr gelang, einige der Kirchenführer von ihrer Sache zu überzeugen, wurde sie von der Kirchenleitung nie akzeptiert. So band sie ihre Gefolgsleute durch eine »Bestätigung« an sich, ein Dokument, das den Namen des oder der Gläubigen nannte und Southcotts Unterschrift trug. Diese Bescheinigung sollte dem oder der Gläubigen Schutz zusichern, selbst für den Fall der Invasion napoleonischer Truppen in England. Der Erfolg ihrer Missionstätigkeit wird deutlich an der schrittweisen Zunahme ihrer Anhängerschaft: Von zunächst 53 Gefolgsleuten im Jahre 1803 wuchs sie auf 20500 im Jahre 1815, ein Jahr nach ihrem Tode. Gegner gaben an, sie hätte mehr als 30000 loyale Gemeindemitglieder gehabt.[32] Ihr feministischer Gottesbegriff und die entsprechende Argumentation muß auf Frauen sehr anziehend gewirkt haben, denn 63 Prozent ihrer Anhängerschaft waren Frauen. Vielleicht beruhte die Anziehungskraft auf Schriften wie dieser, in der Southcott mit der Stimme Christi sprach:

»Sie [die Frauen] begleiteten mich bis zum Kreuz, weinend standen sie da, als ich gekreuzigt wurde; sie waren die ersten an meinem Grab, um meine Auferstehung zu erleben; nun werde ich die Frauen, die dir eine Hilfe sind, nicht zurückweisen... Durch eine Frau kam ich in die Welt in der Gestalt eines Mannes: und nun werde ich mich durch eine Frau den Menschen offenbaren. ... und nun soll von der Frau durch die Zweite Wiederkunft offenbart werden, daß kein Mann sich an meiner Stelle rühmen oder statt meiner verehrt werden soll... Aber kein Erlöser kann in einer Frau auferstehen, damit sie Christus sei. Denn hier bin ich... komme, den Sündenfall der Frauen zu heilen, der geheilt sein *muß*, bevor die Erlösung des Menschen möglich ist.«[33]

Hätte Joanna Southcott die Visionen Anna Vetters gekannt, so läßt sich annehmen, dann hätte sie wohl an diese angeknüpft und sie weitergeführt. Aber im 18. Jahrhundert hatte keine Frau die Möglichkeit, etwas von dem zu wissen, was Frauen vor ihr gedacht hatten; und so haben wir hier wieder ein Beispiel dafür, daß eine Frau eine kritische Revision patriarchaler Dogmen neu entwickelte, die zuvor bereits von anderen Frauen vorgetragen worden war. Southcott hatte sehr klare Auffassungen von der Rolle der Frauen bei der Erlösung: Ohne eine vorherige Aufwertung der Frauen würde es keine Erlösung geben. Am Ende ihres Lebens entwickelte sie ihre metaphorischen Einbildungen bis hin zum Pathologischen, das allerdings einen sehr pathetischen Ausdruck fand.

1813 verkündete ihr Der Geist: »In diesem Jahr, deinem 65. Lebensjahr, sollst du einen SOHN haben durch die Macht des ALLERHÖCHSTEN.« Das Kind sollte Shiloh genannt werden und der Statthalter Christi auf Erden sein, die Wiederkehr Christi vorbereiten.[34] Während einer Zeit, in der ihre Anhängerschaft abzufallen begann, bezeugte Southcott, daß sie fühlte, »wie eine mächtige Kraft auf meinen Körper einwirkt«. Sie glaubte, durch ein Wunder, ähnlich dem Wunder, das der alternden Sarah im Alten Testament widerfahren war, schwanger zu sein, und lud eine Ärztekommission ein, sie zu untersuchen und zu beobachten. Einundzwanzig Ärzte nahmen die Einladung an, siebzehn von ihnen bestätigten eine Schwangerschaft, obwohl Southcott wegen ihrer Schamhaftigkeit eine Untersuchung ihres Unterleibs nicht gestattete. Gläubige suchten sie in ihrer Londoner Wohnung auf, sandten teure Geschenke, ließen falsche Berichte und gefälschte Bestätigungen kursieren und machten aus ihrem Krankenlager eine öffentliche Veranstaltung zur Unterhaltung des Publikums. Southcott bestimmte, daß im Falle ihres Todes bei der Geburt, die Entbindung erst vier Tage nach ihrem Tod vorgenommen werden sollte. Tatsächlich lag sie in den langen Wochen nach dem neunten Monat ihrer »Schwangerschaft« auf dem Totenbett. Nach ihrem Tode ergab die Autopsie, daß sie nicht schwanger gewesen war, sondern unter einer vergrößerten Leber gelitten hatte, und die Experten bestätigten, daß eine physiologische Ursache ihres Todes nicht festgestellt werden konnte.

Joanna Southcott trieb ihre leidenschaftliche Revision der patriarchalen Theologie weiter als die meisten und scheitere, aber die Ziele solcher Bemühungen wurden weiter verfolgt, ganz gleich wie oft die Versuche, das Ziel zu erreichen, zunichte gemacht wurden oder in die Irre gingen.

Wir wollen uns nun mit zwei Gruppen beschäftigen, die aus ethnisch und rassisch unterschiedlichen Kulturen stammen – afroamerikanische und jüdische Frauen –, und ihre Bemühungen um eine Revision der Theologie mit denen vergleichen, die wir bereits erörtert haben. Afroamerikanerinnen in den USA im 19. Jahrhundert teilten zwar die theologische Tradition und Quellen der dominierenden weißen protestantischen Religionen, entstammten aber den afroamerikanischen Kirchen, die eine eigene Sprache, Symbolik, Struktur und Tradition hatten. Wir können hier nicht versuchen, die komplizierte Geschichte der Besonderheiten, Selbstdefinition und geistlichen Neubestimmung der afroamerikanischen Glaubensgemeinschaften genau darzustellen, sondern müssen uns darauf beschränken, zum Zweck des Vergleichens eine kleine Sekte zu betrachten, deren Praktiken und visionäre Inspirationen durchaus mit denen der radikalen protestantischen Sekten der Reformation verglichen werden können, die wir bereits behandelt haben.

Zwischen 1830 und 1880 gab es an der Ostküste der USA eine bemerkenswerte Gruppe schwarzer Spiritualistinnen und Prophetinnen, die dort öffentlich auftraten. Die zu ihren Lebzeiten und auch später noch wohl bekannteste unter ihnen war Isabella Baumfree, die sich nach einem Offenbarungserlebnis Sojourner Truth (Wandernde der Wahrheit) nannte (ca. 1797–1883). Als Sklavin im Staate New York geboren, erlebte sie, wie ihre Geschwister verkauft wurden, und auch sie selbst wurde als Kind verkauft. Ihr Herr vergewaltigte sie und zwang sie später in die Ehe mit einem älteren Sklaven, mit dem sie fünf Kinder hatte. Als sie 1827 durch ein Gesetz des Staates New York freigelassen worden war, rettete sie eines ihrer Kinder aus der Sklaverei. Noch in ihrer Zeit als Sklavin hatte sie häufig, manchmal täglich, Gespräche mit Gott, aus denen sie die Kraft schöpfte, ihr Schicksal zu ertragen. Zu verschiedenen Zeiten hatte sie den Eindruck, Jesus hätte ihren Lebenslauf beeinflußt und sie beschützt. Während sie in New York City lebte und sich ihren Lebensunterhalt als Hausangestellte verdiente, fand ihr reiches religiöses Innenleben seinen Höhepunkt in einer Vision, in der sie aufgefordert wurde, die Stadt zu verlassen »und dem Volk die Wahrheit zu sagen«. Seit dieser Zeit reiste sie als Wanderpredigerin durch den Norden des Landes und setzte sich für die Abschaffung der Sklaverei, die Gleichberechtigung der Frauen, den Schutz für die Armen ein und vertrat ihre eigene Richtung eines pragmatischen Christentums.[35]

Wie die Mystikerinnen und Prophetinnen vor ihr leitete Sojourner Truth ihre Autorität von ihrer direkten Kommunikation mit Gott ab. Sie war eine charismatische Rednerin, die auf ihr Publikum eine große Wirkung ausübte und häufig auch eine feindselige Menge durch ihre Furchtlosigkeit und witzigen Bemerkungen bändigte. Die Rede, in der ihr rassenbezogener Feminismus am überzeugendsten zum Ausdruck kam, hielt sie 1851 bei der Akron Ohio Women's Rights Convention. Nachdem sie sich in den hinteren Reihen der Anwesenden erhoben und darauf bestanden hatte, gehört zu werden, sagte sie:

»Der kleine Mann in schwarzer Kleidung dort drüben, er sagt, Frauen könnten nicht die gleichen Rechte haben wie Männer, weil Christus ein Mann gewesen sei. Woher kam dieser Christus? ... Von Gott und von einer Frau! Ein Mann hatte nichts mit Ihm zu tun... Wenn die erste Frau, die Gott geschaffen hat, stark genug war, ganz allein die Welt auf den Kopf zu stellen, dann sollten alle Frauen gemeinsam doch fähig sein, dies rückgängig zu machen und wieder die richtige Seite nach oben zu bringen!«[36]

Sojourner Truth stand unter den schwarzen Frauen im 19. Jahrhundert ziemlich allein, da sie sich nicht davon abbringen ließ, die Verteidigung ihrer Rasse und die Verteidigung ihres Geschlechts miteinander zu verbinden.[37] Noch in hohem Alter bestand sie darauf, die doppelte Unterdrückung der schwarzen Frauen als Angehörige ihrer Rasse und als Frauen besonders zu betonen. 1867 sagte sie:

»Ich will, daß die Frauen ihre Rechte bekommen. Vor Gericht haben die Frauen keine Rechte, keine Stimme; niemand spricht für sie. Ich halte es für angebracht, daß Frauen ihre eigene Stimme haben unter all diesen Rabulisten... Wir tun ebensoviel [wie Männer], wir essen ebensoviel, wir wollen ebensoviel. Ich nehme an, daß ich die einzige farbige Frau bin, die herumzieht und sich für die Rechte der farbigen Frauen einsetzt.«[38]

Sie war eine zu ihrer Zeit einzigartige Gestalt, sowohl wegen ihrer selbsterschaffenen Persönlichkeit als auch wegen ihrer Reisen als Wanderpredigerin, mit denen sie sich ihren Lebensunterhalt sicherte, und wegen ihrer reformerischen Aktivitäten, die sie bis ins hohe Alter fortsetzte. Sie unterschied sich sehr von den anderen afroamerikanischen Mystikerinnen ihrer Zeit, denn sie handelte im Rahmen und als Teil der allgemeinen Reformbewegung, nicht aus einer einzelnen Kirchengemeinschaft heraus und nur auf diese bezogen, wenn sie auch zu Beginn ihres öffentlichen Wirkens Kontakt zu einigen evangelischen Kirchengemeinden hatte.[39]

Nancy Prince, Jarena Lee, Amanda Berry Smith, Julia Foote und Rebecca Jackson entfalteten ihr religiöses Leben innerhalb der African Methodist Church. In dieser Kirche bot die Einrichtung der »Gebetsgruppen« – das sind Frauentreffen, in denen Frauen predigten und über die Schriften sprachen und aus denen einige Frauen hervorgingen, die dann öffentlich predigten – den seltenen Freiraum für Frauen, in dem Führungsqualitäten sich entfalten konnten. Die Frauen gewährten einander Unterstützung und Ermutigung, und zu zweit oder in Gruppen meisterten sie die Schwierigkeiten, die Frauen zu überwinden hatten, bevor sie öffentlich predigen konnten.

Wir haben uns bereits mit den mystischen Erlebnissen von Julia Foote befaßt. Die visionäre Autobiographie Rebecca Jacksons ist von großem Interesse besonders im Zusammenhang mit den Mystikerinnen und Prophetinnen, die wir in diesem Kapitel behandelt haben, weil diese Lebensbeschreibung einige erstaunliche Ähnlichkeiten mit der von anderen Mystikerinnen aufweist und weil sie den Kampf für die religiöse Wirksamkeit der Frauen vom Gesichtspunkt einer rassenbewußten Freiheitskämpferin beschreibt.

Rebecca Jackson (1795–1871) wuchs in Philadelphia auf, wo ihre Mutter nach dem Tod ihres Vaters die Kinder versorgte. Ihre Mutter heiratete wieder und hatte weitere Kinder, für die Rebecca sorgen mußte, während ihre Mutter zur Arbeit ging. Deshalb konnte sie keine Schule besuchen. Ihre Mutter starb, als sie dreizehn Jahre alt war. Es ist nicht bekannt, wie ihr Leben verlief, bevor sie 1830 ihre spirituelle Autobiographie schrieb, die mit ihrem zweiundzwanzigsten Lebensjahr beginnt.

Zu dieser Zeit war sie mit Samuel Jackson verheiratet, und beide lebten bei ihrem älteren Bruder Joseph, für dessen vier Kinder Rebecca sorgte, während sie auch als Näherin tätig war. Obwohl ihr Bruder Pfarrer in einer Gemeinde der Afrikanischen Methodisten war, trat sie dieser Kirche nicht förmlich bei. Sie erlebte ein spirituelles Erwachen und fühlte sich von Gott auserwählt, wenn sie auch zunächst an der Authentizität ihrer Visionen zweifelte. Nach einigen Erlebnissen, die ihr Wundern gleichzukommen schienen, vertraute Jackson mehr und mehr auf ihre innere Stimme und überzeugte ihre Familie von deren Ursprünglichkeit und Unmittelbarkeit. Sie erhielt die »Gabe zu heilen« und wurde befreit »von Fleischeslust«. Sie legte ein Gelöbnis ab, mit dem sie Gott versprach, die Gebote ihrer inneren Stimme vorbehaltlos zu befolgen. Wie die Mystikerinnen des Mittelalters begann sie mit einem regelmäßigen Fasten an den ersten drei Tagen jeder Woche, während sie weiter die ihr obliegende Alltagsarbeit erledigte. Sie verband dies mit systematisch erzwungenener Schlaflosigkeit und freute sich über die zunehmende Intensität ihrer Visionen.[40] Wie die anderen verheirateten Mystikerinnen mußte Jackson einen Weg finden, sich ihrer ehelichen Pflichten zu entledigen. Sie schrieb:

»Von allen Dingen schien sie [die Fleischeslust] im Angesicht Gottes die verderbteste zu sein – bei den Verheirateten wie bei den Unverheirateten, dies alles schien mir in den Augen Gottes gleich verwerflich, obwohl ich bisher niemanden hatte sagen hören, es sei falsch.«[41]

Doch noch sprach sie zu niemandem darüber. Jackson begann in ihrer Wohnung zu predigen, und bald hatte sie unter den schwarzen Methodisten eine beachtliche Anhängerschaft. In dieser Zeit hatte sie drei Träume, die sie ermutigten, Gottesdienste zu halten. Wie für die Träume der Anna Vetter war auch für ihre Träume eine von der Hauswirtschaft abgeleitete, typisch weibliche Symbolik charakteristisch. In einem der Träume backte sie an einer Feuerstelle Kuchen, der von vielen Leuten gegessen und gelobt wurde. In einem anderen Traum wusch sie drei Steppdecken und wurde mit ihnen zu einem weißen Cottage in einer fremden Gegend gebracht, in dem sie leben sollte. In wieder einem anderen Traum tauschte sie einen alten Besen gegen einen neuen aus und erhielt von ihrer Großmutter und einer mysteriösen alten Frau ein Kästchen mit einem Goldschatz.[42]

Wie einige der bisher vorgestellten Mystikerinnen empfing Jackson auf wunderbare Weise die Fähigkeit zu lesen. Sie hatte ihren Bruder gebeten, ihr das Lesen beizubringen, doch er hörte nach zweimaligem Unterricht damit auf. Als sie ihn bat, Briefe für sie zu schreiben, stellte sich heraus, daß er etwas anderes geschrieben hatte, als sie ihn zu schreiben bat. Sie protestierte:

»›Sie haben mehr aufgeschrieben als ich gesagt habe.‹ Dies hat er mehrmals gemacht. Dann sagte ich: ›Ich will nicht, daß Sie die Worte meines Briefes wählen, ich will nur, daß Sie sie schreiben.‹ Dann sagte er: ›Schwester, Sie sind die Schwierigste, für die ich jemals geschrieben habe!‹ Diese Worte zusammen mit der Art, in der er die Briefe geschrieben hatte, bohrten sich in meine Seele wie ein Schwert. Ich konnte nicht anders als weinen.‹«

Sie betete zu Gott, sie das Lesen zu lehren.

»Und als ich auf die Bibel sah, fing ich an zu lesen. Und als ich merkte, daß ich las, erschrak ich sehr – da konnte ich kein Wort lesen. Ich schloß meine Augen wieder zum Gebet und öffnete sie dann, begann zu lesen. So habe ich es gemacht, bis ich das ganze Kapitel gelesen hatte. Ich ging nach unten. ›Samuel, ich kann die Bibel lesen.‹ ›Frau, du bist verrückt!‹ ›Lobe den Herrn im Himmel und auf Erden, ich kann die Heilige Schrift lesen!‹ Ich setzte mich und las. Und es war Johannes. So lobte Samuel den Herrn mit mir.«[43]

Sie befreite ihren Geist durch diesen Sieg über ihr Analphabetentum. Dann tat sie den nächsten Schritt, indem sie ihren Mann davon überzeugte, daß er nicht befugt wäre, sie zu berühren, da der heilige Geist in ihr wohnte. Sie lebten weiter zusammen, wahrscheinlich zölibatär. Während einer schweren Krankheit, möglicherweise einer Reihe von Herzanfällen, hatte Rebecca Jackson wiederholt das Gefühl, sie verließe ihren Körper und kommuniziere mit den Engeln. Diese immer nachdrücklicheren göttlichen Botschaften brachten sie dazu, sich 1833 auf Reisen zu begeben und zu predigen. Als sie nach Hause zurückkehrte, war ihr Mann wütend und drohte ihr mit Gewalt. »Hätte ich nicht von Anfang an die Gabe gehabt, das Kommende

vorauszusehen, so wäre ich das Opfer seiner Handgreiflichkeiten geworden... Ich konnte immer erkennen, was er tun wollte, bevor er es tat.« Als
er begriff, daß er sie nicht einschüchtern konnte, bereute er sein Verhalten
und sagte: »Rebecca, du kannst jetzt in deinem eigenen Haus schlafen, ich
werde dich nicht mehr bedrängen. Geh und tue, was Gott will, ich werde
dich nicht mehr belästigen.«[44]

Wie Dorothea von Montau und Margery Kempe befreite sich Rebecca
Jackson, von Visionen und Träumen gedrängt, von ihren sexuellen Verpflichtungen, um sich auf ihren religiösen Auftrag konzentrieren zu können. Aber bei ihr vollzog sich diese Selbstautorisierung unter den Lebensbedingungen einer schwarzen Frau. Sowohl die Tatsache, daß schwarze
Frauen schon lange Führungspositionen in den Glaubensgemeinschaften
übernehmen konnten, als auch das Bestehen der »Gebetsgruppen«, die es
seit dem Anfang des Jahrhunderts gab, trugen dazu bei, ihre Rolle im
Leben der Gemeinde zu stärken. Während der vielen Jahre ihrer Tätigkeit
als Wanderpredigerin fehlte ihr niemals die Zuhörerschaft, wenn sie auch
auf erheblichen Widerspruch stieß. Ihre Befürwortung des Zölibats wurde
von den männlichen Priestern als außerordentlich bedrohlich empfunden.

1837, als sie der Ketzerei angeklagt war, verlangte Jackson ein Verfahren
in ihrem eigenen Haus vor Vertretern der schwarzen Methodisten- und
Presbytergemeinden. Sie forderte außerdem, daß die »Mütter der Kirche«
anwesend sein sollten; doch das Verfahren wurde ihr verweigert, weshalb
sie mit der African Methodist Episcopal Church brach. In dieser Zeit traf
sie Rebecca Perot, eine schwarze Frau, die bis zu ihrem Lebensende ihre
Lebensgefährtin und ständige Begleiterin bei der Missionsarbeit war.[45]
Jackson und Perot lebten einige Zeit in einer Gruppe weißer Perfektioni-
sten in Albany, und 1843 schlossen sie sich nach zwei Besuchen bei der
Gemeinschaft der Shakers in Watervliet gemeinsam mit anderen den Shakers an.

Jackson sah viele Parallelen zwischen ihrer Theologie und der Lehre der
Shakers und übernahm sehr schnell eine Führungsrolle in der überwiegend
weißen Glaubensgemeinschaft, indem sie bei den Shakersversammlungen
und »draußen in der Welt« predigte. Nachdem sie zu den Shakers gezogen
war, zeigten Jacksons Visionen weibliche Heilige, und wo sie in früheren
Träumen von einer weißen männlichen Gestalt geführt worden war, sah sie
nun in einem Traum eine schöne schwarzhaarige Frau als ihre Lehrerin.[46]
Sie hatte außerdem eine Vision der Heiligen Mutter Weisheit und erläuterte
ihre feministische Neuorientierung so:

»Oh, wie ich Sie liebe, Mutter! Ich wußte nicht, daß ich eine Mutter habe. Sie war mit
mir, obwohl ich es nicht wußte, aber nun kenne ich Sie, und Sie sagte, ich solle in dieser

Stadt wirken, um die Mutter der Neuen Schöpfung Gottes bekannt zu machen... Und niemand kann zu Gott gelangen in der Wiedergeburt, es sei denn durch Christus den Vater und durch Christus die Mutter... Und dann konnte ich auch erkennen, wie oft ich in Zeiten der Anfechtung geführt, beschützt und beraten worden war durch eine liebevolle Mutter, und es doch nicht wußte.«[47]

Trotz der theologischen Übereinstimmung zwischen Jackson und den Shakers war sie tief enttäuscht über deren ungenügende Versuche, mehr Schwarze für sich zu gewinnen. Jackson sah sich vor allem als Missionarin der Afroamerikanerinnen, und nach einigen Konflikten mit den Ältesten (Elders) der Shakersgemeinschaft, die ihnen zunächst die Erlaubnis zu gehen verweigerten, gingen Jackson und Perot nach Philadelphia, um dort zu missionieren und eine überwiegend schwarze und weitgehend aus Frauen bestehende Gruppe von Shakers zu gründen, in der die beiden Frauen die Funktionen der Ältesten ausübten. Die Schwestern lebten gemeinsam in einem gutausgestatteten großen Haus, verdienten ihren Lebensunterhalt als Tagelöhnerinnen, als Näherinnen und Wäscherinnen. Die Gruppe bestand noch vierundvierzig Jahre über Jacksons Tod hinaus.[48]

Die Mystikerinnen des deutschen Pietismus im 17. Jahrhundert und die schwarzen Frauen der Frömmigkeitsbewegung im 19. Jahrhundert scheinen wenig gemeinsam gehabt zu haben, abgesehen davon, daß sie Frauen waren und ihr Streben auf religiöse Ziele richteten. Aber beide Gruppen standen am Rande der Gesellschaft als Frauen aus der Unterschicht, die ihren Lebensunterhalt selbst bestritten, und beide Gruppen bildeten kleine Religionsgemeinschaften, die einigen Freiraum schufen und Netzwerke gegenseitiger Unterstützung entstehen ließen. Die Gemeinsamkeiten ihrer Erfahrungen, ihrer Sprache, ihrer Visionen und ihrer selbstbestimmten Lebensweise sprechen trotz der großen kulturellen Unterschiede für die Existenz einer Frauenkultur, die durch Faktoren wie Rasse und Ethnie modifiziert ist.

Nun wollen wir in unsere Überlegungen noch einbeziehen, wie jüdische Frauen ihr religiöses Streben und ihre Teilnahme am Leben der Glaubensgemeinschaft aus einem historischen Zusammenhang heraus artikulierten, der ganz anders war als derjenige der Frauen, über die wir bisher berichtet haben. Seit dem Beginn des Judentums war die wichtigste religiöse Pflicht des Menschen – das Studium der Thora, der heiligen Bücher und der Gesetze des Judentums – ausschließlich den Männern vorbehalten. Wenn es auch aus den frühesten Jahrhunderten Beispiele von jüdischen Frauen gibt, die gelernt hatten, die Thora zu lesen und sogar zu interpretieren, so waren sie doch seltene Ausnahmen. In der Zeit der jüdischen Diaspora gibt es wieder einige wenige Beispiele von gebildeten Frauen, die wir bereits genannt haben; doch im großen und ganzen beherrschten nur sehr wenige Frauen des europäischen Judentums Hebräisch, die Sprache der religiösen Schriften. Die europäischen Jüdinnen, die lesen und schreiben konnten, schrieben in ihrer Mundart, dem Jiddischen. Frauen waren von den Schulen und Rabbinerseminaren ausgeschlossen. Die kleinste Einheit der Glaubensgemeinschaft, die *minyan*, (die Gemeinde, die anwesend sein muß, um einen Gottesdienst abzuhalten) war definiert als Gruppe von mindestens zehn Männern. In der Synagoge hatten die Frauen ihren Platz auf dem Balkon oder in abgetrennten Räumen, so daß sie am öffentlichen Gottesdienst nur aus der Entfernung teilnehmen konnten. Dennoch hatten die jüdischen Frauen ein intensives religiöses Leben, das für sie von großer spiritueller Bedeutung war.[49]

Die Religionshistorikerin und Volkskundlerin Chava Weissler, die sich mit der umfangreichen religiösen Literatur vertraut gemacht hat, die von und für Frauen geschrieben worden ist, hat Beweise für die Existenz einer religiösen Ausdrucksweise von Frauen in verschiedenen Formen vorgelegt. In Sammlungen von *tkhines* – Gebeten und Segenssprüchen, die gewöhnlich zu Hause von Frauen gesprochen wurden – aus dem 17. und 18. Jahrhundert fand sie insbesondere Beweise für Versuche, die Bedeutung der Frauen im religiösen Leben höher zu bewerten. Nach einem Gebot zur Beachtung durch die Frauen, »wie das *hallah* vorzunehmen ist«, das Teilen des Brotteigs in Portionen, vergleicht die Betende das Ausführen dieses Rituals mit der Zeremonie des Hohepriesters, die der Vergebung der Sünden dient. Die Frau betet: »Mögen also meine Sünden hiermit vergeben sein. Möge diese *mizvah* (gute Tat) des *hallah* (Zubereitung des Festtagsbrots) soviel gelten, als hätte ich das Zehntel gegeben.«[50] So sieht sie sich in einem Zusammenhang mit der alten biblischen Tradition des Zehnten und mit dem Hohepriester. In der »*tkhine* für das Anzünden der Kerzen« in der gleichen Sammlung betet die Frau, daß ihre »*mizvah* des Kerzenlichts angenommen sein möge wie die *mizvah* des Hohepriesters, der die Lichter im Tempel entzündet«[51].

In den häuslichen Segenssprüchen, die mit den Tätigkeiten der Frauen und Mütter in Zusammenhang standen, brachten jüdische Frauen ihr Verbundensein mit den alten religiösen Traditionen zum Ausdruck, die viele nur durch mündliche Überlieferung kannten. In einigen Gebeten, die während der häuslichen Zeremonie zur Vorbereitung der Kerzen für Jom Kippur zu sprechen sind, wenden sich die Frauen nicht nur an die Patriarchen, sondern auch an die Matriarchinnen Sarah, Rebecca und Rachel. Dabei gab es allerdings einen wichtigen Unterschied: Die Patriarchen werden eher formelhaft erwähnt als die passiven Empfänger von Gottes Hilfe, während die Matriarchinnen beschrieben werden als aktiv zur Rettung ihrer Kinder Handelnde und deshalb auch als Fürsprecherinnen und Vermittlerinnen angesprochen werden. Die Gebete bestätigten und feierten die Macht der Frauen als Mütter zur Rettung des Volkes Israel.[52]

Eine andere osteuropäische *tkhine* – wichtig, weil die Identität der Autorin bekannt ist –, »Die *Tkhine* der Matriarchinnen für den Neumond von Elul«, gibt an, daß sie von einer Serel geschrieben worden ist, der Frau eines Rabbiners von Dubno. Es ist ein Frauengebet, das während des Blasens des Widderhorns beim Neujahrsfest gesprochen wird; es bittet die Matriarchinnen, für die betende Frau bei Gott einzutreten. Jede der Matriarchinnen wird an das eigene Leiden für ihre Kinder erinnert, um sie zu bewegen, ähnliche Schmerzen von anderen Müttern abzuwenden. »Wir bitten alle unsere Mütter, unserer Fürbitterinnen zu sein, auf daß uns das Leben, der Frieden und das tägliche Brot gegeben werden.«[53]

Das interessanteste dieser *tkhines* wurde von einer Frau geschrieben, die wegen ihrer Kenntnis des Talmud berühmt war. Sarah Rebecca Rachel Leah Horowitz (bekannt als Leah Horowitz) wurde 1720 in Polen geboren und starb im Jahre 1800. Sie war die Tochter eines Rabbiners und die Frau des Rabbi Schabbetai. Den Anekdoten, die über sie erzählt wurden, ist zu entnehmen, daß sie die Schüler ihres Vaters beim Lernen und in der Interpretation des Talmud übertraf. Das von ihr verfaßte Gebet hat drei Teile: eine hebräische Einleitung, ein Gebet auf Aramäisch und eine jiddische Übersetzung dieses Gebets. Offensichtlich wollte Horowitz nicht nur von Frauen, sondern auch von hebräischen Gelehrten gelesen werden. In der Einleitung befaßt sie sich mit den Pflichten der Frauen gegenüber ihren Ehemännern und ist der traditionsgemäßen Auffassung, daß sie den Anordnungen ihrer Ehemänner folgen sollen. Das Gebet selbst beinhaltet auch einen Appell an die Matriarchinnen, doch als Vermittlerinnen tätig zu werden, und versichert, daß die Gebete und Tränen der Frauen, wenn sie im Sinne der Schekinah, des weiblichen Geistes der Weisheit, gesprochen und vergossen werden, eine große erlösende Kraft haben. Die wiederholte Bezugnahme auf die Schekinah leitet sich her von der kabbalistischen Literatur und zeigt, daß Horowitz mit der jüdischen Mystik vertraut war. Ihre Botschaft an die Frauen besteht im wesentlichen darin, daß sie die Macht, die ihnen mit ihrer traditionellen Rolle gegeben ist, voll ausnutzen sollen, daß aber ihre spirituelle Kraft größer ist, als sie denken.[54]

Jüdische Mystik, die wie die christliche Mystik vom gnostischen Denken des 1. und 2. Jahrhunderts beeinflußt war, blühte im mittelalterlichen Deutschland, Frankreich und Spanien. Auf dem Höhepunkt der spanischen Kabbala (Kabbala ist der jüdische Begriff für Mystik, wörtlich »Tradition«) wurde im 13. Jahrhundert ihr klassisches Werk, der *Sefer Ha-Sohar* (Buch des Glanzes), geschrieben. Alle späteren Lehren der jüdischen Mystik stützen sich auf dieses Buch. Zu einer Renaissance der jüdischen Mystik kam es im 16. Jahrhundert um die Gestalt des Isaac Luria. Ein Jahrhundert später bezogen europäische Juden, vor allem in Polen, die lurianische Kabbala in die chassidische Bewegung ein.

Die Kabbala stellte die Wunder, von denen das Alte Testament berichtet, in den Vordergrund. Wie andere Ausprägungen der Mystik betonte sie das intuitive Wissen um das Göttliche. Sie behauptete die Existenz einer uranfänglichen, verborgenen, unfaßlichen Gottheit, *En Sof*, aus der zehn göttliche Potenzen (Sphären der göttlichen Manifestation) oder *Sefirot* hervorgingen, deren eine Schekinah war, die weibliche Form des Göttlichen. Die Sünde des Menschen, besonders die Sünde Adams und Evas, verursachte eine Trennung der männlichen und der weiblichen Aspekte der göttlichen Ausströmungen. Diese war nur zu überwinden, wenn die getrennten Aspekte durch mystische Gebete und Praktiken wieder miteinander vereint wurden. So schien eine der theoretischen Grundlagen der Kabbala einen Zugang zu einer mehr weiblich orientierten Theologie zu öffnen, durch die die Rolle und die Mitwirkung der Frauen einen erhöhten Stellenwert hätten erhalten können.[55]

Der Chassidismus des 18. Jahrhunderts war inspiriert von Israel Baal-Schem-Tob, einem heiligen Mann ohne Talmudstudium. Er wandte sich an die Frauen, an die Armen und Ungebildeten und ermutigte sie, besonders in der frühen Phase dieser Bewegung, ihrer Religiosität Ausdruck zu verleihen. Doch die Struktur der Bewegung war patriarchal. Seine Anhänger bildeten um jeweils einen *Zaddik* (Gerechten) Gemeinschaften, die ausschließlich aus Männern bestanden, in denen sie nach einer gemeinsamen Mahlzeit mit Liedern und Tänzen feierten und Gott huldigten.

Über die Benachteiligung von Frauen in diesen Bewegungen sind sich die Fachleute nicht einig. Der Religionshistoriker Gershom Scholem, der sich mit dieser Bewegung befaßte, schrieb: »Die lange Geschichte der jüdischen Mystik zeigt keine Spur von weiblichem Einfluß. Es gab keine Frauen unter den Kabbalisten.« Er erklärte diese »exklusive Männlichkeit« des Kabbalismus mit der starken Betonung »der dämonischen Natur der Frau und der weiblichen Elemente des Kosmos«. Das Dämonische ist nach Ansicht der Kabbalisten mit der weiblichen Sphäre verknüpft, und deshalb wurden Beiträge von Frauen sowohl zur Theorie als auch zur Praxis der Bewegung abgewehrt.[56]

Andererseits gibt es Belege dafür, daß bestimmte Frauen, gewöhnlich Töchter oder Frauen von chassidischen Rabbinern, anerkannte Gelehrte aus eigenem Recht waren und männliche Schüler um sich versammelten. Ein früheres Beispiel einer Frau, die in einer Sekte eine führende Rolle übernahm, war Eva Frank, Tochter von Jakob Frank, dem Gründer des Messianismus in Polen. 1771 leitete sie die Sekte gemeinsam mit ihrem Vater, und nach seinem Tode übernahm sie die Leitung bis zu ihrem Tode, nach dem die Gemeinschaft sich auflöste.[57]

Es gab eine Reihe von chassidischen Frauen, die wegen ihrer Bildung gefeiert wurden. Eine war Hannah Havah Twersky, Tochter eines Rabbiners, der glaubte, sie sei »von Mutterleib und Geburt an mit dem Heiligen Geist versehen«. Ihre Aphorismen und Fabeln waren in ganz Polen berühmt. Sie beriet Frauen in religiösen Fragen und drängte sie, sich um ihre Bildung zu bemühen.[58] Eine Historikerin nennt wenigstens zehn hochgebildete chassidische Frauen, alle mit bekannten Rabbinern verwandt, die Kenntnisse der heiligen Schriften vermittelten und diese kommentierten und die wahrscheinlich eine Gefolgschaft hatten, die sich nur ihretwegen um sie scharte.[59]

Die berühmteste von ihnen ist Hannah Rachel Werbemacher (ca. 1815–1892), bekannt als »Die Maid von Ludomir«. Sie wurde im Hause ihres wohlhabenden Vaters unterrichtet und erhielt eine gründliche religiöse Bildung. In jungen Jahren wurde sie einem Mann versprochen, den sie liebte; doch nach ihrer Hochzeit, vor der ihre Mutter gestorben war, zog sie sich sehr stark zurück. Sie hatte Visionen am Grab der Mutter und wurde sehr krank. Nach ihrer Gesundung erklärte sie, nach einem Muster, das wir von den christlichen Mystikerinnen schon kennen, sie habe im Himmel eine neue Seele erhalten. Sie trug daraufhin *Tsitzit* und *Tallit*, legte *Tephillin* an (Kultgegenstände, deren Verwendung den Männern vorbehalten war) und verbrachte ihre Zeit mit dem Thorastudium und Gebeten. Ihr Ehevertrag wurde gelöst. Nach dem Tod des Vaters baute sich Hannah Rachel in der Nähe ihres Hauses ein Seminarhaus, wo sie an jedem Sabbat Vorlesungen hielt und mit den Gelehrten diskutierte, die zu ihr zum Essen kamen. Sie sprach durch eine geöffnete Tür von einem anderen Raum, so daß sie nicht gesehen werden konnte, wie es die Sitten verlangten. Sie hatte eine große Anhängerschaft, und es bildete sich um sie herum eine besondere Gruppe von Chassidim, die sie als ihre Führerin behandelte. Im Alter von vierzig Jahren heiratete sie einen Talmudgelehrten, aber die Ehe wurde schon bald geschieden. Nach ihrer Heirat ließ ihr Einfluß nach, und sie wanderte nach Palästina aus, wo sie wieder zur spirituellen Führerin einer Anhängerschar wurde.[60] Wie groß der Einfluß und der Ruf der »Maid von Ludomir« wirklich war, läßt sich aus dem verfügbaren Quellenmaterial nur schwer feststellen. Aber die Ähnlichkeit ihrer Lebensgeschichte mit der von einigen der christlichen Mystikerinnen ist deutlich und bemerkenswert.

Das Streben der Frauen nach dem Göttlichen und damit das Streben der Frauen nach ihrer vollen Anerkennung als Menschen, ungeachtet aller Unterschiede der Klassenzugehörigkeit, Rasse und Religion der Frauen, ging weiter und manifestierte sich an den unerwartetsten und schlichtesten Orten.

Am 5. Januar 1839 schrieb eine 36 Jahre alte ledige Frau, die im damaligen Grenzland Ohios lebte, ihre religiösen Ideen in ihr Tagebuch. Sie lebte auf einer isoliert liegenden Farm mit ihrer alten Mutter allein. Wölfe heulten in der Nähe des Hauses, ein Knecht, der gelegentlich kam, um den Frauen auszuhelfen, setzte sie mit seiner sexuellen Zudringlichkeit unter Druck. Marian Louise Moore war mit Literatur nicht vertraut, einmal abgesehen von den sentimentalen Geschichten der Lydia Sigourney und den orthodoxen religiösen Schriften der Hannah More. Aber sie entwarf eine eigene feministische Argumentation, nach Worten und Beispielen suchend wie so viele Frauen in den Jahrhunderten vor ihr. »Ich denke, hätte ich mich an Mütter zu wenden... so würde ich ausrufen: Ihr seid verantwortlich... oh Mütter.« Dann verwies sie auf die bekannten Heldinnen der Bibel und überlegte, daß es die Aufgabe der Frauen sei, »wie ein Engel dem Manne hier den Weg zu weisen, ihm zu helfen und ihn zu einem besseren Paradies zu begleiten...«. Diese recht traditionelle Ansicht ist in der Einleitung zu ihrem Tagebuch drei Jahre später deutlich verändert:

»Jetzt, mein Heiland, fordere ich, daß die Frau vor Gott für wert gehalten werde, auf einer Ebene gleichen Rechtes zu stehen, als die erste wichtige Tat in diesen Vereinigten Staaten von Amerika... Herr, laß meinen Glauben wachsen. Ich wünsche, daß sie erhöht werde, nicht damit sie Schlechtes, sondern damit sie Gutes tue... Ich bete zu Gott, daß es so sein möge. Auch wenn keine andere Frau in Amerika sich dafür einsetzt, will ich es tun... O mein Heiland, wenn ich die Erfüllung der gerade geäußerten Wünsche erleben sollte, so werde ich Dich preisen.«[61]

Marian Moore wußte nicht, daß es 1842 eine andere Frau in Amerika gab, die sich für die Frauenrechte einsetzte, aber sie stritt mit Gott in dieser Angelegenheit und sah sich selbst als Teil eines noch nicht gebildeten Kollektivs von Frauen, die »eine Ebene gleichen Rechtes« für notwendig hielten.

Die Vorstellung des göttlichen Weibes, der Großen Göttin, der Urmutter, der Göttin über Leben und Tod inspirierte Frauen noch zweitausend Jahre, nachdem sie entstanden war. Trotz aller geschlechtsbezogenen Indoktrination und des intensiven Zwangs, sich unterzuordnen, schrieben

Frauen, vom Verstand oder von Obsessionen getrieben, sich selbst in die Heilsgeschichte hinein. Sie konnten zu Gott sprechen, sie konnten das Göttliche repräsentieren, konnten den wiederkehrenden Erlöser gebären, das weibliche Element im Göttlichen festigen und durch ekstatische Vision, verzückte Inspiration, einfachen Glauben oder andere Methoden, die ihnen zu Gebote standen, das Recht für sich in Anspruch nehmen, das Göttliche zu definieren und damit auch ihr eigenes Menschsein neu zu bekräftigen.

Kapitel 6

Autorisierung durch Mutterschaft

Neben den Mystikerinnen und den von einem religiösen Impuls motivierten Frauen gab es immer andere schreibende Frauen, die nach einer anderen Quelle weiblicher Autorität suchten. Sie fanden diese in dem fundamentalsten Erlebnis, das Frauen am ehesten miteinander teilen: der Mutterschaft. Die Verpflichtung zur Versorgung und Erziehung der heranwachsenden Kinder gab ihnen als Mütter die Autorität, ihre Vorstellungen über eine Vielzahl von Themen zu äußern. Mit dieser Autorität ausgestattet konnten sie Ratschläge geben, moralische Unterweisung und sogar theologische Interpretationen anbieten. In der modernen Zeit würden Frauen sich auf Vernunft und Logik stützen, um ihren Anspruch auf Gleichheit unter Berufung auf Mutterschaft und später sogar ein Gruppenbewußtsein zu begründen.

Der Begriff »Mutterschaft« hat viele Bedeutungen. Er bezeichnet etwas äußerst Vielschichtiges und schwer Einzugrenzendes und ist in das Zentrum der feministischen Wissenschaft gerückt. Da gibt es den physiologischen Aspekt der Mutterschaft, die Fähigkeit zu gebären, und die praktische Aufgabe des Ernährens und Erziehens. Beides ist in der Geschichte nicht immer miteinander verknüpft gewesen, etwa im Fall der Frauen, die im Mittelalter ihre Kinder verließen, um sich religiösen Aufgaben und Pflichten zu widmen, oder im 17. Jahrhundert bei den Frauen, die ihre Kinder Ammen übergaben.[1] Dann gibt es »Mutterschaft als Institution« oder »das gesellschaftliche Konstrukt der Mutterschaft«. Dies bezieht die rechtlichen, wirtschaftlichen und institutionellen Mittel ein, durch die eine Gesellschaft die Rolle, die Pflichten und Rechte von Müttern definiert. Die »Institution der Mutterschaft« verändert sich mit der Zeit und unterscheidet sich von Ort zu Ort oder je nach der rassischen und ethnischen Zugehörigkeit einer Frau.[2] Schließlich gibt es eine Ideologie der Mutterschaft, ihre symbolische Bedeutung, wie sie in bestimmten Zeiten und unter verschiedenen Voraussetzungen definiert wird. Mir geht es in diesem Kapitel vor allem um die letztgenannte Form der Definition von »Mutterschaft«, ihre symbolische und ideologische Bedeutung *in den Augen von Frauen*. Ich halte es für bemerkenswert, daß manche Frauen viele Jahrhunderte lang ihre Identität vor allem in der Mutterschaft finden und ihre Gruppenidentität zunächst als Mütter bestimmen, lange bevor sie anfangen zu verstehen, daß sie sich auch als »Schwestern« begreifen können.

Die ersten uns bekannten schreibenden Frauen in Europa, Frau Ava und Dhuoda, begründeten ihren Anspruch auf Selbstdarstellung mit ihrem Status als Mutter. Dhuoda, geboren 803 in eine adlige Familie des fränkischen Königreichs, heiratete Bernhard von Septimanien, einen Verwandten der karolingischen Könige. Ihr Mann entzog ihr die beiden Söhne und schickte den älteren als Geisel an einen weit entfernten Hof – eine damals übliche Praxis zur Friedens- und Bündnissicherung –, während der jüngere unter seiner Aufsicht und ohne Einwirkung der Mutter erzogen werden sollte. Daß er von seiner Frau getrennt lebte, kann an der Beziehung zu einer anderen Frau gelegen haben.[3] Es ist erstaunlich, daß Dhuoda sich nicht beschwerte oder dieses Verhalten als Ehebruch betrachtete. In erzwungener Trennung von ihren Kindern und von ihrem Gatten verlassen, schrieb Dhuoda ein Handbuch des guten Benehmens für ihren älteren Sohn. Als Rechtfertigung dafür, daß sie überhaupt etwas niederschrieb, verwies sie darauf, daß sie eine ihrer Kinder beraubte Mutter sei.

»Im Bewußtsein, daß die meisten Frauen in dieser Welt die Freude haben, mit ihren Kindern zusammenzuleben, und in Anbetracht dessen, daß ich, Dhuoda, von Dir, mein Sohn Wilhelm, ferngehalten werde und weit entfernt bin – als eine, die deshalb Schmerz empfindet und sich danach sehnt, Dir von Nutzen zu sein –, schicke ich Dir diese kleine Schrift von mir... Ich wäre glücklich, wenn die Gegenwart dieses kleinen Buches, da ich nicht leiblich anwesend bin, verständlich machen könnte, wenn Du es liest, was Du in meinem Sinne tun solltest. ... Ich, Dhuoda, obwohl dem Geschlecht nach schwach, unwürdig lebend unter würdigen Frauen, bin dennoch Deine Mutter, mein Sohn Wilhelm.«[4]

Und sich an Gott wendend, betonte sie noch einmal die Einzigartigkeit ihrer Beziehung als Mutter zu ihrem Sohn: »Er wird niemanden wie mich haben, um ihm dies zu sagen / Ich, obwohl unwürdig, bin auch seine Mutter.«[5] Sie fuhr dann fort, einen Erziehungsplan für ihren Sohn zu entwerfen, drängte ihn, sich zu bilden, fromm zu sein, die Ehrenhaftigkeit und Fähigkeiten eines Ritters zu entwickeln und in Demut zu leben. Sie forderte ihn auf, seinen Vater zu ehren und ihm zu gehorchen, und gab ihrer Hoffnung Ausdruck, daß es niemals Zwistigkeiten zwischen Vater und

Sohn geben möge. Schließlich stellte sie fest, daß sie sich, »um Bernhard, meinen Herrn, der ranghöher ist als ich, zu unterstützen«, mit hohen Schulden belastet habe, und bat ihren Sohn, die nach ihrem Tode eventuell noch ungetilgten Schulden aus ihrem und seinem Vermögen zurückzuzahlen.

Ihre bewegende Hinwendung zu ihrem Sohn ist beeindruckend durch das widerspruchslose Hinnehmen des bitteren Schicksals, das ihr von ihrem Gatten auferlegt worden war, und doch trieb ihre Hilflosigkeit und der persönliche Verlust sie zu einem Akt der Selbstbestätigung, den es in den Werken von schreibenden Frauen erst im 12. Jahrhundert wieder geben wird – zu schreiben aufgrund ihrer Autorität als Mutter und als Frau.

Die erste bekannte Dichterin in deutscher Sprache war eine gewisse Frau Ava, die als eine Nonne namens Ava im Kloster Melk identifiziert worden ist. Diese Nonne starb 1127 und hatte vor ihrem Leben als Klausnerin ein weltliches Leben geführt. Sie war die Autorin von vier langen religiösen Gedichten in althochdeutscher Sprache, dessen eines das Jüngste Gericht zum Thema hat. Am Ende dieses Gedichtes gibt es den einzigen autobiographischen Hinweis in ihrem Werk, in dem sie sich selbst als Frau Ava, Mutter zweier Söhne, bezeichnet. Sie schrieb:

> »Dizze buoch dihtote zweier chinde muoter.
> diu sageten ir disen sin, michel mandunge was under in.
> der muoter waren diu chint liep, der eine von der werlt sciet.
> nu bitte ich iuch gemeine, michel unde chleine,
> swer dize buoch lese, daz er siner sele gnaden wunskende wese.
> umbe den einen, der noch lebet unde er in den arbeiten strebet,
> dem wunsket gnaden und der muoter, daz ist AVA.«

(Diese Bücher dichtete eine Mutter zweier Kinder. Sie vermittelten ihr das Verständnis für den Gegenstand. Sie verband große Freude. Die Mutter liebte ihre Kinder. Der eine schied aus dieser Welt. Nun bitte ich Euch alle zusammen, groß und klein, jeden Leser dieser Bücher, daß er Gnade für seine [d. h. des verstorbenen Sohnes] Seele erbitten möge. Und was den angeht, der noch lebt und sich abmüht, so wünscht ihm Gnade und auch seiner Mutter AVA.)[6]

Die biographische Information, die sich aus diesem Text ergibt, ist gering, aber daß sie sich vor allem charakterisierte als Mutter zweier Kinder, die dieses Buch schrieb, ist bezeichnend. Sie macht zwei persönliche Angaben: Einer der Söhne starb früh, der andere bemüht sich, gute Arbeit zu leisten. Und sie fordert den Leser auf, für die Erlösung des verstorbenen und für den Erfolg des lebenden Sohnes zu beten und auch für sie selbst, von der nur gesagt wird, daß sie seine Mutter sei. Die letzten Zeilen vermitteln den Eindruck, daß das ganze Werk dazu dienen soll, ihren Söhnen ein höheres

Maß an Segnungen zu sichern und damit auch sich selbst. Da sie zur Zeit der Niederschrift sehr wahrscheinlich als Klausnerin lebte, spricht dies sehr deutlich für eine Autorisierung durch Mutterschaft.

Die nächste schreibende Frau, die sich zumindest teilweise durch ihre Mutterschaft zum Schreiben motiviert sah, lebte 300 Jahre später. Die Französin Christine de Pizan wurde nicht nur durch ihre Liebe zum Lernen zum Schreiben angetrieben, sondern auch aufgrund blanker Notwendigkeit. Obwohl sie eine sehr viel komplexere Argumentation für die Frauenemanzipation vortrug als irgendeine vor ihr, sah auch sie sich aufgrund ihrer Mutterschaft und wegen ihres Verständnisses des Frauenschicksals zum Schreiben autorisiert.[7] Wie Dhuoda hinterließ sie ein Handbuch des guten Benehmens für ihren Sohn. Doch anders als Dhuoda, die ihren Sohn vor allem anwies, seinen Vater zu ehren, verlangte Christine von ihrem Sohn: »Du sollst Frauen nicht herabsetzen und schlecht von ihnen sprechen, sondern ihnen Respekt entgegenbringen.«[8]

Erst im 15. Jahrhundert finden wir eine größere Zahl von weltlichen Autorinnen, gut ausgebildeten Frauen und Dichterinnen. Diese gebildeten Frauen schrieben eine Reihe von Werken, die ihre Zeitgenossen lasen und für wichtig hielten, und begannen zugleich, sich auch für die Belange ihres Geschlechts einzusetzen. Die meisten von ihnen beschränkten sich auf eine Argumentation zugunsten der Verbesserung von Bildungschancen für Frauen, die darauf hinwies, daß einerseits die Frauen selbst vom Bildungsangebot profitieren könnten und es andererseits für die Gesellschaft von Vorteil wäre, wenn man den Frauen diese Chance gäbe. Sie schufen auch die Grundlagen für eine lange Tradition feministischer Bibelkritik durch eine neue Interpretation derjenigen Bibeltexte, die gemeinhin dazu benutzt wurden, die Unterordnung der Frauen zu rechtfertigen. Alle diese Frauen akzeptierten den als »natürlich« empfundenen Unterschied der Geschlechter, was zugleich bedeutete, daß es als die wichtigste und angemessenste Aufgabe der Frau galt, Ehefrau und Mutter zu sein.

Ich gehe davon aus, daß alle menschlichen Wesen Ideen entwickeln, die sich zumindest teilweise auf konkrete Erfahrungen stützen. Frauen neigten wegen ihrer Benachteiligung im Bildungswesen und des Fehlens einer bewußt zu deutenden und in das Selbstbewußtsein einzubeziehenden Geschichte mehr als Männer dazu, sich auf ihre eigenen Erfahrungen zu beziehen, wenn sie ihre Ideen entwickelten. Frausein und Muttersein waren die Erfahrungen, die die meisten Frauen mit anderen Frauen gemeinsam hatten. Aber Frausein unter den Bedingungen des Patriarchats bedeutete, in ein Konkurrenzverhältnis zu anderen Frauen zu geraten, um einen Mann zu finden und an sich zu binden, der Schutz und Unterhalt gewährleisten konnte, und diese Beziehung auch nach der Eheschließung zu erhalten. Bis in die Mitte des 19. Jahrhunderts wurde den Frauen ihr Platz in der Gesellschaft entsprechend ihrer jeweiligen Abhängigkeit von anderen zugewiesen: als zunächst vom Vater, dann vom Ehemann Abhängige.

Die Bestimmungen des Erbrechts waren sehr verschieden und veränderten sich über die Jahrhunderte deutlich, doch immer waren die Eigentümerinnen von Vermögen auf ihre Mitgift oder Erbschaft, die nach dem Ermessen der Väter festgesetzt wurden, angewiesen, um heiraten oder auch ein der Religion geweihtes Leben führen zu können. Wenn sie verheiratet waren, konnten adlige Frauen ihren oft beträchtlichen Einfluß und Reichtum in der Regel nur erhalten, wenn sie in der Lage waren, männliche Nachkommen zu gebären. Konnten sie nicht für einen männlichen Stammhalter und Erben sorgen, liefen sie Gefahr, alle ihre Privilegien an eine andere Frau zu verlieren. Manche der erbitterten Machtkämpfe zwischen Frauen des Adels während des Feudalismus waren Kämpfe um das Erbe und die Nachfolgerechte von unehelichen gegenüber ehelichen Söhnen. Wenn wir berücksichtigen, daß noch im 11. Jahrhundert Männer des europäischen Adels das Konkubinat praktizierten, so hatte die Konkurrenz der Frauen eine reale Grundlage; die adligen Frauen wurden tendenziell gegeneinander ausgespielt, was sie zugleich vereinzelte. Nicht nur das Konkubinat, auch der Ehebruch der Männer mit Frauen aus den niederen Schichten des Volkes stellte eine Bedrohung der wirtschaftlichen Absicherung der Ehefrauen dar.

Der Zugang der Bauersfrauen zu ökonomischen Ressourcen und vor allem zu Grund und Boden war nur über einen Mann möglich, den Vater, Ehemann, Sohn oder Feudalherrn. Dennoch wurden die Bäuerinnen als Helferinnen ihrer Männer geachtet und trugen einen entscheidenden Anteil zur Hauswirtschaft und Volkswirtschaft bei. Im frühen Mittelalter galten Frauen in ländlichen Gemeinden wegen ihrer Arbeitskraft mehr als Männer, was sich daran erkennen läßt, daß in manchen Dörfern die Töchter nach ihrer Hochzeit noch einige Zeit auf dem Hof des Vaters blieben.[9] Bauernfamilien mußten als ein Team arbeiten, in dem jedes Mitglied des Haushalts für den eigenen Lebensunterhalt und im Dienst des Grundherrn schuftete. Die Institution der Leibeigenschaft beruhte auf einer Reihe von gegenseitigen Verpflichtungen zwischen dem Leibeigenen und seiner Familie einerseits und dem Gutsherrn andererseits.[10] Männliche und weibliche Leibeigene schuldeten einen Teil ihrer Wochenarbeitszeit dem Gutsherrn. Der Schutz, der den Familien der Leibeigenen über die ökonomischen Verpflichtungen hinaus zuteil wurde, bedeutete immer zugleich die Pflicht des Leibeigenen, dem Herrn auch für militärische Zwecke zu Diensten zu sein.

Der Gutsherr hatte die Macht, die Eheschließung eines Leibeigenen zu erlauben oder zu untersagen. In der Regel mischten sich die Herren bei den Leibeigenen und Bauern nicht in die Wahl der Ehefrauen ein, solange der Bauer das Land des Herrn nicht verließ. In vielen Gegenden und viele Jahrhunderte lang stand dem Herrn das Recht der ersten Nacht mit der Braut eines Leibeigenen zu.[11] Davon abgesehen läßt sich sagen, daß die Frauen der Landbevölkerung bei der Auswahl der Ehemänner freier waren als die Frauen des Adels.[12]

Demographen haben festgestellt, daß in allen Populationen eine Gruppe von bis zu einem Drittel aller Frauen allein lebte, d. h. noch nicht verheiratet, nie verheiratet oder verwitwet war. Doch bis ins 19. Jahrhundert war die Entscheidung, nicht zu heiraten, lediglich Ausdruck der Bevorzugung einer Form von Abhängigkeit gegenüber einer anderen. Unverheiratete Frauen konnten sich für das Zölibat und ein religiöses Leben entscheiden, was bedeutete, daß sie von ihren unmittelbaren Oberinnen und dem männlichen Klerus abhängig waren; oder sie wählten ein zölibatäres Leben und die Abhängigkeit von männlichen Mitgliedern ihrer Herkunftsfamilie; sie konnten sich auch als Hilfskraft oder Gouvernante in fremden Diensten durchschlagen, wo die Abhängigkeit total und erniedrigend war. Eine alleinstehende Frau konnte auch die Prostitution wählen, was aber kaum als ein unabhängiges Leben gelten konnte, denn sie war abhängig von dem »Schutz« und den Auflagen der jeweiligen Vertreter der Obrigkeit. Ein kleiner Prozentsatz der Frauen führte ein wirtschaftlich unabhängiges Leben am Rande der Gesellschaft (im Mittelalter ganz wörtlich in den Randbezirken der Städte) als Hausiererin, Landstreicherin, Bettlerin oder Diebin. Außerdem gab es in dem uns hier interessierenden Zeitraum immer eine geringe Zahl von Frauen, die mit Weben und Spinnen oder als Bierbrauerinnen, Wirtinnen und Landarbeiterinnen ihren Lebensunterhalt verdienten. Es gab auch wohlhabende Witwen, die ein unabhängiges Leben zu führen in der Lage waren, allerdings nur infolge der früheren Abhängigkeit von einem Mann über ein Vermögen verfügen konnten. Für die allermeisten Frauen waren Ehe und Mutterschaft Schicksal und einziges Mittel, sich den Zugang zu Ressourcen und den Schutz vor wirtschaftlichem Elend zu sichern. Daran lag es, daß die Frauen nur sehr schwer die Vorstellung »schwesterlicher Bindungen« oder ein Bewußtsein gemeinsamer Interessen jenseits ihres sozialen Status als Ehefrauen entwickeln konnten.

Aber Mutterschaft war anders, sowohl als tatsächliches Erlebnis wie auch als einheitstiftender Begriff. Frauen teilten die Lebenserfahrung von Mutterschaft: häufige Schwangerschaften, Fehlgeburten, Geburten, Kindstod und geburtsbedingte Krankheiten. Selbst die, die nicht empfängnisfähig waren, entkamen diesem Zyklus weiblicher Drangsal nicht; auch sie waren der Menstruation, Zeugungsversuchen und der immerwährenden Gefahr der Vergewaltigung ausgesetzt.[13] Frauen aus dem Bauernstand, die als Leibeigene oder Haushaltshilfen in den Schlössern und Burgen der Grundherren dienten, mußten ständig und unausweichlich mit sexuellen Übergriffen ihrer Dienstherren rechnen.

Was Mutterschaft für eine Frau bedeutete, war aber auch abhängig von Klassenunterschieden. Da bis zur Mitte des 18. Jahrhunderts 90 Prozent der Frauen in Europa und den Vereinigten Staaten von Amerika auf dem Lande lebten, sollten wir uns zunächst mit den Lebensbedingungen der Landfrauen befassen. Das Leben der Bauersfrauen folgte im Zeitalter des Christentums trotz der ungeheuren gesellschaftlichen und technischen Ver-änderungen in den verschiedenen Staaten und Nationen einem bemerkens-wert übereinstimmenden und gleichbleibenden Ablauf. Landfrauen ließen sich Generation auf Generation die Doppelbelastung von Arbeit und Fort-pflanzung aufbürden, übernahmen die Verantwortung für die Erhaltung der Familie durch Nachkommenschaft und leisteten zugleich jede Art von anfallenden Arbeiten.[14] Demographen nehmen an, daß im frühen Mittelal-ter die Lebenserwartung der Frauen niedriger war als die der Männer, daß sich dies aber im 11. Jahrhundert nach Veränderungen in der Landwirt-schaft, die dann eine bessere Ernährungsgrundlage lieferte, schnell und wirkungsvoll änderte. Eine Erhebung im Stadtstaat Florenz im Jahre 1427 zeigt ein Durchschnittsalter der Männer von 28 Jahren gegenüber einem solchen der Frauen von 28,51 Jahren.[15]

Die Bevölkerungswissenschaftler gehen im allgemeinen davon aus, daß Frauen in den zwanzig Jahren ihres gebärfähigen Alters etwa fünf bis sieben Schwangerschaften erlebten; bei der eben angegebenen Lebenserwartung erscheint die Zahl von vier bis sechs Schwangerschaften wahrscheinlicher zu sein. Bei der vor dem 20. Jahrhundert gegebenen hohen Rate von Fehl-und Totgeburten hieß dies, daß die meisten Frauen im Erwachsenenalter fast immer entweder schwanger waren oder Säuglinge stillten, während sie zugleich ohne Unterbrechung im Haushalt und auf dem Feld arbeiteten. Die Kindersterblichkeit war hoch; die Frauen auf den Bauernhöfen muß-ten damit rechnen, daß die Hälfte ihrer Kinder starb, bevor diese 20 Jahre alt waren. In England starben bis zum 18. Jahrhundert 25 Prozent der Kin-der in ihrem ersten Lebensjahr.[16]

Hätte ein durchschnittliches Bauernpaar aus sechs Geburten drei Nach-kommen behalten, so hätte die Landbevölkerung in Europa wachsen müs-sen. Das tat sie jedoch nicht. Nur nach Katastrophen wie der Beulenpest des 14. Jahrhunderts und dem Dreißigjährigen Krieg im 17. Jahrhundert wuchs die Landbevölkerung. Daraus ergibt sich, daß die Bauernschaft, die auf dem Niveau des Existenzminimums überleben mußte, in der Zeit von 800 bis 1900 für Geburtenkontrolle sorgte. Dazu diente das Heraufsetzen des Heiratsalters, das Praktizieren verschiedener Arten von Empfängnisverhütung und in schlechten Zeiten die Kindestötung, meist die Tötung neugeborener Mädchen.[17] Wenn auch nicht festzustellen ist, ob solche bevölkerungspolitischen Entscheidungen von den Frauen oder von Frauen und Männern gemeinsam getroffen worden sind, kann man ganz allgemein sagen, daß für die Bauersfrauen Mutterschaft ein selbstverständlicher Teil ihres Lebens war und daß es als Makel galt, wenn eine Frau nicht Mutter wurde, – daß aber gleichwohl Maßnahmen ergriffen wurden, um die Zahl der Geburten einer Frau zu regulieren.[18]

Frauen von Adel wurde Mutterschaft oft aufgezwungen – von den Männern, von denen sie abhängig waren, oder von der klassenspezifischen gesellschaftlichen Verpflichtung, Söhne und Erben zu gebären, um nicht ihren Platz als Ehefrauen an andere Frauen zu verlieren. Für Frauen aller Klassen und Schichten war das Aufziehen eines Sohnes bis ins Erwachsenenalter ein Mittel zur Sicherung des eigenen Lebensunterhalts im Alter.

Mutterschaft als auferlegtes Schicksal und als gelebte Erfahrung war etwas, was Frauen miteinander teilen konnten. Die Rituale der Mutterschaft brachten Frauen in Beziehung zueinander und wurden bestimmt von weiblichen Systemen der Hilfeleistung, ob nun zwischen Verwandten oder Nachbarn. Geburten, der Tod eines Kindes, Krankheiten und Mißbrauch durch den Gatten wurden erfahren als Schicksal von Frauen unter Frauen. Mutterschaft war deshalb auch die einzige Grundlage, auf der »Schwesternschaft« vorgestellt und als Begriff erfaßt werden konnte. Es überrascht deshalb nicht, daß fast 350 Jahre lang das Hauptargument, das Frauen im Sinne der Gleichheit vorbrachten, sich auf die Mutterschaft stützte.

Es gab jedoch einen anderen, wichtigeren Aspekt der potentiell vereinheitlichenden Wirkung von Mutterschaft. Frauen erschufen aus ihren Körpern neues Leben und erhielten es durch Nähren und mütterliche Fürsorge, und zwar in Kontakt mit anderen Frauen, unterstützt von spezifisch weiblichen Gebeten und Ritualen. Diese Erfahrung, die Frauen als große Stärkung empfanden, ließ eine Bindung zwischen den Frauen entstehen und stellte außerdem eine Verbindung zur Metaphysik der antiken Anbetung und Verehrung einer Muttergottheit her, in der die Fähigkeit, Leben zu erzeugen und zu gebären, der Erfahrung nach und metaphorisch eins wurde. Obwohl die christliche Religion nur die fortpflanzungsrelevante und nicht die kreative Kraft der Frauen anerkannte und respektierte, können wir feststellen, daß Bilder und Vorstellungen von der Muttergottheit in

Folklore, Mythen, Volksglauben noch in den ersten Jahrhunderten des Christentums erhalten blieben, was für die anhaltende und große Bedeutung der Mutterschaft spricht.

In den frühesten Jahrhunderten des Christentums war die Verehrung der Erntegöttinnen Ceres und Demeter im Mittelmeerraum weit verbreitet. In Europa gab es noch Jahrhunderte nach der Christianisierung heidnische Bräuche wie das Feiern von Festen in der Nähe von bestimmten Steinen und Quellen, die früher mit Göttinnen identifiziert wurden. Entsprechend dem Synkretismus des Christentums wurden viele dieser Rituale in offiziell sanktionierte Kirchenfeste und -zeremonien einbezogen. Zahlreiche Altäre und Kirchen, die Maria geweiht waren, standen da, wo früher Göttinnen verehrt worden waren. Kräuter – Rainfarn, Labkraut und Thymian –, die früher der germanischen Göttin Freya dargebracht wurden, hießen im Mittelalter »Marias Kräutlein« und wurden bei der Gestaltung des Festes zu Mariä Himmelfahrt verwendet.[19] Die mysteriösen, lebenspendenden Kräfte der Muttergöttin wurden in der Volkskunst und im Gedächtnis des Volkes bewahrt, wie zum Beispiel der Brauch, die Göttin in einem Wagen über die Felder zu ziehen, um eine gute Ernte zu erhalten. Gregor von Tours berichtete, daß dieser »widerliche Brauch« im 6. Jahrhundert in Autun noch praktiziert wurde. Er lebte fort in Legenden über bestimmte weibliche christliche Heilige und schließlich in bezug auf die Jungfrau Maria, deren »Kornwunder« während der Flucht nach Ägypten von ihrer wunderbaren Fähigkeit erzählt, das Getreide gleich nach der Aussaat wachsen und reifen zu lassen. Diese Geschichte wird im 12. und 13. Jahrhundert in Texten und Kunstwerken aufgegriffen, als ihre Beziehung zur Muttergöttin längst vergessen war.[20]

Es ist eine offene Frage, ob die Entwicklung des Kults der Jungfrau Maria eine Antwort der Kirche auf Inhalte des Volksglaubens und entsprechender Bräuche war, die sich aus der Verehrung der Muttergöttin ableiten lassen, oder ob die volkstümlichen Verhaltensweisen gewisse Züge der Rolle Marias so aufnahmen, daß sie sich in die ältere Tradition einbeziehen ließen. Tatsache ist, daß die Gestalt der Maria, Mutter von Christus, sich über einige Jahrhunderte nach und nach deutlich veränderte von einer weniger wichtigen Figur in der Leidensgeschichte Jesu zu einer wichtigen Gestalt in der Nähe der Dreieinigkeit und, sehr bezeichnend, sitzend zur Rechten Gottes oder neben Christus, als Vermittlerin zwischen Gott und den Menschen.

Die Marienverehrung hatte ihre Wurzeln sowohl in der Volksreligion als auch in der Kirche. In fast allen seinen Darstellungsformen ist dieser Kult gekennzeichnet von verschiedenen, oft einander widersprechenden Bedeu-

tungen in bezug auf die Natur der Frau und die Mutterschaft. Die populäre
Form der Marienverehrung hatte ihren Anfang in Byzanz vor dem 5. Jahrhundert. In Westeuropa begann der Marienkult im 9. Jahrhundert mit örtlichen »Marienfesten« in deutschen Dörfern und Städten. Im Volksglauben
nahm die Jungfrau Maria einige der Züge der alten Muttergöttinnen an und
behielt sie bei. Viele Legenden über Maria waren im Volk bereits weit verbreitet, als die Nonne und Dramatikerin Roswitha von Gandersheim eine
Hymne an Maria schrieb, in der die meisten dieser Legenden wiedergegeben sind. In ihrer Hymne wendet sie sich an Maria mit einer Reihe von
Beinamen, die zurückverweisen auf Anredeformen, in denen ein Jahrtausend früher die Menschen die verschiedenen Muttergöttinnen anbe-
teten: »Gefeierte Herrin des Himmels, Heilige Mutter des Königs, hell-
strahlender Stern des Meeres«. Roswitha wiederholt das wesentliche
theologische Argument, mit dem Marias Bedeutung erhöht wurde und
das sie zum Objekt der Verehrung und Anbetung machte: »die du als
Mutter der Welt das Leben erneuerst, das einst die uralte Jungfrau [Eva]
zerstört hat.«[21]

Die theologische Auffassung, auf die sich Roswithas Gedicht stützt,
hatte bereits im 2. Jahrhundert der Apostel Paulus vertreten, der Maria die
zweite Eva nannte. Irenaeus (gest. 202) nahm das Thema auf: »Und wie
das Menschengeschlecht durch eine Jungfrau in Gefangenschaft zum Tode
geriet, so ist es durch eine Jungfrau gerettet worden; denn jungfräulicher
Ungehorsam ist durch jungfräulichen Gehorsam in der entgegengesetzten
Waagschale aufgewogen worden.«[22] Hieronymus schrieb im 4. Jahrhundert: »Aber als die Jungfrau empfangen und uns einen Sohn geboren
hatte... war der Fluch hinweggenommen. Der Tod kam durch Eva, das
Leben durch Maria.«[23] Diese Interpretation wurde von vielen übernommen und bildete eine der theologischen Grundlagen der Marienanbetung.

Die Marienverehrung nahm einen großen Aufschwung, als Händler und
Pilger Nachrichten von der Reliquienverehrung und dem Kult der Jungfrau, die in der Ostkirche praktiziert wurden, mit in den Westen brachten.
Die romanische Plastik zeigte die Madonna mit Kind in majestätischer Haltung auf dem Thron, was ihre Bedeutung als *Theotokos* betont, als diejenige, die Gott trägt.

Die religiösen Entwicklungen des 11. Jahrhunderts, besonders die inner-
kirchlichen Reformen und die nachdrücklichere Forderung und Durchsetzung des Zölibats für den Klerus beeinflußten die theologischen Auffassungen über Maria und deren religiöse Verehrung. Für viele männliche Kleriker
wurde sie zu einer spirituellen Mutter, zum Objekt einer gefühlsbetonten
Frömmigkeit und Anbetung, die versuchte, sich auf emphatische Weise in

das Leiden der Mutter des Gekreuzigten einzufühlen. Besonders die hinge-bungsvolle Verehrung der Maria durch eine Mystikerin und einen Mystiker förderte die Verbreitung ihres Kultes in Westeuropa. Elisabeth von Schönau (gest. 1164), die über ihre Visionen der körperlichen Himmelfahrt Marias berichtete und schrieb, half, das festliche Begehen dieses Ereignisses zu för-dern, und gab ihm eine ikonographische Konkretheit. Die Verehrung der Jungfrau wurde auch von Bernhard von Clairvaux gefördert, der sie in den Mittelpunkt des Rituals seines Ordens, der Zisterzienser, rückte. Dieser Orden weihte alle seine Klöster »der Königin im Himmel und auf Erden«; seine Mitglieder trugen weiße Kutten zu Ehren ihrer Unbeflecktheit und bauten besondere Marienkapellen in ihren Kirchen. Wir haben schon erör-tert, wie Hildegard von Bingen die Ikonographie der Muttergöttin wieder aufnimmt in ihrer bildlichen Darstellung der Jungfrau Maria, von Sophia und der Kirche, die in einer Frauengestalt personifiziert wird. Die Vermi-schung von Maria, Weisheit und/oder Kirche ergab eine kraftvolle Präsen-tation des weiblichen Aspekts des Göttlichen.[24]

Die Verehrung der Jungfrau Maria wurde kirchenamtlich bestätigt, als im Jahre 1095 Papst Urban II. beim Konzil von Clermont Maria zur Schutzpa-tronin des ersten Kreuzzugs erklärte. Der Kult entfaltete sich im 12. und 13. Jahrhundert zu einer Glorifizierung Marias in Gebeten, Hymnen, Teilen der Liturgie, Legenden und künstlerischen Darstellungen, die ihr gewidmet waren. In der gotischen Architektur und Malerei wird Maria gezeigt, wie sie neben dem erwachsenen Christus im Himmel sitzt, ausgestattet mit einer eigenständigen göttlichen Macht, die triumphierende Jungfrau. In anderen Darstellungen erscheint sie als glorifizierte »Himmelskönigin«, umringt von Engeln und den Heiligen.[25] Geschichten von Maria als Wundertäterin fanden vom 12. bis zum 15. Jahrhundert weite Verbreitung und wurden in lateini-scher, griechischer und koptischer Sprache niedergeschrieben.[26]

Viele der im 12. Jahrhundert gebauten Kathedralen und Kirchen wurden der Jungfrau geweiht, so auch die Kathedrale Notre Dame in Chartres – wiederaufgebaut an einer Stelle, wo der Schleier Marias, eine der Kirche im 9. Jahrhundert übergebene Reliquie, auf wunderbare Weise unversehrt geblieben war, als 1194 ein Feuer die alte Kirche völlig zerstörte.[27] Die Ein-richtung von besonderen Orten der Marienverehrung als Folge von Wun-dertaten und visionären Erscheinungen setzte sich vom 16. bis ins 19. und 20. Jahrhundert fort – am berühmtesten die Wallfahrtsstätten von Loreto (1503), Lourdes (1858) und Fatima (1917), die noch immer populäre Wall-fahrtsorte und Stätten der Anbetung Marias sind.

Die Heiligkeit Marias aufgrund ihrer Jungfräulichkeit und Unbefleckten Empfängnis ist Ausdruck von Qualitäten, die jahrtausendelang in den Göttinnen des Altertums verehrt worden sind. Maria als Mutter Gottes ist eine Widerspiegelung der Macht der alten Muttergöttinnen, die Leben spendeten und die Frauen bei der Geburt beschützten. Volksglaube und Brauchtum betonten unablässig diese Aspekte der Heiligkeit Marias. Ein Kaufmann in Mailand hatte eine Marienerscheinung, die sie als Göttin des Getreides in einem Festgewand zeigte. Er gab ein Gemälde in Auftrag, das seine Vision darstellte und das er dem Mailänder Dom stiftete, wo die Gläubigen die »Getreidemagd« mit Blumengirlanden schmückten, um ihre eigene Fruchtbarkeit zu fördern. Dieses Marienbild war im 15. Jahrhundert auch in Tirol und Deutschland sehr weit verbreitet.[28] In der Renaissance zeigen viele Darstellungen von Maria mit ihrem Kind sie oder das Kind mit einem Granatapfel, der ein altes Symbol der Fruchtbarkeit ist.

Der Volksglaube an Maria als Beschützerin schwangerer Frauen übte einen anhaltenden Einfluß aus. In mittelalterlichen Dörfern trugen schwangere Frauen Amulette von weiblichen Figuren, die den Schwangerschaftsamuletten des ersten vorchristlichen Jahrtausends sehr ähnlich waren. Kinderlose Frauen baten sie ebenso um Hilfe wie Frauen in den Wehen. Königin Anna von Österreich, Frau von Ludwig XIII., nach 22 Ehejahren noch immer kinderlos, betete am Reliquienschrein in LePuy und ließ sich die Reliquie des Gürtels der Jungfrau, die dort aufbewahrt wurde, in ihrem Schrein von der Kathedrale in ihr Schlafzimmer bringen. Ihre Gebete wurden erhört, und sie gebar 1638 den künftigen König Ludwig XIV.[29] In zahlreichen anderen Kirchen weihten die Gläubigen der Jungfrau ihre Hochzeitsgewänder oder Porzellanpüppchen, die Säuglinge symbolisieren sollten, als Dank für erhörte Gebete.[30]

In ihrer Rolle als »Himmelskönigin« wurde Maria in Metaphern und bildlichen Darstellungen oft mit Mond, Sternen und Meer identifiziert, die erneut die alten heidnischen Glaubensinhalte wieder aufnahmen und widerspiegelten. Die Assoziation der Jungfrau mit der fruchtbarkeitsfördernden Wirkung des Mondes, ihre Anbetung als Herrin der Gewässer und als strahlender Stern beziehen alle Eigenschaften ein, die den antiken Mondgöttinnen zugeschrieben worden waren.[31]

Interessanterweise hatte Maria noch eine andere Eigenschaft mit den alten Muttergöttinnen gemeinsam – sie gewährte Schutz bei Krieg und Gewalt. Als 626 die Awaren Konstantinopel belagerten, ließ der Patriarch das Bild der Jungfrau mit dem Kind an die Stadttore malen; das gleiche Bild, an den Stadtmauern entlang getragen, schützte wieder gegen die Angriffe der Araber im Jahre 717. Im 9. Jahrhundert ließen die Verteidiger von Chartres gegen die Nordmänner (Norweger) das Gewand der Jungfrau vom Stab ihres Bischofs flattern.[32] Maria wurde als Königin und Beschützerin eines bestimmten Königs dazu benutzt, dessen Anspruch auf eine Vormachtstellung mit ihrem göttlichen Segen zu unterstützen. Den Teilnehmern an den Kreuzzügen wurde erzählt, daß Maria ihren Auftrag gesegnet hätte, und viele besuchten auf dem Weg ins Heilige Land Marienkapellen und -schreine. Wie sehr der Gedanke an Maria Männer motivieren konnte, in die Schlacht zu ziehen, wurde vierhundert Jahre später deutlich, als 1620 in der Nähe von Prag die katholischen Truppen des Kaisers des Heiligen Römischen Reiches, Ferdinand von Österreich, vorrückten mit dem Ruf »Heilige Maria« und ihre calvinistischen Gegner besiegten.

Das Bild der Jungfrau wurde auch verwendet, um die Verfolgung der Juden zu rechtfertigen. Als im 12. Jahrhundert die Judenverfolgung in Europa einen Höhepunkt erreichte, waren viele der Geschichten über Marias Wundertaten zugleich antisemitisch und bezeichneten Juden als Schurken, die den Kindern der Christen nach dem Leben trachteten.[33] Ein Jahrhundert später dienten ähnliche Märchen, wenn sie im Zusammenhang mit einer tatsächlichen Begebenheit, wie z. B. dem Verschwinden oder dem Tod eines Kindes von Christen, erzählt wurden, als Rechtfertigung von Pogromen gegen jüdische Gemeinden.[34] Im späten 15. Jahrhundert löste eine als »Maria die Schöne« bezeichnete Erscheinung gemeinsam mit einer Erscheinung des blutenden Christus in Bayern Pogrome gegen Juden aus.[35] Eine Historikerin des Marienkults kommt zu dem Schluß: »Als diejenige, die über Städte und Nationen wacht, als diejenige, die Frieden oder Sieg bringt ... ist die Jungfrau der Athene ähnlich.«[36]

Die sehr komplexen theologischen Theorien, die die Grundlage der Marienverehrung bilden, liegen außerhalb des hier zu behandelnden Themenkreises. Wir können jedoch festhalten, daß die Anbetung der Maria für wesentliche Teile der katholischen Lehre von fundamentaler Bedeutung ist; daß sie das Thema eines weiblichen Elements im Göttlichen in das Bewußtsein und das Ritual der Kirche einfügt und daß sie den Volksglauben und volkstümliche Bräuche sowohl aufnimmt und widerspiegelt als auch zu beeinflussen versucht. Die für die Marienverehrung grundlegenden Vorstellungen der katholischen Lehre sind: das Göttliche ihrer Mutterschaft; ihre Jungfräulichkeit; ihre Unbefleckte Empfängnis durch Anna; und ihre leibliche Himmelfahrt. Alle diese Vorstellungen sind mehrdeutig und widersprüchlich, und sie setzen den Glauben an Wunder voraus. Ihre göttlich bestimmte Mutterschaft ist der am leichtesten zu akzeptierende Aspekt des kirchlichen Dogmas und tatsächlich ja auch von den christlichen Kirchen aller Konfessionen übernommen worden, da sich diese Vorstellung auf das Evangelium stützt. Bei der Verkündigung wird die Jungfrau, noch ganz menschlich, vom Göttlichen berührt. Die Wunder ihrer nachgeburtlichen Jungfräulichkeit und ihrer eigenen Unbefleckten Empfängnis durch die betagte Anna sind wesentliche Punkte der katholischen Lehre, die Maria über das Menschliche erheben, aber nicht göttlich werden lassen. Der entscheidende Punkt der Unbefleckten Empfängnis, die von Theologen seit dem 5. Jahrhundert diskutiert und 1854 offiziell zum Dogma der Kirche gemacht wurde, besteht darin, daß Christus durch dieses Wunder frei ist von der Erbsünde, die konkret wird im Geschlechtsakt, der zur Erzeugung sterblicher Wesen erforderlich ist. Die Vorstellung, daß Maria selbst unbefleckt, also durch ein Wunder empfangen worden sei, stellt sie, als von der Erbsünde ausgenommen, neben Christus.[37] Das Wunder von der leiblichen Himmelfahrt Marias schließlich, ein Ereignis, das vom Volk bereits seit dem 7. Jahrhundert gefeiert wurde und Gegenstand heftiger theologischer Dispute war, wurde erst 1950 zum Dogma der katholischen Kirche erhoben. Der kirchlichen Lehre zufolge war Maria, da frei von Sünde, wie Christus nicht der körperlichen Verwesung im Tode ausgesetzt. Die Aufnahme des Körpers und der Seele Marias in den Himmel ließ aus einer auf wunderbare Weise gesegneten Sterblichen eine halbgöttliche Gestalt werden, die in der sinnbildlichen Darstellung ihren Platz hat neben Christus als seine Mutter und Himmelskönigin.

Ihre zahlreichen und widersprüchlichen Funktionen sind von Theologen und Vertretern der Amtskirche in einer äußerst konservativen und patriarchalen Art interpretiert worden: Marias Jungfräulichkeit ließ diese zu einem für gewöhnliche Frauen erstrebenswerten und gesegneten Zustand werden; ihre Unterwürfigkeit gegenüber dem Willen Gottes bei der Verkündigung sollte das Vorbild sein für das Verhalten von Frauen gegenüber Vätern und Ehemännern; ihre leidvolle Mutterschaft hatte als Vorbild zu dienen für die schweigende Ergebenheit der Frauen in ihre weibliche Bestimmung, zu leiden und Verluste hinzunehmen; und selbst die Himmelfahrt Marias, so war zu lesen und wurde gepredigt, sollte verstanden werden als ein Symbol, daß sie die ihr zukommende Rolle als Magd und Fürbitteleistende akzeptierte. Maria auf dem himmlischen Thron sollte nicht für eine Göttin gehalten werden, sondern als Fürsprecherin, die sich dank ihres mütterlichen Einflusses auf ihren Sohn für die sterblichen Sünder einsetzen konnte.[38]

Die Mariologie wurde nicht von Frauen entwickelt, und auch die sich um Maria rankende Theologie wurde nicht von weiblichen Heiligen und Prophetinnen gefördert. Allerdings verehrten einige der einflußreichen Mystikerinnen – Hildegard von Bingen, Mechthild von Magdeburg, Gertrud von Helfta und Elisabeth von Schönau – Maria mit großer Hingabe. Im Volke war die Marienverehrung besonders unter den Frauen verbreitet,

wahrscheinlich aufgrund der ungewöhnlich starken Anziehungskraft
Marias als der »Gebenedeiten« gerade auf Frauen. Frauen konnten – ganz
einfach – Marias Erfahrungen gefühlsmäßig nachvollziehen und Anteil
nehmen an ihrem Schicksal. Maria wurde verehrt, weil sie eine Mutter war,
zwar eine ganz besondere Mutter eines ganz besonderen Sohnes, aber dennoch eine Mutter, die sich demütig Gottes Willen und Befehlen zu beugen
hatte, wie andere Frauen dem Befehl und dem Willen ihrer Männer unterworfen waren. Und Maria hatte einen Sohn aufgezogen, den sie bald verlieren sollte, ein Geschick, mit dem sich ganz sicher alle Mütter identifizieren
konnten. Das Bild der Maria mit dem Kind, wie es in zahllosen Kirchen zu
sehen ist, eine irdische Mutter, die einen besonderen, aber durchaus irdischen Säugling nährt, verstärkte diese Identifikation.

Das theologisch Signifikante der Verwandlung von Maria der Mutter in
Maria die Braut Christi oder Maria die Mittlerin zwischen Menschen und
Christus, oder die gnadenreiche Mutter – eine göttliche oder halbgöttliche
Figur, läßt sich kaum ohne Doppeldeutigkeit beschreiben. Moderne Kom-
mentare haben darauf hingewiesen, daß Maria in dieser neuen Rolle eine
Gestalt war, der keine Frau nacheifern konnte, da ja ihre Heiligkeit auf zwei
Wundern beruhte: dem der Unbefleckten Empfängnis und dem ihrer jungfräulichen Schwangerschaft, was ja keiner gewöhnlichen Frau zu erreichen
möglich war. Waren die Himmelfahrt Marias und ihr Triumph im Himmel
eine theologische Konzession gegenüber dem weiblichen Prinzip im Göttlichen? Oder war ihre untergeordnete Bedeutung im Himmel, ihre bloße
Vermittlungsaufgabe als Fürbitterin für die Sünder auf Erden und als Förderin menschlicher Belange eine andere Form, Frauen als »Helferinnen«
und Untergeordnete zu definieren? Beide Interpretationen stützen sich auf
Belege aus vielen Jahrhunderten; beide bringen verschiedene Aspekte der
komplexen Glaubensaussagen über die Gestalt der Maria zum Ausdruck.
Wir sollten uns aber bewußt machen, daß jede dieser Interpretationen die
Glorifizierung der Mutterrolle beinhaltet.

Die besondere Bindung zwischen Frauen in einem Verhältnis der Freundschaft, Liebe und gegenseitigen Unterstützung und das Ehren der Mutterschaft werden auf überraschende Weise thematisiert in einem Pamphlet zur
Verteidigung der Frauen, das im Jahre 1615 von einer Engländerin unter
dem Pseudonym Constantia Munda geschrieben worden ist. Diese witzige, invektivenreiche Streitschrift, die auf eine gebildete Verfasserin schließen läßt, wird eingeleitet von einer Widmung, die in einem ganz anderen
Ton geschrieben ist. Sie lautet:

»Der Recht Verehrten Dame, ihrer liebsten Mutter, der Lady Prudentia Munda, dem getreuesten Abbild von Frömmigkeit und Tugend, wünscht Constantia Munda vermehrtes Glück.

Als Du mich trugst, war Dein Schmerz
Wohlspendung ohne Vergeltung, Dein Herz
litt meinetwegen in der Geburt, als ich von Dir
den lebenswichtigen Atem zog, doch seither
hat Deine Liebe so durchtränkt die Fürsorglichkeit,
daß es die Maße der Natur übersteigt.
Noch immer bist Du in Geburtswehen mit mir, solange
bis die zweite Geburt der Erziehung mich vervollkommnet.
Darum will ich meine Schulden Dir mit Zinsen zurückzahlen
und gebe als Pfand, was ich von Dir borgte, so je mehr
ich gebe, desto mehr erhalte ich; ich bezahle, ich schulde.
Daß ich mein Pfand aufgebe, sollst Du nicht denken,
mit meiner schreibenden Hand will ich Dich beschenken...
  Deine Dich liebende Tochter
  Constantia Munda.«[39]

Das Thema der Mutter-Tochter-Beziehung, das häufig stark sentimentalisiert in Poesie und Romanen späterer Jahrhunderte behandelt werden wird, wird hier kühl und metaphorisch angeschlagen. Die Geburtswehen und das Stillen werden in Beziehung gesetzt zur zweiten Geburt der Erziehung in einer eleganten Gleichung von Aufwand und Ertrag, mit der die gebildete Tochter ihre Schuld dadurch bezahlt, daß sie Texte zur Verteidigung der Frauen schreibt und veröffentlicht. Dies ist das frühe Beispiel eines Werkes, das feministisches Bewußtsein in Begriffen einer Frauenkultur zum Ausdruck bringt.

Die protestantische Reformation war der wichtigste Scheideweg für die intellektuelle Entwicklung von Frauen auf verschiedenen Ebenen. Hier werden wir nur ihre Auswirkungen auf die Frauenbildung und die Aufwertung der Mutterrolle erörtern.

Die etablierte protestantische Kirche förderte öffentliche Erziehungseinrichtungen in protestantischen Städten, und im allgemeinen wurde die dort angebotene Grundausbildung den Jungen und Mädchen in gleicher Weise zugänglich gemacht. Die protestantische Lehre verlangte, daß jeder Vater und Haushaltungsvorstand seiner Verantwortung für die religiöse Unterweisung aller Familienmitglieder gerecht zu werden habe. Dies bedeutete praktisch eine Aufwertung der Mutterrolle. Von protestantischen Müttern wurde nicht nur erwartet, daß sie Gottes Wort in der Bibel lesen konnten, sondern auch, daß sie ihren Kindern die Grundlagen des Lesens, Schreibens und der Glaubenslehre beibringen konnten. Diese Veränderung der herrschenden Auffassungen autorisierte Frauen generell, sich zu bilden, und autorisierte die einzelnen Frauen, das Wort zu ergreifen und zu unterrichten. Der Protestantismus setzte dieser Autorisation von Frauen als Erzieherinnen allerdings klare Grenzen: Die protestantischen Kirchen schlossen die Frauen ebenso von der gleichberechtigten Beteiligung am Gottesdienst und der Kirchenleitung aus, wie der Staat sie als Bürgerinnen in ihren Mitwirkungsrechten einschränkte, und um die Gleichberechtigung von Männern und Frauen in bezug auf das Recht zu lernen und zu unterrichten mußte mehr als dreihundert Jahre erbittert gekämpft werden. Doch immerhin war prinzipiell die Grundlage geschaffen, Mütter als Erzieherinnen zu akzeptieren.

Als hervorragendes Beispiel einer Frau, die sowohl ihre Dichtung als auch ihre theologischen Überlegungen durch die Mutterschaft autorisierte, eignet sich Anna Ovena Hoyers (1584–1655), Tochter des reichen und gebildeten Bauern Hanns Ovenn in Holstein. Sie heiratate Hermann Hoyer, den obersten Verwaltungsbeamten der Landschaft Eiderstedt, im Alter von fünfzehn Jahren und hatte neun Kinder. Nachdem ihr Mann gestorben war, verwaltete sie ihren Grundbesitz und sorgte für ihre noch lebenden sechs Kinder. Nach ihrem Übertritt zu den Wiedertäufern (Anabaptisten) begann sie religiöse und politische Pamphlete und lehrreiche, satirische und religiöse Poesie zu verfassen. Wegen Sektiererei verfolgt und in finanzieller Not, war sie gezwungen, ihren Grundbesitz zu verkaufen, und wurde von ihren Freunden verlassen. 1632 floh sie nach Schweden, wo sie von der Witwe des Königs, Maria Eleonora, beschützt und unterstützt wurde. Eine Auswahl ihrer Gedichte, die 1650 gedruckt worden war, wurde an mehreren Orten als ketzerisch verbrannt.

Sie trat ihren Kritikern entgegen mit der Versicherung, »Ich kan und will/ nicht schweigen still« und »ich werd getrieben/muß es sagen/habs ehe geschrieben/wills mehr wagen/sollt es auch kosten kopff und kragen«.[40]

Ihre Gedichte sind gut geschrieben und voll von Akrosticha und anderen poetischen Mitteln, die ihren Namen auf verschiedene Weise in ihren Gedichten erscheinen lassen. Dies wird besonders deutlich in einer munteren und selbstbewußten Hymne mit dem Titel »Auff, auff Zion«, in der sie zum Ruhme Zions singt und ein Reimschema benutzt, nach dem jede Strophe endet mit »Singe das Hosianna,/.../es singt mit Dir (Euch)/ Hanns Ovenns Tochter Anna«. In Strophe 12 ändert sie den Refrain, indem sie sich nicht mehr auf sich als Tochter, sondern als Mutter bezieht. »Ihr meine drey Söhn/Macht laut gethön/Singet das Hosianna:/Ihr Töchter beid/Auch fröhlich seyd/Mit ewrer Mutter Anna.« Dieses Schema wird in zwei weiteren Strophen wiederholt, und dann enden die beiden letzten Strophen wieder mit ihrer Unterschrift als Hanns Ovenns Tochter Anna. Dieses unbeschwerte und selbstsichere Lied ist einzigartig in der mir bekannten Frauenliteratur mit der ständigen Wiederholung ihres Namens und ihres Anspruchs auf Berühmtheit als Tochter und Mutter.[41]

Eines ihrer langen Gedichte ist das »Geistlich Gespräch zwischen Mutter und Kindt, warin das wahre Christentumb bestehe/und wie es zu führen sey«. Es enthält ihre eigene theologische Interpretation der Grundprinzipien des Glaubens und ist damit eine literarische Form des Predigens. Sie kann das einzig und allein damit rechtfertigen, daß sie als Mutter ihr Kind unterrichtet.[42] Das Kind stellt ihr Fragen, die wohl kein Kind je stellen würde: »Sagte aber, wo ich Tugend find.« »Oh Mutter/ich bin viel zu schwach/Dem Herrn Jesu zu folgen nach.« Ihre Antworten auf die theologischen Fragen des Kindes sind 41 Seiten lang. Obwohl das Kind vor allem als literarisches Mittel dient, gibt sie einfache kindgemäße Antworten. Nach der Belehrung durch sie sagt das Kind: »Ja Mutter ich danck euch dafür/Den Weg habt ihr gezeiget mir/Und mich so Mütterlich gelert/Auch schöne Bücher mir verehrt/Drinn ich mich übe früh und spath/Gott gebe mir sein Göttlich gnad/Das alles bleib im hertzen kleben/Und viel frucht bring in mein leben.«[43] So autorisiert das fiktive Kind die Mutter, es zu wagen, sich auf das Gebiet der theologischen Interpretation zu begeben.

Im 17. Jahrhundert hinterließ eine jüdisch-deutsche Hausfrau und Mutter eine faszinierende Lebensbeschreibung, eine Darstellung ihrer theologischen Vorstellungen und ihrer Aktivitäten als Mutter. Kurz nach dem Tode ihres Mannes schrieb Glückel von Hameln (1646–1724) ihre Autobiographie in der Form eines an die Kinder gerichteten Tagebuchs.[44] Sie beginnt ihre Betrachtungen mit einer Zusammenfassung ihrer theologischen und moralischen Prinzipien und empfiehlt ihren Kindern, diese in die Tat umzusetzen. Ihre Lebensgeschichte verweist auf viele Ereignisse des öffentlichen Lebens, die von Bedeutung waren für ihre Sicherheit oder ihr Überleben als Jüdin in den deutschen Ländern, die durch die religiösen Konflikte des Dreißigjährigen Krieges und seiner Folgen zerrissen waren. Verheiratet im Alter von 14 Jahren, gebar Glückel vierzehn Kinder, von denen zwei im Kleinkindalter starben. In einem Ton, der an den praktisch-pragmatischen Stil der Margery Kempe erinnert, erzählt sie von ihren Bemühungen, vorteilhafte Ehen für ihre Kinder zu arrangieren. Sie erlebte Krieg, antisemitische Verfolgungen und Pogrome, die Ankunft des falschen Messias Sabbatai Zwi, Pest, Krankheit und Tod ihres Mannes. Als Witwe mit acht noch zu Hause lebenden Kindern rettete sie das Familienvermögen durch kluges kaufmännisches Verhalten beim Warenhandel, was ihr weite Reisen in die meisten Städte Europas abverlangte. Sie heiratete nach vielen Jahren ein zweites Mal in der Hoffnung, sich so für ihr Alter abzusichern, doch das Geschäft ihres Mannes lief schlecht, und er entkam nur knapp einer Gefängnisstrafe. Er starb verarmt, und sie mußte das Angebot eines ihrer Schwiegersöhne, zu ihm zu ziehen, annehmen. Dort blieb sie bis zu ihrem Tode.

Glückels Memoiren sind die erste Autobiographie einer Jüdin im 17. Jahrhundert aus erster Hand, die wir kennen. Sie zeichnen ein lebendiges Bild der sozialen Umstände und des Lebens der Juden mit all seinen Bedrängnissen; sie beschreibt aber auch den starken Rückhalt durch ein Unterstützung sicherndes Netz von Beziehungen zwischen den jüdischen Gemeinden. Es gibt eine bestimmte Szene in ihrem Buch, in der Frauenkultur beispielhaft deutlich wird. Sie und ihr Mann lebten jungverheiratet im Haus ihres Vaters in Hamburg, während sie das erste Mal schwanger war. Auch ihre Mutter erwartete zu dieser Zeit ein Kind:

»Meine getreue, fromme Mutter hatte ihre Niederkunft auf dieselbe Zeit ausgerechnet. Sie hat aber eine große Freude darüber gehabt, daß ich zuerst ins Kindbett gekommen bin, so daß sie auf mich junges Kind ein wenig acht geben konnte. Acht Tage darauf ist meine Mutter ebenfalls mit einer jungen Tochter ins Kindbett gekommen. So ist denn kein Neid oder Vorwurf zwischen uns gewesen, und wir sind in einer Stube beieinander gelegen. Wir haben keine Ruhe gehabt vor Leuten, die gelaufen kamen und die Merkwürdigkeit sehen wollten, daß Mutter und Tochter in einem Zimmer im Kindbett lagen.«[45]

Glückel erzählt weiter, daß sie und ihre Mutter beinahe aus Versehen die Babys vertauscht hätten, und wie »der Schreck sich bald in Gelächter verwandelt... hat man gesagt: ›Bald hätten wir den gottseligen König Salomon nötig gehabt‹«[46].

Mutterschaft wird, auf konkrete Erfahrungen bezogen, in den Werken verschiedener anderer Schriftstellerinnen des 17. Jahrhunderts thematisiert. Diese Frauen fühlten sich nicht nur zum Schreiben und Unterrichten autorisiert, weil sie Mütter waren, sondern sie hielten ihre Erfahrungen als Mütter für ein durchaus angemessenes Thema ihrer literarischen Arbeit. Dies ist ein weiterer Schritt vorwärts in der Entwicklung eines spezifisch weiblichen Bewußtseins.

Ein Gedicht in humorvollem Ton setzt die Tradition von Müttern, die ihre Söhne belehren, fort. Es findet sich in der Gedichtsammlung einer Mrs. Barber, Frau eines Kaufmanns in Dublin, die – wie uns der männliche Verfasser des »Vorworts« erklärt, »genügend Zeit fand, ohne das Geschäft ihres Mannes zu vernachlässigen, einige kleine Verse zu schreiben«. In Übereinstimmung mit den geltenden Konventionen beteuert sie, nur zur Unterweisung ihrer Kinder zu schreiben. Daß sie trotz ihrer niedrigen gesellschaftlichen Stellung überhaupt etwas veröffentlichen konnte, verdankte sie der Patronage einiger gebildeter Frauen und Männer, einschließlich Lady Carteret und Jonathan Swift, dessen paternalistische Kommentare wir bereits zitiert haben.[47] Mrs. Barber nahm ihren eigenen Standpunkt gegenüber solchem Gehabe ein und antwortete auf witzige Art.:

»Conclusion of a Letter to the Rev. Mr. C.
'Tis time to conclude; for I make it a rule
To leave off all writing, when Con. comes from school.
He dislikes what I've written, and says I had better
To send what he calls a poetical letter.
To this I reply'd, you are out of your wits;
A letter in verse would put him in fits;
He thinks it a crime in a woman to read –
Then what would he say should your councel succeed?

I pity poor Barber, his wife's so romantic:
A letter in rhyme! – Why, the woman is frantic!
This reading the poets has quite turned her head!
Oh my life, she should have a dark room and straw bed.
...

    Her husband has surely a terrible life!
There's nothing I dread like a verse-writing wife.
...
If ever I marry, I'll chuse me a spouse,
That shall *serve* and *obay*, as she's bound by her vows
That shall, when I'm dressing, attend like a valet;
Then go to the kitchen, and study my palate.
She has wisdom enough, that keeps out of the dirt,
And can make a good pudding, and cut out a shirt.
What's good in a dame, that will pore on a book?
No! – Give me the wife that shall save me a cook.
Thus far I had written – Then turn'd to my son
To give him advice, ere my letter was done.
My son, should you marry, look out for a wife,
That's fitted to lighten the labours of life.
Be sure, wed a woman you thoroughly know,
And shun, above all things, *a housewifely shrew* ...

Chuse a woman of wisdom, as well as good breeding,
With a turn, at least no aversion, to reading.
In the care of her person, exact and refin'd;
Yet still, let her principal care be her mind.
Who can, when her family cares give her leisure,
Without the dear cards, pass an evening with pleasure
In forming her children to virtue and knowledge,
Not frust, for that care, to a school, or a college ...

A husband first praise is a Friend and Protector.
Then change not the titles, for Tyrant und Hector.
… Chuse books, for her study, to fashion her mind,
To emulate those who excell'd of her kind.
… So you, in your marriage, shall gain its true end
And find, in your wife, a Companion and Friend.«

»Schluß eines Briefes an den Reverend Mr. C.
›Es ist Zeit nun zu schließen, denn ich habe entschieden,
Wenn C. aus der Schule kommt, wird das Schreiben vermieden.
Ihm mißfällt, was ich schrieb, und er meint, ich sollt' lieber
einen poetischen Brief senden, wie er es nennt.
Darauf ich erwidert': Du bist wohl von Sinnen;
Ein Brief in Versform würd erst recht ihn verstimmen;
Er hält's für 'n Verbrechen, wenn eine Frau liest –
Was also würd' er sagen, wenn Dein Rat befolgt ist?

Sehr zu bedauern der arme Barber, sein Weib romantisch vermessen:
Ein Brief in Reimen! – Warum denn, die Frau ist besessen!
Die Dichter zu lesen, hat den Kopf ihr verdreht!
Wahrlich, sie gehört in ein finsteres Verließ mit Strohbett.
…
     Ihr Mann hat ganz sicher ein schreckliches Leben!
Nichts fürchte ich mehr als ein verseschreibendes Eheweib.
…
Sollt jemals ich eine Ehe eingeh'n, so sei meine Frau nur
eine, die *dient* und *gehorcht*, wie gelobt in dem Schwur,
die beim Anziehen als Zofe mich wird demütig versorgen,
dann Gaumenwünsche erfüllen, sei'n sie noch so verborgen,
Sie hat Wissen genug, um putzend den Schmutz zu vermeiden,
einen leckeren Pudding zu kochen, ein Hemd zuzuschneiden.
Was soll gut sein an einer Dame, die auf Bücher starrt?
Nein! – Ich will eine Frau, die mir den Koch erspart.

Als so weit ich geschrieben, an meinen Sohn ich mich wendete,
einen Rat ihm zu geben, bevor den Brief ich beendete.
Mein Sohn, willst du heiraten, dann such dir ein Weib,
genügend erfahren, zu lindern des Lebens Plage und Leid.
Sei sicher, daß du genau kennst, wen du dir erwählt,
meide besonders 'ne *Hausfrau*, die dein Leben *zänkisch vergällt.*

Such eine Frau, die was weiß, in guter Familie zu Hause gewesen,
dem Lesen zugeneigt, zumindest ohn' Widerwillen gegens Lesen,
Die sich selbst sorgfältig und vornehm in jeder Weise pflegt,
Doch vor allem laß sie besorgt sein, wie ihren Geist sie hegt.
Die es vermag, so sie den Familienpflichten kann Muße abringen,
Ohne die lieben Karten einen angenehmen Abend zu verbringen
Indem sie die Kinder erzieht, ihnen Tugend und Wissen beschert,
und nicht drauf baut, daß Schule oder College alleine belehrt.

Gerühmt sei der Ehemann zuvörderst als Freund und Beschützer.
Dann bleibe dabei, sei keinesfalls Tyrann und Besitzer.
...
Wähl Bücher ihr, die Wissen geben, dem Geist Gestalt verleih'n,
Damit sie jenen nachfolgt, die als Frauen verehrungswürdig konnten sein.
...
So wirst du erleben, was Sinn und wahrhaftes Ziel der Ehe,
In deiner Frau finden die Freundin, Gefährtin in deiner Nähe.«[48]

Mrs. Barber unterlief nicht nur sehr geschickt die häusliche Ideologie und die geschlechtsspezifischen Rollenzuschreibungen, indem sie ihren Sohn belehrt, er solle für sich aussuchen, was seine Mitmenschen für eine Verirrung halten, nämlich eine gebildete Frau, sondern sie machte zudem die Alltäglichkeit eines Hausfrauendaseins zum Gegenstand der Dichtkunst. Insofern nimmt sie eine Entwicklung der Frauenliteratur voraus, die erst im 18. Jahrhundert in Europa zu voller Blüte gelangen sollte.

Eine andere Annäherung an das Thema ist im Werk einer deutschen Dichterin zu finden. Margaretha Susanna von Kuntsch (1651–1716) war die Tochter eines städtischen Gerichtsdieners in Eisleben und erhielt einigen Unterricht in Latein und Französisch. Sie heiratete 1669 und hatte vierzehn Kinder, von denen nur eine Tochter sie überlebte. Sie schrieb viele Gedichte aus Anlaß des Todes eines ihrer Kinder. Nach ihrem Tode veröffentlichte ihr Enkelkind einen Band mit Gedichten von ihr. In einem der Gedichte behandelt sie die Erfahrungen ihres dramatischen Lebens auf eine recht bemerkenswerte Art, indem sie ihre Tragödie mit einer darüber hinausweisenden Bedeutung versieht. Das Gedicht hat den Titel »Auf den Tod des fünftgebornen Söhnleins, den kleinen Chrisander, oder C. K. den 22. November 1686« und besteht aus sieben gereimten Strophen. Die ersten beiden Strophen berichten, wie ein Künstler, der versuchte, die Trauer des Agamemnon beim Opfern seiner Tochter Iphigenie zu malen, das Gesicht des Helden nicht zu zeigen vermochte, weil der Schicksalsschlag zu stark und schockierend gewesen war. Die dritte Strophe fährt fort:

»Was ist ein eintzig mahl /
Man stelle Agamemnon mich entgegen /
Mich / der des Würgers Stahl
Das neundte Kind hat müssen nun erlegen /
Indem worauf mir Lust
Ich hofft / ins Grab gemust.

Zwung ein so tapfrer Held /
Ein König der gewohnet zu regieren /
Der damahls wolt ins Feld

Ein Kriegs-Heer gegen seine Feinde führen /
Durch sein sonst tapfres Hertz
Nicht einen solchen Schmertz? ...

Wer giebet mir den Muth /
Wer will mir meine Feder künstlich schärffen /
Wie jetzo wall't mein Blut /
Auf dieses Blatt mit Worten zu entwerffen /
Die ich ein Weib nur bin /
Ach! Hier erstarrt mein Sinn.

Die Hand erzittert mir /
Die Feder will mir ihren Dienst versagen /
Es schüttert das Papier /
Und kan die Schmertzens-Worte nicht ertragen /
Drum zeuge stummes Leyd
Von meiner Traurigkeit!«[49]

Hier stellt endlich eine Frau ihre Erfahrung als Mutter auf die gleiche Stufe wie die des Kriegshelden, und damit hinterfragt sie kritisch und subtil die patriarchalen Wertvorstellungen, nach deren Kriterien ihre herzzerreißenden Erlebnisse unwichtig sind.

Vom 17. Jahrhundert an wurden Diskussionen über die Verpflichtung der Mütter, ihre Kinder zu stillen, ideologisch befrachtet. Eine neue emphatische Betonung der Kindheit und der Vorzüge und Freuden des häuslichen Lebens entwickelte sich im 18. Jahrhundert zu einem umfassenden »Kult der Mutterschaft und der Häuslichkeit«. Ratgeberliteratur, Predigten und Romane glorifizierten das Muttersein und idealisierten Frauen romantisch als primär mütterliche Wesen. Die Ratgeberliteratur empfahl wohlhabenden Frauen, ihre Kinder zu stillen; eine neue Art von Literatur über das Aufziehen von Kindern wurde populär; bildliche Darstellungen sentimental verkitschter Mutterschaft erlebten eine weite Verbreitung.[50]

Scheinbar ließen sich die Frauen auf diese Ideen ein, aber sie machten sie sich im eigenen Interesse zunutze, vor allem als literarisches Genre. Zunächst tauchte die Thematik in Sammlungen von Gedichten auf, die Frauen für Frauen geschrieben hatten, dann in Journalen und Magazinen für Frauen, die im späten 18. und frühen 19. Jahrhundert viel gelesen wurden. Zur gleichen Zeit gingen manche Zeitschriften und reformorientierte Journale dazu über, »Frauenseiten« zu veröffentlichen, auf denen regelmäßig Gedichte von und für Mütter abgedruckt wurden. Das Genre ist in der Regel sentimental und von eher geringer literarischer Qualität, es enthält überwiegend religiöse Gefühlsäußerungen, tröstenden Zuspruch und moralisierende Verallgemeinerungen als Botschaft. Es ist schwierig, in diesen Produkten ein feministisches Bewußtsein zu erkennen; doch wir sollten festhalten, daß die Betonung der mütterlichen Erfahrung beim Tode eines Kindes im Ansatz die Anerkennung der Mutterschaft als Thematik einer kollektiven weiblichen Kultur beinhaltet.

Der Begriff »Mutterschaft« wurde in den Anfängen der revolutionären Bewegungen des späten 18. Jahrhunderts auch auf politische und feministische Weise neu definiert. So vertrat zum Beispiel Bathsua Pell Makin die Auffassung, daß Frauen in ihrer Rolle als erziehende Mütter der Nation dienten. Dieses Argument zugunsten »republikanischer Mutterschaft« sollte auch ein von späteren Feministinnen immer wieder aufgegriffenes Thema sein und wird in Kapitel 9 näher untersucht werden.

Es überrascht zu sehen, wie oft sich die Argumentation früher feministischer Denkerinnen zugunsten der Gleichheit von Frauen und Männern als Bürger auf eine Darlegung der Bedeutung der Frauen als Mütter stützte. Selbst die erste bedeutende feministische Theoretikerin, Mary Wollstonecraft, sprach von Frauen als einer Gruppe meist unter Hinweis auf deren Mutterschaft. Ihr Hauptargument gegenüber Männern und Frauen war, daß besser ausgebildete Frauen bessere Frauen und Mütter sein würden. Doch Wollstonecraft widersprach ihrer eigenen Argumentation, als sie von den häuslichen und mütterlichen Pflichten der Frauen schrieb als von ihren »einfachen Pflichten..., aber das Ende, das letzte große Ziel ihrer Bestrebungen soll sein, ihre eigensten Eigenschaften zu entwickeln und die Würde eigener Kraft zu erlangen«[51]. Wo früher die Befürworter einer besseren Bildung für die Frauen vorgetragen hatten, daß Frauen als moralische Geschöpfe nach Gottes Willen ein Recht auf Gleichheit hätten, da säkularisierte sie nun dieses Argument und gründete es auf das Naturrecht, doch wieder und wieder stellte sie einen Zusammenhang zwischen den Bürgerrechten und der Mutterschaft her.

»Nur ein Geschöpf, das seine Pflichten erfüllt, ist frei. Von den Frauen im allgemeinen gesprochen, ist ihre erste Pflicht die, gegen sich selbst als vernünftiges Wesen zu handeln, und die nächstwichtige ist die Pflicht, Bürger (Bürgerin) und Mutter zu sein, was wieder andere Pflichten in sich begreift.«[52]

In ihren Romanen *Mary* und *Maria* geht sie aber viel weiter in Richtung Feminismus. Dort bietet sie konkrete Beispiele einer Standesgrenzen überwindenden Solidarität zwischen Frauen und greift sie die Ehe als Institution an. Die Heldin des Romans *Mary* stirbt mit dem freudigen Gedanken, daß »sie der Welt entgegeneilt, wo es kein Heiraten und Verheiraten gibt«.[53] *Maria* endet tragisch für die Heldin, die eine mißbrauchte Ehefrau ist. Doch in beiden Büchern ist Solidarität zwischen

Frauen nur möglich durch die ihnen gemeinsamen Erfahrungen als Ehefrauen und Mütter.

Dem Thema der Mutterschaft wurde von den Vorkämpferinnen des feministischen Gedankens im 17. Jahrhundert in England und Frankreich ein ganz anderes Thema gegenübergestellt: das der Unabhängigkeit von Frauen. Frauen wie Sarah Fyge, Bathsua Pell Makin, Mary Astell, Lady Mary Chudleigh in England und Marie de Gournay in Frankreich verband trotz mancher Unterschiede nach Herkunft und politischen Überzeugungen ihr Engagement zugunsten der Unabhängigkeit von Frauen, ihr Eintreten für das Schaffen von gesellschaftlichen Aufgaben für Frauen außerhalb der Ehe und für intellektuelle Förderung und Ausbildung. Diese frühen Feministinnen begannen Frauen als eine besondere soziale Gruppe mit eigenen gemeinsamen Charakteristika zu definieren, deren Unterordnung weder naturbedingt noch gottgewollt war; sie trugen eine Vielzahl von Gegenargumenten in bezug auf die angebliche intellektuelle Minderwertigkeit der Frauen zusammen, forderten gleiche Bildungseinrichtungen für Mädchen und Jungen und setzten implizit voraus, daß Frauen ihres Standes ein gemeinsames Interesse hätten, diese Forderungen zu vertreten und durchzusetzen. Wir werden uns noch ausführlicher damit befassen, wollen aber hier festhalten, daß sie die ersten waren, die in Begriffen einer Schwesternschaft als Kollektiv dachten.

Die frühen englischen Feministinnen wurden wie die für die gleichen Ziele eintretenden Frauen auf dem Kontinent wütend angegriffen, verhöhnt und lächerlich gemacht. Als »Blaustrümpfe, alte Jungfern und Mannweiber« bezeichnet, galten sie als »geschlechtslos« und unweiblich im Vergleich zu den idealisierten Ehefrauen und Müttern als Leitbildern in der weitverbreiteten Ratgeberliteratur.

In dieser Anfangszeit des feministischen Denkens mußte die Anerkennung von Gruppeninteressen jenseits der Mutterschaft bloße utopische Projektion sein, eine verführerische Hoffnung ohne praktische oder politische Konsequenzen. Doch diese Ideen der frühen Feministinnen deuteten bereits die Entwicklung des feministischen Bewußtseins ein Jahrhundert später an, zeigten dessen Konturen. Erst im 19. Jahrhundert, als in den USA und Großbritannien gebildete Frauen aus der Mittelschicht sich in kirchlichen und kommunalen Wohlfahrtsorganisationen zusammenfanden und Frauen aus der Arbeiterklasse sich als Frauen zu organisieren begannen, um ihre wirtschaftlichen Lebensbedingungen zu verbessern, konnte die Idee der schwesterlichen Verbundenheit ein Kernpunkt des feministischen Denkens werden. Und selbst dann noch und bis in das erste Jahrzehnt des 20. Jahrhunderts hinein sollten die Frauen im Sinne ihres feministischen Anliegens unter Hinweis auf ihre gemeinsame Erfahrung als Mütter argumentieren. In Westeuropa und in den USA wurde die Forderung nach dem gleichen Wahlrecht für Männer und Frauen noch lange gerechtfertigt mit dem Anspruch der Frauen, sie seien den Männern moralisch überlegen, weil sie für das Wohl der Kinder und somit auch für das Wohl der Gemeinschaft sorgten. Weil sie Mütter seien, so behaupteten manche Frauen, würden Wählerinnen für eine bessere Politik sorgen.

Bis die Ehe für Frauen nicht mehr die wichtigste Art der Sicherung ihres Lebensunterhalts war und bis große Gruppen von Frauen nicht länger die meiste Zeit ihres Lebens mit dem Gebären und Aufziehen von Kindern verbringen mußten, solange war die den meisten Frauen gemeinsame Erfahrung der Mutterschaft die wichtigste Grundlage des Entstehens einer Gruppenidentität. Diese Erfahrung erlaubte es ihnen, den Anspruch auf Gleichheit zu erheben, bevor sich die Vorstellung, Schwestern zu sein, entwickeln konnte.

Kapitel 7

Eintausend Jahre
feministische Bibelkritik

Welchen Weg zur Selbstbefreiung Frauen auch gingen und ob sie religiös inspiriert waren oder nicht, sie mußten sich mit den zentralen Texten der Bibel auseinandersetzen, die von den patriarchalen Autoritäten jahrhundertelang dazu benutzt wurden, die als angemessen geltenden Rollen der Frauen in der Gesellschaft zu definieren und die Unterordnung der Frauen zu rechtfertigen: die Geschichten von Genesis und Sündenfall, die Briefe des Paulus. Da Männer sich viele Jahrhunderte lang in ihrer Ablehnung des Denkens, Unterrichtens und öffentlichen Redens von Frauen auf die Bibel beriefen, läßt sich die Entwicklung einer feministischen Bibelkritik als angemessene und vielleicht nicht einmal unerwartete Reaktion auf die Einschränkungen verstehen, die der intellektuellen Entwicklung der Frauen durch religiös sanktionierte geschlechtsspezifische Rollenzuschreibungen auferlegt worden sind. Diese Bibeltexte versperrten wie riesige Felsblöcke die Wege, die Frauen zurücklegen mußten, um sich als dem Mann gleich definieren zu können. Kein Wunder, daß sie sich mit einer Neuinterpretation der theologischen Prinzipien befaßten, bevor sie andere, originellere und kreativere Vorstellungen entwickeln konnten.

Möglich ist auch, daß Frauen sich der Bibelkritik zuwandten, weil die Bibel der einzige Text war, der ihnen allen zugänglich war. Wenn das zutrifft, kann ihre Kritik und Neudeutung als ein besonders gutes Beispiel ihrer subversiven Erschütterung und Umwandlung der patriarchalen Doktrin gelten – an sich schon eine feministische Tat. Ein derartiges Vorgehen bedeutet, daß die Person, die die Bibel neu deutet, sich selbst für ermächtigt und fähig hält, die Autorität von kirchlichen Experten kritisch zu hinterfragen. Es erstaunt zu sehen, wie eine Frau nach der anderen ihre Kritik formulierte, ohne sich auf theologische Autoritäten zu beziehen und ohne jedes Schuldgefühl. Die gleichen Frauen, die sich unaufhörlich für ihre

Kühnheit, zu schreiben und zu lehren, rechtfertigten, korrigierten voller Selbstvertrauen Kirchenväter, Päpste, Priester und Prediger. Gewöhnlich stellten sie ihre eigene Auffassung von Gottes Zielen dar, und zwar nicht wie die Mystikerinnen von besonderen Offenbarungen ausgehend, sondern einfach unter dem Hinweis auf das, was sie selbst dachten, und weil sie sich für absolut berechtigt hielten, so zu denken. Es gibt keinen eindeutigeren Beweis dafür, daß es immer Frauen gegeben hat, die unter keinen Umständen die patriarchalen Definitionen der Geschlechterrollen akzeptierten, die Frauen als von Geburt an minderwertig und zu vernünftigem Denken unfähig bezeichneten. Lange bevor sich organisierte Frauengruppen gegen den Herrschaftsanspruch der Männer wandten, tat die feministische Bibelkritik eben dies. Ohne sich damit aufzuhalten, ihren Anspruch auf das Recht zu predigen oder zu lehren irgendwie zu begründen oder zu betonen, taten Frauen das einfach, machten sie sich mit dem Inhalt der Bibel vertraut und benutzten sie ihn im Sinne ihrer eigenen Interessen. Die vielen Zeugnisse für diesen Prozeß, die sich in den Arbeiten der meisten europäischen Schriftstellerinnen über mehrere Jahrhunderte finden lassen, sind nur der kleine sichtbare Teil eines weit umfassenderen Engagements von Frauen. Für jede Frau, die auf diese Weise geschrieben hat, muß es viele andere gegeben haben, die, anonym und unbekannt, ebenso dachten wie sie und dies auch ihren Kindern vermittelten.

Dieses Kapitel behandelt Beispiele der Bibelkritik von Frauen an vielen Orten und zu verschiedenen Zeiten, wenn auch für die neuere Zeit meist britische oder nordamerikanische Quellen herangezogen werden. Diese Auswahl ist eine pragmatische. Es gibt eine sehr große Zahl von Quellen, und die gleichen Schlußfolgerungen ließen sich anhand von Belegen aus verschiedenen westeuropäischen Kulturkreisen ziehen. Mir geht es hier jedoch vor allem darum zu zeigen, daß denkende Frauen nicht auf das Wissen der Vergangenheit zurückgreifen konnten und den Frauen ein kollektives Gedächtnis fehlte. Es ist interessant festzustellen, daß einzelne Denkerinnen bei der Entfaltung ihrer Argumentation zugunsten der Gleichheit und Emanzipation der Frauen in verschiedenen Ländern und Epochen intellektuell ganz ähnliche Wege eingeschlagen haben. Doch kaum je stützten sie ihre Arbeit auf die einer anderer Frau, und eine feministische Tradition der Bibelkritik scheint ihnen nicht bekannt gewesen zu sein. Ich habe Beispiele aus ganz verschiedenen Zeiten und Gegenden ausgewählt, die am ehesten geeignet sind, diese Diskontinuität zu belegen.

Andererseits gibt es sehr wohl eine kontinuierlich sich fortsetzende Tradition, in der Frauen über religiöse Themen schrieben. Die schöpferischen Energien der Frauen waren jahrhundertelang auf das Verfassen religiöser

Schriften ausgerichtet, da ihnen andere Ausdrucksformen verschlossen waren oder Frauen entmutigt wurden, sich darin zu versuchen. Es gibt also eine Vielzahl von religiösen Texten von Frauen, die nur die traditionellen Interpretationen wiederholen. Besonders während des 18. und 19. Jahrhunderts fanden traditionalistische Autorinnen von religiösen Texten Ausdrucksmöglichkeiten, eine Leserschaft und manchmal auch Zustimmung. Ich habe solche Arbeiten hier nicht berücksichtigt, da sie wenig oder nichts dazu beigetragen haben, die patriarchale Tradition in Frage zu stellen und zu überwinden.

Das möglicherweise früheste Beispiel der Bibelkritik durch eine Frau ist das einer Helia im 2. Jahrhundert, die eine »geheiligte Jungfrau« bleiben wollte und sich deshalb mit ihrer Mutter und einem Richter auseinandersetzte, den ihre Eltern ihretwegen angerufen hatten. Als der Richter ihr das Pauluszitat »Es ist besser zu heiraten als zu brennen« entgegenhielt, antwortete Helia: »Es ist wahr, daß die Schrift sagt, es ist besser zu heiraten als zu brennen; aber das gilt nicht für alle, jedenfalls nicht für heilige Jungfrauen.« Sie wies darauf hin, daß »Männer nicht an Gesetze gebunden sind, die für Frauen erlassen wurden«, und erreichte mit diesem Argument das Recht, Jungfrau zu bleiben und Christus als ihren Gemahl zu betrachten.[1]

Die Lehre der mittelalterlichen Kirche in bezug auf Frauen stützte sich auf einige Schlüsseltexte des Alten Testaments: Genesis 1:27 (»Und Gott schuf den Menschen in seinem Bilde, im Bilde Gottes schuf er ihn; Mann und Weib schuf er sie.« Masorethischer Text) und Genesis 2:20–23, die Geschichte der Erschaffung Evas aus Adams Rippe. Diese wurden in der christlichen Exegese sehr oft mit der Geschichte des Sündenfalls verknüpft, Genesis 3:1–24. Die am häufigsten aus dem Neuen Testament zitierten Texte stammen sämtlich von Paulus und scheinen keinen Zweifel zu lassen an der Forderung der Unterwerfung der Frauen und ihres Stillschweigens in der Öffentlichkeit: 1. Timotheus 2:8–15; 1. Korinther 14:33–35; Epheser 5:22–23. Paulus selbst entwickelte seine teleologische Auffassung, indem er frühere und spätere Texte des Alten Testaments aufeinander bezog und bei seiner Interpretation der Genesis vom Sündenfall ausging, wie im 1. Korinther 11:7–9 (»Der Mann aber soll das Haupt nicht bedecken, sintemal er ist Gottes Bild und Ehre; das Weib aber ist des Mannes Ehre. Denn der Mann ist nicht vom Weibe, sondern das Weib ist vom Manne. Und der Mann ist nicht geschaffen um des Weibes willen, sondern das Weib um des Mannes willen.« Luthertext) Die heutige Bibelwissenschaft ist sich weitgehend einig darüber, daß die meisten Kommentare über Frauen, die Paulus zugeschrieben wurden, nicht wirklich von ihm stammten, sondern von postapostolischen Schreibern seinen Äußerungen hinzugefügt worden sind, um dem Inhalt des Textes durch diese Zuschreibung ein höheres Maß von Geltung zu verschaffen. Das betrifft auch die am häufigsten zitierte Anweisung: »Ein Weib lerne in der Stille mit aller Untertänigkeit. Einem Weib aber gestatte ich nicht, daß sie lehre, auch nicht, daß sie des Mannes Herr sei, sondern stille sei.« (1. Timotheus 2:11–12) Bis in die Gegenwart hinein wußten Frauen nicht, daß dieser Text dem Paulus nur untergeschoben worden ist, so daß zweitausend Jahre lang die frauenfeindliche paulinische Tradition, die für die Bibelinterpretation bestimmend war, für apostolisch gehalten wurde.[2]

Der im 2. Jahrhundert lebende Kirchenvater Tertullian (160–225) brachte diese misogynen Vorstellungen deutlich zum Ausdruck, als er zu Eva sagte:

»Du bist das Tor für den Teufel. Du bist diejenige, die als erste jenen verbotenen Baum entsiegelt hat und als erste das göttliche Gesetz verlassen hat... Wegen der Folgen dieses Verrats, der den Tod in die Welt gebracht hat, mußte selbst Christus sterben.«[3]

Zweihundert Jahre später kommentierte Ambrosius, Bischof von Mailand, Eva trüge mehr schuld am Sündenfall als Adam, weil sie, gleich nachdem sie von dem Apfel gegessen hatte, ihre Sünde erkannte, Adam aber dennoch weiter in Versuchung führte. »Sie hätte... ihren Mann nicht zum Mittäter machen dürfen bei dem Vergehen, dessen sie sich bewußt war ... Sie sündigte deshalb mit Bedacht.«[4]

Im 5. Jahrhundert argumentierte der hl. Augustinus von Hippo, daß die Frau nicht nach dem Ebenbild Gottes, sondern nur ihm »zum Gleichnis« erschaffen worden sei, was die Vorstellung von ihrer »Schwäche« und damit größeren Anfälligkeit für die Sünde untermauerte. Er führte aus, daß »es nämlich nicht an(geht) zu glauben, die Frau sei etwa vor der Sünde anders erschaffen gewesen, auf daß der Mann nicht über sie herrschen sollte und sie selbst sich nicht zu ihm hingezogen fühlte, um ihm zu dienen«; doch diese »Dienstbereitschaft« enthielt keine Zurücksetzung oder Benachteiligung, während nach dem Sündenfall »eine andere Dienstbarkeit« besteht, »aus der sich später die Versklavung des Menschen unter den Menschen entwickeln sollte«.[5] In einer anderen oft zitierten Feststellung sagte Augustinus:

»... ich sprach schon davon, als ich von der Natur des menschliches Geistes handelte –, daß die Frau zusammen mit ihrem Manne Bild Gottes ist... wenn aber die Zuteilung der Hilfeleistung stattfindet, die allein Sache der Frau ist, dann ist sie nicht Bild Gottes. Was aber den Mann allein betrifft, so ist er Bild Gottes, so vollkommen und so vollständig, wie mit der zur Einheit mit ihm vereinten Frau.«[6]

Dieser Text ist nicht nur zwischen Theologen, sondern auch vom Standpunkt einer feministischen Kritik aus kontrovers diskutiert worden. Er ist wörtlich als Hinweis auf die angeborene Minderwertigkeit der Frauen gedeutet worden oder auch als Allegorie, die zwei Aspekte des menschlichen Geistes zeigt: den höherstehenden Verstand (männlich) und die geringere Vernunft (weiblich), die unauflöslich miteinander verbunden sind.[7] Welche Interpretation auch für richtig gehalten werden mag, es ist offensichtlich, daß der Text denen Vorschub leistet, die von einer intellektuellen Minderwertigkeit der Frauen sprechen. Einige Theologen und später einige feministisch Denkende zogen den hl. Augustinus heran, wenn sie zugunsten der Gleichheit von Mann und Frau argumentierten, aber die Interpretation, die dem gemeinen Volk vermittelt wurde, wies eindeutig und nachdrücklich in die frauenfeindliche Richtung.

Fast tausend Jahre später vertrat der vom aristotelischen Denken – das Frauen als unvollständige Männer und dem Manne unterlegene Wesen definierte – beeinflußte Dominikaner Thomas von Aquin die Auffassung, daß »beim Manne ... von Natur aus die Unterscheidungskraft des Verstandes (überwiegt)«, der Mann bei der Schöpfung mit größerer Geisteskraft und mit einer vernunftbegabten Seele ausgestattet worden, die Frau hingegen vor allem als »Gehilfin des Mannes beim Werke der Zeugung« erschaffen worden ist. Wenn Thomas von Aquin dieses harte und unzweideutige Urteil auch ergänzte um die Bemerkung »verachtet euch nicht, ihr Frauen, der Sohn Gottes wurde von einer Frau geboren«, so erhob er damit doch die Mutterschaft zum einzigen Zugang der Frau zum Göttlichen, während er zugleich uneingeschränkt an der These von der nach Gottes Schöpferwillen angeborenen Minderwertigkeit der Frau festhielt.[8] Diese für Frauen entwürdigende Doktrin wurde von allen Theologen des Mittelalters für wahr gehalten. Sie wurde häufig von feministischen Neuinterpretationen unterlaufen, die zu bedenken gaben, daß Eva ihre angeborene Schwäche nicht habe überwinden können und ihre Sünde deshalb als geringer zu bewerten sei als die Sünde Adams.

Obwohl die Bibeltexte und die Schriften der Apostel in ihrer Einstellung Frauen gegenüber keineswegs übereinstimmten, wurden im Mittelalter zwei Hauptthesen in bezug auf Frauen als fundamentale Wahrheiten anerkannt: Frauen seien minderwertiger und zu einem anderen, niedrigeren Zweck erschaffen als Männer, und sie seien aufgrund ihrer Natur und Schwäche für Sündhaftigkeit und sexuelle Verführung anfälliger als Männer. Eine dritte weitverbreitete These zur Natur der Frauen leitete sich her von frühen Bibeldeutungen der Kirchenväter, vor allem Origenes und Augustinus, und besagte, daß die Sünde Adams und Evas von den Eltern an die Kinder durch die sinnliche Lust (»Fleischeslust«) weitergegeben werde, die unvermeidlich mit dem Akt der Zeugung verbunden sei. Da diese Sünde schon Eva angelastet worden war, waren alle Frauen beladen mit der schweren Schuld für den Sündenfall und die Erbsünde.[9]

Eine populäre Version dieser die Frauen abwertenden Vorstellungen bringt ein irischer Dichter des Mittelalters zum Ausdruck, der Eva folgendes in den Mund legt:

»Ich bin Eva, die Frau des edlen Adam; ich war es, die Jesus in der Vergangenheit verletzt und beleidigt hat; ich bin es, die ihre Kinder des Himmels beraubt hat; ich bin es, die gerechterweise hätte gekreuzigt werden sollen... Ich bin es, die den Apfel pflückte... es gäbe keine Hölle, es gäbe nicht Kummer und Leid, es gäbe keinen Schrecken, wenn ich nicht wäre.«[10]

Vor dem Hintergrund dieser tausendjährigen Tradition der Interpretation durch die Kirchenväter müssen wir die mutigen und anhaltenden Bemühungen um eine feministische Bibelkritik betrachten.

Die erste und sehr originelle Neuinterpretation der Schöpfungsgeschichte aus dem Blickwinkel einer Frau hat Hildegard von Bingen formuliert. Sie befaßte sich während ihres ganzen Lebens immer wieder mit diesem Thema. Ich habe schon dargestellt, wie in Hildegards Theologie die Bilder (imago) von Eva, Maria und der Frau im Strahlenkleid verschmelzen und den weiblichen Aspekt des Göttlichen symbolisieren. Sie betrachtete Eva als eine Präfiguration Marias, das Symbol der göttlichen Menschlichkeit, »eine Gehilfin in der Gestalt des Weibes, gleichsam einer Spiegelgestalt, in der das ganze Menschengeschlecht latent vorhanden war. Dies tat Gott in seiner mannhaften Schöpfungskraft, so wie er auch den ersten Mann in Seiner gewaltigen Kraft hervorgebracht hat. Mann und Frau sind auf eine solche Weise miteinander vermischt, daß einer das Werk des anderen ist.«[11] Hildegard sieht Frau und Mann als sich ergänzende und voneinander abhängige Wesen an, denkt jedoch, daß die Frau schwächer ist als der Mann, weil er aus Erde und sie aus Fleisch gemacht ist. In ihrer wunderschönen Version der Schöpfungsgeschichte, die ich bereits zitiert habe, beschreibt sie auf bewegende Weise Adams prophetische Weisheit, »da er in ihr die Mutter seiner Kinder erkannte«, und Evas Streben nach Vollkommenheit, »war doch ihre Hoffnung auf den Mann gerichtet«.[12] Hildegard stellte sich Adam und Eva vor dem Sündenfall in einem Zustand der Vollkommenheit vor, in einer Ganzheit von Körper und Geist, in der das Geschlechtliche frei von Begierde und Lust war, und in einem Zustand, in dem Eva hätte schmerzfrei aus ihrer Seite heraus gebären können, so wie sie aus Adam geschaffen worden war. Sich von der traditionellen Interpretation der patristischen Schriften in bezug auf die Unschuld vor dem Sündenfall distanzierend, spricht Hildegard von der »Liebe« Adams zu Eva. »Und

Gott gab der Liebe des Mannes Gestalt, und so ist die Frau die Liebe des Mannes.«[13] Diese harmonische Vision, die sich so stark unterscheidet von der Verdammung der Sexualität durch die sich auf Augustinus berufende Tradition, ist zugleich Ausdruck der toleranten und auf Gleichheit gerichteten Art, in der Hildegard in ihren Schriften zur Heilkunde den menschlichen Geschlechtsakt beschreibt als die Verbindung zweier gleich wichtiger Kräfte, die beide die Natur des Kindes bestimmen.[14]

Der nächste Bibelkommentar stammt aus der Feder einer Autorin des 14. Jahrhunderts, Christine de Pizan (1365–ca. 1430) und entstand unter ganz anderen Voraussetzungen als denen der visionären Hildegard von Bingen. Christine wurde in Venedig geboren und zog wenige Jahre später nach Paris, als ihr Vater zum Hofastrologen von König Karl V. berufen worden war. Sie erhielt gegen den Willen ihrer Mutter eine außergewöhnliche gute Erziehung und heiratete mit 15 Jahren Etienne de Castel, einen Notar und Hofbeamten. Ihr Mann ermutigte sie zu ihren literarischen Arbeiten; die Ehe war glücklich. Nicht lange nachdem ihr Vater verarmt gestorben war, starb 1389 auch ihr Mann. Im Alter von 25 Jahren war Christine verwitwet, ohne Einkommen und mit den Schulden ihres Mannes belastet. Sie brachte sich selbst, ihre Mutter und drei kleine Kinder durch, indem sie Bücher kopierte und herstellte, Illustrationen anfertigte und vielleicht auch Notariatsaufgaben übernahm, während sie zugleich ihren Ruf als Schriftstellerin begründete und festigte. Sie lebte ein der Welt zugewandtes Leben, engagierte sich ehrgeizig am Hof und in der Politik. Bald war sie als Dichterin anerkannt und erhielt den Auftrag, die Biographie Karls V. zu schreiben. Sie machte sich einen Namen als Sachwalterin der Frauen, als sie sich gegen das weitverbreitete Werk *Roman de la Rose* (Rosenroman) von Jean de Meung wandte, weil sie darin die Frauen diffamiert sah. Dies führte zu einer Korrespondenz mit einigen der zu ihrer Zeit führenden Humanisten, in der ihre Reputation in Zweifel gezogen wurde und die der Auftakt war zu einer drei Jahrhunderte währenden Debatte über den Status von Frauen, bekannt als *Querelle des femmes*. Christine setzte ihre Argumentation in ihrem Hauptwerk fort, dem *Livre de la Cité des Dames* (*Das Buch von der Stadt der Frauen*), eine kluge Verteidigung der Frauen und ein gezieltes Bemühen um eine Frauengeschichte, auf die ich in Kapitel 11 genauer eingehen werde.[15]

Es überrascht nicht, daß Christine des Pizans Bibelkommentar mit dem ihr eigenen Selbstvertrauen formuliert ist:

»Dort schlief Adam ein, und aus einer seiner Rippen formte Er den Körper der Frau; dies bedeutet, daß Er sie dazu bestimmte, ihm als seine Gefährtin zur Seite zu stehen – nicht jedoch, als Sklavin zu seinen Füßen zu liegen –, und daß er sie lieben sollte wie sein eigenes Fleisch. ... Ich weiß nicht, ob du es begreifst: Sie wurde nach dem Bilde Gottes geschaffen. Oh! welcher Mund wagt es, etwas zu verunglimpfen, das eine so edle Prägung verrät? ... (Die Seele) schuf Gott und versah den weiblichen Körper mit einer ebenso guten, edlen und in jeder Hinsicht gleichwertigen Seele wie den männlichen. ... die Frau wurde also vom allerhöchsten Arbeiter erschaffen. Und an welchem Ort geschah dies? Im irdischen Paradies. Aus was? Handelte es sich um einen schlechten Stoff? Keineswegs, vielmehr aus dem edelsten Material, das jemals erschaffen wurde: Gott schuf sie aus dem Körper des Mannes.«[16]

Christine war, obwohl Autodidaktin, sehr belesen und mit der klassischen und patristischen Literatur vertraut. Sie kann Hugo von Sankt Viktors Feststellung, daß die Frau nicht aus dem Kopf des Mannes erschaffen worden und deshalb auch nicht zu dessen Herrin bestimmt sei und daß sie nicht aus seinen Füßen geschaffen und also auch nicht als seine Sklavin gedacht sei, durchaus gekannt haben.[17] Sie interpretierte die Anmerkung des Augustinus, daß es eine Gottebenbildlichkeit der Frau nicht gebe, sondern sie nur ihm »ähnlich« geschaffen wurde, als Allegorie und machte sich seine Feststellung zunutze, daß Gott nicht den Körper, sondern die Seele erschaffen habe, indem sie die Gleichheit der Geschlechter trotz ihrer körperlichen Unterschiede betonte. Ihre Versicherung, daß die Substanz, aus der Eva geschaffen worden war, »das edelste Material«, nämlich der Körper des Mannes war, ist eine geschickte, dem gesunden Menschenverstand zugängliche Verkehrung des männlichen Anspruchs auf Überlegenheit aufgrund der Tatsache, daß er zuerst geschaffen worden sei. Sie bediente sich hier einer Methode, die Frauen oft angewendet haben, wenn sie patriarchale Vorstellungen entkräften wollten: Sie akzeptierte scheinbar diese Vorstellungen, um sie dann in ihr Gegenteil zu verkehren, indem sie andere als die von den patriarchalen Denkern her gewohnten Schlüsse daraus zog. Wenn der Mann wegen seiner früheren Erschaffung edler war, dann übertrifft ihn Eva, weil sie aus einem edleren Stoff als er gemacht ist. Dies ist ein logischer Fortschritt gegenüber Hildegards Akzeptanz der weiblichen Schwäche, weil sie aus Fleisch gemacht worden sei, nicht aus Erde.[18]

Bei ihrer Darstellung des Sündenfalls zeigt Christine die gleiche Selbstsicherheit:

»Und wenn jemand vorbringen will, er sei wegen der Frau, wegen Eva, aus dem Paradies vertrieben worden, so sage ich, daß er dank der Jungfrau Maria eine weit höhere Stufe erreicht hat als den Zustand, den er durch Eva verlor, und zwar indem sich die Menschheit mit der Gottheit verbunden hat; dies wäre ohne Evas Missetat nie eingetroffen. Vielmehr sollte man Mann und Frau wegen ihres Fehltritts loben, aus dem eine solche Ehre erwachsen ist. Denn so tief die menschliche Natur auch fiel wegen dieses weiblichen Geschöpfes, so weit wurde die menschliche Natur erhöht durch eben dieses Geschöpf.«[19]

Hier können wir erkennen, wie Christine das patristische Argument, Marias Gnade erlöse von der Sünde Evas, weitertreibt, indem sie versichert, daß Marias Bedeutung bei der Erhöhung der menschlichen Natur den von Eva angerichteten Schaden mehr als ausgeglichen habe.

Der Aufbau ihres wichtigsten feministischen Werkes, *Das Buch von der Stadt der Frauen*, erlaubte es ihr, alle größeren und kleineren Anklagen gegen die Frauen eine nach der anderen zu beantworten. Sie erreichte dies, indem sie in einem Dialog mit der Dame Vernunft, einer allegorischen Gestalt von großer Klarheit und Gelassenheit, alle frauenfeindlichen Behauptungen aufgriff. Dame Vernunft beantwortete jede dieser Behauptungen mit einem Argument, mit Beispielen aus der Geschichte, aus Mythen und Fabeln und mit passenden Bibelzitaten. Höchst ungewöhnlich an der Verteidigung der Frauen durch die Dame Vernunft war, daß diese Verteidigung auf sehr selbstbewußte und konsequente Weise die Ordnung der Geschlechter umkehrte – sie zeigte Frauen unentwegt in einem günstigeren Licht als Männer und pries ihre Tugenden ohne jede demütige Bescheidenheit, Vorbehalte oder Einschränkungen.

So führte Christine beispielsweise aus: »... die Männer schmieden mir eine schwere Waffe aus einem lateinischen Sprichwort...: ›Gott hat den Frauen dies gegeben: das Flennen, Schwätzen und das Weben.‹«, das sie gerne benutzten, um Frauen herabzusetzen. Die Dame Vernunft antwortete, das Sprichwort habe gewiß einen wahren Kern und weise darauf hin, daß durch eben diese Eigenschaften viele Frauen gerettet worden seien. »Oh, wie viele große Gnadenbeweise gewährte Gott den Frauen um ihrer Tränen willen. Die Tränen jener Maria Magdalena verachtete er keineswegs, sondern nahm sie an und verzieh ihr dafür ihre Sünden, so daß sie nun dank jener Tränen im Himmel thront.«[20] Sie fährt dann fort, ähnliche Beispiele aus der Geschichte der Heiligen zu zitieren. Was das Sprechen von Frauen betrifft, so wollte Christus, daß über seine Auferstehung als erste eine Frau berichten sollte; er hatte Mitleid mit der Frau aus Kanaan, die in aller Öffentlichkeit unablässig um Erbarmen flehte, und auch mit der Samariterin sprach er über deren Errettung. »Gott, wie oft geschieht es schon, daß unsere Päpste sich dazu herablassen, Worte an eine einfache kleine Frau zu richten, selbst wenn es um deren Errettung ginge?«[21]

Indem Christine die Bibel nach geeigneten Heldinnen und Beispielen durchforstet, wird sie zur Vorläuferin auf einem Weg, den nach ihr jahrhundertelang andere beschreiten sollten; doch keine der Frauen, die mit derselben Zielsetzung schrieben, haben sie je zitiert. Und es gibt keine Hinweise darauf, daß sie etwas vom Leben und Werk der Christine de Pizan gewußt haben. Es war jedoch Christine de Pizan, die es erreichte, daß Frauen an der Debatte über den gesellschaftlichen Status von Frauen beteiligt wurden, wie das in der *Querelle des femmes* zum Ausdruck kommt, eine Auseinandersetzung, die über drei Jahrhunderte in vielen Teilen Europas geführt wurde. Diese entwickelte sich als ein lockerer, zu gewissen Zeiten auch erbitterter Meinungsaustausch zwischen Feministen/Feministinnen und Antifeministen und stellte die in der Geschichte Westeuropas erste ernsthafte Diskussion über geschlechtsspezifische Rollen als gesellschaftlich bestimmte Konstrukte dar.[22] Während der Renaissance ging es in der Debatte vor allem um eine Neudeutung der Bibel und den Versuch herauszuarbeiten, inwieweit sich Charakter und Natur der christlichen Frau im Alltag wie in der Mythologie von der Frau des Altertums unterscheiden. Männliche und weibliche Verteidiger der Frauen schrieben der »virilen Frau«, welche die ihrem Geschlecht eigentlich gesetzten Grenzen durch Tugend, Edelsinn und Mut überwand, heroische Qualitäten zu. Idealtypus der Verteidiger und Verteidigerinnen der Frauen war ein androgynes Wesen, eine Person, die »weibliche« und »männliche« Tugenden in sich vereinte. Die Debatte blieb mehr als zweihundert Jahre ziemlich abstrakt, intellektuell und rhetorisch. Vorschläge für soziale Veränderungen waren nicht beabsichtigt und ergaben sich auch nicht aus der Diskussion; sie bot aber ein Gegengewicht zu der höchst frauenfeindlichen Tradition der Kirche. Den langen Listen der Beispiele von heroischen Frauen, *exempla*, die von den Feministen und Feministinnen präsentiert wurden, standen die herablassenden und erniedrigenden Predigten, die vorgeschriebene Lektüre und die populären Auffassungen gegenüber. Die an dieser Debatte beteiligten Frauen nahmen im Rahmen ihrer Argumentation fast unvermeidlich Neudeutungen des Bibeltextes vor.

Eine der gebildeten Frauen der Renaissance, Isotta Nogarola (1418– 1466), engagierte sich in einer derartigen Auseinandersetzung über die Deutung der Bibel. Die Kontroverse vollzog sich in der Form eines Briefwechsels mit einem bekannten männlichen Humanisten, dem Venezianer Ludovico Foscarini, über die Verantwortung von Adam und Eva für den Sündenfall. Ludovico vertrat die Meinung, Eva habe mehr Schuld auf sich geladen als Adam, weil sie schwerer bestraft worden sei als er, seine Sünde verursacht und aus Hochmut gehandelt habe.[23]

Isotta nahm, wie vor ihr Hildegard von Bingen, Evas größere Schwäche als Tatsache hin:

»Wo weniger Klugheit und weniger Beständigkeit ist, da ist auch weniger Sünde; und Eva [der Verstand und Beständigkeit fehlten] sündigte deshalb in geringerem Maße. Darum [Evas Schwäche] wissend, begann die geschickte Schlange, die Frau in Versu-

chung zu führen, vielleicht weil sie den Mann wegen seiner Standhaftigkeit für unbeein-
flußbar hielt... [Adam muß auch für schuldiger gehalten werden, zweitens] wegen seiner stärkeren Mißachtung des Gebots. Denn in Genesis 2 ist gesagt, daß der Herr Adam
zum Gebieter machte, nicht Eva... Außerdem hat die Frau es nicht getan [von dem verbotenen Baum zu essen], weil sie dachte, daß sie Gott ähnlicher geschaffen worden sei,
sondern vielmehr weil sie schwach war und [anfälliger für] Sinnenlust... und es ist nicht
gesagt, [daß sie es getan hat] um Gott gleich zu sein. Und hätte Adam nicht gegessen, so
wäre ihre Sünde ohne Folgen geblieben. Denn es ist nicht gesagt: ›Wenn Eva nicht
gesündigt hätte, so wäre Christus nicht zu Fleisch geworden‹, sondern ›Wenn Adam
nicht gesündigt hätte...‹ Bemerke, daß Adams Strafe schwerer erscheint als Evas Strafe:
denn Gott sagte zu Adam, nicht zu Eva: ›Zu Staub sollst du wieder werden.‹ und der
Tod ist die schwerste Strafe, die verhängt werden kann. Daraus ergibt sich unmißverständlich, daß Adam schwerer bestraft wurde als Eva.«[24]

Ludovico antwortete, daß Eva auf jeden Fall für ihre Sünde verantwortlich
gewesen sei und schlimmer gesündigt habe als Adam, weil sie ihn zum Sündigen verleitet habe. Außerdem sei ihre Sünde nicht Schwäche, sondern
Hochmut gewesen. Isotta widerspricht:

»Es ist ganz eindeutig eine geringere Sünde, nach der Erkenntnis des Guten und Bösen
zu streben als ein göttliches Gebot zu übertreten, da das Streben nach Wissen etwas
Natürliches ist, und alle Menschen von Natur aus nach Wissen streben... Eva, schwach
und unwissend von Natur, sündigte weit weniger, indem sie dem Rat der Schlange
folgte, die »weise« genannt wurde, als Adam – von Gott mit vollkommenem Wissen
und Verstand geschaffen – indem er den verführerischen Worten der unvollkommenen
Frau Gehör schenkte.«[25]

Isottas Antwort verrät Genie und Bildung. Sie zitierte und kommentierte
in freier Rede die Schriften der Kirchenväter und patristische Texte. Bemerkenswert ist, daß sie bei ihrer Verteidigung Evas gegen den Vorwurf des
Hochmuts erklärte, ein Streben nach Wissen sei natürlich und »allen Menschen« gemeinsam. Offenbar machte sie also keinen Unterschied zwischen
Männern und Frauen und nahm damit die Naturrechtsdebatte weit vorweg. Doch sie bestand auf Evas Schwäche. Die Tatsache, daß sie ihre anderen Argumente auf patristische Quellen stützte, dies aber nicht durch ein
Zitieren aus Schriften der Hildegard von Bingen absicherte, zeigt, daß sie
die Schriften Hildegards wohl nicht gekannt hat.

Laura Cereta (1469–1499) hingegen, eine Generation später und Reprä-
sentantin der dritten Generation italienischer Humanistinnen, war mit den
Werken Nogarolas vertraut.[26] In Brescia geboren, erhielt sie eine hervorragende Bildung und hatte durch ihren Vater, der das militärische Bauwesen
überwachte, ein ungewöhnlich großes Interesse an Mathematik mit einem
entsprechend verstärkten Unterricht in diesem Fach. Mit fünfzehn Jahren
verheiratet und bald verwitwet, widmete sie sich nicht nur während ihrer

Ehe weiter ihrer literarischen Korrespondenz und ihren Literaturstudien, sondern überwand auch den großen Schmerz über den Tod ihres Mannes durch das Fortsetzen ihres Schreibens. Sie litt sehr unter der Geringschätzung von seiten der männlichen Humanisten, die behaupteten, ihr Vater müsse die Briefe geschrieben haben, weil eine Frau solche Briefe nicht schreiben könnte. Cereta antwortete denen, die sie so herabsetzten, mit geistreichen Schmähungen. In einem Brief attackierte sie einen Mann, der zuviel auf die äußere Erscheinung von Frauen achtete:

»Deshalb, Augustinus, ... wünsche ich, Du würdest mein Alter oder zumindest mein Geschlecht nicht beachten. Denn die Natur [der Frauen] ist vor Sündhaftigkeit nicht gefeit; die Natur hat unsere Mutter [Eva] nicht aus Erde, sondern aus dem menschlichen Körper Adams geschaffen... Wir sind ein unvollkommenes Wesen, und unsere schwache Kraft, solche Autorität ausübend, über so großen Erfolg gebietend, ... sei vorsichtig... Denn wo größere Weisheit ist, da ist auch größere Schuld.«[27]

Hier nimmt sie ganz eindeutig die Argumentation Nogarolas zur Verteidigung Evas wieder auf.

Marguerite d'Angoulême, Königin von Navarra und Schwester von König Franz I. (1492–1549), entwickelte in ihrem *Miroir de l'Âme Pécheresse...* (Spiegel der sündhaften Seele...), veröffentlicht 1531, eine weibliche, in manchen Teilen sogar feministische Theologie. Sie war eine Humanistin und stark beeinflußt von der Theologie Calvins, verließ aber die katholische Kirche nicht. An ihrem Hof schützte sie Humanisten und protestantische Reformer. In ihren Schriften befürwortete sie die von Luther vertretene Idee des *sola fides* (durch den Glauben allein), wenn sie etwa in ihrem Vorwort feststellte, daß nur »durch die Gabe des Glaubens... die Erkenntnis des Guten, Weisheit und Macht gegeben wird«.[28] Marguerite war sehr wahrscheinlich durch ihren Mentor Lefèvre d'Etaples mit den Schriften der Mystikerinnen Hildegard von Bingen und Mechthild von Hackeborn sehr vertraut. Das mag sie bestärkt haben in der Überzeugung von ihrer religiösen Aufgabe und ihrem Recht, offen über ihre eigenen spirituellen Einsichten zu sprechen. Sie entschied sich, daß in ihrem Buch eine Frau die Aufgabe des Erzählens und Interpretierens übernehmen sollte, und zitierte vor allem Bibeltexte, die sich auf Frauen bezogen. Indem sie sich auf die mystische Ekstase ihrer Vorgängerinnen zurückbezog, betonte sie Gottes besonderen Segen für sie als Frau:

»Du nennst mich Freundin, Braut, und schön:
Wenn ich das bin, so hast Du mich gemacht...
Höre ich Dir zu, so höre ich mich Mutter genannt werden.
Schwester, Tochter, Braut. Oh, die Seele, die es vermag
diese Süße zu fühlen, wird verzehrt,
schmilzt dahin, wird verbrannt, zu nichts gemacht.«[29]

In einem Abschnitt, in dem sie die Qualen der sündigen Seele beschrieb, die sie als die eigene identifizierte, interpretierte sie eine Passage der Bibel sehr wörtlich auf eine Art, die der Beziehung des Weiblichen zum Göttlichen eine besonders große Bedeutung einräumt.

»Wird meine Seele es wagen, zu sprechen
und Dich Vater zu nennen? Ja, und unseren:
Das hast Du gestattet im Vaterunser...
Aber, Herr, wenn Du mein Vater bist,
Kann ich dann annehmen, Deine Mutter zu sein?
Zu erzeugen Dich, der mich erschaffen hat:
Dies ist ein Mysterium, das ich nicht ergründen kann:
Aber Du hast mir den Zweifel genommen
Als Du, predigend, die Arme ausbreitetest
sagtest: ›Diejenigen, die meines Vaters Gebote erfüllen,
sind meine Brüder, und meine Schwestern, und meine Mutter.‹«[30]

Margarete von Navarras kühne Deutung des »Mysteriums«, daß sie den »erzeuge, der mich erschaffen hat«, setzt zumindest die völlige Gleichheit von Mann und Frau in bezug auf das Göttliche voraus und gibt einen Hinweis auf das Mysterium von Marias Rolle bei der Erlösung. Es ist typisch für die hintersinnig-»verquere« Art, in der Frauen die Schriften neu interpretierten, daß die Neudeutung in die demütig-respektvolle Frage einer sündigen Seele an Gott gekleidet, und zudem auf eine sorgfältig ausgesuchte Bibelstelle gestützt wird, die Margarete ohne zu zögern frei und selbstsicher interpretiert.

Eine derartige Sicherheit war zweifellos auch bedingt durch die privilegierte und mächtige gesellschaftliche Position der Königin. Andererseits, das haben wir im Falle von Marguerite Porète gesehen, waren unorthodoxe Bibelinterpretationen sehr gefährlich und konnten zu einer Anklage wegen Häresie und Hexenzauber führen. Eine Zeitgenossin von Margarete von Navarra in England, Anne Askew, die Tochter eines Höflings von Heinrich VIII. und sehr gebildet, befand sich in äußerster Gefahr, als ihr katholischer Mann sie mit ihren beiden Kindern aus dem Haus wies und sie wegen ihrer Mitgliedschaft in der Reformierten Kirche beschuldigte, eine Ketzerin zu sein. Anne Askew verlangte die Scheidung, die ihr nicht gewährt wurde, und lebte dann alleine und schutzlos in London, im Umkreis des Hofes verkehrend. Als sie offiziell der Ketzerei angeklagt wurde, fertigte sie eine Niederschrift ihres Verhörs vor einem Gericht für Glaubensfragen an. Es handelt sich um ein höchst ungewöhnliches Dokument, das den Mut dieser Frau, ihren treffenden Witz und ihr Beharren auf ihrem Recht und ihrer Fähigkeit, die Heilige Schrift zu interpretieren, beweist. Als der Bischof gegen Anne Askew Paulus zitierte,

»antwortete ich ihm, daß ich die Meinung des Paulus ebensogut kenne wie er, in diesem Falle, 1. Korinther 13, daß es der Frau in der Gemeinde nicht erlaubt sei, wie eine Lehrende zu sprechen. Und dann fragte ich ihn, wie viele Frauen er denn gesehen hätte, die auf die Kanzel gestiegen wären und gepredigt hätten. Er sagte, er hätte noch keine gesehen. Dann sagte ich, er sollte keinen Fehler an den armen Frauen finden, außer sie hätten gegen das Gesetz verstoßen.«[31]

Askew nahm voller Selbstvertrauen das Recht in Anspruch, Paulus zu interpretieren und spitzfindig mit dem Bischof darüber zu debattieren. Als Margery Kempe unter einer ähnlichen Anklage stand und ähnliches zu ihrer Verteidigung gesagt hatte – nämlich daß sie nicht von einer Kanzel predige, sondern lediglich unterrichte bzw. Ratschläge erteile –, zeigten sich ihre Ankläger einsichtig. Anne Askew war dieses Glück nicht beschieden. Als der Bischof von ihr verlangte, sie solle »in seinem Sinne antworten«, weigerte sie sich zu sprechen mit der Begründung, »Gott hat mir die Gabe der Erkenntnis und des Wissens gegeben, nicht die des Vortragens von Erklärungen«. Weiter im Gefängnis eingesperrt, wurde sie von einem Priester befragt, der sich bemühte, ihr Vertrauen zu gewinnen; und wieder lehnte sie es ab, zu antworten. »Ich werde es nicht tun, weil ich verstehe, daß Sie mich in Versuchung führen wollen. Und er sagte, daß es gegen die Schulordnung verstoße, wenn er, der die Fragen zu stellen habe, nun Fragen beantworte. Ich erklärte ihm, ich sei nur eine arme Frau und wisse nicht, wie es an Schulen zugehe.«[32] Wieder erstaunt die Fähigkeit Askews, auch unter den widrigsten Umständen den Inhalt und Ablauf eines Gesprächs zu bestimmen. Männer, die Frauen von der Schule fernhalten, verlangen dennoch, daß diese die Schulordnung beachten – dieses Ansinnen weist sie zurück. Das Ergebnis dieser Ablehnung ist katastrophal. Sie wurde auf ein Streckbrett geschnallt, damit sie unter der Folter die Namen von Mitgliedern des Adels nenne, die ähnlich dachten wie sie. Sie schwieg trotz schwerer Folter und schrie nicht, »bis ich fast tot war«. Sie wurde dann vom Streckbrett genommen und verlor das Bewußtsein. Als sie wieder zu sich kam, »saß ich elf lange Stunden auf dem bloßen Fußboden und diskutierte mit dem Lordkanzler«. Diese Aussage ist bezeichnend – nachdem sie auf Anweisung des Kanzlers gefoltert worden war, setzte sie sich stundenlang auf den Fußboden, um mit ihm zu diskutieren. Eine derartige Unnachgiebigkeit in bezug auf das Recht, die Autorität zu hinterfragen und eine vernünftige Erörterung der Probleme zu verlangen, konnte nur zu einem Ende führen: Anne Askew wurde 1564 als Ketzerin auf dem Scheiterhaufen verbrannt.

Fast vierzig Jahre später kam es in Fortsetzung der zuvor in Frankreich ausgetragenen *Querelle des femmes* zu einer längeren Debatte über Frauen in England. In beiden Ländern begann die Auseinandersetzung mit der

Veröffentlichung eines antifeministischen Pamphlets, das alle Einwände gegen Frauen in der mittelalterlichen und patristischen Literatur zusammenfaßte, was zu einer entschlossenen und geistreichen Verteidigung der Frauen von seiten streitbarer Männer und Frauen führte. In beiden Ländern waren die antifeministischen Pamphlete beliebter, und sie wurden deshalb sehr viel öfter nachgedruckt als die feministischen Antworten.[33]

In England antwortete die erste der Pamphletschreiberinnen, eine Jane Anger, auf eine frauenfeindliche Streitschrift mit einer auf Frauen konzentrierten Verteidigung unter dem Titel *Her protection for women...* (Ihr Schutz für Frauen).[34] Anger wiederholte die ältere Interpretation der Schöpfungsgeschichte, gab ihr aber eine besondere Wendung:

»Die Schöpfung von Mann und Frau am Anfang, als er geformt wurde *in principio* aus Dreck und klebrigem Lehm und so blieb, bis Gott sah, daß ihm sein Werk gut gelungen war, und also wurde es bei der Umwandlung des Staubs, der schmutzig war, in Fleisch gereinigt. Dann, weil ihm eine Hilfe fehlte, machte Gott die Frau aus dem Fleisch des Mannes, damit sie reiner sei als er, was doch offensichtlich zeigt, um wieviel ausgezeichneter wir Frauen sind als Männer. Unsere Körper sind fruchtbar, weshalb die Welt zunimmt, und unsere Fürsorge ist wunderbar, wodurch der Mann erhalten wird. Aus der Frau kam die Errettung des Mannes. Eine Frau war die erste, die glaubte, und eine Frau war gleichfalls die erste, die ihre Sünde bereute.[35]

Angers Ausweitung der Argumentation für die Überlegenheit Evas vom Schöpfungsakt bis zum Sündenfall – nämlich daß es Eva war, die nach dem Sündenfall mit Fruchtbarkeit gesegnet wurde – sollte von anderen Bibelkommentatorinnen oft wieder aufgenommen werden, ohne daß dem ersten Teil ihrer Argumentation genügend Aufmerksamkeit geschenkt wurde. Es scheint, als wäre dieser Gesichtspunkt zum ersten Mal in diesem Pamphlet erwähnt worden. Anger verwendete diese Argumentation auf eine häuslich orientierte, vom gesunden Menschenverstand geprägte Art weiter, als sie all das, was Frauen zugunsten von Männern tun, im Detail bildhaft auflistete. »Sie werden von uns verwöhnt und bei Laune gehalten«, versicherte sie. Frauen sorgen für Nahrung und dafür, daß die Männer sauber und gesund sind. »Ohne unsere Fürsorge lägen sie in ihren Betten wie Hunde auf der Streu und gingen herum wie eklige Makrelen, die in der Sommerhitze schwimmen.«[36] Wie andere vor und nach ihr zählte Anger tugendhafte Frauen des Altertums und aus den biblischen Geschichten auf, um ihre Auffassung zu stützen.

1615 schrieb ein Joseph Swetnam (Pseudonym) eine Attacke auf die Frauen, die sofort zum Bestseller und in den nächsten hundert Jahren ständig nachgedruckt wurde.[37] Er provozierte eine Reihe von Entgegnungen in der Form von Pamphleten, darunter einige, die von Männern verfaßt waren, doch die erste Erwiderung stammte aus der Feder von Rachel Speght, der gebildeten Tochter eines Klerikers, die damals nach ihren eigenen Angaben noch nicht zwanzig Jahre alt war. Speghts satirische Antwort auf Swetnam nahm nicht nur auf eine brillante Art seine unlogische und oberflächliche Argumentation auseinander, seinen verschroben-geschnörkelten Stil und seine pompösen Platitüden, sondern legte eine Interpretation von Bibeltexten vor, die genauer und umfassender ausgearbeitet waren als alles, was Frauen vor ihr geschrieben hatten, ausgenommen Christine de Pizan. Es überrascht nicht, daß die Frage gestellt wurde, ob Rachel Speght den Text selbst verfaßt hätte, und daß behauptet wurde, sie gäbe eine Arbeit ihres Vater als die ihre aus. Diese Anschuldigung ärgerte sie zutiefst, woraufhin sie öffentlich die Autorenschaft für dieses erste Pamphlet wie für ihr später publiziertes theologisches Werk *Mortality's Memorandum* für sich beanspruchte.[38]

In ihrer scharfen Entgegnung auf Swetnam nahm Speght das alte Thema wieder auf, daß die Frau (Eva) aus einem verfeinerten Material hergestellt sei, während Adam aus bloßem Staub erschaffen wurde. Sie führte aus:

»Sie wurde nicht aus Adams Fuß geschaffen, um ihm unterlegen zu sein, noch von seinem Kopf genommen, um über ihm zu stehen, sondern von seiner Seite, aus der Nähe seines Herzens, um ihm als gleiche zugesellt zu sein...«[39]

Sie beantwortete die Frage nach Evas Schuld am Sündenfall sehr ähnlich wie Christine de Pizan, war aber schärfer in ihrem Angriff auf Adam: »Denn durch den freien Willen, dessen er sich vor dem Sündenfall erfreute, hätte er Abstand nehmen können und wäre nicht gebrannt oder versengt worden von dem Feuer, das Satan entzündet hatte und in das von Eva hineingeblasen wurde.«[40] Speght kannte die Werke des Augustinus und der Kirchenväter gut, ignorierte aber deren Interpretationen zum Sündenfall und widersprach ihnen mit ihrer eigenen Deutung. Sie setzte ihre Argumentation mit dem Hinweis auf Evas lebenspendende Aufgabe fort und erklärte, daß – obwohl die Frau den Anlaß zur Sünde gegeben habe – durch »Evas gesegneten Samen« Christus geboren worden sei, und in Christus Männliches und Weibliches eins seien.[41] Noch interessanter ist eine Textkritik der Aussage von Paulus: »Es täte dem Manne gut, eine Frau nicht zu berühren.« Speght argumentierte historisch mit dem Hinweis, daß dies gesagt worden sei, als die Korinther der Verfolgung ausgesetzt waren, und dieser Rat gegeben worden sei, um die Korinther und ihre Frauen vor Gefangennahme und Tod zu bewahren. Außerdem betonte sie, Paulus selbst habe später geheiratet. Eine historische Kritik wie diese war bis dahin von einer Frau noch nicht geäußert worden.[42]

In einem komplexen Argument, das sich auf das aristotelische Verständnis des Verhältnisses von Ursache und Wirkung stützte, erläuterte Speght, daß das wahre Verdienst der Frau vom finalen Grund oder Ziel abzuleiten sei, zu dem sie von Gott geschaffen wurde. Die Frau sei wie der Mann zum Ruhme Gottes gemacht und dazu da, »dem Manne eine Gefährtin an seiner Seite zu sein, um Gott zu loben, indem sie ihren ganzen Körper und alle seine Teile, Kräfte und Fähigkeiten gebrauche als Mittel, um ihn zu ehren«.[43] Diese kühne These, daß der Körper der Frau geheiligt und gesegnet sei in allen seinen Teilen, war nicht nur eine passende Antwort auf die verächtlichen Beschreibungen des weiblichen Körpers durch Swetnam, sondern bedeutete einen Fortschritt in der feministischen Deutung von Bibeltexten. Speght führte außerdem an, daß die Aufgabe der Frau, dem Manne eine Gefährtin zu sein, sie auf gleichen Fuß mit ihm stelle. Dann folgte eine sorgfältige Auswahl von Texten aus der gesamten Bibel, die sie im Sinne ihrer Auffassung für relevant hielt. Ihre Argumentation ist von lebendiger Frische, gut belegt und sorgfältig in ihrem Aufbau und den Schlußfolgerungen.

Zwei Jahre nach dem Erscheinen der Streitschrift von Speght veröffentlichte derselbe Verleger eine andere Antwort auf Swetnam von Ester Sowernam. Die Autorin kannte die Arbeit Speghts, die sie für unzureichend hielt, weil Speght in manchen Passagen die Frauen negativ beurteilte. Sowernam war im Ton aggressiver als Speght und zeigte größeres Selbstbewußtsein, offenbar aufgrund ihrer umfangreichen Kenntnisse der klassischen Literatur. Sie betonte die positiven Gaben, mit denen Gott die Frauen segnete. Nach dem Sündenfall bestrafte Gott Adam und Eva mit Sterblichkeit, aber

»er ließ Adam Gerechtigkeit widerfahren; obwohl die Frau von der Gerechtigkeit schmeckt, ist doch Vergebung ihr Teil. Und von allen Werken der Gnade, auf die die Menschheit hoffen kann, ist die größte, die segensreichste und die freudevollste der Frau versprochen. Die Frau, ins Verderben gestürzt durch den Genuß einer Frucht, wird gestraft durch das Hervorbringen ihrer eigenen Frucht. Was sie also durch eine Frucht verlor, das wird sie durch eine Frucht gutmachen.«[44]

Sowernam wiederholte das bekannte Argument, das sich auf Evas Namen, »Mutter des Lebendigen«, beruft und die Rolle beschreibt, »für die ihrer Bestimmung nach sie und alle Frauen gemacht sind: Helferinnen zu sein, Trösterinnen, Spenderinnen von Freude und Wonnen«.[45] Sowernam stellte dann eine umfangreiche Liste von biblischen Heldinnen aus dem Alten und Neuen Testament vor und schloß mit einer witzigen und vernichtenden Attacke auf den Charakter, den Verstand und die Glaubwürdigkeit von Joseph Swetnam.

Der Krieg der Pamphlete zum Thema Frauen dauerte bis ins späte 17. Jahrhundert hinein, als die vierzehnjährige Sarah Fyge (Field Egerton)

(1669/72–1722/23) einem Robert Gould auf eine frauenfeindliche Schmä-
hung mit einem langen Gedicht antwortete, *The Female Advocate*, veröffentlicht 1686. Die Veröffentlichung ärgerte ihren Vater so, daß er ihr das
Haus verbot. Fyge machte sich das bekannte Argument zugunsten der
Überlegenheit Evas zu eigen, daß sie nämlich aus einem verfeinerten Material geschaffen worden sei, und setzte dem noch ein Glanzlicht auf:

»Damit ist klar, daß die Erschaffung des Weibes eine Wohltat / und nicht schlechter war,
wenn man es recht bedenkt, / als die des Mannes; denn beide hatten einen Schöpfer, /
dem alles gut geriet; wie könnte da Eva mißraten sein?«[46]

Eine feministische Kritik und Neudeutung der Bibel finden wir auch in den
Werken der britischen Dichterin Aemilia Lanyer aus dem 17. Jahrhundert.
Der von ihr veröffentlichte Band mit religiösen Gedichten erschien 1611
und enthielt nicht weniger als neun Gedichte, die Frauen der Königsfamilie
und des Adels gewidmet waren. Derartige Widmungen waren zu jener Zeit
recht üblich und halfen den Autoren und Autorinnen, die Unterstützung
und Gunst derer zu finden, die so geehrt wurden. Daß alle Widmungen
Frauen zugedacht waren, spricht dafür, daß es damals schon ein einflußrei-
ches weibliches Lesepublikum gab. Ein großer Teil des Bandes befaßte sich
sich mit dem Leiden Christi, wobei Lanyer ausführlich die aktive und positive Rolle der Frauen als Helferinnen Christi darstellte:

»Es gefiel unserem Herrn und Heiland Jesus Christus, ohne die Hilfe eines Mannes …
von einer Frau empfangen zu werden, von einer Frau geboren zu werden, von einer
Frau genährt zu werden, einer Frau zu gehorchen; und daß er Frauen heilte, ihnen ver-
zieh, ihnen wohltat: ja, und selbst als er in größter Not war und Blut schwitzte, auf dem
Weg zur Kreuzigung, und auch in der letzten Stunde seines Todes, lag ihm daran, eine
Frau mit einer Aufgabe zu betrauen: nach seiner Auferstehung, die zuerst von einer
Frau bemerkt wurde, sandte er eine Frau, damit sie den anderen Jüngern die Nachricht
von seiner strahlenumglänzten Auferstehung bringe.«[47]

Lanyer beschrieb, wie die Männer Christus verrieten; all die Richter,
Schreiber und Pharisäer waren Männer. Sie stellte dies der Sünde Evas
gegenüber, die im Vergleich dazu gering erschien.

»Unsere Mutter Eva, die von des Baumes Frucht probierte
Und Adam gab, was sie für äußerst kostbar hielt,
War einfach gut, und hatte nicht die Macht der Erkenntnis,
der daraufhin zu erwartende Kummer wurde ihr nicht klar:
Die schlaue Schlange, die unser Geschlecht betrog,
Hatte also vor unser'm Sündigwerden diesen Anschlag schon geplant.
…
Aber Adam kann ganz sicher nicht entschuldigt werden,
Obwohl groß ihre Schuld, war doch er der Hauptschuldige
Was die Schwäche anbot, hätte Stärke zurückweisen können,
Herr über alles, der er war, um so größer seine Schande:

Obwohl der Schlange Kunst die Frau mißbraucht hatte,
Mußte Gottes heil'ges Wort doch seinem Handeln Grenzen setzen,
Denn er war der Herr und König des ganzen Erdenrunds,
Bevor noch die arme Eva erschaffen worden war und atmete.«

Anschließend beschrieb sie die größere Verantwortung Adams für den Sündenfall und gelangte dann zu einem starken Argument für die Gleichheit
der Frauen:

»Ohne unsere Schmerzen kamst Du nicht auf die Welt,
Darum sei Deiner Grausamkeit eine Schranke vorgestellt.
Da Deine Schuld größer ist, wie kannst Du es verschmähen,
Uns Frauen ebenbürtig und frei von Tyrannei zu sehen?
Eine einfache Frau aus Schwäche hat verstoßen gegen Gottes Rat,
Doch weder Vergebung noch Ende gibt es für die Sünden Deiner Tat.«[48]

In einer kraftvollen und originellen Passage bot sie eine an den geschlechtsspezifischen Rollen orientierte Lesart der Leidensgeschichte.

»Erst kommt der Ausrufer, der mit offenem Mund ausschreit die schwere Strafe,
entschieden aus Schändlichkeit.
Der Henker demnach, durch sein böses Amt bereit
für den Ort, wo Sünder nie sterben, den Höllenschlund.
Dann kommt der Schmied, mit den Nägeln das Kreuz zu bauen;
das Volk schmäht seinen Schöpfer in Gottlosigkeit.
Zu Seiner beiden Seiten die Diebe sind bereit.
Der Hauptmann wacht dabei; die da weinen sind einzig die Frauen.«[49]

Lanyers Band enthält auch eine pastorale Elegie, in der sie von einem Landgut schrieb, in dem nur Frauen wohnten, Margaret Clifford, Countess of
Cumberland, deren junge Tochter Anne und Aemilia selbst, die am Ende
gezwungen wurden, sich zu trennen. Die idyllische Beschreibung, die auf
eine feministische Neudeutung der Geschichte vom Sündenfall und der
Leidensgeschichte folgte, war Ausdruck einer feministischen Revision der
zentralen Texte des christlichen Glaubens.

Die nächste ausführlichere theologische Erörterung über die Stellung
der Frauen entstammte der Feder der holländischen Gelehrten Anna Maria
van Schurman (1607–1678). Sie war wahrscheinlich die bekannteste unter
den gebildeten Frauen des 17. Jahrhunderts und stand im Briefwechsel mit
anderen weiblichen Intellektuellen in verschiedenen Ländern. Sie wurde in
Köln als Tochter von Eltern, die zu den Reformierten gehörten, geboren
und lebte die meiste Zeit ihres Lebens in Utrecht. Ihren frühen künstlerischen Fähigkeiten entsprachen ihre frühreifen Leistungen. Ihr großes fach-
liches Wissen auf den Gebieten der Arithmetik, Geographie, Astronomie
und Musik wurde begleitet von ihrer Kenntnis aller wichtigen europäi-

schen Sprachen in Wort und Schrift sowie des Lateinischen, Griechischen, Hebräischen, Syrischen, Aramäischen und Arabischen. Ihr Vater ermutigte sie bei ihren Studien und drängte sie, nicht zu heiraten, um ihr Talent nicht zu vergeuden.

Ihr Hauptwerk, das weit verbreitet wurde und viel Zustimmung fand, war ein in lateinischer Sprache geschriebener Aufsatz »Ob der christlichen Frau das Studium der Wissenschaften zukommt?«, veröffentlicht im Jahre 1638. Schurman bejahte diese Frage, wollte solche Studien aber auf ledige, wohlhabende Frauen beschränkt wissen, so daß sie nicht von ihren häuslichen Pflichten abgehalten würden. Sie stützte ihre gemäßigt feministische Argumentation zugunsten der Bildung von Frauen auf ihre Überzeugung, daß vor Gott alle Seelen gleich seien. »Was immer zur wahren Größe der Seele führt, ist einer christlichen Frau gemäß... Was immer menschliches Verstehen vervollständigt und veredelt, ist einer christlichen Frau gemäß... Was immer den menschlichen Geist mit ungewöhnlicher und ehrlicher Freude erfüllt, ist einer christlichen Frau gemäß.«[50] Schurmans Theologie erlaubte hinsichtlich des menschlichen Geistes und der menschlichen Seele keine Unterscheidung nach dem Geschlecht. Sie wollte die Bildung der Frauen zur Ehre Gottes und zur Rettung deren eigener Seele, wie es auch bei den Männern der Fall war.

Als Schurman wegen des Todes ihrer Mutter ihr kontemplatives Leben aufgeben und die üblichen häuslichen Pflichten einer Frau übernehmen mußte, suchte sie nach anderen Ausdrucksformen und fand diese in den Lehren von Jean de Labadie. Sie trat einer pietistischen Gemeinschaft bei, und es scheint, als habe sie der früher vorrangigen Beschäftigung mit Studien und Bildung entsagt, da sie nicht länger glaubte, so zu »wahrem Wissen« und Vollkommenheit gelangen zu können. Sie engagierte sich lieber als tatkräftiges Mitglied ihrer Sekte und anerkannte Führerin ihrer Gemeinde. Sie wurde dafür anerkannt, daß sie die Form und Struktur der pietistischen »Hausandachten« (»Hauskirche«) entwickelt hat, private Gottesdienste, die Frauen ganz neue Möglichkeiten boten, in Glaubensangelegenheiten einen bestimmenden Einfluß auszuüben. Nach Auffassung wenigstens einer Historikerin wechselte sie von der Position einer isolierten Scholastikerin zur Teilnahme am Leben einer Gemeinschaft, die praktisches Wissen mit spirituellem Wachstum verband.[51]

Die pietistische Bewegung brachte eine beachtliche Gruppe von Laienpredigerinnen und Prophetinnen hervor, zu deren Predigten auf den Marktplätzen kleiner Städte in Deutschland und Holland sich große Menschenmengen versammelten und deren spirituelle Autobiographien Zeugnisse weiblicher religiöser Führung sind. Wie wir schon gesehen haben:

Anna Vetter predigte ihre Vision der wesentlichen Rolle der Frauen für die Wiederkehr Christi; Johanna Eleonora Petersen war eine anerkannte Sektenführerin und Briefpartnerin von Anna van Schurman und William Penn. Die 1688 von ihr veröffentlichte Beschreibung ihrer spirituellen Entwicklung unterstützte die Verbreitung der Ideen ihrer Sekte und stellte ein Modell religiöser Führerschaft durch Frauen vor.[52] Eine andere pietistische Predigerin und Verfasserin religiöser Schriften war Antoinette Bourignon (1606–1680), deren Traktate große Verbreitung fanden und die in Holland und Norddeutschland predigte und lehrte. Sie fühlte sich zur Wahrnehmung dieser öffentlichen Rolle durch »das Licht Gottes« autorisiert. Ihre Interpretation der Schöpfungsgeschichte reflektierte die mystische Theologie von Jacob Böhme, nach dessen Lehre Adam vor dem Sündenfall androgyn war und als Strafe für den Sündenfall die Teilung der Menschheit in zwei Geschlechter erfolgte. Antoinette Bourignon kommentierte das so:

»Nachdem sich Adam von Gott abgewandt, da hat er seinen herrlichen leib verlohren, und da hat Gott aus ihm das weib gemacht ... In dam für dem sündenfall war kein mann noch weib zertheilet, sondern beyde naturen in eines: Und er hätte beyde naturen gezeuget, die ihm ähnlich waren, nemlich mann und weib zusammen.«[53]

Wir haben bereits die wichtige Rolle von Frauen in den Quäkergemeinden und das 1666 erschienene theologische Hauptwerk Margaret Fells, *Women's Speaking Justified, Proved and Allowed by the Scriptures...* (Predigen der Frauen von Bibeltexten gerechtfertigt, gebilligt und erlaubt) diskutiert. An dieser Stelle müssen wir uns nur die große Bedeutung des von Margaret Fell verfaßten systematischen Überblicks vergegenwärtigen, in dem sie alle Bibelstellen, die sich auf Frauen beziehen, zusammenstellte und ihre feministische Deutung dieser Texte hinzufügte. Während ihre Arbeit sehr viel umfangreicher war als die ihrer Vorgängerinnen, bot sie im großen und ganzen keine inhaltlich neue Interpretation, die weiter ging als die von Rachel Speght, die ihr in dem Versuch, eine möglichst vollständige Aufzeichnung aller Fundstellen in bezug auf Frauen zu bieten, am nächsten kam. Allerdings ging sie in ihrer Kritik der Paulus-Texte weiter als ihre Vorgänger und Vorgängerinnen, einschließlich George Fox. Wie Luther, Calvin und Milton vor ihr erhob sie den Vorwurf, diese Texte seien falsch interpretiert worden. Wie Rachel Speght vor ihr hielt sie es für richtig, die Aufforderung des Paulus, die Frau solle schweigen in der Gemeinde, aus dem historischen Zusammenhang heraus zu verstehen, und zwar in dem Sinne, daß Paulus habe sagen wollen, Frauen und Männer, denen das Wort nicht der Reihenfolge der Wortmeldungen nach erteilt worden sei, sollten schweigen. Sie war der Auffassung, daß die paulinische Lehre falsch interpretiert worden sei, und sie erklärte den Ausspruch des Paulus, »denn es ist schändlich für Frauen, in der Kirche zu sprechen«, durch die Einbeziehung der geschichtlichen Umstände. Der Apostel hätte nur das Ziel verfolgt, ein Durcheinander bei den Zusammenkünften zu vermeiden, indem er konfuse Teilnehmer am Reden hinderte. Fell versicherte, daß alle, die den Geist Gottes empfangen hätten, vom Schweigen entbunden wären und sprechen müßten um der wahren Erlösung der Sünder willen.

Außerdem sollte das Verbot des Paulus auf einen bestimmten Ort bezogen interpretiert, sollte ihm also keine universelle Geltung zugestanden werden. Das Argument war nicht neu und wurde in den folgenden drei Jahrhunderten noch wiederholt von Frauen vorgebracht. Ihre Auffassung, daß die paulinische Doktrin für die große Zahl von Witwen und unverheirateten Frauen nicht gelte, selbst wenn sie wörtlich genommen werde, was sie selbst nicht tat, war ein origineller Beitrag zur Debatte und Ausdruck der sozialen Nöte einer zu ihrer Zeit in den Städten immer größer werdenden Gruppe von Frauen, die sich selbst durchbringen mußten. Margaret Fell setzte wie die frühen Mystikerinnen Offenbarungen und das innere Licht gegen die Regeln und Diktate der Scholastiker und Priester. »Gott machte keine Unterschiede, sondern gab seinen guten Geist nach seinem Belieben an Mann und Frau, wie *Deborah, Huldah und Sarah*.«[54] Ihr Werk hatte einen großen Einfluß auf Quäkerinnen in England und den Vereinigten Staaten.

Die Autorisierung von Frauen zu Prophezeiungen wurde sehr viel logischer und rationaler als bei Fell in den Arbeiten von Mary Astell (1666– 1731) erläutert.[55]

»Wo läßt sich ein edleres Werk der Dichtkunst finden als das Lied der *Deborah*? Oder ein besserer und größerer Herrscher als diese berühmte Frau, deren Regierung die der früheren Richter so sehr übertraf? Und obwohl sie einen Mann hatte, war sie es, die die Funktion des Richters der Israeliten ausübte und also auch die Herrin dessen war, von dem wir nicht mehr wissen als seinen Namen. Dieses Beispiel, so unterstelle ich in aller Bescheidenheit, widerlegt die Annahme von der *natürlichen Minderwertigkeit*. Denn niemand sollte nur aus der bloßen Betrachtung eines Tatbestands Schlußfolgerungen ziehen, es sei denn, er entspricht einer Regel oder der Vernunft der Dinge: Aber *Deborah* wurde von GOTT selbst zur Herrscherin gemacht. Folglich widerspricht die souveräne Macht einer Frau nicht dem Recht der Natur. Denn das Naturrecht ist das Recht GOTTES, der sich nicht zu sich selbst in Widerspruch befinden kann; und doch war es GOTT, der diese Frau inspirierte und ermutigte, sie zur Richterin erhob und die Sorge um Sein Volk Israel in ihre Hände legte.«[56]

Astell ging bei ihrem Hinterfragen der patriarchalen Bibelinterpreten weiter als ihre Vorgängerinnen und Vorgänger:

»Die Heilige Schrift ist nicht immer auf der Seite derer, die sie für sich in Anspruch nehmen und sich mit ihr brüsten und denen es wegen ihrer Geschicklichkeit im Umgang

mit der Sprache und unter Anwendung scholastischer Winkelzüge gelingt, sie nach eigenem Gutdünken ihres ursprünglichen Sinnes zu berauben... Weil Frauen, denen ohne
eigene Schuld die Kenntnis des Originals der Schriften vorenthalten wird, die erforderlichen Sprachkenntnisse und andere Voraussetzungen einer kritischen Deutung der
Heiligen Schrift fehlen, wissen sie daher nur das, was Männer in ihre Übersetzungen
aufnehmen.«[57]

Das Argument, daß Frauen wegen ihrer geringeren Bildungschancen das
Recht auf Interpretation vorenthalten worden sei, wurde hier meines Wissens zum ersten Mal von einer Frau vorgebracht. Es ist ein Gesichtspunkt,
der sehr viel später von Feministinnen noch häufig formuliert werden
sollte. Zum Beispiel stützte am Ende des 18. Jahrhunderts die amerikanische Schriftstellerin Judith Sargent Murray in ihrem Essay »On the Equality of Sexes« (Über die Gleichheit der Geschlechter) (1790) ihre Verteidigung Evas in der Geschichte vom Sündenfall auf eine alternative Übersetzung des Wortes »Schlange«.

»Es ist wahr, daß einige Ignoranten uns absurderweise erklärt haben, daß die Wunderschöne des Paradieses von ihrem Gehorsam durch einen bösen Dämon *in Gestalt einer
hinterlistigen Schlange* abgebracht wurde; aber wir, die wir besser informiert sind, wissen, daß der gefallene Geist selbst sich ihr zeigte, *noch immer ein strahlender Engel*;
denn so, sagen die des Hebräischen kundigen Kritiker, sollte das Wort zu verstehen
sein. Laßt uns ihr Motiv ergründen... Es scheint nicht so, als wäre sie von irgendeinem
sinnlichen Appetit beherrscht worden; wohl aber von dem Wunsch, ihren Geist erstrah-
len zu lassen; ein lobenswertes Streben war entbrannt in ihrer Seele, und Wissensdurst
ließ sie eine Wahl treffen, deren Konsequenzen so fatal sein sollten. Adam kann eine derartige Täuschung nicht zu seinen Gunsten anführen; ganz sicher wurde er nicht
getäuscht; wir sollten auch nicht seine überlegene Stärke bewundern oder über seinen
Scharfsinn staunen, wenn wir so oft bekennen, daß ein Beispiel sehr viel mehr beeinflußt als ein Gebot...«[58]

Im 19. Jahrhundert stoßen wir in den Schriften von Sarah Grimké wieder
auf das Argument der »falschen Übersetzung«. Es wurde auch reflektiert
in den wenig bekannten Werken der Julia Smith (1792–1878), einer Aboli-
tionistin und Befürworterin der Frauenrechte in den New England Staaten,
die die Arbeit des Erasmus wiederholte, die Bibel fünfmal zu übersetzen:
zweimal aus dem Griechischen, zweimal aus dem Hebräischen und einmal
aus der lateinischen Vulgata, um einen authentischeren Text zu erarbeiten.
Sie vollendete dieses Werk mit der Hilfe ihrer vier Schwestern in sieben Jahren und veröffentlichte die Übersetzung, als sie vierundachtzig Jahre alt
war. Daß sie eine Neudeutung der Bibel erreichen wollte, wird in ihrer Einführung in das Werk klar: »[Wir] bemühten uns sehr, die genaue Bedeutung
jedes einzelnen griechischen oder hebräischen Wortes herauszufinden, auf
das sich die siebenundvierzig Übersetzer des Königs James in ihrer Bibel-

version bezogen hatten... Es ging uns um die wörtliche Bedeutung jedes
Begriffs.«[59] Keine dieser späteren Autorinnen sollte auf Astells früheres
Argument zurückkommen oder auch nur dessen Kenntnis vermuten las-
sen.

Auf die Geschichte zurückblickend, sehen wir einzelne Frauen, die
jeweils für sich allein die Kerntexte der Bibel neu interpretierten, indem
jede einzelne, so gut sie es konnte, darüber nachdachte, wie sie den patriarchalen Interpretationen, die sie gelernt hatte, wohl am besten alternative
Deutungen entgegensetzen könnte. Bei ihrer Kritik nutzten sie die bekannten Verfahren: Sie verglichen einander widersprechende Darstellungen aus
den biblischen Texten (etwa die beiden Versionen der Genesis); sie zogen
weitere Texte aus der Bibel heran, um Kerntexte anders zu deuten (etwa das
Lied der Debora, um Paulus zu widersprechen); sie zitierten gegenüber
den herrschenden Meinungen anderslautende Auffassungen in der patristischen Literatur. Manche Frauen reinterpretierten recht frei und gestanden
nur ihrer eigenen Einsicht Autorität zu; andere wählten aus den Werken
von verschiedenen männlichen Autoritäten alles aus, was sie zum Erarbeiten ihrer eigenen Argumentation brauchen konnten. Seit dem 17. Jahrhundert wurde die sich strikt an den Text haltende Kritik durch die Einbeziehung äußerer, in der reinen Textkritik nicht berücksichtigter Sachverhalte
erweitert – Zweifel an der Korrektheit der Übersetzungen bestimmter
Begriffe oder Sinnzusammenhänge; Zweifel an den Absichten der Übersetz-
zer und Zweifel an der Authentizität bestimmter Quellen, etwa mancher
der Briefe des Paulus. In dem Maße, in dem die aus Offenbarungen, mystischen Erfahrungen und persönlichen Einsichten gewonnenen Argumente
durch Beweisführungen ersetzt wurden, die sich auf Logik und Vernunft
gründeten, systematisierte sich die feministische Bibelkritik. Beginnend
mit Rachel Speght im 17. Jahrhundert bestanden die Kritikerinnen und Kritiker immer häufiger darauf, daß die Interpretation der Schlüsselszenen
den Text der ganzen Bibel berücksichtigen müßte. So finden wir Passagen,
in denen Frauen gepriesen, besonders hervorgehoben oder mit Autorität
ausgestattet werden, die zitiert werden, wenn es darum geht, Passagen zu
deuten, die anscheinend patriarchale Interpretationen verstärken. Seit dem
späten 17. Jahrhundert entstand die historisch orientierte Kritik, die geltend
zu machen suchte, daß bestimmte Stellungnahmen nur interpretiert werden könnten, wenn Zeit und Ort ihrer Formulierung in die Deutung einbezogen würden, daß sie zwar unter den Bedingungen ihrer Entstehung
hätten Geltung beanspruchen können, in der Gegenwart aber nicht mehr
zuträfen. Verständlicherweise richtete sich diese Argumentation überwiegend gegen die Gebote des Paulus.

Im frühen 19. Jahrhundert verbreitete und vertiefte sich die feministische Bibelkritik mehr als je zuvor. Manche Autorinnen wanderten über bestelltes Feld und wiederholten Argumente, die schon von anderen Frauen vorgetragen worden waren. Ich will diese hier übergehen und nur berücksichtigen, was ich für neue Tendenzen halte, und zwar diejenigen in den Vereinigten Staaten, die weniger wegen ihrer Originalität besonders bemerkenswert sind als wegen ihres Einflusses auf die Frauengeneration, die die erste Frauenrechtsbewegung im Jahre 1848 organisieren sollte. Viele dieser Frauen kamen aus radikalen Quäkergemeinden und hatten sich Jahrzehnte vor dem Entstehen dieser neuen Bewegung damit befaßt, ihre religiösen Aufgaben neu zu definieren und über den Platz der Frauen in Kirche und Staat zu diskutieren.[60]

Die erste Amerikanerin, die versuchte, eine Neudeutung der Bibel in gleicher Breite wie Margaret Fell in ihrem Werk zu formulieren, war eine konvertierte Quäkerin, Sarah Moore Grimké. Ihre *Letters on the Equality of the Sexes* (»Briefe über die Gleichheit der Geschlechter«), 1838 geschrieben, zehn Jahre vor der Versammlung in Seneca Falls 1848 und sieben Jahre vor Margaret Fullers stärker beachtetem und vielgelesenem Buch, waren die radikalste feministische Arbeit ihrer Zeit. Dieses erste Hauptwerk des Feminismus in den Vereinigten Staaten war zu Sarah Grimkés Zeit relativ wenig bekannt und ist mehr als hundert Jahre lang ganz ignoriert worden.[61]

Sarah Grimké (1792–1873) war die Tochter einer der mächtigsten Plantagenbesitzer- und Sklavenhalterfamilie in South Carolina. Sie hatte früh gegen die Sklaverei und die Unterordnung von Frauen rebelliert. Nach dem Tode ihres Vaters verließ sie den Süden für immer und bewog ihre jüngere Schwester Angelina (1805–1879), zu ihr nach Philadelphia zu ziehen. Sarah Grimké, die sehr religiös war, bewegte sich von einer Glaubensgemeinschaft zur anderen auf der Suche nach einer Religion, in der ihr Feminismus und Antirassismus einen angemessenen Ausdruck finden könnte. Als Mitglied der Episcopal Church erzogen, wurde sie später Methodistin und dann Quäkerin, trat aber mehr aus Zufall denn absichtlich der konservativsten Quäkergemeinde in Philadelphia bei. Unzufrieden und von der Gemeinschaft abgelehnt, wurde sie von dem Unitarismus des William Ellery Channing beeinflußt und wandte sich im Alter dem Spiritualismus zu. In ihrer Enttäuschung über die Orthodoxie der Quäker stimmte Sarah zu, ihre Schwester Angelina auf einer Vortragsreise durch New England zur Unterstützung der Ziele der American Antislavery Society zu begleiten. Während dieser Reise wurden die beiden Schwestern heftig angegriffen, sowohl mit Worten als auch durch körperliche Bedrohung, weil sie es wagten, öffentlich über ein so überaus kontroverses Thema wie die Abschaffung der Sklaverei zu sprechen. Das war etwas, was anständige Frauen nicht zu tun hatten. Die *Briefe über die Gleichheit der Geschlechter* wurden geschrieben als Antwort auf diese Attacken und sofort als Fortsetzungsserie in der Zeitung der Abolitionisten, *The Liberator*, veröffentlicht. So erwuchs diese erste vollentwikkelte feministische Argumentation direkt aus praktischer Erfahrung und der Mitwirkung von Frauen in der Bewegung gegen die Sklaverei, was ihren radikalfeministischen Ton erklärt.[62]

Immerhin, wie alle bisher von uns diskutierten Kritikerinnen formulierte auch Sarah Grimké ihre Positionen innerhalb eines orthodoxen christlichen Bezugsrahmens. Sie betrachtete den Text der Bibel als geheiligt, aber mit menschlichen Schwächen und Irrtümern behaftet. Ihr Standpunkt war der einer Sektiererin auf dem radikalen linken Flügel der Reformation, und es ging ihr um ihr Recht, selbst die Bedeutung des biblischen Textes zu beurteilen. Sie schrieb:

»Mein Geist ist völlig frei von der abergläubischen Ehrerbietung, die der englischen Fassung der Bibel entgegengebracht wird. Die Übersetzer der von König James herausgegebenen Bibelversion waren ganz gewiß nicht erleuchtet. Ich nehme deshalb für mich in Anspruch, vom Original auszugehen, *das ich für erleuchtet halte*, und außerdem beanspruche ich, selbst zu beurteilen, was die Bedeutung dessen ist, was die inspirierten Autoren niedergeschrieben haben.«[63]

Sie verstärkte diese Aussage noch, als sie den ersten Brief, in dem sie die Geschichte der Schöpfung und des Sündenfalls erörterte, mit dem Satz beendete: »Hier stehe ich. Gott hat uns als Gleichgeborene erschaffen.« Dieser Satz ist wie ein Widerhall von Luthers Ausruf vor dem Reichstag zu Worms im Jahre 1521 und bestätigt noch stärker als die von ihr vorgetragenen Argumente ihren Anspruch, ebenso viel zu gelten wie der Begründer des Protestanismus, der Kritiker der herrschenden katholischen Lehre, des kirchlichen Dogmas.[64]

Sarah Grimké hielt wie Kommentatorinnen vor ihr die frühe Version der Genesis für die verbindliche. Sie begründete das damit, daß die Schöpfung voll von Tieren war, die Adam hätten Gesellschaft leisten können, daß Gott aber »ihm eine Gefährtin geben (wollte), die *in jeder Hinsicht ihm gleichgestellt sein sollte*; eine, die wie er selbst *ein frei handelndes Wesen* sein sollte, begabt mit Intelligenz und versehen mit Unsterblichkeit.«[65] Sie interpretierte die Geschichte vom Sündenfall so, daß diese beinhalte, daß Adam und Eva gleich schuldig seien, eine Interpretation, die wir bereits bei vielen Autorinnen gelesen haben. Aber Sarah Grimkés Deutung von Gottes Fluch über Eva – »Du sollst deinem Manne untertan sein, und er soll über dich herrschen« – war eine neue. Sie vertrat die Auffassung, der Fluch sei

»eine schlichte Prophezeiung. Das Hebräische verwendet wie das Französische das gleiche Wort für »sollen« und »werden«. Die Übersetzer unserer Bibelfassung, die daran gewöhnt waren, ihre Frauen zu beherrschen, und nur über ein pervertiertes Urteilsvermögen verfügten..., übersetzten dieses Wort mit *soll* statt *wird*, und verwandelten so eine Vorhersage gegenüber Eva in einen Befehl an Adam; denn es ist zu beachten, die Aussage ist an die Frau gerichtet, nicht an den Mann.«[66]

Die Interpretation dieses Bibeltextes als »Prophezeiung« war schon von Mary Astell nahegelegt worden, doch nichts spricht dafür, daß Grimké dies wußte. Ihr Bemühen, ihre Interpretation auf linguistische Befunde zu stützen, ist ein Betreten von Neuland. Wichtiger noch ist ihr Bestehen auf der Böswilligkeit der Übersetzer und ihr feministisches Bestreben, deren geschlechtsspezifische Auffassung des Bibeltextes als historisch bedingt zu erklären. Sarah Grimké wandte sich diesem Thema in späteren Briefen immer wieder zu. Sie beklagte, daß Männer »fast 6000 Jahre lang« ihre »Herrschaftsmacht« über Frauen ausübten, und fuhr fort:

»Ich bitte nicht um Gefälligkeiten für mein Geschlecht. Alles, was ich von unseren Brüdern verlange, ist, daß sie ihre Füße von unserem Nacken nehmen und uns erlauben, aufrecht zu stehen auf dem Platz, den wir nach Gottes Schöpfungsplan einnehmen sollen... Die gesamte Geschichte zeigt, daß der Mann die Frau seinem Willen unterworfen hat, sie benutzt hat, damit sie seine Selbstsucht befriedige, seinen sinnlichen Freuden zu Diensten sei, seinem Wohlergehen diene; doch niemals war es ihm ein Anliegen, ihr zu dem Rang zu verhelfen, den sie nach dem Plan des Schöpfers einnehmen sollte. Er hat alles getan, was er konnte, um ihren Geist zu verderben und zu versklaven; und nun sieht er triumphierend auf die Ruinen, die sein Werk sind, und sagt, das derart tief verletzte Wesen sei minderwertiger als er.«[67]

Hier ging Grimké sehr viel weiter als ihre Vorgängerinnen und als die Menschen ihrer Zeit. Die Männer haben die Frauen nicht nur entwürdigt, sondern sie zu bloßen Hilfsmitteln ihres Wohlbefindens gemacht. Sie haben den Geist der Frauen versklavt, ihnen Bildung vorenthalten und ihnen schließlich auch noch das Wissen um ihr gleichberechtigtes Menschsein genommen. Diese Anklagen werden bis zur Versammlung für Frauenrechte 1850 in Ohio nirgendwo anders zu hören sein, und selbst dort werden sie nur vereinzelt vorgebracht, nicht als Teil einer feministischen Weltanschauung, die es wagt, das patriarchale Denken zu hinterfragen und herauszufordern.[68]

Sarah Grimké setzte ihre Herausforderung des patriarchalen Denkens fort mit einer kritischen Darstellung der Lebensbedingungen von Frauen zu verschiedenen Zeiten und an verschiedenen Orten. Sie gab einen kursorischen Überblick über den Status von Frauen in Afrika und Asien und in etlichen historischen Epochen vom antiken Mesopotamien bis zum klassischen Altertum, über die Geschichte Europas bis zur Gegenwart in Nordamerika. Sie wandte sich gegen die Diskriminierung von Frauen im Bildungswesen, im Rechtssystem, bei der Verteilung ökonomischer Chancen und innerhalb der Familie. Ihr Anprangern der sexuellen Ausbeutung von Frauen in der Ehe war ihrer Zeit besonders weit voraus. Sie focht für den gleichen Zugang der Frauen zur Priesterschaft und stellte bis in Einzelheiten gehend alle Textstellen der Bibel vor, die Frauen als Lehrerinnen und Prophetinnen autorisierten. Ihre Analyse der Briefe des Paulus ging historisch und kritisch vor, und sie wies auf jeden Widerspruch in den Aussagen der Bibel hin. Sie fragte, warum denn, wenn es Frauen nicht erlaubt sei zu predigen oder zu lehren, viele junge Frauen zu ihrer Zeit als Lehrerinnen in der Sonntagsschule tätig wären und damit offensichtlich das Verbot des Paulus durchbrächen, und die gleichzeitig »gewarnt würden, nicht die uns von unseren Brüdern gesetzten Grenzen in anderer Hinsicht zu überschreiten? Einfach ... weil wir im einen Fall *ihren* Vorstellungen und *ihren Interessen* dienen und in einem Verhältnis der Unterordnung ihnen gegenüber handeln, während wir im anderen Falle ihre Interessen berühren und den Anspruch erheben, mit ihnen auf einer Ebene zu stehen. ... beim Verkünden des Wortes Gottes.«[69] In einer früheren Passage hatte sie die fortschrittlichsten Teile ihrer Analyse zusammengefaßt, die noch viele Male von künftigen Generationen der Frauenbewegung »wiedererfunden« werden sollten:

»Ich erwähne [das] ... nur, um zu zeigen, daß die Intelligenz kein Geschlecht hat, daß Geisteskraft kein Geschlecht hat und daß unsere Auffassungen von den Pflichten der Männer und den Pflichten der Frauen, der Sphäre des Mannes und der Sphäre der Frau, willkürliche Meinungen sind, die sich je nach der historischen Epoche und von Land zu Land unterscheiden und ganz allein vom Willen und der Entscheidung irrender Sterblicher abhängen.«[70]

Hier definierte Sarah Grimké, indem sie sich eng an den Bibeltext hielt und sich nur auf ihr eigenes Urteilsvermögen verließ, den Unterschied zwischen dem biologischen Geschlecht (sex) und der geschlechtsspezifischen Rollenerwartung in bezug auf Männer und Frauen (gender) und stellte in Begriffen, die in dieser Eindeutigkeit erst im späten 20. Jahrhundert wieder verwendet werden sollten, fest: Diese geschlechtsspezifischen Rollenerwartungen sind kulturell variable, willkürliche Definitionen von Verhaltensweisen, die für das jeweilige Geschlecht als angemessen gelten sollen. Die feministische Bibelkritik hatte damit den Punkt erreicht, an dem sie direkt in eine feministische Weltanschauung überleitete.

Es blieb der feministischen Kritik nur noch übrig, die Grenzen der christlichen Weltsicht zu überschreiten und skeptisch, rational und sogar agnostisch zu werden. Das geschah in den Arbeiten von Matilda Joslyn Gage und Elizabeth Cady Stanton. Beide Frauen gelangten, schon bejahrt, zu einer Position des Skeptizismus gegenüber allen Religionen und einem nicht genau festgelegten Deismus, was in ihrer radikalen feministischen Analyse zum Ausdruck kam. In krassem Gegensatz zu allen bisher in diesem Kapitel erwähnten Frauen akzeptierten sie weder, daß die Bibel heiligen Ursprungs sei, noch die Autorität der Kirchen. Sie betrachteten die Religion selbst als Unterdrückerin der Frauen und lehnten es ab, daß die Bibel auch nur die geringste Macht über das Leben und die Moral der Frauen haben sollte.

Matilda Gage stellte während einer Rede bei einer Versammlung der Freidenker in Watkins, N. Y., im Jahre 1878 fest, daß »die Bibel und die orthodoxe Kirche die größten Hindernisse auf dem Wege des Fortschritts für Frauen waren«.[71] Ihre Einstellung wurde geteilt und bestätigt von Elizabeth Cady Stanton, die erkannte, daß ein derartiger Standpunkt sie der organisierten Frauenrechtsbewegung entfremden würde, der sie den größten Teil ihres Lebens gewidmet hatte. Stanton schrieb:

»Die Bewegung für das Frauenwahlrecht erlahmt derzeit, weil die neu Hinzukommenden und viele der schon lange Engagierten sich fürchten, einen Schritt vorwärts zu tun. Wir sind in genau derselben Position wie die Kirchen, tot... Und ich habe alle Organisationen satt und werde mich zu nichts mehr verpflichten, abgesehen davon, einzutreten [in die neugegründete Freidenkerorganisation Women's National Liberal Union] und zu reden... Einmal weg von meinem derzeitigen Posten in der Frauenrechtsbewegung, werde ich selbständig sein und das Recht haben, zu sagen und zu tun, was ich will, und die Leute zu schockieren, wie es mir beliebt.«[72]

Die Women's National Liberal Union faßte ihre Position in der folgenden Resolution zusammen:

»Daß die christliche Kirche, welchen Namen sie sich auch gegeben haben mag, sich gründet auf die Theorie, daß die Frau geschaffen wurde als dem Mann nachgeordnet und unterlegen und daß sie die Sünde in die Welt gebracht und so das Opfer des Heilands erforderlich gemacht hat. Daß das Christentum ein Irrtum ist und seine Grundlage ein Mythos, den jede naturwissenschaftliche Entdeckung als ebenso unbegründet erweist wie dessen früheren Glauben, die Erde sei flach.«[73]

Matilda Gage und Elizabeth Cady Stanton veröffentlichten 1895 ihre wichtigste Arbeit zur Bibelkritik aus einem radikalen feministischen Blickwinkel: *The Women's Bible* (Die Frauenbibel).[74] Wie Stanton vorausgesehen hatte, mißbilligte die Frauenrechtsbewegung ihr Buch. Wenn Stanton noch einige Jahre ihre führende Rolle in der National American Women's Suffrage Association (NAWSA) beibehielt, so lag das nur daran, daß Susan B. Anthony sie unbeirrt verteidigte und daß sie eine der Gründerinnen der Bewegung gewesen war. Tatsächlich war sie durch ihre Kirchen- und Bibelkritik für die Bewegung nicht mehr tragbar. Interessanterweise wiederholte

Anna Howard Shaw, eine weit konservativere Führerin der Frauenrechtsbewegung als Stanton und protestantische Predigerin, Stantons Angriff auf die gängige Bibelinterpretation, die behauptete, die Bibel sei wörtlich wahr.

The Women's Bible ist ein von einer Arbeitsgruppe geschriebenes Werk, das nicht beansprucht, im strengen Sinne wissenschaftlich zu sein, sondern versucht, die bis dahin vorgetragene Bibelkritik zusammenzufassen. Sie hat die Form eines Glossars zu verschiedenen ausgewählten Bibeltexten über Frauen, ist in einem respektlosen Ton geschrieben und ermutigt die Leserin, mit ihrem gesunden Menschenverstand über die Bibelabschnitte nachzudenken, die ihr bisher als heilig gepriesen worden sind. Die Respektlosigkeit ist es, die sie von den früheren Versuchen der gleichen Art unterscheidet. So merken die Autorinnen bei der Diskussion der Geschichte vom Sündenfall an, es sei zu bezweifeln, daß die Schlange aufrecht stehen und reden konnte, und es sei unwahrscheinlich, daß ein Apfel »in der geographischen Höhe« des Paradieses wachsen konnte, und auf jeden Fall wecke die Evolutionstheorie Darwins erhebliche Zweifel an der biblischen Geschichte. Andererseits akzeptieren sie mit bewunderungswürdiger Inkonsequenz diejenigen Abschnitte der Bibel als absolute Wahrheit, die sie als Belege für die Würde der Frau heranziehen. Sie betrachten Genesis 1:26 als die »erste« und richtige Darstellung der Schöpfung und kommentieren, daß »hier die Frau als ein wichtiger Beitrag zur Schöpfung gewürdigt wird, an Macht und Glorie dem Manne gleich. Die zweite [Schöpfungsgeschichte] macht die Frau zu einem bloß nachträglichen Einfall Gottes.« Warum dann zwei Beschreibungen der Schöpfung? Für die Verfasserinnen »ist es offensichtlich, daß irgendein schlauer Autor... es im Sinne der Ehrfurcht vor dem Manne und seiner Herrschaft für wichtig hielt, die Unterordnung der Frau irgendwie durchzusetzen... Die zweite Version [der Genesis]«, so schlußfolgern sie, »ist nur eine Allegorie.«

Im Lichte ihrer Absicht, die feministische Bibelkritik zusammenzufassen, ist das Fehlen von Hinweisen auf frühere Arbeiten von Frauen ganz besonders vielsagend. Stanton hatte als junge Braut die Schwestern Grimké, die damals in ihren mittleren Jahren waren, auf deren Farm in New Jersey besucht. Sie und die beiden Schwestern hatten gemeinsam an Versammlungen der Frauenrechtlerinnen teilgenommen, und Stanton kannte Angelina Grimkés Schriften gut. Obwohl es keinen unmittelbaren Beweis gibt, ist es kaum vorstellbar, daß sie nicht irgendwann Sarah Grimkés *Briefe über die Gleichheit der Geschlechter* gelesen haben sollte. Und dennoch hinterließ dieses wichtige Werk offenbar keine sichtbare Spur in Stantons Werk zur Bibelkritik. Im Gegenteil: Sie und ihre Mitarbeiterinnen betonten wiederholt die Einmaligkeit ihres Unterfangens. Möglicherweise lag das an ihrer sehr realen Entfremdung vom religiösen Denken und ihrer Ablehnung jeder feministischen Bibelkritik, die aus christlichen Kreisen kam. Wahrscheinlicher ist, daß auch hier das nach wie vor bestehende Wahrnehmungsmuster deutlich wird: Die früheren Arbeiten von Frauen können wegen des Fehlens einer gesicherten Überlieferung ihrer Gedanken und Werke von den ihnen nachfolgenden Frauen nicht wahrgenommen werden.

Sarah Grimké schrieb im ersten Abschnitt ihrer Pionierarbeit: »Bei dem Versuch..., meine Absichten über die Provinz der Frau darzustellen, habe ich das Gefühl, einen beinahe unbegangenen Boden zu betreten.«[75] Beinahe unbegangener Boden – nach fast tausend Jahren Bibelkritik von Frauen... Wenn wir zurückschauen auf diesen unbekannten, monumentalen Versuch, so sind wir vor allem verblüfft von den ständigen Wiederholungen innerhalb dieses Prozesses. Wieder und wieder kritisierten und reinterpretierten einzelne Frauen die Kerntexte der Bibel, ohne zu wissen, daß andere Frauen vor ihnen das auch schon getan hatten. Und Tatsache ist, daß die gegenwärtige feministische Bibelkritik wieder dasselbe Feld abschreitet und dieselben Argumente benutzt, die schon seit Jahrhunderten von anderen Frauen, die sich für die gleichen Ziele engagierten, vorgebracht worden sind. So wie Elizabeth Cady Stanton und Matilda Joslyn Gage sich in völliger Unkenntnis der seit Generationen bereits vorliegenden ähnlichen Arbeiten die gigantische Aufgabe, die Frauenbibel zu schreiben, vornahmen, so halten die heutigen feministischen Kritikerinnen wieder Stanton und Gage für ihre frühesten Vorläuferinnen, obwohl die Tradition der feministischen Bibelkritik bis ins 3. Jahrhundert zurückreicht.

Dies ist ein wichtiger Punkt. Ich bin der Auffassung, daß hier das Wesentliche der unterschiedlichen Beziehung von Männern und Frauen zum geschichtlichen Prozeß sichtbar wird. Isaac Newton brachte in seinem berühmten, eigentlich von Bernhard von Clairvaux stammenden Aphorismus »Wenn ich weiter gesehen habe, so deshalb, weil ich auf den Schultern von Riesen stand« zum Ausdruck, auf welche Weise das Denken der Männer in die wichtigsten Begriffe und das Gesamtkonzept der westlichen Kultur eingepaßt worden ist. Männer erschufen die Geschichte und wurden begünstigt von der Weitergabe des Wissens von einer Generation zur nächsten, so daß jeder große Denker »auf den Schultern von Riesen« stehen und damit das Denken über das der vorigen Generationen mit maximaler Wirkung vorwärtstreiben konnte.[76] Den Frauen wurde das Wissen um ihre eigene Geschichte vorenthalten, und so mußte jede Frau argumentieren, als hätte keine vor ihr je gedacht oder geschrieben. Frauen mußten ihre Energie dafür verwenden, das Rad wieder und wieder, Generation nach Generation, neu zu erfinden. Die Männer argumentierten mit den Riesen, die vor ihnen zu Ergebnissen gekommen waren; Frauen argumentierten gegen das niederdrückende Gewicht von Jahrtausenden patriarchalen Denkens, das ihnen Autorität, sogar Menschsein absprach; und wenn sie argumentierten, dann mußten sie sich mit den »großen Männern« der Vergangenheit auseinandersetzen, ohne über die Ermutigung, die Kraft und das Wissen verfügen zu können, das die Frauen der Vergangenheit ihnen hätten überliefern können. Da sie ihre Argumentation nicht auf die Arbeiten der Frauen vor ihnen stützen konnten, mußten denkende Frauen jeder Generation von neuem ihre Zeit, Energie und Begabung damit verschwenden, ihre Hypothesen und Thesen von Grund auf neu zu erarbeiten. Doch sie haben nie aufgegeben. Generation nach Generation dachten Frauen trotz der immer wieder eintretenden Unterbrechungen um das patriarchale Denken herum und über es hinaus.

Kapitel 8

Autorisierung durch Kreativität

Viele Jahrhunderte lang bestanden Frauen trotz aller Einschränkungen, die eine Entfaltung ihrer Begabungen behinderten oder ganz unterbanden, auf ihrem Recht, der eigenen Persönlichkeit Ausdruck zu verleihen. Manche Schriftstellerinnen paßten sich den gesellschaftlich vorgegebenen Erwartungen an das Verhalten von Frauen an, andere umgingen sie oder attackierten sie offen und direkt. Die meisten dieser Frauen fanden es unmöglich, sie einfach zu ignorieren. Aber es gab Frauen, deren Selbstautorisierung sich nur auf ihr Vertrauen in die eigene Kreativität stützte und die sich selbst das Recht nahmen, Schriftstellerinnen oder Dichterinnen zu sein. Solche Frauen erkannten, daß sie ein Talent hatten, das es ihnen möglich machte, zu schreiben und mit diesem Schreiben eine Wirkung auf andere Menschen auszuüben. Das Akzeptieren einer derartigen Begabung als ein Geschenk fast mysteriöser Art gab diesen Frauen die Fähigkeit, patriarchale Einschränkungen, geschlechtsspezifische Rollenerwartungen und die allgegenwärtige Behinderung durch Entmutigung, denen jede intellektuell aktive Frau ausgesetzt war, nicht zu beachten. Die innere Sicherheit und Ausgeglichenheit, die mit schöpferischem Gestalten einhergeht, ermöglichte es diesen Frauen, ihren eigenen Platz in der Welt zu finden und zu ihrer Begabung zu stehen, oft isoliert, einsam und von ihren Zeitgenossen und Zeitgenossinnen verspottet. Nicht wenige dieser Frauen gelangten im Laufe ihrer schöpferischen Arbeit zu einem feministischen Bewußtsein und dessen öffentlicher Bekundung. Um diese Frauen geht es mir in diesem Kapitel.

Die moderne Literaturkritik hat sich in einer langen Debatte mit der Frage auseinandergesetzt, ob es eine besondere Frauenliteratur gibt und ob ihre Existenz, wo sie denn belegt werden kann, eine feministische oder antifeministische Bedeutung hat. Gibt es einen Unterschied zwischen einem Dichter und einer Dichterin, der sich aus ihren Werken erkennen läßt? Die Frage ist nicht zu beantworten, weil verschiedene Frauen dazu ganz verschiedene Auffassungen haben. Dichterinnen, denen es darum geht, ihre Erfahrungen als Frauen zu beschreiben, beziehen sich in dem, was sie schreiben, sehr deutlich auf sich selbst; weder konnten und wollten sie über die spezifischen Erfahrungen von Männern schreiben, noch erhoben sie den Anspruch, sich über universale weibliche Erfahrungen zu äußern. Sie schrieben einfach über ihr eigenes Leben. Andere Frauen, die ihr weibliches Leben verbergen und nicht nach niedrigeren Maßstäben beurteilt werden wollten als Männer, schrieben unter einem männlichen Pseudonym oder nahmen eine männliche Identität an und schrieben über scheinbar nicht geschlechtsspezifische Themen. Dazu ist zu sagen, daß die Tatsache eines solchen Verhaltens eindeutiger als alles andere beweist, daß es eine weibliche Stimme gibt und wie sehr sie von der Kultur des Patriarchats herabgesetzt wird. Wenn die Stimme der Frauen sich nicht von der der Männer unterscheiden würde oder ebenso anerkannt und geachtet wäre, so wäre es nicht nötig, sie zu übergehen, zu verleugnen oder zu verbergen.

Der Geist eines Menschen ist in einem männlichen oder weiblichen Körper, und daraus ergibt sich meiner Auffassung nach ein Unterschied der Äußerungsformen von Mann und Frau. Der Unterschied könnte klein und unwichtig sein, nicht wichtiger beispielsweise als der Unterschied zwischen einem Dichter mit hinfälligem Körper und einem Dichter von guter Gesundheit, wenn es nicht eine Tatsache wäre, daß es in einer patriarchalen Gesellschaft auf bezeichnende Weise je nach dem Geschlecht Unterschiede bezüglich Macht, Rechten und Freiheit gibt. Noch wichtiger und für unsere Diskussion zur Thematik dieses Buches relevanter ist die Tatsache, daß der Dichter und die Dichterin in einer Gesellschaft leben, in der die gesellschaftlich festgelegten Verhaltensregeln und Erwartungen in bezug auf Männer und Frauen jede Institution der Gesellschaft, das Denken, die Sprache und die kulturellen Produkte inhaltlich bestimmen. Eine Übersicht über die abendländische Literatur – Romane, Gedichte, Dramen, Biographien, Autobiographien, Werke zur Philosophie, Religion und Geschichte – macht deutlich, daß die Bedingungen, unter denen Männer und Frauen ihren Begabungen Ausdruck verleihen konnten, nach geschlechtsspezifischen Gesichtspunkten ganz verschieden waren und sind. Und schließlich lebt der talentierte Mann oder die talentierte Frau in einer ganz unterschiedlichen Beziehung zur Geschichte und zur geschichtlichen Entwicklung; und das beeinflußt ganz unvermeidlich die Form und den Inhalt seines oder ihres Denkens. Aus dieser Perspektive können die weibliche Stimme und die weibliche Kultur nicht als Attribute des biologischen Geschlechts betrachtet werden, sondern müssen als Produkte einer

von geschlechtsspezifischen Rollen, Erwartungen und realen Unterschieden
der Lebensbedingungen geprägten Geschichte gesehen werden (gendered
history).

Es bedarf hier nur weniger Beispiele für das Genre, in dem Frauen ihre
eigenen Erfahrungen beschreiben. Sie schrieben über ihr eigenes Leben,
über ihre Sorgen und Nöte, ihre Enttäuschungen in Liebesbeziehungen,
ihren Kummer nach dem Tod ihrer Kinder, ihre Freude über Freundschaften, ihre Ehrfurcht und Liebe im Verhältnis zu Gott. Dies ist die älteste und
stetigste Form, in der sich Frauen äußern. Wir wollen beginnen mit einem
anonymen Gedicht, das als Prototyp vieler anonymer Balladen und Volks-
lieder gelten kann, die alle die Situation von Frauen schildern, deren Liebe
verschmäht wurde oder die von Männern, die sie liebten, betrogen wurden. Das Gedicht »Wife's Lament« (Klage einer Ehefrau) ist dem Exeter
Book entnommen, einer Anthologie von Gedichten in angelsächsischer
Sprache, die der Exeter Kathedrale im 11. Jahrhundert von Leofric, dem
Bischof von Exeter, geschenkt wurde. Die erste Strophe lautet:

> »Ich singe von mir, einer Frau voller Kummer,
> von meinem Unglück. Von allem, was ich fühlte,
> seit ich heranwuchs, von Leid laßt mich sprechen,
> sei es neu oder alt – nie war es größer als jetzt:
> Ich habe das Kreuz meiner Sorgen immer getragen.«

Sie beschreibt ihre Misere, die Abwesenheit ihres Mannes, den Ärger mit
der Verwandtschaft des Mannes.

> »Sie trieben mich hinaus, damit ich wohne in den Wäldern
> unter einer Eiche, in dem alten Steinhaufen.
> Das Haus ist zerfallen; ich bin voller Verlangen.
> Die Täler sind dämmrig, die Hügel sind hoch,
> die ungepflegten Gärten sind mit Dornen überwachsen,
> alles ist voller Melancholie. Ich bin krank im Herzen,
> er ist so weit entfernt von mir...«[1]

Das Thema der nicht erwiderten oder betrogenen Liebe kehrt durch die
Jahrhunderte in den Gedichten und Liedern von Frauen immer wieder.
Manche der Troubadourinnen des Languedoc äußerten sich ungewöhnlich
freimütig über den sexuellen Machtkampf der Geschlechter. Die Comtesse
von Dia (geb. ca. 1140), von der wenig bekannt ist, außer daß sie verheiratet
war und einen anderen Mann liebte, schrieb in großer Offenheit:

> »Neuerdings bin ich voll Traurigkeit
> wegen eines Ritters, der einmal mein,
> und bekannt soll sein bis in Ewigkeit,
> wie ich ihn liebte ohne Maß.

Nun weiß ich, daß ich ward betrogen,
weil ich nicht mit ihm schlafen wollt';
Tag und Nacht find ich kein Ruh,
weil ich dran denke, das ich's falsch erwogen.
...
Mein schöner Freund, bezaubernd und lieb,
wann wirst Du mir ergeben sein?
Könnte ich nur eine Stunde bei dir liegen
und halten Dich in den Armen mein.
...
Wisse, daß ich fast alles gäbe,
an meines Mannes Stelle dich zu sehen,
doch eine Bedingung bleibt bestehen:
Versprich zu tun, was immer ich will.«[2]

Der Schlußsatz des Originals lautet: »de far tot so qu'ieu volria« (»Tu, was immer ich will.«) Diese deprimierte und betrogene Frau hat das Gefühl für sich selbst und ihre eigene Macht nicht verloren. Frauen in späteren Jahrhunderten waren weder so unabhängig wie die Frauen des Adels im 12. Jahrhundert noch so selbstsicher. Nicht erwiderte Liebe wurde von ihnen als eine tief erschütternde und vernichtende Erfahrung beschrieben. So schrieb die Dichterin Louise Labé aus Lyon (1525–1566) – eine Frau, die aus der Handwerkerschicht stammte, mit einem Seilmacher verheiratet war und einen kulturellen Salon unterhielt – mit großer Offenheit in einer Reihe von Gedichten über ihre ehebrecherische Liebe zu einem Mann, der sie verließ:

»Ich brenne und ertrinke, lebe und bin tot;
Mir ist so heiß und ist so kalt zugleich;
Mein Leben ist zu hart und auch zu weich;
Und Freude mischt sich in die ärgste Not.

Ich lache und ich wein mit einem Schlag;
Und in der Lust ertrag ich schweres Leid;
Mein Wohl vergeht und widersteht der Zeit;
Ich grüne und verdorr an einem Tag.

So leitet mich der Liebe Wankelmut;
Und meine ich, mein Schmerz erwache neu,
Wird unversehens alles wieder gut.

Doch glaube ich, die Freude sei mir treu,
Ich könne schweben im ersehnten Glück,
Fall in mein erstes Unglück ich zurück.«[3]

In einem anderen Gedicht äußerte Labé nicht nur Trauer, sondern auch Wut darüber, daß sie von ihrem Liebhaber betrogen worden ist:

»Was hilft es mir, daß du so meisterlich
gepriesen einst mein goldgeflochtnes Haar?
Und meiner Augen Schönheit dir sogar
zwei Sonnen voller Liebespfeilen glich,

Die nach dir zielten, um dich zu versehren?
Versiegte Tränen, wo ist eure Spur?
Und wo der Tod? Er sollte deinen Schwur
Und deine feste Liebe doch verklären!

So also zwangst du *mich* zu deinem Dienst,
Mit List, indem du mir zu dienen schienst?
Verzeihe mir, mein Freund, dies eine Mal,

Der Zorn und Kummer rissen so mich fort.
Ich weiß, wo du auch bist, an jedem Ort
Erduldest du wie ich dieselbe Qual.«[4]

Eine andere Erfahrung, die Frauen gemeinsam ist, der Schmerz der Witwe,
wird von Christine de Pizan in einem Gedicht sehr eindrucksvoll in Worte
gefaßt:

»Ich bin eine Witwe, in schwarzem Kleid, allein:
mein Gesicht ist traurig und mein Kleid ist schlicht.
Mein Alltag ist ohne Licht. Ich bin niedergeschlagen,
denn bitteres Klagen läßt mich vertrocknen bis aufs Bein.

Mutlos fühle ich mich, das muß so sein, tot wie ein Stein,
in Tränen, zum Schweigen gebracht, in tiefer Depression.
Ich bin eine Witwe, in schwarzem Kleid, allein.

Denn ich habe verloren den einen, der Gedächtnis gab
zu meinem Schmerz, von dem ich besessen bin.
Verschollen die Tage der Freude, die mich einst erlabt.
Giftig die Kräuter, die mein dürrer Boden gab.
Ich bin eine Witwe, in schwarzem Kleid, allein.«[5]

Poesie wie diese erreicht uns über die Jahrhunderte, sie spricht klar und
überzeugend vom Gefühlsleben der Frauen, von ihrer Ausdauer, ihrer
Geduld, ihrem Mut. Etwas anders sind Werke, die von den täglichen Erfahrungen der Frauen in einem Ton sprechen, der offenbar die männlichen
Definitionen von geschlechtsspezifischen Eigenschaften akzeptiert, sie
aber dennoch in Zweifel zieht und auf subtile Weise unterläuft.

Anne Bradstreet (1612?–1672), eine Engländerin, die mit ihrer Familie
1630 in Massachusetts ankam, verband das traditionsgebundene Leben
einer puritanischen Häuslichkeit mit dem inneren Leben einer Dichterin.
Die erste Dichterin Nordamerikas bietet ein gutes Beispiel für die Anpas-
sung an geschlechtsspezifische Einschränkungen. Sie schrieb:

»To sing of Wars, of Captains, and of Kings,
Of Cities founded, Common-wealths begun,
For my mean Pen are too superior Things:
And how they all, or each their dates have run
Let Poets and Historians set these forth.
My obscure Verse shal not so dim their worth.
…

I am obnoxious to each carping tongue
Who sayes my hand a needle better fits,
A Poet's Pen all scorn I should thus wrong,
For such despight they cast on female wits:
If what I doe prove well, it wo'nt advance,
They'll say it's stolne, or else, it was by chance.
…

Let Greeks be Greeks, and Women what they are
Men have precendency, and still excel,
It is but vaine unjustly to wage war;
Men can doe best, and Women know it well.
Preheminence in each and all is yours;
Yet grant some small acknowledgements of ours.«

Von Kriegen zu singen, von Captains und Königen,
von Städtegründungen oder den Anfängen des Commonwealth,
das sind Themen, viel zu erhaben für meine gewöhnliche Feder:
Oder wie sie alle oder einzeln für sich ihr Schicksal gemeistert.
Laßt Dichter und Historiker sich drum kümmern.
Meine kunstlosen Reime sollen ihren Wert nicht schmälern.
…

Ich bin nicht wohlgelitten bei den Nörgelzungen,
die sagen, eine Nadel würde besser zu mir passen,
eines Dichters Feder, das sei verfehlt und glatter Hohn,
Denn mit Verachtung bedenken sie den Geist von Frauen:
Falls sich mein Werk als gut erweist, wird's nicht von Vorteil sein,
Sie werden's für gestohlen halten oder eine Frucht des Zufalls nennen.
…

Laßt Griechen Griechen sein, und Frauen, was sie sind,
Männer haben Wegbereiter, sind herausgehoben und bevorzugt weiterhin,
So ist's vergeblich, auf so unsicherem Grund das Kräftemessen zu versuchen oder in
den Kampf zu zieh'n;
Die Männer können's besser, die Frauen wissen das recht gut.
Hervorragendes zu leisten, ganz gleich wobei, ist Euer Teil;
Doch laßt ein wenig Anerkennung auch für uns.«[6]

Bradstreets wohlmeinende Mäßigung kann ironisch oder konformistisch verstanden werden, aber entscheidend ist, daß sie ihr Leben lang darauf bestand,
als Dichterin zu arbeiten und zu publizieren. Zu welchen Kosten für sie selbst
und ihre Kunst das geschah, ist kaum zu ermessen. Wie Adrienne Rich beob-

achtete: »Gedichte geschrieben zu haben, die ersten guten Gedichte in Amerika, gleichzeitig aber acht Kinder großzuziehen, häufig ans Krankenlager gefesselt zu sein und einen Haushalt am Rande der Wildnis zu führen, das bedeutete, als Dichterin einen Rang erreicht und einen Wirkungsbereich erschlossen zu haben unter so schwierigen und einschränkenden Umständen, wie sie kaum je ein anderer amerikanischer Dichter vorgefunden hat.«[7]

Anne Bradstreet ignorierte die »Nörgelzungen« und versicherte sich selbst und der Welt, daß sie vor allem für ihre Kinder und zum Lobe Gottes schrieb. Doch in jeder Generation und wo immer Frauen um Möglichkeiten rangen, sich ihrer Intelligenz entsprechend auszudrücken, erinnerten einige »Nörgelzungen« sie an die ihnen als Frauen gesetzten spezifischen Grenzen, an ihre weiblichen Pflichten. Wieder und wieder finden wir Frauen, die nachdrücklicher auf Webstuhl, Weberschiffchen, Spinnrocken und Stickrahmen verwiesen wurden als auf die Feder zum Schreiben. Viele von ihnen folgten dieser Aufforderung: kunstvolle Stoffe, wunderschöne Flickensteppdecken, viele Sorten von Spitze, Handarbeiten zur Dekoration der Kirchen und Wohnhäuser, sie alle sind ein Zeichen der blühenden Kreativität von Frauen. Und auch das Anlegen von Gärten war, wie Alice Walker uns bewußt machte, für viele Frauen eine Form von Kunst.[8] Doch umkämpfter Boden war für die Männer der von ihnen für sich beanspruchte Bereich der literarischen Kreativität und der Definition. Hier beriefen sie sich auf ihre sogenannten Prärogative, auf die Überlegenheit ihrer Ausbildung und ihrer Intelligenz, definierten sie ausschließende Normen und nutzten sie jede nur mögliche Form des psychologischen Drucks, um Frauen davon abzuhalten, auch nur den geringsten Teil dieses Terrains für sich zu beanspruchen. Gegen einen derartigen Druck konnten sich nur die Charakterstärksten und Entschlossensten behaupten. Wie wir bereits gesehen haben, waren diejenigen, die von göttlichen Erleuchtungen inspiriert wurden, erstaunlich standfest. Um nur ein Beispiel anzuführen, erinnern wir uns an die mexikanische Nonne Sor Juana de la Cruz (vgl. Kap. 2). Sie erklärte, als sie von ihrem Beichtvater wegen der Anmaßung, Verse zu schreiben, getadelt wurde, sie könne dem nicht abhelfen und ihre Fähigkeit, es zu tun, nicht kontrollieren; diese sei ihr von Geburt an gegeben, und deshalb müsse sie eine Gabe Gottes sein. Daraus leitete sie ab, daß es ihr zustehe, Verse zu schreiben.

Frauen, die sich nicht so stark von ihrem Glauben motiviert sahen, beriefen sich dennoch auf ihr Talent. Die Anerkennung solch einer angeborenen Begabung und die Fähigkeit, durch Schreiben eine Verbindung zu Leserinnen und Lesern herzustellen, war für die Schreibende von großer, ihr auch Macht verleihenden Bedeutung. Eine Frau, die dazu erzogen war, anderen nützlich zu sein und zur Hand zu gehen und ihre Identität nur durch dieses

Helfen und Dienen auszudrücken, konnte plötzlich ganz andere Gefühle und Einstellungen zum Ausdruck bringen. Sie stellte fest, daß sie um ihres eigenen Werkes willen, wegen des von ihr Geschriebenen, in Erinnerung zu bleiben wünschte. Sie wollte eine Bestätigung ihrer Tätigkeit als Autorin und ihrer Identität, und sie wollte, daß ihrer noch lange gedacht würde. Kurz gesagt: Sie erhoffte sich Unsterblichkeit. Dieser Wunsch und seine Äußerungsformen stehen in direktem Widerspruch zu der bemühten Vermeidung öffentlicher Aufmerksamkeit, zu der Frauen erzogen wurden. Marie de France, eine der im 12. Jahrhundert bekanntesten Frauen, war also sehr präzise bei der Bezeichnung ihrer Eigenschaft als Autorin. Sie erklärte:

>»Am Ende dieser Schrift,
> die ich auf Französisch verfaßt habe,
> werde ich meinen Namen nennen, zur Erinnerung:
> MARIE heiße ich, und bin aus FRANKREICH.«[9]

In ihrem Buch *Lais* bezeichnet sie sich selbst als »Marie, die zu ihrer Zeit nicht vergessen werden sollte«.[10]

Ganze fünfhundert Jahre später beendete Margaret Cavendish, Herzogin von Newcastle (1623–1674), ihre kurze Autobiographie mit einer Erklärung für ihre ungewöhnliche Anstrengung. Ihre Absicht war es,

>»die Wahrheit zu sagen, damit nicht die Nachkommen fehlgehen, weil sie nicht wissen, daß ich die Tochter des Meisters Lucas von St. Johns gewesen bin, nahe Colchester, in Essex, die zweite Frau des Lord Marquis von Newcastle; denn da mein Gebieter zwei Frauen hatte, könnte ich leicht verwechselt werden, zumal wenn ich sterben und mein Herr und Gebieter wieder heiraten sollte.«[11]

Ihre Selbstdefinition als Tochter und Ehefrau bringt wahrscheinlich das Bewußtsein einer Frau ihrer Tage recht genau zum Ausdruck, doch ihre Furcht, sie könnte mit einer früheren oder späteren Frau ihres »Gebieters« verwechselt werden, ist bemerkenswert. Wie sehr sie auch versuchte, das Bewußtsein, eine autonome Persönlichkeit zu sein, zu verbergen, das Hochgefühl, ihre Lebensgeschichte geschrieben zu haben, konnte sie nicht ganz unterdrücken. Es kommt zutage in einem anderen Abschnitt des gleichen Werkes, wo sie die Hoffnung äußert, daß »meine Leser mich nicht für eitel halten werden, weil ich mein Leben beschrieben habe, denn viele haben das gleiche getan, so Cäsar, Ovid und viele andere, Männer wie Frauen, und ich kenne keinen Grund, warum ich es nicht ebensogut können sollte wie sie«[12]. Ihre selbstsichere Behauptung, sie sei eine Schriftstellerin auf dem Niveau von Cäsar und Ovid, gerät bald ins Wanken. Ein paar Sätze weiter verteidigt sie sich gegen »die zensierenden Leser«, die hämisch

fragen: »Warum hat diese Lady ihr eigenes Leben beschrieben?«, und antwortet: »Es ist wahr, daß dies nicht im besonderen Interesse der Leser liegt,
aber es ist sinnvoll für die Autorin, denn ich schreibe um meiner selbst willen, nicht ihnen zuliebe.« An einer anderen Stelle der Autobiographie gibt
sie zu, die Ambition zu haben, »sich zum Turm des Ruhmes zu erheben,
was bedeutet, in den künftigen Zeiten in der Erinnerung weiterzuleben«.[13]

Die Lebensbeschreibung ist voll von Vorbehalten, Erklärungen und Ent-
schuldigungsversuchen in bezug auf diese unziemliche Ambition, doch das
Bekenntnis der Herzogin klingt ehrlich. In ihren eigenen Worten gesteht
sie schließlich, aus zwei Gründen zu schreiben: um in Erinnerung zu bleiben und sich selbst zuliebe. Die letztgenannte Motivation bezeichnet einen
wichtigen Fortschritt in der Entwicklung des feministischen Bewußtseins.

Die Herzogin von Newcastle gehörte zu einer Gruppe von Dichterinnen
und Schriftstellerinnen, deren Zahl im England des 17. Jahrhunderts
zunahm und die große Beachtung fanden. Manche stützten ihr Werk auf
eigene Erfahrung und benutzten sie auf bewegende Weise, um ein größeres
Maß von allgemeiner Anerkennung zu erreichen. Aphra Behn (1640–1689)
war die erste in englischer Sprache schreibende Frau, die sich mit Schreiben
ihren Lebensunterhalt verdiente, war die erste Frau, die als Dramatikerin
Erfolg hatte (sie schrieb vierzehn Theaterstücke), und die erste, die Konventionen und Tradition dadurch in Frage stellte, daß sie in ihren Gedichten offen das Vergnügen der Frauen an sexuellen Aktivitäten beschrieb. In
mehreren dieser Gedichte ist das Ziel der Wünsche eine Frau; Behn behandelt das Thema ohne Schüchternheit oder Rechtfertigung. Relativ spät in
ihrem Leben veröffentlichte sie einige Prosageschichten, die als Vorläufer
des Romans gelten können. Sie widersetzte sich Verleumdungen, Versuchen, sie der Lächerlichkeit preiszugeben, und Angriffen auf ihren guten
Ruf; und sie schrieb weiter als berufsmäßige Schriftstellerin. Ihr Leben und
ihre Kämpfe machten es möglich, daß sich mehr begabte Frauen als ernsthafte Künstlerinnen und professionell Arbeitende entfalten konnten.

Auch in Deutschland gab es im 17. Jahrhundert eine immer größere Zahl
von Dichterinnen, die für kurze Zeit sehr bekannt oder sogar berühmt
waren. Diese Entwicklung ergab sich mit der weiteren Verbreitung von Bildungsmöglichkeiten für Frauen und aus der Tatsache, daß die Reformation
zum Verfassen von religiöser Poesie und Traktaten zu Glaubensfragen als
Betätigungsfeld weiblicher Kreativität ermunterte. Wir haben bereits das
Werk der Anna Hoyers und der Dichterin Margaretha Susanna von Kuntsch
(Kapitel 6) erwähnt. Obwohl die neugegründeten, sehr beliebten Sprachge-
sellschaften Frauen in der Regel ausschlossen, gab es doch einige Ausnahmen, die schöpferischen Frauen ein halböffentliches Forum boten. Der

1617 gegründete *Palmorden* nahm 1668 als erste Sprachgesellschaft eine Frau auf, die Gattin des Vorsitzenden. Eine andere dieser Gesellschaften, der *Pegnesische Blumenorden* in Nürnberg, hatte neunzehn weibliche Mitglieder. Doch selbst diese sehr beschränkte Möglichkeit für Schriftstellerinnen führte zu heftigen satirischen Attacken auf »kritzelnde« Frauen. Eine junge und begabte Dichterin, Sibylle Schwarz (1621 – 1638), verteidigte sich und andere Frauen gegen solche Attacken. In einem Gedicht mit dem Titel »Ein Gesang wieder [wider] den Neidt« wandte sie sich an diejenigen, die Dichterinnen angriffen, und empfahl ihnen, sie sollten doch, wenn sie sich über schreibene Frauen aufregten, aufhören zu lesen. Sie argumentierte, daß der Sitz der Musen männlichen und weiblichen Schreibenden offenstehe, und nannte eine Reihe von Dichterinnen von Sappho bis Anna Maria van Schurman, um ihren Anspruch zu untermauern. Das Gedicht endet: »Laß nur / O Neid! dein Leumbden bleiben / Ich weiß es ohn dich mehr als wol / Wen ich nicht mehr Poetisch schreiben / Undt dieses hinterlassen soll. ... Du solt mich doch nicht unterdrücken. / Ich wil hinfüro GOTT vertrawen / Von dem soll sein mein Tichten all... Wer GOTT vertrawt in allen Dingen / Wird Weldt / wird Neidt / wird Todt bezwingen.«[14] Ihre Verse sind in posthumen Veröffentlichungen erhalten geblieben, sie starb als Siebzehnjährige.

Obwohl sie sich heftig gegen die Angriffe wehrten, wurden Frauen weiterhin wegen ihres Schreibens attackiert. Etwa hundert Jahre nach dem Tode von Sibylle Schwarz wurde eine andere Frau sowohl öffentlich geehrt als auch wütend angegriffen. Christiana Mariana von Ziegler (1695 – 1760), die zweimal Witwe geworden war und ihre beiden Kinder verloren hatte, führte einen literarischen Salon in Leipzig, veröffentlichte einen Gedichtband und hielt öffentliche Plädoyers für die Frauenbildung. Sie schrieb den Text zu neun Kantaten Johann Sebastian Bachs. Von Ziegler war die erste Frau, die als Mitglied der »Deutschen Gesellschaft« akzeptiert wurde. Sie wurde außerdem von der Universität Leipzig 1733 zur Poetin gekrönt. Desungeachtet wurde sie in mehreren an ihre Adresse gerichteten satirischen Gedichten verspottet und der Eitelkeit bezichtigt. In einem Gedicht »Die Dichterin und die Musen« beschrieb sie ihr eifriges Streben und die demütigende Vereitelung ihrer Hoffnungen. Sie stellte dar, wie ein inständiges Verlangen sie hoffen ließ, den Olymp zu erreichen, weil sie wußte, daß dort die Musen, Frauen wie sie, sich der Dichtkunst widmeten. Doch als sie den heiligen Berg erreichte, wurde ihr von den Musen der Eingang verwehrt, weil diese fürchteten, Apoll könnte sie ihnen vorziehen.[15] Hier wird die Verzweiflung über durchkreuzte Ambitionen zum weiblichen Selbsthaß: Diese Dichterin wurde nicht von feindseligen Männern behindert (wie es in Wirklichkeit der Fall war), sondern von eifersüchtigen Frauen.

Doch Sidonia Hedwig Zäunemann (1717–1740) war von Zieglers Ruhm so beeindruckt, daß sie sich darauf einließ, das Dichten professionell zu betreiben. »Ihr Beispiel erhitzte mein Blut«, schrieb sie. Sie ließ die üblichen »weiblichen« Themen beiseite, reiste statt dessen zu Pferde weit umher, häufig in Männerkleidern und ohne Begleitung, und schrieb über das, was sie sah. Eine ihrer unkonventionellen Leistungen bestand darin, in ein Bergwerk einzufahren und ihre Eindrücke unter Tage in Gedichtform wiederzugeben. 1738 wurde sie als »kaiserlich gekrönte Poetin« der Universität Göttingen ausgezeichnet und veröffentlichte danach ihren ersten Gedichtband. Noch immer forderte ihr Erfolg den üblichen Preis. In einem langen Gedicht »Jungfern-Glück« stellte sie die Vorzüge des Klosterlebens heraus. Jungfrauen könnten dort in Ruhe und Frieden leben, entfernt vom Lästern böser Zungen, während Ehefrauen ständig fürchten müßten, daß auf die freundlichen Worte ihrer Männer plötzlich Zornausbrüche und Schläge folgen würden. Es ist anzunehmen, daß Zäunemann hier erklärte, warum sie sich entschloß, keine Ehe einzugehen, sich also einer Methode zur Vermeidung von traditionellen geschlechtsspezifischen Rollen bediente, die schon viele Jahrhunderte lang von Frauen angewendet worden war. Zwei Jahre nach der Veröffentlichung ihres Buches starb sie auf Reisen bei einem Unfall.

Die Verfolgung und Mißbilligung von Dichterinnen war eine so weitverbreitete Selbstverständlichkeit, daß nationale und ethnische Grenzen in dieser Beziehung ohne Belang waren. Es ist interessant, die Erfahrungen einer jüdischen Dichterin des 18. Jahrhunderts mit denen der eben vorgestellten Frauen aus dem Deutschland des 17. Jahrhunderts zu vergleichen. Rachel Morpurgo war die allergrößte Seltenheit: eine jüdische Dichterin, deren Werk überliefert ist, die starke Worte fand für ihre Frustration angesichts der Bedingungen, unter denen sie zu arbeiten hatte. Rachel Morpurgo (1790–1871) wurde in Triest in eine wegen ihrer Bildung bekannte Familie geboren. Sie erhielt eine für ein Mädchen ungewöhnlich gute Ausbildung und verfügte über ausgezeichnete Kenntnisse des Hebräischen, des Talmud und späterer jüdischer Literatur sowie der Bibeltexte. Sie widersetzte sich einer arrangierten Verehelichung und heiratete einen Mann ihrer Wahl. In hebräischer Sprache schreibend, erhielt sie einige Anerkennung als Dichterin.

> »Woe is me, my soul says, how bitter is my fate,
> My spirit overweening aspired to be great.
> I hear a voice pronounce: your song deserves high state.
> What peers have you, Rachel, mistress of song?

My spirit rebukes me: my virtue is held a sin,
Exile after exile has withered my skin,
My pungence is gone, my vineyard's cropped thin,
Fearing disgrace, I can no longer sing.

To the north I have turned, to south, east and west,
›Woman's mind is frail‹, how can this one be best?
After years if her memory's put to the test,
Will it surpass a dead dog knowing province or town?
Wherever you go, you will hear all around:
The wisdom of woman to the distaff is bound.«

»Weh mir, meine Seele sagt, wie bitter mein Schicksal ist,
Mein Geist erhoffte, anmaßend, Größe zu erreichen.
Ich höre eine Stimme sagen: dein Lied verdient hohes Ansehen.
Wer kommt dir gleich, Rachel, Meisterin des Gesangs?

Mein Geist klagt mich an: meine Tugend gilt als Sünde,
Verbannung nach Verbannung hat mich dünnhäutig gemacht,
Mein Scharfsinn ist dahin, meine Reben tragen kaum Früchte,
Die Schande fürchtend, kann ich nicht länger singen.

Nach Norden habe ich mich gewandt, nach Süden, Osten und Westen,
›Der Frauen Geist ist schwach‹, wie kann diese sein vom Besten?
Nach Jahren, wenn sie geprüft werden wird,
wird ihr Gedächtnis das eines toten Hundes über Straße und Stadt übertreffen?
Wo immer du hingehst, überall wirst du es hören:
Der Frauen Klugheit ist beschränkt auf den Spinnrocken, ihrer Hände Arbeit.«[16]

Während des 18. Jahrhunderts fallen einige Frauen aus den ärmeren Schichten der Bevölkerung auf, die sich genügend Wissen aneigneten, um sich in Versen ausdrücken zu können, und die eine Veröffentlichung ihrer Gedichte erreichten. Eine dieser Frauen ist die Engländerin Mary Collier (1689/90 bis nach 1759). Sie wurde in eine arme Familie in Sussex geboren und lernte das Lesen von ihren Eltern. Ihren Lebensunterhalt verdiente sie als Waschfrau, vermutlich auch als Haushaltshilfe und Landarbeiterin. 1739 schrieb sie verärgert eine Entgegnung auf das 1736 veröffentlichte Gedicht »The Thresher's Labour« (Die Arbeit des Dreschers) von Stephen Duck. Dieser setzte, die gängige Einschätzung von Frauen wiedergebend, die Leistung und den Fleiß der auf den Feldern arbeitenden Frauen herab. Mary Collier stellte fest, daß sie bei der Lektüre des Gedichtes »eine starke Neigung [spürte], eine Armee von Amazonen herbeizurufen, um dem beleidigten Geschlecht Gerechtigkeit widerfahren zu lassen«. Sie wurde von ihren Arbeitgebern ermutigt, das lange Poem zu veröffentlichen, in dem sie den langen Arbeitstag der Frauen auf dem Feld und ihre Doppelbelastung beschrieb:

»... when we home are come,
We find again our Work but just begun;
So many Things for our Attendance call,
Had we ten Hands, we could employ them all.
Our children put to Bed, with greatest Care
We all Things for you coming home prepare:
You sup, and go to Bed without Delay.
And rest yourselves till the ensuing Day;
While we, alas! but little Sleep can have;
Because of froward [!] Children cry and rave;
Yet, without fail, soon as Day-light does spring,
We in the Field again our work begin...

... wenn wir dann zu Hause sind,
steht ohn' Verzug die nächste Arbeit an;
So viele Dinge wollen schnell erledigt und beachtet sein,
mit zehn Händen könnten wir arbeiten ohn Unterlaß.
Wenn die Kinder im Bett sind, voller Sorgfalt gleich
bereiten wir umsichtig alles für eure Heimkehr vor:
Nach dem Abendessen geht ihr sofort ins Bett.
Und könnt euch ausruhen bis zum nächsten Tag;
Doch wir, na klar! bekommen nur wenig Schlaf,
denn die eigensinnigen [!] Kinder schreien und toben;
Doch ohne Säumen, sobald der Tag anbricht,
beginnen wir wieder mit der Feldarbeit...[17]

Das Gedicht beschreibt in weiteren Reimen viele Einzelheiten der unablässigen Plackerei der Dienstbotinnen in der Hauswirtschaft und der Waschfrauen und gibt damit ein lebendiges Bild von der doppelten Arbeitsbelastung der Frauen.

Ein anderes Beispiel für Dichterinnen aus den unteren Schichten der Bevölkerung, die ihre eigenen Erfahrungen beschreiben, ist die Deutsche Anna Luise Karsch (1722–1791). Hineingeboren in eine vom Hunger geplagte Bauernfamilie, verlebte sie eine Kindheit voll harter Arbeit und ohne jede formale Bildung. Doch sie entwickelte ein erstaunliches Talent im Reimen, und es gelang ihr, damit zum Lebensunterhalt beizutragen, denn im Tausch gegen Nahrungsmittel und etwas Geld verfaßte sie Gelegenheitsgedichte für andere Dorfbewohner. Ihr Können ermöglichte es ihr, das Familieneinkommen aufzubessern und ihre Kinder zu unterstützen, die aus der Ehe mit einem nicht für den Unterhalt der Familie aufkommenden Alkoholiker stammten, der sie mißbrauchte und von dem sie sich nach elfjähriger Ehe scheiden ließ. Auf die Begabung dieser Frau wurden einige adlige Frauen der Gegend aufmerksam, die sie zu einer Art Hätschelobjekt machten und sie und ihre Kinder in die gehobenen Kreise einführten. Der größte Teil des literarischen Werks der Karsch ist ziemlich konventionell und nicht von besonderem Interesse. Sie wurde in das Leben eines »dressierten Pudels« hineingezwungen und erreichte es, sich selbst zu unterhalten und sogar den Lebensunterhalt für einen anderen unfähigen Gatten und ihre sieben Kinder mitsamt Verwandten zu bestreiten, indem sie ihre poetische Fähigkeit auf dem Markt verkaufte. Eine Sammlung ihrer Gedichte erschien unter der Protektion des Dichters Gleim, und sie wurde König Friedrich II. vorgestellt, der ihre Fähigkeiten pries. Doch in späteren Jahren mußte sie adlige Damen um finanzielle Unterstützung bitten. Mehrere Gedichte, die sie zu diesem Zwecke schrieb, enthalten eine realistische Beschreibung ihrer wirtschaftlichen Misere, denn sie stellt in dürren Worten die Kälte, den Hunger und die Rohheit dar, die ihr Leben bestimmen. In diesem Gedicht schreibt sie von ihrer unglücklichen Ehe:

> »Verwünschte Heiligkeit der Ehe!
> Ich zittre, wenn ich noch im Geist zurücke sehe,
> Abscheulich war der Sclavenstand,
> Ein nur mit Menschenhaut bezogner Höllenbrand
> Trat herrisch vor mir hin und brüllte meine Klage
> Mit bitterm Spotte nach, und war geborne Plage
> Für mein sanftes Herz; mein ewig Einerlei
> Blieb er zehn volle Jahr; riß oft ein Blatt entzwei,
> Ganz von Gedanken voll, denn dieser Mann, kein Denker,
> War fehlbar durch den Rausch, war meines Lebens Henker,
> Sein Gang, sein Wort, sein Blick, war alles meine Qual,
> O Gott! behüte mich für eine Mannes-Wahl.«[18]

Dichterinnen wie Mary Collier und Anna Luise Karsch beweisen, daß auch Frauen aus der Arbeiterklasse um die Möglichkeit, sich schöpferisch auszudrücken, kämpften.

Im späten 18. Jahrhundert wurde das Schreiben für eine kleine Gruppe von Engländerinnen zu einer Erwerbstätigkeit. Daß nun Frauen aus der Mittelschicht als professionelle Schriftstellerinnen auftraten, war ein Ergebnis des tiefgreifenden sozialen Wandels. Die Entwicklung der Städte führte zum Erscheinen von Tageszeitungen und Wochen- oder Monatszeitschriften. Der Ausbau des Erziehungswesens und die zunehmende Freizeit der Frauen aus der Mittelschicht vergrößerten die weibliche Leserschaft. Das System der Patronage zur Förderung der Künste trat langsam in den Hintergrund gegenüber der zunehmenden Kommerzialisierung, und Frauen begannen, Bücher zu veröffentlichen, um damit Geld zu verdienen. Sarah Fielding, Charlotte Smith und Susannah Rowson ernährten sich selbst und ihre Familien durch Schreiben. Die Essayistin Elizabeth Montagu, die Historikerin Catherine Macaulay und auch Mary Wollstonecraft gehörten zu den Frauen, die ihren Lebensunterhalt mit Veröffentlichungen zu Themen aus verschiedenen Erlebnisbereichen und Wissensgebieten bestritten.[19] In den USA veränderten sich die Lebens- und Arbeitsbedingungen für Frauen mit Talent erst im 19. Jahrhundert, als die Zahl der Dichterinnen und Schriftstellerinnen, der Autorinnen oder Herausgeberinnen von Lebensbeschreibungen bemerkenswerter Frauen ebenso zunahm wie die Zahl der Journalistinnen und Zeitschriftenautorinnen.

Die Frauenromane des 18. Jahrhunderts waren der Anfang eines Genres, das sich in England, Frankreich, Deutschland und in Nordamerika erst im 19. Jahrhundert voll entwickelte. Es ist kein Zufall, daß in dieser Zeit die meisten der großen Romanautorinnen ihre weltberühmten Werke verfaßt haben: Jane Austen, die Schwestern Brontë, George Eliot, George Sand, Fanny Lewald, Annette von Droste-Hülshoff. Elizabeth Barrett Browning erweiterte die poetische Form, um ihr romanhafte Dimensionen zu geben, in ihrem vielgelesenen feministischen Versroman *Aurora Leigh*. Margaret Fuller, die afroamerikanische Schriftstellerin Frances Ellen Watkins Harper, Florence Nightingale und Helen Hunt Jackson sind nur einige der vielen Frauen, die sich zu realen Problemen geäußert und ihre Zeitgenossen stark beeinflußt haben. Die jahrhundertelangen Anstrengungen der Frauen im Kampf um das Recht zu denken und das Recht zu definieren trugen endlich Früchte. Diese Schriftstellerinnen warfen die Fesseln der kulturellen Geschlechtsdefinition ab und nutzten ihre Geisteskräfte, um sich Ziele zu setzen, die ferner lagen als alle, die Frauen sich jemals hatten vorstellen können.

Wir haben in diesem Buch bisher immer wieder festgestellt, daß die Autonomie von Frauen hart erkämpft werden mußte, bevor sich ihre schöpferischen Fähigkeiten entfalten konnten. Das kulturelle Umfeld der Kreativität von Frauen war sehr verschieden von dem der Männer. Das Fehlen von Heldinnen und einer bewußt wahrgenommenen Frauengeschichte verkrüppelte selbst die begabtesten Frauen oder schwächte ihre Talente ab zu weniger ambitionierten oder kürzeren Ausdrucksformen: Gedichte eher als Dramenzyklen; Briefe und Artikel eher als philosophische Werke. Wegen der komplizierten sozialen Situation von Frauen, die schrieben und ihre Werke veröffentlichten, hatten talentierte Frauen enorme Spannungen auszuhalten, denn ihre Begabungen ließen sich nur mit Ehrgeiz, einer langfristigen Zielsetzung und dem Antrieb, berühmt und anerkannt zu sein, entfalten. Die soziale Definition von »Weiblichkeit« und die nicht endenden familiären Verpflichtungen, die den Frauen auferlegt waren, machten eine konzentrierte Aufmerksamkeit im Sinne der berufsmäßigen, qualifizierten Arbeit des Schreibens für die meisten Frauen schwierig, wenn nicht unmöglich. Bis zur Mitte des 19. Jahrhunderts gibt es kaum eine Dichterin oder Schriftstellerin, die für ihre intellektuelle Produktivität nicht mit einem gestörten und unglücklichen Familienleben bezahlen mußte. Ob Frauen auf ein sexuelles Leben verzichten mußten, um genügend Muße und die Freiheit zum Denken, zur Entfaltung ihrer Phantasie und zu schöpferischer Arbeit zu haben, ob sie Ehe und Mutterschaft entsagen mußten, um sich auf sich selbst und ihr intellektuelles Schaffen konzentrieren zu können – immer mußten sie im Vergleich zu ihren Brüdern beim Verfolgen ähnlicher Ziele größere Schwierigkeiten und Hindernisse überwinden.

Seit Aphra Behn gab es einige Frauen, die soziale Tabus bekämpften und ein freies oder zumindest unkonventionelles Leben führten. Sie zahlten einen hohen Preis für jedwedes Glück, das sie im Rahmen ihres Lebensstils erreichten, und in einer Reihe von Fällen wurden ihre Werke wegen des Skandals, den sie auslösten, unterdrückt oder nicht publiziert. Mary Wollstonecraft ist dafür das beste unter den bekannten Beispielen: Sie war eine vielgelesene Autorin, als ihr Leben nach dem frühen Tod im Kindbett zum Skandal wurde. Dies ging auf die Entscheidung ihres Mannes zurück, eine Lebensbeschreibung und eine Sammlung von Briefen an ihren Liebhaber zu veröffentlichen, aus denen hervorging, daß sie ein uneheliches Kind geboren und mit zwei Männern enge außereheliche Beziehungen unterhalten hatte. Danach wurde ihr Leben als ein Paradebeispiel von sittlicher Verkommenheit und der engen Verknüpfung von Feminismus und gesellschaftlicher Abweichung angeführt. Dieser Angriff auf sie wurde während des 19. Jahrhunderts ständig wiederholt und noch bis in die 1950er Jahre gedruckt. Das entmutigte zweifellos andere Frauen, sich in ihr Werk einzulesen, einen Zugang zu ihm zu finden und es ernstzunehmen.

Frances Wright, eine in den 1830er Jahren in den USA lebende radikale Schottin, die eine Anhängerin von Robert Dale Owen war und eine eigene utopische Siedlergemeinschaft gründete, wurde in der Presse und von den Kanzeln herab beschimpft und verleumdet und verlor einen Großteil ihres Einflusses, weil sie sich für sexuelle Freiheit und die Ehe von verschiedenrassigen Menschen aussprach. Ihr Name wurde zum Epitheton: Als »Fanny Wrightist« bezeichnet zu werden bedeutete, als Außenseiterin und Abweichlerin zu gelten. Dies sind nur zwei von zahlreichen anderen Beispielen, die sich aus verschiedenen Ländern anführen ließen. Das Leben und das Werk von Frauen entwickelten sich in ständiger Auseinandersetzung mit den patriarchalen Definitionen der geschlechtsspezifischen Rollen von Männern und Frauen.

Daß den Frauen der gleichberechtigte Zugang zu den Institutionen der höheren Bildung verwehrt wurde, machte für schreibende Frauen einen Gedankenaustausch mit gebildeten Männern sehr schwer. Das kann für die kreativen Autorinnen ein Vorteil gewesen sein, denn es machte sie frei für neue Ansätze und Entwicklungen und schöpferische Imagination. Die meisten der frühen Romanautorinnen und -autoren von Bedeutung hatten keine Universitätsausbildung. Doch weil den Frauen der Zugang zu den Universitäten verwehrt war, fehlten ihnen geschützte Freiräume für ihr schöpferisches Arbeiten und eine Gemeinschaft von Gleichgesinnten, mit denen sie ihre Vorstellungen hätten besprechen können. Wir werden in den folgenden Kapiteln noch darauf eingehen, wie wichtig das Vorhandensein solcher Schutz- und Freiräume und solche Gemeinschaften für die Herausbildung des Frauenbewußtseins waren.

Während unserer Erörterung der intellektuellen Entwicklung von Frauen in Europa haben wir gesehen, daß deren Kampf um Autorisation eine notwendige Grundvoraussetzung ihres Wirkens als Schreibende und Denkende war. Wir haben auch gesehen, wie einige Frauen dies durch den Hinweis auf göttliche Erleuchtung, mystische Offenbarungen und ihr Gespür für eine besondere religiöse Berufung erreicht haben. Andere fühlten sich ermächtigt durch ihre Rolle als Mütter und Erzieherinnen des Nachwuchses. Die in diesem Kapitel vorgestellten Frauen schließlich fanden ihren Weg zur Selbstautorisierung, indem sie den Anforderungen gerecht wurden, die eine Entfaltung ihrer Begabung erlaubten. Für Frauen war das Inanspruchnehmen ihres uneingeschränkten Menschseins vor Gott, ihrer vollen Gleichheit als menschliche Wesen und ihrer Autonomie als Denkerinnen ein wahrhaft revolutionäres Verhalten. Einzelne begabte Frauen formulierten derartige Bekundungen von Selbstgewißheit bereits im 8. Jahrhundert, etwa Roswitha von Gandersheim, und angesichts von massiver Gleichgültigkeit, Ablehnung und Erniedrigung mußte diese Erklärung wieder und wieder abgegeben werden. Die Herzogin von New-castle versicherte, daß sie »um ihrer selbst willen« schreibe; Anna Maria van Schurman forderte, Frauen sollten sich um des Lernens willen bilden – hier haben wir die Wurzeln der kulturellen Autonomie von Frauen, die in einem außergewöhnlich ungünstigen Boden wachsen und gedeihen mußten. Es paßt dazu, wenn ich am Ende dieses Kapitels die Entwicklung von Emily Dickinson darstelle, einer Frau, die mehr als alle anderen kreativen Frauen vor ihr das war, was eine Interpretin jüngst als »die Schöpferin ihres eigenen Diskurses« bezeichnet hat.[20] Während ihre extreme Art, über Bedingungen zu triumphieren, die ihr Talent zu behindern oder abzulenken drohten, für eine frühere Zeit charakteristisch ist, öffnete sie zugleich den Weg in die Zukunft und erreichte die Unsterblichkeit, die sie so kühn beanspruchte, indem sie ihre Stimme erhob als freier Geist, als freie Seele und als Frau. In diesem Sinne erscheint Emily Dickinson als Inbegriff und Kulminationspunkt des jahrhundertelangen Kampfes der Frauen um das Recht auf Selbstdefinition.

»Ich wohne in der Möglichkeit«[21], schrieb Emily Dickinson. Daß sie genial war, kann nicht bezweifelt werden, und daß sie ihr Genie erkannte und behütete, wird in ihrer Arbeit und in ihrem Leben deutlich. Nach einer den Konventionen entsprechenden Kindheit und Jugend wurde sie in den letzten Jahrzehnten ihres Lebens zu einer Beinaheklausnerin im Hause ihres Vaters, wo sie nur die engsten Verwandten sah und ganz selten ihr Zimmer verließ. Sie kultivierte bemerkenswert Exzentrisches, etwa das Tragen ausschließlich weißer Kleidung und das Sprechen selbst mit engen Freunden nur von einem Platz hinter einer halboffenen Tür aus. Ihr sorgfältig ausgeklügelter Zustand der Zurückgezogenheit und Introvertiertheit befreite sie von unerwünschten gesellschaftlichen Verpflichtungen, von der Notwendigkeit irgendwelcher Erklärungen für ihre Weigerung zu heiraten und von vielen der häuslichen Obliegenheiten, um die sich junge Frauen ihrer sozialen Schicht gewöhnlich zu kümmern hatten. Das gab ihr Raum und Zeit zum Arbeiten und zum Denken. Ihre Entscheidung, ein Leben in Klausur zu führen, ist besser zu verstehen, wenn wir sie einordnen in ein Kontinuum von Denkerinnen über die Jahrhunderte, die sich um ein selbstbestimmtes schöpferisches Gestalten bemühten.

Zunächst fällt auf, wie ähnlich die von ihr gewählte Lebensweise und ihr Stil denen von einigen der großen Mystikerinnen ist – Hildegard von Bingen, Mechthild von Magdeburg, Christina Ebner, Juliana von Norwich. Deren Einflußmöglichkeiten ergaben sich aus der Ablehnung des »normalen« Lebens von Frauen, aus ihrer Keuschheit, ihrem Leben in Klausur, ihrer Konzentration auf das innere Selbst und dessen Visionen. Emily Dickinson sprach in einigen Gedichten von sich als »Nonne« (Nr. 722 und 918), und es gibt in ihrem Werk zahllose Hinweise darauf, daß sie Offenbarungen hatte, Mysterien jenseits des für sie Begreiflichen erlebte.[22]

Ihr Rückzug aus dem öffentlichen Leben bedeutete nicht, daß sie den Kontakt zu anderen Menschen oder die Gemeinschaft mit anderen ablehnte, obwohl die Äbtissin und die Klosternonne mehr in das öffentliche Leben einbezogen gewesen waren als die Dichterin in Amherst. Wie wir gesehen haben, schuf Hildegard für die mystische Seherin eine Rolle in der Öffentlichkeit und übte eine Macht aus, die kaum größer hätte sein können. Mechthild und Juliana von Norwich lehnten diese Art von Macht ab und zogen sich davon zurück. Die Frau, die Dickinson in der Wahl ihres Lebensstils am nächsten kommt, ist Isotta Nogarola, die sich freiwillig zu einem Leben in Abgeschiedenheit, nur in Gesellschaft ihrer Mutter, entschloß, um ihre Fähigkeit zu schreiben nicht zu gefährden. Für Isotta war diese Entscheidung weniger heroisch als notwendig; was die Wahl von Emily Dickinson so erstaunlich macht, ist die Tatsache, daß sie 500 Jahre später getroffen wurde als die der Isotta Nogarola. Dickinson lebte im Amerika des 19. Jahrhunderts, zu einer Zeit, in der Frauen Gleichgesinnte fanden, als sie sich zur Durchsetzung ihrer Rechte organisierten. Andere Frauen, deren soziale Voraussetzungen den ihren recht ähnlich waren, engagierten sich in Gruppen und Vereinen, um für bessere Bildungschancen der Frauen zu kämpfen, sich an der Missionsarbeit zu beteiligen und Romane für Frauen zu schreiben. Sie hingegen wählte die Klausur und das Leben einer Dichterin.[23]

Daß es sich um eine freiwillige Entscheidung handelte, die sorgfältig überlegt war und mehrmals neu bestätigt wurde, ergibt sich aus einer genauen Analyse ihrer Lebensgeschichte. Sie hatte Alternativen und konnte eine Wahl treffen; und sie entschied sich nicht verbittert und niedergeschlagen, sondern in ekstatischer Kreativität, ihre in schweren Kämpfen erworbenen Kräfte feiernd. Was sie erreichte und was sie schuf, war das bewußte Leben des Geistes, die Welt, in der sie »Kaiserin... Königin« war, gleichgestellt den Helden der Mythologie und Literatur, und eine Seele, die frei war, mit Gott zu argumentieren und über die Bedingungen ihres Dialogs zu verhandeln. Wie alle großen Künstler und Künstlerinnen wußte sie, daß sich solche Möglichkeiten nur aufgrund von rigoroser Selbstdisziplin und erheblicher Konzentration der Kräfte erschließen. Wie alle Künstlerinnen war sie sich klar darüber, daß diese Ziele sich nicht erreichen lassen, während die traditionell von Frauen erwarteten Leistungen erbracht werden, ob nun gegenüber dem Gatten, den Kindern und selbst in der Gemeinde oder dem gesellschaftlichen Leben ganz allgemein.

Emily Dickinson, eine der größten Dichterinnen in englischer Sprache, schuf ein ehrfurchtgebietendes Gesamtwerk – 1775 Gedichte, von denen zu ihren Lebzeiten weniger als 20 veröffentlicht wurden, die meisten von ihnen sogar ohne ihre Zustimmung. Grund dafür war nicht Schüchternheit oder Übersensibilität, wie manche ihrer Interpreten erklärt haben, sondern sehr wahrscheinlich eine ganz bewußt getroffene Entscheidung, wie wir noch sehen werden.

Emily Dickinson (1830–1886) wuchs auf in Amherst, Massachusetts, als das zweite von drei Kindern in einer Familie mit engen Bindungen zwischen den Angehörigen. Ihr Vater war ein im Staate hochgeachteter Bürger und Rechtsanwalt, der je eine Wahlperiode lang dem Repräsentantenhaus in Washington und der Legislative des Staates Massachusetts angehörte. Er war ein strenger Mann, voller Hingabe an seine Arbeit, autoritär gegenüber Frau und Kindern. Für Emily war er eine heroische und bewundernswerte Gestalt. Sie schrieb: »Ich hatte nie eine Mutter. Ich vermute, eine Mutter ist eine, zu der du läufst, wenn du Probleme hast.« »Als Kind rannte ich immer nach Hause zu ›Hochehren‹ [AWE, ihre Bezeichnung für den Vater], wenn irgendetwas vorgefallen war. Er war eine schlechte Mutter, aber ich hatte lieber ihn als keine.«[24] Doch ihre Mutter war ihr Leben lang immer in ihrer Nähe, eine unglückliche, scheue Frau, deren Kraftlosigkeit und Unterwürfigkeit für ihre hochbegabte Tochter kein Vorbild sein konnte. »Meine Mutter interessiert sich nicht fürs Denken«, schrieb Emily über sie.[25] Sie muß aber verstanden haben, warum ihre Mutter unglücklich war, denn sie verbrachte viel Zeit damit, sie während einer langjährigen Invalidität liebevoll zu pflegen, und schrieb mit großer Zuneigung über sie.

Dickinson besuchte sieben Jahre lang die Amherst Academy. Ihr Unterricht in Mathematik, Astronomie und Naturwissenschaften war für eine junge Frau ihrer Zeit außergewöhnlich gründlich, und ihre Ausbildung entsprach in diesen Jahren der ihres Bruders. Sie war eine ausgezeichnete Studentin, war mit anderen Studierenden befreundet und besuchte Freunde und Nachbarn zu Hause. Sie hatte Spaß am Kochen und konnte sehr gut backen; einmal gewann sie bei der Landwirtschaftsmesse den zweiten Preis für ihr Roggen- und ihr Indianerbrot.

Sie besuchte ein Jahr lang die Mt.-Holyoke-Akademie, eine vorbildliche Mittelschule für Mädchen, hatte aber nicht den Wunsch, dort zu bleiben. Während der letzten Jahre ihrer Schulausbildung gab es mehrmals »revivals« in Amherst und in Mt. Holyoke, religiöse Versammlungen, die sich oft über Wochen hinzogen und in deren Verlauf Konvertierte ekstatische Erlebnisse hatten, die sich auf Jesus bezogen und ihnen das Gefühl gaben, »in Christus neugeboren« zu sein. Dickinson widersetzte sich diesen Versuchen energisch und in einsamer Entschlossenheit. Ihre Fähigkeit, »nein« zu sagen, war also schon damals weit entwickelt. Auch in ihren Zwanzigerjahren lebte sie in vieler Hinsicht wie ihre jüngere Schwester Lavinia – sie spielte Klavier, machte Besuche in der Nachbarschaft, befaßte sich mit einigen Verehrern und ging im Garten mit ihnen auf und ab. Die Familie bezog »Homestead«, ein Haus an der Hauptstraße in Amherst, das fortan Emilys Wohnsitz sein sollte. Jahre später, zur Hochzeit des Bruders Austin, baute der Vater für ihn ein Haus auf dem Nachbargrundstück.

Während die äußerlich wahrnehmbaren Ereignisse in ihrem Leben zu dieser Zeit recht konventionell verliefen, erlebte sie eine innere Entwicklung von großer Intensität. Der Zwist in bezug auf Glaubensprinzipien und ihre Weigerung, die Erfahrung der »Konversion« auf die gleiche Weise zu machen wie ihre Familie und Freunde, war sicher einschneidend und von größter Bedeutung für ihr künftiges Werk. Ihr »Ringen mit Gott«, wie ihre Biographin Cynthia Griffin Wolff ihren lebenslangen Kampf beschrieb, begann mit dieser Ablehnung. In ihren Schlachten um Glaubensfragen setzte sie sich mit einem patriarchalen Gott auseinander, der sein Gesicht von der Menschheit abgewandt hatte und es ablehnte, seine Gedanken zu offenbaren. Ihre tiefsten Ängste vor Verlassensein und Liebesverlust offenbarten sich in ihren Gedichten als Verzweiflung über die Abwesenheit Gottes.[26]

Wir wissen, daß sie 1849 im Alter von 19 Jahren mit dem Schreiben von Gedichten begonnen hat. In einem Gruß zum Valentinstag, der für ihren Verehrer George Gould gedacht war und anonym in der Studentenzeitung der Akademie veröffentlicht wurde, schrieb sie: »Ich bin Judith, die Heldin der Apokryphen, und du bist der Redner von Ephesus. So etwas nennen sie ›Metapher‹ in unserem Lande. Fürchten Sie sich nicht, Sir, es beißt nicht.«[27] 1854 schrieb sie an ihre Freundin Jane Humphrey: »Ich habe es gewagt, unbekannte Dinge zu tun – kühne Dinge, und habe niemanden um Rat gefragt.«[27a] Aus Hinweisen in anderen Briefen ergibt sich, daß »unbekannte Dinge« und »kühne Dinge« im Zusammenhang stehen mit ihrer Entscheidung, das Leben einer Dichterin zu führen. Sie erlebte diese Entscheidung als eine plötzliche Wende, als Neubeginn und mehr als alles andere als Stärkung. Sie schrieb:

They shut me up in Prose –
As when a little Girl
They put me in a Closet –
Because they liked me »still« –

Still! Could themself have peeped –
And seen my Brain – go round –
They might as wise have lodged a Bird
For Treason – in the Pound –

Himself has but to will
And easy as a Star
Look down upon Captivity –
And laugh – No more have I.
(Nr. 613, etwa 1862)

Sie sperren mich in Alltäglichkeit –
Wie – als ein kleines Kind
Sie mich in die Kammer stellten –
Sie wollten – ich sei »still«

Still! Hätten sie hineingespäht –
Und mein Gehirn sich drehen sehn –
Als ließen sie klug – einen Vogel
Mitten im Hühnerstall stehn –

Man muß nur selber wollen
Und sorglos wie ein Stern
Die Gefangenschaft verachten –
Und lachen – wie ich – von fern.[28]

Das triumphierende Gefühl der Freiheit, das sie hier zum Ausdruck brachte, äußerte sich auch in einer Reihe anderer Gedichte; das eindrucksvollste darunter macht klar, daß sie das Engagement im Sinne ihrer Berufung als einen wirklichen Neubeginn empfand.

I'm ceded – I've stopped being Theirs –
The name They dropped upon my face
With water, in the country church
Is finished using, now,
And They can put it with my Dolls,
My childhood, and the string of spools,
I've finished threading – too –

Baptized before, without the choice,
But this time, consciously, of Grace –
Unto supremest name –
Called to my Full – The Crescent dropped –
Existence's whole Arc, filled up,
With one small Diadem.

My second Rank – too small the first –
Crowned – Crowing – on my Father's breast
A half unconscious Queen –
But this time – Adequate – Erect,
With Will to choose, or to reject,
And I choose, just a Crown. (Nr. 508)

Ich bin nicht mehr ihr Eigentum:
Der Name, den der Pfarrer mir
Mit Wasser ins Gesicht gesprengt,
Der ist jetzt abgebraucht.
Legt ihn zu meiner Kinderzeit
Den Puppen und der Spulenschnur,
Die zieh ich nicht mehr auf.

Zuvor die Taufe ohne Wahl,
Doch bei Bewußtsein dieses Mal –
Zu höchstem ausersehn –
Zu vollem Sein – der Halbmond fiel –

Des Daseins ganzen Bogen füllt
Ein kleines Diadem.

Mein zweiter Rang – zuerst zu klein –
Krähend – an Vaters Brust – gekrönt –
Halb unbewußte Königin –
Doch diesmal – aufrecht – unverzagt,
Nach meiner freien Wahl befragt,
Wähl ich die Krone mir – [29]

Sie hat aufgehört, ihr früheres Selbst zu sein, ist nicht länger ein von anderen definiertes und benanntes Geschöpf. Sie hat ihren Taufnamen aufgegeben (Rollendefinition), denn nicht sie hat ihn sich gewählt. Doch diesmal, »– aufrecht – unverzagt«, erläutert sie ihre Berufung, ihre Suche nach »einem kleinen Diadem«. Nicht länger das Kind an ihres Vaters Brust, nur halb bei Bewußtsein, ist nun sie es, die Entscheidungen trifft, »aufrecht unverzagt, nach meiner freien Wahl befragt«. Die Krone, die sie wählt, das »Diadem«, ist die Dichtkunst. Das Gedicht hat starke religiöse Anklänge; der Moment, der beschrieben wird, ist die »Konfirmation« oder eine »Konversionserfahrung«, nicht auf emotionale Auslieferung gestützt, sondern auf rationale Gründe.

Irgendwann im Jahre 1862 schrieb sie:

I reckon – when I count at all –
First Poets – Then the Sun –
Then Summer – Then the Heaven of God
And then – the List is done –

But, looking back – the First so seems
To Comprehend the Whole –
The Others like a needless Show –
So I write Poets – All –
[Es folgen zwei weitere Strophen] (Nr. 569, etwa 1862)

Erst zähl ich Dichter, Sonne dann,
Wenn ich schon rechnen soll,
Dann Sommer, dann das Himmelreich,
Dann ist die Liste voll.

Im Rückblick scheint's, das Erste schließt
Das Ganze ein in sich
Und überflüssig wird der Rest,
So schreib ich: Dichter – Strich. [30]

Von da an erhielt die Poesie in ihren Überlegungen unter allen von ihr für erstrebenswert gehaltenen Zielen, eingeschlossen »der Himmel Gottes«, den höchsten Rang.

Seit sie ihre Berufung angenommen hatte, brachte Dickinson ihre Ambition und ihren Stolz in einer Sprache von Selbstsicherheit und Stärke zum Ausdruck, die vor ihr noch keine Frau benutzt hatte und auch nach ihr nur wenige Frauen haben erreichen können. Manchmal versetzten ihre eigene Kraft und Hybris sie in Schrecken, und sie bezeichnete sich selbst als »einen Vulkan«, als »Vesuv zu Hause«:

On my volcano grows the Grass
A meditative spot –
An acre for a Bird to choose
Would be the General tought –

How red the Fire rocks below –
How insecure the sod
Did I disclose
Would populate with awe my solitude. (Nr. 1677)

Auf meinem Vulkan wächst das Gras
ein ruhig-bedenksamer Ort –
ein Feld, das ein Vogel auswählen könnte –
das wäre der Allgemeine Begriff –

Wie rot das Feuer lodert da unten –
Wie schwankend der Boden ist
Wenn ich das so aufdecken würde
da wäre meine Einsamkeit mit Schrecken bevölkert.[31]

Wie täuschen doch ihre Sanftmut und ihr ruhiges konventionelles Leben. Unter dieser Oberfläche brennt ein Feuer, das, wenn sie es aus dem Verborgenen hervorlodern ließe und Einblick gewährte, den Betrachter mit Schrecken erfüllen würde.

Es gibt eine große Zahl von literaturkritischen und biographischen Arbeiten über Emily Dickinson. Viele beschränken sich auf eine Analyse und Kritik der Gedichte unter formalen Gesichtspunkten, doch andere Literaturkritikerinnen und -kritiker wie Autoren und Autorinnen von Biographien haben es sich vor allem zum Ziel gesetzt, ihre Entscheidung für ein Leben in Abgeschiedenheit zu erklären. Die früheren Kritiker und Kritikerinnen haben versucht, diesen Entschluß als Folge einer unerwiderten Liebe zu erklären, und ein Großteil der Arbeiten bestand aus nichts anderem als mehr oder weniger phantasievollen Interpretationen einzelner aus Briefen und Gedichten entnommener Hinweise, um diesen oder jenen Adressaten ihrer Gefühle zu entdecken. Vor kurzem haben feministische Literaturwissenschaftlerinnen diese Suche dadurch thematisch erweitert, daß sie in den Gedichten und Briefen starke Liebesbeziehungen zu einer oder mehreren Frauen aufdeckten.[32] Alles weist darauf hin, wenn auch manches ungeklärt und für unterschiedliche Interpretationen offen bleibt, daß Dickinson ihr Leben lang leidenschaftliche erotische Briefe und Gedichte an Männer und an Frauen geschrieben hat. Die Empfängerinnen der an Frauen adressierten Briefe sind bekannt; die an Männer gerichteten Briefe sind sorgfältig verschlüsselt, mit Ausnahme der Briefe an Richter Otis Lord, dem ihre letzte Liebe galt und der ihr nach dem Tode seiner Frau die Ehe anbot.

Dickinson selbst weist wiederholt auf eine tiefe Krise irgendwann zwischen 1858 und 1862 hin, die sie dem Wahnsinn nahe brachte und von der sie sich nur langsam und schrittweise erholte. Die Jahre nach dieser Zeit des Leidens sind die ihres intensivsten kreativen Schaffens. Wir können die verschiedenen Ursachen dieser großen Krise rekonstruieren. Zunächst war da ihre Desillusionierung hinsichtlich ihrer Beziehung zu ihrem Vater. Ihr Vater war vernarrt in ihren Bruder, den er als seinen vorrangigen Erben betrachtete, den Garanten der Zukunft der Familie, den ihm intellektuell Ebenbürtigen und die Quelle seines Stolzes. Ihr Vater pries in übertriebener Art die Briefe seines Sohnes aus dem College, indem er erklärte, er stelle ihn »im großen und ganzen über Shakespeare« und werde dafür sorgen, daß sie veröffentlicht würden, während er die Schriften seiner Tochter nicht im geringsten beachtete. Er hatte sich in einer Serie von fünf Artikeln, die unter einem Pseudonym im *The New England Inquirer* veröffentlicht worden waren, entschieden gegen die »literarische Ehefrau« ausgesprochen. In diesen Artikeln häufte er Hohn und Spott auf intellektuelle Frauen und erklärte in der Selbstgewißheit der Autorität: »Bescheidenheit und Sanftmut als Disposition und Geduld, Fürsorglichkeit und Zuverlässigkeit sind die Kardinaltugenden des weiblichen Geschlechts... Sie entschädigen für das Fehlen glänzenden Talents oder großartiger Leistungen.«[33] Ganz gewiß gab es in Edward Dickinsons Haus keinen Mangel an brillanter Begabung, aber er merkte es nicht. Emily vergötterte ihren Vater und beklagte verbittert seine offensichtliche Vorliebe für ihren Bruder Austin. Langsam gelangte sie zu der Überzeugung, daß er ihr niemals geben würde, was sie sich am meisten wünschte: die Anerkennung als eine ihm intellektuell Gleichgestellte. Auch ihr Bruder Austin würde ihr das nicht zubilligen.

In den frühen 1850er Jahren entwickelte Emily eine leidenschaftliche Liebesbeziehung und Freundschaft zu Susan Gilbert, die auch bestehen blieb, als ihr Bruder Austin sich um Susan bemühte. Daß Susan sich von Emilys Liebe abwandte und ihren Bruder heiratete, erlebte Emily als Verrat und niederschmetternde Enttäuschung. In gewisser Weise war es ein doppelter Verlust, der ihres Bruders und Susans. Die Beziehung zu ihrem Bruder erreichte nie wieder die Intensität und intellektuelle Schärfe und Klarheit, die sie während ihrer Zeit als Heranwachsende hatte. Aber Susan blieb eine wichtige Person in Emilys Leben, eine vertraute Freundin, einfühlsame Kritikerin und Stütze ihrer Arbeit als Dichterin.[34]

Eine zweite leidenschaftliche Liebe zu einer Frau, Kate Anthon, endete ebenfalls mit einer Zurückweisung. Daß Susan Gilbert und Kate Anthon ihr vor und nach dem Bruch enge Freundinnen blieben, hat diese Enttäuschung für Emily wohl noch bitterer gemacht. Eine feministische Literaturwissenschaftlerin hat die Vermutung geäußert, daß es vielleicht die Beziehung zu Kate Anthon war, die sie ihre latente Homosexualität erkennen ließ, was Furcht und Schuldgefühle geweckt und in die Krise geführt haben mag.[35]

Die überzeugendste Primärquelle zugunsten der Auffassung, daß die schmerzliche Zurückweisung ihrer Liebe durch einen Mann erfolgte, sind die drei nicht unterschriebenen und undatierten »Meister«briefe (geschrieben ca. 1858, 1861 und 1862), in denen sie einen männlichen »Meister«, der ihre Liebe verschmäht hat, auf eine unterwürfige, fast selbsterniedrigende Art anspricht. Ihre Biographen und Biographinnen haben voneinander abweichend entweder den Reverend Charles Wadsworth oder den Verleger Samuel Bowles als Adressaten dieser Briefe ausgemacht. Beide waren angesehene Männer, unerreichbar, weil verheiratet, und beide waren Männer, denen sie lebenslang in Freundschaft verbunden war und denen sie viele Briefe schrieb und Gedichte schickte. Beide Männer wußten mit ihren Werken nichts anzufangen und standen intellektuell weit unter ihr. Es kann allerdings durchaus sein, daß dieser »Meister« eine fiktive Person war, eine gedanklich konzipierte Figur, die es Dickinson möglich machte, ihre zwiespältigen Gefühle in bezug auf ihre »weibliche« Rolle herauszuarbeiten, so wie sie in den Gedichten über die »Ehe« von zwei Frauen, zwei »Königinnen«, die einander ähnlich und so gleichgestellt waren, daß »keine von beiden eine Königin sein konnte« [ohne die andere], ein alternatives Modell des Liebens und Teilens entwickelte.[36] Der Kommentar in einem Brief an Higginson stützt die Annahme, daß sie ein Bedürfnis nach einem »Meister« in ihrem Leben hatte, der den Schrecken und die sie fast zerreißenden Kräfte hätte in Schach halten können, die zu jener Zeit ihre seelische Gesundheit zu gefährden schienen. »Es gibt keinen König in meinem Leben, und ich kann mich nicht selbst beherrschen, und wenn ich versuche, mich zu organisieren, dann kommt es zum Ausbruch meines kleinen Vulkans, was mich entblößt und verdorren läßt.«[37] Das Geheimnisvolle bleibt.

Zwei weitere Lebensumstände mögen zum Ausbruch der Depression und der Krise beigetragen haben. Dickinson litt an einem Sehfehler, der sich nach und nach verschlimmerte und sie 1862 fürchten ließ, sie werde erblinden. 1864 gab sie sogar ihr zurückgezogenes Leben auf und verbrachte mehrere Monate in Boston, um ihr Augenleiden behandeln zu lassen. Ein anderer Faktor war das stete Dahinsiechen ihrer Mutter, was bedeutete, daß sie zu deren Pflege zunehmend mehr Zeit brauchte.

Es war wahrscheinlich eine Kombination einiger dieser traumatischen Faktoren, die zu der Krise führte, von der Dickinson schrieb, sie hätte beinahe zu ihrem Tode geführt und sie an den Rand des Wahnsinns gebracht. Da wir nichts Genaues wissen, werden wir die tatsächlichen Gründe nie erfahren. Aber es gibt keinen Zweifel, daß sie sich rettete und befreite von dem, was eine Obsession gewesen zu sein scheint, indem sie einige Gedichte schrieb, die zum Besten zählen, was Frauen je an Dichtung geschaffen haben. Das Gefühl der Kraft und des Sieges über die Furcht, das sie nach diesem Kampf erlebte, spiegelt sich in ihrem Werk:

If your Nerve, deny you –
Go above your Nerve –
He can lean against the Grave,
If he fear to swerve –
(Nr. 292; es folgen zwei weitere Strophen.)

Wenn dein Mut dich verleugnet
Dann geh über deinen Mut hinaus –
Er kann sich am Grab anlehnen,
Wenn er sich fürchtet sich zu wenden –[38]

'Tis so appalling – it exhilarates –
So over Horror, it half Captivates –
The Soul stares after it, secure –
To know the worst, leaves no dread more –
(Nr. 281; es folgen vier weitere Strophen.)

Es ist so furchtbar, es macht einem heiß –
So voll von Schrecken, es zieht einen fast an –
Die Seele – ganz unverstört – starrt vor sich her –
Das Ärgste zu erkennen, da gibt's nichts Schlimmeres mehr –[39]

1857 hatte Dickinson begonnen, ihre Gedichte in »Päckchen« zusammenzustellen, sie in Gruppen bis zu zwanzig Gedichten zu arrangieren und sie sorgfältig miteinander zu verknüpfen. Es mag sich dabei um Wiedergaben früherer Zusammenstellungen gehandelt haben, aber sie zeigen einen selbstbewußten Versuch seitens der Dichterin, eine Auswahl zu treffen und ihrem Werk eine endgültige Fassung zu geben. Zwischen 1858 und 1861 schrieb sie weniger als hundert Gedichte im Jahr. In den nächsten drei Jahren kommt es zu einer Art Ausbruch von Kreativität: 1862 waren es 366 Gedichte, 1863 waren es 141, im folgenden Jahr 174 und 1865 dann 85 Gedichte. Danach gab es in keinem Jahr mehr als 50 Gedichte.[40]

Irgendwann in den späten 1850er Jahren unternahm Dickinson einige Versuche, ihre Gedichte zu veröffentlichen. Sie schickte Gedichte an Samuel Bowles, Redakteur des *Springfield Republican*, der schließlich vier publizierte. 1862 wandte sie sich in mehreren Briefen an Thomas Wentworth Higginson mit der Bitte um Unterstützung, literarischen Rat und eine Beurteilung der ihm zugesandten Gedichte. Sie wollte nicht nur eine Dichterin sein, schrieb sie ihm, sondern eine »repräsentative Stimme«.[41] Dies war, das mußte sie wissen, für eine Frau im Amerika des 19. Jahrhunderts ein unerreichbares Ziel. Higginson antwortete mit einigen ermutigenden Worten, bemerkte aber, daß ihre »Gangart.. sprunghaft war« und ihr »Schreiben unkontrolliert«. Obwohl er ein Befürworter gleicher Bildungschancen für Frauen war und ihre literarische Freundschaft bis zum Ende ihres Lebens bestehen blieb, wußte Higginson ihre einzigartige Begabung nicht richtig einzuschätzen. Dickinson muß daraus den Schluß gezogen haben, daß sie, wenn selbst ein Mann wie Higginson auf ihre Dichtung so reagierte, wenig Chancen haben würde, die Anerkennung anderer Menschen zu erhalten. Ihr Entsetzen über die Tatsache, daß die wenigen Gedichte, die sie ihr freundlich gesonnenen Redakteuren geschickt hatte, mit Veränderungen in der Interpunktion und Wortwahl veröffentlicht worden waren, bestärkten sie in ihrer Entscheidung, lieber auf eine Veröffentlichung zu verzichten, als Stil und Kunstfertigkeit den Anforderungen des Marktes anzupassen. Mit dieser extremen Form der Verweigerung verschaffte sie sich die Freiheit, das zu schreiben, was ihr Talent ihr eingab.

Die Zeit von 1866 bis zu ihrem Tode war die Periode der größten Zurückgezogenheit. 1869 lehnte sie Higginsons Einladung nach Boston ab mit der Feststellung, sie verlasse »ihres Vaters Anwesen« nicht mehr. Sie blieb aktiv im Kreise der Familie und einiger enger Freunde und ließ sogar neue Freundschaften zu, etwa die zu Helen Hunt Jackson und Mabel Loomis Todd. Beide Frauen brachten ihre Bewunderung für ihr Werk zum Ausdruck, und Mabel Todd sollte die treibende Kraft bei der posthumen Veröffentlichung ihrer Gedichte werden. Im letzten Lebensjahrzehnt gab Emily Dickinson uneingeschränkt und voller Freude ihrer Liebe zu Richter Otis Lord Ausdruck, der ein alter Freund der Familie war und ihre Liebe von ganzem Herzen erwiderte. Es gibt Anzeichen dafür, daß sie ihn schon lange geliebt hatte, bevor er ihr einige Jahre nach dem Tode seiner Frau einen Heiratsantrag machte. Sie lehnte ab. Ihre gewohnte Einsamkeit war inzwischen zu tiefreichend, als daß sie hätte versuchen können, noch etwas daran zu ändern. Die ihr verbliebenen Jahre brachten immer wieder erschütternde Erfahrungen beim Tode von geliebten Menschen. Nach mehrjähriger Krankheit starb Emily Dickinson im Jahre 1886.

Aus freien Stücken machte sie ihr Leben zur Metapher, und sie entdeckte durch Worte eine Macht zur Ausübung von Kontrolle und Kreativität, die weit über das hinausging, was von anderen Schriftstellern, ob Männern oder Frauen, erreicht worden war. Ihr Werk ist in Form und Inhalt außergewöhnlich. Ihre verdrehte Syntax, elliptische Sprache und eindrucksvollen Metaphern innerhalb des kleinstmöglichen dichterischen Raums geben ihren Arbeiten über die unscheinbarsten Dinge – Insekten, Bienen, die Bewegung von Gräsern im Wind – eine transzendente metaphysische und allegorische Bedeutung. Wie alle großen Künstler und Künstlerinnen schuf sie sich ihre eigene Welt, eine verborgene und oft rätselhafte alternative Welt, in der sie frei und alles kontrollierend regierte. Die gemeinsame Sprache der biblischen Sinnbilder, der christlichen Mythologie und poetischer Bezüge boten den Lesern – oder besser: künftigen Lesern und Leserinnen – einen Einstieg, aber Dickinson komplizierte den Einstieg wie die Teilhabe am Sinn durch die Art, in der ihre Sprache die gemeinsamen Symbole verwandelte und ihnen ihre eigene, sehr spezifische Bedeutung verlieh. Keine Dichterin vor ihr hatte jemals die Tiefen ihres eigenen Gefühls mit solcher Ehrlichkeit ausgelotet oder ihre eigene Leidenschaft, Wut und Verzweiflung mit derart messerscharfer Genauigkeit und kühler Distanz erschlossen.[42]

Aber ihr Werk ist weit mehr als Selbstentdeckung. Wenn die Gedichte Dickinsons in ihrer Gesamtheit und im Zusammenhang mit ihren Briefen gelesen werden, lassen sie die Dichterin als eine bedeutende Denkerin erkennen, die ein umfangreiches und wichtiges Werk geschaffen hat. Wie ihre Vorgängerinnen, die Mystikerinnen des Mittelalters, befaßte Dickinson sich mit den weitreichenden metaphysischen Fragen nach der Beziehung des Menschen zu Gott, zum Tod und zur Erlösung. Anders als jene war sie nicht getragen oder unterstützt durch ein institutionell abgesichertes Erklärungsmuster – sie lehnte sowohl die Kirche als auch die calvinistische Theologie ab, in deren Tradition sie erzogen worden war. An ihrer Stelle entwickelte sie eine auf Liebe gegründete und auf Heilung zielende Naturphilosophie und schrieb von Liebe, Freundschaft und Fürsorglichkeit, von Zurückweisung, Betrug und Verlust. Sie schrieb über diese Themen als Frau, aus einem Bewußtsein, das in einer tiefen homoerotischen und kreativen Bindung an Frauen wurzelte.

Sie hatte Verlust, Enttäuschung und Verlassensein nach Tod und Trennung erlebt und sie in Entsagung verwandelt, so daß die leidvollen Erfahrungen zu Quellen der Kraft wurden. Ihre Kunst war subversiv im Sinne der besten Tradition des Widerstands von Frauen gegen das Patriarchat. Sie machte aus den besonderen »weiblichen Tugenden« ihr Gegenteil: Passivität wurde zu Wachsamkeit und der Fähigkeit, konzentriert auf innere Stimmen und Zeichen zu achten; Unterwürfigkeit wurde zu gezieltem Rückzug bis hin zum Punkt der Unsichtbarkeit – Ich bin so klein, Ich verschwinde, wie eine Maus, wie der Vogel, (»Ich bin Niemand!«; Nr. 288.) Meine Schwäche verleiht meiner Stimme eine erhöhte Signifikanz, nicht nur, weil ich »Gottes Posaune« bin oder ein Werkzeug der göttlichen Inspiration, wie es Hildegard war, sondern weil ich ganz gewöhnlich bin, wie die Haushaltspflichten, wie der Alltag des Frauenlebens, wie die bescheidenen Bienen und Vögel und Wiesenblumen. Selbstverleugnung wurde zu großer Disziplin, die dem entsagen konnte, was sie nicht zu erreichen vermochte, und so über die Sehnsucht und Begierde triumphierte. Aufgrund dieser Entsagung – von den Mystikerinnen durch Keuschheit und Abtötung des Fleisches zum Ausdruck gebracht – konnte sie sich anmaßen, mit Gott zu ringen, sich dem göttlichen Schöpfer und Bewahrer der Mysterien gleichzustellen.

Die Fragen, die wir zur Wahl ihrer Lebensumstände gestellt haben – Mußte sie diese Wahl treffen? War ihre Lebensweise gesellschaftlich bedingt durch die patriarchale Definition von geschlechtsspezifischen Eigenschaften? War sie das Ergebnis der Ablehnung ihrer Person durch andere? –, sind alle irrelevant. Sie fand einen Weg heraus aus den Umständen, die das Leben ihr vorgegeben hatte, und indem sie das tat, zerstörte sie den Käfig aus Einschränkungen, die patriarchale Definitionen über talentierte Frauen verhängt haben. Sie verwandelte »das Haus ihres Vaters«, das sie körperlich niemals verließ und dessen Regeln sie so ostentativ einhielt, in einen freien Tempel von geschlechtsunabhängiger Menschlichkeit, wo die Seele nackt und ungeborgen war, offen zuletzt für alle Möglichkeiten.

Kapitel 9

Das Recht zu lernen, das Recht zu lehren, das Recht zu definieren

Jahrhundertelang autorisierten Frauen sich selbst zum Denken und Schreiben, obwohl Religion, traditionelle Lebensweise und konventionelle Bildung ihnen einprägten, daß es für eine Frau unpassend sei, solche Ziele zu verfolgen. Jede einzelne Frau mußte das von ihr verinnerlichte Minderwertigkeitsgefühl überwinden und sich selbst ermächtigen, etwas zu tun, wovon ihr gesagt worden war, es sei unziemlich, wenig aussichtsreich, wenn nicht gar unmöglich. Es kann also kaum überraschen, daß eine denkende Frau nach der anderen sich ihren Weg aus den patriarchalen Einschränkungen und Zwängen bahnte unter Berufung auf die Gleichheit der geistigen Fähigkeiten von Männern und Frauen. Den Männern speziellen Aufgabenbereiche und eine Überlegenheit bei der Wahrnehmung von Führungsfunktionen, Mut und Autorität durchaus zugestehend, wiesen die Frauen dennoch darauf hin, daß Frauen über die gleiche Fähigkeit zu vernünftigem Denken und das gleiche intellektuelle Potential verfügten wie Männer. Daraus ergab sich die logische Schlußfolgerung, daß die in der Gesellschaft zu beobachtenden Ungleichheiten, das unterschiedliche Leistungsniveau, die verschiedenen Interessen und Tätigkeiten von Männern und Frauen auf die geschlechtsspezifische Erziehung und Bildung zurückzuführen waren, daß die systematische Benachteiligung der Frauen im Bildungswesen die Wurzel ihrer vermeintlichen Unterlegenheit gegenüber den Männern war. Diesem Argument zufolge, das wurde Jahrhundert um Jahrhundert wiederholt, war die Gleichheit der Bildungschancen der Schlüssel zur Emanzipation der Frauen. Es war also ein Argument zugunsten der Frauenbildung, das Frauen dazu brachte, in Richtung einer Theorie der Frauenemanzipation einer feministischen Theorie weiterzudenken.

Wie in vielen anderen Bereichen war Christine de Pizan auch als Anwältin der Frauenbildung von bahnbrechender Bedeutung. In ihrem Werk wird wiederholt eine bessere Bildung für Frauen gefordert, und zwar sowohl explizit als auch implizit in all ihren anderen Meinungsäußerungen zur Situation der Frauen. Christine war verbittert, weil ihr vor allem auf Drängen ihrer Mutter eine gute Ausbildung versagt geblieben war; sie hätte lieber Bücher gelesen als mit Puppen gespielt. Doch als junge Witwe gelang es ihr durch große Anstrengungen, ihre Bildungsdefizite zu überwinden und eine Dichterin, Schriftstellerin und Historikerin zu werden. Die Titelillustration zu ihrem Werk *Das Buch von der Stadt der Frauen* besteht aus zwei Bildern. Das eine zeigt Christine, von einem Buch aufblickend, im Gespräch mit den Damen Vernunft, Rechtschaffenheit und Gerechtigkeit; auf dem anderen sehen wir Christine, die einer der drei Frauen hilft, den Grundstein für die Stadt der Frauen zu legen: Bildung gibt Frauen die Möglichkeit, die eigenen Interessen und die Belange ihres Geschlechts zu vertreten und einen Freiraum für Frauen zu schaffen. Indem Christine sich bereits am Anfang des Buches als eine gebildete Frau darstellen ließ, erklärte sie sich selbst zum Beispiel dafür, was Frauen mit einer guten Ausbildung erreichen können.[1] Nachdem sie den drei Damen zugehört hatte, als diese ihr den Zweck ihres Kommens erläuterten, und sich hatte erklären lassen, was Männer dazu bringt, Frauen herabzusetzen, stellte Christine eine für sie entscheidende Frage:

»Aber ich bitte Euch, klärt mich auch in einer anderen Hinsicht auf: Hat es eigentlich jenem Gott, der den Frauen so zahlreiche Begünstigungen gewährte, auch gefallen, einige von ihnen mit überlegener Intelligenz und großer Gelehrsamkeit auszuzeichnen? Außerdem: Sind sie überhaupt genügend intelligent für solche Dinge? Dies interessiert mich ganz besonders, behaupten doch die Männer mit großer Beharrlichkeit, der weibliche Verstand sei von nur geringem Auffassungsvermögen.«

Antwort [der Dame Vernunft]: »Tochter, ... noch einmal sage ich dir mit allem Nachdruck: Wenn es üblich wäre, die kleinen Mädchen eine Schule besuchen und sie im Anschluß daran, genau wie die Söhne, die Wissenschaften erlernen zu lassen, dann würden sie genausogut lernen und die letzten Feinheiten aller Künste und Wissenschaften ebenso mühelos begreifen wie jene.«[2]

Nachdem Christine auf diese Weise die Begabungsgleichheit der geistigen Fähigkeiten beider Geschlechter bekräftigt und die zu beobachtenden Unterschiede auf eine falsche Erziehung zurückgeführt hat, will sie, wahrscheinlich die eigenen Erfahrungen während ihres Selbststudiums zum Vergleich heranziehend, wissen, warum Frauen nicht mehr lernen. Dame Vernunft erklärt, das sei eine Folge der generellen Einschränkung der Aktivitäten von Frauen. Frauen, die sich allein auf ihre häuslichen Pflichten verwiesen sähen, fühlten sich nicht herausgefordert, mehr zu wissen, und blieben deshalb meist recht einfältig. »Und dennoch kann es nicht den geringsten

Zweifel geben: Die Natur hat sie mit ebenso vielen körperlichen und geisti-
gen Gaben ausgestattet wie die weisesten und erfahrensten Männer...«[3]
Dame Vernunft berichtet dann über zahlreiche Beispiele von gebildeten
Frauen im Altertum, darunter die Dichterin Sappho. Als Antwort auf
Christines Frage, ob eine Frau denn jemals aus eigenem Antrieb etwas
Neues erfunden, zuvor Unbekanntes entdeckt habe, bestätigt Dame Vernunft dies mit einer langen Aufzählung von Frauen aus der Mythologie:
Nicostrata, die das lateinische Alphabet entwickelte; Minerva, die die grie-
chische Schrift und das Tuchweben erfand; Ceres, die die Landwirtschaft
entdeckte; Iris, die die Grundlagen des Gartenbaus legte. Christine, nun
überzeugt, stellt fest: »... mir scheint, weder die Lehre des Aristoteles, die
dem menschlichen Verstand soviel Nutzen gebracht hat ... noch die aller
anderen Philosophen, die je gelebt haben, ist für die Welt von ähnlichem
Nutzen, wie es diese auf der Klugheit der genannten Frauen beruhenden
Werke waren und noch immer sind«.[4] Es geht hier nicht um die Beweiskraft
der herangezogenen Belege, die im Mittelalter überzeugender gewesen sein
mag als für Leserinnen und Leser unserer Tage. Hier interessiert uns vielmehr das nachdrückliche Argumentieren für die Gleichheit der intellektuellen Fähigkeiten von Männern und Frauen sowie die Erkenntnis, daß eine
Neuinterpretation der alten Mythen und der Geschichte zu einer Frauengeschichte beitragen könnte, aus der kommende Generationen von Frauen
Inspiration und Stärke würden herleiten können.

In einer Abhandlung über Bildungsfragen, *Le Livre des trois vertues*
(Das Buch der drei Tugenden), skizzierte Christine ein Programm der
Frauenbildung. Als Pragmatikerin ging sie davon aus, daß Männer und
Frauen unterschiedliche Aufgaben zu übernehmen haben und deshalb die
Erziehung und Bildung der Knaben sich von denen der Mädchen unterscheiden müßten. Latein und abstraktes Denken müßten Mädchen nicht
beherrschen, aber eine Ausbildung in Mathematik wäre für sie ebenso
wichtig wie für die Jungen. Mädchen müßten außerdem Nähen, Stricken,
Sticken und Weben lernen. Das allgemeinere Bildungsziel jedoch, die
Entwicklung der ganzen Persönlichkeit zu einem tugendhaften und
moralischen menschlichen Wesen, müßte für Frauen und Männer das
gleiche sein. Die eigenen Erfahrungen als junge Witwe heranziehend,
mahnte sie die Frauen, für den Fall vorzusorgen, daß sie sich einmal selbst
unterhalten müßten. Jede Frau müsse über Stärke und Initiative verfügen
können und »so beherzt sein wie ein Mann«.[5] Was sie damit meint, ist
ihrer Selbstbeschreibung in einem anderen Werk zu entnehmen. Dort
beschreibt sie, wie sie durch ein Wunder mit Hilfe der Göttin Fortuna zu
einem Mann wurde, so daß sie nach dem Tode ihres Mannes in der Lage

war, die Verantwortung als Haushaltsvorstand zu übernehmen.[6] Diese außergewöhnliche allegorische Vorstellung reflektiert sowohl die Anerkennung der Realität, in der eine unabhängige Frau als männlich galt, als auch die stereotype Vorstellung der Renaissance von der ungewöhnlichen, der starken Frau, der *virago*. Christine, die ihr Leben selbst in die Hand genommen hatte, unter den gegebenen Umständen und Notwendigkeiten dazu berechtigt, machte sich die männlichen Tugenden des Mutes, der Unabhängigkeit und Stärke zu eigen und wurde so symbolisch zum Mann. Dies erscheint auf den ersten Blick als das Akzeptieren der traditionellen Geschlechterrollen, die sie nötigten, ihre Weiblichkeit aufzugeben, um eine starke, aktive Person werden zu können. Da Christine aber darauf bestand, daß die Intelligenz und das moralische Urteilsvermögen der Frauen sich von denen der Männer nicht unterschieden, konnte sie diese Verwandlung erleben, ohne zugleich ihre weibliche Identität zu verlieren. Diese Neudefinition der geschlechtsspezifischen Rollen wurde zu einem Prinzip, auf das Christine ihre Erziehungstheorie und ihre Ratschläge für Frauen gründete.

Wie wir bereits gesehen haben, konzentrierte sich die als *Querelle des femmes* berühmt gewordene Debatte, die von Christine begonnen und dann in führenden westeuropäischen Ländern unter großer Beteiligung fast vierhundert Jahre lang weitergeführt wurde, auf Fragen der Frauenbildung: Waren Frauen ganze Menschen? Waren Frauen fähig, Bildung aufzunehmen, den Verstand zu gebrauchen und ihre Gefühle zu kontrollieren? Und wie würde es sich auf die Bereitschaft der Frauen auswirken, weiterhin Männern sexuell und ihren Familien als Mütter zur Verfügung zu stehen, wenn diese Fragen positiv beantwortet werden könnten und dementsprechend die Bildungschancen der Frauen denen der Männer angeglichen würden?

Die »gelehrten Frauen« der Renaissance, gewöhnlich Angehörige der Oberschicht und mit einem kulturelle Aktivitäten fördernden Füstenhof eng verbunden, waren in der großen Mehrzahl ledig. Falls sie heirateten, gaben sie ihre Bemühungen um die eigene Bildung auf und förderten statt dessen die Bildung anderer Frauen. Sie sahen sich also nicht veranlaßt, die Frage nach der Wirkung von Bildung auf die häuslichen Verpflichtungen der Frauen zu stellen.[7]

Zu Beginn des 16. Jahrhunderts gab es auch in der städtischen Mittelschicht einige gebildete Frauen, die ihren Anspruch auf Bildung zum Ausdruck brachten. Eine dieser Frauen war die Dichterin Louise Labé, auf deren Werk wir schon hingewiesen haben. Die Frau eines Seilmachers in Lyon widmete einer Frau von Adel, Mlle. Clemence de Bourges, eine Gedichtsammlung und drängte diese, sich auch um Bildung zu bemühen und sich dem Schreiben zuzuwenden. Frauen, so dachte sie, sollten ihren Geist um ihrer selbst willen kultivieren:

»Nachdem nun die Zeit gekommen ist, Mademoiselle, in der die rigiden Gesetze der Männer die Frauen nicht länger davon abhalten, sich der Wissenschaft und Bildung zuzuwenden, halte ich es für richtig, daß die Frauen, die die Mittel dazu haben, diese außergewöhnliche Freiheit, die unser Geschlecht vorher so herbeigesehnt hat, auch nutzen sollten, um sich dem Studium zu widmen.«[8]

Während der Klassenhintergrund von Louise Labé für eine gebildete Frau im 16. Jahrhundert ungewöhnlich war, waren ihre Auffassungen über die Bildung von Frauen durchaus typisch für diese Zeit. Eine sorgfältige Erziehung und Bildung sollte den wohlhabenden Frauen vorbehalten sein, wahrscheinlich, weil sie sich weniger um die Belange des Haushalts kümmern mußten als Frauen der niederen Stände und Bildung als ein Weg zur Selbstentfaltung zu verstehen war. Diese Art, die Problematik einzugrenzen, vermied es, bei der Befürwortung der Frauenbildung zugleich unmittelbar die Definition von geschlechtsspezifischen Sozialrollen in Frage zu stellen. Einige andere Frauen verfolgten ähnliche Strategien. Anna Maria von Schurmann war die berühmteste dieser gebildeten Frauen. In ihrer lateinisch geschriebenen Abhandlung *Dissertatio de ingenii muliebris ad doctrinam et meliores literas aptitudine* (1641) (Die gebildete Maid oder die Fähigkeit der Frauen zu höherer Bildung) befürwortete sie, wie wir schon festgestellt haben, die Bildung der Frauen zum Ruhme Gottes und zur Förderung ihres eigenen Heils. Sie wollte die Bildungsmöglichkeiten für Frauen allerdings an genau bezeichnete Voraussetzungen geknüpft sehen: Die Frau sollte über zumindest durchschnittliche geistige Fähigkeiten verfügen, sie sollte in der Lage sein, die für das Studium erforderlichen Kosten zu übernehmen, und sie müßte frei von häuslichen Verpflichtungen sein. Schurman beschränkte ihre Befürwortung der Frauenbildung ausdrücklich auf unverheiratete Mädchen aus wohlhabendem Hause. Doch sie verteidigte Frauen sehr entschieden gegen die von Männern vorgebrachten Einwände gegen die Frauenbildung und forderte die Männer auf, die Frauen in ihrem Streben nach Bildung zu unterstützen:

»Niemand kann über unsere Neigung zum Studium richtig urteilen, bevor er uns nicht mit besten Motiven und Hilfsmitteln angeregt hat, die Studien aufzunehmen, und uns einen Geschmack von der Freude am Studium vermittelt hat.«[9]

Gelehrsamkeit und wissenschaftliche Leistungen der Anna Maria van Schurman haben wahrscheinlich mehr als ihre Schriften dazu beigetragen, die Auffassung zu verbreiten, daß Frauen aus Bildung einen Nutzen ziehen könnten und Hervorragendes zu leisten in der Lage wären. Sie wurde zu ihren Lebzeiten zu einem Vorbild und einer Inspiration für andere Frauen in ganz Europa, die sich um ihre intellektuelle Emanzipation bemühten. In dieser Hinsicht hat van Schurman eine einzigartige Bedeutung; ihr Name wird häufiger und an weiter voneinander entfernten Orten in den Schriften anderer Frauen erwähnt als der irgendeiner anderen Frau vor ihr. Ihre umfangreiche und weitreichende Korrespondenz mit Männern und Frauen in vielen Ländern verlieh ihr großen Einfluß. Dieser hatte je nach dem Geschlecht des Briefpartners eine unterschiedliche Wirkung: Für Männer wurde sie zum Prototyp der genialen Frau, die seltene Ausnahme angesichts der allgemein akzeptierten Vorstellung von der intellektuell minderwertigen Frau; für Frauen wurden sie zur Heldin und zu einem Vorbild, dem es nachzueifern galt.

Eine Frau, deren feministische Schriften van Schurman bekannt waren und die sie beeinflußt haben könnte, war Marie le Jars de Gournay (1565 – 1645). Wie von Schurmann blieb sie ihr Leben lang unverheiratet und vermied so den Konflikt zwischen Haushaltspflichten und Bildung, aber ihre Argumentation ist offener feministisch als die der Anna Maria van Schurman. Sie war die Tochter eines Adligen, der am Hofe Königs Karls IX. von Frankreich diente. Sie wuchs in Paris auf, aber als sie fünfzehn Jahre alt war, zwang die wirtschaftliche Situation nach dem Tode ihres Vaters die Familie, auf ihr Landgut zu ziehen. Sie brachte sich selbst aus Büchern Latein und Griechisch bei und setzte ihr Interesse am Lernen gegen den Willen der Mutter durch. Im Alter von achtzehn Jahren war sie tief beeindruckt von der Lektüre der *Essais* von Michel de Montaigne. Als die Mutter mit der Familie wieder nach Paris zog, um Marie bei Hofe vorzustellen, richtete diese es ein, daß sie den damals 54jährigen Montaigne traf, der ihr Mentor und lebenslanger Freund wurde. Er bot ihr den Titel »fille d'alliance« (Wahltochter) an, der eine Beziehung wie zu einer adoptierten Tochter implizierte. Die junge Frau verehrte den Staatsmann und Autor, er ermutigte sie zu schriftstellerischen Arbeiten. Sie trafen sich bis zu seinem Tode im Jahre 1592 häufig. Marie de Gournay wurde, von Montaignes Witwe dazu aufgefordert, die Herausgeberin der Gesamtausgabe seiner Werke, die acht Auflagen erlebte. Sie blieb bis zu ihrem Tode unverheiratet und äußerte sich in literarischen Kontroversen immer wieder zur Verteidigung ihres Mentors.

Ihre eigene Karriere wurde dadurch behindert, daß ihre ernsthaften Bemühungen als Wissenschaftlerin ins Lächerliche gezogen wurden und Unterstellungen und Verleumdungen in bezug auf ihre Beziehung zu Montaigne sie ins Zwielicht rückten. Spätere Literaturwissenschaftler vernachlässigten die Würdigung des eigenen Werks von Marie de Gournay zugunsten ihrer Würdigung als Herausgeberin der Werke Montaignes. Sie wurde zum Thema der Karikatur als eine *Preziöse*, aber auch als Versagerin dargestellt, weil sie kein »weiblicher Montaigne« geworden sei. Viele männliche und weibliche Zeitgenossen schätzten sie hingegen sehr. Van Schurman korrespondierte mit ihr bis zu ihrem Tode und schrieb ihr zu Ehren ein bewunderndes Gedicht.[10]

Neben ihrem editorischen Werk und der Übersetzung der *Aenäis* in französische Verse veröffentlichte de Gournay zahlreiche Essays und Gedichte, die 1626 in einem Band mit einem Umfang von über tausend Seiten erschienen. Von besonderem Interesse sind hier ihre beiden feministischen Schriften wegen ihrer radikalen Auffassung von einer uneingeschränkten Gleichheit der Geschlechter und der These, daß sich alle Unterschiede zwischen den Geschlechtern auf die ungleiche Erziehung und Bildung zurückführen ließen.

In *Egalité des hommes et des femmes* (1622) schrieb sie: »Wenn die Damen seltener als die Männer Hervorragendes leisten, dann liegt das nur daran, daß ihnen keine gute Bildung zuteil wurde.« Sie bezeichnete diese Schrift als eine Arbeit zur Verteidigung der Ehre der Frauen, »niedergehalten von der Tyrannei der Männer«, und berief sich dabei auf die größten Männer: Sokrates und Platon, Plutarch, Seneca und Montaigne. »Das menschliche Wesen ist weder Mann noch Frau... Mann und Frau sind so vollkommen eins, daß wenn der Mann mehr ist als die Frau, dann auch die Frau mehr ist als der Mann.« Wie andere vor ihr zitierte auch sie die Bibel: »Der Mensch wurde als Mann und Frau geschaffen... und die beiden sind nur eins.«[11]

Diese Abhandlung hatte bei ihrer ersten Veröffentlichung nicht die gewünschte Wirkung, und so schrieb sie *Grief des Dames* (1626) (Die Beschwerden der Frauen), worin sie in einem sarkastischen Ton den Männern vorwirft, den Frauen die Fähigkeit zu logischem Denken abzusprechen. Ihre Verbitterung war deutlich:

»Glücklich bist du, Leser, wenn du nicht dem Geschlecht angehörst, dem alle guten Dinge versagt werden, das der Freiheit beraubt ist: dem fast alle Wirkungsmöglichkeiten genommen sind, indem ihm alle Positionen, öffentliche Ämter und Funktionen, vorenthalten werden: Mit einem Wort, dem die Macht beschnitten ist, durch deren Gebrauch sich die meisten Tugenden und Möglichkeiten der Kraftentfaltung erst entwickeln können... Dessen einziges Glück es bleibt... die Unwissenheit, die Botmäßigkeit und die Bereitschaft, [zu paradieren] die dumme Gans zu spielen, wenn ihm dieses Spiel gefällt.«[12]

Sie schließt, indem sie die Männer der Ignoranz und Voreingenommenheit anklagt, da sie das Werk der Frauen beurteilen, ohne sich auch nur die Mühe gemacht haben, es zu lesen.

Mit den Religionskriegen der Reformationszeit, mit dem Aufkommen zahlreicher Sekten und mit den sich daraus ergebenden gesellschaftlichen Experimenten großen Stils, wurden Erziehung und Bildung zu einem immer wichtigeren theoretischen Problem und zur praktischen Aufgabe. Bildung war nicht länger nur eine Notwendigkeit im Sinne des wirtschaftlichen und sozialen Aufstiegs, sie war für die Protestanten zudem eine unmittelbare Voraussetzung, das Heil zu erlangen, eine religiöse Pflicht des einzelnen und der Gemeinde. Dies spiegelte sich wider in der Zunahme von öffentlichen Schulen in den protestantischen Ländern, in dem Bemühen der puritanischen Siedler in New England um die Einrichtung von Grundschulen und in der Argumentation der protestantischen Reformer und Erzieher beiderlei Geschlechts. Um aber den Befürchtungen entgegenzutreten, die Frauen könnten, einmal gebildet, ihre Pflichten als Hausfrauen und Mütter vernachlässigen, wurden die Vorbehalte in bezug auf das Verhalten der Frauen ganz selbstverständlich bei der Argumentation zugunsten ihrer geistigen Emanzipation berücksichtigt. Wie wir schon gesehen haben, beteuerten Frauen, die im 17. Jahrhundert die Sache ihres Geschlechts vertraten, daß gebildete Frauen nicht nur bessere Mütter, sondern auch bessere Ehefrauen und Gehilfinnen sein würden.

Der Anschein des Opportunismus und der Anerkennung der von Männern definierten geschlechtsspezifischen Rollen, den eine derartige Argumentation beinhaltet, haben die Argumente für moderne Leser und Leserinnen unannehmbar gemacht und die ihnen eigene, auf Veränderung drängende Dynamik verdeckt. Solange die sozialen und ökonomischen Bedingungen ein Leben als berufstätige Frau, die selbst für ihren Lebensunterhalt sorgen konnte, unmöglich machten, war an die Realisierung alternativer Geschlechtsrollen nicht zu denken. Aber aus der gemeinsamen Benachteiligung im Bildungswesen konnten die Frauen schließen, daß sie einer Gruppe angehörten, die unter definierbaren und kollektiv belastenden Mißständen litt. Wurde in dieser Weise argumentiert, so wirkte das unmittelbar verändernd. Die einzelne benachteiligte Frau wurde dadurch zum Mitglied eines Kollektivs, dem Unrecht geschah. Am Ende des 17. Jahrhunderts begannen Frauen mit größerem Nachdruck und geschärftem politischen Bewußtsein bessere Bildungschancen zu fordern.

Diese geistesgeschichtliche Entwicklung ergab sich in England aus gesellschaftlichen Rahmenbedingungen, unter denen die Bildungsmöglichkeiten für Frauen sehr weitgehend eingeschränkt waren, seit Heinrich VIII. im Jahre 1534 mit der römisch-katholischen Kirche gebrochen und sämtliche Klöster mit ihren Schulen geschlossen hatte. Für katholische Mädchen verringerte das die Möglichkeit, eine Schule zu besuchen, sehr stark, und fast fünfzig Jahre lang konnten sie nur bei Privatlehrern oder in illegalen Schulen etwas lernen. Lehrer und Eltern, die nicht zugelassene Schulen unterstützten, wurden verfolgt und schwer bestraft. Zu dieser Zeit gab es auch für protestantische Mädchen der Mittel- und Unterschicht kein öffentliches Schulwesen. Kostenlose Armenschulen nahmen Mädchen auf, allerdings in weit geringerer Zahl als Knaben.

Vor diesem Hintergrund gründete Maria Ward (1585–1645) ihre Konventschulen. Ward trat 1606 als Laienschwester in den Orden der Armen Klarissen ein und gründete 1609 in Frankreich eine Religionsgemeinschaft von Frauen, die eine Mädchenschule betrieb. Es folgte die Gründung fast eines Dutzends von Gemeinschaften in verschiedenen europäischen Ländern, die alle eine Internatsschule für aus England geflohene Schülerinnen anboten, in der Regel Mädchen aus der Oberschicht, sowie eine Tagesschule für Kinder aus dem Ort, deren Familien überwiegend zu den Armen gehörten. Die Leistungsanforderungen der Schulen waren ungewöhnlich hoch, sie entsprachen in etwa den Knabenschulen der Jesuiten und beinhalteten das Studium des Lateinischen und mehrerer Fremdsprachen. Seit 1619 bemühte sich Ward, ähnliche Schulen in England zu gründen, und 1629 versuchte sie, die Anerkennung ihres Lehrordens durch den Papst zu erreichen. Ihre Kongregationen wurden in den Jahren 1630 und 1631 unterdrückt, doch trotz der Verfolgung wurden einige Schulen in England weiter betrieben. Der englische Bürgerkrieg verringerte die Unterstützung ihres Projektes noch weiter; doch im Jahre 1642 baute sie eine Schule in ihrer Heimat York auf, die sie bis zu ihrem Tode leitete. Kurz danach mußte sie schließen, doch nach der Restauration wurde 1686 die erste Konventschule für Mädchen nach ihren Vorstellungen in York eingerichtet und öffentlich anerkannt.[13]

In den katholischen Ländern auf dem europäischen Kontinent übernahmen meistens katholische Orden die Erziehung der Mädchen. Angela Merici (1474–1540) gründete in Italien den Ursulinenorden. Er verbreitete sich in Frankreich, dem katholischen Teil Deutschlands, in Belgien und den Niederlanden und bot armen Mädchen und solchen aus reichem Hause unterschiedslos eine Grund- und Sekundarschulbildung. Das Hauptgewicht lag auf dem Bemühen, die Mädchen auf eine den Regeln des Katholizismus entsprechende Mutterschaft und ein Leben als tüchtige Hausfrau vorzubereiten. Andere Orden, etwa die Barmherzigen Schwestern oder die Ordensgemeinschaft Mariä Heimsuchung, boten Krankenpflege und Erziehung für die Armen an. Diese religiösen Schulen ergänzten das ungenügende System der französischen *petites écoles*, örtliche Gemeindeschulen für protestantische und katholische Kinder. Am Ende des 18. Jahrhunderts gab es in Frankreich und den deutschen Ländern für in der Stadt lebende Mädchen ein breites Bildungsangebot, während die Bildungschancen in Italien und Spanien weiter dahinter zurückblieben.[14]

Ende des 17. Jahrhunderts bezeichneten einige Frauen in England, Frankreich und Holland die Benachteiligung der Frauen im Bildungswesen als die wesentlichste Ursache für ihren untergeordneten gesellschaftlichen Status. Mit verschiedenen pragmatischen Argumenten versuchten sie, die Männer, die genügend Macht hatten, Veränderungen einzuleiten, von ihren Auffassungen zu überzeugen.

In England waren Bathsua Makin, Hannah Woolley und Mary Astell die ersten Frauen, die sich nachdrücklich für eine Erweiterung der Bildungsmöglichkeiten für Frauen einsetzten; alle drei waren Frauen, die selbst für ihren Lebensunterhalt aufkamen. Bathsua Pell Makin (1608?–1674?) war früh zur Waise geworden, kurz verheiratet und dann verwitwet. 1640 galt sie als die gebildetste Frau in England. Sie war die Hauslehrerin und Gouvernante der Kinder von König Karl I. und leitete einige Zeit eine Schule für junge Frauen. Ihre berühmtesten Schülerinnen waren Prinzessin Elisabeth, Tochter Karls I., die mit neun Jahren Griechisch, Latein, Hebräisch, Französisch und Italienisch lesen und schreiben konnte, sowie Lucy Hastings, Gräfin von Huntingdon.

Die wichtigsten Argumente Bathsua Makins sind in ihrer Schrift *An Essay To Revive the Ancient Education of Gentlewomen* (Für die Wiederbelebung der traditionellen Erziehung von Frauen des Adels) anonym veröffentlicht worden. Sie versicherte der Leserschaft, daß es »nicht ihre Absicht ist, die Frauen den Männern gleichzusetzen, weniger noch, diese über jene zu stellen. Sie sind das schwächere Geschlecht, allerdings fähig, sich von großen Dingen beeindrucken zu lassen, etwas wie die Besten der Männer.«[15] Sie betonte, daß Erziehung und Bildung für Frauen von großem Vorteil sein könnten, einschließlich »des Vergnügens..., das sich auf Bildung gründet« und der Fähigkeit, ihre Geisteskräfte zu gebrauchen, und daß sie sich dem Ketzertum besser widersetzen könnten, wenn sie besser ausgebildet wären. Während sie sich mit allen denkbaren Einwänden gegen ihre Erziehungstheorie auseinandersetzte, versicherte sie den Männern, daß gebildete Frauen bessere Ehefrauen und Mütter sein würden.

»Hätte Gott die Frauen nur als eine bessere Sorte von Kühen vorgesehen, dann hätte er sie nicht mit Vernunft begabt. ... Gott plante die Frau als Gefährtin des Mannes, seine ständige Vertraute und um seine Familie und sein Vermögen besorgt, wenn er dessen am meisten bedarf bei Krankheit, Schwäche, Abwesenheit und Tod usw. Wenn wir ihren Erwartungen in dieser Hinsicht nicht entsprechen, so verdienen wir Gottes

Segen nicht... Verheiratete können dank dieser Erziehung für ihre Ehemänner bei
deren Geschäften sehr nützlich sein, wie es die Frauen in *Holland* sind... Sie können
ihren Kindern beim Lernen helfen, ganz besonders beim Studium der Sprachen. Ich
wiederhole das, weil es ein Grund von so großem Gewicht ist, daß er allein ausreicht
(wenn es keine anderen gäbe), neue Wege zu gehen. ... Niemand anderes hat so viele
Möglichkeiten, Kinder aufs tiefste zu beeindrucken, wie deren Mütter...«[16]

Makin schlug eine neue Methode zum Erlernen von Fremdsprachen vor:
ein Jahr lang englische Grammatik zu lehren als Grundlage des Lateinun-
terrichts; mit dem intensiven Studium der Fremdsprachen im Alter von
neun Jahren zu beginnen; mit Latein zu beginnen, das in sechs Monaten
beherrscht werden könne, so daß ohne Schwierigkeiten zum Französischen übergegangen werden könne, das in drei Monaten zu erlernen sei. Sie
konnte auf ihre Erfolge mit diesen Methoden bei verschiedenen bekannten
Schülerinnen hinweisen.[17] Aber Makin versicherte, in ihren Lehrplan auch
»alles, was gemeinhin in anderen Schulen gelehrt wird«, einzubeziehen, so
etwa Kochen, Geographie, Musik, Singen, Schreiben und Buchführung.[18]
Es ist bemerkenswert, daß sie in ihrer Schrift zugunsten ihrer Argumentation sehr ausführlich hervorragende Frauen aufzählt, einschließlich vieler
ihrer Zeitgenossinnen.[19]

Hannah Woolley (1623–?), eine Waise, gab Unterricht, seit sie vierzehn
Jahre alt war, und wurde dann Gouvernante. Sie war glücklich verheiratet,
wurde Witwe, heiratete wieder und wurde wieder Witwe. Ihren Lebensunterhalt verdiente sie durch das Schreiben von Kochbüchern und anderen
Ratgebern. Ihre sarkastischen Kommentare zur Erziehung von Frauen verdeutlichen das Klima der Meinungsbildung, aus dem heraus eine weiterge-
hende und philosophisch begründete feministische Argumentation entstehen konnte:

»Die richtige Erziehung des weiblichen Geschlechts sollte ebenso, wie sie überall in
gewisser Weise vernachlässigt wird, auch allgemein beklagt werden. Die meisten in diesem zurückgebliebenen Zeitalter halten die Frau für aufgeklärt und weise genug, wenn
sie ihres Ehemannes Bett von dem eines anderen unterscheiden kann.«[20]

Abgesehen von diesen drei feministischen Erzieherinnen gab es in diesem
Jahrhundert eine erstaunliche Zahl von gebildeten Frauen der Aristokratie,
die durch ihre Prosa, Gedichte und Dramen ein Leitbild der gebildeten
Frau schufen.

In der Mitte des Jahrhunderts betonte Marguerite Cavendish, Herzogin
von Newcastle, die ich bereits mehrfach erwähnt habe, das Streben der
Frauen nach Bildung und ihr Verlangen nach einer sich gegenseitig bestäti-
genden Freundschaft zwischen Frauen. Trotz einer nur geringen und unsys-
tematischen Selbstbildung war die Herzogin eine unablässig, wenn nicht

die am meisten schreibende Frau ihres Jahrhunderts, die fünf »wissenschaftliche« Abhandlungen, fünf Gedichtsammlungen, zwei Bände mit
Essays und Briefen und zwei Bände mit Dramen veröffentlichte. In tref-
fend scharfen Worten beschrieb sie die Behinderungen, unter denen die
Frauen zu leiden hatten:

»Wir leben und wir sterben, als stammten wir eher von wilden Tieren ab, denn von Männern; denn die Männer sind glücklich, und wir Frauen sind elend dran; sie sind im
Besitz von Zufriedenheit, Ruhe, Genuß, Reichtum, Macht und Ruhm; während die
Frauen erschöpft sind von pausenloser Arbeit, unzufrieden sind vor Kummer und Me-
lancholie wegen der Freudlosigkeit ihres Lebens, hilflos sind wegen ihres geringen
Ansehens. Dennoch sind die Männer so gedankenlos und grausam uns gegenüber, daß
sie uns jedwede Freiheit vorenthalten und uns in ihren Häusern oder Betten begraben
wie in einer Gruft. Die Wahrheit ist, daß wir leben wie Fledermäuse oder Eulen, arbeiten wie das Vieh und sterben wie Würmer.«[21]

In einem ihrer Theaterstücke, *The Convent of Pleasure* (1668), gründet die
Hauptfigur, eine reiche Dame, eine Lebensgemeinschaft von Frauen. Die
Heldin, Lady Happy, erläutert:

»Männer sind die einzigen, die Frauen unglücklich machen... Sie verursachen ihren
Kummer, nicht aber ihre Freuden... Weshalb... ich so viele Personen meines Geschlechts aufnehmen werde, wie ich mit meinem Vermögen komfortabel unterhalten
kann, solche, die eher höher von Geburt als mit Reichtum versehen sind und sich zu
einem ehelosen Leben entschlossen haben und Jungfräulichkeit geloben: mit ihnen
werde ich in Klausur leben mit allen Freuden und jedem Genuß, die erlaubt und mit dem
Gesetz vereinbar sind; meine Klausur wird nicht eine der Einschränkung sein, sondern
ein Platz der Freiheit, nicht der Verleugnung der Sinne, sondern der Sinnenfreude.«[22]

Diese Utopie einer Gemeinschaft von Frauen, gedruckt im Jahre 1668,
nahm die von Mary Astell entwickelte Idee einer Frauengemeinschaft
einige Jahre vorweg. Aber damit endet die Ähnlichkeit; die beiden Frauen,
obschon Zeitgenossinnen und an der Förderung der Frauenbildung interessiert, waren in ihrem Denken und ihrem Stil sehr verschieden. Die Herzogin von Newcastle war reich, glücklich verheiratet und ziemlich traditionell gesinnt in bezug auf die geschlechtsspezifischen Rollenerwartungen.
Ich habe bereits dargestellt, wie sie ihre eigenen Ambitionen umsetzte,
indem sie die Lebensgeschichte ihres Mannes schrieb, und wie sich ihre
beginnende feministische Einstellung in exzentrischer Kleidung und unge-
wöhnlichem Verhalten äußerte, die eine Frau ihres Ranges sich ohne Status-
verlust leisten konnte.

Mary Astell entstammte einer wohlhabenden Kaufmannsfamilie; ihr
Vater betrieb in Newcastle einen Kohlenhandel. Mit 12 Jahren Waise geworden, lebte sie die meiste Zeit ihres Lebens in vornehmer Armut, unterstützt

von Zuwendungen meist weiblicher Freunde. Sie wählte das Zölibat und fühlte sich wohl dabei, und sie schuf sich einen anerkannten Status als unabhängige Schriftstellerin in London. Ihre politischen und religiösen Überzeugungen waren konservativ, sie sympathisierte mit den Tories und der High Church und bediente sich ihrer geschulten Intelligenz in philosophischen und politischen Auseinandersetzungen, unter anderen mit John Locke.

Astell begann ihre schriftstellerische Laufbahn, als sie dem Rev. John Norris, einem Neuplatoniker, zu verschiedenen Punkten seines Werkes *Discourses* schrieb, mit denen sie nicht einverstanden war. In ihrem Brief wies sie die Einwände gegen gebildete Frauen zurück, die andere versucht sein könnten, geltend zu machen, nicht aber jemand, der so »gerechtigkeitsliebend und scharfsinnig« sei wie Mr. Norris. »Denn wenn ich mich auch nicht beziehen und stützen kann«, so schrieb sie weiter, »auf so viele Bücher, die Kenntnis mehrerer Sprachen, die Vorzüge einer akademischen Bildung oder irgendwelche anderen Hilfen als die, die ich mir selbst durch meine Neugier erschlossen habe, so ist das *Denken* doch ein Vorrat, der keiner vernunftbegabten Kreatur fehlen kann.«[23] Ihre Kommentare waren so klarsichtig und brillant, daß Rev. Norris nicht nur einen langandauernden Briefwechsel mit ihr begann, sondern nach fast einem Jahr darauf bestand, daß die Briefe veröffentlicht werden sollten. Aus dieser Korrespondenz ergibt sich, daß sie in der Lage war, eine logische Argumentation mit diesem fachkundigen Philosophen auf dessen Arbeitsgebiet zu ihren Gunsten zu entscheiden. Astell stimmte mit Norris' Vorstellung überein, daß Gott die Ursache allen Denkens und Fühlens sei und daß »Gott das einzige Objekt unserer Liebe sein sollte«. Aber sie fand es schwierig, diese Liebe zu verwirklichen. Denn tatsächlich hatte sie »eine starke Neigung zu freundschaftlicher Liebe«, bekannte aber: »Ich habe diese gewisse Schwäche in mir . . ., daß es für mich sehr schwierig ist, ohne Begierde überhaupt zu lieben.« Sie machte deutlich, daß sie damit ihre Beziehung zu Frauen meinte. »Ich beobachte eine angenehme Bewegung in meiner Seele auf diejenige hin, die ich liebe«, stellte sie fest und schrieb weiter: »Sie würden mir sehr gefällig sein . . . mir ein Mittel gegen diese Unordnung zuteil werden zu lassen.«[24]

John Norris antwortete ihr wie auf alle ihre Fragen mit einer Verallgemeinerung, nämlich daß es einen Unterschied gäbe zwischen Bewegungen der Seele und solchen des Körpers und daß »Geschöpfe« geliebt würden »*zu* unserem Guten, nicht aber *als* unser Gutes«.[25] Aber für Astell war dies moralische Gebot bindend und bildete die religiöse Basis ihrer lebenslangen Beibehaltung des Zölibats und ihrer platonischen Freundschaften zu

Frauen. Ihr feministisches Hauptwerk *A serious Proposal to the Ladies. For the Advancement to their true and great Interest. By a Lover of Her Sex* (Ein ernsthafter Vorschlag an die Frauen. Zur Förderung ihrer wahren und wichtigen Interessen. Von einer Liebhaberin ihres Geschlechts), das ein Jahr vor der Veröffentlichung ihres Briefwechsels mit Rev. John Norris publiziert wurde, ist Ausdruck dieser bewußten Bindung und macht sie zur Basis institutioneller Reformen.[26]

Wie manche ihrer Vorgängerinnen befaßte sich Astell ganz besonders mit dem Schicksal alleinstehender Frauen unter den damaligen Umständen, die in unerwünschte und für sie nachteilige Ehen gezwungen wurden, um wirtschaftlich versorgt zu sein. Sie schlug die Gründung einer Internatsschule und eines Heims für solche Frauen vor, das zudem als Zuflucht für diejenigen dienen könnte, die unverheiratet bleiben wollten. Andere, die aufgrund ihres Aufenthalts in dieser Schule eine bessere Ausbildung hätten, könnten günstigere und würdigere Bedingungen ihrer Verehelichung erreichen. Das Schulgeld würde niedriger sein als der Betrag, den die Familien derzeit für die Mitgift aufzubringen hätten. Astell hatte die Vorstellung, daß für gebildete Frauen »die ganze Welt wie eine Familie ist«. Ihr Aufruf stützte sich auf einen starken Glauben an die Macht der Vernunft, wie sie in der Philosophie Descartes' formuliert worden war. Sie ermutigte Frauen, an sich selbst zu denken und weniger auf das Urteil anderer zu achten, als auf ihren eigenen gesunden Menschenverstand zu vertrauen.

Diese frühe Arbeit war, obwohl sie auf ihre Zeitgenossen einen großen Eindruck machte, sehr viel gemäßigter in ihrer feministischen Tendenz als ihr Buch über die Ehe. In diesem Werk beschrieb sie sehr klar die Beziehung zwischen der Benachteiligung der Frauen in Erziehung und Bildung und ihrer Machtlosigkeit in der Gesellschaft:

»Für die Erziehung der Knaben wird viel Zeit und Mühe, Sorgfalt und Geld aufgewendet, für die der Frauen wenig oder gar nichts. Erstere werden früh an die Wissenschaften herangeführt, werden mit Entdeckungen aus alter und jüngster Zeit bekannt gemacht, sie studieren Bücher und die Geschichte großer Männer, erhalten jede erdenkliche Ermutigung; nicht nur Ruhm, eine heute eher unergiebige Belohnung, sondern auch Titel, Autorität, Macht und selbst Reichtum, die den Erwerb aller Dinge erlauben, sind die Belohnung für ihre guten Leistungen. Letztere hingegen sind eingeschränkt, werden durch mißbilligende Äußerungen eingeschüchtert, und nicht *hin zu* den Musen, sondern *weg von* ihnen gedrängt; Lachen und Spott, das sein Opfer nie verfehlende Schreckgespenst, werden aufgeboten, um sie vom Baum der Erkenntnis fernzuhalten. Wenn aber die Natur sich trotz aller Schwierigkeiten durchsetzt und sie nicht so dumm gehalten werden können, wie ihre Herren sie gerne hätten, werden sie als Monster beglotzt, der Zensur unterworfen, voller Mißgunst betrachtet und in jeder Weise entmutigt.

Ich wiederhole: Männer verfügen über alle Positionen der Macht, des Vertrauens und des Profits, sie machen die Gesetze und verfügen über die Regierungsgewalt auf allen

Ebenen; nicht nur das schärfste Schwert, sondern alle Schwerter und Donnerbüchsen stehen ihnen zu Gebote, was ihnen aufgrund der zwingendsten Logik der Welt den Zugriff auf alles ermöglicht, was sie als ihnen zustehend betrachten und begehren: Wer soll es mit ihnen aufnehmen? Uraltes Recht steht auf ihrer Seite in diesen Teilen der Welt, alte Tradition und heutiger Brauch! Unsere Vorväter haben ausnahmslos die Überlegenheit der Männer über das schwächere Geschlecht sowohl gelehrt als auch praktiziert...«[27]

Astells *Serious Proposal* war eine zu ihrer Zeit einflußreiche Schrift, die genügend Unterstützung bei den Frauen des Adels fand, so daß, wie berichtet wird, eine Lady, möglicherweise Prinzessin Anne selbst, das Geld bereitstellen wollte, das zur Einrichtung einer den Vorstellungen Astells entsprechenden Schule für Frauen nötig war. Doch von Vertretern der Kirche, die fürchteten, das von Astell vorgeschlagene »Nonnenkloster« werde die Sache des »Papsttums« fördern, wurde sie von der Realisierung des Projektes abgebracht. Daniel Defoe nahm Astells Idee auf und sprach sich in seinem *Essay upon Projects* (1697) zu ihren Gunsten aus. Unter den Frauen, die sich dazu bekannten, von ihr beeinflußt worden zu sein, waren Judith Drake, Lady Mary Chudleigh, Lady Mary Wortley Montagu und Elisabeth Elstob.

Ich habe Astells religiöse feministische Auffassung in Kapitel 7 dargelegt. In ihren *Reflections upon Marriage* (Betrachtungen über die Ehe) ging Astell in ihrer Kritik der Institution der Ehe und ihrer Befürwortung des Ledigbleibens über ihre Vorgängerinnen hinaus. Obwohl ihre Ablehnung der Ehe geradeheraus und offen zum Ausdruck gebracht wurde, setzte ihr politischer Konservatismus ihrer Analyse Grenzen. Sie zog eine Analogie zwischen der Ehe und dem Staat, aber da sie nicht an das Recht des einzelnen Staatsbürgers glaubte, selbst gegen ungerechte Maßnahmen Widerstand zu leisten, mußte sie es dabei belassen, verheirateten Frauen nahezulegen, eine ungerechte und unfaire Behandlung als Märtyrerinnen zu erdulden. Ihr Hauptanliegen war es deshalb, den Frauen zu raten, eine Ehe mit größter Vorsicht einzugehen oder gar nicht zu heiraten:

»Eine Frau hat keine besonders großen Verpflichtungen gegenüber dem Manne, der sich in sie verliebt; sie hat keinen Grund, froh darüber zu sein, daß sie verheiratet ist, oder es als einen Vorzug anzusehen, wenn sie als des Mannes Oberdienerin gilt; das ist in dieser Welt für sie nicht von Vorteil. Wenn sie es richtig angeht, so mag es sich im Jenseits als solcher erweisen. Denn diejenige, die einzig darum heiratet, Gutes zu tun, Seelen für den Himmel zu erziehen, und die so tief und nachhaltig gedemütigt werden kann, daß sie ihren Willen und ihre Wünsche aufgibt, um zu einer derart vollständigen [!] lebenslangen Unterwerfung bereit zu sein, und zwar gegenüber einem Menschen, von dem sie nicht weiß, daß er es auch verdient, diejenige also vollbringt zweifellos eine heroischere Tat als die, deren all die berühmten männlichen Heroen [!] sich rühmen. Sie erleidet ein ständiges Martyrium zur Ehre GOTTES und zum Wohle der Menschheit; diese Überlegung ist es, die sie alle Schwierigkeiten ertragen läßt. Ich weiß nicht, was sonst sie dazu bringen könnte und was sie veranlassen könnte, denjenigen zu lieben, der sich vielleicht als mehr denn brutal erweisen wird, um diese Lebensbedingungen noch beschwerlicher zu machen, als sie ohnehin sein müßten. Sie braucht einen starken Verstand, eine wahrhaft christliche Einstellung und ein ausgeglichenes Temperament, also all die Hilfen, die ihr eine gute Erziehung geben kann, und muß von ihrer eigenen Standhaftigkeit und Tugend überzeugt sein, wenn sie sich auf eine derartige Prüfung einläßt. Und aus diesem Grunde ist es weniger erstaunlich, daß Frauen sich eilig zur Heirat entschließen, denn vielleicht würden sie nur selten heiraten, wenn sie sich Zeit nähmen, genauer darüber nachzudenken.

Es ist sicher nicht überheblich, wenn eine Frau zu dem Schluß kommt, sie sei zum Dienst an GOTT gemacht und dies sei ihre Bestimmung. Weil GOTT alle Dinge für sich erschuf und ein vernunftbegabtes Wesen ein zu edles Geschöpf ist, als daß es zum Nutzen und Dienste irgendeiner gemeinen Kreatur gemacht sein könnte. Die Dienste, zu denen die Frau einem Manne irgendwann verpflichtet sein kann, sind nur eine Nebenbeschäftigung auf Abruf, so wie es eines Mannes Beschäftigung und Aufgabe sein kann, Schweine zu halten; er ist nicht dazu erschaffen worden, aber wenn er eine Aufgabe einmal übernimmt, dann muß er sie gewissenhaft erledigen.«[28]

Astells logische Argumentation zugunsten der Frauenemanzipation ging von religiösen Überlegungen aus und von ihrer These der absoluten und ihnen von Natur aus eigenen Gleichheit von Männern und Frauen. Bildung würde Frauen auf ein höheres Niveau heben, ihr Bewußtsein von der eigenen Situation schärfen, so daß sie sich besser vor dem Mißbrauch durch männliche Gewalt schützen könnten. Und selbst die Frauen, die sich für die Ehe entschieden, könnten von Bildung profitieren, weil sie sich dadurch auf die Philosophie und Religion beim Tragen ihres schweren Schicksals stützen könnten. Astells konservative politische Einstellung und ihr asketisches, religiöses Engagement bestimmten ihr Leben: Sie schränkte ihre Wünsche ein und lebte bescheiden, an der Grenze der Armut, aber sie lebte unabhängig und in enger Verbindung mit den wesentlichen geistigen Strömungen ihrer Zeit. Ihr Traum von einer Gemeinschaft weiblicher Intellektueller schien ihren Zeitgenossen eine Utopie zu sein, doch sie selbst lebte im Alter auf ihre bescheidene Art dieser Idee entsprechend in Chelsea. Nachdem sie ihr ganzes Leben gegen die Verzweiflung, die sie wegen ihrer Einsamkeit empfand, gekämpft hatte, war sie in ihrem letzten Lebensjahrzehnt von einem Kreis um sie besorgter und sie unterstützender Freundinnen umgeben. Wahrscheinlich dank dieser Lebenserfahrung konnte sie entschiedener als ihre Vorgängerinnen eine frauenzentrierte Analyse vorantreiben und eine sich darauf beziehende Theorie entwickeln.

Ihren Spuren folgend, rüttelten andere Frauen weiter an den herrschenden Vorstellungen und Sitten, und wie sie äußerten diese Frauen tiefe

Abscheu und Wut über die sexuellen und gesellschaftlichen Vorrechte der Männer.

Der Text einer am 11. Mai 1699 bei einer Hochzeit in Dorsetshire gehaltenen Predigt führte zu einem kleinen Broschürenkrieg, in dem Frauen ihr Geschlecht und ihr Recht auf Bildung auf glänzende und witzige Art verteidigten. Reverend John Sprint hatte die sich bei dieser Hochzeit bietende Gelegenheit genutzt, um sich zugunsten der Tugenden der guten Ehefrau, die anpassungsfähig und hingebungsvoll den Wünschen ihres Mannes entspricht, zu äußern. »Die Frau wurde erschaffen zur Bequemlichkeit des Mannes«, versicherte der Pfarrer. »Eine gute Ehefrau sollte sein wie ein Spiegel... der selbst kein Bild enthält, sondern das, was er darstellt, von dem Gesicht empfängt, das in ihn hineinblickt.« Ihm wurde sehr heftig geantwortet von »einer Lady von Rang«, die sich vorstellte als »eine, die noch niemals in die Klauen eines Ehemannes geraten ist«.[29] Sie wies darauf hin, daß die Frau gedacht sei als »eine Gefährtin, eine Person, der ein Mann vertrauen könne... [nicht als] eine Sklavin, die auf seinem Fußschemel sitze«. Mit beißendem Spott kommentierte sie die Aufforderung Sprints, die Frauen hätten auch grausame Gatten zu lieben und zu respektieren, und bezichtigte ihn, Männer, die ihre Frauen schlagen, zu ermutigen: »Er hat die herrschende Stimmung angeheizt und manch einen barbarischen Ehemann in seinem schmählichen Verhalten bestärkt.«[30] Von der anonymen Autorin ist nur der Vorname bekannt.

Der gleiche Anlaß inspirierte auch eine andere polemische Verteidigung der Frauen aus der Feder einer sehr bekannten Autorin. Lady Mary Chudleigh (1656–1710) veröffentlichte im Jahre 1703 einen Gedichtband und 1710 einen Band mit Essays. Sie wurde berühmt als Autorin des Gedichts »The Ladies' Defence«, zu dem sie sich durch Rev. Sprints Hochzeitspredigt veranlaßt sah. Darin greift sie die Ansichten des Pfarrers auf witzige Weise an und fordert eine bessere Ausbildung für Frauen. Einer der männlichen Sprecher in ihrem Werk faßt den Standpunkt der Männer in folgenden Worten zusammen:

»Then blame us not if we our Interest Mind,
And would have Knowledge to our selves confin'd.
Since that alone Pre-eminence does give.
And rob'd of it we should unvalu'd live.
While you are Ignorant, We are secure.. «

»Werft uns nicht vor, wenn wir auf unsere Interessen sehen,
und unser Wissen nur für uns bewahren.
Da das allein uns sichert Ruhm und Macht.
Und dessen beraubt, lebten wir ohne Ansehen.
Solange ihr dumm seid, sind wir sicher...«

Worauf die Sprecherin Melissa antwortete:

> »'T is hard we should be by the Men despis'd
> Yet kept from knowing what would make us priz'd.
> Debarr'd from Knowledge, banish'd from the Schools,
> And with the utmost Industry bred Fools.
> Laugh'd out of Reason, jested out of Sense,
> And nothing left but Native Innocence:
> . . .
> But spite of you, we'll to our selves be kind:
> Your Censures slight, your little Tricks despise,
> And make it our whole Business to be wise.
> The mean low trivial Cares of Life disdain,
> And read and Think, and Think and Read again,
> And on our Minds bestow the utmost Pain.«

> »Es ist hart, wenn wir von den Männern verachtet werden,
> die uns dennoch das Wissen vorenthalten, das uns Lob einbrächte.
> Von Bildung abgeschnitten, aus den Schulen verbannt,
> mit allergrößtem Fleiß zu Närrinnen erzogen.
> Verlacht als dumm, verspottet als unvernünftig,
> und ausgestattet nur mit angeborener naiver Einfalt.
> . . .
> Doch euch zum Trotz werden wir zu uns selbst freundlich sein:
> Eure Zensur leicht nehmen, eure kleinen Tricks übersehen,
> und uns nur darum bemühen, weise zu sein.
> Die niedrigen, trivialen Alltagssorgen hinter uns lassen,
> und lesen und denken, und denken und lesen,
> die größten Mühen auf unsere geistige Entwicklung verwenden.«[31]

In einem bemerkenswerten einleitenden Gedicht »An die Damen« beschrieb Chudleigh die Ehe als wahre Sklaverei, die mit sich bringt, daß »Ehefrau und Dienerin gleichgestellt sind, sich nur dem Namen nach unterscheiden«. Sie verglich die Ehefrauen mit »Sprachlosen, die nur Zeichen geben, sich niemals eine Freiheit nehmen«; aber dennoch müßten sie »sich von einem Nicken dirigieren lassen und den Gatten fürchten als ihren Gott«. Chudleigh schloß mit folgendem Rat an die Frauen: »Achtet euch selbst, verachtet die Männer, ihr müßt stolz sein, wenn ihr weise sein wollt.«[32]

Fast zwei Generationen nach Lady Chudleighs lebhafter Verteidigung der Frauen kam es wieder zu einer heftigen Auseinandersetzung in Streitschriften zum Thema Frauen. Eine anonyme Verfasserin, die sich selbst »Sophia, eine Person von Rang« nannte, veröffentlichte ein Pamphlet, das für einen Shilling verkauft wurde und den herausfordernden Titel hatte: WOMAN *Not Inferior to* MAN *or, A short and modest Vindication of the natural Right of the* FAIR SEX *to a perfect Equality of Power, Dignity, and Esteem, with the Men* (Die Frau dem Manne nicht unterlegen, oder Eine kurze und maßvolle Rechtfertigung des natürlichen Rechts des schönen Geschlechts auf eine uneingeschränkte Gleichheit der Macht, Würde und Wertschätzung mit den Männern).[33]

Sophias Argumentation schließt sich eng an die Argumente des fortschrittlichsten feministischen Denkers seines Jahrhunderts, des Franzosen Poulain de la Barre, an. Dessen Buch *De l'égalité des deux sexes* (Über die Gleichheit der beiden Geschlechter) (1673) wurde in einer Übersetzung 1677 in England veröffentlicht.[34] Wie de la Barre vertrat Sophia die Auffassung, der Unterschied der Geschlechter sei nur ein Unterschied ihrer Körper. Die Seele habe kein Geschlecht, weshalb es keinen wirklichen Unterschied zwischen Männern und Frauen geben könne. »Sämtliche Unterschiede müssen sich also aus der *Erziehung, den praktischen Übungen* und den *Eindrücken* von den *externen* Objekten, die uns unter verschiedenen Umständen umgeben, herleiten.« Frauen käme es zugute, wenn sie sich dadurch bildeten, daß sie »ein exaktes Denken, die Fähigkeit, sich präzise auszudrücken, und die Angemessenheit des Handelns« sowie die Fähigkeit, ihre Leidenschaften unter Kontrolle zu halten, entwickelten. Sophia stellte recht unverblümt dar, was sie für die Ursachen der Benachteiligung der Frauen in Erziehung und Bildung hielt: »Warum sind sie [die Männer] so bemüht, uns vom Lernen abzuhalten, auf das wir das gleiche Recht haben wie sie selbst, wenn es nicht darum geht, unsere Berücksichtigung bei der Vergabe jener öffentlichen Ämter, die sie so miserabel ausfüllen, zu verhindern, und zwar aus Angst, wir könnten sie in den Schatten stellen.«[35]

Eine überzeugende und logische Argumentation zusammenfügend, vertritt Sophia den Standpunkt, daß Frauen wegen ihrer Intelligenz, ihres Mutes und ihrer Tugenden die gleichen Rechte haben wie Männer, alle Tätigkeiten im öffentlichen Leben auszuüben. »Wenn wir nicht auf *Lehrstühlen* sitzen, so kann das nicht auf einen Mangel an Befähigung dazu zurückgeführt werden, sondern es liegt an der Gewalt, mit der Männer ihre ungerechten Eingriffe in unsere Pläne betreiben.«[36]

De la Barre hatte ausgeführt, daß Frauen fähig seien, jedes Amt und jede Aufgabe in der Gesellschaft zu übernehmen, selbst die der Führung des Heeres, aber er ging immer noch davon aus, daß Mutterschaft die wichtigste Aufgabe aller Frauen sei. Sophia übernahm den ersten Teil dieses Arguments, ignorierte aber den zweiten. Sie führte die Leistungen von englischen Königinnen an und setzte ihre Abhandlung mit bewundernswerter Kühle fort:

»Ich kann nicht sehen, inwiefern es befremdender sein soll, eine Frau mit einem Marschallstab in der Hand zu sehen als mit einer Krone auf ihrem Kopf; oder warum es für größere Überraschung sorgen sollte, sie als Vorsitzende eines Kriegsrats zu erleben, als zu sehen, wie sie dem Staatsrat präsidiert. Warum soll sie nicht ebensogut eine Armee anführen können, wie sie die Arbeit eines Parlaments leitet; oder zur See kommandieren können, wie sie zu Land regiert?... Die Kunst der Kriegführung enthält kein besonderes Mysterium, dem *Frauen* nicht gerecht werden könnten. Eine *Frau* ist ebenso fähig wie ein *Mann*, sich an Hand einer Karte mit den Vor- und Nachteilen einer Situation vertraut zu machen, den gefährlichen und sicheren Möglichkeiten des Vormarsches oder den bestmöglichen Voraussetzungen zur Errichtung eines Lagers... *Frauen* können ebensoviel Beredsamkeit, Unerschrockenheit und Wärme an den Tag legen, wo ihre Ehre auf dem Spiel steht, wie erforderlich sind, um eine Stadt zu verteidigen oder anzugreifen...

Es fehlt uns weder an Geist und Kraft noch an Mut, um ein Land zu verteidigen, und ebensowenig die Klugheit, es zu regieren.«[37]

Aufgrund dessen drängte sie die Frauen, ihre nutzlosen Amusements aufzugeben und ihren Geist zu schulen. Sophias Argumente, auch wenn sie nicht von ihr stammen, gehen weit über diejenigen der anderen Feministinnen im 17. Jahrhundert hinaus, was ihren selbstbewußten und bestimmten Ton betrifft.[38]

Trotz der bescheidenen Bemühungen, die Bathsua Makin, Mary Astell und Mary Ward unternommen hatten, um Schulen zu gründen, hatten Mädchen in England am Ende des 17. Jahrhunderts kaum Zugang zu Bildungseinrichtungen. Die Wegbereiterinnen der Frauenbildung hatten ein theoretisches Fundament für ihre Projekte vorgelegt und einige Modelle aufgebaut, waren aber nicht in der Lage gewesen, mehr zu erreichen. Zu Beginn des 18. Jahrhunderts boten die Salons die beste Möglichkeit für gebildete Frauen, ihre Gedanken zu äußern. Dort konnten sie intellektuelle Gespräche mit gebildeten Männern führen und informelle Kommunikationsnetze zwischen Frauen mit geistigen Ansprüchen knüpfen. Diese Form des geistigen Lebens werde ich in Kapitel 10 genauer behandeln.

Zur Situation der weiblichen Intellektuellen in Europa zu Beginn des 18. Jahrhunderts läßt sich zusammenfassend feststellen, daß sie die ersten drei Schritte der Entwicklung des feministischen Bewußtseins hinter sich hatten: die Autorisierung zu sprechen; eine durch mystische Offenbarungen inspirierte Sprache; und das Recht zu lernen und zu lehren.[39] Das Recht zu lehren gab es zu dieser Zeit nur für sehr wenige Frauen, und es beschränkte sich auf die unterste Stufe der Lehrtätigkeit im Elementarbereich; es sollte weitere zwei Jahrhunderte dauern, bevor dieses Recht für die Mehrheit der Frauen in Europa und Nordamerika gelten sollte.

Eine der englischen »Blaustrümpfe«, wie die gebildeten weiblichen Salongäste geringschätzig genannt wurden, war Hannah More (1745–1833),

eine konservativ Denkende, die sich schreibend und durch praktische
Arbeit für eine verbesserte Frauenbildung einsetzte. Sie beteiligte sich an
der Sonntagsschulbewegung, deren Ziel es war, die Moral der Menschen
aus unteren sozialen Schichten durch eine bessere Erziehung zu heben.
1790 gründeten Hannah More und ihre Schwestern elf Dorfschulen, nachdem sie mehrere Jahrzehnte die erfolgreichste Mädchenschule des 18. Jahrhunderts in Bristol betrieben hatten. Der Unterricht in den Dorfschulen
fand sonntags nach dem Gottesdienst statt, denn nur dann hatten die arbeitenden Kinder der Arbeiter und Bauern freie Zeit. Hannah More gewann
mit ihren Essays, Romanen und Abhandlungen große Unterstützung für
ihre Auffassungen über Erziehung.[40]

Wenn auch keine Verbesserung der Frauenbildung erreicht werden
konnte, so war doch die Diskussion über dieses Thema das wichtigste
Instrument zur Entwicklung feministischer Vorstellungen. In Frankreich
zum Beispiel brachte die einflußreiche Abhandlung von François de Sali-
gnac de la Mothe-Fénelon *Über die Erziehung der Mädchen* (1686),
geschrieben für die Töchter eines Adligen, die Auffassung der Renaissance
von der Natur der Frau und ihrem angemessenen Platz in der Gesellschaft
zum Ausdruck. Fénelon dachte, daß die Bildung der Frauen diese auf die
Übernahme ihrer gesellschaftlichen Rolle vorbereiten sollte: Adlige Frauen
sollten über Religion, Vermögensverwaltung und die Führung der Dienstboten sowie das Vertragsrecht Bescheid wissen. Fénelons Vorstellungen
wurden von Mme. de Maintenon, Geliebte und spätere Frau König Ludwigs XIV., in die Praxis umgesetzt. Von 1680 an gründete sie mehrere kleine
Internatsschulen und schließlich Saint-Cyr, die erste staatlich geförderte
Mädchenschule in Frankreich, die 1693 von der Revolutionsregierung
geschlossen wurde. Das Erziehungskonzept von Saint-Cyr wurde zum
Vorbild für viele Schulen der Ursulinen.[41]

Während Fénelons Erziehungsprinzipien aristokratische und royalisti-
sche Vorstellungen widerspiegelten, hatte die Bewegung, die als Aufklä-
rung bezeichnet wird, eine geistige Revolution eingeleitet. Die Denker der
Aufklärung, bekannt als *Philosophen*, setzten Wissenschaft an die Stelle der
Religion und betrachteten den Geist des Menschen als dessen wichtigstes
Instrument zum Verständnis seiner selbst, der Welt und des Universums.
Nur das Denken konnte dem Menschen helfen, die Gesetzmäßigkeiten der
Natur und die Gesetze, die das gesellschaftliche Leben regelten, zu erken-
nen. Indem sie Offenbarungen, Religion und durch Tradition legitimierte
Macht ablehnten, postulierten die Denker der Aufklärung ein unabhängi-
ges selbstgenügsames Individuum, das sein Wissen auf Erfahrung gründen
sollte. Mit einer diesen Zielen verpflichteten Erziehung und Bildung könn-

ten demnach alle Individuen nützliche und produktive Bürger eines Gemeinwesens werden, das sich nach rationalen Prinzipien organisierte. Der Rationalismus des René Descartes hatte eine befreiende Wirkung auf Frauen, weil er von der Annahme ausging, daß der Geist, nicht der Körper das Instrument des Fühlens und Denkens sei, daß Frauen und Männer die gleiche Erkenntnisfähigkeit besäßen. Der Kartesianismus bestritt, daß formale Bildung der Weg zu erweitertem Wissen sei, und vertrat die Auffassung, jeder Mensch sei imstande, logisch zu denken und zu urteilen. Diese Ideen regten eine Reihe von Frauen – darunter Mary Astell, Lady Damaris Masham, Marie de Gournay – nicht nur an, sich auf einen philosophischen Diskurs mit den hervorragendsten Denkern ihrer Zeit einzulassen, sondern ermutigten sie auch, mit dem persönlichen Briefwechsel zwischen Privatpersonen eine neue Form des Diskurses zu schaffen.[42]

John Locke (1632–1704), der wichtigste politische Theoretiker der Aufklärung, entwickelte eine optimistische, auf Vernunft gegründete und säkularisierte politische Philosophie, die die Gründer und Verfassungsväter der Vereinigten Staaten von Amerika beeinflußte und zur Grundlage des politischen Liberalismus wurde.

Locke ging aus von einem friedlichen Naturzustand ohne Unterordnung oder Unterwerfung, in dem jedes Individuum mit unveräußerlichen Selbsterhaltungs-, Freiheits- und Eigentumsrechten ausgestattet ist. Um diese Rechte zu schützen, vereinbaren ihm zufolge die Menschen einen Sozialvertrag und schließen sich zu einem »politischen Körper«, dem Staat, zusammen. Aber der Staat hat nicht das Recht, die Individuen ihrer natürlichen Rechte zu berauben; und deshalb muß es eine verfassungsmäßige Regierung geben, die sich auf die Zustimmung der Regierten stützt.[43] Locke überging die Frauen in diesem Modell nicht, aber er nahm sie von dem Gesellschaftsvertrag aus, indem er versicherte, daß die Unterordnung der Frau unter den Mann innerhalb der Familie natürlich sei und schon vor der organisierten Form des gesellschaftlichen Zusammenlebens bestanden habe. Der Mann verfügte also über eine paternalistische Autorität über Frauen, aber dieses »natürliche Recht« hatte nach Locke nichts mit der zivilen Gesellschaft zu tun – das Problem der Statusbestimmung der Frau als Staatsbürgerin geriet aus dem Blickfeld. Dennoch ergaben sich aus der Theorie des Gesellschaftsvertrags und des Naturrechts theoretische Ansatzpunkte für den Kampf aller untergeordneten Gruppen um ihre Emanzipation.[44]

Einer der radikalsten politischen Denker seiner Zeit, der französische Philosoph Jean Jacques Rousseau, wandte Ideen der Aufklärung auf die Erziehungslehre an. In seinem Buch *Emile* entwarf Rousseau eine Erziehungsmethode, die einen Bürger des neuen idealisierten Staates hervorbringen sollte. Emile sollte zu Selbstvertrauen, Autonomie und rationalem Denken erzogen werden. Aber in bezug auf die Frauenbildung war Rousseau zutiefst konservativ. Bei der Beschreibung der für Sophie, Emiles künftige Frau, angemessenen Erziehung ging er davon aus, daß »die Frau dazu geschaffen ist, zu gefallen und sich zu unterwerfen«, und deshalb müsse »sie sich dem Mann liebenswert zeigen«. »Die Frau«, so schließt Rousseau, »(ist) eigens dazu geschaffen..., dem Mann zu gefallen.«[45] Deshalb sollte es das Ziel der Erziehung von Frauen sein, sie zu lehren, ihre Pflichten gegenüber den Männern zu lieben und sie freudig und intelligent zu erfüllen.

Mary Astell stellte Locke in ihrem Buch *The Christian Religion* (Die christliche Religion) unter den Gesichtspunkten einer Royalistin und einer an Offenbarungsreligion Glaubenden in Frage.[46] Mary Wollstonecraft, selbst eine entschiedene Verfechterin der Ideen der Aufklärung, wandte sich gegen Lockes Vernachlässigung der Frauen und beanspruchte für die Frauen die gleichen natürlichen Rechte, wie sie dem Manne zugeschrieben wurden. Anders als Astell akzeptierte sie die philosophische und politische Theorie Lockes, erweiterte aber dessen Ideen, so daß sie auch die Frauen einbezogen. Auf ähnliche Weise akzeptierte sie Rousseaus Vorstellungen über die Erziehung von Knaben, wies aber seine konservativen Ansichten über Frauenbildung zurück.

Wenn auch das Werk von Wollstonecraft nicht länger als die *erste* vollentfaltete Theorie des Feminismus gelten kann, ist es doch die erste feministische Theorie, die den Anspruch auf Frauenrechte und Gleichberechtigung der Frau in den Zusammenhang einer umfassenderen liberalistischen Theorie der Gesellschaft stellt und diesen Anspruch von der religiösen Argumentation löst, die bisher im Mittelpunkt des Denkens der Frauen gestanden hatte. In ihrem theoretischen Hauptwerk *The Vindication of the Rights of Women* (Eine Verteidigung der Rechte der Frauen) wiederholt sie die meisten der seit dem 17. Jahrhundert vorgebrachten Argumente zugunsten der gleichen Bildungschancen für Frauen, aber sie stellt Rousseaus Definition der Frauen als auf Dauer abhängige Wesen unmißverständlich in Frage: »Welcher Unsinn! ... Wenn die Frau von Natur ein geringerer Mensch ist als der Mann, aber doch ein Mensch, dann müssen ihre Tugenden der Beschaffenheit nach, wenn auch nicht dem Grade nach, dieselben sein, wie die des Mannes.«[47]

Sie definierte Frauen als sowohl von der Gesellschaft als auch von den Männern unterdrückt und setzte sich ganz offen für die Solidarität zwischen Frauen ein. Dennoch begründete sie ihre Forderung von Frauenrechten mit dem Hinweis auf die Bedeutung der Frau als Ehefrau und Mutter:

»Wenn die Kinder zu wahrer Vaterlandsliebe erzogen werden sollen, muß ihre Mutter eine Patriotin sein...

Da die Pflege der Kinder in deren frühestem Alter den Frauen von der Natur als größte Pflicht zugewiesen ist, so ist dies schon Grund genug, die Vernunft der Frauen nach Möglichkeit auszubilden... Um eine gute Mutter zu sein, muß eine Frau gesunden Verstand haben und jenen unabhängigen Sinn, der wenigen Frauen eigen ist, die in vollständiger Abhängigkeit von ihren Männern zu leben gelehrt worden sind. Demütige Frauen sind meist törichte Mütter...

Der Schluß, den ich hieraus ziehe, ist klar. Man mache die Frauen zu vernünftigen, freien Bürgerinnen und sie werden rasch gute Ehefrauen und Mütter werden – vorausgesetzt, daß die Männer nicht ihre Pflichten als Gatten und Väter nachlässigen.«[48]

Hier wird das Thema der gebildeten Frau als tüchtigere und tugendhaftere Mutter kraftvoll angeschlagen. Dieses Thema wird mit großem Nachdruck im späten 18. und frühen 19. Jahrhundert in Frankreich, Deutschland und den USA erneut erörtert werden.

Die Debatte über Frauenbildung in der frühen amerikanischen Republik kann als Modell ähnlicher Debatten in Europa dienen. Die aktive Beteiligung von Frauen an der Amerikanischen Revolution durch das Sammeln von Spenden, durch Boykotte und Petitionen, ihren Dienst als Freiwillige bei der Truppenbetreuung, ihre unverzichtbare wirtschaftliche Rolle an der Heimatfront – dies alles wirkte zusammen, um bei den Frauen ein neues Selbstverständnis in öffentlichen wie in privaten Rollen entstehen zu lassen. Die Auseinandersetzungen bei der Formulierung und Verabschiedung der Verfassung der USA und der Verfassungen einzelner Staaten förderten das Entstehen einer radikalen republikanischen Ideologie, die unvermeidlich dazu führte, daß einige Mitglieder der von der politischen Debatte nicht berücksichtigten Gruppen die von den Verfassungen gesetzten Grenzen in Frage stellten. Ein Beispiel dafür ist die schon erwähnte Meinungsverschiedenheit zwischen John und Abigail Adams (Kapitel 1). Die Autorin von Theaterstücken und erste Historikerin der Amerikanischen Revolution, Mercy Otis Warren, stellte Heldinnen vor, deren Stärke und Freiheitswillen ihren Zeitgenossinnen als Vorbild dienen sollten. Aber die Führer der neuen Republik waren nicht willens, die Frauen in ihre Politik einzubeziehen oder ihnen eine Beteiligung an der politischen Entscheidungsfindung zuzugestehen. Selbst die Idee der »gebildeten Frau« galt als gefährlich für die Geschlossenheit der häuslichen Sphäre und die Einheit der staatlichen Gemeinschaft.

Unter solchen Umständen hatte der Begriff »republikanische Mutterschaft« sowohl konservative als auch befreiende Aspekte. Mit ihm verband sich die Auffassung, daß eine breit angelegte liberale Erziehung aller Staatsbürger für das Funktionieren einer Republik wesentlich sei. Eine informierte Bürgerschaft würde dafür sorgen, daß die demokratischen Rechte nicht außer acht gelassen oder mißbraucht würden. Mütter würden ihre Söhne lehren, gute Bürger der Republik zu sein, und damit eine ebenso wichtige Funktion erfüllen wie die an der Regierung und in der staatlichen Administration der Republik Mitwirkenden.[49]

Dieses Konzept wurde in die öffentliche Diskussion gebracht durch eine Ansprache von Benjamin Rush bei der Eröffnung der Young Ladies' Academy (Akademie für junge Damen) in Philadelphia 1787. Rush ging davon aus, daß Frauen und Männer weiterhin in zwei getrennten Sphären wirken würden, daß aber in einer Republik die Mutterrolle zu einer halböffentlichen Funktion aufgewertet werden sollte. Um diese Funktion ausüben zu können, müßten die Frauen unbedingt gut ausgebildet werden.

Die auffällige Verbreitung von Akademien für Frauen zwischen 1790 und 1820 zeigt, daß diese Ansprache Ausdruck eines sich bereits durchsetzenden Trends war. Die Art der Bildung, die an diesen Akademien vermittelt wurde, zeigt eindeutig ein relativ eingeschränktes Konzept der Frauenbildung. In der Akademie zu Philadelphia zum Beispiel, die zu ihrer Zeit als fortschrittlich galt, erhielten die Mädchen Unterricht in Lesen, Schreiben, Rechnen, englischer Grammatik, Komposition, Rhetorik und Geographie und erlernten außerdem die üblichen zur Führung eines Haushalts erforderlichen Fertigkeiten. Es war nicht geplant, den Mädchen die gleiche Ausbildung zu bieten wie den Jungen, sondern ihre Bildung zielte mehr darauf, sie zu befähigen, einen Mann aus der Mittelschicht auf eine ihm angenehme Weise zu umsorgen, ihm Gefährtin und Helferin zu sein. Das von Männern definierte Bild der Frau als Mutter und Erzieherin ihrer Kinder und damit die Zukunft der Nation Beeinflussende verband aufs angenehmste ein Festhalten an den sozialkulturell fixierten geschlechtsspezifischen Rollenerwartungen an Frauen mit der Anerkennung ihres tatsächlichen und potentiellen Einflusses auf das politische Geschehen. Das hieß unter den patriarchalen Bedingungen: Der Einfluß der Frauen sollte indirekt ausgeübt werden; er sollte als Einflußnehmen zum Ausdruck kommen, nicht als Ausübung wirklicher Macht; und er sollte über andere zugunsten anderer ausgeübt werden. Vor allem aber: Diese Art der politischen Einflußnahme war zu verstehen als die sekundäre Folge der primär mütterlichen Aufgaben der Frauen, als eine Aufwertung ihrer Stellung und eine Anerkennung ihrer faktischen Aufgaben, nicht jedoch als ein

Recht, auf das sich weitere Forderungen nach Gleichheit stützen könnten. Das war etwas ganz anderes als die viel früher von Männern wie Heinrich Cornelius Agrippa von Nettesheim und Poulain de la Barre vorgebrachten feministischen Argumente, die die Auffassung vertreten hatten, Männer und Frauen seien auf der Basis von religiösen, moralischen und natürlichen Rechten absolut gleichgestellt.

Die meisten Frauen definierten »republikanische Mutterschaft« etwas anders. Ein Beispiel dafür ist die Abschiedsrede einer Priscilla Mason, Schülerin an eben dieser Young Ladies' Academy zu Philadelphia, zwei Jahre nach dem Vortrag von Rush. Nachdem sie sich gebührend dafür gerechtfertigt hatte, sich an ein »gemischtes Publikum« zu wenden, was als »etwas ganz Neues« gelten könnte, fuhr Miss Mason fort:

»Unsere hohen und mächtigen Herren haben uns (mit Hilfe der von ihrer Willkür bestimmten Verfassungen) die Mittel zum Erwerb von Kenntnissen vorenthalten und uns dann wegen des Mangels an Wissen zurückgewiesen. Da sie die Stärkeren sind, brachten sie Zepter und Schwert früh in ihre Gewalt... sie versagten den Frauen die Vorteile einer liberalen Erziehung, verboten ihnen die Entfaltung ihrer Talente... Glücklicherweise beginnt nun ein liberaleres Denken sich durchzusetzen.«

Sie ermahnte die zuhörenden Frauen, aus ihren neuen Bildungschancen das Beste zu machen, und bestätigte ihnen ihr Recht auf Arbeit in den Kirchen und ihre Gleichheit vor den Gerichten. Schließlich forderte sie auf zur Bildung eines »Frauensenats,... dem Delegierte aus allen Teilen der Union angehören,« als Teil der Bundesregierung.[50]

Ähnlich äußerte sich Judith Sargent Murray in einer Streitschrift und später in einer Reihe von Artikeln. Murray warnte junge Frauen »vor einem geringen Selbstwertgefühl«, das sie in eine übereilte und nicht genügend bedachte Ehe treiben könnte, und drängte sie, statt dessen Selbstsicherheit und Selbstvertrauen zu entwickeln.[51] Acht Jahre später, nachdem sie Witwe geworden war und sich wieder verheiratet hatte, legte Murray in einer Serie von Zeitschriftenbeiträgen ihre Vorstellungen zu einer umfassenderen feministischen Argumentation im einzelnen dar. Sie wies darauf hin, daß junge Mädchen, indem ihnen beigebracht würde, »alte Jungfern« zu verachten, so ausgerichtet würden, fast jeden Heiratsantrag bereitwillig zu akzeptieren. Sie forderte die jungen Frauen auf, statt dessen »das Leben von Alleinstehenden zu respektieren und es sogar als die *erstrebenswerteste* Lebensweise zu betrachten... Ich weiß, daß Respektabilität, Nützlichkeit [!], Gelassenheit, Unabhängigkeit, gesellschaftliche Vergnügungen und reine tiefe Freundschaft im Leben von Alleinstehenden zu finden sind; und ich sehe mich veranlaßt, daraus den logischen Schluß zu ziehen, daß..., falls [in der Ehe] die Mentalitäten sich nicht entsprechen... der Zustand des

Zölibats der bei weitem erstrebenswerteste ist.« Sie drängte die Frauen, sich auf die mögliche Unabhängigkeit durch Lernen vorzubereiten, »damit sie sich *durch eigene Anstrengungen selbst erhalten könnten*«.[52] Es ist bemerkenswert, daß sie Ideen und Argumente neu erfand und formulierte, die früher von Mary Astell vorgebracht worden waren, von deren Existenz sie nichts wußte.

Den Begriff der »republikanischen Mutterschaft« machte sich eine scharfsinnige und entschlossen auftretende Erzieherin zunutze, die einen großen Beitrag zur Förderung der Frauenbildung in den USA leistete. Als 1819 Emma Willard (1787–1870) der gesetzgebenden Körperschaft des Staates New York einen wohldurchdachten Plan für eine öffentlich geförderte »Akademie« zur Fortbildung von Frauen vorlegte, wollte sie nachweisen, daß Mädchen fähig seien, den Stoff der gleichen akademischen Fächer aufzunehmen, der auch den Jungen zugemutet werde. Nachdem sie im einzelnen dargestellt hatte, unter welchen Ungleichbehandlungen und Behinderungen Frauen im Bildungswesen zu leiden hatten, fuhr sie fort:

»Es ist die Pflicht einer Regierung, alles in ihrer Macht Stehende zu tun, um das gegenwärtige und künftige Wohl der Nation zu fördern... Dieses Wohlergehen ist abhängig vom Charakter ihrer Bürgerschaft. Der Charakter der Bürger wird von den Müttern geformt... Es ist die Pflicht unserer derzeitigen Gesetzgeber, jetzt damit zu beginnen, den Charakter der nächsten Generation zu formen, indem sie Einfluß nehmen auf die Charakterbildung der Frauen, die deren Mütter sein werden...«[53]

Willard, die keine Feministin war und später in Opposition zur organisierten Frauenrechtsbewegung stehen sollte, betonte in ihrer *Eingabe*, daß sie weder für die Frauen eine »Männererziehung« empfehle noch ein Frauenrecht auf Erziehung als Staatsbürgerinnen befürworte. Ihr Plan wurde trotz einiger Unterstützung in der gesetzgebenden Körperschaft nicht verwirklicht, und sie ging daran, ihre eigene Schule, das Troy Female Seminary (Troyer Frauenseminar), als ein bahnbrechendes Modell zu gründen und zu finanzieren, das die Maßstäbe für eine qualitativ bessere Ausbildung von Mädchen setzte. Sie führte das Seminar wie eine College-Vorbereitungsschule für Jungen, indem sie Unterricht in allen Fächern anbot, einschließlich Mathematik, Naturwissenschaften und Philosophie. Ihre Studentinnen erfüllten die formalen Anforderungen einer regulären Schulausbildung und unterzogen sich strengen, öffentlichen Examen. Willard bildete an ihrem Seminar von 1821 bis 1872 über 12 000 Studentinnen aus, von denen viele Lehrerinnen an öffentlichen Schulen wurden. Andere ihrer Schülerinnen gründeten ihrerseits Schulen, während sie mit dem Pädagogen Henry Barnard bei der Formulierung seiner Pläne für das öffentliche Schulwesen zusammenarbeitete. Trotz Willards konservativer Einstellung wurden ihre

Schülerinnen, denen ihre strenge Ausbildung und moralische Unterweisung zugute gekommen war, zu einer treibenden Kraft des amerikanischen Feminismus. Manche, wie Elizabeth Cady Stanton, wurden zu Führerinnen der Frauenrechtsbewegung; andere ergriffen den Beruf der Lehrerin und wurden zu Leitbildern einer neuen Vorstellung von der amerikanischen Frau.[54]

Andere Pionierinnen der Frauenbildung in den USA nutzten die gleiche Kombination der Ideale republikanischer Mutterschaft mit klugem Pragmatismus, die Emma Willard entwickelt hatte. Catharine Esther Beecher und Mary Lyon hatten ähnliche Erfolge bei der Schaffung von Institutionen und waren Meisterinnen der ideologischen Indoktrination, um Frauen neue Berufswege zu öffnen und sie mit einem missionarischen Eifer zu erfüllen, für die Verbesserung der Frauenbildung einzutreten. Wie ihre Vorgängerinnen erklärten beide Frauen, sie seien Gegnerinnen der Frauenrechtsbewegung, doch wie Emma Willard bildeten sie einen großen Teil der Frauen aus, die in ihren Gemeinden leitende Funktionen übernahmen und von denen viele Feministinnen wurden.

Während die pragmatisch vorgehenden Gründerinnen und Leiterinnen von Institutionen Tausende von berufstätigen Frauen ausbildeten und ein neues Frauenbild zu entwickeln halfen, erweiterten einige Denkerinnen die Argumentation im Sinne der Frauenbildung und machten daraus die Grundlage einer feministischen Weltsicht. In den USA gelang dieser intellektuelle Fortschritt Frances Wright (1795–1852), einer wohlhabenden und gebildeten Frau, die in Schottland geboren und 1824 in Amerika angekommen war – entschlossen, dort dazu beizutragen, die Demokratie zu stützen und fortzuentwickeln. Sie war eine begabte Autorin und die Gründerin einer nur kurz bestehenden utopischen Gemeinschaft, in der sie ihre verschiedenen unorthodoxen Theorien zur Verbesserung der Gesellschaft erprobte. Sie setzte sich für ein breites Spektrum von Reformen ein: die Emanzipation der Sklaven und Sklavinnen, Geburtenkontrolle, liberale Scheidungsgesetze, sexuelle Freiheit für beide Geschlechter, kostenlose öffentliche Erziehung für alle Kinder über zwei Jahren in staatlich finanzierten Internaten. Die letztgenannte Forderung gewann die Unterstützung der ersten politischen Partei der amerikanischen Arbeiterklasse, die vorübergehend erfolgreiche New York Workingmen's Association. Nach 1829 hielt sie Vorträge in Ohio, Pennsylvania und New York, wobei sie auf Zustimmung, aber auch auf ein großes Maß an bloßer Neugier, Feindseligkeit und Beschimpfungen stieß. Als wahre Tochter der Aufklärung versuchte Frances Wright, durch den gleichen Zugang der Frauen zu den Bildungseinrichtungen den Rationalismus und den Geist des freien Forschens zu fördern. In einem ihrer Vorträge führte sie aus:

»Was ihre Söhne ebenso wie ihre Töchter betrifft..., so sollten sie [die Eltern] sie allein als *menschliche Wesen* betrachten und ihnen eine gute und umfassende Entwicklung all ihrer Fähigkeiten – körperliche, geistige und moralische – sichern, die ihrer natürlichen Begabung entspricht. In ähnlicher Weise sind sie hinsichtlich ihrer Töchter nicht verpflichtet, der Ungerechtigkeit der Gesetze oder den Absurditäten der Gesellschaft zu entsprechen. Ihre Pflicht ist eindeutig, klar und unbestreitbar. Ihre Tochter ist als ein menschliches Wesen unter ihrer Verantwortung; ein Sohn desgleichen...

Die Situation der Männer ist immer abhängig von dem Niveau des anderen Geschlechts, hebt sich oder sinkt mit ihm. ... Man soll die Beziehung prüfen, die die beiden Geschlechter zueinander haben und immer haben müssen. ... bis die Machtposition auf der einen Seite und Angst und Gehorsam auf der anderen Seite aufgegeben werden und beide wieder in ihr Geburtsrecht eingesetzt sind – Gleichheit. Niemand soll denken, daß Zuneigung herrschen kann ohne sie oder Freundschaft oder Wertschätzung... Geht nun, entfernt das Übel zunächst aus den Köpfen der Frauen, dann aus ihren Lebensbedingungen und dann aus euren Gesetzen!«[55]

Frances Wright war in ihren Wirkungsmöglichkeiten eingeschränkt wegen des Skandals, den ihre radikalen Ansichten über sexuelle Freiheit und ihr eigener Lebensstil bei ihren Zeitgenossen heraufbeschworen. Sie war persönlich in größter Bedrängnis wegen Vereinbarungen bei einer Scheidung, die sie nicht nur ihres Vermögens beraubten, sondern ihr auch ihr einziges Kind nahmen. Doch innerhalb eines Jahrzehnts nach ihrem ersten Auftreten in den USA wurden ähnliche Vorstellungen wie die ihren mit großem Nachdruck in den Schriften und Reden von Sarah und Angelina Grimké und den Schriften von Margaret Fuller zum Ausdruck gebracht. In den 1840er Jahren war sowohl in der Theorie als auch in der Praxis von Tausenden von Frauen in ihren Organisationen der Reform- und Antisklavereibewegung eine feste Verbindung zwischen der Frauenbildung und den bürgerlichen Rechten der Frauen hergestellt.

Das Argument, daß Frauen ebenso ein Recht auf gleiche Bildungschancen hätten wie ein Recht auf rechtliche und soziale Gleichheit und auf das Wahlrecht, wurde zu einer grundlegenden Auffassung der neu entstandenen Frauenrechtsbewegung. In den Jahren 1848 und 1850 wurde diese Vorstellung in das Programm der aufstrebenden Frauenbewegung aufgenommen, in die Resolutionen der Kongresse der Frauenrechtsbewegung in Seneca Falls (1848) und in Ohio und Worcester, Massachusetts (1850).

Die Resolutionen des Frauenrechtskongresses in Ohio betonen die Verbindung mit besonderer Deutlichkeit:

»Beschlossen wurde, daß alle Unterschiede zwischen Männern und Frauen in bezug auf soziale, literarische, finanzielle, religiöse oder politische Sitten und Gewohnheiten oder Institutionen auf der Grundlage einer Unterscheidung nach dem Geschlecht dem Naturrecht widersprechen, ungerecht sind und destruktiv im Hinblick auf die Reinheit, die Erhabenheit und den Fortschritt der Erkenntnis und auf das Wohl der großen menschlichen Familie und ein für allemal abgeschafft werden sollten... Beschlossen wurde, daß die Bildung der Frauen sich in Übereinstimmung befinden sollte mit ihrer tatsächlichen Verantwortung, damit sie das Selbstvertrauen und die wahre Würde entwickeln möge, die so wesentlich sind für die angemessene Erfüllung der wichtigen Pflichten, die ihr obliegen.«[56]

Das Recht der Frauen auf Bildung wurde nicht länger mit religiösen und moralischen Argumenten oder mit ihrer Mutterrolle gerechtfertigt. Ebensowenig wurde zu diesem Zweck weiter hingewiesen auf einen zu erwartenden oder erforderlichen größeren Wert gebildeter Frauen als Ehefrauen, als Gefährtin des Mannes oder als Mutter. Das Recht der Frau auf Bildung ist ein Naturrecht; sie hat das Recht darauf als menschliches Wesen, und sie mag ihre Bildung zur eigenen Selbstvervollkommnung nutzen oder zum Verfolgen anderer Zwecke, im Sinne ihrer Unabhängigkeit oder im Dienst für andere. Sie allein entscheidet darüber.

Die Bildungschancen für Afroamerikaner beiderlei Geschlechts waren in der Zeit vor dem Bürgerkrieg so stark eingeschränkt, daß die Frage nach einer getrennten Ausbildung für Mädchen gar nicht gestellt wurde. Schwarze Mädchen und Jungen nutzten die jeweils gegebenen Bildungsmöglichkeiten, so spärlich sie auch immer waren, gemeinsam. Es gab allerdings einige schwarze Lehrerinnen in der frühesten Periode der US-Geschichte, die Schulen für schwarze Kinder gründeten und unterhielten. 1820 eröffnete die fünfzehnjährige Maria Becraft das erste Internat für schwarze Mädchen in Washington, D.C. Zwei Jahrzehnte später wurde das Institute for Colored Youth in Philadelphia zur Ausbildungsstätte für eine Vielzahl von Lehrerinnen, die die Entwicklung von Schulen für schwarze Kinder erheblich beeinflußten und deren Ausbildung mit derjenigen der Abgängerinnen von den Seminaren für weiße Mädchen mithalten konnte. Fannie Jackson Coppin (1837–1913), eine frühere Sklavin, die 1860 das Abschlußexamen am Oberlin-College bestand, leitete die Frauenabteilung des Instituts ab 1869 über dreißig Jahre lang. Wie die anderen bedeutenden Lehrerinnen und Gründerinnen von Erziehungseinrichtungen, die in ihre Fußstapfen traten, war es ihr wichtigstes Bildungsziel, ihrer Rasse und deren Müttern den gesellschaftlichen Aufstieg zu ermöglichen.[57] In Anlehnung an die Ideologie der republikanischen Mutterschaft entwickelten die bahnbrechenden afroamerikanischen Pädagoginnen eine Ideologie, die die Bedeutung der schwarzen Mütter für die Emanzipation der Rasse besonders hervorhob.

In einem der größten sozialen Experimente der Geschichte wurde fast eine Viertelmillion schwarzer Kinder, die während der Sklaverei weder lesen noch schreiben lernten, in über 4 300 Schulen binnen fünf Jahren nach dem Ende des Bürgerkriegs alphabetisiert. 45 Prozent der Lehrerschaft der Befreiten waren Lehrerinnen, viele von ihnen Afroamerikanerinnen. Die Bewegung, zu der sie gehörten, legte die Fundamente für die Errichtung eines öffentlichen Schulwesens im Süden.[58]

Die große schwarze Pädagogin Anna Julia Cooper, die das erste voll ausgearbeitete feministische Programm einer Afroamerikanerin in den USA vorlegte, appellierte an die schwarzen Männer, »den Mädchen eine Chance zu geben... Lehrt sie, daß es eine Rasse gibt, deren spezielle Bedürfnisse sie und nur sie erfüllen können; daß die Welt ihre besonderen Fähigkeiten braucht und darauf wartet, daß sie ausgebildet und wirksam einzusetzen sind.« Und sie beschrieb mit vorausschauender Einsicht das Ergebnis der männlichen Herrschaft über die Ideen, Begriffe und Theorien:

»Solange die Frau mit verbundenen Augen und gefesselten Händen dasaß, gefangen in den Krallen der Dummheit und Passivität, bewegte sich die Welt der Gedanken in ihrer Umlaufbahn wie die Revolutionen des Mondes; mit einem Gesicht (dem Gesicht des Mannes) immer obenauf, so daß der Betrachter nicht erkennen konnte, ob er eine Scheibe oder eine Kugel war... Ich behaupte,... daß die Wahrheit sowohl eine weibliche als auch eine männliche Seite hat; und daß diese nicht im Verhältnis von überlegen und unterlegen zueinander stehen, noch in dem von besser und schlechter, sondern als einander ergänzende Seiten – komplementär in einem notwendig zueinandergehörenden und symmetrischen Ganzen.«[59]

Seit dem Beginn der organisierten Frauenrechtsbewegung befand sich die männliche Dominanz in bezug auf Definitionen und geistige Konstrukte unter einem ständigen Rechtfertigungsdruck. Es sollte in den USA weitere hundert Jahre dauern, bevor die Frauen den gleichen Zugang zu den Institutionen der höheren Bildung erreichen konnten, aber der Zug der Zeit und das Ergebnis waren unausweichlich. Die Welt des Denkens konnte nicht länger nur das Gesicht des Mannes zeigen. Die andere Hälfte der menschlichen Gattung hatte nach einem zwei Jahrtausende währenden Kampf die eigene Stimme gefunden und die eigenen Ansprüche angemeldet. Nach langer Zeit sollte schließlich ein wirklich menschliches Gebäude menschlichen Denkens errichtet werden können und werden, in dem die männliche und weibliche Art des Sehens miteinander verbunden wären und unwiderruflich unsere Vorstellung vom Ganzen verändert würde. Danach würden wir, Frauen und Männer, wissen, ob der Mond eine Scheibe oder eine Kugel ist.

Kapitel 10

Frauengruppen, Frauennetzwerke, soziale Freiräume

Das langwierige und langsame Vorankommen weiblicher Intellektueller auf dem Weg zu einem Gruppenbewußtsein und einer befreienden Analyse ihrer Situation vollzog sich auf eine sprunghafte, ungleichmäßige und durch viele Wiederholungen gekennzeichnete Art. Von der männlichen Tradition an den Rand gedrängt und weitgehend abgeschnitten von Informationen über eine weibliche Tradition, mußten einzelne Frauen sich einen Weg aus den patriarchalen Definitionen der Geschlechtsrollen und den von diesen gesetzten Grenzen hinausdenken, so als wäre jede von ihnen ein einsamer Robinson Crusoe auf einer abgelegenen Insel – genötigt, die Zivilisation noch einmal zu erschaffen. Für sie gab es keinen systematischen Verlauf des Fortschritts, kein methodisches Vorgehen bei der Erarbeitung von These, Antithese und Synthese, mit deren Hilfe die aufeinanderfolgenden Generationen von männlichen Denkern vorankamen und größer wurden, weil sie »auf den Schultern von Riesen« standen, wobei jeder einen kleineren oder größeren Beitrag zum Entstehen eines gemeinsamen Erbes leistete. Was die Frauen an Einsichten gewannen, das versank, wie wir gesehen haben, kaum ein Wellenkräuseln hinterlassend, geräuschlos in den Fluten, und die folgenden Generationen von Frauen mußten immer wieder die gleichen Schritte gehen, die andere vor ihnen bereits gegangen waren. Wie viele Generationen von Frauen mußten »beweisen«, daß sie eine umfassende und gründliche Ausbildung ebenso nutzen könnten wie ihre Brüder, nur damit die nächste Generation von Frauen diese sinnlose, sich spiralig weiterwindende Demonstration erneut auf sich nehmen mußte...

Dennoch dachten sich die Frauen ihren Wege aus dem Patriarchat hinaus; ausdauernd und unablässig, wie Wassertropfen, die einen harten Felsen aushöhlen, stellten sie die patriarchalen Definitionen, Vorurteile und Erklärungen in Frage. Sie bestanden auf ihrer Bildungsfähigkeit, und als sie mit diesem Argument überzeugt zu haben meinten, bestanden sie auf ihrem Recht auf Bildung. Aber ihre Argumente und geistigen Konstrukte blieben abstrakt und utopisch, solange sie nicht in einem die Gesellschaft verändernden Handeln verwurzelt waren. Nur Frauen, die sich zur Durchsetzung der Interessen von Frauen organisierten, konnten auf eine wirklich befreiende Art denken.

In dieser Hinsicht unterschieden sich die Frauen als Gruppe nicht von anderen untergeordneten Gruppen. Befreiendes Denken ist immer mit befreiendem Handeln im Bereich der öffentlichen Auseinandersetzung verbunden; Denken und Handeln repräsentieren zwei Aspekte desselben Vorgangs, durch den sozialer Wandel erreicht wird, wobei Theorie und Praxis sich immer in einem komplexen Zusammenhang von Spannung und gegenseitiger Beeinflussung befinden.

Der Dialog der Mystikerinnen mit Gott bewies die essentielle Gleichheit aller Menschen vor Gott, aber er führte nicht, und konnte das auch nicht, zu größeren sozialen Veränderungen als jenen, die die kreative Selbstbefreiung vieler talentierter Frauen über die Jahrhunderte hinweg erreichen konnte. Anders verhielt es sich mit den utopischen Visionen religiöser Sektiererinnen, in deren Leben sich persönliche Erfahrungen und Ausdrucksformen der Gemeinschaft vermischten. Die zu Tode gefolterten Opfer der Verfolgung, diejenigen, die öffentlich Zeugnis ablegten, und die, die religiöse Weltanschauungen neu definierten, sie alle hatten die Fähigkeit gemeinsam, ihr privates ekstatisches Erleben zu einem Teil der kollektiven Erfahrung zu machen. Bei der Veränderung ihres Bewußtseins bewegten sie sich aus dem privaten in den öffentlichen Bereich und handelten dort, was bedeutet, daß sie ihrem Leben eine politische Bedeutung gaben.

Denkende Frauen brauchten ebenso wie denkende Männer nicht nur andere denkende Menschen, mit denen sie sich auseinandersetzen konnten, um ihre Ideen zu überprüfen, sondern auch eine Zuhörerschaft, ob nun privat oder in der Öffentlichkeit. Viele Frauen, über die in diesem Buch berichtet worden ist, befanden sich in einem Dialog mit einem männlichen Mentor, der entweder ein ihnen gewogener Berater war oder aber entschieden anderer Meinung war als sie. Die Frauen, die sich in verschiedenen Phasen an der *Querelle des femmes* beteiligten, mußten sich mit früheren frauenfeindlichen Äußerungen auseinandersetzen, wobei sie in den einzelnen Erwiderungsrunden oft ihr eigenes Denken und Argumentieren schärften. Die Frauen in religiösen Sekten definierten in ihrer Opposition gegen die Bevormundung seitens männlicher Führer eigene Positionen, und manchmal wurden sie, wie es bei Margaret Fell und Eleanora Petersen der Fall war, selbst zu Führerinnen, die von gleich zu gleich mit männlichen Führern zusammenarbeiteten. Ein gutes Beispiel für ein derartiges Zusammenwirken und gegenseitiges Bestärken findet sich im Hause des humanistischen Reformators Conrad Peutinger, der in seinem Zimmer an einemTisch schrieb, während seine Frau Margarete an einem anderen Schreibtisch arbeitete. Der Mann schilderte die Szene in einem Brief an seinen Freund Erasmus:

»Meine Frau und ich arbeiteten an verschiedenen Tischen. Sie hatte Deine lateinische Übersetzung des Neuen Testaments vor sich und daneben eine alte deutsche Fassung. Sie sagte zu mir: ›Ich lese Matthäus im 20. Kapitel. Ich sehe, daß Erasmus etwas hinzugefügt hat, was in der deutschen Übersetzung nicht enthalten ist‹ ... [Es handelt sich um einen Abschnitt über die Taufe.] Dann sahen wir in der Vulgata des Heiligen Hieronymus nach und fanden ihn dort nicht. Wir zogen daraufhin Deine Annotationes zu Rate, wo Du Origen und Chrysostomus erwähnst. Meine Frau sagte: ›Laß uns dort nachlesen.‹ Das taten wir und fanden, was Du hinzugefügt hast.«[1]

Margarete Peutinger (1481–1552) wurde von den deutschen Humanisten als eine gelehrte Gattin, *uxor docta*, gefeiert. Sie muß eine vorbildliche Mutter gewesen sein, denn ihr erstes Kind Juliana beherrschte das Lateinische im Alter von drei Jahren und hielt ein Jahr später eine lateinische Begrüßungsrede für Kaiser Maximilian. Margarete Peutinger war gemeinsam mit ihrem Mann als Autorin tätig und eine überzeugte Befürworterin einer neuen Art der Ehe, in der, wie sie sagte, »nicht mehr die Frau dem Mann die Kerze halte, sondern bei ›hängender oder stehender Kerze‹ selber lese und schreibe« und sich eigener oder gemeinsamer Arbeit mit dem Manne zuwende.[2]

Eine ähnlich aufgeklärte persönliche Beziehung gegenseitiger Unterstützung gab Olympia Morata (1526–1555) die Möglichkeit, mehr zu erreichen als die meisten gebildeten Frauen der Renaissance. Während andere, etwa Isotta Nogarola und Laura Cereta, von der Beratung und der intellektuellen Anleitung aufgeklärter Männer abhängig waren, arbeitete sie mit einem Eheman zusammen, der ihren Begabungen eine vorbehaltlose Hochachtung entgegenbrachte. Sie verließ Italien nach ihrer Eheschließung mit Andreas Grundler, einem protestantischen Arzt aus Deutschland, und teilte mit ihm die Schwierigkeiten seiner ersten Berufsjahre in einer Zeit der Religionskriege. Doch anders als die meisten Frauen der Renaissance setzte sie ihr Schreiben über Fragen der Theologie, Philosophie und Frauenbildung auch nach ihrer Eheschließung fort. Sie genoß eine so hohe Wertschätzung, daß sie an der Universität Heidelberg, wo ihr Mann zum Professor ernannt worden war, einen Lehrstuhl erhalten sollte. Tragischerweise starben die beiden während einer Cholera-Epidemie, so daß sich die Beziehung nicht voll entfalten konnte. Olympia Morata war erst 29 Jahre alt, als sie starb, doch sie war weithin berühmt unter den Humanisten als *poeta docta*, eine gelehrte Dichterin.[3] Es muß allerdings festgehalten werden, daß solche heterosexuellen, sich gegenseitig Achtung und Unterstützung gewährenden Beziehungen sehr selten waren.

In der Art, in der intellektuelle Frauen in Europa und den USA Gruppen bildeten, wird ein bestimmtes Grundmuster deutlich, das mehr zu sein scheint als der Ausdruck von Zufall oder Willkür. Ich vermute, daß jede intellektuelle Arbeit durch institutionalisierte Unterstützung gefördert und ermutigt wird und daß es trotz einer breiten Streuung von Hochbegabten beiderlei Geschlechts entlang der historischen Entwicklungslinien ein deutliches Zusammentreffen von männlichen Intellektuellen im Umkreis gewisser Institutionen und Orte gibt. Für Männer waren das feudale Höfe und, besonders wichtig, Universitäten. Seit dem 17. Jahrhundert bestanden auch Beziehungsnetze zur Unterstützung männlicher Intellektueller unter Beteiligung von Universitätsabsolventen, die sich zu Verbindungen, Vereinen und informellen Gruppen zusammenschlossen, von Mitgliedern politischer und religiöser Bewegungen in den Städten und von Salongesprächskreisen. Die Tatsache, daß Frauen zu den Universitäten von deren Gründung im 11. Jahrhundert an bis ins späte 19. Jahrhundert nicht zugelassen wurden, hat die intellektuelle Entwicklung und Produktivität der Frauen auf deutlich wahrnehmbare Weise beeinträchtigt. Denn die Frauen waren nicht nur von der Ausbildung ausgeschlossen, die diese Institutionen boten, sondern es war ihnen auch der Zugang zu den informellen Netzwerken von Fachleuten verwehrt, die aufgrund des Besuchs solcher Institutionen der höheren Bildung entstanden.

Das »kulturelle Anspornen« durch die Begegnung von Lesern, Hörern und Diskussionsteilnehmern in formellen und informellen Gruppen ist ein wesentliches Element für die Entwicklung bedeutender Denker. Zwar ist es begabten Individuen sicher auch möglich, in einer Situation der Vereinzelung und ohne Echo von seiten interessierter und sachkundiger Menschen zu schreiben, doch die tiefergehende intellektuelle Entwicklung ist abhängig von Widerspruch und Ermutigung, von der Möglichkeit und Fähigkeit, die Arbeit aufgrund von Kritik und nach dem Überprüfen eigener Auffassungen in einer Diskussion mit anderen zu verbessern. Wie in anderen Bereichen waren Frauen auch hier durch die jahrhundertelange Diskriminierung im Erziehungs- und Bildungswesen deutlich und folgenreich benachteiligt.

Frauen versuchten auf verschiedene Art, diese Benachteiligung auszugleichen. Einige dieser Methoden wollen wir in diesem Kapitel aufzeigen. Die meisten geistig produktiven Frauen wurden von einem Mann beraten und ermutigt. Wir haben bereits die vielen gebildeten Frauen erwähnt, die eine Entfaltung und Förderung ihrer geistigen Fähigkeiten nur mit Unterstützung ihrer verständnisvollen und unterstützungsbereiten Väter erreichen konnten. Elizabeth Elstob wurde in ihrer intellektuellen Entwicklung von ihrem Bruder gefördert und beraten. In protestantischen Kreisen übernahmen manchmal die Ehemänner diese Rolle, wie es bei Margarete Peutinger der Fall war oder bei den Frauen der deutschen Pietisten Zinzendorf und Petersen. Da sind weiter die Beispiele des nachsichtigen Herzogs von Newcastle, der Ehemänner unter den Quäkern und der Evangelikalen, deren Frauen sich der Frauenrechtsbewegung anschlossen. »Wie fühlt man sich als Gatte von Mary Livermore?« war die abschätzige Bemerkung eines Reporters gegenüber Reverend Livermore, dessen Frau, eine berühmte und vielgelesene Schriftstellerin, Anhängerin der Reformbewegung und Rednerin war, die oft auf seiner Kanzel predigte und mit ihm eine Zeitschrift herausgab. Mr. Livermore antwortete mit einem charmanten Lächeln: »Wieso, ich bin sehr stolz darauf. Wissen Sie, ich bin der einzige Mann auf der Welt, der sich einer derartigen Auszeichnung erfreuen darf.« Diese Antwort ist wegen ihrer Gutmütigkeit ebenso bemerkenswert wie ihrer Seltenheit wegen.

Paradoxerweise behinderten aber die beratend-fördernden Männer, ob Väter, Brüder oder Gatten, die geistige Unabhängigkeit der Frauen unter ihrer Obhut auch, selbst wenn sie dazu beitrugen, daß diese ihre intellektuellen Fähigkeiten weiter ausbilden konnten. Es gibt sehr wenige glücklich verheiratete oder auf andere Weise an Männer gebundene Frauen, die sich an der Verbreitung des feministischen Denkens beteiligten, und das sollte uns nicht überraschen. Bei der Liste der Frauen, die in verschiedenen Ländern in einer Zeit von 1300 Jahren diese oder jene Aspekte des feministischen Denkens entwickelt haben, fällt auf, wie viele von ihnen ein Leben lebten, das wir heute frauenzentriert nennen würden. Entweder freiwillig oder aus Mangel an Alternativen distanzierten sie sich vom Heiratsmarkt und konzentrierten sich sehr stark auf abstraktes Denken. Die meisten dieser Frauen vollbrachten ihre bedeutendsten Leistungen als Alleinstehende, sei es vor ihrer Ehe, sei es als Witwen oder als freiwillig unverheiratet gebliebene Frauen. Außerdem war es für die meisten am wichtigsten, daß Frauen sich für ihre Arbeiten interessierten und daß ihnen durch ein Netz von Beziehungen zu anderen Frauen Unterstützung und Ermutigung zuteil wurde. Dies gilt auch für die als Ausnahmen zu betrachtenden verheirateten Frauen wie die Herzogin von Newcastle oder Mary Wollstonecraft, die nicht nur von ihren Ehemännern unterstützt wurden, sondern auch von Freundinnen und Leserinnen.

Häufiger waren allerdings die erschütternden und abschreckenden Geschichten, etwa die von Luise Adelgunde Victorie Gottsched, geborene Kulmus (1713–1762), die der Nachwelt nur unter der femininen Form des Nachnamens ihres Mannes bekannt ist, als »die Gottschedin«, eine hochintelligente und umfassend gebildete Frau. Sie heiratete Johann Christoph Gottsched, der als einer der Führer der deutschen Aufklärung gilt und ein Befürworter der Frauenbildung war. Neben seiner Hauptbeschäftigung als Theater- und Kulturkritiker gab er verschiedene Frauenzeitschriften heraus, in denen er die meisten Artikel unter weiblichen Pseudonymen selbst schrieb. Seine erste Schülerin, Christiana Mariana von Ziegler, wurde an der Universität von Leipzig zur *poeta laureata* gekrönt und tat viel, um Gottscheds Ruf als Schriftsteller und Kritiker zu mehren. Gottsched nutzte die beachtlichen Talente und die Gelehrsamkeit seiner Frau, um sich die französische und englische dramatische und philosophische Literatur seiner Zeit zugänglich zu machen.

Obwohl Luise Gottsched kinderlos blieb, übernahm sie die traditionelle Frauenrolle. Ihr Mann bezeugte: »Ihre Wirthschaftsangelegenheiten, an Küche, Wäsche und Kleidungen, besorgte sie ohne alles Geräusch aufs ordentlichste... Oft hat sie sogar Meinen Briefwechsel in meinem Namen geführt, und sehr vielen Gelehrten das Nöthige geantwortet, wenn ich mit Geschäfften zu sehr überbauet war.«[4]

Luise Gottsched scheint eine Frau von unerschöpflicher Energie gewesen zu sein, wie ein Abriß ihrer literarischen Aktivitäten zeigt. Zwischen 1731 und 1759 übersetzte sie acht Theaterstücke aus dem Französischen und Englischen, einschließlich Molières *Der Menschenfeind*, sowie sechs oder mehr Bände philosophischer und literarischer Texte. In drei Jahren übersetzte sie 330 Beiträge aus Bayles Geschichtslexikon aus dem Französischen, außerdem viele Artikel und wissenschaftliche Berichte, die für ihren Mann von Interesse waren. Ihre eigenen Gedichte, Artikel und Schauspiele entstanden dann und wann in einem Zeitraum von drei Jahrzehnten, offensichtlich in den seltenen Zeiten, in denen sie nicht für ihren Mann tätig war. Die von ihr verfaßten acht Theaterstücke, die sie fast alle anonym veröffentlichte, verschafften ihr den Ruf einer sehr begabten Theaterautorin von Rang. Nach ihrem Tode veröffentlichte ihr Mann eine Sammlung ihrer Gedichte, und ihre enge Freundin Dorothea von Runckel publizierte zwei Jahre ihres Briefwechsels. Diese Frau, die eine der hervorragendsten Stückeschreiberinnen ihrer Zeit hätte sein können, statt dessen aber die meiste Zeit ihres Erwachsenenlebens damit verbrachte, Hilfsarbeiten für ihren Mann zu erledigen, hatte eine 30jährige Arbeit als Schriftstellerin hinter sich, als sie im Alter von 49 Jahren feststellte, daß sie ihr eigentliches Leben verfehlt hätte.[5]

Wir finden in der Geschichte einige bekannte Beispiele dafür, daß Liebende zugleich intellektuelle Partner waren und gemeinsam Arbeiten verfaßten, die, aus welchen guten Gründen auch immer, unter dem Namen des Mannes in Druck gingen. Einer der am wenigsten kontroversen Fälle ist der von William Thompson und Anna Wheeler, beide zur Anhängerschaft des Owenschen Sozialismus in England gehörend, deren *Appell der einen Hälfte der menschlichen Rasse* eine wichtige und einflußreiche frühe feministische Abhandlung war.[6] Thompson berichtete in einem Brief, wie er und Anna Wheeler die in dieser Schrift ausgeführten Argumente gemeinsam konzipierten und entwickelten. Er nannte sich selbst den »Interpreten und Schreiber« ihrer Empfindungen und Meinungen und bezeichnete das Buch als »ihr gemeinsames Eigentum«. Es erschien jedoch unter seinem Namen.[7]

Auf ähnliche Weise legte der amerikanische Autor und politische Organisator der Antisklavereibewegung, Theodore Weld, eine dokumentarische Studie über die Sklaverei als Institution vor, die sich weitgehend auf Augenzeugenberichte stützte. Dieses Buch wird als das wichtigste Dokument der Bewegung zur Abschaffung der Sklaverei vor der Veröffentlichung von *Onkel Toms Hütte* betrachtet; im ersten Jahr nach dem Erscheinen wurden 100000 Exemplare verkauft.[8] Es wurde 1839 ohne Angabe eines Verfassers von der American Antislavery Society publiziert, in der Einleitung jedoch Theodore Dwight Weld als Herausgeber genannt, dem in den folgenden Auflagen das Werk dann allein zugeschrieben wurde. In einem privaten Brief wies Weld jedoch darauf hin, daß seine Frau Angelina Grimké und deren Schwester Sarah in sechs Monaten mehr als 20000 Zeitungen aus dem Süden durchgesehen hatten, um Tatsachen festzuhalten, die in dem Buch berücksichtigt werden sollten.[9] Die Zitate aus diesem Material machen ohne Kommentar die Hälfte des Buches aus. Es läßt sich außerdem eindeutig belegen, daß sich die Schwestern auch an der editorischen Arbeit für die andere Hälfte beteiligten, die Augenzeugenberichte enthält, und daß sie zwei eigene Artikel beisteuerten. Weld war ein entschiedener Verfechter der Frauenrechte, und das Übergehen der Mitherausgeberschaft der beiden Frauen war zweifellos zurückzuführen auf seinen Wunsch, dem Buch als Veröffentlichung eines Mannes mehr Autorität und Prestige zu verschaffen.

Eine vergleichbare Motivation mag Caroline Schlegel bewogen haben, darauf zu bestehen, nicht als Übersetzerin von Shakespeares Dramen ins Deutsche mitgenannt zu werden. Die Übersetzung der Stücke, eine gefeierte Leistung der deutschen Literaturwissenschaft, wurde deshalb allein ihrem Mann, August Wilhelm Schlegel, zugeschrieben, obwohl bekannt ist, daß sie bei den meisten dieser Übersetzungen mitgearbeitet und eins der Stücke allein übersetzt hat.

Als letztes Beispiel erwähne ich die berühmte geistige Partnerschaft von John Stuart Mill und Harriett Taylor Mill, die oft als beispielhaftes Zeugnis der Gleichheit der Geschlechter angeführt worden ist und die zur Veröffentlichung einiger Werke führte, an denen sie unter getrennter Namensnennung als Autor und Autorin gemeinsam gearbeitet hatten. Anders jedoch im Falle des ersten von beiden erarbeiteten Buches, *Principles of Political Economy* (Prinzipien der Politischen Ökonomie), und des späteren Werkes *On Liberty* (Über Freiheit), die Mill zufolge zwar das Ergebnis ihrer Zusammenarbeit waren, aber ihn als den alleinigen Verfasser auswiesen. Über das letztere Buch schrieb er: »[Es war] unmittelbarer und im wörtlichsten Sinne mehr unser gemeinsames Produkt als alles andere, was meinen Namen trägt, denn es enthält keinen Satz, den wir nicht mehrmals gemeinsam durchdacht hätten.«[10] In diesem Fall mag es ein Grund für das Erscheinen seines Namens auf dem Buch gewesen sein, daß sie Gerüchte über ihr persönliches Verhältnis zueinander vermeiden wollten, solange sie mit John Taylor verheiratet war. Bei jedem dieser Beispiele muß berücksichtigt werden, daß die gesellschaftliche Situation, in der Frauen sich befinden, ihre Lebensbedingungen, zum Außerachtlassen oder Übergehen ihrer Arbeit als Autorinnen führen, selbst wenn ihre Mitautoren einsichtige und wohlwollende Männer sind.

Wir wollen uns nun eingehender und in historischer Reihenfolge mit einigen der unterstützenden Netzwerke für und von Frauen befassen. Weil gebildete Frauen vom geistigen Leben ihrer Zeit ausgeschlossen waren und gesellschaftliche Mißbilligung auf sich zogen, waren diese Frauen besonders darauf angewiesen, einzelne oder Gruppen von Menschen zu finden, die sie unterstützten. Ich habe mir Häufungen von gebildeten Frauen, soweit sie in historischen Dokumenten sichtbar werden, angesehen und herauszufinden versucht, worauf das Bestehen solcher Gruppierungen zurückzuführen ist. Gebildete Frauen gab es bis zur Reformation in Klöstern und adligen Familien, in denen Frauen für eine eventuell notwendige Übernahme von Herrschaftsfunktionen ausgebildet wurden. Es gab sie auch an bestimmten Fürstenhöfen, gewöhnlich an solchen Höfen, an denen eine gebildete Frau einen gesellschaftlichen Rahmen schuf, in dem ein kulturelles Leben gedeihen konnte. Auch sich abspaltende oder ketzerische religiöse Bewegungen sorgten für Unterstützung und interessierte Auditorien für gebildete oder durch Offenbarungen inspirierte Frauen. In der Neuzeit gibt es weiterhin Gruppierungen von Frauen an manchen Höfen, die zudem unterstützende Netze für befreundete Frauen bildeten, die ich »wesensverwandte Gruppen« nennen will. Im 17. und 18. Jahrhundert bilden Leserinnen solche wesensverwandte Gruppen. Die Entwicklung von »sozialen Freiräumen« oder »feministischen Räumen« will ich gegen Ende dieses Kapitels diskutieren.

Die frühesten historischen Schriften von Frauen entstanden in Abteien und Klöstern als von Nonnen verfaßte Biographien von Äbtissinnen und als Kollektivbiographien von Orden, bekannt als »Schwesternbücher«, die im nächsten Kapitel ausführlicher behandelt werden sollen. Roswitha von Gandersheim ehrte ihre Äbtissin Gerberga als eine Frau, die einen großen Einfluß auf ihren Werdegang hatte. Die Äbtissin von Helfta förderte die Entwicklung einer Reihe von gebildeten Frauen. Diese Klöster boten Frauen nicht nur leuchtende Vorbilder, sondern auch einen geschützten Raum, in dem das Gespräch zwischen Frauen frei geführt werden konnte, ohne daß die Stichhaltigkeit der Argumente, die Gültigkeit der Ergebnisse des Diskurses in Frage gestellt wurden.

Es gibt auch Gruppen von gebildeten Frauen um bestimmte Höfe und Familien der Renaissance. Lucrezia Borgia, die Herzogin von Ferrara, machte ihren Hof zu einem kulturellen Zentrum. Auf ähnliche Weise hieß Isabella d'Este gebildete Männer und Frauen aus ganz Europa an ihrem Hof willkommen. Ein Beispiel für Frauenbildung als Teil einer Familientradition ist das der Familie von Battista da Montefeltro Malatesta (1383–1450), der Tochter von Antonio, Graf von Urbino. Vor ihrer Heirat aufs beste ausgebildet, studierte sie die Literatur des klassischen Altertums und korrespondierte mit bedeutenden männlichen Humanisten. 1433 begrüßte sie Kaiser Sigismund, als er auf der Durchreise Urbino besuchte, mit einer lateinischen Rede. Als sie verwitwet war, trat sie in den franziskanischen Klarissenorden ein. Ihre Enkeltöchter Cecilia Gonzaga und Constanza Varano, deren Ausbildung sie förderte, waren wegen ihrer Gelehrsamkeit bekannt. Cecilia Gonzaga (1425–1451) besuchte mit ihren Brüdern die Schule von Vittorio da Feltre in Mantua. Im Alter von acht Jahren beherrschte sie Griechisch. Den Versuchen ihres Vaters, sie zu verheiraten, widersetzte sie sich, und nach seinem Tode traten sie und ihre Mutter in den Orden der Franziskanerinnen ein. Constanza Varano (1426–1447) war eine vorzügliche Lateinkennerin, die Festreden, Gedichte und Briefe schrieb. Sie beendete ihre Tätigkeit zur Zeit ihrer Eheschließung mit Allesandro Sforza, Fürst von Pesaro. Kurz nach der Geburt ihres zweiten Kindes starb sie. Die bedeutendste Frau dieser Familie war die Urenkelin, Vittoria Colonna (1490–1547). Sie war eine vielbeachtete Dichterin und nach dem Tode ihres Mannes Mittelpunkt eines Kreises von Literaten und Künstlern, zu dem auch Michelangelo gehörte. Wir haben hier einen der ganz seltenen Fälle, in denen die literarische Tradition einer Familie über die Frauen verläuft.[11]

Vom Anfang des 15. Jahrhunderts an diente eine bemerkenswerte Gruppe von Frauen auf oder nahe dem Thron des Königs von Frankreich als Musterbeispiel der *femme forte* (starke Frau), als Verkörperung von Frauenbildung und Frauenmacht. Eine Gestalt des Übergangs, eine, obwohl Analphabetin, machtvolle Frau, die ihre Autorität von göttlichen Offenbarungen und der Tradition der mittelalterlichen Mystikerinnen und Befehlshaberinnen von Armeen herleitete, war das Bauernmädchen Jeanne d'Arc. 1429 bewahrte sie den willensschwachen König Karl VII. vor einer Niederlage, führte eine Armee in seinem Namen zur Befreiung der Stadt Orléans von den Engländern und Burgundern. Sie erlebte die triumphale Krönung des Königs in Reims, die sie in ihren Visionen vorhergesehen hatte. Von den Burgundern gefangengenommen, wurde sie an die Engländer ausgeliefert und von Karl VII. ihrem Schicksal überlassen. Sie wurde als Ketzerin verbrannt, doch ihr Leben und Wirken wurden zur Legende und zu einem Symbol des Nationalstolzes des französischen Volkes. Angetrieben von seiner Mätresse Agnès Sorel, gelang dem König später die Vertreibung der Engländer von französischem Boden.

Die Tradition der starken Frauen auf dem Thron Frankreichs oder in seiner Umgebung setzte sich in den nächsten Generationen fort. Nach dem Tode des Nachfolgers von Karl VII., Ludwig XI., übernahm dessen Tochter Anne de Beaujeu (1441–1522) die Regentschaft für ihren minderjährigen Bruder. Sie zerschlug 1485 eine Rebellion von Adligen und sicherte die Bindung der Bretagne an Frankreich, indem sie die Erbtochter Anna von Bretagne zwang, ihren Bruder, Karl VIII., zu heiraten. Dieser wurde 1491 volljährig und regierte bis zu seinem Tode im Jahre 1498. Seine Kriege in Italien blieben erfolglos. Seine kluge Schwester hingegen war um eine Entwicklung des geistigen Lebens am Hofe bemüht. Sie nahm auch Einfluß auf die Erziehung der Anna von Bretagne (1477–1514) und Louise von Savoyen (1476–1531), die die Mutter von Margarete von Navarra und Franz I., dem künftigen König Frankreichs, werden sollte.

Anna von Bretagne übte ihre Macht die längste Zeit als Königin aus, denn sie war nacheinander mit Maximilian von Österreich, Karl VIII. von Frankreich und dessen Nachfolger Ludwig XII. verheiratet. Ihr Einfluß auf ihre Tochter und Enkelin ist für uns ebenfalls von Bedeutung. Ihre Tochter, Claudia von Frankreich, heiratete Franz I., der Ludwig XII. auf den Thron folgte. So war Franz I. (1494–1547) umgeben von einigen mächtigen, hochgebildeten Frauen, die ihn und seine Politik beeinflußten: seine Mutter, Louise von Savoyen, seine Frau Claudia und seine Schwester Margarete von Navarra.

Margarete von Navarra (1492–1549), die in früheren Kapiteln dieses Buches bereits als Autorin und theologische Denkerin behandelt worden ist, erzog und beeinflußte Katharina von Medici, die Frau von Heinrich II. und Königinmutter und Regentin für ihren Sohn Karl IX. Während ihrer ersten Ehe mit dem Herzog von Alençon erhielt sie von ihrem Bruder, König Franz I., das Herzogtum von Berry, wo sie den königlichen Hof zu einem Zentrum der Bildung und des Humanismus machte und den Ausbau der Universität von Bourges förderte. Nach dem Tod ihres Mannes heiratete sie Heinrich von Albret, König von Navarra. Auch in Navarra holte sie humanistische Wissenschaftler und Künstler an ihren Hof. Als Protestantin, die in einer Zeit heftiger Religionskriege einen Katholiken geheiratet hatte, versuchte sie, zwischen Katholiken und Protestanten Frieden zu stiften, und beschützte an ihrem Hof protestantische Reformer, die sie oft gegen den Willen ihres Mannes aufnahm.

Margarete von Navarras Tochter Jeanne erklärte bei ihrer Thronbesteigung, sie werde Protestantin, und machte Navarra zu einem Ort der Zuflucht für Hugenotten.

Neben der Erziehung ihrer Tochter beaufsichtige Margarete von Navarra auch die Ausbildung von Renée von Frankreich (1528–1575), Herzogin von Ferrara, und die ihrer Nichte Margarete von Frankreich (1523–1574). Letztere heiratete den Herzog von Savoyen und wurde selbst eine anerkannte gelehrte Frau und Förderin der Dichtkunst. Sowohl Renate von Frankreich als auch Margarete von Frankreich sympathisierten mit dem Protestantismus, blieben aber katholisch wie ihre Männer.

Wir sehen bei dieser »Gruppenbildung« ein generationenübergreifendes Handauflegen, durch das die Weitergabe von Wissen zu einer Familientradition wird. Wir sehen auch drei Generationen von gebildeten und politisch aktiven Frauen auf und nahe dem Thron Frankreichs. Ganz ähnliche Häufungen von mächtigen und gelehrten Frauen ließen sich im Hinblick auf die Beziehungen der Königinnen aus dem Hause Habsburg und Tudor im 15. und 16. Jahrhundert belegen.

Im 17. Jahrhundert finden wir die ersten »wesensverwandten Gruppen«, Gruppen von Frauen, denen ein Interesse an Literatur, Religion, Philosophie und Frauenbildung gemeinsam war. Zwei überzeugende Beispiele für solche Gruppen sind eine, die sich um Anna Maria van Schurman scharte, und eine andere um Elizabeth Elstob.

Die holländische Gelehrte Anna Maria van Schurman hatte eine Vielzahl von Freunden und Freundinnen und Briefpartnern beiderlei Geschlechts, zu denen einige der bedeutendsten Intellektuellen ihrer Zeit gehörten.

Sie korrespondierte mit Descartes, der sie bewunderte, Kardinal Richelieu, den Theologen Friedrich Spanheim und André Rivet, beide an der Universität Leiden. Zu den Frauen, die sie anregte und beeinflußte, gehören Bathsua Makin, Dorothea Christiane Leporin, eine heftige Verfechterin der Frauenbildung, Königin Christina von Schweden, Marie de Gournay und Lucretia Marinella. Sie war eine enge Freundin von Prinzessin Elisabeth von Böhmen, die selbst eine gelehrte Frau war.[12] Anders als bahnbrechende Denkerinnen vor ihr war Anna Maria van Schurman Frauen mehrerer Generationen bekannt, und von vielen dieser Frauen wurde sie hochgeschätzt.

Eine ähnliche Gruppierung entstand zur Unterstützung von Elizabeth Elstob. Fast die Hälfte der 260 Subskriptionen, die das Erscheinen ihrer ersten wissenschaftlichen Arbeit ermöglichten, stammten von Frauen.[13] Später, als sie verarmt und von allen akademischen Verbindungen abgeschnitten war und keinerlei Unterstützung erhielt, war es den Bemühungen eines örtlichen »Blaustrumpfs«, der Pfarrersfrau Sarah Chapone, zu verdanken, daß George Ballard von ihrer Notlage erfuhr. Mrs. Chapone schrieb einen Brief an den Landadel der Umgebung, in dem sie dringend um Hilfe für Elstob bat. Zu den Frauen, die halfen, ihr einen angemessenen Lebensunterhalt zu sichern, gehörten die Schriftstellerin Mrs. Delaney [Mary Pendarves], Lady Elizabeth Hastings, Königin Karoline und die Herzogin von Portland.[14] Aufgrund einer Empfehlung Elizabeth Elstobs und beeindruckt von dem Beispiel, das sie während ihres Lebens gegeben hatte, sollte George Ballard später die wichtige biographische Enzyklopädie *Memoirs of several Ladies of Great Britain…*[15] herausgeben.

Wir haben bereits auf den Kreis von Freundinnen hingewiesen, die Mary Astell intellektuell, moralisch und finanziell unterstützten und es ihr ermöglichten, ein unabhängiges Leben zu führen und sich ihren literarischen Arbeiten zu widmen. Sie ihrerseits beeinflußte, indem sie ganz bewußt die Rolle des »Blaustrumpfs« schuf, wiederum Frauen aus dieser Gruppe, darunter Lady Mary Chudleigh, Lady Mary Wortley Montagu, Mrs. Delaney und Mrs. Anne Dewes.[16]

Die »Blaustrümpfe« stellen eine andere Art von wesensverwandter Gruppe oder Unterstützungsnetzwerk für zwei Generationen gebildeter Frauen dar. Ein Kreis von Frauen – einander eng verbunden durch Freundschaft, gesellschaftliche Beziehungen und häufige Zusammenkünfte auf Landgütern oder in Londoner Stadtwohnungen – bot in ihren Salons einen sozialen Raum, in dem eine ungezwungene Begegnung zwischen Männern und Frauen mit geistig-kulturellen Interessen möglich war.[17] Wie die französischen oder deutschen Salons förderten diese Treffen respektvolle intellektuelle Freundschaften zwischen gebildeten Männern und Frauen, meistens aus Familien des Adels. Sie setzten Maßstäbe für Verhalten und Geschmack im höflichen Umgang miteinander und dienten als zwangloser Treffpunkt für künftige Ehepartner des Adels und der bürgerlichen Oberschicht. Zur ersten Gruppe der Blaustrümpfe gehörten Elizabeth Carter, Elizabeth Montagu, Catherine Talbot, Hester Chapone, Samuel Johnson und Samuel Pepys, George Berkeley, Rev. Thomas Birch, Samuel Richardson. Die Frauen aus diesem Kreis fanden nicht nur Ermutigung zum Schreiben durch den Austausch von Briefen und die ernsthafte Beschäftigung mit ihren Arbeiten durch Lesungen während der Zusammenkünfte, sondern sie wurden auch ermutigt, Ergebnisse ihrer literarischen Bemühungen zu veröffentlichen. So wurde etwa 1758 die von Elizabeth Carter verfaßte Übersetzung der Werke des Stoikers Epiktet publiziert, nachdem für 1031 Subskriptionen aus dem Kreis der Blaustrümpfe und ihrer Freunde gesorgt worden war. Eine Generation später wurde der dritte Roman von Fanny Burney *Camilla oder die Schwierigkeiten der Frauen* auf der Basis von Subskriptionen veröffentlicht, die von Mitgliedern des Blaustrumpfzirkels zusammengebracht worden waren, zu denen auch Hester Thrale und Hannah More gehörten.[18] Während die erste Generation der Blaustrümpfe nichts von den Werken der Feministinnen und Feministen des 17. Jahrhunderts wußten, kannten sie einige der Frauen, die in Frankreich ähnlich wirkten wie sie, etwas Mme. de Sévigné, deren Arbeiten in England weit verbreitet waren.[19] Der zweiten Generation der Blaustrümpfe kamen das Leben und die Erfahrungen der ersten durch persönliche Bekanntschaft oder die Lektüre ihrer Bücher zugute.

Die positive Wirkung einer generationenübergreifenden Tradition wird auch im Entstehen einer weiblichen Leserschaft für die Werke von Schriftstellerinnen deutlich. Ermöglicht und gefördert wurde dies durch die Einrichtung von Büchereien und durch die weite Verbreitung von Frauenzeitschriften, die eine bestimmte Lesetradition entstehen ließen.

Eine andere Möglichkeit, Rückschlüsse auf das Vorhandensein eines weiblichen Publikums für die Arbeiten von Autorinnen zu ziehen, liegt darin, festzustellen, welchen Personen diese ihre Werke widmeten. Es gibt dabei zwei Kategorien: zum einen Werke, die regierenden Monarchinnen oder mächtigen Aristokratinnen gewidmet wurden, die, falls erforderlich, als Beschützerinnen der Autorinnen fungieren konnten, und zum anderen Werke, die Frauen gewidmet waren, denen die Autorinnen Bewunderung entgegenbrachten. In die erste Kategorie fällt die Widmung des Bandes *An English-Saxon Homily...* von Elizabeth Elstob. Sie formulierte Dank und Anerkennung für die »Ermutigungen ... so vieler Ladies« und stellt dann eine bemer-

kenswerte Liste von *exempla*, beispielhaften Frauen, des frühen Mittelalters vor, die zur kulturellen Entwicklung Englands beigetragen haben,
endend mit der Widmung an »die beiden größten Monarchinnen, die die
Welt gekannt hat: wegen ihrer Weisheit und Frömmigkeit und ihres fort-
dauernden Erfolgs in Regierungsgeschäften, KÖNIGIN ELISABETH und
KÖNIGIN ANNA VON GROSSBRITANNIEN.«[20] Aus ähnlichen Erwägungen
widmete Mademoiselle de Gournay ihre unter dem Titel *Egalitée des femmes* erschienenen Essays der »Königin Anna von Österreich«, Frau des
französischen König Ludwig XIII. Bathsua Makin verband diese beiden
Arten der Zueignung, als sie ihren »Essay« »allen begabten und tugendhaften Ladies« widmete, besonders aber Lady Mary, der Tochter des Herzogs
von York.[21]

Feministische Literaturwissenschaftlerinnen haben dargestellt, wie im
19. Jahrhundert Schriftstellerinnen begonnen haben, Frauen als ihre Musen
und Vorbilder anzusehen. So verehrte George Eliot Harriet Beecher Stowe
und war in ihrem Werk ganz entscheidend beeinflußt durch eine gründliche
Lektüre der Romane von Jane Austen; Elizabeth Barrett Browning bewunderte das Werk der George Sand und Mme. de Staël, während Brownings
Werk wiederum Emily Dickinson in ihrem Schaffen anregte. Margaret Fuller und Sarah Orne Jewett betonten, Mme. de Staël, der Verfasserin von
Corinna, viel zu verdanken; und alle Frauen, die in der Frauenrechtsbewegung in den USA im 19. Jahrhundert führend waren, betrachteten
Aurora Leigh von Elizabeth Barrett Browning als Anregung und Ermutigung. Diese Liste ließe sich endlos fortsetzen, um die fast verzweifelte
Suche schreibender Frauen nach maßgeblichen Vorgängerinnen zu belegen.[22]

Das Entstehen einer weiblichen Leserschaft für die Werke schreibender
Frauen hing selbstverständlich zusammen mit der Entwicklung von Frauenzeitschriften und der Verbreitung von billigen, leicht erhältlichen
Romandrucken. Diese Entwicklung vollzog sich in England und auf dem
europäischen Kontinent vom frühen 18. Jahrhundert an. In Nordamerika
kam es dazu erst in der ersten Hälfte des 19. Jahrhunderts. Zu einer Häu-
fung von Autorinnen kommt es in unmittelbarem Zusammenhang mit der
Entwicklung eines Lesepublikums. Doch das Lesen führte bei Frauen
nicht ohne weiteres zur Entwicklung oder Verbreitung eines feministischen
Bewußtseins. Die Beziehung dieser Faktoren ist komplex: Das Vorhandensein einer weiblichen Leserschaft erlaubte es einigen schreibenden Frauen
immerhin, sich endlich selbständig den eigenen Lebensunterhalt zu verdienen.[23] Manche von ihnen, denen das gelang, entwickelten zugleich einen
unabhängigen Lebensstil, was wiederum zur Herausbildung eines femini-

stischen Bewußtseins beitragen konnte. Als Beispiele dafür seien Aphra
Behn, Mary Astell und Mary Wollstonecraft genannt. Andererseits gibt es
zahllose Beispiele von vielgelesenen Autorinnen, die niemals ein feministisches Bewußtsein entwickelten – im Gegenteil: Viele lebten gut davon, daß
sie die traditionellen mütterlichen und pflegenden Aufgaben der Frauen
überhöhten oder den romantischen Blick von Frauen auf Liebe und Ehe
bestätigten und förderten.

Die Entwicklung des feministischen Bewußtseins hing von einer Reihe
von Faktoren ab, die zumeist schon dargestellt worden sind: daß eine relativ große Zahl von Frauen in der Lage war, unverheiratet in ökonomischer
Unabhängigkeit zu leben; demographische und medizinische Veränderungen, die es immer mehr Frauen erlaubten, sich der Verpflichtung zur Fortpflanzung zu entziehen oder die Zahl ihrer Kinder zu begrenzen; das Vorhandensein und Nutzen gleicher Bildungschancen; und schließlich die
Möglichkeit, Freiräume für Frauen zu schaffen. Den letztgenannten Faktor müssen wir genauer betrachten, bevor wir die Entwicklung des feministischen Bewußtseins weiter skizzieren können. Die Historikerin Sara
Evans hat in ihrer Untersuchung zur Geschichte der modernen Frauenbewegung in den USA unsere Aufmerksamkeit auf diesen Umstand gelenkt.
Als Voraussetzungen der Entwicklung einer »rebellischen kollektiven Identität« nennt sie »1. gesellschaftliche Freiräume, innerhalb derer die Mitglieder einer unterdrückten Gruppe ein unabhängiges Selbstwertgefühl entwickeln können, das im Gegensatz steht zu den ihnen vorgegebenen Definitionen, denen zufolge sie zweitklassige oder minderwertige Bürger und
Bürgerinnen sind. 2. Leitbilder von Menschen, die aus dem passiven Verhaltensmuster ausbrechen. 3. eine Ideologie, die die Ursachen der Unterdrückung zu erklären vermag... 4. eine Bedrohung des neugewonnenen
Selbstwertgefühls, die zu einer Konfrontation mit den herkömmlichen kulturellen Definitionen zwingt... und schließlich 5. ein Netz, das Kommunikation und Freundschaft pflegt und über das eine neue Interpretation der
Situation verbreitet werden kann, wodurch zugleich das rebellische
Bewußtsein aktiv in eine soziale Bewegung umgesetzt werden kann.«[24]

Die erste und die fünfte Bedingung sind für uns von besonderem Interesse. Soziale Freiräume haben sich in der Geschichte immer als besonders
wichtig erwiesen, damit Frauen von einem Stadium der Bewußtseinsbil-
dung zum nächsten gelangen konnten. Es ist schwer zu sagen, ob dies an
der durchgängigen und nachhaltigen Wirkung einer negativen Bewertung
der weiblichen Geschlechtsrolle auf die Selbstachtung und die Aktionsbe-
reitschaft der Frauen liegt, die eine freundlich-bestärkende Umgebung zu
einer notwendigen Voraussetzung ihrer inneren Befreiung macht. Aus der

Geschichte wissen wir, daß auch Männer solche sozialen Freiräume zur Formulierung befreiender Ideologien brauchen, doch für sie war die Institutionalisierung solcher Freiräume in Universitäten, Gewerkschaften oder politischen Parteien meist leicht erreichbar. Für Frauen, die durch die Zwänge und Einschränkungen aufgrund ihrer Geschlechtsrolle auf den häuslichen Bereich verwiesen waren und entmutigt wurden, wenn es um die Mitwirkung bei Entwicklungen in der öffentlichen Sphäre ging, mußten soziale Freiräume im privaten Bereich geschaffen werden. Da der Ort der geschlechtsspezifischen Zurichtung von Frauen so oft die Familie war, mußte der zur Befreiung der Frau erforderliche soziale Freiraum außerhalb der Familie gefunden werden.

Wir haben in diesem Buch immer wieder darauf hingewiesen, wie wichtig Leitbilder für Frauen sind und wie sehr ein Fehlen solcher Beispiele die Entwicklung des Bewußtseins verzögert. Weil das Schaffen von gesellschaftlichen Freiräumen für Frauen nur unter der aktiven Beteiligung von Frauen möglich ist und sogar die Übernahme von Führungsfunktionen durch Frauen verlangt, läßt dieser Prozeß selbst neue Leitbilder entstehen.

Im Frankreich des 17. Jahrhunderts und England des 18. Jahrhunderts boten die Salons, die von Frauen organisiert wurden, einen Raum des freien Meinungsaustauschs. Eines der wichtigsten Gesprächsthemen dieser Zeit war die Frage nach der Definition des Wesens der Frau und ihrer Rolle in der Gesellschaft – im wesentlichen eine Wiederaufnahme der früheren *Querelle des femmes*. Bei diesem Meinungsaustausch, in dem sich Frauen und Männer gegenseitig als gleichgestellt behandelten, bestand die Neigung, die jahrhundertealte Frage zugunsten der Frauen zu beantworten, zumindest auf einer abstrakten, theoretischen Ebene. Das praktische Ergebnis dieser Debatten war in seiner Wirkung auf Frauen sehr viel ambivalenter.

Der erste der französischen Salons war der von Madame de Rambouillet im Jahre 1617, der das kulturelle Leben des Landes stark beeinflußte und Gegenstand von Molières böser Satire *Les Précieuses Ridicules* (Die lächerlichen Preziösen) war. Der Salon der Madame Madeleine de Scudéry folgte bald danach. Hier wurde die Diskussion über die Rolle der Männer und der Frauen sowie über das Für und Wider in bezug auf die Ehe als Institution fortgesetzt. In diesen Salons waren wirklich gebildete Frauen ebenso anzutreffen wie die *Preziösen*, deren oberflächliches Wissen nur ein der Mode folgendes Gehabe war; aber dennoch ist kaum zu bezweifeln, daß das Bestehen der Salons die intellektuelle Entwicklung der Frauen förderte. Etwa 1760 hatte sich die Funktion der französischen Salons verändert von einem Ort, an dem höfische Ideale auf gebildete Art präsentiert wurden, zu einer, wie eine Historikerin es genannt hat, »hochentwickelten Diskussionsgemeinde« für Denker und Denkerinnen der Aufklärung.[25] Unter Anleitung der Madame de Geoffrin, Mademoiselle de Lespinasse und Madame Necker wurden die Salons demokratisiert, zu einem Forum sachbezogener Begegnungen, wo sich Adlige und Bürgerliche auf gleicher Ebene trafen und Ideen der Aufklärung entwickelten und verbreiteten. Die Frauen, die in Paris einen Salon unterhielten, erwarben die dafür erforderlichen Kenntnisse durch helfendes Mitwirken im Salon einer älteren Frau, bevor sie selbst einen eigenen einrichteten. Madame de Geoffrin war fast zwanzig Jahre lang im Salon der Madame de Tencin »in der Lehre«. Vor der Eröffnung eines eigenen Salons war Julie de Lespinasse fast zwölf Jahre Gast in dem der Madame de Geoffrin und der Madame du Deffand. Gastgeberinnen der Salons bereiteten sich ernsthaft auf die abendlichen Diskussionen vor, manchmal fertigten sie auch im vorhinein Abschriften oder schriftliche Ausarbeitungen zu bestimmten Themen oder Anlässen an.[26] Andererseits blieben die französischen Salons im 17. Jahrhundert Orte der Begegnung, wo sich potentielle Ehepartner von unterschiedlichem Rang und Stand auf informelle Art treffen konnten. Doch vor allem waren die Salons Freiräume, in denen Frauen freundschaftliche Beziehungen zu Männern und Frauen auf der Grundlage gemeinsamer kultureller Interessen knüpfen konnten.[27]

Der früheste bekannte Salon in England war der im 16. Jahrhundert von Mary Herbert, Gräfin Pembroke und Schwester von Sir Philipp Sidney, unterhaltene, wo Dichter wie Spenser, Shakespeare und John Donne sich mit gebildeten Frauen, Aristokraten und Künstlern trafen. In den britischen Salons des 18. Jahrhunderts setzten die »Blaustrümpfe« die Tradition der Förderung von bildender Kunst und Literatur durch Frauen fort, boten aber zugleich einen Raum, in dem Frauen ihren Umgang untereinander pflegen und sich gegenseitig unterstützen konnten, wie wir schon gesehen haben.

Im frühen 18. Jahrhundert kam es in Deutschland zu einem verstärkten Auftreten von weiblichen Intellektuellen, die einander ermutigten und sich gegenseitig aus ihren Werken vorlasen. Christiana Mariana von Ziegler (1695–1760) führte einen musikalischen und literarischen Salon in Leipzig. Ihr Beispiel ermutigte Sidonia Hedwig Zäunemann (1714–1740), ihre literarische Karriere zu beginnen und fortzusetzen. Fünfzig Jahre später bestanden ähnliche Zirkel in Darmstadt, Weimar und Berlin als Teil der frühromantischen Bewegung, die bis zur Mitte des 19. Jahrhunderts florierten.

Es bedürfte eines eigenen Buches, um die Wirkungen der Salons auf die beteiligten Frauen darzustellen. Ich will mich hier auf ein Beispiel

beschränken, das der Frühromantiker in Deutschland. Johanna Schopenhauer (1766–1838), die Mutter des Philosophen Arthur Schopenhauer, zog
nach dem Selbstmord ihres Mannes mit ihren Kindern nach Weimar und
gründete 1806 einen der ersten bürgerlichen Salons. Da sie arm war, bot sie
nur einfache Speisen an, servierte nur Tee, was sie zum Gegenstand des
Gespötts der Hofgesellschaft machte. Doch Goethe und sein Freundeskreis
besuchten diesen Salon häufiger als die, zu denen Adlige einluden.[28] Die
wichtigen Salons, die in einer engen Beziehung zur frühromantischen Bewegung standen, waren die von Sophie von Mereau und Caroline Schlegel in
Jena und die von Henriette Herz und Rahel Varnhagen in Berlin. Für die
Dichterinnen und Dichter, Philosophen, Schriftsteller und Historiker der
frühromantischen Bewegung waren diese Salons nicht nur gesellschaftliche
und intellektuelle Zentren, sondern eine enge Gemeinschaft von sich gegenseitig unterstützenden und miteinander verbundenen Menschen, die ihre
philosophischen und politischen Ideen zur Diskussion stellten. Mitglieder
des Jenaer Kreises, eine Gruppe von Menschen, die sich im Umkreis der literarischen Zeitschrift *Athenäum* (1798–1800) bildete, waren: der Philosoph
Fichte, Ludwig Tieck und seine Frau Amalie, der Dichter Heinrich von Har-
denberg, bekannt als Novalis, und seine Gefährtin Julie von Charpentier,
August Wilhelm Schlegel und seine Frau Caroline, sein Bruder Friedrich
Schlegel und seine Geliebte und spätere Frau Dorothea. Dieser Kreis zeich-
nete sich aus durch eine enge Geistesverwandtschaft, gemeinsames Arbeiten,
familiäre Verbindungen untereinander und die Bereitschaft, mit ungewöhnlichen sexuellen und häuslichen Umgangsformen zu experimentieren.
   Die Frühromantiker stellten nicht nur die Enge und Beschränktheit der
bürgerlichen Gesellschaft in Frage, sondern setzten sich sehr gründlich mit
den kulturell definierten geschlechtsspezifischen Rollenvorstellungen auseinander. Einige von ihnen waren beeinflußt von dem, was sie über östliche
Philosophien gelesen und bei Studien über vorchristliche Religionen und
Mythologien entdeckt hatten. Sie gelangten zu einer Neubestimmung des
Begriffs »Weiblichkeit«, die Frauen glorifizierte und in einem romantischen
Licht erscheinen ließ. In seinem Essay »Über die Diotima« (1795) und seinem Roman *Lucinde* (1799) erläuterte Friedrich Schlegel das Ideal einer
neuen Androgynität, in dem sich eine sanfte Männlichkeit mit einer unabhängigen Weiblichkeit verbinde. Frauen wurden in dieser neuen Gedankenwelt begrüßt als Partnerinnen, Autorinnen und Liebende.[29] Doch wie wir
noch sehen werden, sollte am Ende die patriarchale Vorstellung von der Frau
als Muse und Gehilfin des Künstlers überwiegen.
   Alle Frauen, die diesem Kreis angehörten, waren sorgfältig erzogene,
manche hochgebildete, charmante, geistreiche Gesprächspartnerinnen,

ernsthaft Schreibende und Denkende aus eigenem Recht und Vorläuferinnen der Bewegung für »freie Liebe« gegen Ende des 19. Jahrhunderts in
Großbritannien und den USA.[30] Wie die Anhänger der freien Liebe in jüngster Zeit, waren diese Frauen entschlossen, ihren philosophischen Ideen
und emanzipatorischen Überzeugungen in einem unkonventionellen
Lebensstil Ausdruck zu verleihen. Mehrere von ihnen wurden einmal oder
häufiger geschieden, und einige lebten vor der Eheschließung mit ihrem
künftigen Ehemann (oder mit anderen Männern) in einer freien Verbindung zusammen. Caroline Schlegel-Schelling hatte ein uneheliches Kind,
und Sophie Mereau, die später Clemens Brentano heiratete, lebte nach
ihrer Scheidung einige Jahre lang als alleinstehende Mutter. Die 39jährige
geschiedene Dorothea Veit heiratete Friedrich Schlegel, der neun Jahre jünger war als sie, nachdem sie schon mehrere Jahre mit ihm zusammengelebt
hatte. Rahel Levin heiratete im Alter von 40 Jahren den zwölf Jahre jüngeren Karl Varnhagen von Ense. Fast alle Frauen dieses Kreises hatten einige
leidenschaftliche Liebesaffären während oder außerhalb von Ehen. Sie blieben bis zu ihrem Lebensende mit früheren Geliebten befreundet und kulti-
vierten neben ihrer Ehe intellektuelle Freundschaften mit anderen Männern. Einige der Frauen, besonders Bettine Brentano und Rahel Varnhagen, hatten leidenschaftliche erotische und intellektuelle Beziehungen zu
Frauen.

Caroline Schlegel-Schelling (1763–1809) war in diesem Kreise die Frau
mit der bemerkenswertesten Lebensgeschichte. Sie war die Tochter eines
berühmten Orientalisten und Theologen und bekam die beste Ausbildung,
die damals möglich war. Mit 19 Jahren wurde sie mit einem Arzt verheiratet
und lebte vier unglückliche Jahre lang mit ihm in einer Kleinstadt. Sie
erwartete ihr drittes Kind, als ihr Mann plötzlich starb. Eines ihrer Kinder
war schon als Säugling gestorben, und so kehrte die Witwe mit ihren beiden
kleinen Kindern zu ihrer Familie zurück. In dieser Zeit lernte sie August
Wilhelm Schlegel kennen, der sich in sie verliebte, mit dem sie jedoch keine
Verbindung eingehen wollte. Dann erlebte sie eine weitere Tragödie, den
Tod ihrer dreijährigen Tochter. Caroline zog zu einer Freundin aus Kinder-
tagen, die in Mainz lebte und deren Ehe ebenfalls unglücklich war. Als die
Stadt von Napoleons Truppen erobert und besetzt worden war, verließ die
Freundin Mann und Kinder, um mit einem Geliebten zusammenzuleben.
Caroline blieb bei dem verlassenen Ehemann und kümmerte sich um ihn
und seine Kinder, hatte aber eine kurze Affäre mit einem französischen
Offizier der Besatzungsarmee, die eine Schwangerschaft zur Folge hatte.
Die Sympathie ihres Gastgebers für die Jakobiner und das Gerücht, sie sei
seines Geliebte, führten zu ihrer Festnahme. Im Gefängnis gelang es ihr,

die Tatsache ihrer Schwangerschaft zu verbergen; aber sie war so verzweifelt wegen der möglichen Entdeckung ihres Zustands, daß sie daran dachte,
sich das Leben zu nehmen. Sie wurde aufgrund der Bemühungen ihres Bruders freigelassen, woraufhin August Wilhelm Schlegel ihr seinen Schutz
und eine Deckgeschichte zur Bemäntelung ihrer Schwangerschaft bis zur
Geburt ihres Sohnes anbot. Sie gab ihren Sohn in Pflege, doch er starb im
Alter von zwei Monaten. So hatte Caroline drei kleine Kinder verloren,
und es blieb ihr nur ihre Tochter Auguste.

August Wilhelm Schlegel erwies sich als zuverlässiger und selbstloser
Freund. Sein jüngerer Bruder Friedrich empfand eine verzweifelte Liebe zu
Caroline, die er aber nicht zeigte, weil er annahm, diese sei mit seinem Bruder verlobt. Caroline, die August Wilhelm nicht liebte, ihm aber für seine
Freundschaft und Unterstützung sehr dankbar war, stimmte der Eheschließung mit ihm zu, weil ihr die Ehe mit ihm der einzige Weg zu sein schien,
gesellschaftlicher Ächtung und Armut zu entgehen. Sie zog mit ihrem
Mann nach Jena, wo sie zum Mittelpunkt des Jenaer Kreises wurde, dessen
Mitglieder gewöhnlich in ihrer Wohnung zusammenkamen. Ihre gesellschaftlich führende Position unter den Jenaer Romantikern wurde nur
überschattet von der heftigen Rivalität und den Konflikten mit der Frau,
die Friedrich Schlegel geheiratet hatte, Dorothea Veit.

Einige Jahre später schloß sich Friedrich Wilhelm Schelling, damals 24
Jahre alt, diesem Kreis an. Er bemühte sich um eine enge Freundschaft zu
Caroline, die fast vierzig war, und verliebte sich in deren vierzehnjährige
Tochter. Caroline, die sich ihrer Liebe zu ihm schon bewußt war, stimmte
der Verlobung Schellings mit ihrer Tochter zu. Doch im Jahre 1800 starb das
junge Mädchen ganz plötzlich. Schelling und Caroline litten furchtbar
unter dem Schmerz und ihren Schuldgefühlen und versuchten, sich voneinander zu lösen und ihre Beziehung zu beenden. Aber nach einem Jahr
der Trennung nahmen sie ihre Beziehung wieder auf. 1803 vereinbarte
Caroline mit August Wilhelm Schlegel die Scheidung und heiratete Schelling. Danach drehte sich ihr ganzes Leben um ihren Mann, mit dem sie bis
zu ihrem Tode glücklich war.

Dieses ungewöhnliche Leben einer Frau wurde für die Romantiker und
ihre Anhänger zu einem Musterbeispiel der Selbstentfaltung einer Frau
durch Liebe. Aber die andere Seite dieses Lebens zeigt auch die Grenzen
des romantischen Strebens nach einem neuen Sexualverhalten. Caroline
Schlegel-Schelling hinterließ nur ein geringes literarisches Werk – einige
Essays, Buchbesprechungen, viele Briefe und den Anfang einer Autobiographie. Sie hatte aber dennoch ein erfülltes literarisches Leben als Mitarbeiterin August Wilhelm Schlegels bei dessen Übersetzung sämtlicher

Dramen von Shakespeare. Wie schon erwähnt, bestand sie selbst darauf, daß ihr Name in den gedruckten Werken nicht erschien, die mehr als ein Jahrhundert lang die deutsche Standardübersetzung Shakespeares blieben. Während ihrer Ehe mit Schelling widmete sie sich ausschließlich der Förderung seiner Karriere. Der Preis für die Selbstverwirklichung der Caroline Schlegel-Schelling durch Liebe war die Aufgabe ihrer Existenz als Schriftstellerin.[31]

Wie begrenzt die Autonomie der Romantikerinnen war, wird noch eindeutiger erkennbar bei Sophie Mereau-Brentano (1770–1806). Sie war unglücklich verheiratet mit Professor F. E. K. Mereau in Jena und begann Romane und Gedichte zu schreiben. Zwei ihrer Romane wurden veröffentlicht, von denen einer von Friedrich Schiller mit hohem Lob bedacht wurde, und außerdem zwei Gedichtbände. Sie war, als sie sich scheiden ließ, eine anerkannte Schriftstellerin. Der Dichter Clemens Brentano, acht Jahre jünger als sie, liebte sie leidenschaftlich und bat sie wiederholt, ihn zu heiraten. Sie lehnte ab und widerstand zwei Jahre lang seinem Werben, während sie ihren Lebensunterhalt als Redakteurin verdiente. Nach einem stürmischen Zueinanderfinden lebte sie mit ihm zusammen, und als sie 1803 schwanger war, erklärte sie sich bereit, ihn zu heiraten. In den nächsten beiden Jahren war sie noch zweimal schwanger, und 1806 starb sie nach der Geburt ihres dritten Kindes.

Während der Zeit des Werbens um sie schrieb Brentano ihr einen langen sarkastischen Brief, in dem er ihr seine Leidenschaft und seine Angst, von ihr zurückgewiesen zu werden, enthüllte. Er äußerte dies als eine wütende Attacke auf Schriftstellerinnen. Sophie Mereau antwortete ihm ironisch, seine Ansicht über Autorinnen hätte sie sehr beeindruckt:

»Gewiß geziemt es sich eigentlich gar nicht für unser Geschlecht [Schriftstellerinnen zu werden], und nur die außerordentliche Großmut der Männer hat diesem Unfug so lange gelassen zusehen können... für die Zukunft werde ich wenigstens mit Versemachen meine Zeit nicht mehr verschwenden, und wenn ich mich ja genötigt sehen sollte, zu schreiben, nur gute moralische oder Kochbücher zu verfertigen suchen.«[32]

Doch nach der Eheschließung hörte sie mit dem Schreiben eigener Texte auf und beschränkte ihr literarisches Schaffen auf Übersetzungen aus dem Englischen und Italienischen.

Unter den Frauen dieser romantischen Zirkel war Karoline von Günderode (1780–1806) wohl die geistreichste und begabteste. Nachdem sie eine außergewöhnlich gute Erziehung erhalten hatte, wurde sie früh zur Waise und lebte seit ihrem 18. Lebensjahr in einem Heim für protestantische Frauen. Asketisch, mit großer Selbstdisziplin und sehr klug, war sie eine charismatische Persönlichkeit und hatte einen großen Kreis von gebildeten

Freunden und Freundinnen um sich. Sie betrieb das Studium der Theologie, Philosophie und Geschichte sehr ernsthaft und war eine begabte Dichterin. 1804 veröffentlichte sie unter dem männlichen Pseudonym Tian einen Band mit Prosatexten und Gedichten. Ihre Gedichte wurden sehr gelobt und verschiedenen berühmten Autoren zugeschrieben. Als Clemens Brentano sie aufforderte, sich als Verfasserin zu bekennen, und fragte, warum sie sich denn zur Veröffentlichung entschlossen hätte, antwortete sie:

»... immer neu und lebendig ist die Sehnsucht in mir, mein Leben in einer bleibenden Form auszusprechen, in einer Gestalt, die würdig sei, zu den Vortrefflichsten hinzutreten, sie zu grüßen und Gemeinschaft mit ihnen zu haben.
    Ja, nach dieser Gemeinschaft hat mich stets gelüstet, dies ist die Kirche, nach der mein Geist stets wallfahrtet auf Erden.«[33]

Hinter ihrem Rücken setzte Brentano ihre Gedichte herab. Sie schrieb weiter Gedichte, Essays, kurze Theaterstücke. Ihre feministische Tendenz war ein wesentlicher Teil ihres Bewußtseins, trotz der Widersprüche in ihrem Leben. Zwei Männer liebte sie leidenschaftlich, doch unglücklich. Der Schriftsteller und spätere Minister Friedrich Carl von Savigny, mit dem sie eine lebenslange intellektuelle Freundschaft verband, heiratete, nachdem Günderode lange um ihn geworben hatte, Brentanos Schwester Kunigunde (Gunda), weil er Karolines »männlichen Geist« fürchtete. Savigny bot Karoline nach seiner Eheschließung eine enge platonische Freundschaft an, wozu sie sich bereit erklärte. Diese Beziehung wirkte sich sehr zu seinen Gunsten aus, denn nun hatte er eine Frau im konventionellen Sinne und eine nahe Freundin von intellektueller Brillanz. Für Karoline vergrößerte diese Beziehung nur ihr Elend, ihre Frustration und das Gefühl, versagt zu haben. Es ist interessant, daß es gerade Gunda Brentano war, der sie ihre geheimsten Wünsche offenbarte:

»Schon oft hatte ich den unweiblichen Wunsch, mich in ein wildes Schlachtgetümmel zu werfen, zu sterben. Warum ward ich kein Mann! Ich habe keinen Sinn für weibliche Tugenden, für Weiberglückseligkeit. Nur das Wilde, Große, Glänzende gefällt mir. Es ist ein unseliges, aber unverbesserliches Mißverhältnis in meiner Seele; und es wird und muß so bleiben, denn ich bin ein Weib und habe Begierden wie ein Mann, ohne Männerkraft.«[34]

Ihre zweite Leidenschaft galt dem Altphilologen Georg Friedrich Creuzer, der schon verheiratet war, als sie ihn kennenlernte. Er liebte sie, wollte sich aber nicht von seiner Frau trennen oder scheiden lassen. Seine Arbeiten über orientalische Mythologie beeinflußten ihre intellektuelle Entwicklung stark, und sie interessierte sich sehr für die Studien über vorpatriarchale Gesellschaften. Creuzers Hauptwerk beeinflußte Johann J. Bachofen und über ihn viele, die später matriarchale Theorien zur Frauengeschichte vertraten.[35] Günderode schrieb einen Band mit Gedichten und Essays, in dem sie ihre leidenschaftliche Zuneigung ihm gegenüber beschrieb. Creuzer fand einen Verleger für den Band, doch noch vor dessen Veröffentlichung beschloß er, die Beziehung zu ihr abzubrechen. An dem Tage, an dem sie diese Nachricht von ihm erhielt, beging Karoline von Günderode Selbstmord, indem sie sich am Ufer des Rheins einen Dolch in die Brust stieß. Creuzer entschied daraufhin, daß die Veröffentlichung ihres Manuskripts ein schlechtes Licht auf ihn werfen und seinen Ruf schädigen könnte, und zog es zurück. Erst etwa hundert Jahre später wurde es 1906 in einer Auflage von 400 Exemplaren gedruckt. Günderode ist erst in der jüngsten Zeit von feministischen Literaturwissenschaftlerinnen wiederentdeckt worden.

Günderodes feministische Bestrebungen endeten in Verzweiflung und Selbstmord, doch auf eine ganz besondere Weise hatte sie einen prägenden Einfluß auf eine andere schreibende Frau aus dem Kreis der Romantiker. Bettine Brentano, die Schwester von Clemens, wurde einige Jahre vor Günderodes Tod deren enge Freundin, und zwar in einer Beziehung, die von Bettines Seite leidenschaftlich erotisch, von Karoline aus aber ein Verhältnis von Ratgeberin zu Schülerin war. Bettine verglich ihre Freundschaft mit der zwischen Platon und Dion von Syracus. Der Briefwechsel der beiden Frauen fasziniert in seinem Reichtum, seiner intellektuellen und emotionalen Intensität und der Art, in der Verstand und Gefühl, ausgeprägte Züge ihrer Persönlichkeit, in jeder der beiden Frauen zusammenwirkten. Bettine, die auf Karolines Empfehlung hin die Werke mehrerer Philosophen las und sie ziemlich unergiebig fand, entschied, sie beide sollten ihre eigene Religion entwickeln als ersten Schritt zur Gründung einer eigenen Kultur. Bettine wollte Selbstentwicklung, strenge geistige Disziplin verbinden mit *Sehnsuchtsenergien*. Dies war ein Begriff, der etwas Ähnliches meinte wie der von den Feministinnen unserer Zeit verwendete Begriff der »erotischen Kraft«.[36] Bettine schlug vor, ihr neues System *Schwebereligion* zu nennen, um dessen leicht veränderliche, strukturlos-fließende Unbestimmtheit hervorzuheben. Ihr erster Grundsatz sollte die Ablehnung formaler Erziehung sein:

»... das heißt kein angebildetes Wesen, jeder soll neugierig sein auf sich selber und soll sich zutage fördern wie aus der Tiefe ein Stück Erz oder ein Quell, die ganze Bildung soll darauf ausgehen, daß wir den Geist ans Licht hervorlassen.«[37]

Dieser Abschnitt ist typisch für ihr Denken in bezug auf eine Einheit von Wissen, Intuition und Verlangen und für die Vorstellung, daß jedem Menschen ein innerer Geist mit einer ihm eigenen Form innewohnt und nur durch Intuition und Offenheit für Gefühle aufzuspüren ist. In einem anderen ihrer Briefe an die Günderode, auf deren Anraten hin Bettine die Werke von Fichte, Kant und Schelling gelesen hatte, formulierte sie eine hellsichtige Kritik des Denkens der Männer und der Voreingenommenheit von Akademikern:

»Weißt Du, wie mir's wird? – Dreherig... Ich schäm mich, so mit Hacken und Brecheisen in die Sprach hineinzufahren, um etwas da herauszubohren... Glaubst Du, ein Philosoph sei nicht fürchterlich hoffärtig?... Die Weisheit muß natürlich sein, was braucht sie doch solcher widerlicher Werkzeuge, um in Gang zu kommen, sie ist ja lebendig? .... Aber ein Philosoph scheint mir so einer nicht, der ihr [der Natur] am Busen liegt und ihr vertraut... vielmehr, er geht auf Raub, was er ihr abluchsen kann, das vermanscht er in seine geheime Fabrik... und da zeigt er den Schülern, wie sein Perpetuum Mobile geht, und schwitzt sehr dabei, und die Schüler staunen das an und werden sehr dumm davon.«[38]

Hätte die Zusammenarbeit und die gegenseitige intellektuelle Anregung dieser beiden Frauen sich fortgesetzt, so hätte sich daraus ein merklicher Fortschritt des feministischen Bewußtseins ergeben können. Doch im Gegenteil: Günderode brach auf Drängen Creuzers, der Bettine und ihren Bruder nicht mochte, ihre vertraute Beziehung zu Bettine ab. Bettine war trotzdem völlig verzweifelt wegen des Selbstmords der Günderode und ihrer eigenen Unfähigkeit, bei ihrer Freundin frühere Anzeichen von Hoffnungslosigkeit und Niedergeschlagenheit zu erkennen. Viele Jahre später hielt sie ihre Erinnerungen in einem Briefroman fest, *Die Günderode*, in dem sie viele Briefe ihrer Freundin vor dem Vergessenwerden bewahrt hat.[39]

Bettine Brentano von Arnim (1785 – 1859) ist die interessanteste Frau der deutschen Romantik und die einzige, von der sich sagen läßt, daß sie sich voll verwirklichen konnte. Nach dem Tode ihrer Eltern lebte sie bei ihrer Großmutter, Sophie de la Roche, einer bekannten Schriftstellerin, die Bettines intellektuelle Entwicklung und Unabhängigkeit förderte. Bettine fühlte sich niemals unterdrückt und kultivierte von Kindheit an eine besondere »Persönlichkeit«, spontan, geradeheraus, leidenschaftlich und bezaubernd. Ihre Familie und ihre Freunde hielten sie für »absonderlich« und machten sich Sorgen wegen ihrer mangelnden Bereitschaft, den sozialen Normen ihrem jeweiligen Lebensalter gemäß zu entsprechen. Sie war geistig und körperlich ruhelos, und selbst in hohem Alter noch sollte es ihren Freunden auffallen, daß sie niemals still saß, sondern vom Sitz eines Sessels zu dessen Armlehnen oder zum Schneidersitz auf dem Boden wechselte.

Nachdem die Günderode sich vor ihr abgewandt hatte, begann Bettine eine freundschaftliche Beziehung zu Goethes Mutter, der fiktiven »Frau Rath« in *Dies Buch gehört dem König*, eine Beziehung, die sie in späteren Jahren als Grundlage für ihr sehr erfolgreiches Buch *Goethes Briefwechsel mit einem Kinde* verwenden sollte. Achim von Arnim lernte sie durch ihren Bruder kennen, dessen bester Freund er war und mit dem er eng zusammenarbeitete. Sie heiratete ihn im Jahre 1811.[40] In den nächsten zwanzig Jahren lebte sie das konventionelle Leben einer ländlichen Häuslichkeit, in dem schwierigen Bestreben, ihr Landgut zu verwalten, ihre literarischen und intellektuellen Interessen zu pflegen und sieben Kinder aufzuziehen. Im Unterschied zu anderen Frauen ihres Kreises fühlte sie sich nie genötigt, ihre Begabungen zugunsten der Förderung eines genialen Mannes zurückzustellen; im Gegenteil, sie ermutigte Arnim zu seinen Arbeiten, obwohl sie sich seiner Grenzen durchaus bewußt war, und sorgte zugleich für die weitere Entfaltung ihrer eigenen Fähigkeiten.

Ihren erfolgreichen Weg als Schriftstellerin ging sie erst als Witwe. Sie zog nach Berlin, wo sie nicht nur dem literarischen Salon der Rahel Varnhagen angehörte, sondern ihren eigenen aufbaute, der mehr politisch als literarisch orientiert war. Ihr oben genanntes erstes Buch, 1835 veröffentlicht, war eine freimütige und phantasiereiche Schilderung des Zusammentreffens und Briefwechsels zwischen ihr und Goethe, in der sie sich selbst als das den großen Mann bewundernde »Kind« darstellt. Auf diesem Buch beruht ihr Ruhm als Schriftstellerin, doch heute wird es für weniger wichtig gehalten als einige ihrer anderen Bücher. Ihre zweite Veröffentlichung, die 1840 erschienene Biographie der Günderode, nahm die Brieform ihres ersten Buches wieder auf und wurde ein frühes Beispiel für selbstoffenbarendes und autobiographisches Schreiben. Ihr drittes Buch war eine Bearbeitung ihres Briefwechsels mit ihrem Bruder Clemens, veröffentlicht 1844.

Bettine Brentano war sehr stark an sozialen und politischen Fragen interessiert und wurde in einer Zeit, in der die Männer ihres Kreises sich konservativen und reaktionären Auffassungen zuzuwenden begannen, noch radikaler in ihren Ansichten. Das begann, als sie 1831 während der Cholera-Epidemie in Berlin in der Armenfürsorge unmittelbar pflegerisch wirkte und zugleich eine große Hilfsaktion zu Gunsten der Armen organisierte. Als Clemens Brentano zum Katholizismus übertrat und sich in nächster Nähe einer stigmatisierten Nonne niederließ, um an deren frommem Leben teilzuhaben, und ihr katholisch-konservativer Schwager Friedrich Carl von Savigny als Minister tätig war, sammelte Bettine in den Armenvierteln Berlins dokumentarisches Material über die Lebensbedingungen der Armen.

Sie veröffentlichte 1843 eine überzeugende politische Abhandlung, *Dies Buch gehört dem König*, in der Form eines sokratischen Dialogs zwischen einer alten Frau (vermutlich die hochverehrte Frau Rath, Goethes Mutter) und verschiedenen Gesprächspartnern. Das Buch enthielt auch rein dokumentarische Teile über die arme Stadtbevölkerung, die von einem Bekannten der Bettine aus der Schweiz zusammengestellt worden waren. Sie setzte sich nachdrücklich für eine veränderte Sozialpolitik ein und sprach König Friedrich Wilhelm IV. an, als sei er ein wahrer Volkskönig. Daß sie das Buch dem König widmete, war eine öffentliche Herausforderung und erwies sich als kluger Schritt zur Umgehung der Zensur. Das Buch wurde weithin beachtet und rezensiert und erschien in einer zweiten Auflage.[41]

Bettine unterstützte auch die Sache der hungernden schlesischen Weber, deren Lebensumstände sie in dem Band *Das Armenbuch* im einzelnen beschrieb. Das Buch war im Druck, als der Aufstand der Weber brutal niedergeschlagen wurde. Brentano-Arnim, die sich schon mit ihrem ersten Buch politisch verdächtig gemacht hatte, fürchtete die Verfolgung und zog die Druckerlaubnis für dieses Buch zurück. Sie wurde aber trotzdem von der Regierung bedroht und unter Druck gesetzt, und zwar indem der Berliner Magistrat sie 1846 wegen übler Nachrede anzeigte. Die Anschuldigung bezog sich auf die Veröffentlichung des Bandes *Dies Buch gehört dem König* als Privatdruck. Der Magistrat verlangte, sie solle das Bürgerrecht beantragen, nämlich das Recht, als Adlige ein bürgerliches Gewerbe (Verlag) betreiben zu dürfen. Brentano-Arnim antwortete, sie werde dieses Recht als Ehrung freudig akzeptieren, aber nicht kaufen. Sie erläuterte, daß sie das Bürgerrecht höher achte als den Adel, aber über beide stelle sie »die Klasse des Proletariats, ohne dessen ihm angeborene Charakterkräfte, des Ausharrens im Elend, im Entsagen und Beschränken aller Lebensbedürfnisse wenig Ersprießliches zum Wohl des Ganzen würde befördert werden«[42]. Diese Ausführungen bildeten die Grundlage für die Beleidigungsklage im Magistratsprozeß, in dem das Gericht sie mit der höchsten Haftstrafe belegte, die gegen Adlige ausgesprochen werden durfte, zwei Monate. Nur das Einschreiten Savignys konnte die Vollstreckung der Strafe verhindern.

Doch Bettine Brentano-Arnim machte bis zu ihrem Tode die Sache verschiedener unterdrückter Gruppen zu ihrer eigenen: die der Armen, der Kriminellen, der Irren. Sie schrieb öffentliche Aufrufe zugunsten des polnischen Volkes, der Juden im Frankfurter Ghetto, der politischen Gefangenen der Revolution von 1848. Ihr beginnender, aber an seiner praktischen Wirksamkeit gehinderter Feminismus ließ sie gegen jede Form der Unterdrückung Stellung nehmen. Die entschiedene Verteidigung der Interessen von Juden sowohl in ihren Erzählungen als auch in ihren politischen Schriften ist um so bemerkenswerter, als er in deutlichem Gegensatz zum offenen Antisemitismus ihres Bruders steht.[43]

Für die männlichen Romantiker, darunter viele Angehörige des Adels, war es charakteristisch, daß sie in den Salons freizügig mit wohlhabenden Jüdinnen zusammenkamen. In gewisser Weise gehörten beide Seiten in der Periode des aufstrebenden Kapitalismus zu Randgruppen, und ihre intellektuelle Begegnung war voller Spannung und gegenseitiger Anregung. Aber die Beziehung war von recht einseitiger Wirkung: alle Jüdinnen in diesem Kreis traten zum Christentum über, manche aus wirklicher Überzeugung, andere, weil es die Voraussetzung der Ehe mit dem Mann ihrer Wahl war. Dorothea Veit-Schlegel war die Tochter des berühmten jüdischen Philosophen Moses Mendelssohn. Ihre Ehe mit Friedrich Schlegel war erst nach dem Übertritt zum Protestantismus möglich, doch später konvertierte sie nach einer ernsthaften geistigen Auseinandersetzung zum Katholizismus. Einige Jüdinnen, die zu einer christlichen Religion übertraten, wurden von ihren Verehrern aus dem christlichen Adel dennoch verschmäht. So ließ sich Rebekka Friedländer von ihrem jüdischen Mann scheiden, aber der Mann, den sie liebte, Graf Egloffstein, wollte keine jüdische Konvertitin heiraten. Ähnlich wurde auch Rahel Levin trotz ihres Religionswechsels von Karl von Finkelstein nicht akzeptiert. Der zweite Adlige, der sie verehrte, Karl Varnhagen von Ense, wartete jahrelang, um die Vorurteile seiner Familie zu überwinden, bevor er sie 1814 heiratete. Die Historikerin Deborah Hertz vertritt die Auffassung, daß es den jüdischen Salonières, die sich taufen ließen, vor allem um den sozialen Aufstieg durch die Ehe mit einem Adligen ging, der Religionswechsel aber auch ein Protest gegen die jüdische Erziehungstradition war, die den Frauen Bildung versagte. Die meisten jüdischen Salonières waren im Gegensatz zu den weiblichen Adligen selbstgebildet.[44]

Rahel Levin Varnhagen von Ense (1771–1833) ist die letzte der Romantikerinnen, deren Lebensweg und Arbeiten wir in unsere Überlegungen einbeziehen wollen. Sie wurde in Berlin in eine reiche Kaufmannsfamilie geboren, lebte aber nach dem Tod des Vaters unter finanziell angespannten Bedingungen. Obwohl sie viel schrieb, meistens Briefe, veröffentlichte sie wenig. Sie lebte in einem Dachzimmer des Hauses ihrer Mutter in Berlin, wo sie von 1806 an ihren berühmten Salon führte. Den größten Eindruck machte sie auf ihre Zeitgenossen als kluge Gesprächspartnerin, deren Fähigkeit, außergewöhnliche Männer aus den Bereichen der Literatur, Philosophie, Kunst, Politik und des Lebens bei Hofe zur Teilnahme an ihren Salongesprächen zu veranlassen, ihr erlaubte, einen bestimmenden Einfluß auf das kulturelle Leben zu nehmen. Ihr Salon wurde besucht von romantischen Dichtern, den Philosophen Hegel und Schleiermacher, dem Philologen Wilhelm von Humboldt und den Brüdern Jacob und Wilhelm Grimm. Ihr literarischer Ruf aber wurde erst nach ihrem Tode begründet, als ihr Mann eine Sammlung ihrer Briefe veröffentlichte. Diese offenbarten einen zutiefst suchenden und äußerst individualistischen Geist und hatten auf Generationen von Frauen einen großen Einfluß. Fanny Lewald, eine frühe deutsche Feministin, sah in Rahel eine Vorläuferin ihres Strebens nach Unabhängigkeit und Selbstbestimmung. Für Ellen Key, die 1907 Rahels Biographie schrieb, waren deren Briefe eine Pflichtlektüre für Frauen. Im 20. Jahrhundert wurde ihre Bedeutung als Vorläuferin der Frauenbewegung anerkannt, wenn auch ihre berühmteste Biographin, Hannah Arendt, diesen Aspekt ihres Denkens übergangen hat.[45]

Rahel Levin entfremdete sich der jüdischen Religion und Kultur schon früh, wahrscheinlich aufgrund des heftigen Konflikts mit ihrem strengen und autoritären Vater. Sie litt ihr ganzes Leben unter der Geringschätzung, Verachtung und Diskriminierung, die sie als Jüdin erlebt hatte, doch niemals fühlte oder äußerte sie Solidarität mit anderen Juden und Jüdinnen. Die Entscheidung, sich taufen zu lassen, war für sie Teil des Versuchs, von der Gemeinschaft der Intellektuellen, in der sie lebte, akzeptiert zu werden. Doch ihr Gefühl der Isolation wich auch nach ihrem Übertritt zum Christentum nicht.

Es läßt sich nur vermuten, daß ihr Gefühl, ausgegrenzt, anders zu sein und – trotz der vielen Zeichen ihrer Beliebtheit – nicht geliebt zu werden, mehr damit zu tun hatte, daß sie eine außerordentlich begabte Frau war, als damit, daß sie eine Jüdin war. Sie schrieb über sich selbst: »... und kann ein Frauenzimmer dafür, wenn es *auch* ein Mensch ist?«[46] Und an einer anderen Stelle:

>»Ich bin so einzig, als die größte Erscheinung dieser Erde. Der größte Künstler, Philosoph, oder Dichter, ist nicht über mir. Wir sind alle vom selben Element. Im selben Rang, und gehören zusammen. Wer den oder den anderen ausschließen wollte, schließt nur sich aus. Mir aber war das *Leben* angewiesen; und ich blieb im Keim, bis zu meinem Jahrhundert, und bin von außen ganz verschüttet...«[47]

Diese Vorstellung, erstickt, erwürgt und mißverstanden zu werden, wird in ihren Briefen oft beschrieben. Wie die anderen Frauen der Romantik verliebte sie sich mehrmals leidenschaftlich in Männer, die sie nicht zu würdigen wußten und zurückwiesen. Nur Varnhagen brachte ihr uneingeschränkte Bewunderung und Akzeptanz entgegen. Wie Bettine hatte auch Rahel leidenschaftliche Beziehungen zu Frauen, so zu Rebekka Friedländer, die sechs Jahre dauerte, und eine andere zu Pauline Wiesel, die sehr intensiv war und lange währte. Rahel schrieb an sie: »Liebster Freund, geliebte Freundin… Du bist alleine, getrennt von mir, und ich bin alleine, getrennt von Dir. Einmal nur hätte die Natur es einrichten können, daß zwei Geschöpfe wie wir hätten zur selben Zeit sein können. An diesem Tag, in dieser Epoche…« Ist dies nur ein Gefühl der Einsamkeit und ein allgemeines Empfinden der Entfremdung oder Ausdruck einer homoerotischen Liebe, die sie erschreckte? Wir werden es nie wissen, denn Karl Varnhagen nahm den größten Teil des Briefwechsels mit diesen Freundinnen nicht in seine Bücher über Rahel auf.

Im Vergleich zu anderen Gruppierungen von schreibenden Frauen waren die Frauen der Frühromantik besonders privilegiert. Charakteristisch für den gesellschaftlichen Freiraum, in dem sie sich bewegten oder den sie schufen, war das Akzeptieren der intellektuellen Gleichheit von Männern und Frauen und sogar der führenden Rolle von Frauen. Die Männer, mit denen sie engere Beziehungen eingingen, waren zutiefst und aufrichtig bemüht, die überkommenen Rollenerwartungen gegenüber Männern und Frauen abzuschaffen, und manche von ihnen leisteten auch einen theoretischen Beitrag dazu. Alle diese Frauen waren ökonomisch privilegiert, auch wenn sie nicht reich waren, und die meisten waren mit häuslichen Pflichten nicht überlastet. Wie die gelehrten Frauen der Renaissance waren sie frühreif, und die meisten begannen schon in jungen Jahren zu schreiben. Anders als die Mehrzahl ihrer Vorgängerinnen genossen sie den intellektuellen Diskurs mit den Männern ihres Gesprächskreises, die sich ihrerseits durch große Begabung und Leistung auszeichneten, und fühlten sich von ihnen akzeptiert. Doch auf lange Sicht gesehen – wohin führte das alles?

Die Frauen lebten ein erstaunlich autonomes, selbstbestimmtes Leben und brachen eine Vielzahl der geltenden Konventionen und sexuellen Tabus. Sie nahmen den Lebensstil der freien Liebe einer viel späteren Zeit vorweg; in fragmentarischen und isoliert bleibenden Ausdrucksformen bewiesen sie ihre Fähigkeiten als Denkerinnen und ihre hochgesteckten Ziele. Sechs der zehn oder zwölf Frauen dieses Kreises waren Schriftstellerinnen. Eine von ihnen beging im Alter von 26 Jahren Selbstmord; eine war glücklich verheiratet und starb mit 36 Jahren im Kindbett, nachdem sie zu Beginn der Ehe aufgehört hatte zu schreiben; zwei widmeten sich ausschließlich dem beruflichen Erfolg ihrer Ehemänner und gaben die eigene intellektuelle Arbeit auf; Rahel veröffentlichte kaum etwas. Nur Bettine Brentano verwirklichte den Traum: das Leben einer Frau – Liebe, Freundschaft und Kinder – zu vereinbaren mit einem Leben des Geistes. Doch ihre Arbeit als Schriftstellerin war erst im Alter möglich, nachdem sie Witwe geworden war.

Das Entstehen von Gruppen denkender Frauen und eines Publikums für ihre Werke führte nicht notwendig zur Entwicklung feministischen Denkens. Dies wird auch deutlich im Hinblick auf das Leben und Wirken der Frauen in der 1848er Revolution in Deutschland und Frankreich, bei den amerikanischen Sozialistinnen und Anarchistinnen um die Jahrhundertwende und den Frauen in den utopischen Lebensgemeinschaften. Wie das Beispiel der Frauen in der Frühromantik zeigt, brachte nicht einmal das Vorhandensein sozialer Freiräume, innerhalb derer Männer und Frauen sich mit zumindest andeutungsweiser Gleichheit bewegen konnten, die Frauen dazu, gezielter und weitergehend ein feministisches Bewußtsein auszubilden und voranzutreiben. Es mag sogar eine gegenteilige Wirkung gehabt haben, insoweit diese Frauen sich veranlaßt sahen, ihr geistiges Leben freiwillig dem ihrer männlichen Lebensgefährten unterzuordnen.

Bezogen auf die notwendigen Voraussetzungen der Entwicklung des feministischen Denkens und einer entsprechenden Theorie der Frauenemanzipation fehlten in all diesen gesellschaftlichen Freiräumen ausreichende Kenntnisse über die Frauengeschichte und autonome feministische Organisationen, die das Denken und die Erfahrungen von Frauen einer Überprüfung in der Praxis hätten unterziehen können. Frauen müssen sich selbst und zur Verfolgung ihrer eigenen Interessen organisieren, bevor sie sich vollends ihren Weg aus dem Patriarchat hinausdenken können.

Kapitel 11

Die Suche nach der Frauengeschichte

Die Geschichte der abendländischen Kultur begann, so wird heute allgemein angenommen, etwa am Anfang des zweiten vorchristlichen Jahrtausends in Sumer als Folge der Erfindung der Schrift ungefähr ein Jahrtausend früher. Geschichte im engeren Sinne, das Bewahren und Sammeln von schriftlichen Zeugnissen und ihre immer neue Interpretation durch die aufeinanderfolgenden Generationen von Fachwissenschaftlern, ist von der Schreib- und Lesekundigkeit zumindest einer kleinen Gruppe von Menschen abhängig und hat sich in der viertausendjährigen Geschichte der abendländischen Kultur weit überwiegend nach den Interessen der herrschenden Eliten gerichtet. Diese dargestellte Geschichte ist deshalb zu unterscheiden vom tatsächlichen historischen Prozeß, der sich unabhängig davon vollzieht, ob es schriftliche Quellen und deren Interpretation gibt, und an dem das gemeine Volk ebenso sehr beteiligt ist wie die Eliten, wenn nicht sogar in höherem und entscheidenderem Maße. Mir geht es hier um die Geschichtsschreibung von alphabetisierten Gesellschaften und die Art, in der sie Frauen und Männer unterschiedlich beeinflußt und behandelt hat.

Die ersten Dokumente, die zum Zwecke der historischen Überlieferung erstellt worden sind, waren die sumerischen »Königslisten« und solche aus späterer Zeit. Die erste dieser Listen nennt zehn Könige, die wahrscheinlich vor der Sintflut regierten, und die nächste Liste neunzehn Könige, die nach der großen Flut herrschten sowie weitere bis zur dritten Dynastie von Ur. Angegeben ist auch die Herrschaftszeit der einzelnen Könige, bis hin zu so phantastischen Zeiträumen wie jeweils 1500 oder 1200 Jahre, was wohl darauf hindeutet, daß diese Angaben die Bedeutung der Könige betonen sollten. Doch ungeachtet derartiger wissenschaftlich nicht gesicherter Einzelheiten sind die sumerischen Königslisten zumindest teilweise durch die Ergebnisse archäologischer und anderer Forschungen bestätigt worden, so daß sie durchaus als Grundlage der geschichtswissenschaftlichen Dokumentation dienen können.[1] Diese Herrscherlisten, in denen oft neben Menschen, die tatsächlich gelebt haben, auch Gestalten aus der Mythologie aufgeführt sind, wurden benutzt, um die Legitimität des Herrschaftsanspruchs der jeweiligen Könige zu belegen, denn viele von ihnen waren Usurpatoren des Throns. Mit Hilfe einer solchen Liste konnte ein König von zweifelhafter Autorität seine Abstammung von einem Gott oder einer Göttin zu beweisen versuchen oder seinen Stammbaum bis zu einem anerkannt legitimen Herrscher zurückverfolgen. Die in den Listen Genannten wurden zu heroischen, oft mythischen Gestalten erhoben, die das Kollektiv, das sie für sich beanspruchten – meist neugegründete Stadtstaaten –, mit einer einwandfrei festgestellten und anerkannten Geschichte versah. Deshalb können die Funktionen des Aufzeichnens, historischen Einordnens und Legitimierens dieser frühesten Zeugnisse historischen Handelns nicht getrennt werden von ihrer ideologischen Funktion und ihrer psychologischen Wirkung. Durch die Königslisten konnten während des Entstehens der ersten Staaten Stämme, Verwandtschaftsgruppen oder Dorfgemeinschaften sehr unterschiedlicher Herkunft durch eine gemeinsame Vergangenheit und das Versprechen einer gemeinsamen Zukunft zusammengeführt werden. Die psychologische Wirkung der Möglichkeit, sich mit so hochrangigen und vielleicht heldenhaften Ahnen identifizieren zu können, trug dazu bei, selbst das am wenigsten geltende Mitglied einer Gruppe stolz sein zu lassen auf die Gruppenzugehörigkeit, auf die regionale Identität und auf die eigene Person. Dies läßt sich besonders deutlich an der »Königsliste« zeigen, die in der Genesis als Liste der »Nachkommenschaft« vorliegt. Die hier genannten Generationen der Israeliten reichen von der Zeit König Davids in die Dämmerung der Zeit der Patriarchen zurück, deren Bund mit Gott den Anspruch ihrer Erben auf Herrschaft und Autorität bis in die künftigen Generationen hinein legitimieren sollte. Hier sind Männer die Nachkommen von Männern ohne Zutun der Frauen, und die männliche Gemeinschaft des Bundes reicht zurück bis an den Anfang der Zeit.

Der nächste Schritt in der Entwicklung der geschriebenen Geschichte erfolgt, wenn Herrscher auf behauenen Stelen oder Denkmälern ihre Siege oder die von ihnen erlassenen Gesetze für die Nachwelt festhalten lassen. Die frühesten dieser Zeugnisse im Vorderen Orient stammen aus dem 2. vorchristlichen Jahrtausend. Seit dieser Zeit haben die Gesellschaften einen großen Vorrat an Belegen und »Dokumenten« aller Art hervorgebracht – von Rechnungen und Inventarlisten bis zu Rationslisten, Kaufverträgen,

Gerichtsurteilen und Vertragswerken zwischen Staaten und ihren Herrschern. Geschichte als Ergebnis der Deutung des Geschehens durch einen einzelnen Menschen, der seine Schlußfolgerungen entweder auf eigene Beobachtungen oder auf schriftliche Belege stützt, entsteht erst ein Jahrtausend später.

Für etwa 3 800 der 4 000 Jahre abendländischer Geschichte wird fast ausschließlich oder doch ganz überwiegend über die Handlungen, Erfahrungen und Leistungen von Männern berichtet. Allerdings nicht von allen Männern, sondern von der kleinen Gruppe der mächtigen Eliten. Aber Frauen haben zur Entstehung der Zivilisation ebenso beigetragen wie Männer – in einer Welt, die von Männern beherrscht und definiert worden ist. Als die niedergeschriebene Geschichte ihren Anfang nahm, lebten die Frauen bereits unter den Bedingungen des Patriarchats; das heißt, ihre geschlechtsspezifischen sozialen Rollen, ihr Verhalten in der Öffentlichkeit und ihr sexuelles und auf Fortpflanzung gerichtetes Leben hatte sich nach Regeln zu richten, die bereits von Männern oder männerdominierten Institutionen festgelegt worden waren. Schon damals wurden die Frauen in Erziehung und Bildung benachteiligt und hatten keinen nennenswerten Anteil an der Schaffung des Symbolsystems, mit dessen Hilfe die Welt erklärt und geordnet wurde. Die Geschichtswissenschaft ist heute der einhelligen Auffassung, daß es einen erkennbaren Einfluß von Frauen auf die Geschichtsschreibung erst seit dem späten 18. Jahrhundert gibt. Die einzige und oft zitierte Ausnahme ist in dieser Hinsicht Christine de Pizan, deren vereinzelter Versuch, eine Frauengeschichte zu entwerfen, in Vergessenheit geriet. Ich will nun zeigen, daß diese Verallgemeinerung zwar zutrifft, es aber dennoch seit dem 7. Jahrhundert fast unablässig bemerkenswerte Versuche von Frauen gegeben hat, eine Frauengeschichte zu schreiben.

In dem Bemühen Frauengeschichtsschreibung zu betreiben, gingen die Frauen so vor, wie Männer es schon früher getan hatten: Zusammenstellung von Listen mit bemerkenswerten Frauen und Heldinnen; Aufzeichnung von individuellen Lebensgeschichten; Belegen der Geschichte von Gemeinschaften; Deutung der Dokumentationen aus früherer Zeit unter besonderen Gesichtspunkten; und schließlich, im 19. und 20. Jahrhundert, »Geschichtswissenschaft«.

Wegen der besonderen Voraussetzungen, unter denen die intellektuelle Entwicklung der Frauen stattgefunden hat, vollzog sich der Übergang von einem Stadium dieses Prozesses zum nächsten nicht sanft und nach dem für Männer geltenden Verfahrensmuster, nämlich einem Vorgehen, bei dem Generation um Generation auf den Errungenschaften der vorigen aufbauen konnte. Ganz im Gegenteil, es ergab sich ein Muster ständiger Wie-derholungen und Kreisläufe, in dem jede Generation von Frauen wieder-holte, was andere zuvor schon einmal getan hatten. So war die Entwick-lung eines historischen Bewußtseins bei Frauen auf doppelte Weise erschwert und verzögert – durch die Benachteiligung im Bildungswesen und durch einen Mangel an Wissen über das, was frühere Generationen von Frauen bereits erreicht hatten. Am Beispiel der Bibelkritik durch Frauen haben wir gesehen, wie Frauen ihre Geschichte wieder und wieder neu ent-decken mußten.

Die Darstellung des Lebens einzelner Menschen durch Frauen gab es zum ersten Mal in Klöstern. Eines der ersten bekannten Beispiele für diese Art von historischer Biographie ist die Lebensbeschreibung der hl. Rade-gunde durch die Nonne Baudovinia, geschrieben im 7. Jahrhundert. Bau-dovinia gab sich in ihrem Werk als Frau und Nonne zu erkennen, doch ihre Biographie wurde von Wissenschaftlern späterer Jahrhunderte abwertend für weniger bedeutend gehalten als die früher von Bischof Venantius Fortu-natus verfaßte Biographie der heiligen Radegunde. Baudovinia, die von 609 bis 614 im Kloster von Chelles schrieb, beabsichtigte, eine Ergänzung zum Werk ihres Vorgängers zu verfassen und in der *persona* der hl. Radegunde ein Vorbild darzustellen, dem die anderen Nonnen nacheifern könnten. Radegunde, die Prinzessin aus Thüringen, über deren Leben wir in Kapitel 2 schon geschrieben haben, wurde gezwungen, den Merowingerkönig Chlotar zu heiraten, ertrug eine unglückliche Ehe und entfloh ihr schließ-lich, um im Kloster zu leben. Baudovinia konzentrierte sich auf die zweite Hälfte des Lebenswegs der Radegunde, in der sie als Inklusin nahe dem Kloster von Poitiers lebte, das sie hatte bauen lassen. Sie skizzierte Rade-gunde als eine anderen zugewandte Frau, fürsorglich und besorgt um ihre Nonnen und zutiefst engagiert in ihrem Bestreben, zwischen kriegführen-den Königen Frieden zu stiften.[2]

Eine andere historische Biographie stammt ebenfalls von einer Nonne in Chelles: die erste Fassung der *Vita* der heiligen Balthild, kurz nach dem Tod der Äbtissin im Jahre 670 geschrieben. Zu dieser Zeit war Chelles noch eine Frauengemeinschaft, doch unter der Leitung der Nachfolgerin von Balt-hild, Bertila (–705), wurde es in ein Doppelkloster umgewandelt. Die Bio-graphin der hl. Balthild muß sie gut gekannt haben, denn die Geschichte ist voll von Belegen für deren mütterliche Freundlichkeit sowohl zunächst als regierende Königin wie später als Äbtissin von Chelles. Die Mediävistin Suzanne Wemple schließt daraus, daß das Erwähnen der beiden Charakter-züge Mütterlichkeit und Friedfertigkeit in beiden Lebensbeschreibungen kein Zeichen der »Nachahmung« ist, sondern vielmehr eine weibliche

Sichtweise bei der Beurteilung der beiden dargestellten Frauen verrät.[3] Hugeburc (gest. ca. 762), eine gebildete angelsächsische Nonne, die mit ihrem Verwandten Wynnebald, einem Mitstreiter des hl. Bonifatius, nach Deutschland kam, trat in das Kloster von Heidenheim ein, das Wynnebald zehn Jahre zuvor gegründet hatte, und wurde dort Äbtissin. Sie schrieb zwei Biographien, die eine über Bischof Wynnebald, die andere über dessen Bruder Willibald, in der sie über die sieben Jahre dauernde Pilgerreise des letzteren ins Heilige Land berichtet. Es handelt sich dabei nicht nur um eine Reisebeschreibung, sondern um eine Schilderung der Christianisierung der Germanen und Franken, also im Ansatz um eine historische Darstellung. Durch ein Kryptogramm ihres Namens im frühesten noch existierenden Manuskript gab sie sich als Autorin zu erkennen.[4] Die karolingische Renaissance, die zur Erweiterung der Bildungsmöglichkeiten für Männer, aber auch für die weiblichen Mitglieder der Königsfamilie führte, bewirkte nicht, daß Autorenschaft von Frauen gefördert wurde. Die Frauen wurden zwar weiterhin in den Nonnenklöstern als Schreiberinnen, Bibliothekarinnen und Lehrerinnen gut ausgebildet, doch die karolingische Bildungsreform wurde am Hofe und in Mönchsschulen institutionalisiert. Erst im 10. Jahrhundert leistete eine andere Autorin einen wichtigen Beitrag zur Entwicklung der Frauengeschichte.

Die Nonne Roswitha von Gandersheim (932–1002?) entstammte dem Hochadel und war möglicherweise ein Mitglied der Königsfamilie. Vermutlich ist sie schon als junges Mädchen in das Kloster eingetreten, wo sie eine hervorragende Ausbildung erhielt, die nicht nur religiöse Unterweisung vorsah, sondern auch lateinische Prosadichtung, Mathematik, Astronomie und Musik einschloß. Die umfangreiche Bibliothek des Klosters hat ihre Ausbildung sicher begünstigt. Zu der Zeit, in der Roswitha in Gandersheim war, wurde dieses mächtige Kloster aus der Herrschaft von Kirche und König entlassen, so daß die Äbtissin die höchste Autorität ausübte. Die Äbtissin von Gandersheim hielt selbst Gericht ab, schickte ihre Vasallen in die Schlacht und hatte einen Sitz im Reichstag. Einige der Nonnen, darunter wahrscheinlich Roswitha, waren Kanonissen. Sie mußten Keuschheit und Gehorsam geloben, nicht aber Armut; sie konnten mit der Erlaubnis der Äbtissin das Kloster verlassen und zurückkehren; sie konnten eigene Bücher und ein Vermögen haben, und es wurde ihnen erlaubt, Dienstboten zu beschäftigen und Gäste zu empfangen.[5]

Roswitha hinterließ ein Hauptwerk, das acht in Verse gefaßte Legenden enthielt, sechs gereimte Dramen, ein Gedicht zu einzelnen Szenen der Apokalypse und zwei historische Dichtungen. Sie schrieb außerdem die Lebensgeschichten der wichtigsten Schutzherren des Klosters von Gan-

dersheim, Anastasius und Innozenz, doch die Manuskripte sind verlorengegangen.[6] Peter Dronke, der ihr Werk als bisher letzter sehr sorgfältig analysiert hat, glaubt davon ausgehen zu können, daß ihre Dramen am Hof des
Königs zu ihren Lebzeiten entweder aufgeführt oder doch zumindest vor-
gelesen worden sind.[7] Von besonderem Interesse ist hier nicht nur ihre
Begabung als Autorin und daß sie die erste bekannte Verfasserin von Theaterstücken in Europa ist, sondern die Tatsache, daß ihr gesamtes Werk sich
mit der Geschichte, und zwar überwiegend mit Frauengeschichte auseinan-
dersetzt. Die Legenden haben einen historischen Inhalt, entweder indem
sie frühere und zeitgenössische Legenden über eine bestimmte Gestalt
zusammenstellen oder in dem Sinne, daß sie sich mit einer heroischen Heiligen der Vergangenheit befassen. Das Gedicht »Maria« gehört zur ersten
Art, alle anderen zur zweiten. Fünf der Gedichte haben christliche Heilige
der Vergangenheit zum Thema und dramatisieren ihre wunderbare Rettung
und Erlösung infolge des Einschreitens von Christus oder Maria. Ein
Gedicht, »Gongolf«, beschreibt die Ermordung eines frommen fränkischen Königs durch den Geliebten seiner Frau und die Bestrafung des sündigen Paares. Obwohl die Dramen sich vor allem und wiederholt mit den
Themen der wundersamen Errettung, dem Triumph von gemarterten
Gläubigen selbst über den Tod hinaus und die Macht der Jungfräulichkeit
befassen, ist es interessant, festzustellen, daß die Autorin schon in diesen
Frühwerken eine historische Perspektive und ein geschichtsorientiertes
Bewußtsein zu haben scheint. In einem »Vorwort« erklärt sie die Authentizität jeder einzelnen Erzählung, indem sie die jeweiligen Quellen angibt, in
den meisten Fällen Bücher der Bibliothek von Gandersheim. In dem seltenen Fall eines Gedichtes über einen Zeitgenossen, das Poem »Pelagius«, das
Martyrium eines christlichen jungen Mannes, der die wollüstigen Zudring-
lichkeiten eines maurischen Tyrannen abwehrte und durch ein Wunder vor
dem Tode bewahrt wurde, erzählt uns die Dichterin, daß ihr die Geschichte
von einem Augenzeugen berichtet worden sei. »Sollte ich also Falsches
behauptet haben bei der Abfassung der beiden Werke, ich selber irrte
nicht«, so betont sie, »sondern diejenigen, denen ich folgte mit allzu wenig
Vorsicht.«[8] Dieser Ansatz eines Versuches der Dokumentation und quel-
lenkritischen Analyse ist sehr bemerkenswert in einer Zeit, in der die
Literatur Realgeschichten, märchenhafte oder wundersame Ereignisse,
Legenden, biblische Quellen und Phantasie willkürlich und unterschiedslos miteinander vermengte.

Die sechs Dramen entsprechen dem Muster des römischen Dichters
Terenz, sind aber zu christlichen Moralstücken umgewandelt. Eine der
wesentlichen Veränderungen dieser Dramatikerin des Mittelalters besteht

darin, daß Frauen im Zentrum der Handlung stehen und ihr Verhalten über den Ausgang des Stücks entscheidet.[9] Wenn die Handlung den Menschen der heutigen Zeit auch absurd erscheinen mag, so verraten die Dramen doch eine ausgeprägte Kunstfertigkeit, der Dialog ist lebendig und in einigen der Stücke sind Tragödie und Posse sehr eindrucksvoll miteinander verbunden. Unter unseren Gesichtspunkten sind die Dramen *Dulcitius*, *Callimachus* und *Sapientia* am interessantesten, denn hier zeigt uns Roswitha ihre Ansichten über die Macht der Frauen am deutlichsten.

Dulcitius handelt vom Martyrium dreier Jungfrauen, die vor den Kaiser Diokletian gebracht werden, der befiehlt, sie zu verheiraten. Aber die jungen Mädchen wollen sich nicht fügen und erklären, daß sie ein Gelübde abgelegt haben, Jungfrauen zu bleiben. Sie werden dem Statthalter Dulcitius übergeben und von ihm ins Gefängnis geworfen. Von Dulcitius mit Vergewaltigung bedroht, werden sie durch ein Wunder gerettet. Er verwechselt Küchengerätschaften mit den Objekten seiner Begierde und macht sich an sie heran, bis Gesicht und Körper mit Ruß bedeckt sind, während die Mädchen ihn durch einen Mauerspalt beobachten und auslachen. Er übergibt die Jungfrauen daraufhin dem Sisinnius, der sie bestrafen soll, weil sie sich weigern, die Götter der Römer anzubeten, doch auch er wird das Opfer von Sinnestäuschungen. Aber schließlich sorgt er dafür, daß zwei der Mädchen verbrannt werden und die dritte mit Pfeilen erschossen wird. Roswitha betont hier zwei ihrer Hauptthemen: die Macht der Keuschheit über die Macht der Männer, die Erlösung durch das Martyrium. Das Stück geht allerdings auf historische Quellen zurück: Das Drama stützt sich auf Edikte des Kaisers Diokletian, wie sie in den *Aufzeichnungen über die christlichen Märtyrer* nachzulesen sind.

Das Drama *Callimachus* handelt ebenfalls von Vergewaltigung. Callimachus erklärt Drusiana, daß er sie liebt, doch sie verweigert sich ihm, weil sie verheiratet ist und außerdem ein Keuschheitsgelübde abgelegt hat. Er versucht, sie zu vergewaltigen, und sie fleht Christus an, sie sterben zu lassen. Ihr Wunsch wird erfüllt, und so wird auf eine andere Art das Thema der Macht der Frauen, durch das Martyrium ihre Rettung zu erreichen, illustriert. Aber Callimachus betritt ihre Grabkammer, um ihre Leiche zu schänden. Doch bevor er diesen schaurigen Plan ausführen kann, wird er durch den Biß einer Schlange getötet. Er und Drusiana können später auferstehen, und er konvertiert zu ihrem Glauben. Wieder ist das Thema die Macht der Frauen, die nicht nur durch Bitten und standhaften Widerstand, sondern auch durch das Bewirken von wundersamen Glaubenswechseln deutlich wird. Roswithas Entlarvung des Vergewaltigers in dem einen Drama als lächerlichen Narren, dessen Macht nur eingebildet ist, und im anderen Stück als perverses Monster ist ganz sicher ein erstaunlicher Beweis für ein feministisches Bewußtsein in dieser frühen Zeit.

Das Drama *Sapientia* handelt ebenfalls vom Martyrium dreier frommer Jungfrauen, die in Gegenwart ihrer Mutter Sapientia (Weisheit) ermordet werden. Die Mutter ermutigt sie, ihre Leiden auf sich zu nehmen, und nach ihrem Tode balsamiert sie ihre Körper ein und bestattet die Leichen. Vierzig Tage später wird ihr Geist zum Himmel getragen, während sie am Grab ihrer Kinder betet. Die Moral dieses Stückes ist die Stärke der Keuschheit, die frommen Frauen die Macht verleiht, die irdische Macht der Männer, selbst die von Herrschern, zu überwinden und Frauen die Erlösung zu bringen.

Das erste von Roswithas rein historischen Werken, *Gesta Ottonis*, schrieb sie auf Verlangen ihrer Äbtissin Gerberga. Offensichtlich zögerte die Autorin, sich an diese Arbeit zu machen, wie sie in ihrer Widmung für Gerberga schreibt:

»Ihr trugt mir auf, des Kaisers Tatenlauf, über den ich nichts durch Hörensagen in Erfahrung zu bringen vermochte, in ein Gedicht zu fassen. Ich vergoß dabei viel Schweiß; welche Schwierigkeiten sich meiner Unwissenheit entgegenstellten, ist Euch nicht unbekannt, wie ich weiß. Mir boten sich nämlich keine älteren Chronikfunde, noch gab mir jemand genaue mündliche Kunde. Ich ging wie einer, der ohne führende Hand durch einen großen Wald geht, der ihm unbekannt, wo jeder Pfad weit und breit, ist tief verschneit.«[10]

Die Tatsache, daß Roswitha beauftragt wurde, das Leben und Wirken ihres Landesherrn Otto I., der auch der Onkel ihrer Oberin, der Äbtissin Gerberga, war, zu würdigen, spricht für die Hochachtung, die sie sich im Alter von dreißig Jahren durch ihre Dramen und Dichtkunst bereits erworben hatte. Solch ein Auftrag wurde gewöhnlich an Hofdichter oder preisgekrönte und berühmte Dichter vergeben; doch Roswitha hatte Probleme damit und behandelte die kriegerischen Auseinandersetzungen zwischen Mitgliedern des sächsischen Königshauses nur kurz. Das Gedicht, geschrieben zwischen 965 und 968, endet mit dem Abschnitt der Lebensgeschichte Ottos I., in dem dieser sich auf dem Höhepunkt seiner Macht als König befand, kurz vor seiner Wahl zum Kaiser. Wie sie in dem obigen Zitat feststellt, hielt sie sich bei ihrer Arbeit zurück und kürzte die Geschichte ab, weil sie unsicher war in bezug auf das Vorhandensein unvoreingenommener, zuverlässiger Quellen, was belegt, wie sehr sie sich ihrer Aufgabe als Historikerin, eine ausgewogene Darstellung der Ereignisse vorzulegen, bewußt war. Doch auch wegen ihres Geschlechts empfand sie ihre Aufgabe als schwierig. »Kaum ist es Sache des schwachen Geschlechtes, noch dazu einer Frau, die in Klosters Stille geborgen, Kriege zu schildern; ihr fehlt jedes Wissen darüber. Das war doch stets die Aufgabe kundiger Männer...«[11] Dieses Zugeständnis an fest definierte Geschlechterrollen und das Einräumen weiblicher Schwäche, dieses Befolgen der *Bescheidenheitsetikette*, sind möglicherweise nicht mehr gewesen als eine bequeme Entschuldigung, durch die eine zu diesem Zeitpunkt schon selbstbewußte Autorin sich angesichts einer unwillkommenen Aufgabe das Recht vorbehielt, selbst über den Inhalt ihres Werkes zu bestimmen. Sie reagierte ganz anders, als sie gebeten wurde, eine Geschichte des Klosters von Gandersheim zu schreiben, was für sie ein Liebesdienst war.

Sie verfaßte dieses Gedicht, das der letzte ihrer Texte sein sollte, im Jahre 973 oder ganz kurz danach. Es ist das einzige Werk ohne Vorwort. Das Gedicht beginnt mit den wohlabgewogenen Zeilen:

»Nunmehr erhebt sich in Demut mein Geist, gewillt zu besingen
unseres herrlichen Klosters Gandersheim Gründung.«[12]

Sie erzählt von einem Wunder, das Herzog Luidolf, den regierenden Fürsten, und seine Frau Oda im Jahre 856 veranlaßte, das Kloster zu gründen. Eine Gruppe von Schweinehirten, die in einem kleinen Bauernhof mitten in einem dunklen Wald hausten, sahen viele helle Lichter zwischen den Bäumen, »die um viele vermehrt, in noch hellerem Lichte erglänzten«. Die Vision wurde dem Besitzer des Bauernhofs berichtet und dann dem Herzog, der sie als Aufforderung verstand, eine Kapelle zu bauen. »Alle die es gewahrten, lobpriesen den Schöpfer / einig darin, daß am Orte, den Er so sichtbar erleuchtet /, Ihm eine Stätte zu seiner Verehrung geweiht werden müsse.«[13] Die Übereinstimmung dieser Vision mit der von den Schafhirten beobachteten Erscheinung bei der Geburt Christi ist erstaunlich. In einer sorgfältigen Interpretation kommt Peter Dronke zu der Schlußfolgerung, daß Roswitha, die sich selbst immer als die geringste unter den in Gandersheim Lebenden bezeichnete, beabsichtigte, die besonderen Offenbarungen der Menschen niedrigen Ranges zu würdigen, die der Schafhirten, der Schweinehirten und ihrer selbst, »der kraftvollen Stimme von Gandersheim«, wie sie sich anderswo selbst nannte.[14] Die zunehmenden, Selbstsicherheit bezeugenden Verweise auf ihr Werk in der Folge von Vorworten spricht für diese Interpretation. In der Darstellung der Klostergeschichte, *Primordia Coenobii Gandeshemensis*, zögert sie nicht, die Erzählung bis in ihre Zeit fortzusetzen. Sie würdigt außerdem, vielleicht nicht zufällig, das Lebenswerk dreier großer Frauen, die sie bewunderte, die aufeinanderfolgenden Äbtissinnen, einschließlich ihrer Beraterin und Freundin Gerberga.

Obwohl Roswithas Werke nach ihrem Tode mehrere Jahrhunderte lang in Vergessenheit gerieten, gelangten sie Ende des 15. Jahrhunderts zu neuer

Anerkennung, als während der Renaissance der Humanist Konrad Celtis
ein frühes und unvollständiges Manuskript ihrer Werke fand und 1501 veröffentlichte, sie als die »deutsche Sappho« bezeichnend. Seit dieser Zeit
wird ihr poetisches und dramatisches Talent anerkannt und hoch geschätzt;
doch sollte auch ihre Rolle als Pionierin der Frauengeschichte entsprechend gewürdigt werden.

Das Aufzeichnen der Lebensgeschichten von Ordensfrauen durch
andere Nonnen setzte sich viele Jahrhunderte lang fort. Eine besondere,
später entstandene Art dieser historischen Werke sind die Autobiographien
von Mystikerinnen und Heiligen, auf die ich zu einem großen Teil schon
in früheren Kapiteln eingegangen bin. Solche autobiographischen Schriften – wenn sie auch zunächst von dem Wunsch beseelt gewesen sein mögen,
eine religiöse Botschaft zu verbreiten oder den Offenbarungen einer Mystikerin Glaubwürdigkeit zu verleihen, indem sie in den Zusammenhang
ihres Lebens eingeordnet wurden – sollten auch als Ausdruck des Bemühens um eine historische Dokumentation gesehen werden. Frauen wie
Hildegard von Bingen, Dorothea von Montau, Margery Kempe und später
die heilige Katharina von Siena und die heilige Theresa von Avila mögen
sehr wohl ein sicheres Gefühl für die besondere Bedeutung ihrer bemerkenswerten Lebensgeschichten als Leitbild für künftige Generationen
von Frauen gehabt haben. Die Tatsache, daß einige dieser Heiligen sich auf
andere Heilige als ihre Vorgängerinnen berufen haben, stützt diese Deutung.

Eine besondere Kategorie historischer Schriften von Nonnen sind die
»Schwesternbücher«, die in den deutschsprachigen Gebieten im 14. und 15.
Jahrhundert in Klöstern der Dominikanerinnen verfaßt wurden. Die
Nonne Katharina von Gebersweiler war die Autorin der frühesten dieser
historischen Darstellungen, in der die Geschichte des Klosters Unterlinden
dokumentiert ist. Ihr Werk besteht aus acht Kapiteln, in denen das Alltags-
leben in dem Kloster beschrieben wird, und aus 47 *vitae*, von denen nur
fünf Zeitgenossinnen von ihr vorstellen.[15] Eine nur wenig später lebende
Nonne, Elisabeth von Kirchberg, schrieb ein anderes Werk dieses Genres,
das »Kirchberger Schwesternbuch«, das die Lebensgeschichten der Nonnen ihres Klosters festhält. Von ihr stammt auch die sogennante »Irmegard-
Vita«, in der das Leben und die ekstatischen Visionen einer Schwester
Irmegard dargestellt sind. Diese Biographie war von Elisabeth zunächst
heimlich geschrieben worden, doch als Irmegard davon erfuhr, half sie ihr
bei der Gliederung, so daß zwei weitere Fassungen dieser *vita* entstanden. In
demselben Kloster wurde ein weiteres dieser Werke, eines über das Dominikanerinnenkloster in Ulm, gefunden, das von derselben Nonne verfaßt

worden sein könnte. Interessant ist, daß sie sich selbst bezeichnet als »Schwester Elisabeth..., die Gott von den Juden genommen hat«. Da sie im Alter von vier Jahren in das Kloster eingetreten ist, kann sie keine konvertierte Jüdin gewesen sein. Wahrscheinlicher ist, daß sie von ihren Eltern in die Obhut des Klosters gegeben worden ist, um sie vor den Massakern an Juden, die während des 13. und 14. Jahrhunderts vermehrt stattfanden, zu retten.[16]

Anna von Munzingen, die Priorin des Dominikanerinnenklosters in Adelhausen, schrieb 1318 eine Chronik dieses Klosters, das Einzelheiten über das Leben und die mystischen Erfahrungen von 34 Nonnen mitteilt. Andere derartige Klostergeschichten sind geschrieben worden und erhalten geblieben in den Klöstern St. Katharina in Thurgau/Schweiz, Tösz, Ötenbach und Weiler.[17] Da die meisten dieser »Schwesternbücher« von Frauen über Frauen geschrieben worden sind, können sie als erste Beispiele einer Frauengeschichtsschreibung durch Frauen gelten.

Die Tradition der Klostergeschichten oder Lebensgeschichten berühmter Ordensfrauen setzte sich jahrhundertelang fort. Im 16. Jahrhundert schrieb Caritas Pirckheimer, Schwester des Humanisten Willibald Pirckheimer und wegen ihrer Bildung berühmt, die Geschichte des Klarissenklosters in Nürnberg. Andere Darstellungen der Geschichte von Klöstern wurden im 17. Jahrhundert über die Ursulinen und den französischen Lehrorden von der Heimsuchung Mariä verfaßt.[18]

Sechs Jahrhunderte lang bemühten sich Männer und Frauen, Listen aufzustellen, die berühmte Frauen als Heldinnen, als Vorbilder und als Beweise des weiblichen Leistungsvermögens namentlich erfaßten. Das war von großer Bedeutung in den verschiedenen *Querelles des femmes*, in denen feministische und antifeministische Autoren und Autorinnen ihre Argumentationen an *exempla*, Beispielen, zu belegen suchten. Die Verfasser antifeministischer Schriften fertigten Aufstellungen von Frauen mit negativen Charakterzügen an oder von Frauen, die den Rollensterotypen entsprachen. Feministische Autoren und Autorinnen waren weniger auf Abgrenzung aus und hatten die Tendenz, Frauen herauszustellen, die besondere Leistungen vollbracht hatten oder als Heldinnen galten. Da diese Art der Argumentation so durchgängig ist und das Aufzählen bedeutender Frauen seitens der feministisch Argumentierenden immer wieder erfolgte, ist darin vielleicht der Versuch zu sehen, den negativen Wirkungen der Leugnung einer Frauengeschichte auf Frauen etwas entgegenzusetzen. Wie wir noch sehen werden, erklären manche Autorinnen ausdrücklich, daß sie dieses Ziel verfolgen, andere tun es implizit oder äußern sich nicht darüber. Ich will diese

Listen auswerten, indem ich sie zunächst vergleiche unter den Gesichtspunkten, welche Frauen einbezogen und welche Auswahlkriterien jeweils
zugrundegelegt worden sind, und dann frage, was sie über die Weitergabe
von Vorstellungen über die Vergangenheit von Frauen, die Frauengeschichte, aussagen.

Eine der ersten Listen berühmter Frauen wurde zwischen 1355 und 1359
von einem Mann, Giovanni Boccaccio, zusammengestellt und veröffentlicht.[19] Boccaccio, ein hochgeachteter Humanist der Renaissance, der
zuvor eine Anthologie von Biographien berühmter Männer herausge-
bracht hatte, sammelte die Lebensbeschreibungen von einhundertundvier
Frauen des Altertums zu einem besonderen didaktischen Zweck. Er wollte
nachweisen, daß das weltliche Wissen der Menschen im Altertum ebenso
wichtig gewesen war wie die christlichen Schriften und Mythen und daß es
unter diesen Menschen Personen von großer moralischer Kraft gegeben
hat, die heroische Taten vollbrachten. Dies hatte Boccaccio bereits in seinen Biographien berühmter Männer gezeigt, und zwar ausgehend von der
Annahme, daß Ruhmestaten es verdienten, für die Nachwelt festgehalten
zu werden. Aber, so betonte er im Vorwort zu *De claris mulieribus* (Über
berühmte Frauen):

>»Ich war sehr erstaunt, daß Frauen in der Geschichtsschreibung so wenig Beachtung
>gefunden haben, ... daß sie nicht in einem ihnen gewidmeten Werk Anerkennung gefun-
>den haben, obgleich es doch ganz offensichtlich ist ..., daß manche Frauen mit ebensoviel
>Kraft wie Kühnheit handelten. Wenn Männer mit Lob bedacht werden sollen, wann
>immer sie große Taten vollbringen (mit der ihnen von der Natur gegebenen Stärke), wie
>viel mehr müssen dann Frauen gewürdigt werden (die doch fast alle mit Zartheit, schwa-
>chen Körpern und minderen Geisteskräften begabt sind), wenn sie einen männlichen
>Geist erworben haben und wenn sie mit Intelligenz und bemerkenswertem Mut es wagen,
>die schwierigsten Aufgaben zu übernehmen und zu vollbringen.«[20]

Boccaccio brachte hier die für die Renaissance typischen Vorstellungen von
den Frauen zum Ausdruck, daß diese von Natur aus schwächer, sanfter und
von geringerem Verstand seien als die Männer; eine Auffassung, die allerdings einherging mit dem Stereotyp der »männlichen Frau«, der Frau von
Kraft und Mut. Dieses System von einander widersprechenden Definitionen der Frau erlaubt es, die heroische, die »außergewöhnliche«, die
gelehrte Frau anzuerkennen, ohne die patriarchale Definition der
Geschlechtsrollen zu problematisieren. Wir haben schon gesehen, daß
auch viele Frauen dieses System von Rollendefinitionen übernahmen und
versuchten, ihm ihre Argumente einzupassen.

Auf Boccaccios Liste stehen unter anderen Gestalten aus der Mythologie
und allegorische Figuren wie die Musen, Ceres, Circe, Isis. Auch böse

Frauen befinden sich darunter, so Medea, Medusa und Sempronia. Boccaccio erläutert in seinem Vorwort, daß er nicht nur die wegen ihrer Tugenden berühmten Frauen einbeziehen wollte, sondern ebenso auch diejenigen, »die durch jedwede Art von Taten in der Welt bekannt geworden sind«.[21] Er führt aus, daß in den meisten historischen Darstellungen über Männer diejenigen, die wegen ihrer Ruhmestaten erwähnt werden, neben Männern wie den Gracchen, Hannibal und Crassus stehen, also solchen von üblem Charakter und schlechtem Ruf. Absichtlich ließ er mit Ausnahme von Eva alle christlichen Frauen beiseite, weil sie schon oft gerühmt und ihre Tugend, Reinheit und Frömmigkeit gebührend gewürdigt worden seien, während noch niemand die Verdienste und rühmenswerten Taten heidnischer Frauen dargestellt und bekannt gemacht habe.

Boccaccios Ausführungen über diese Frauen sind weder historisch noch mythologisch korrekt. Als Quellen dienen ihm meistens lateinische Schriften aus dem Altertum, die er ohne sonderlichen Respekt benutzt, indem er dort gegebene Informationen außer acht läßt oder erfundenes Material hinzufügt. Er will eine unterhaltende Geschichte erzählen und dabei »einige bekömmliche Ermahnungen zur Tugendhaftigkeit« einbeziehen »und zudem dazu auffordern, Sündhaftigkeit zu vermeiden und zu verabscheuen, so daß durch das Hinzufügen von Ergötzlichem zu diesen Geschichten, diese unbemerkt den Geist beeinflussen und um so eher in Erinnerung bleiben würden«[22]. Das Bedürfnis, unterhaltsam zu sein und zugleich einem moralischen, belehrenden Zweck zu dienen, wurde auch in andern Werken Boccaccios deutlich, etwa im *Decamerone*, doch in dem Band *De claris mulieribus* hat es wohl überwogen, weil er sich an Frauen wandte, die es seiner Meinung nach verdienten, etwas über ihre berühmten Vorgängerinnen zu erfahren, zugleich aber auch der moralischen Unterweisung bedurften.

Boccaccios Aufstellung war Anfang und Modell einer langen Reihe von jahrhundertelang folgenden weiteren solcher Listen. Die erste Frau, die es ihm nachtat, war Christine de Pizan, die 1405 *Le Livre de la Cité des Dames* (*Das Buch von der Stadt der Frauen*) veröffentlichte, ein geistvoller und breitangelegter Versuch zur Verteidigung der Frauen und zu einer universalen Frauengeschichte.[23] Christine entnahm fast drei Viertel ihrer Liste von Frauen dem Werk Boccaccios. Aber sie berücksichtigte nicht dessen ganze Aufstellung, und auf sehr bezeichnende Weise wichen ihre Anmerkungen zu den von ihm aufgelisteten Frauen von seinen Kommentaren ab. Außerdem ordnete sie die Aufstellung nach ganz anderen Gesichtspunkten, die sich aus ihren theoretischen Voraussetzungen und anderen Zielvorstellungen ergaben.

Christine hatte bereits Erfahrung mit historischen Werken, denn sie hatte zuvor eine Geschichte der Regentschaft König Karls V. von Frankreich geschrieben, die vom Bruder des Königs in Auftrag gegeben worden war und sich zum einen auf geschriebene Quellen stützte, zum anderen aber auch auf mündliche Auskünfte von Informanten.[24] Während das Buch ausschließlich als Lobpreisung des Königs gedacht war, behandelte sie seine militärischen Taten, seine Innenpolitik und seine moralische Führungskraft. Als sie begann, *Das Buch von der Stadt der Frauen* zu schreiben, hatte sie bereits mehrere Bücher in Versform verfaßt und veröffentlicht und ihre Ansichten über Frauen in einem weitgespannten Briefwechsel über den *Roman de la Rose* (Rosenroman) entwickelt. Außerdem war sie die Autorin eines Prosabandes mit mehr als hundert kurzen Erzählungen. Sie war also auf das Schreiben ihres Hauptwerkes gut vorbereitet, als Schriftstellerin ebenso wie als Historikerin.

Sie beginnt ihr Buch mit einer eindrucksvollen Darstellung der Veränderung ihres Bewußtseins. Während sie in ihrem Studierzimmer sitzt und eins der frauenfeindlichen Traktate der damaligen Zeit liest, beginnt sie zu überlegen, »welches der Grund dafür sein könnte, daß so viele und so verschiedene Männer, ... dazu neigten und immer noch neigen, ... derartig viele teuflische Scheußlichkeiten über Frauen ... zu verbreiten. ... (Sie) scheinen wie aus einem einzigen Munde zu sprechen.« Sie prüft sich selbst und überdenkt ihre Erfahrungen, kann aber nichts entdecken, was die Behauptungen dieser Männer stützen könnte. Dennoch unterwirft sie sich der Autorität der männlichen Experten. »Und so verließ ich mich mehr auf fremde Urteile als auf mein eigenes Urteil und Wissen.«[25] Zum ersten Mal in der schriftlich belegten Geschichte definiert hier eine Frau die Spannung, die jede denkende Frau kennt – den Gegensatz zwischen der von Männern ausgeübten Autorität, die ihr die Gleichheit als Mensch abspricht, und ihrer eigenen Lebenserfahrung. Christine ist sehr niedergeschlagen nach dieser Erkenntnis, als ihr in einer Vision drei Damen erscheinen, um ihr aufzuhelfen und sie die Grenzen des Unwissens überschreiten zu lassen, das ihren Intellekt verdunkelt hat. Die Dame Vernunft erklärt ihr, daß sie gekommen sei, »jenen Irrtum, dem du aufgesessen bist, aus der Welt zu schaffen, und um künftig allen hochherzigen und rechtschaffenen Frauen einen Ort der Zuflucht, eine umfriedete Festung gegen die Schar der boshaften Belagerer zu bieten«[26]. Die beiden anderen himmlischen Damen, Rechtschaffenheit und Gerechtigkeit, würden ihr bei dieser Aufgabe helfen. Inspiriert und freudig erregt bittet Christine die drei Frauen, ihr doch zu erklären, warum Männer so einhellig und überall die Frauen tadeln und verleumden. Die Damen geben verschiedene Gründe dafür an:

Die Männer seien angetrieben von Habsucht, Neid, Impotenz und Enttäuschungen. Der anschließende lange Dialog mit den drei geistigen Führerinnen erlaubt es Christine, ihre historische Argumentation in konzentrierter Form vorzutragen und an *exempla*, Beispielen, die Tugenden der Frauen vorzustellen.

Dieser allegorische Rahmen, der auf der Annahme beruht, daß das patriarchale Erklärungssystem von falschen Voraussetzungen ausgeht, strukturiert das Buch. Er bestimmt auch, wie de Pizan ihre Quellen nutzt. Wo Boccaccio, von einigen Ausnahmen abgesehen, bei einer groben chronologischen Gliederung blieb, arrangierte de Pizan die Folge der von ihr behandelten Frauengestalten nach verschiedenen Themenbereichen und Argumenten. Sie legte auch andere Auswahlkriterien zugrunde als Boccaccio. Ihre Absicht war es, eine Universalgeschichte der Frauen und ihrer Leistungen zu schreiben, und deshalb würdigte sie Frauen aus dem Altertum, dem christlichen Zeitalter und selbst Zeitgenossinnen. Sie skizzierte das Leben der von ihr dargestellten Frauen auf eine sehr bezeichnende neue Art, da sie ein ganz anderes Ziel als Boccaccio verfolgte, der nur recht einfach nachweisen wollte, daß es in der Antike berühmte Frauen gegeben hatte. Christine schrieb zur Verteidigung der Frauen gegen die von ihr für frauenfeindlich gehaltenen Angriffe von Männern, und sie schrieb von einem frauenzentrierten Standpunkt aus. Bei der Überarbeitung der Liste Boccaccios ließ sie deshalb nicht nur alle seine »bösen« Frauen weg, sondern interpretierte oft auch die Geschichte von Frauen mit schlechtem Ruf auf eine neue Art, um sie nun in einem positiven Licht erscheinen zu lassen. Dies ist am offensichtlichsten in ihrer Darstellung der Medea, die unter der Überschrift »Die treue Liebe der Frauen« ohne Bezugnahme auf den von ihr verübten Mord an ihren Kindern behandelt wird. Boccaccios Geschichte der Medea zeigt eine uneingeschränkte Verdammung ihrer Hinterhältigkeit, ihrer Zauberei, ihrer Grausamkeit. Er beschrieb, wie sie ihren Bruder ermordete, ihren Vater um seinen Reichtum brachte, Jason durch Magie für sich gewann und schließlich aus Eifersucht seine Kinder tötete. Christine ließ alle diese Verbrechen beiseite. Sie führte statt dessen zu Medeas Gunsten an, daß sie über Kenntnisse und Zauberkräfte verfügte, die sie aufgrund seiner Zusage, er würde sie heiraten und ihr treu sein, einsetzte, um Jason zu helfen, das Goldene Vlies zu erringen. »Dieses Versprechen hielt Jason jedoch nicht, denn nachdem er bekommen hatte, was er begehrte, verließ er sie um einer anderen Frau willen.«[27] Deshalb, so teilt uns Christine mit, war Medea zutiefst verzweifelt; und damit beendet sie Medeas Geschichte.

Ein anderes Beispiel ist die Art, wie die Römerin Sempronia dargestellt wird. Boccaccio zählte zunächst ihre beträchtlichen Leistungen auf, ihre

Schönheit, ihr ausgezeichnetes Gedächtnis, ihre Fähigkeit, Lateinisch, Griechisch und die Kunst des Dichtens zu erlernen, ihren Charme, ihre Beredsamkeit und ihre gute Laune. Nachdem er in zwei Abschnitten ihre Tugenden aufgelistet hatte, verwendete er weitere vier Abschnitte zur Schilderung ihrer Laster, ihrer exzessiven und offen zur Schau getragenen Sexualität, ihrer Geldgier, ihrer Maßlosigkeit und schließlich ihrer Beteiligung an der Verschwörung des Catilina. De Pizan nahm seine ersten beiden Abschnitte, erweiterte sie beträchtlich und stellte Sempronia als ein Muster von Intelligenz und Begabung dar; den Rest der Angaben Boccaccios ließ sie weg.[28]

Weder Boccaccio noch Christine konnten den Maßstäben der Objektivität genügen, wie sie sechshundert Jahre später für Historiker galten, und es kann auch nicht erwartet werden, daß sie diesen Kriterien hätten gerecht werden sollen. Eine Veränderung des Blickwinkels, des herangezogenen Materials, um eine bestimmte Auffassung zu belegen oder eine Belehrung zu erteilen, war im Mittelalter eine weithin anerkannte Methode. An Christine ist besonders bemerkenswert, wie sie als Frau auf ihrem Recht besteht, die Vergangenheit von einem frauenfreundlichen Standpunkt aus zu beurteilen und als Verteidigerin der Frauen aufzutreten.

Nachdem sie in Frage gestellt hatte, daß die historische Überlieferung der Wahrheit entspricht, indem sie auf die Voreingenommenheit in der Wahrnehmung der Männer hinwies, versuchte Christine, jedem der üblichen Vorurteile gegenüber Frauen etwas entgegenzusetzen. Männer hatten behauptet, Frauen regierten falsch, wenn sie Macht erhielten. Christine wies dieses Argument zurück, indem sie eine lange Liste von *exempla*, beispielhaften Frauen, zitierte, die sehr weise und gut regiert hatten. Sie widersprach der Behauptung von der geistigen Minderwertigkeit der Frauen mit der Aufzählung vieler Frauen, die hervorragende Leistungen in der allgemeinen Bildung, in der Dichtkunst, in den Wissenschaften und in der Philosophie vollbracht hatten. Hier wie bei anderer Gelegenheit vermischte sie Personen der Geschichte mit allegorischen und mythologischen Gestalten. Sie versuchte außerdem, die Überlegenheit der weiblichen Empfindsamkeit und Fürsorglichkeit herauszustellen, indem sie eine Vielzahl von tugendhaften Frauen und Müttern, keuschen Jungfrauen und sich selbst aufopfernden Frauen nannte. Alle diese Beweise dienten als allegorische Bausteine zur Errichtung der Stadt der Frauen. Als sie fertiggestellt war, wurde die Königin des Himmels eingeladen, ihre erste Bewohnerin zu sein, versorgt von einer großen Zahl weiblicher Heiliger.

Nachdem die Stadt vollendet war, widmete Christine sie den »Frauen der Vergangenheit, Gegenwart und Zukunft«, bot sie die Stadt allen Frauen als ihre Zuflucht an und forderte sie auf, die Stadt gegen Feinde und Angreifer zu verteidigen und zu schützen. Als Feinde bezeichnete sie ganz ausdrücklich Männer, die die Frauen »allerorts aller erdenklicher Laster zeihen«, und sie drängte die Frauen, vor den Verleumdungen, den trügerischen Annäherungsversuchen der Männer zu fliehen, und forderte: »Laßt es Euch angelegen sein, ... durch Eure Tugendhaftigkeit anziehend zu wirken, ... betreibt den Ausbau Eurer Stadt, vermehrt die Anzahl ihrer Bewohnerinnen und übt Euch in Heiterkeit und Rechtschaffenheit!«[29]

Die allegorische Stadt der Frauen, in der mutige Verfechterinnen von Würde und Kühnheit leben, ist Ausdruck der ersten gezielten Anstrengung einer Frau, eine Frauengeschichte zu entwerfen, die das Entstehen eines kollektiven Bewußtseins von Frauen fördern soll. Ihr Versuch, eine einheitsstiftende Ideologie entstehen zu lassen, ist ganz bewußt breit angelegt. An verschiedenen Stellen spricht sie von »Frauen aller Stände – ob vornehmer, bürgerlicher oder niedriger Herkunft«, und selbst ihre scheinbare Unterscheidung von tugendhaften und anderen Frauen muß nicht besonders ernst genommen werden, denn in ihren verschiedenen Listen bezieht sie recht ungezwungen böse und sogar sündige Frauen mit ein.[30] Ihr wesentlicher Beitrag war nicht nur der Versuch, frauenfeindliche Argumente anhand von historischem Material zurückzuweisen, sondern auch das Beharren darauf, daß patriarchale Verallgemeinerungen und Redensarten im Licht der vergangenen und gegenwärtigen Erfahrungen von Frauen bewertet und überprüft werden müßten. Was Christine de Pizan den Frauen anzubieten hatte, war die Einsicht, daß Frauen sich zu ihrer Verteidigung an andere Frauen wenden müssen und daß die kollektive Vergangenheit der Frauen in ihrem Kampf um Gerechtigkeit eine Quelle der Kraft sein kann.

Christine de Pizan war eine der wenigen Frauen des Mittelalters, deren Werke schon zu Lebzeiten der Verfasserin viel gelesen, übersetzt und weit verbreitet wurden und auch Jahrhunderte später noch Beachtung fanden. Offensichtlich kannten zwei feministische Autoren, deren Werke ein Jahrhundert nach Christines Tod veröffentlicht wurden, Christines Bücher. Der Deutsche Heinrich Cornelius Agrippa von Nettesheim (1529) erklärte in seiner umfassenden und ausdrücklich feministischen Argumentation die Überlegenheit der Frauen auf die gleiche Art wie Christine: daß sie nämlich im Paradies wie die Engel erschaffen und aus einem feineren Material gemacht worden seien. Er gab Christine nicht als Quelle an. François de Billon hingegen, der in einem Essay ähnlichen Inhalts die Überlegenheit der Frauen verkündete und sich dabei auf Christines Argumentation stützte, zählte diese gemeinsam mit Hélisenne de Crenne zu den hervorragenden weiblichen *exempla*.[31]

Doch die wichtigsten feministischen Einsichten Christine de Pizans blieben viele Jahrhunderte lang ohne Widerhall bei den Frauen. Ohne eine gesellschaftliche Organisation und ohne Gemeinschaften von Frauen, die ihre Ideen hätten aufnehmen und weiterführen können, fielen diese neuen und für die damalige Zeit revolutionären Ideen wie Samen auf felsigen Grund. Bei der Durchsicht der Listen berühmter Frauen, die von Feministinnen in den nächsten Jahrhunderten zusammengestellt wurden, werden wir sehen, daß die meisten von ihnen nichts vom Leben und Werk Christines wußten. Die Frauengeschichte konnte nicht als Ergebnis nur intellektueller Bemühungen, nicht ohne eine soziale Bewegung von Frauen entstehen.

Einige Jahrzehnte nach Christine de Pizans Tod bildeten sich an italienischen Fürstenhöfen der Renaissance erste Gruppierungen von gebildeten Frauen. Manche von ihnen entstanden aufgrund von verwandtschaftlichen Beziehungen oder Ehen; andere Frauen waren durch die weite Verbreitung ihres Rufs aufeinander aufmerksam geworden. Diese Art eines oft nur geringen Kontakts läßt sich nicht als Frauennetzwerk bezeichnen, doch hier sind zum ersten Mal Ansätze eines noch sehr lockeren Austauschs von Wissen zwischen Frauen zu erkennen. Laura Cereta (1469–1499) wurde von ihrem Vater, Silvestro Cereta, einem Mitglied der herrschenden Elite in Brescia, unterrichtet und begann mit schriftstellerischen Arbeiten, bevor sie mit 15 Jahren heiratete. Anders als die meisten Frauen ihrer Zeit konnte sie ihre Studien noch während ihrer dreijährigen Ehe und der anschließenden Witwenzeit weiterführen. Doch wie die meisten gebildeten Frauen ihrer Zeit wurde auch sie verdächtigt, die Arbeit eines Mannes abgeschrieben und als die eigene präsentiert zu haben, in diesem Falle Arbeiten ihres Vaters. In einem Schreiben, mit dem sie sich gegen diese Anschuldigung zur Wehr setzte, erklärte Cereta, daß sie ihr ganzes Geschlecht verteidigen müsse, und stellte eine Liste von gelehrten Frauen seit dem Altertum zusammen. Die meisten Namen waren der Aufstellung Boccaccios entnommen, einige stammten von Diogenes Laertius. Am interessantesten ist, daß Cereta einige ihrer Zeitgenossinnen in die Liste aufnahm, so Isotta Nogarola, Cassandra Fedele und Nicolosa Sanuto von Bologna. In einem anderen Brief an einen sie verleumdenden Mann machte sich Cereta auch ein biblisches Argument zu eigen, dessen Isotta Nogarola sich zuerst bedient hatte. Daraus ergibt sich, daß sie etwas von den Arbeiten ihrer Zeitgenossinnen wußte und zumindest einige auch gelesen hatte.[32]

Eine weitere geistreiche Verteidigung der intellektuellen Fähigkeiten von Frauen und der langen Geschichte ihrer Leistungen und Erfolge erschien 1600 in Italien aus der Feder einer Lucretia Marinella.[33] Ihre Liste zahlreicher bemerkenswerter Frauen enthielt viele der auch von ihren Vorgängern und Vorgängerinnen aufgezählten Frauen, stützte sich aber eindeutig nicht auf eine bloße Kopie der Liste Boccaccios. Marinella zitierte viele von Boccaccio nicht genannte Autoren als für sie maßgebliche Autoritäten, selbst für die von Boccaccio aufgezählten Frauen. Sie scheint sehr belesen gewesen zu sein und fügte sehr geschickt zwischen den gewöhnlich in den Listen enthaltenen Frauen des Altertums und aus der christlichen Literatur die Namen von Herrscherinnen und frommen Frauen des Mittelalters ein. Sie bezieht sich auf Elisabeth von Schönau, Roswitha von Gandersheim, Hildegard von Bingen und eine Reihe von gelehrten Frauen der Renaissance. Doch vor allem stützt sie sich auf die Autorität von profeministischen Männern. Es entsteht der Eindruck, daß sie deren Werke gründlich gelesen hat, die Schriften der Frauen aber nur vom Hörensagen kennt. Wie de Pizan vor ihr argumentiert Marinella zugunsten der Überlegenheit der Frauen, aber sie verwendet einen großen Teil ihrer Beweisführung darauf, *exempla* anzuführen für die Fehler und Mängel von Männern.

In der ersten Hälfte des 17. Jahrhunderts engagierten sich die gebildeten Frauen in England im Krieg der Streitschriften, den wir bereits als die *Querelle des femmes* erörtert haben. Eine der Autorinnen solcher Pamphlete, die unter dem Pseudonym Ester Sowernam schrieb, untermauerte ihre Argumentation mit einer Liste von »bemerkenswerten Frauen«, die in mancher Hinsicht über die Aufzählungen hinausgeht, die bis dahin von anderen Verteidigern des weiblichen Geschlechts vorgelegt worden waren. Ihre Liste der in der Bibel erwähnten Frauen war nicht Boccaccios Text entnommen, sondern beweist ihr eigenes Bibelstudium, denn sie belegte jeden Eintrag mit Kapitel- und Versangabe. Zusätzlich zur üblichen Aufzählung der Frauen der Patriarchen, der Prophetin Debora, der heroischen Jael und Judith, erwähnte sie namenlose Frauen, die Großes leisteten, Michal und Abigail als weise Beraterinnen und die tugendhafte Susanna. Die Beschreibungen der Taten dieser Heldinnen sind originell und charakteristisch. Durch eine ähnlich genaue Lektüre des Neuen Testaments erarbeitete sie sich eine eigene Liste hervorragender Frauen. Außerdem fügte sie einer kurzen Aufstellung von Frauen des Altertums eine Liste englischer Königinnen, darunter Elizabeth I., hinzu.[34] Obwohl wir wissen, daß Rachel Speght Sowernams Streitschrift kannte, gibt es in den Texten von Sowernam keinen Hinweis auf Speght. Und keine der beiden bezog sich auf irgendeine schreibende Frau vor ihr.[35]

Die Debatte über Frauenbildung in Europa brachte es mit sich, daß einige Schriften entstanden, in denen Listen von »bemerkenswerten Frauen« dazu dienen sollten, die wichtigsten Argumente zu stützen. Einer der frühesten und meistzitierten männlichen Verteidiger der Frauen war Heinrich Cornelius Agrippa von Nettesheim, der sein Buch 1529 in Antwerpen veröffentlichte, das dann innerhalb von fünfzig Jahren in fünf anderen Sprachen aufgelegt wurde. Kurz danach erschien 1555 das von François Poulain de la Barre zur Verteidigung der Frauen vorgelegte Buch. Beide Männer wurden in späteren Schriften zum gleichen Thema häufig als Autoritäten zitiert.[36] In Deutschland veröffentlichte Johann Frauenlob 1631 eine mit ausführlichen Anmerkungen versehene Liste von angesehenen Frauen, die nicht nur auf Boccaccio zurückging, sondern auch auf Coelius, Angelo Poliziano und mehrere römische Quellen.[37] Obwohl er Christine de Pizan in seiner Aufstellung nannte, bezog er sich nicht auf die Frauen, über die sie im *Buch von der Stadt der Frauen* geschrieben hat. Es ist interessant festzustellen, daß er in seine Liste nicht nur die Namen vieler deutscher Frauen zu den angesehenen Frauen hinzufügte, sondern sehr sorgfältig die meisten gelehrten Frauen der italienischen Renaissance nannte. Es ist anzunehmen, daß in der Mitte des 17. Jahrhunderts die berühmten gebildeten Frauen Europas den gebildeten Männern in Europa bekannt waren. Erstaunlich und bestürzend ist jedoch die Tatsache, daß sie den Frauen weniger bekannt waren.

Die Argumentation zugunsten der Frauenbildung wurde vorangetrieben durch eine gemeinsam von Johannes Sauerbrei, Professor in Coburg, und Jacob Thomasius, Lehrer von Leibniz, verfaßte Schrift. Sie erschien 1671, wurde viel zitiert und 1676 nachgedruckt.[38] Auch hier wird zur Unterstützung der Forderung, die Bildungschancen der Frauen zu verbessern, eine lange Liste »verehrungwürdiger Frauen« beigegeben, in der die meisten der von Frauenlob Genannten aufgeführt sind.[39] Thomasius/Sauerbrei bezogen sich bei den von ihnen gegebenen Informationen auf viele männliche Autoritäten, darunter fünf Humanisten, angefangen bei Boccaccio und unter Einschluß von Agrippa. Wieder werden weder die Arbeiten von Frauen als Quellen noch sie selbst als Autoritäten berücksichtigt.

Der Deutsche Christian Franz Paullini zählte in seiner Verteidigung der Frauenbildung, die 1705 veröffentlicht wurde, 270 gebildete Frauen in Deutschland auf.[40] Diese Liste schließt auch »Absonderlichkeiten« mit ein, etwa verkrüppelte oder behinderte Frauen. Ein wissenschaftlicheres Werk, das auch Quellen für die lange Liste von gelehrten Frauen angibt, wurde ein Jahr später von Johann Eberti publiziert.[41]

Das Aufstellen von Listen angesehener Frauen entwickelte sich zu einem eigenen literarischen Genre. Es war Ausdruck des ansatzweisen Versuchs, eine Frauengeschichte zu schaffen und, wie wir gesehen haben, ein Nebenprodukt der Debatten über den Platz der Frauen in der Gesellschaft und über ihre Erziehung und Bildung. Diese Praxis wurde wieder aufgenommen und mit einer neuen Bedeutung versehen, als besonders im 18. und 19. Jahrhundert Frauen und Männer umfangreiche, manchmal mehrbändige

Werke herausbrachten, die zur literarischen Unterhaltung eines wachsenden weiblichen Lesepublikums die Leistungen und Erfolge von Frauen beschrieben. Ein Vorläufer dieser Art von Publikationen in England war das Werk von Thomas Heywood, der sich um eine repräsentative Auswahl bemühte, indem er drei Jüdinnen, drei Adlige und drei christliche Frauen in seinem Buch *The Exemplary Lives and Memorable Acts of the Most Worthy Women of the World* (Das beispielhafte Leben und die erinnerungswürdigen Taten der bemerkenswertesten Frauen der Welt)[42] behandelte. Eine frauenfreundlichere Tendenz bestimmte die Arbeit des Schneiders und Amateurantiquars George Ballard, der nicht nur die Namen von Frauen aufzeichnete, die wegen ihrer schriftstellerischen Arbeit oder ihrer Sprachkenntnisse Beachtung gefunden hatten, sondern versuchte, Kurzbiographien und Werkverzeichnisse hinzuzufügen. Seine Arbeit stützte sich auf selbständige Forschungsarbeiten, und die Angaben, die er machte, sind im großen und ganz korrekt.[43] Es ist zu beachten, daß Ballard zu diesem Werk durch Elizabeth Elstob angeregt wurde und das Projekt mit ihr diskutierte. Elstob selbst hatte schon sehr viel früher angefangen, über bemerkenswerte Frauen zu forschen, und über vierzig von ihnen finden sich Eintragungen in ihren Notizbüchern; doch sie hatte das Projekt aufgegeben.[44]

Ähnliche Bände mit Zusammenstellungen biographischen Materials erschienen in Frankreich und anderen europäischen Ländern. Ich will nur eine dieser Ausgaben wegen ihrer ungewöhnlichen Gestaltung hier besprechen, *Les Femmes illustres* (Berühmte Frauen) von Madeleine de Scudéry. Die Autorin, vor allem als Salonière und als äußerst rege Romanautorin des 17. Jahrhunderts bekannt, stellte hier biographische Angaben und fiktive Reden zusammen, die angeblich von den dargestellten Frauen gehalten worden waren. Sie stellte vierzig Frauen vor, vor allem aus dem Altertum, gab aber der Dichterin Sappho, die erklärt hatte, eine Frau könne die Aufmerksamkeit der Nachwelt nur durch ihre Dichtung gewinnen, als der von ihr am höchsten geschätzten Frau einen besonderen Platz.[45]

In England setzte sich das Bemühen um solche Zusammenstellungen fort mit der Veröffentlichung der Arbeiten einiger Frauen. Als Antwort auf das Erscheinen des Gedichts *The Feminead* (1754) von John Duncombe publizierte Mary Scott, die sich dagegen wandte, daß nur fünfundzwanzig Dichterinnen auf seiner Liste standen, ein Gedicht unter dem Titel *The Female Advocate...*, in dem sie neunundvierzig englischsprachige Dichterinnen aufzählte.[49] Interessanterweise bezog ihre Aufstellung Phillis Wheatley mit ein, die amerikanische Sklavin, deren Gedichtband erst kurz zuvor in England bekannt geworden war. Mary Hays' *Female Biography or Memoirs of Illustrious and Celebrated Women of All Ages and Countries*

(Biographien oder Memoiren von außergewöhnlichen und gefeierten Frauen aller Zeiten und aller Länder), die sich überwiegend auf Ballard stützte, bemühte sich um möglichst weitgehende Vollständigkeit und hatte einen Umfang von sechs Bänden, während Mary Roberts' *Select Female Biography: Comprising Memoirs of Eminent British Ladies* (Ausgewählte Biographien von Frauen: Memoiren bedeutender britischer Damen) sehr stark auswählte.[47]

Biographien bedeutender Frauen, geschrieben für literarisch interessierte Leserinnen, wurden im 19. Jahrhundert zu einem beliebten Genre in England und anderen europäischen Ländern.[48]

In den USA entsprach den Kriterien dieses Genres die zweibändige *History of Women* von Lydia Maria Child.[49] Der erste Band enthält eine Sammlung von ethnographischen, anekdotenhaften und kulturbezogenen Angaben über Frauen außerhalb Europas und Amerikas. Im zweiten Band sind Frauen von Leistung und Ruhm nach chronologischen und regionalen Gesichtspunkten aufgelistet. Child benutzt frühere Zusammenstellungen, einschließlich derjenigen von Boccaccio, und andere Werke als Quellen. Die einzigen Autorinnen, auf die sie sich stützt, sind Reiseschriftstellerinnen und Phillis Wheatley. Die übergangenen Frauen sind interessanter als die von ihr einbezogenen, etwa wenn unter »Verteidigung der Frauen« Margarete von Navarra erwähnt ist, aber weder Christine de Pizan noch Mary Wollstonecraft. Frances Wright, die kurz vor dem Erscheinen der Bände von Child in den Städten an der Ostküste weithin publik gewordene und sehr umstrittene öffentliche Vorträge zugunsten der Frauenrechte und sexueller Freiheit gehalten hatte, wurde von Child in einer gelegentlichen Anmerkung abgetan als moderne Schülerin der »Ungläubigen der Französischen Revolution«.[50] Childs Versuch einer kultur- und gesellschaftsbezogenen Diskussion der Lebensumstände von Frauen ist zwar neu, ihre Liste jedoch sehr traditionell.

Ein anderes Beispiel für diese Literaturgattung ist Harriet Beecher Stowes Auswahl von Biographien, *Woman in Sacred History: A Series of Sketches Drawn from Scriptural, Historical and Legendary Sources* (Die Frau in der Glaubensgeschichte: Einige Skizzen nach der Bibel, der Geschichte und Legenden), die sich auf das Alte und das Neue Testament stützt.[51] Die einzelnen Beiträge sind geschönte literarische Überarbeitungen der biblischen Geschichten, wobei die Überzeugung der Autorin, das Christentum sei eine befreiende Kraft für Frauen, das einzige interpretative Merkmal des Bandes ist. Dieselbe Überzeugung motivierte Phebe A. Hanaford zu ihrer Arbeit *Daughters of America, or Women of the Century* (Töchter Amerikas, Frauen des Jahrhunderts).[52] In ihren Erläuterungen zu den Frauen des

Alten Testaments unterstrich sie, daß »die Helden« ihre Frauen schlecht behandelten. Sie verband diese Art der Belehrung mit der Behauptung, daß die Frauen in Amerika ihr Potential am uneingeschränktesten verwirklichen könnten. Ein ähnlich übertreibender und patriotischer Ton ist charakteristisch für eine Reihe anderer Anthologien dieser Art, die im letzten Jahrzehnt des 19. Jahrhunderts in den USA veröffentlicht wurden und alle von starken protestantischen, weißen und angelsächsischen Voreingenommenheiten geprägt waren.[53]

Sarah J. Hale, Herausgeberin von Godeys *Lady's Book*, bezieht sich in ihrer Einleitung auf ein Dutzend solcher Bücher, die innerhalb von drei Jahren vor ihrer Veröffentlichung erschienen waren. Sie betrachtete ihre Arbeit als eine Hilfe und einen Ansporn für die Verbesserung der Frauenbildung und erhob den Anspruch, »aus den Annalen der Welt die Namen und Geschichten aller bedeutenden Frauen«, die eine Gesamtzahl von 2 500 Namen ausmachten, gesammelt zu haben. Dem Zweck entsprechend widmete sie den Band den »Männern Amerikas, die in ihren die Frauen betreffenden Gesetzen und Umgangsformen mehr Gerechtigkeit und noble Gesinnung zeigen, als von Männern irgendeines anderen Landes jemals aufgebracht worden sind...«[54] Hale beteuerte, daß sie keinerlei Sympathie mit den Frauenrechtlerinnen hegte und die Gleichheit von Männern und Frauen für ein törichtes Ziel hielte. Sie betrachtete die Frau vielmehr als »von Gott ernannte Botschafterin der *Moral*, als Lehrerin und Förderin der ... Tugenden der Menschheit«.[55] Ihre Auswahl von Frauennamen ist weit umfangreicher als jede vorher veröffentlichte Liste. Doch sie berücksichtigte keine Frau, die sie nicht für respektabel hielt, etwa Wollstonecraft oder Frances Wright; sie ließ die Frauen in der Antisklavereibewegung außer acht und nannte keine der Frauen, die sich in der Frauenrechtsbewegung engagierten. Auch der Platz, den sie den einzelnen Kategorien von Frauen einräumte, verrät ihre Voreingenommenheit: Die erste und zweite »Ära« ihrer historischen Übersicht enthalten 53 Namen auf 149 Textseiten. Die dritte Ära, von 1500 bis 1820, hielt sie für besonders bemerkenswert, weil sich da die Genialität und die Entwicklung der angelsächsischen Frauen bewiesen hätten. In diesem Abschnitt sind 104 Namen auf 312 Seiten abgehandelt worden. Der letzte Abschnitt bezieht sich nur auf 30 Jahre, 1820 bis 1850, enthält aber Ausführungen zu 57 Namen auf 266 Seiten. Hale fand ihre Zeitgenossinnen so wichtig, daß sie in diesem Abschnitt wiederholt Auszüge aus deren Werken abdruckte. Typisch ist, daß Hales Eintragung über Christine de Pizan eine ausführliche Biographie mit langen Ausführungen über die Männer in Pizans Leben enthält sowie eine Liste der von ihr veröffentlichten historischen Titel, aber keinen Hinweis auf *Das Buch von der Stadt der Frauen*.

Die feministischen Autorinnen solcher Zusammenfassungen waren nicht weniger gegenwartsbezogen. Das anspruchsvollste Buch aus ihren Reihen wurde 1893 von Frances E. Willard, der Präsidentin der Women's Christian Temperance Union, und Mary A. Livermore, einer Reformerin und Führerin der Frauenrechtsbewegung, veröffentlicht. *A Woman of the Century*... (Eine Frau des Jahrhunderts) besteht aus 1470 biographischen Skizzen mit Photographien der »Führenden amerikanischen Frauen in allen Lebensbereichen«.[56] Die Herausgeberinnen hielten das 19. Jahrhundert für das Jahrhundert der Chancen für Frauen und machten sich daran, »diesen Rosenkranz der Fortschritte des 19. Jahrhunderts«[57] zusammenzustellen. Sie gliederten die Beiträge in alphabetischer Reihenfolge und mit einer Standardlänge der Angaben zur Biographie und den Veröffentlichungen der einzelnen Frauen. Das Buch wirkt sehr professionell gemacht und ist nach dem Muster der *Nationalen Enzyklopädie* und anderer biographischer Lexika entworfen. Doch der selbstbewußte, salbungsvolle Ton der Beiträge und die Auswahl der berücksichtigten Personen lassen die belehrende Absicht der Autorinnen erkennen. Dieser Band würdigt Frauen, die in den Bereichen der Kirche, der Wohlfahrt und der Erziehung aktiv waren, die Art von Frauen, die in den Kulturprogrammen der Frauenklubs hervorgehoben wurden, die überall in den USA aus dem Boden schossen. Die Auslassungen sind ebenso vielsagend: Es ist nicht eine Afroamerikanerin zu finden, und alle berühmten Frauen, denen auch nur die Spur eines »Skandals« anhaftete, etwa eine Scheidung, wurden nicht aufgenommen. Frances Wright, Ernestine Rose, Frances Kemble, Margaret Fuller bestanden die »Respektabilitätsprüfung« nicht und wurden deshalb ausgelassen.

Die Listen der berühmten Frauen offenbaren wie alle Bemühungen um wiedergutmachende Geschichtsforschung die Voreingenommenheit derer, die sie erstellt hatten, damit sie belehrend wirken. Das ist weder überraschend, noch setzt es die Bedeutung ihres Unterfangens oder das Bedürfnis nach Heldinnen, das dadurch zum Ausdruck kommt, herab. In einem eher lokalen Maßstab finden wir zahllose Zusammenstellungen solcher Frauen nach ihrer jeweiligen regionalen Bedeutung oder wegen ihrer besonderen Funktion als Erzieherinnen, Missionarinnen oder als Wegbereiterinnen im einen oder anderen beruflichen Bereich.[58] Von großer Wirkung war die bahnbrechende Liste von verdienten Afroamerikanerinnen im Bildungsbereich, in den Kirchen, den Missions- und Wohlfahrtsorganisationen, die in einem Buch mit Essays und Gedichten von Gertrude E. H. Mossell erschien.[59] Wie seine von weißen Frauen geschriebenen Gegenstücke stammte dieses Buch aus dem Umfeld der schwarzen Frauenklubbewegung und diente den Interessen eines sich erweiternden Kreises von Leserinnen.

Als Frauen darum kämpften, Zugang zu den Institutionen der höheren Bildung zu erhalten, traten sie dem Argument, sie seien nicht lernfähig, mit dem Hinweis auf die Leistungen von gebildeten Frauen in der Vergangenheit entgegen. Dies läßt sich verstehen als die Fortsetzung der jahrhundertelangen *Querelle des femmes* auf eine konzentriertere und intensivere Weise, aber immer noch ohne Kenntnis der Werke und der Argumentationen ihrer Vorgängerinnen. Keins der mir bekannten und von mir zitierten Verzeichnisse machte Angaben über die Frauen der vergangenen Jahrhunderte, die sich für die Frauenrechte eingesetzt hatten, einmal abgesehen von einigen Wegbereiterinnen der Frauenbildung. Wie wir gesehen haben, wurden beim Zusammenstellen der Listen nur die von Männern präsentierten Quellen berücksichtigt, während diejenigen der Frauen, die früher veröffentlicht worden waren, den Autorinnen entweder nicht bekannt waren oder nicht herangezogen wurden. So realisierte sich das Bedürfnis nach der Frauengeschichte in einer Form, die ich im Hinblick auf die Bibelkritik durch Frauen schon dargestellt habe: Frauen ohne Kenntnis ihrer eigenen Geschichte mußten das Rad wieder und wieder neu erfinden.

Die Geschichtsschreibung, die sich mit Frauen befaßte, nahm eine mittelalterliche Tradition wieder auf: Frauen schreiben die Biographien von Frauen. Seit dem 18. Jahrhundert läßt sich dies in allen Ländern beobachten. Obwohl es auch früher schon einzelne biographische Werke gegeben hat, nimmt diese Literaturgattung nach 1850 einen unerwarteten, sprunghaften Aufschwung, denn nun kann eine große Zahl von Leserinnen für den finanziellen Erfolg solcher Bücher sorgen.[60]

Doch gegen Ende des 19. Jahrhunderts wird in den Bemühungen der Frauen in den USA eine neue Orientierung im Interesse des Entstehens einer Frauengeschichte erkennbar. Sie befassen sich nicht länger ausschließlich mit der Zusammenstellung von weiblichen Leitfiguren, denen sie und ihre Töchter nacheifern können. Jetzt gehen sie daran, systematisch das Quellenmaterial für die Darstellung der Frauengeschichte zu sammeln und ihre eigenen Leistungen im Erziehungswesen, in den Reformeinrichtungen, in den Kirchen, in den Frauenklubs und in bestimmten Gemeinschaften zu belegen und diese Aufzeichnungen für die Zukunft zu sichern. Auf diese Anfänge geht die umfangreiche Sammlung von Quellenmaterial zur Frauengeschichte, *Women's History Sources Survey*, zurück, in dem die umfangreichen Materialien in den Archiven der verschiedenen Staaten der USA verzeichnet sind.[61] Das Selbstbewußtsein der Frauen als Gruppe, ihr Wissen um den Wert ihrer Arbeit in Gemeinden und Organisationen kam in einer neuen und veränderten Einstellung zur Dokumentation ihrer Tätigkeit zum Ausdruck. Frauen konzentrieren sich nicht länger auf »hervorragende« Frauengestalten und die Verehrung von weiblichen Führungsfiguren. Nun halten sie fest, was sie im Alltag tun, die kaum meßbare gemeinschaftsgestaltende Arbeit der gewöhnlichen Frau.[62] Ob sie es wissen oder nicht, dieses Bemühen knüpft ein Band zwischen ihnen und den anonymen Nonnen, die ein »Schwesternbuch« schrieben, um die Geschichte ihres Ordens festzuhalten, und stellt eine Verbindung her zu der langen Reihe von Listenschreiberinnen, die versuchten, die Existenz einer Frauengeschichte stückchenweise aus dem herauszusuchen und zusammenzufügen, was die Geschichte der gebildeten Männer an Material dafür hergab.

Die größte feministisch orientierte Sammlung dieser Art war das sechsbändige Werk *History of Woman Suffrage* (Geschichte der Frauenrechtsbewegung), das von Elizabeth Cady Stanton, Susan B. Anthony und Matilda Joslyn Gage mit Beiträgen von Frauen aus allen Staaten herausgegeben wurde.[63] Den Feministinnen, die sich hier engagierten, war bereits bewußt, was das Fehlen einer Frauengeschichte für die Frauen als gesellschaftliche Gruppe bedeutet hatte, und sie verstanden, wie ungenau auch immer, daß es zur Erschaffung von Geschichte zunächst einmal nötig ist, über Quellen zu verfügen. Sie wußten um die Gefahr, daß ihre Bewegung, die zusammen mit der Frauenklubbewegung die größte Massenorganisation und die größte Koalition des Jahrhunderts war, vergessen werden könnte, wenn ihre Unterlagen verlorengingen. Das Bemühen um die Erhaltung der Aufzeichnungen war das wichtigste Anliegen der Herausgeberinnen des Werkes. Ihre recht zufallsbestimmte Zusammenstellung der Dokumente, die sie auftreiben und erhalten konnten, war ein unschätzbarer Beitrag, trotz der offensichtlichen Fehler.

Die *History of Woman Suffrage* ist eine unvollständige, fehlerhafte und von erheblichen Vorurteilen bestimmte Quellensammlung. Sie verzeichnet die Ursprünge der Bewegung, indem sie die Bedeutung vieler aktiver Frauen und Vorläuferinnen ignoriert oder herunterspielt, um die Führungsfunktion einiger weniger Frauen zu betonen. Die starke weltliche Ausrichtung der Herausgeberinnen und ihre Enttäuschung über die Haltung der organisierten Kirchen in bezug auf den Kampf der Frauen um ihre Emanzipation werden deutlich in der Art, in der sie die Bewegung als überwiegend politisch und verfassungsorientiert charakterisieren, ohne die wichtigen feministischen Kämpfe in den verschiedenen Kirchen während des vergangenen Jahrhunderts zu berücksichtigen.[64] Es sind auch fraktionsspezifische Bewertungen zu erkennen im Herunterspielen der Bedeutung der Frauen, die sich 1869 von Stanton und Anthony trennten – eine Verfälschung der Tatsachen, die sich besonders in der Beurteilung der Rolle von Lucy Stone zeigt. Doch trotz alledem haben diese Bände die Grundlage für mehr als hundert Jahre Geschichtsschreibung zum Thema geschaffen, und im Rahmen dessen, was Mary Beard »die lange Geschichte der Frauen« nannte, sind sie ein Meilenstein.

Die Befürworterinnen der Frauenrechte und der Frauenemanzipation machten sich Gedanken um ihren Platz in der Geschichte und zeigten das, indem sie übereinander Biographien schrieben, Autobiographien veröffentlichten und ihre Korrespondenz aufbewahrten.[65] Der von der *History of Woman Suffrage* ausgehende Impuls war auch erkennbar in den ersten Versuchen, eine Darstellung der Frauengeschichte zu schreiben, die Geschichte der Aktivitäten in den Frauenorganisationen sowie in dem ersten Bemühen um eine theoretische Klärung des Status von Frauen in verschiedenen Gesellschaftsordnungen zu allen Zeiten.[66]

Am Ende des 19. Jahrhunderts, in einer Zeit, als die Massenbewegung der Frauen die Voraussetzungen für das Sammeln und Interpretieren von Quellen zur Frauengeschichte schuf, fand sich die akademische Welt in ihren Lehrbüchern, Monographien und in der Lehre nicht bereit, die Existenz der Frauengeschichte anzuerkennen. In den 1880er Jahren kam es zur Entwicklung der modernen amerikanischen Universitäten und zur Professionalisierung von Geschichtsforschung und -interpretation als besondere Disziplin. Die geschlechtsspezifische Diskriminierung von Frauen wurde durch die Einrichtung von Graduate Schools (Studium für Doktoranden) noch durchgehender institutionalisiert, denn Frauen waren so gut wie ausgeschlossen und mußten sich den Zugang über eine lange Zeit hart erkämpfen. Die akademische Geschichtswissenschaft als Ergebnis der Arbeit von akademisch ausgebildeten Fachhistorikern bestätigte und bekräftigte die Marginalisierung von Frauen im historischen Zusammenhang. Und die Kluft zwischen den informellen Bemühungen, eine Frauengeschichte zu schaffen, und dem, was die Fachhistoriker als Geschichte erforschten und lehrten, wurde immer breiter.

Die kleine Gruppe der Geschichtswissenschaftlerinnen nahm damals aktiv an der Professionalisierung der Geschichtswissenschaft teil, aber ihre Einstellungschancen waren gering. Die Mehrzahl von ihnen war auf die Berufsausübung in Frauencolleges verwiesen. Nur eine von neun akademisch ausgebildeten Historikerinnen in der Progressiven Periode, so die Studie von Kathryn Sklar, unterrichtete in einem College für männliche und weibliche Studierende – Mary Barnes in Stanford während der letzten fünf Jahre ihres Berufslebens.[67] Selbst wenn diese professionell ausgebildeten Historikerinnen im Universitätsbetrieb einen Fuß auf den Boden bekamen, so nur dann, wenn sie sich in den traditionellen Arbeitsgebieten des Fachbereichs auszeichneten. Nur zwei von ihnen schrieben über Frauengeschichte. Dr. Kate Hurd-Mead, eine Medizinerin, wurde am Ende ihrer glänzenden Karriere Historikerin und schrieb eine Geschichte der Frauen in den Naturwissenschaften. Helen Sumner, eine Historikerin der Arbeiterbewegung, konzentrierte sich in einer bahnbrechenden Untersuchung auf die Geschichte der arbeitenden Frauen, die als Regierungsveröffentlichung weite Verbreitung fand und noch immer eine der einschlägigen Quellen zum Thema ist.[68]

Auch im 20. Jahrhundert noch, als wissenschaftlich gut ausgebildete und vollqualifizierte Historikerinnen anfingen, das Thema der Marginalisierung von Frauen bei der Erschaffung des Kulturprodukts zu erörtern, wurden ihre eigenen Arbeiten dennoch entweder in ihrer Bedeutung geschmälert oder aber ganz übergangen. Wie ihre Vorgängerinnen hatte die zweite Generation von Fachhistorikerinnen sich zentimeterweise, Schritt für Schritt, den Zugang zu gleichen Beschäftigungschancen auf dem akademischen Arbeitsmarkt zu erkämpfen sowie den gleichberechtigten Zugang zu Forschungsmitteln und Veröffentlichungsmöglichkeiten und die gleichen Chancen zur Präsentation von Forschungsergebnissen bei fachwissenschaftlichen Kongressen. Die kleine Gruppe von Pionierinnen, die 1929 die erste Berufsorganisation von Historikerinnen gründete und sich von 1934 an jährlich einmal bei der Berkshire History Conference traf, um Frauen die Möglichkeit zu geben, sich Gehör zu verschaffen und Kolleginnen Unterstützung anzubieten, hatte begriffen, daß Frauen ohne ein Netzwerk zur gegenseitigen Unterstützung keine Chance haben würden, sich innerhalb der gegebenen Beschränkungen einer jahrhundertealten männlichakademischen Tradition zu behaupten.

Aus dieser Generation von Historikerinnen kamen die wenigen Frauen, die in den späten 1930er Jahren Monographien zur Frauengeschichte in der Kolonialzeit und in den Südstaaten und zur Geschichte der Frauenbildung verfaßten, die für die künftige Entwicklung in diesem Bereich von wegweisender Bedeutung waren.[69]

Inzwischen übernahmen nichtakademische weibliche Intellektuelle die Forderung, Frauengeschichte als Disziplin anzuerkennen. Die wenigen Arbeiten, die in der ersten Hälfte des 20. Jahrhunderts erschienen, waren meistens von Frauen außerhalb der Universitäten geschrieben worden und wurden von den Fachwissenschaftlern nicht beachtet.[70]

Die wichtigste dieser Arbeiten, Mary Beards *Woman as Force in History*, wurde von akademischen Rezensenten lächerlich gemacht und auf andere Weise übergangen.[71] Doch es war Mary Beard, die, bis ins 15. Jahrhundert zurückgehend, das Thema wieder aufnahm, das Christine de Pizan aufgeworfen hatte und das so lange aus dem Bewußtsein der Frauen getilgt zu sein schien. Als gut ausgebildete Historikerin, die ganz bewußt beschlossen hatte, nicht der akademischen Gemeinschaft anzugehören, versicherte Mary Beard kühn, daß Frauen zu allen Zeiten eine historische Kraft waren und weiter sind. Frauen hätten eine zentrale Bedeutung für den Gang der Geschichte, und Geschichte müßte, wenn sie wahr sein wolle, so geschrieben werden, daß die Weltsicht der Frauen, ihr Blickwinkel, ebenso wiedergegeben würde wie die Weltsicht der Männer. »Die Frau *ist* und *macht* Geschichte«, erklärte sie und widmete ihr Leben dem Bemühen, dieser Tatsache Anerkennung zu verschaffen.[72]

Mary Beard war eine Aktivistin der Arbeiter- und der Frauenbewegung der zwanziger Jahre. Zusammen mit einer bemerkenswerten Gruppe von älteren Suffragetten verbrachte sie Jahre mit dem Kampf um die Gründung eines World Center for Women's Archives, das als Aufbewahrungsort für die Quellen der Frauengeschichte dienen und beitragen sollte, »zur Anerkennung der Frauen als gleich wichtige Beteiligte im historischen Prozeß zu ermutigen«.[73] Ihre Bemühungen schlugen wegen mangelnder Unterstützung in den 1940er Jahren fehl, aber sie waren nicht völlig erfolglos, denn infolge dieses Kampfes entstand eines der wichtigsten Archive zur Frauengeschichte in den USA, das Schlesinger-Bibliothek-Archiv am Radcliffe College sowie die Miriam-Holden-Sammlung, die nun in der Princeton University untergebracht ist.[74] Mary Beard entwickelte nicht nur eine Konzeption der Frauengeschichte als Thematik der Fachwissenschaft, sondern schrieb auch vier wegweisende Arbeiten zu diesem Thema und zeigte in der Zusammenarbeit mit ihrem Mann, dem Historiker Charles Beard, wie die Veränderung des Blickwinkels infolge der Aufmerksamkeit gegenüber Frauen die Art der Geschichtsschreibung verändern würde.[75]

***

»Daher kommt es, daß bei der Lektüre historiographischer Werke über weite Zeitläufe hinweg von den Spuren unseres [der Frauen] Namens nicht mehr erscheint als von den Spuren eines Schiffes im Meer.«[76]

Mit diesen Worten beklagte Anna Maria van Schurman in einem 1638 geschriebenen Brief die Einschränkung der geistigen Entwicklung der Frauen und deren Wirkung auf die Geschichtsschreibung. 1200 Jahre lang kämpften Frauen auf sporadische, immer wieder unterbrochene und oft ergreifend erfolglose Weise darum, diesem Trend etwas entgegenzusetzen und wie die Männer Spuren ihrer Namen und ihres Handelns in den Annalen der Geschichte zu hinterlassen. Doch angesichts der kulturellen Hegemonie des Patriarchats blieb das Hinterlassen von »Spuren« und selbst das Sammeln von Quellen so unzureichend, daß es nicht möglich war zu beeinflussen, wie Geschichte dargestellt und gelehrt wurde. Autobiographische und biographische Werke, obwohl sie rein zahlenmäßig zunahmen, verbesserten zwar die Quellenlage, schufen aber nicht die Voraussetzungen eines angemessenen Deutungsmusters der Vergangenheit von Frauen. Und wie die Erfahrungen der Pionierinnen der Frauengeschichte im 20. Jahrhundert in den USA zeigen, die ein schlüssiges Konzept von Gegenstand, Methode und Reichweite dieser Wissenschaft hatten, führten selbst ihre Anstrengungen nur zu Enttäuschung und Scheitern. Dies war der Fall, weil ihnen fehlte, was auch ihren Vorgängerinnen bis in die jüngste Zeit gefehlt hatte: die Unterstützung einer starken und entwicklungsfähigen Frauenbewegung.

Die Geschichte zeigt, daß Frauen das Recht zu lernen, zu lehren und zu definieren immer nur als Ergebnis politischer Auseinandersetzungen erreicht haben. Eine Gesellschaftsstruktur, die Frauen jahrtausendelang daran hinderte, hat mehr als andere Faktoren die wirtschaftlichen und politischen Rechte der Frauen beschnitten und sie den Männern gegenüber benachteiligt. Anders als bei den Männern, deren geistige Fortschritte seitens genialer Männer unterstützt und von Institutionen gefördert wurden, ergaben sich aus den Fortschritten einzelner hochbegabter Frauen, selbst wenn sie nicht völlig unbeachtet blieben und ohne Spuren zu hinterlassen begraben wurden, keine Fortschritte für das ganze Geschlecht. Frauen als Gruppe haben Fortschritte in ihrer geistigen Entwicklung und in Erziehung und Bildung immer nur durch organisierten Kampf erreichen können.

Deshalb dauerte es trotz der jahrhundertelangen Bemühungen seitens einzelner und kleiner Gruppen gebildeter Frauen bis zum Aufbruch der zweiten Welle der modernen Frauenbewegung in den 1960er Jahren, bis die letzte Phase des Kampfes für eine Frauengeschichte begann. Dann war es zum ersten Mal in der Geschichte soweit, daß die Existenz von Gruppen hochgebildeter Frauen in strategisch günstigen Positionen des höheren Bildungswesens zeitlich zusammentraf mit dem Entstehen einer dynamischen Frauenbewegung. 1969, als sich in den USA der neuformierte Kern von Historikerinnen, der Koordinierungsausschuß von Frauen in der Geschichtswissenschaft, organisierte mit dem erklärten Ziel, den Status von Frauen in diesem Fachbereich zu verbessern und das Arbeitsgebiet der Frauengeschichte auszubauen, wurden die beiden Zielsetzungen in Übereinstimmung gebracht.[77] Diese neue Gruppe war Teil einer geistigen Bewegung zur Neudefinition des Gegenstands der wichtigsten Wissensbereiche in einer Weise, die Frauen ebenso ins Zentrum der Definitionen des Wissensgebietes stellt, wie Männer dort ihren Platz haben.

Diese neue Bewegung für Frauenstudien und die Einbeziehung von Frauenthemen in den Lehrplan hat in den letzten zwanzig Jahren in den USA und weit darüber hinaus spektakuläre Fortschritte gemacht. Wenn diese Entwicklung auch ungleichmäßig und in Abhängigkeit vom Bestehen und der Stärke von Frauenbewegungen verläuft, so ist sie doch nicht umkehrbar. Ist erst einmal der grundlegende Irrtum des patriarchalen Denkens – die Annahme, daß die Hälfte der Menschheit die ganze Menschheit angemessen repräsentieren kann – herausgearbeitet und als solcher dargestellt worden, so kann das ebensowenig ungeschehen gemacht werden wie die Erkenntnis, daß die Erde rund ist, nicht flach.

Kapitel 12

Schlußfolgerungen

Elemente des feministischen Bewußtseins sind 1. die Wahrnehmung und das Eingeständnis der Frauen, daß sie zu einer untergeordneten Gruppe gehören und als Mitglieder einer solchen Gruppe unter Ungerechtigkeiten zu leiden haben; 2. die Erkenntnis, daß der Zustand der Unterordnung nicht naturbedingt, sondern gesellschaftlich verursacht ist; 3. die Entwicklung eines Begriffs der Schwesternschaft; 4. die autonome Definition ihrer Ziele und Strategien im Sinne der Veränderung ihrer Lebensbedingungen; und 5. eine alternative Vorstellung von der Zukunft.

Wegen der Art, in der Frauen in patriarchale Institutionen eingefügt worden sind, wegen der langen Geschichte ihrer Benachteiligung in Erziehung und Bildung und wegen ihrer ökonomischen Abhängigkeit von Männern hatten Frauen viele Hindernisse zu überwinden, bevor dieser Prozeß der Bewußtwerdung möglich werden konnte. Wie wir gesehen haben, mußten Frauen sich zunächst über die von ihnen verinnerlichten Gefühle geistiger und seelischer Minderwertigkeit hinwegsetzen. Um überhaupt denken und schreiben zu können, mußte jede Frau sich selbst und mußten Frauen einander beweisen, daß sie vor Gott dem Manne als Geschöpf gleichgestellt sind, daß sie ohne Vermittlung und Zutun von Männern mit Gott kommunizieren und das Göttliche auf eine eigene Weise begreifen können. Diesen wichtigen Beitrag zum Denken der Frauen haben die Mystikerinnen geleistet, deren Werke wir eingehend betrachtet haben. Andere Gruppen von Frauen autorisierten sich unter Berufung auf ihre Mutterschaft zum Schreiben. Jahrhundertelang entwickelten Frauen ein Gruppenbewußtsein, indem sie auf ihre tatsächlichen oder doch möglichen Erfahrungen als Mütter zurückgriffen. Mütterliches Denken und Verantwortungsgefühl wies ihnen eine besondere gesellschaftliche Aufgabe zu und gab ihnen die Kraft, sich bestimmten Auswirkungen des patriarchalen Denkens und Handelns zu widersetzen. Die Erfahrung der Mutterschaft als Kraftzuwachs und als Realisierung eines speziellen Wissens befähigte Frauen, patriarchale religiöse Vorstellungen zu erschüttern, indem sie darauf bestanden, daß das Göttliche auch eine weibliche Seite habe. Dies konnte dadurch erreicht werden, daß sie Jesus weibliche Eigenschaften zuschrieben oder die Bedeutung der Jungfrau Maria erhöhten, bis sie fast in die Nähe der Dreifaltigkeit gerückt war. Es konnte auch zu den verschiedenen von uns diskutierten Bemühungen von Frauen führen, die Heilsgeschichte so umzuschreiben, daß Frauen darin eine für die Erlösung der Menschheit wesentliche Funktion hatten. Die patriarchale »Glorifizierung der Mutterschaft«, die im 18. Jahrhundert anfing und in der im 19. Jahrhundert üblichen Verklärung der Rolle der Frau im häuslichen Bereich ihren Höhepunkt erreichte, ließ immer mehr Frauen zu der Erkenntnis gelangen, daß Frauen als Gruppe nicht durch die Mutterrolle definiert werden sollten, sondern durch ihre besondere Art des Menschseins. Diese Überlegungen trugen dazu bei, daß »Schwesternschaft« zu der Definition wurde, die das den Frauen Gemeinsame bezeichnete.

Über tausend Jahre lang unterzogen Frauen die Bibel einer massiven feministischen Kritik, doch Randständigkeit und Außenseitertum der Frauen bei der Formulierung religiösen und philosophischen Denkens verhinderten, daß sich Männer überhaupt auf eine geistige Auseinandersetzung mit dieser Kritik einließen; denn die Männer hatten sich selbst zu denjenigen erklärt, die die göttliche Wahrheit und die Offenbarungen Gottes zu definieren hätten. Die Bibelkritik von Frauen konnte nicht nur die patriarchalen Denkmuster nicht wesentlich verändern, sondern war auch erfolglos in dem Bemühen, dem Denken der Frauen den Weg in eine feministische Richtung zu bahnen, denn Frauen wußten nicht, daß andere Frauen vor ihnen sich bereits auf dieses Neu-Denken und Neu-Sehen eingelassen hatten. Die Bibelkritik half einzelnen Frauen, sich selbst zu autorisieren und in manchen Fällen wichtige Werke von bleibendem Einfluß zu schaffen. Doch wir müssen uns die Diskontinuität in der Geschichte der intellektuellen Anstrengungen von Frauen bewußt machen: In endloser Folge verwebten Generationen um Generationen von Penelopes die gelöste Wolle immer wieder aufs neue.

Eine andere Gruppe von Frauen autorisierte sich selbst zum Denken und Schreiben, indem sie sich auf ein spezielles Talent verließen und beriefen. Kreativität wurde zu einem Mittel, durch das diese Frauen sich geistig so weit emanzipierten, daß sie sich einen Weg aus dem Patriarchat hinausdenken konnten. Es gibt eine lange Geschichte dieser außergewöhnlichen Frauen, deren Spuren wir in diesem Buch verfolgt haben. Ihre individuellen Leistungen sind sehr beeindruckend und verlangen Respekt, doch bleibt festzuhalten, daß es solchen Bemühungen einzelner nicht gelingen konnte, einen kollektiven Fortschritt der Bewußtwerdung von Frauen zu erreichen. Es gab Frauen von Talent, sie kämpften unentwegt, sie hatten Erfolge, und dann wurden sie vergessen. Die Frauen nach ihnen mußten wieder von vorne anfangen, alles wiederholen.

Das Bewußtsein von ihrer Benachteiligung haben Frauen, wie wir gesehen haben, in mehr als 1 500 Jahren aus ihren Erfahrungen mit der patriarchalen Erziehung und Kultur heraus entwickelt. Viele Frauen fingen an zu verstehen, daß ihre Situation gesellschaftlich bedingt war. Dies war ganz sicher die wichtigste Einsicht, die Generationen von feministischen Bibelkritikerinnen vermittelt hatten. Das Erreichen des nächsten Stadiums der Bewußtwerdung – die Einsicht, daß Frauen sich mit anderen Frauen zusammentun müßten, um die Ungerechtigkeiten, unter denen sie litten, zu beseitigen – war sehr viel schwieriger.

Entscheidend für die Entwicklung eines feministischen Bewußtseins sind gesellschaftliche Veränderungen, die es einer größeren Zahl von Frauen ermöglichen, ein Leben in ökonomischer Unabhängigkeit zu führen. Die Voraussetzungen dafür, in der Mehrzahl eng verbunden mit der Industrialisierung, haben wir bereits erläutert, etwa das Zurückgehen der Kinder- und Müttersterblichkeit und die zunehmende Lebenserwartung. Dies sind Entwicklungen, die dazu beitragen, daß eine beträchtliche Zahl von Frauen sich entschließen kann, keine Kinder zu gebären oder doch zumindest die Zahl der Lebensjahre zu begrenzen, in denen sie sich dem Aufziehen der Kinder widmen wollen. Ein vollentwickeltes feministisches Bewußtsein setzt voraus, daß Frauen eine ökonomische Alternative zur Ehe als Unterhaltssicherung haben und daß es eine Vielzahl von Frauen gibt, die ihren Lebensunterhalt selbst verdienen. Nur unter diesen Bedingungen können Frauen sich Alternativen zur patriarchalen Gesellschaftsordnung vorstellen; nur unter diesen Bedingungen können Frauen Schwesternschaft als ein alle verbindendes Ideal begreifen. Damit sich Frauen davon überzeugen konnten, daß ihr Denken richtig und vernünftig war, brauchten sie kulturelle Bestätigung, so wie auch die Männer diese brauchten. Die Mystikerinnen und Nonnen konnten eine derartige Bestätigung in ihren alltäglichen oder spirituellen Gemeinschaften finden. Im weltlichen Lebensbereich suchten und fanden Frauen sie manchmal in Gruppen oder Netzwerken von einander zugewandten und einander stützenden Frauen. Seit dem 17. Jahrhundert konnten Frauen die Bestätigung auch von den Leserinnen ihrer Bücher und dem weiblichen Publikum ihrer Dramen erhalten.

Aber solange die weit überwiegende Mehrheit von Frauen den eigenen Lebensunterhalt und den ihrer Kinder nur sichern konnte, indem sie sich in die Abhängigkeit von einem sie unterstützenden Mann begab, war das Bilden solcher Netzwerke zur gegenseitigen Hilfe das Privileg einer sehr kleinen Minderheit von Frauen aus der Oberschicht. Alle Machtpositionen in Wirtschaft, Rechtswesen und Politik waren von Männern besetzt, so daß selbst die geistig am weitesten emanzipierten Frauen, denen Veränderungen der Gesellschaft nötig erschienen, sich den Veränderungsprozeß nicht anders vorstellen konnten, als daß sie ihn mit Hilfe mächtiger Männer zuwege bringen müßten. Die gelehrten Frauen der Reformationszeit hatten kein weiterreichendes Ziel als den von gegenseitigem Respekt getragenen Dialog mit den Männern ihrer Zirkel. Die Frauen in den radikalen Sekten der protestantischen Reformation sahen sich bestenfalls als gleichgeachtete Partnerinnen der Männer bei der Neubestimmung der Glaubensinhalte und der religiösen Rituale.

Vom 17. Jahrhundert an waren Erziehung und Bildung das Hauptthema von religiös und weltlich orientierten Frauen, das sie in den Mittelpunkt ihres Strebens nach Gleichheit stellten. Von Astell über Wollstonecraft bis Catharine Beecher definierten die Frauen das Übel, unter dem sie litten, zutreffend als Diskriminierung in Erziehung und Bildung und erklärten das Erreichen gleicher Bildungschancen zu ihrem Ziel. Aber die Argumente, die sie lange Zeit in diesem Sinne vorbrachten, richteten sich darauf, die Unterstützung von Männern zu gewinnen, und so beschrieben sie ihr Anliegen auf eine Art, die sich weitgehend noch immer auf die patriarchale Festlegung der Geschlechtsrollen stützte: Weil Frauen Mütter und also für die Erziehung der Nachkommen verantwortlich wären, sollte ihnen eine bessere Bildung zuteil werden. Weil sie die Mütter der Republik wären, könnten sie den ihnen obliegenden staatsbürgerlichen Aufgaben am ehesten gerecht werden, wenn sie verfassungs- und regierungstreue (männliche) Bürger aufzögen, und dafür wäre es erforderlich, daß sie selber besser ausgebildet würden.

Doch ebenfalls seit dem 17. Jahrhundert nahm diese Argumentation zugunsten der gleichen Bildungschancen von Männern und Frauen eine deutlich andere Form an, und zwar nicht selten von Frauen ausgehend, die zuvor ebenfalls die gerade dargestellte Argumentation vorgetragen hatten. Bathsua Makin gründete mit der Unterstützung einer Gruppe von Frauen Frauenschulen. Mary Astell befürwortete getrennte Schulen für Mädchen und Frauen, ebenfalls unterstützt von anderen Frauen. Im 19. Jahrhundert gründeten in den USA Emma Willard, Mary Lyon und Catharine Beecher unter Verwendung höchst traditioneller Argumente zugunsten des Rechts

der Frauen auf Bildung jeweils besondere Erziehungseinrichtungen nur für
Frauen. Zu diesem Zweck gründeten sie Frauennetzwerke, die recht
schnell ein Eigenleben zu führen begannen. Förderinnen und Schülerinnen
dieser Einrichtungen begannen ihre Rolle in der Gesellschaft in einem
neuen Licht zu sehen und bildeten den Kern der Aktivistinnen, die die
Frauenrechtsbewegung des 19. Jahrhunderts gründeten. Auch die Fortschritte der britischen, französischen und deutschen Frauenrechtsbewegungen gingen einher mit der Ausweitung und der inhaltlichen Entwicklung der Frauenbildung.

Ähnlich wie in den 1840er und 1850er Jahren in den USA, als das Wahlrecht für weiße Männer erweitert wurde, schrieben Frauen in Großbritannien Petitionen, um zu erreichen, daß bei der Wahlrechtsreform 1832 das
Wahlrecht der Frauen gesetzlich garantiert würde. Ihre Petitionen wurden
nicht beachtet, und die Frauen wendeten sich anderen Problembereichen
zu. In den 1850er Jahren gründeten sie Organisationen zur Durchsetzung
von Reformen im Erziehungswesen, des Rechts auf Scheidung, eines
Gesetzes über das Eigentum verheirateter Frauen, das 1855 beschlossen
wurde, und von besseren Möglichkeiten für Frauen, erwerbstätig zu sein.
Aus diesen Frauengruppen, die sich für Reformen *für Frauen* einsetzten,
entstand 1867 die erste Frauenrechtsorganisation, die National Society for
Women's Suffrage.[1]

In Frankreich hatten sich Frauen aktiv an den großen revolutionären
Bewegungen der Jahre 1792, 1848 und 1870 beteiligt und jedesmal Frauenorganisationen gegründet, die sehr fortschrittliche feministische Forderungen aufstellten. Diese Organisationen bestanden nur kurze Zeit und
blieben wirkungslos; sie wurden von repressiven Regimes und einem konservativen Rückschlag zerstört. Der *Code Napoléon*, der von der katholischen Kirche ausdrücklich gutgeheißen wurde und 1804 Gesetz wurde,
klassifizierte verheiratete Frauen wie Kinder, Irre und Kriminelle als politisch inkompetent, beschnitt die allgemeinen Rechte der Frauen wie ihre
Bürgerrechte, unterwarf verheiratete Frauen rechtlich und ökonomisch
dem Willen ihrer Ehemänner und erklärte, daß sie in den häuslichen
Bereich gehörten, nicht in die Öffentlichkeit. Dieser Gesetzgebung
zufolge war Frauen die Teilnahme an politischen Versammlungen und das
Tragen von Hosen untersagt.

An der Revolution gegen die Monarchie im Jahre 1848 waren Frauen
aktiv beteiligt. Sie gründeten verschiedene feministische Klubs und Zeitschriften, nahmen auf seiten der Revolutionäre an Kämpfen und Straßende-
monstrationen teil, überreichten der provisorischen Regierung eine Peti-
tion zugunsten des Wahlrechts für Frauen und versuchten sogar, Frauen als

Kandidatinnen aufzustellen. Frauen der Arbeiterklasse stellten ökonomische Forderungen in ihrem eigenen Interesse auf. Doch alle diese Bemühungen blieben letztlich erfolglos. Das allgemeine Wahlrecht, das 1848 Gesetz wurde, schloß Frauen aus; ein Schulreformgesetz, das eine Grundschulausbildung für Mädchen vorsah, unterstellte diese Schulen der Kontrolle der katholischen Kirche. Mehrere Frauen, die an der Revolution teilgenommen hatten, wurden ins Exil oder ins Gefängnis geschickt. Die feministischen Organisationen gingen im Sog der allgemeinen Repression unter.

Zu einer ähnlichen Folge der Ereignisse kam es während und nach der Pariser Kommune 1871. Deren Niederlage zerstörte eine kleine feministische Bewegung und brachte die wenigen radikalen Frauen, die sich an der Kommune beteiligt hatten, zum Schweigen. Erst 1883 entstand eine feministische Organisastion, *Société du Suffrage des Femmes* (Gesellschaft für Frauenwahlrecht). Die französischen Frauen erhielten Persönlichkeitsrechte und das Wahlrecht erst im Jahr 1938.[2]

In Deutschland wirkte sich die Entwicklung des deutschen Nationalismus auf das feministische Bewußtsein der Frauen aus. Die Journalistin Louise Otto gab in Sachsen von 1849 bis 1850 eine feministische Zeitung heraus, weil sie von der Debatte über die »Grundrechte des deutschen Volkes« und das »Reichswahlgesetz« in der Frankfurter Nationalversammlung enttäuscht war. »... sie denken bei all ihren endlichen Bestrebungen nur an eine Hälfte des Menschengeschlechts – nur an die Männer«, stellte sie fest. »Wo sie das Volk meinen, da zählen sie die Frauen nicht mit.«[3] Für sie und andere Frauen, die an der 1848er Revolution teilgenommen hatten, bestätigte sich diese grundlegende Einsicht wieder und wieder. Als Kämpferinnen auf den Barrikaden wurden sie ebenso wie die männlichen Revolutionäre verfolgt und zu Gefängnisstrafen verurteilt, aber als sie ein Programm für die volle Gleichberechtigung der Frauen vorlegten, stießen sie bei den Männern nur auf Gleichgültigkeit oder Widerstand.[4] Die sich nach der Niederlage der Revolution durchsetzende Reaktion brachte alle organisatorischen Bemühungen zum Erliegen. In den meisten deutschen Staaten verboten die 1850 erlassenen Gesetze, daß Frauen und Minderjährige an politischen Versammlungen teilnahmen oder politischen Organisationen beitraten. Trotzdem entstanden in den 1850er Jahren in vielen deutschen Städten aus Wohlfahrtsvereinen für die Opfer der niedergeschlagenen Revolution autonome Frauenorganisationen. In Hamburg war eine Frauenorganisation, die gegründet worden war, um das Gespräch zwischen protestantischen und jüdischen Frauen zu fördern, erfolgreich darum bemüht, einen Plan zur Einrichtung einer Frauenuniversität zu erarbeiten; doch ihre Anstrengungen wurden wie die anderer feministischer Gruppen von der

Repression aller Graswurzelorganisationen nach 1850 zunichte gemacht. Diesem Klima der Unterdrückung entsprechend beschränkte sich der *Allgemeine Deutsche Frauenverein*, der in den 1860ern und 1870ern von Louise Otto geleitet wurde, auf konservative Forderungen und Methoden des Vorgehens. Die Schaffung der nationalen Einheit Deutschlands und des Deutschen Reiches als Staat unter der Führung Preußens im Jahre 1871 brachte keine demokratischen Reformen. Nationalismus, Militarismus und die zutiefst traditionalistische Betonung der Hausfrauenrolle der Frauen wurden nicht ernsthaft in Frage gestellt. Erst im Jahre 1902 war es deutschen Frauen möglich, eine größere Frauenrechtsbewegung zu gründen.

Aus diesem kurzen Überblick ergibt sich, daß die Teilnahme von Frauen an allgemeinen revolutionären Bewegungen sie nicht der Verwirklichung ihrer Rechte und Interessen näher brachte. Immer wieder wurden ihre Opfer und Beiträge gerne gesehen, doch ihre männlichen Mitstreiter betrachteten ihre Forderungen bestenfalls als Randerscheinungen von nachrangiger Bedeutung und handelten nicht im Interesse der Frauen. Es ist interessant festzustellen, daß konservative politische Gruppen die Gefahr des Feminismus immer für ein zentrales Thema hielten und die Unterdrückung von Frauenorganisationen zu einem unabdingbaren und wesentlichen Teil ihres politischen Programms machten. Es wird also die notwendige Verbindung zwischen der Arbeit von Frauen in reinen Frauengruppen einerseits und Fortschritten von feministischen Frauenorganisationen andererseits erkennbar.

Abgetrennte soziale Räume für Frauen schufen einen Bereich, in dem Frauen sich ihre eigenen Ideen bestätigten und sie in der Auseinandersetzung mit dem Wissen und den Erfahrungen anderer Frauen überprüfen konnten. Hier konnten sie auch zum ersten Mal in der Geschichte ihre Theorien in der sozialen Praxis testen. Anders als die sozialen Bereiche, in denen Frauen zwar gleiche oder fast gleiche Führungspositionen einnehmen konnten, die Hegemonie der Männer aber nicht in Frage gestellt wurde – etwa die Salons, utopische Gemeinschaften, sozialistische oder anarchistische Parteien –, konnten diese den Frauen vorbehaltenen Räume den Frauen helfen, von der einfachen Analyse ihrer Situation weiterzugehen und die Ebene der Theoriebildung zu erreichen. Oder, in anderen Worten, soweit zu gelangen, daß sie nicht nur autonom ihre eigenen Ziele definieren, sondern zudem eine alternative Vision der gesellschaftlichen Organisation – eine feministische Weltsicht entwickeln konnten.

Ausschließlich für Frauen zugängliche Institutionen und Organisationen entstanden im 19. Jahrhundert in den USA, England und auf dem europäischen Kontinent in der Regel aus Notwendigkeit; Frauen gründeten Mädchenseminare, weil die Gesellschaft nicht genügend für die Erziehung und Bildung der Frauen sorgte. Frauen gründeten Colleges zur Ausbildung von Ärztinnen, Frauenspitäler und Schulen für Krankenschwestern, weil die männerdominierten Bildungsinstitutionen Frauen ausschlossen. Die ersten Frauenklubs in den USA, sowohl die von weißen als auch die von afroamerikanischen Frauen, entstanden als Reaktion auf diskriminierende Praktiken von Männerklubs. Die Gründerinnen beabsichtigten lediglich, ein Unrecht auszugleichen, einem Mißstand abzuhelfen und wenigstens für ein gewisses Maß an Gerechtigkeit und/oder Zugangsmöglichkeiten zu sorgen. Aber die Bewegung auf dieses Ziel hin, der Widerstand, auf den sie stießen, der Kampf zur Überwindung dieses Widerstands, dies alles unterstützte den Prozeß der Bewußtwerdung. Es war dieses dynamische Geschehen, das Frauen befähigte, einen Begriff von Schwesternschaft und eigene Formen der Frauenkultur, Institutionen und Lebensweisen zu entwickeln.

Ein ähnlicher Prozeß vollzog sich in den Wohlfahrtsorganisationen und religiösen Gemeinschaften. In den USA organisierten sich im 19. Jahrhundert die Frauen zunächst, um anderen zu helfen, dann um sich selbst zu helfen. In den sozialen Auseinandersetzungen, in denen sie sich engagierten, erlebten sie, wie Männer und männerdominierte Institutionen von den Universitäten bis zum Staat sich ihren Bemühungen entgegenstellten. Erst von da an – als sie anfingen, sich nicht nur als eine besondere Gruppe zu begreifen, sondern auch in der Gesellschaft als eine solche Gruppe zu handeln – konnte das Konzept der Schwesternschaft mehr sein als nur ein rhetorischer Begriff.

Von Anbeginn an sind Frauen diskriminiert und ökonomisch, politisch, rechtlich und sexuell benachteiligt worden. Je nach ihrer Bindung an Männer durch Klassen-, Rassen- und ethnische Zugehörigkeit waren sie ihrerseits beteiligt an der Diskriminierung, Benachteiligung und Ausbeutung von Männern und Frauen, die sich von ihnen nach Rasse, Klasse und Religion unterschieden. Kurz gesagt: Sie haben, obwohl sie Opfer des Patriarchats waren, das System weiter gestützt und geholfen, seinen Bestand zu sichern. Sie haben das getan, weil ihr Bewußtsein von der eigenen Situation sich nicht so entwickeln konnte, wie es ihren Fortschritten in anderen Lebensbereichen entsprochen hätte. Daher waren ganz sicher die systematische Benachteiligung der Frauen im Bildungswesen und ihre Definition als Personen »außerhalb des historischen Prozesses« die beiden Aspekte der Lebensbedingungen von Frauen im Patriarchat, die sich im Zusammenhang der Unterdrückung am nachteiligsten auswirkten.

Ich habe in diesem Buch die Auffassung vertreten, daß die Randständigkeit der Frauen im Prozeß des Geschichte-Schreibens sie geistig hat zurück-
bleiben lassen und sie viel länger als unvermeidlich nötig davon abgehalten
hat, ihr kollektives Bewußtsein nicht bezogen auf Mutterschaft, sondern
als Schwesternschaft zu entwickeln. Die grausamen Zyklen von Wiederholungen, durch die Frauen sich als einzelne zu einem höheren Bewußtseins-
stand haben durchringen müssen, indem sie wiederholten, was Frauen in
früheren Jahrhunderten bereits mehrmals versucht hatten, sind nicht nur
ein Symbol der Unterdrückung der Frauen, sondern ein realistischer Ausdruck ihrer Situation. Daher haben sich selbst die am weitesten fortgeschrittenen feministischen Denkerinnen, einschließlich der im frühen 20.
Jahrhundert, in einem ständigen Dialog mit den »großen Männern« vor
ihnen befunden und sind nicht in der Lage gewesen, ihre Ideen in einem
Dialog mit den Frauen vor ihnen auf ihren Wahrheitsgehalt hin zu überprüfen und weiterzuentwickeln. Mary Wollstonecraft setzte sich mit Burke und
Rousseau auseinander, wo es doch ihr Denken hätte schärfen und radikalisie-
ren können, wenn sie sich mit Makin, Astell und Margaret Fell beschäftigt
hätte. Emma Goldman argumentierte zugunsten der freien Liebe und einer
neuen Art des gemeinschaftlichen Lebens gegen die Modelle von Marx und
Bakunin; ein Dialog mit den owenistischen Feministinnen Anna Wheeler
und Emma Martin hätte ihrem Denken eine andere Wendung geben und sie
davor bewahren können, sich »Lösungen« auszudenken, die sich schon
fünfzig Jahre früher als unrealisierbar erwiesen hatten. Simone de Beauvoir, die sich in einem leidenschaftlichen Dialog mit Marx, Freud, Sartre
und Camus befand, konnte in ihrer Kritik patriarchaler Wertvorstellungen
und Institutionen nur so weit gehen, wie es einer männerzentrierten Denkweise möglich war. Hätte sie sich wirklich mit den Werken von Mary Wollstonecraft, von Mary Astell, mit den feministischen Quäkerinnen des frühen 19. Jahrhunderts, den mystischen Revisionisten unter den schwarzen
Spiritualisten und dem Feminismus der Anna Cooper befaßt, hätte ihre
Analyse frauenzentriert und deshalb fähig sein können, sich Alternativen
zu den grundlegenden geistigen Konstrukten des patriarchalen Denkens
vorzustellen. Ihre unzutreffende Behauptung, daß Frauen »keine ihnen
eigentümliche Vergangenheit, Geschichte, Religion [haben]«, beruht nicht
nur auf einem Versehen oder einem Fehler, sondern ist Ausdruck der fundamentalen Einschränkungen, die jahrtausendelang die Kraft und Wirksamkeit des Denkens der Frauen begrenzt haben.

Menschen haben immer ihre Kenntnis von Geschichte benutzt, um ihren
Weg in die Zukunft zu finden: um die Vergangenheit zu wiederholen oder
hinter sich zu lassen. Da sie über ihre Geschichte nichts wußten, hatten die

denkenden Frauen nicht die Selbsterkenntnis, von der aus sie hätten
Zukunftsbilder entwerfen können. Deshalb waren Frauen bis in die jüngste
Zeit nicht fähig, eine Gesellschaftstheorie zu formulieren, die ihren
Bedürfnissen entsprochen hätte. Feministisches Bewußtsein ist eine notwendige Voraussetzung für die Art von abstraktem Denken, die erforderlich ist, um sich eine Gesellschaft vorstellen zu können, in der Unterschiede nicht notwendig zugleich Dominanz bedingen.

Die Hegemonie des patriarchalen Denkens in der abendländischen Kultur ist nicht begründet in dessen Überlegenheit nach Inhalt, Form oder
Wirkung gegenüber allem anderen Denken; diese Hegemonie beruht darauf, daß alle anderen Stimmen zum Schweigen gebracht worden sind.
Frauen aller Klassen, Männer anderer Rassen oder anderen Glaubens als
dem der Dominierenden, diejenigen, die von ihnen als Abweichende definiert worden sind – sie alle mußten entmutigt, lächerlich gemacht und zum
Schweigen gebracht werden. Vor allem mußten sie daran gehindert werden,
sich am intellektuellen Diskurs zu beteiligen. Die patriarchalen Denker fertigten sich eine tragende Konstruktion an, so wie sich die patriarchalen
Staatsmänner ihre Staaten zimmerten, indem sie definierten, wer und was
draußen zu bleiben habe, nicht dazugehöre. Die Definition derer, die nicht
zugelassen wurden, wurde gewöhnlich noch nicht einmal bekanntge-
macht, denn das hätte bedeutet, zuzugeben, daß es den Vorgang des Aus-
schließens gab. Diejenigen, die draußen zu bleiben hatten, wurden einfach
aus dem Blickfeld gerückt, der Wahrnehmung entzogen. Als das großartige
System der europäischen Universitäten die Bildung säkularisierte und vielen den Zugang erleichterte, war die Aufgabe der Universität so definiert,
daß alle Frauen ausgeschlossen waren. Im 19. Jahrhundert kam es in ganz
Europa und den USA zu einer Neudefinition der Berufszweige und Fach-
wissenschaften: Ihre Zielsetzungen wurden neu bestimmt, ihre Organisation umstrukturiert, ihre Dienstleistungen aufgewertet und an Zugangsbe-
rechtigungen und Prüfungen gebunden, ihr gesellschaftliches Ansehen verbessert. All dies geschah stillschweigend unter der Voraussetzung, daß
Frauen von diesen Berufen ausgeschlossen sein sollten. Es bedurfte eines
fast 150 Jahre dauernden Kampfes von Frauen, diese verschwiegene Voraussetzung erkennbar werden zu lassen und sie, zumindest teilweise, auch auf-
zuheben.

Ein ähnlich verheerendes Muster läßt sich bei der Beziehung zwischen
Fortschritten der politischen Demokratie und Einschränkungen der verfas-
sungsmäßigen Rechte von Frauen feststellen. Zu Beginn dieses Buches
habe ich auf diese Beziehung am Beispiel der demokratischen *Polis* des antiken Griechenlands und der demokratischen Verfassung der Vereinigten

Staaten von Amerika aufmerksam gemacht. Das Grundmuster wird deutlich, wenn wir uns Gedanken machen über die Einschränkung der Freiheiten von adligen Frauen als Ergebnis der Renaissance; die Zunahme der Hexenjagden und Ketzerverfolgungen in Verbindung mit den Fortschritten der Frauenbildung nach der Reformation; über den zu frauenfeindlicher Gesetzgebung führenden Rückschlag nach der aktiven Teilnahme von Frauen an den Revolutionen des 18. und 19. Jahrhunderts, wie es deutlich wird im *Code Napoléon* nach der Französischen Revolution, der Beschneidung von Frauenrechten nach den 1848er Revolutionen in Deutschland und Frankreich; über die Einfügung des Wortes »männlich« bei den Qualifikationskriterien zum Erhalten des Wahlrechts in den »liberalisierten« Verfassungen der Vereinigten Staaten, der Niederlande und Frankreichs im 19. Jahrhundert. Als direkte Folge des wachsenden feministischen Bewußtseins und des militanten Auftretens von Frauenorganisationen verändert sich dieses Grundmuster gegen Ende des 19. Jahrhunderts und beginnt, brüchig zu werden. Wir sollten uns an diese Tatsachen erinnern, und sei es nur als historische Indizien, denn die Fortschritte der Frauen als Denkerinnen und beim Entwickeln neuer Ideen können nicht genügend gewürdigt werden, wenn wir nichts wissen von all den Anfechtungen und Hindernissen, gegen die sie sich durchsetzen und die sie überwinden mußten.

Es wird also deutlich, daß es Frauen gegeben hat, die ebenso groß waren wie die größten männlichen Denker und Autoren, deren besondere Bedeutung und Werk aber übergangen oder verdeckt wurden. Ebenso unbestreitbar scheint es zu sein, daß es viele andere Frauen von gleichen Fähigkeiten gegeben hat, die aber in dem langen Prozeß der Durchsetzung von männlicher Hegemonie in der westlichen Zivilisation völlig zum Schweigen gebracht oder vergessen worden sind. Und am allerwichtigsten: die Fragen der Frauen, der weibliche Blickwinkel und Standpunkt, ein auch die Erfahrungen der Frauen einschließendes Erklärungs- und Deutungsmuster sind bis in die jüngste Zeit im allgemeinen Diskurs nicht berücksichtigt worden.

Aber jetzt ist das Zeitalter der patriarchalen Hegemonie über die Kultur zu Ende. Wenn auch in den meisten Teilen der Welt und selbst in den westlichen Demokratien männliche Dominanz in den wichtigsten kulturellen Institutionen noch immer gegeben ist, hat die geistige Emanzipation der Frauen doch das gesicherte Monopol zerstört, das die Männer so lange in der Theoriebildung und bei der Festlegung von Definitionen innehatten. Frauen haben noch keine Macht über Institutionen, über den Staat oder über das Gesetz. Aber die theoretischen Erkenntnisse, die die moderne feministische Wissenschaft bereits gewonnen hat, haben die Kraft, das patriarchale Paradigma zu zerbrechen. Das Marginalisieren,

Lächerlichmachen, Beschimpfen, Budgetbeschneiden und andere Maßnahmen in der Absicht, den Prozeß der Neudefinition der geistigen Konstrukte der abendländischen Kultur anzuhalten, werden langfristig alle
scheitern. Sie können den in Gang gekommenen Prozeß eines tiefreichen-
den geistigen Wandels vorübergehend verzögern, aber sie können ihn nicht
mehr anhalten. Was sagte doch Galileo auf seinem Sterbebett von der Erde,
nachdem die Macht der Inquisition ihn gezwungen hatte, seine ketzerische
Theorie zu widerrufen: »*E pure si muove*« – »Und sie bewegt sich doch!«

Mehr als eintausenddreihundert Jahre individueller Kämpfe, Enttäuschungen und Ausdauer haben die Frauen an den historischen Moment
gelangen lassen, an dem wir für uns die Freiheit des Geistes beanspruchen
können, wie wir unsere Geschichte beanspruchen. Die Jahrtausende der
Vorgeschichte der Frauen sind zu Ende. Nun da wir erkannt haben, daß das
Geschlecht für das Denken irrelevant ist, daß die Geschlechterrollen ein
gesellschaftliches Produkt sind und daß die Frau wie der Mann Geschichte
macht und definiert, stehen wir am Beginn einer neuen Epoche der Geistesgeschichte der Menschheit.

Anmerkungen

Kapitel 1

1 Eine hervorragende Diskussion der philosophischen Unzulänglichkeiten des patriarchalen Ideensystems, die mein Denken bestätigt, ist zu finden in Elizabeth K. Minnich 1990.

2 Aristoteles, *Politica*, I, 5, 1254b 6–9, 12–16, in: Aristoteles 1971, S. 70f.

3 Ebd., 1254b 24–26; 1255a 1–2, in: Aristoteles 1971, S. 71.

4 Aristoteles, *De Generatione Animalium*, II, 3, 737a, in: Aristoteles 1959, S. 89.

5 Vgl. Linda Kerber 1980 und Mary Beth Norton 1980.

6 Kerber 1980, S. 82.

7 L. H. Butterfield u. a. (Hg.) 1975. Erstes Zitat: Abigail Adams an John Adams, Braintree, March 31, 1776, ebd., S. 121; zweites Zitat: John Adams an Abigail Adams, April 14, 1776, ebd., S. 123.

8 Ebd.

9 Der Begriff »feministisches Bewußtsein« ist abgeleitet vom Begriff des »Klassenbewußtseins« und entspricht diesem als Ausdruck des Selbstverständnisses einer Gruppe hinsichtlich ihres Unterdrücktseins und in ihrem Kampf gegen die Unterdrückung. Als Ableitung von einem marxistischen Begriffssystem liegt ihm ein Modell der Unterdrückung zugrunde, das in bezug auf Frauen die komplexe Weise, in der sie in der Gesellschaft funktionieren und in sie einbezogen sind, nicht adäquat beschreibt. Die Verwendung dieses Begriffs verschleiert die Art, in der Frauen zugleich »Unterdrückte« sind und ihrerseits u. U. andere Gruppen unterdrücken. Von beschränkter Aussagekraft ist der Begriff auch insofern, als er die positive Definition weiblicher Wertvorstellungen nicht adäquat wiedergibt, die für viele Frauen implizit in ihrem Bewußtsein enthalten war, einer Gruppe mit ganz bestimmten Eigenschaften und Interessen anzugehören. Was wir ganz allgemein »Frauenkultur« nennen, war Teil des feministischen Bewußtseins zumindest einiger Frauen.

Ich hoffe, die Komplexität und den Reichtum des feministischen Bewußtseins in seiner historischen Entwicklung zeigen zu können, und diskutiere die besondere Bedeutung des Begriffs in verschiedenen Fällen. Es gibt derzeit einfach kein zutreffenderes Wort für diesen Begriffsinhalt.

10 Über die Feministinnen des 17. Jahrhunderts siehe Moira Ferguson »Introduction« in: Ferguson (Hg.) 1985 und Hilda Smith 1982. Über Christine de Pizan als Vorläuferin des Feminismus s. Joan Kelly 1984, S. 65–109.

Kapitel 2

1 Ihre Argumentation zugunsten der Frauenemanzipation ist niedergeschrieben in: Sarah Moore Grimké 1838. Das Zitat stammt aus dem Brief von Sarah Grimké an Harriot Hunt v. 31. Dezember 1852, der zu finden ist in der Theodore Dwight Weld Collection der William L. Clements Bibliothek an der Universität von Michigan, Ann Arbor.

2 Sarah M. Grimké (Notizen), »Education of Women«, Weld Collection a. a. O., Box 21. Der Satz, der anfängt »Hätte ich die von mir ersehnte Ausbildung...« und endet »... Beschützerin der Hilflosen sein können«, wird auch von Catherine H. Birney (1885, S. 38) als Auszug aus Sarah Grimkés Tagebuch zitiert. Dies läßt darauf schließen, daß Sarah Grimké diese frühere Tagebucheintragung in dem Essay über Erziehung wiedergegeben hat, den sie in den 1850er Jahren zu schreiben versuchte.

3 Meine Verallgemeinerungen über Frauen im Mittelalter stützen sich auf meine Lektüre von Primärquellen, die ich an anderer Stelle in den Anmerkungen angebe, und auf die folgenden Sekundärquellen: Angela M. Lucas 1983; Shulamith Shahar 1981; Peter Dronke 1984; Douglas Radcliff-Umstead (Hg.) 1975; Doris May Stenton 1957; Phyllis H. Stock 1978; Patricia H. Labalme (Hg.) 1980; Penny Schine Gold 1985; Suzanne Fonay Wemple 1985.

4 Jane Tibbetts Schulenburg 1989, S. 266.

5 Suzanne F. Wemple 1985, S. 158–67.

6 Ebd., S. 182.

7 Sr. Mary P. Heinrich 1924, S. 82 f.

8 Ebd., S. 45 u. 146.

9 Joan M. Ferrante 1984, S. 13 f.

10 Ebd., S. 11.

11 William Harrison Woodward 1924, S. 207.

12 Ursula Liebertz-Grün in: Gisela Brinker-Gabler (Hg.) 1988, S. 39. Siehe auch Susan Groag Bell 1982, S. 742–68.

13 Das Material über jüdische Frauen findet sich in Sandra Henry und Emily Taitz 1988, S. 88–101.

14 Im Gegensatz zu Männern, die als »Gelehrte« nur aufgrund von außergewöhnlichen geistigen Leistungen bezeichnet werden, werden Frauen »gebildet« und »gelehrt« genannt, wenn sie ein nur ausreichendes Maß an Fähigkeiten in den Bereichen entwickeln, die gemeinhin als den Männern angemessen gelten, etwa Latein, Griechisch, Hebräisch und Kenntnisse der Werke des klassischen Altertums. Eine genaue Untersuchung der Fähigkeiten, derentwegen die meisten gebildeten Frauen der Renaissance gepriesen wurden, zeigt, daß es nur wenige gab, die wirklich schöpferisch tätig waren. Bei den meisten wurde schon das Verfassen eines Gedichtes in lateinischer oder griechischer Sprache oder das Übersetzen aus den alten Spra-

chen als Beweis eines erstaunlichen Könnens gefeiert. Ein derart übertriebenes Lob verdeutlicht eindringlich die Geringschätzung der Frauen.

15 Ich stütze diese Angaben über die Zahl der gebildeten Frauen auf die Auswertung von Quellen, die ich während der Vorarbeiten für dieses Buch gelesen habe. Ich habe dabei jede Frau berücksichtigt, die von den Autoren, die sie zitieren, als »gebildet« bezeichnet wird – ganz gleich, worin diese »Bildung« im einzelnen bestand. Wenn die Angaben auch zweifellos von subjektiven Kriterien bestimmt und wahrscheinlich von geringem Aussagewert sind, weil nur wenige Historiker das Thema detailliert behandelt haben, so wird die Benachteiligung der Frauen in bezug auf Bildung doch deutlich. Ich bezweifle nicht, daß es sehr viel mehr gebildete Frauen gegeben hat als die von Historikern aufgeführten, aber das ist ja gerade der Punkt, um den es geht.

Ich halte es für besonders wichtig, festzuhalten, daß die Fakten, die oft als Beleg für das Vorankommen der Frauen herangezogen werden – etwa die Existenz gebildeter Frauen in der Renaissance –, eine nur geringe Beweiskraft haben. Eine Geschichte der Frauenbildung zumindest in Westeuropa, Großbritannien und den Vereinigten Staaten wird dringend gebraucht, damit nachgewiesen wird, worauf wir derzeit nur ex negativo schließen können.

Vgl. Margaret L. King; Albert Rabil jr. 1983, S. 16–25; Roland H. Bainton 1973 und 1977.

16 R. S. Schofield 1968. Zitat: S. 313, Fußnote 1.

17 J. Boutière; A. H. Schutz, Biographies des Troubadours. Textes provençaux des XIIIe et XIVe siècles, 2. Auflage, Paris 1973, zit. n. Ursula Liebertz-Grün in: Gisela Brinker-Gabler (Hg.) 1988, S. 49.

18 Nach Eugenius Abel, *Isotae Nogarolae veronensis opera quae supersunt omnia*, 2 Bde., Wien-Budapest 1886, Bd. I, S. 79 ff., wie zitiert von Margaret King in: Patricia Labalme (Hg.) 1980, S. 72 f.

Eine vollständige Bibliographie über Isotta Nogarola im Anhang zu Margaret King 1978, S. 820–22; vgl. auch dies. 1976, S. 280–304.

19 Zitiert bei Margaret King 1978, S. 809.

20 Die einzige Ausnahme wäre vielleicht Olympia Morata (1526–1555) gewesen, wäre sie nicht wegen der Kriegsnöte schon so früh gestorben. Morata war glücklich verheiratet mit einem Mann, der sie unterstützte, und verfaßte nach ihrer Eheschließung wichtige Werke. Aber sie wurde Protestantin und paßt deshalb besser in die Gruppe der protestantischen Denkerinnen als zu den gebildeten Frauen der Renaissance.

21 Lowell Green 1979, Verweis S. 106.

22 Elfrieda T. Dubois 1978.

23 Wie zitiert in A. A. Ward und A. R. Waller (Hg.) 1908, Bd. IX, S. 449.

24 Über Sor Juana habe ich folgende Quellen benutzt: Allan S. Trueblood 1988; Margaret Sayers Peden (Hg.) 1982; Octavio Paz 1988; Janis L. Pallister 1979; Marilynn I. Ward 1978, Zitat S. 477.

25 Nina M. Scott 1988, Zitat S. 435 f. – Die Authentizität dieses Briefes von Sor Juana an ihren Beichtvater, den sie zehn Jahre vor ihrer »Antwort an Sor Philotea« geschrieben hat, ist von den meisten Sachverständigen, die über Sor Juana gearbeitet haben, einschließlich Octavio Paz, anerkannt worden. Diese Abhandlung nimmt viele Argumente vorweg, die Sor Juana zehn Jahre später in ihrer Replik anführen wird.

26 Wie zitiert in Margaret S. Peden 1982, S. 3.

27 Vgl. Octavio Paz 1988, S. 400–463.

28 Gerard Flynn in J. R. Brink 1980.

29 Diese Anekdote ist wiedergegeben nach »Elstob, Elizabeth« in: Leslie Stephan (Hg.), *Dictionary of National Biography*, Bd. 17, S. 334f. und Ada Wallas 1929, S. 134f. Über Elizabeth Elstob habe ich mich informiert bei: George Ballard 1752; Ruth Perry (Hg.) 1985, Einleitung S. 12–48; Myra Reynolds 1920 und J. R. Brink 1980.

30 Elizabeth Elstob 1709; auch Ruth Perry 1985, Einleitung, S. 22.

31 Dies. 1709 (»Homily«), zitiert in Myra Reynolds 1920, S. 175.

32 Elizabeth Elstob, *The Rudiments of Grammar for the English-Saxon Tongue, first given in English, with an apology for the study of northern antiquities*, London (W. Bowyer und C. King) 1715.

33 Zur weiteren Diskussion von Ballards Arbeiten vgl. Kap. XI.

34 Wie zitiert in Myra Reynolds 1920, S. 184.

35 Helen Sullivan »Literacy and Illiteracy«, in: Edwin R. Seligman (Hg.) 1935, Bd. 9, Verweis S. 513.
    Über Alphabetisierung habe ich gelesen: Hilda H. Golden »Literacy«, in: David L. Sills (Hg.) 1968; Jack Goody (Hg.) 1968; Harvey J. Graff (Hg.) 1982; Carl M. Cipolla 1969; T. M. Clanchy 1979; Lawrence Stone 1969; D. P. Resnick/L. B. Resnick 1977; Carl F. Kaestle 1985.

36 M. T. Clanchy 1979, S. 175–191; Herbert Grundmann in: *Archiv für Kulturgeschichte* Bd. 40, Nr. 1.

37 Helen Sullivan in: Edwin R. Seligman (Hg.) 1935, Bd. 9, S. 515.

38 Die Bedeutung des Analphabetismus in überwiegend bäuerlichen Gesellschaften war natürlich eine ganz andere als in städtisch geprägten und dann sich industrialisierenden Gesellschaften. Bis zum 18. Jahrhundert hielt sich eine starke mündliche Überlieferung neben der literarischen. Ein durchschnittlicher Mensch konnte ein erfülltes und zufriedenes Leben gestalten, ohne lesen und schreiben zu können. Doch war auch damals schon das Lesen- und Schreibenkönnen Voraussetzung einer formalen höheren Bildung. Aus diesem Grunde ist das Analphabetentum der Frauen ein guter Indikator für die Diskriminierung von Frauen im Bildungsbereich. David Cressy in: D. Resnick 1983, S. 23–42.

39 David Cressy 1977.

40 Rab Houston 1982, Verweis S. 93. S. auch ders. 1983.

41 Wie zitiert in Margaret Spufford 1979. Diese Untersuchung verdeutlicht eine der methodologischen Schwierigkeiten bei der Erörterung von Fragen der Alphabetisierung – wegen der besseren Quellenlage stützen sich die meisten Studien auf die Fähigkeit, eine Unterschrift zu leisten, wodurch die Lesefähigkeit unterschätzt werden kann. Ein Autor stellt fest, daß Quellen aus der Anfangszeit des 19. Jahrhunderts die Annahme stützen, daß anderthalbmal soviele Leute wenigstens mäßig lesen konnten, wie es Menschen gab, die unterschreiben konnten. Außerdem vertrat er die Meinung, daß das Unterschreibenkönnen einherging mit der Fähigkeit, fließend zu lesen. Dazu R. S. Schofield 1973, Verweis S. 40.

42 T. C. Smout 1982, Verweis S. 127.

43 Helen Sullivan in: Seligman (Hg.) 1935, Bd. 9, S. 517.

44 R. S. Schofield 1973, Verweis S. 445 ff.

45 Ebd., S. 443–453.

46 Die Angaben stammen von Helen Sullivan in: Seligman (Hg.) 1935, Bd. 9, S. 521.
    Weil sie sich auf eine kleine Gruppe von jungen Menschen stützen, zeigen diese
    Zahlen einen sehr viel höheren Alphabetisierungsgrad als er in der Gesamtpopula-
    tion anzutreffen war. Die UNESCO-Zahlen über das Jahr 1979 zeigen 0,2 Prozent
    Analphabeten insgesamt, für Männer und Frauen gleich. Quelle: UNESCO Stati-
    stical Yearbook 1986, S. 1–27.

47 Ebd., Aufstellung 1.2, S. 1–15, 1–29.

48 Als Hintergrundinformation über Erziehungswesen und Alphabetisierung in den
    USA habe ich gelesen: Thomas Woody 1929, Nachdruck 1966; Bernard Bailyn
    1970, Nachdruck der Ausgabe von 1960; Lawrence A. Cremin 1980; Barbara Cross
    1965; Willystine Goodsell 1931; Mabel Newcomer 1959, Nachdruck 1976; Nancy
    Hoffman 1981; Anne Louise Kuhn 1947; Barbara Miller Solomon 1985; U. S. Con-
    gress, House Special Subcommittee on Education, *Hearings on Discrimination
    against Women*, 1970; Carl F. Kaestle 1983; L. Soltow; E. Stevens 1981.

49 Kenneth A. Lockridge 1974, 128, 4, 13, 38–42. Das von Lockridge untersuchte
    Sample von Frauen war sehr klein; es repräsentierte weniger als 15 Prozent seines
    gesamten Samples. Wie schon von vielen Fachleuten erläutert worden ist, kann es
    sehr wohl sein, daß in einer Zeit, in der Menschen nicht zur Unterschrift gezwun-
    gen wurden, sondern ein Zeichen genügte, viele psychologische und andere Gründe
    dafür sprachen, nicht zu unterschreiben. Alte Frauen, die schreiben gelernt hatten,
    waren vielleicht körperlich zu schwach, ihr Testament zu unterschreiben. Zudem
    können viele, wir haben schon darauf hingewiesen, die statt zu unterschreiben nur
    ein Zeichen machten, sehr wohl in der Lage gewesen sein, zu lesen.

50 Diese Angaben sind zweifellos das Ergebnis der Selbstselektion einer Gruppe von
    Leuten, die Verträge/Dokumente unterzeichneten und deshalb wahrscheinlich zu
    den wohlhabenden Einwohnern gehörten, so daß die ärmeren Frauen und die Die-
    nerschaft nicht berücksichtigt wurden. Es ist deshalb anzunehmen, daß die Zahlen
    in der Auwers-Untersuchung auf eine höhere Rate bezüglich der Fähigkeit zur
    Unterschrift schließen lassen, als sie für die Gesamtbevölkerung zutreffend wären.

51 Linda Auwers 1980, Zahlenmaterial von S. 204f.

52 E. Jennifer Monaghan 1988, Zitate S. 26, 27.

53 Die Information über Dedham stammt von Nancy Gott 1977, S. 103, Anm. 5. Die
    Angaben über andere Städte bei Carl F. Kaestle, S. 28.

54 Linda Kerber 1980, Kap. 7; Mary Beth Norton 1980, Kap. 9.

55 Keith Melder 1974.

56 Alma Lutz, 1964. Vgl. auch Anne Firor Scott »What, Then is the American: This
    New Woman?« und »The Ever-Widening Circle: The Diffusion of Feminist Values
    from the Troy Female Seminary 1822–1872«, in: dies. 1984; Mrs. A. W. Fairbanks
    (Hg.) 1898.

57 Mae Harveson 1932; Kathryn Kish Sklar 1973; Mary Lyon 1858. Vgl. auch Eleanor
    Flexner 1975; überarb. Neuauflage von 1959.

58 Mary Beth Norton wertet die Biographien in Edward James/Janet James/Paul Boyer
    (Hg.) 1971, aus, um die Wirkung der Bildungsreform auf Frauen festzustellen. Der
    Prozentsatz von Frauen mit einer höheren Bildung betrug bis etwa 1775 recht
    konstant 22 %, stieg dann steil an auf 63 % bei denen, die zwischen 1780 und 1790
    geboren waren und pendelte sich dann bei 74 % für die zwischen 1800 und 1809
    geborenen ein. Höhere Bildung meint hier das Erreichen des Niveaus einer Akade-
    mie, ob nun durch den Unterricht bei einem Privatlehrer oder in einer Schule. Die

Gruppe, auf die sich diese Verallgemeinerung bezieht, ist selbstverständlich eine
außergewöhnliche, denn es handelt sich um Frauen mit hervorragenden Leistungen; aber die Verbesserung der Bildungschancen ist offensichtlich. Siehe Mary B.
Norton 1980, S. 287–289.

59 L. Soltow und E. Stevens 1981, S. 156 und 189.

60 Patricia Albjerg Graham 1978, Zitate S. 764–766.

61 Vgl. E. Wilbur Bock 1969. Bock stellte diesen Sachverhalt als erster fest und prägte
zu dessen Beschreibung den Ausdruck »ein geschlechtsbedingtes Schlupfloch in der
Rassendiskriminierung«.
Siehe auch Gerda Lerner »Black Women in the United States«, in: dies. 1979.

Kapitel 3

1 Suzanne Fonay Wemple 1985, S. 19–26, 75–88. Der Hinweis auf die Hinrichtung
der Nonne Gerberga, die der Hexerei angeklagt worden war, findet sich auf S. 95.
Wemple nennt dies »den ersten bekannten Fall im Westen des römischen Reiches, in
dem Hexerei als rechtliche Begründung für die Tötung einer Frau benutzt wurde«.

2 Es gibt eine beachtliche Zahl von literaturwissenschaftlichen Arbeiten über dieses
Thema. Ich habe mich vor allem bezogen auf Sandra M. Gilbert und Susan Gubar
1979, Ellen Moers 1976, Elaine Showalter 1977, Catharine R. Stimpson 1988, Mary
G. Mason 1980.

3 Rückübersetzung aus dem Englischen nach Peter Dronke 1984, S. 65.

4 Hrotsvitha von Gandersheim, Werke 1973, S. 177.

5 Ebd.

6 Die Kontroverse über die Eigenständigkeit von Hildegards medizinischen Schriften
ist diskutiert bei Joan Cadden 1984, Seite 149, Fußnote 1.

7 J. F. Benton 1980, S. 50 und dessen Zurückweisung bei Peter Dronke 1984, S. 108,
140 ff.

8 Meg Bogin 1976 ist die neueste und vollständigste Arbeit zu diesem Thema, die 23
Gedichte von Troubadourinnen enthält. Verweise auf die Zuschreibung der Autorenschaft auf Männer vgl. Peter Dronke 1984, S. 97 f.

9 Hier zit. n. Marie de France 1973, S. 272 f.

10 Christine de Pizan, L'Avision, wie zitiert bei Charity Cannon Willard 1984, S. 160.
Rückübersetzung aus dem Englischen.

11 Margaret L. King und Albert Rabil jr. (Hg.) 1983, S. 23 ff., 77 ff.

12 Margaret Cavendish 1814, S. 8 f.

13 Ebd., S. 36.

14 Anonym, *Poems by eminent Ladies...*, Bd. 1, 1755, ohne Paginierung.

15 Wolfgang Riehle 1977, S. 52.

16 Rückübersetzung des Zitats nach Peter Dronke 1984. S. 34.

17 Über die Biographie habe ich mich informiert bei Adelgundis Führkötter 1972, J.
Schmelzeis 1879, Walter Pagel 1972, Dronke 1984, Marianne Schrader neu bearbeitet von A. Führkötter 1981. Die letzte und differenzierteste Arbeit über Hildegard
ist die von Barbara Newman 1987.

18 Immer wenn Hildegard sich ihren Visionen widersetzte oder einen sich daraus erge-
benen Auftrag nicht erledigte, erkrankte sie ernsthaft, wobei gewöhnlich Lähmun-

gen einzelner Körperteile auftraten. Sie beschreibt auch Zustände der Blind- und Taubheit. Diese Krankheiten verschwanden, wenn sie den Instruktionen der göttlichen Stimme, die sie gehört hatte, folgte. Vgl. Hildegard v. Bingen, Vorspruch zu *De operatione Dei*, in: *Welt und Mensch*, 1965, S. 21 f.

19 Maura Böckeler 1954, S. 89 auch Sarah Roche-Mahdi 1986, S. 14 f.

20 Maria David-Windstosser 1919; Donald Weinstein und Rudolph Bell 1982.

21 Diese Auffassung wird bestätigt durch eine Reihe von Autoren, die über sie und ihr Werk geschrieben haben, darunter Barbara Newman (1987, S. 43 ff.) und Hans Liebeschütz (1930, S. 6, 8, 167).

22 Hildegard von Bingen, Brief an Guibert von Gembloux (1175), in: A. Führkötter 1965, S. 227.

23 Zwischen 1158 und 1161 reiste sie nach Mainz, Würzburg, Bamberg und in etliche Kleinstädte, wo sie predigte. Ihre zweite Reise brachte sie 1160 nach Trier und ins Rheinland. Während einer dritten Predigtreise 1161–1163 ins Rheinland sprach sie öffentlich vor dem Klerus und einer großen Menge von Gläubigen in Köln. 1163 begab sie sich zum Kaiserlichen Hoftag nach Mainz. Bei dieser Gelegenheit erließ Kaiser Friedrich Barbarossa ein Edikt zum Schutze ihres Klosters auf dem Rupertsberg. Ihre letzte Predigtreise führte ins Rheinland und nach Schwaben.

24 Ich habe folgende Ausgaben ihrer Werke gelesen: *Scivias*, Illuminierte Handschrift, Kopie des Kodex von Rupertsberg, Kloster St. Hildegard in Eibingen. Hildegard von Bingen, *Wisse die Wege*. 1954; *Scivias* by Hildegard von Bingen, Bruce Hozeski 1986; Hildegard von Bingen, *Heilkunde*, H. Schipperges 1957; dies., *Welt und Mensch* 1965; dies., *Naturkunde*, P. Riethe 1959; dies., *Das Buch von den Steinen*, P. Riethe 1979; dies., *Briefwechsel*, A. Führkötter 1965; dies., *Illuminations of Hildegard von Bingen*, with commentary by Matthew Fox 1985.
   Siehe auch M. Schrader und A. Führkötter 1956, W. Lauter 1970.

25 Hildegard von Bingen, *Briefwechsel*, hg. von. A. Führkötter 1965. Bertha Widmer (1955) erörtert die Authentizität der Briefe und kommt zu dem Schluß, daß einige der Briefe Kopien späterer Herausgeber und andere falsch zugeschrieben sind, daß aber die Antworten an Hildegard authentisch sind. Damit ist die Tatsache einer umfassenden Korrespondenz mit Berühmtheiten ihrer Zeit bestätigt.

26 Hildegard von Bingen, Brief an Erzbischof Heinrich von Mainz, in: dies., *Briefwechsel*, hg. v. A. Führkötter 1965, S. 95.

27 Hildegard von Bingen, Brief an die Mainzer Prälaten, in: dies., Briefwechsel, hrsg. v. A. Führkötter 1965, S. 237.

28 Peter Dronke 1984, S. 144.

29 Walter Pagel 1972.

30 Beide Zitate aus *Vita Sanctae Hildegardis*, auctoribus Godefride et Theodorico monachis, zit. nach Schmelzeis 1879, S. 116 f. und S. 138

31 Die Historikerin Sara Evans über diesen Begriff in 1979, S. 219 f.; s. auch Kapitel 10.

32 Peter Dronke 1984, S. 165 ff.

33 Siehe Anmerkung in *Vita Sanctae Hildegardis*, auctoribus Godefride et Theodorico monachis, Lib. II, 19. Für Informationen über diesen Abschnitt habe ich Schwester Angela Carlevaris OSB, Kloster St. Hildegard in Eibingen, zu danken, die sich einem lebenslangen Studium der Handschriften Hildegards gewidmet hat. Gespräch im November 1991.

34 Maura Böckeler, S. 15–87 Illustrationen, S. 390 f. zu den Quellen. Auch Matthew Fox 1985.

35 Hildegard von Bingen, *Heilkunde* (Schipperges) VI, S. 124.

36 Hildegard von Bingen, *Causae et Curae* (Paul Kaiser 1903), S. 46. (Von Gerda Lerner zit. n. Cadden 1984, S. 153.)

37 Ebd., S. 154f. – eine Zusammenfassung von Hildegards Ansichten. Ich habe den deutschen Text in der Übersetzung von Schipperges gelesen (*Heilkunde*, S. 124–127, 204–209). Im Gegensatz dazu die Sexuallehre des Thomas von Aquin, derzufolge die Frau in Anbetracht der dominierenden Rolle des Mannes bei der Fortpflanzung lediglich eine »Gehilfin« ist. Sie ist eine Sache (*res*), ein Besitz (*possessio*) und ein Hilfsmittel (*instrumentum*). Das Wohlbefinden des Kindes hängt ausschließlich von dem körperlichen Beitrag des Vaters ab.

38 Hildegard von Bingen, *Heilkunde* (Schipperges), XII, S. 204.

39 Hildegard von Bingen, *Scivias*, I, 2. Eine Interpretation, die der meinen ähnlich ist, bei Margaret R. Miles 1991, S. 99 ff.

40 Ernest W. McDonnell 1954. Der Autor beschreibt vor allem die Sophia-Mystik von Heinrich Seuse, Jacob Böhme und Johann Georg Gichtel. Eine neuere feministische Interpretation des kulturellen Ideals der jungfräulichen Frau, das sowohl Sophia als auch Maria einbezieht, findet sich bei Rosemary Radford Ruether 1979, S. 178f. und 1983, Kapitel 2. Eine gründliche Analyse von Hildegards Theologie der Weisheit bietet Barbara Newman 1987.

41 Hildegard von Bingen, *Scivias* (Böckeler), II, Nr. 3, S. 160.

42 Ebd., S. 162, 163.

43 Ebd., II. Nr. 5, S. 175.

44 Barbara Newman, S. 47, 58.

45 Ebd., S. 64.

46 Die Ähnlichkeit zwischen ihren Illuminationen und Mandalas – schematischen Darstellungen des Kosmos, meist in einer konzentrischen Organisation von Formen und Figuren, die die Gottheit oder ihre Attribute zeigen – und anderen Symbolen der Ikonographie des Ostens ist verblüffend. Eine mögliche Erklärung für die Wurzeln dieses östlichen kulturellen Einflusses ist ihr Zusammentreffen mit Angehörigen der Rabbinerschule im Rheinland. Dort brachten jüdische Gelehrte, die mit jüdischen Bildungsstätten in der islamischen Welt in Verbindung standen, das Wissen der östlichen Religionen und sogar fernöstliche Theorien und Ornamentik nach Europa. Hildegard hat vielleicht über diese Kontakte solche Arbeiten und Traditionen kennengelernt. – Für diesbezügliche Hinweise danke ich Schwester Angela Carlevaris OSB, Kloster St. Hildegard in Eibingen, mit der ich gesprochen und korrespondiert habe.

   Über Rabbinerschulen im Rheinland: Ismar Elbogen und Eleonore Sterling 1988, S. 24.

47 Meine Interpretation ihrer medizinischen und naturwissenschaftlichen Werke stützt sich auf Peter Dronke 1984, Cadden 1984, S. 149–174 und Lynn Thorndyke 1929, Band II.

48 Hildegard von Bingen, *De Operatione Dei*, Vision 2, Visionen 3 und 4, wie reproduziert in Mensch und Welt (Schipperges). Auch Matthew Fox 1985, S. 39, 42, 46.

   Drei Jahrhunderte später wird Christine de Pizan in einer ähnlichen Haltung in den Illustrationen eines ihrer Bücher erscheinen.

Kapitel 4

1 Meine Verallgemeinerungen über die Mystik stützen sich auf folgende Quellen: Ernst Benz 1969; Walter Holden Capps und Wendy M. Wright 1978; Richard Kieckhefer 1984; Ernest W. McDonnell 1954; Elizabeth Avilda Petroff 1986; Wolfgang Riehle 1977; Gershom Scholem 1941/1978; Gordon S. Wakefield 1983; Donald Weinstein und Rudolf Bell 1982; Maria David-Windstosser 1919. Vgl. auch John Chapman 1955.

2 Das Hildegard-Zitat ist entnommen Adelgundis Führkötter 1965: Brief »Hildegard an Wibert von Gembloux«, S. 226 ff., Zitat auf S. 227. Das Hadewijch-Zitat stammt aus J. O. Plassmann 1923, Brief 20, S. 41 f., Zitat S. 42.

3 Wilhelm Oehl (Übers.) 1922, S. 87. Auch Lucy Menzies (Übers.) 1953. Zitat nach P. Gall Morel (Hg.) 1963, S. 28.

4 Hadewijch, Brief 17, zit. n. J. O. Plassmann 1923, S. 35 f.

5 Wilhelm Oehl (Übers.) 1922, S. 89, hier zit. n. Wilhelm Oehl 1911, S. 67; Zitat nach P. Gall Morel 1963, S. 30: »Nu gebristet mir túches, des latines kan ich nit, so was hie gutes anliget, das ist min schult nit, wan es wart nie hunt so bose, lokete im sin herre mit einer wissen simelen, er keme vil gerne.«

6 Sanford B. Meech und Hope Emily Allen 1981,, S. 77.

7 Gottfried Arnold 1729, 3. Buch, S. 150–157.

8 Für Menschen des 20. Jahrhunderts, besonders für solche mit einer rationalistischen und materialistischen Einstellung, sind die besonderen Erfahrungsformen und Leistungen von mystisch erlebenden Menschen nur schwer zu verstehen und noch weniger zu würdigen. Die Tendenz, sie als pathologisch, psychopathisch oder betrügerisch anzusehen, mindert die eigene Fähigkeit, sie nach den zu ihrer Zeit und in ihrem Lebensbereich geltenden Maßstäben zu verstehen. Ich halte es für sinnvoll, sie nach historisch zu überprüfenden Kriterien zu beurteilen. Das heißt, daß ich diejenigen Mystikerinnen und Mystiker für berücksichtigenswert halte, die in der Lage waren, wenigstens einige ihrer Mitmenschen von der Glaubwürdigkeit und dem Sinn ihrer Visionen zu überzeugen. Unter geschichtswissenschaftlichen Gesichtspunkten ist der Realitätsgehalt ihrer Angaben weder wichtig noch überprüfbar. Wichtig ist, daß sie ihre Visionen in öffentliches Handeln umsetzen konnten.

9 P. Gall Morel 1963, Teil II, Kap. 26, S. 53.

10 Ebd., Teil V, Kap. 12,, S. 140.

11 Caroline Walker Bynum 1982, S. 247–254, Zitat S. 250.

12 Dieses »Nicht ich, Herr« kehrt als Thema in der Geschichte des Christentums immer wieder, ganz besonders in den Deutungen und Lebensbeschreibungen der Mystikerinnen und Mystiker. Anscheinend bedürfen diese einer Bestätigung ihrer Fähigkeit und Eignung durch Gott, bevor sie die Macht und Verantwortung akzeptieren können, die ihre Visionen ihnen auferlegen.

13 Mrs. Julia A. J. Foote 1879, in: William L. Andrews 1986. Erstes Zitat S. 200 f., zweites S. 202 f.. Alle Angaben über Mrs. Foote stützen sich auf diese Quelle.

14 Beide Zitate ebd., S. 209 (Paulus-Zitat: Brief an die Philipper 4:2).

15 Weinstein und Bell 1982, S. 220. Im 11. Jahrhundert war nur eine unter zwölf Heiligen weiblich, aber dieses Verhältnis veränderte sich in das von mehr als 1:10 im 12. Jahrhundert. Im 13. Jahrhundert machten weibliche Heilige 22 Prozent der Gesamtzahl von Heiligen aus, während im 14. und 15. Jahrhundert ihre Zahl auf 23 und 28 Prozent anstieg, obwohl die Gesamtzahl der Heiligen im 15. Jahrhundert um fast die Hälfte abnahm.

16 Ebd., S. 220f., 229.
17 Die Bewegung der Beginen blühte im 12. und 13. Jahrhundert vor allem in Nordeu-
   ropa. Es war eine Gruppierung von weiblichen Laien, die in Frauengemeinschaften
   (Beginenhöfen) lebten und sich der Armut und Keuschheit und dem Vollbringen
   guter Werke verschrieben hatten. Siehe unten S. 101 ff.
18 Caroline Walker Bynum 1987, S. 83.
19 Meine Thesen über Frauen in den religiösen Bewegungen des 12. Jahrhunderts stützen sich auf folgende Quellen: C. W. Bynum 1982; J. B. Bury 1924–1936, Bd. 6; P.
   Dinzelbacher, D. R. Bauer 1988; F. Heer 1962; R. E. Lerner, St. Meacham, E. M.
   Burns 1988; R. W. Southern 1953; E. A. Petroff 1986; E. Power 1975; S. Shahar
   1981.
20 F. Heer 1962, S. 43.
21 Das zeigt sich am Wachsen der Frauenorden. 1250 wurden allein in Deutschland
   mehr als 500 religiöse Einrichtungen für Frauen gegründet. L. Rothkrug 1980, Verweise S. 91f., 52.
22 Über die Katharer habe ich mich informiert bei Hastings 1955, Bd. 6, S. 618–622;
   N. Cohn 1957; P. Dronke 1984; G. Koch 1962; E. L. Ladurie 1979. – Koch spürt
   Ähnlichkeiten auf zwischen der Häresie der Bogumilen im 10. Jahrhundert und
   derjenigen der Katharer. Er zeigt, daß die Frauen bei den Bogumilen sehr aktiv
   waren, als gleichberechtigt behandelt wurden und als Diakonissen auch priesterli-
   che Befugnisse hatten.
23 In einer Diskussion über die Stellung der Frauen bei den Katharern kommen
   Richard Abels und Ellen Harrison zu dem Schluß, daß nur wenige *perfectae* die
   priesterlichen Funktionen erfüllten, die sie der Theorie nach hätten wahrnehmen
   können. Ihre Studie stützt sich auf die statistische Auswertung von drei Niederschriften der Inquisition im Languedoc. Ihre Ergebnisse scheinen zumindest für
   dieses Sample den Verallgemeinerungen Kochs zu widersprechen. Vgl. R. Abels;
   E. Harrison 1979.
24 Koch 1962, S. 52, vgl. S. 25; hier zit. n. P. Segl in P. Dinzelbacher und D. R. Bauer
   (Hg.) 1988, S. 112.
25 Koch 1962, S. 56f.
26 Ebd., S. 56, 64–70.
27 Ebd., S. 22.
28 Die ökonomische Erklärung wird von Weinstein und Bell akzeptiert, C. Bynum
   befürwortet eine Verbindung von ökonomischer und religiöser Begründung. Vgl.
   Bynum 1987, S. 18–22.
29 Die Beginen wurden verdächtigt, mit den Ketzern der Sekte der Freien Geister in
   Verbindung zu stehen. Vgl. R. E. Lerner 1972.
30 Meine Informationen über die hier behandelten Mystikerinnen habe ich folgenden
   Quellen entnommen: R. Kieckhefer 1984; M. Eliade 1987, »Biographische Einfüh-
   rungen«; P. Strauch 1882; M. Ebner 1939; K. Schröder 1871; C. W. Atkinson 1991.
31 Marguerite Porète, *Le miroir des simples âmes anientes et qui seulement demourent
   en vouloir et désir d'amour.* Diesen Text gibt es nur in italienischer Sprache. Vgl. R.
   Guarnieri 1965. Hier zitiert nach Louise Gnädinger, Zürich 1987.
   Zu Marguerite Porète vgl. E. A. Petroff 1986, »Einleitung« und S. 276–283; für
   die Übersetzung ins Deutsche auch P. Dinzelbacher 1988, S. 27, 38 sowie Ulrich
   Heid 1988, S. 185–214.
32 Zitate: M. Porète bei L. Gnädinger 1987, S. 50, 176. Vgl. R. E. Lerner 1972, S. 68–78.

33 M. Porète bei L. Gnädinger 1987, S. 23. Bei R. Guarnieri, zit. n. P. Dronke 1984, S. 275:

> »Vertuz a tousiers je prens / de vous congé.
> Je enauray le cueur plus franc / et plus gay.
> Voustre service est trop constant – / bien le scay.
> ...
> De voz dangers partie suis / en paix suis demouree.«

34 L. Gnädinger 1987, S. 27.

35 U. Heid 1988, S. 187f.

36 Beide Texte nach Gnädinger 1987, S. 15 u. 184. Das erste Zitat nach R. Guarnieri 1965, zit. n. U. Heid 1988, S. 205:

> »Theologiens ne aultres clers,
> Point n'en aurez l'entendement
> Tant aiez les engins clers
> Se n'y procedez humlement
> Et que Amour et Foy ensement
> Vous facent surmonter Raison,
> Qui dames sont de la maison.«

Die letzte Zeile des zweiten Zitats ist ergänzend zu L. Gnädinger dem Text von R. Guarnieri, zit. n. P. Dronke 1984 S. 277, entnommen:

> »Amis, qui diront beguines / et gens de religion
> quant ilz orront l'excellence / de vostre divine chancon?
> Beguines dient que je erre, / prestres, clers et prescheurs,
> Augustins et Carmes, / et les Freres Mineurs,
> pource que j'escri de l'estre / del'affinee Amour
> Non fais...«

37 U. Heid 1988, S. 189. Heid bemerkt, daß kein Text aus dem Mittelalter in Westeuropa weiter verbreitet war als dieser.

38 Eine gründliche Untersuchung über die Geschichtsschreibung zu Margery Kempe bietet Clarissa W. Atkinson 1983.

39 W. Butler-Bowdon 1936. Alle Zitate stammen im Original aus diesem Buch.

40 Ebd., S. 47f.

41 Ebd., S. 67ff.

42 Ebd., S. 107.

43 Ebd., S. 108.

44 Ebd., S. 189.

45 Juliana von Norwich, zitiert nach C. W. Atkinson 1983, S. 124.

Kapitel 5

1 Caroline Bynum: »... ›And Woman her Humanity‹...«, in: C. Walker Bynum u. a. (Hg.) 1986 – Vgl. Caroline Walker Bynum 1987, Kap. 9 und 10. – Ein Beispiel für die Verwendung mütterlicher Bilder zur Charakterisierung von Christus gibt Adelheid von Lindau, eine Nonne im Kloster von Tösz, die schrieb: »Ach lieber Herr, Du bist mein Vater und meine Mutter und meine Schwester und mein Bruder;

ach Herr, Du bist mir alles, das ich will, und Deine Mutter ist mein Gespiel. « Zit. n. Anne Marie Heiler (Hg.) 1929, S. 186.

2 Caroline Walker Bynum 1982, S. 147–152 u. Kapitel IV,. S. 110–135. Auch Eleanor McLaughlin in: R. Ruether und E. McLaughlin 1979, S. 100–130; Kari Elisabeth Børressen 1983. Wie wir noch zeigen werden, kam der Marienkult im 12. und 13. Jahrhundert zu seiner höchsten Blüte, also in einer Zeit, in der die Rolle der Frauen innerhalb der Kirche stärker eingeengt war als im frühen Mittelalter.

3 Die Werke der Hadewijch, hrsg. v. O. J. Plassmann, Hannover 1923, Teil II, S. 85 ff. – Auch: Columba Hart 1962.

4 Caroline W. Bynum 1987, S. 57–69. Vgl. Eleanor McLaughlin: »Christ my Mother«... 1975.

5 Die »Theologie des Weiblichen«, wie sie von Hildegard entwickelt worden ist, wird ausführlich diskutiert von Barbara Newman 1987, bes. Kap. 2; Zitat S. XVIII.

6 Juliana von Norwich 1960, S. 143. Engl. zit. n.: Edmund Colledge und James Welsh (Hg.) 1978, Der lange Text, Kap. 58, Offenbarung 14, Zeilen 14–16; 55–59; 62–63; S. 583–88; als Übersetzung dieser Passage in ein modernes Englisch: Katharina M. Wilson (Hg.) 1984, S. 286f. Außerdem habe ich herangezogen: Dom Roger Hudleston (Hg.) 1927. – Vgl. James McIlwain 1984; Kari Elisabeth Borressen 1978.

7 Juliana von Norwich 1960, S. 147. Engl. zit. n. Edmund Colledge und James Walsh (Hg.) 1978, Kap. 60, Offenbarung 14, Zeilen 47–51; 58–59, S. 598–600. Katharina Wilson (Hg.) 1984, S. 289.

8 Luisa Muraro 1981 (dieser Band enthält das Protokoll des Inquisitionsverhörs); Stephan E. Wessley in: Derek Baker (Hg.) 1978. Ich habe Kari Børressen zu danken für die Bestätigung der Quellen und zusätzliche Angaben über Mayfreda.

9 Meine Informationen über Prous Boneta stützen sich auf persönliche Kontakte zu Kari Børressen und auf William Harold May in: John H. Mundy u. a. (Hg.) 1955; Elizabeth Avilda Petroff 1986, S. 276f., 284–290.

10 Georg W. K. Lochner 1872, S. 15.

11 Das radikal neue Modell der *huiskerk* war von Anna Maria von Schurmann entwikkelt worden, einer gefeierten gebildeten Frau der Renaissance, die in den letzten Jahrzehnten ihres Lebens eine aktive Pietistin war. Über Pietistinnen habe ich mich informiert bei Jeannine Blackwell »Herzensgespräche mit Gott«, in: G. Brinker-Gabler 1988, und Gottfried Arnold 1729, Buch 3.

12 Gottfried Arnold wie zitiert in Werner Mahrholz (Hg.) 1921, S. 78.

13 Gottfried Arnold 1729, Buch 3, S. 273; zit. n. Nachdruck 1967, S. 282.

14 G. Arnold, wie zitiert in W. Mahrholz (Hg.) 1921, S. 80–84; vgl. G. Arnold (Nachdruck) 1967, Buch 3, S. 269.

15 G. Arnold 1729. Buch 3, S. 275 f.; zit. n. Nachdruck 1967, S. 284f.

16 Ebd., Buch 3, S. 161; zit. n. Nachdruck 1967, S. 165. G. Brinker-Gabler (1988, S. 266) gibt 1616 als ihr Geburtsjahr an.

17 Ebd., Buch 3, S. 113; zit. n. Nachdruck 1967, S. 158.

18 Über Beate Sturm siehe Jeannine Blackwell in G. Brinker-Gabler (Hg.), S. 284.

19 Johanna Eleonora Petersens Autobiographie ist in deutscher Sprache nachgedruckt in W. Mahrholz (Hg.) 1921, S. 201–245. Die Zitate auf S. 245. (Hier zitiert nach J. Blackwell in: G. Brinker-Gabler 1988, S. 283; d. Üb.) – Eine gekürzte Fassung in englischer Sprache ist enthalten in J. Blackwell, S. Zantop 1990, S. 51–84.

20 Als ihr Mann für zehn Jahre aus Deutschland verbannt war und im Ausland umher-reiste, regelte Erdmuthe von Zinzendorf alle Angelegenheiten der Herrnhuter Gemeinde und missionierte in Dänemark.

21 Über diese geschlechtsrollenbezogenen Konflikte zwischen Pietisten habe ich mich informiert bei R. Critchfield in B. Becker-Cantarino 1980, S. 112–137.

22 Mary Dyer und ihre männlichen Mitstreiter verstießen absichtlich gegen das Boston Commonwealth Law, das den Quäkern als einer »verfluchten Sekte von Ketzern« die Einreise in die Kolonie unter Androhung der Todesstrafe verbot. Sie lehnte die Nachsicht ab, die das Gericht ihr entgegenzubringen geneigt war, wenn sie unter dem »Schutz« ihres Mannes wegbliebe, und wurde hingerichtet.

In England wie in den USA schlug sich die lange Tradition von Frauen in leiten-den Funktionen bei den Quäkern nieder in den frühen Frauenrechtsbewegungen, in denen Quäkerinnen überproportional vertreten waren.

23 Eine Frau namens Hester Biddle wandte sich in einem Pamphlet an die Stadt Oxford, in dem sie in er ersten Person schrieb und das »Ich« mit Gott identifizierte. »Wehe Dir, du Stadt Oxford... kehre um, solange Dir Zeit bleibt, sonst vernichte ich Dich mit Feuer, wie ich es getan habe... Denke daran, du bist gewarnt zu Leb-zeiten, und keinem wird seine Schuld vergeben. Hester Biddle.« Der Text ist zitiert nach Elaine Hobby 1922, S. 41.

24 Margaret Fell 1667.

25 Ebd., S. 5 und 12.

26 Zitiert nach Edward Deming Andrews 1953, S. 8, 10. Quellenangaben fehlen in die-sem Text.

27 Ebd., S. 11.

28 Calvin Green; Seth Y. Wells (Hg.), 1848, S. 17 f.

29 Vgl. Alice Felt Tyler 1944, S. 140–166; Anonym: Testimonies of the Life... 1888.

30 Meine Informationen über Jemima Wilkinson entstammen Alice F. Tyler 1944, S. 115–121; Herbert A. Wisbey jr. 1971; ders. 1964; Rev. John Quincey Adams 1915.

31 Über Joanna Southcott habe ich mich informiert bei: Alice Seymour 1909; James K. Hopkins 1982; James Hastings (Hg.), Encyclopedia of Religion and Ethics, Bd. XI, S. 756, Einführung von W. Th. Whitley »Southcottians«. Zitat aus Hopkins, S. XI.

32 James K. Hopkins 1982, S. 83 f.

33 Joanna Southcott in Alice Seymour 1909, S. 231.

34 Joanna Southcott in James K. Hopkins 1982, S. 199.

35 [Sojourner Truth] in: *Narrative of Sojourner Truth, a Northern Slave*... 1850, S. 60–70.

36 Frances D. Gage in Elizabeth Cady Stanton u. a. 1881–1922, Bd. I, S. 115 ff., Zitat S. 116. Das Bemühen Frances Gages, die Rede von Sojourner Truth im Dialekt wie-derzugeben, wurde hier außer acht gelassen.

37 Eine andere schwarze Predigerin, die sich als schwarze Feministin verstand, war Maria W. Stewart, die während der 1830er Jahre kurz in Boston als Lektorin tätig war. Sie trat nur drei Jahre lang als Lektorin in der Öffentlichkeit auf und verzich-tete auf weitere Auftritte, weil sie nicht genügend Unterstützung fand und Beschimpfungen ausgesetzt war. Sie betätigte sich dann als Verfasserin von politi-schen und religiösen Schriften und veröffentlichte 1834 einen Band mit ihren gesam-melten Werken. Vgl. Marilyn Richardson (Hg.) 1987.

38 Ebd., II, S. 193 f.

39 Ich danke Prof. Nell Irvin Painter, daß sie mich an den Fortschritten ihrer Arbeit im Manuskriptstadium teilhaben ließ. Ein Teil dessen ist ihr Beitrag über Sojourner Truth, in: Lean Fagan Yellin, John C. van Horne (Hg.) 1992.

40 Über den Hintergrund der Autobiographien der schwarzen Spiritualistinnen: William L. Andrews 1986; Nellie Y. McKay 1989; Jean M. Humez 1984. – Auch Cheryl Townsend Gilkes 1990. Alle meine Angaben über Rebecca Jackson und alle Zitate stammen aus Jean M. Humez 1981, S. 85–88.

41 Ebd.

42 Ebd., die Träume sind dargestellt auf S. 99, 100, 119–121.

43 Ebd., S. 107 f.

44 Ebd., S. 145.

45 Ebd., S. 21 f.

46 Ebd., S. 203.

47 Ebd., S. 174 f.

48 Ebd., S. 29–37, 39–41.

49 Meine allgemeinen Aussagen über jüdische Frauen stützen sich auf folgende Quellen: Charlotte Baum u. a. 1976; Jacob R. Marcus 1981, Sondra Henry und Emily Taitz 1983; Chava Weissler: »Women in Paradise«, 1987. – Auch Isidore Singer (Hg.) 1901; Geoffrey Wigoder (Hg.) 1977; Aviva Cantor 1981.

50 Chava Weissler: »The Traditional Piety…«, 1987; hier: S. 255 f.

51 Ebd., S. 256.

52 Chava Weissler: »Images of the Matriarchs…«, 1988.

53 Ebd., Verweis auf Serel S. 47–50.

54 Der Hinweis auf das Horowitz-Gebet stützt sich auf ein Manuskript von Chava Weissler, das ich besitze. Ich bin Professorin Chava Weissler zu großem Dank verpflichtet, weil sie mich am Fortgang ihrer Arbeit teilnehmen ließ, besonders im Hinbick auf das Kapitel über Leah Horowitz. Ihre sorgfältige Analyse und der genaue Vergleich zwischen den drei Teilen des Gebetes von Horowitz haben meine Interpretation beeinflußt. Zitiert mit Erlaubnis der Autorin.

55 Stichwort »Kabbalah«, in: G. Wigoder (Hg.) 1977, S. 1093–1098.

56 Gershom G. Scholem 1941. Beide Zitate S. 37 f.

57 Sondra Henry und Emily Taitz 1983, S. 253.

58 Beide Zitate in Henry M. Rabinowicz 1970 (Judaism), S. 205 f.

59 Ada Rapoport-Albert 1988, S. 518. Fn 10.

60 Sondra Henry und Emily Taitz 1983, S. 182 f.; Ada Rapoport-Albert 1988, S. 503. Horodecky vertritt die These, daß Frauen im Chassidismus eine relativ gleichberechtigte Position innehatten, Rapoport-Albert stellte das jedoch in Frage. Sie unterscheidet zwischen informellem Einfluß, den diese Frauen hatten, weil sie mit Männern von besonders hohem Rang verbunden waren, und tatsächlichen Führungs- oder Machtpositionen. Sie wendet außerdem ein, daß die meisten Quellen in bezug auf die Zaddiks der Frauen apokryphe Sekundärquellen sind.

61 Alle Zitate im Journal von Marian Louise Moore. Manuskripte in der Western Reserve Historical Society in Cleveland, Ohio.

Kapitel 6

1 Der Begriff »Mutterschaft« ist historisch verknüpft mit dem Begriff »Kindheit«. In seiner bahnbrechenden Arbeit argumentiert Philippe Ariès (1975), daß Kindheit erst im 17. Jahrhundert als eine selbständige Kategorie betrachtet wurde. Eine Erörterung über religiöse Frauen, die ihre Kinder verließen, bei Clarissa W. Atkinson (1991), Kapitel 5; über Einstellungen zum Stillen und die diesbezügliche Ideologie vgl. Ruth Perry 1991; Dorothy McLaren 1985.

2 Vgl. Adrienne Rich 1979.

3 Atkinson (1991) vermutet, daß dies auf Bernards Beziehung zu einer anderen Frau zurückzuführen sei.

4 Peter Dronke 1984, S. 40. Rückübersetzung aus dem Englischen, d. Übers. Vgl. G. Brinker-Gabler 1988, S. 40 ff., 474.

5 Ebd., S. 42.

6 Friedrich Maurer (Hg.) 1966, S. 393–406. Auch Edgar Papp 1978. Hier zitiert nach G. Brinker-Gabler 1988, S. 74.

7 Auf Christine de Pizans Werk werde ich in Kapitel 7 ausführlich eingehen.

8 Christine de Pizan, Les Enseignements moraux, Str. 47; in: M. Roy (Hg.), 1886, III, S. 34.

9 Vgl. David Herlihy 1975, S. 5.
  Bei den Alemannen war das wergeld, das Geld, das im Todesfall zu zahlen war, für eine weibliche Leibeigene dreimal so hoch wie für eine gewöhnliche Frau, ebd., S. 7. – Suzanne Wemple (1985, S. 70) berichtet, daß das wergeld für Frauen doppelt so hoch war wie für Männer der gleichen sozialen Schicht.

10 Die Trennungslinien zwischen Sklaven, Leibeigenen und freien Bauern variieren mit Ort und Zeit und können nicht immer genau bestimmt werden. Aber die Verpflichtungen gegenüber dem Grundbesitzer waren in der Regel für alle Mitglieder der Bauernschaft die gleichen. Sklaven waren körperliches Eigentum, Leibeigene waren an das Land gebunden, und die Bauern waren, obwohl körperlich frei, vertraglich an das Land gebunden.

11 In vielen Ländern war das Recht der ersten Nacht für die Herren – das Privileg, mit der Braut eines Leibeigenen vor deren Hochzeit zu schlafen – bis ins 19. Jahrhundert durch formales Recht und Gewohnheit anerkannt. Vgl. Bonnie S. Anderson und Judith P. Zinsser 1988, Bd. I, S. 120 f.

12 Eine gründliche Darstellung des Lebens von Frauen im Mittelalter bei Suzanne F. Wemple 1985, Kapitel 2 und 3.

13 Frauen lebten in Europa im Mittelalter und in der Renaissance in immer neuen Kriegen, was für sie nicht nur den potentiellen Verlust des Ehemannes bedeutete, sondern Vergewaltigung und Plünderung durch die einmarschierenden Truppen. Selbst Nonnen in Klöstern wurden mit Vergewaltigung bedroht und vergewaltigt. Siehe Jane Schulenburg 1986.

14 Meine allgemeinen Aussagen über Frauen auf dem Lande stützen sich weitgehend auf die ausgezeichnete Darstellung des Themas durch Bonnie S. Anderson und Judith P. Zinsser 1988, Bd. I, Teil 2. – Da das Heraufsetzen eines der besten Mittel der Geburtenkontrolle war, wechselt die Zahl der ledigen Frauen in verschiedenen Zeiten und Orten sehr stark.

15 David Herlihy 1975, S. 13. Der Autor ist vorsichtig und nennt diese Zahlen »eine grobe Schätzung«. Es gibt keine genaueren Angaben, aber für unsere Zwecke hier

ist von Bedeutung der Unterschied zwischen dem geschlechtsspezifischen Durchschnittswert bei Männern und bei Frauen sowie die geringe Lebenserwartung aller Menschen im Vergleich zur Gegenwart.

16 E. A. Wrigley 1973. Auch B. S. Anderson und J. P. Zinsser 1988, Bd. I, S. 111.

17 Eine Methode der Geburtenkontrolle durch Empfängnisverhütung war vielleicht das Stillen. Dorothy McLaren meint (1985), das sei der Grund dafür, daß arme Frauen weniger Kinder hatten als die reichen.

18 Die demographischen Angaben stammen von B. S. Anderson und J. P. Zinsser, Bd. I, S. 134–140.

19 Stephan Beissel 1909, S. 46–52, 151.

20 Pamela Berger 1985 dokumentiert diesen Übergang. Der Hinweis auf Gregor von Tours findet sich auf S. 33 f.; der Hinweis auf das Kornwunder auf S. 90–96.

21 Siehe Hrotsvithae Opera 1970, S. 93 ff. Das Zitat der Roswitha auf S. 93. Zit. n. dies., Werke 1973, S. 69. Auch John A. Phillips 1984. Anredeformen der Muttergöttin nach Stephan Beissel 1909, S. 93.

22 Irenaeus von G. L., zit. n. J. A. Phillips 1984, S. 133. Hier zit. n. Hilda Graef 1964, S. 44.

23 Hieronymus, Brief 22 an Eustochium, zit. n. Hilda Graef 1964, S. 91. Vgl. Hieronymus Briefe über die christliche Lebensführung 1983, S. 55.

24 Clarissa W. Atkinson (Hg.) 1991, S. 124; Barbara Newmann 19871, Kapitel 5.

25 Penny Shine Gold 1985, S. 45–55.

26 Meine Darstellung der Entwicklung des Marienkults stützt sich auf Geoffrey Ashe 1976; Marina Warner 1983: Ann Matter 1985, Zitat S. 86; John A. Phillips 1984. Siehe auch Clarissa W. Atkinson 1991, Kap. 4.

27 Die Anekdote über Marias Schleier ist erwähnt in Ann Matter 1985, S. 85.

28 Marina Warner 1983, S. 276.

29 Ebd., S. 280.

30 Marina Warner faßt die Praktiken und Traditionen in bezug auf Maria so zusammen: »Es besteht also ein alles entscheidender Widerspruch im Zentrum der Gestalt der unberührt empfangenen Jungfrau, weil ... sie im Augenblick ihres höchsten Triumphes über die Fleischlichkeit eine Göttin der pflanzlichen, tierischen und menschlichen Fruchtbarkeit ist.« (Ebd., S. 269)

31 Ebd., S. 262 – Maria als Himmelskönigin wurde verherrlicht in den im 12. Jahrhundert sehr beliebten Hymnen Regina Coeli und Salve Regina, die ihren Triumph über das Böse durch ihre Jungfräulichkeit besingen. Papst Pius XII. erklärte sie 1954 offiziell zur Königin des Himmels.

32 Marina Warner 1983, S. 304.

33 Clarissa Atkinson 1983, S. 137–140.

34 1235 brannte in Fulda eine Mühle nieder und zwei Kinder, die sich nicht retten konnten, verbrannten. Einige Kreuzfahrer, die in der Stadt waren, verbreiteten die Geschichte, daß Juden die Kinder getötet hätten, um ihr Blut für medizinische Zwecke verwenden zu können. In dem darauffolgenden Pogrom wurden 32 jüdische Frauen und Männer auf der Stelle erschlagen. Vgl. Ismar Elbogen und Eleonore Sterling 1988, S. 39.

35 Lionel Rothkrug 19801, Hinweis auf blutende Hostie, S. 85–91.

36 Marina Warner 1983, S. 305, 314.

37 Nach der Lehre der Kirche bezieht sich der Begriff »unbefleckte Empfängnis« auf die Geburt der Maria. Sie wurde von Papst Pius IX. 1854 zum Dogma erklärt. Diese

bindende Auffassung entwickelte sich über eine lange Zeit und forderte viele Meinungsverschiedenheiten heraus. Vgl. S. G. F. Brandon 1985.

Duns Scotus (1266–1308) argumentierte, Maria sei vom Augenblick ihrer Empfängnis an ohne Sünde gewesen und dann wie alle anderen Menschen von Christus erlöst worden. Der Dogmenstreit zwischen den Franziskanern, die an diese Interpretation glaubten, und den Dominikanern, die dem hl. Augustinus folgend glaubten, Maria sei ein Mensch gewesen und in Sünden empfangen worden, trug zur Verbreitung und Intensivierung der Marienverehrung bei. Die Dominikaner gründeten und förderten die Rosenkranzbruderschaften, eine Laienorganisation, der überwiegend Frauen angehörten, die regelmäßig den Rosenkranz beteten, die das Vaterunser mit dem Ave Maria und 150 Psaltern zur Lobpreisung Marias miteinander kombinierte, um die Vergebung der Sünden zu erlangen. – Zumindest ein Historiker hat die Auffassung vertreten, daß die Bemühungen der Dominikaner darauf gerichtet waren, »das religiöse Leben der Frauen zu kontrollieren und Formen organisierter Laienfrömmigkeit, die nicht unter der Aufsicht der Kirche standen, zu zerstören.« (Lionel Rothkrug 1850, S. 82)

Die Tatsache, daß der Mann, der sich besonders für die Verbreitung der Rosenkranzbruderschaften in Deutschland einsetzte, der Dominikaner Jacob Sprenger war, Autor des 1486 veröffentlichten frauenfeindlichen *Malleus Maleficarum*, stützt diese Interpretation.

38 C. P. Ceroke 1967.

39 Constantia Munda: »The Worming of a Mad Dogge...«, London 1617. Nachdruck des Textes in Katherine U. Henderson, Barabara F. McManus 1985, S. 244–263; gelesen und aus dem Englischen übersetzt von Gerda Lerner.

40 Anna Ovena Hoyers, zit. n. Barbara Becker-Cantarino (Hg.) 1986, S. 245. Auch dies. 1989, S. 171.

41 Ebd., S. 216–219. Auch Gisela Brinker-Gabler (Hg.) 1978, S. 76–77.

42 Sie übernimmt die traditionelle Form des Katechismus, ein Dialog zwischen einem Pfarrer und einem Kind, ersetzt aber den Pfarrer durch die Mutter.

43 Zit. n. Barbara Becker-Cantarino (Hg.) 1986, S. 3,4, 38.

44 *The Memoirs of Glueckel of Hameln*, übers. von Marvis Lowenthal 1932. Das in den Jahren 1690–91 geschriebene Buch wurde erst 1896 veröffentlicht, als es in jüdisch-deutscher Sprache nach einem von David Kaufmann kopierten Manuskript in Frankfurt a. M. erschien. Deutsch zitiert nach dem Nachdruck: *Denkwürdigkeiten der Glückel von Hameln*, Frankfurt 1987.

45 Ebd., S. 50.

46 Ebd., S. 52.

47 Siehe Kapitel 3, S. 71.

48 Wie zitiert in Anonym: *Poems by Eminent Ladies*, Bd. 1, London 1755, S. 22–25; dt. Übersetzung W. Möller-Falkenberg.

49 Zit. n. Gisela Brinker-Gabler (Hg.) 1978, S. 104f.

50 Historikerinnen und Historiker haben verschiedene Interpretationen der Ursachen und Wirkungen dieser Tendenzen vorgetragen. Einige repräsentative Auffassungen: Lawrence Stone 1977; Carl Degler 1980; Ruth Perry 1978.

51 Mary Wollstonecraft 1792, Nachdruck 1974, S. 51. Hier zit. n. dies. Neuauflage Bd. 1, 1978,, S. 41.

52 Ebd., S. 254. Hier zit. n. Neuauflage Bd. 2, 1976,, S. 87.

53 Mary Wollstonecraft 1708, Nachdruck 1977, S. 111. – Bei der Interpretation der Werke von M. Wollstonecraft bin ich beeinflußt von der unveröffentlichten Masters-Arbeit von Kathleen Brown, University of Wisconsin-Madison.

Kapitel 7

1 Manuskript im Escorial, Madrid, a II 9, f. 90 v. wie zitiert in Joyce E. Salisbury 1982, S. 102.

2 Helmut Köster 1980, S. 485–489. Eine gründliche Diskussion der Zuschreibungen und Interpretation der Schriften des Paulus beim W. O. Walker 1983. Die meisten Wissenschaftler sind übereinstimmend der Auffassung, daß Paulus nur acht der ihm zugeschriebenen Briefe geschrieben hat und nicht der Verfasser des 1. oder 2. Timotheusbriefes oder des Briefes an Titus ist.

3 Tertullian, De Cultu Feminarum I, 1, 2. Von G. L. zitiert nach Rosemary Radford Ruether 1974, S. 157. Vgl. Tertullian 1912.

4 Ambrosius: »Paradiso« 6.34, zit. n. Margaret Miles 1991, S. 91.

5 Augustinus, De genesi at literam, 11.37. Hier zit. n. Augustinus 1977, 11. Buch, Kap. 37,m S. 219.

6 Augustinus, De trinitate, 12.7.10 (PL 42.1003). Hier zit. n. Augustinus 1968, S. 137.

7 Die Auffassung, daß die Ansichten des Augustinus androzentrisch seien und zur misogynen Interpretation der Kirche beigetragen haben, wird u. a. vertreten von Rosemary R. Ruether 1974. Maryanne C. Horowitz argumentiert entschieden zugunsten der allegorischen Deutung des Textes und stellt fest: »Die These, die Frau wäre ›nicht nach dem Bilde Gottes‹, war eine seltene Auffassung sowohl in der jüdischen als auch in der christlichen Glaubenstradition.« (1979, S. 204).

8 Thomas von Aquin, Summa Theologica, 3a, qu. 31, art. 4. Ich habe Prof. Nancy Isenberg für den Hinweis auf diese Fundstelle zu danken.

9 Meine Zusammenfassung ist beeinflußt von der Lektüre der folgenden Sekundärquellen: John A. Phillips 1984; Phyllis Bird 1974; Bernard P. Prusak 1974; Rosemary R. Ruether in: dies. 1974; Eleanor Commo McLaughlin 1974; Ian Mclean 1977, Kap. 1; Elaine Pagels 1988. Eine innovative Interpretation des Genesis-Textes und der Geschichte vom Sündenfall, die sich auf eine moderne Übersetzung des alten hebräischen Textes stützt, bei Carol Meyers 1988. Meyers ist der Auffassung, daß alle frauenfeindlichen Deutungen Evas christlichen Ursprungs sind.

10 Wie zitiert bei David Greene und Frank Connor (Hg.) 1967, S. 158.

11 Hildegard von Bingen, De Operatione Dei, I.4.100 PL 197:885bc. Hier zit. n. Welt und Mensch (H. Schipperges) 1965, S. 164.

12 Hildegard von Bingen, Causae et Curae, 136. Hier zit. n. Heilkunde (H. Schipperges) 1957, S. 204.

13 Ebd.

14 Joan Cadden 1984, S. 154–55.

15 Über Christine de Pizan: Charity Cannon Willard 1984; Susan Groag Bell 1976; Astrik L. Gabriel 1955; Sandra L. Hindman 1984 und 1986; Mary A. Ignatius 1978; Therese Ballet Lynn 1978; Christine M. Reno 1980.

16 Christine de Pizan, Das Buch von der Stadt der Frauen, 1986, I.9.2,, S. 55.

17 Hugo von Sankt Viktor, De Sacramentis Christianae Fidei, Libri II, PL CLXXVI, nach Angela M. Lucas 1983, S. 8.

18 Obwohl dieses Argument im Original von Christine de Pizan zu stammen scheint, wird es von Historikern dem im 16. Jahrhundert schreibenden Cornelius Agrippa zugeordnet, dessen bedeutendes Werk Declamatio de nobilitate et praecentellentia foemine sexus (1529) spätere Arbeiten von Männern und Frauen beeinflußt hat.

Dies ist charakteristisch dafür, wie die intellektuellen Beiträge von Frauen übergangen und vergessen werden. Vgl. Ian Maclean 1977, S. 25–26.

19 Christine de Pizan 1986, I.9.3, S. 56. (Der letzte Satz ist hier eine Übersetzung der von G. Lerner wiedergegebenen Fassung von E. J. Richards, weil die Übersetzung in der deutschen Pizan-Ausgabe unzureichend erscheint. Dort heißt es: »Denn so tief auch die menschliche Natur aufgrund ihres kreatürlichen Elements fiel, um so höher erhob sie der Schöpfer.« A. d. Ü.)

20 Ebd., I.10.3,, S. 59.

21 Ebd., I.10.5; S. 61 f.

22 Als erste hat diesen Aspekt des Werkes von Christine de Pizan Joan Kelly (1984) behandelt.

23 Isotta Nogarola, in: Margaret L. King; Albert Rabil Jr. (Hg.) 1983, S. 57–68. Über Isotta Nogarola und andere gebildete Frauen auch: Margaret L. King 1976 und 1978; Patricia H. Labalme 1980; Roland Bainton 1971 und 1977; Mary Agnes Cannon 1958.

24 Isotta Nogarola wie zitiert in Margaret L. King und Albert Rabil jr. 1983, S. 59–60.

25 Ebd., S. 64, 66.

26 Ebd., S. 78.

27 Laura Cereta an Augustinus Aemilius, »Curse against the Ornamentation of Women«, zitiert nach ebd., S. 77–80; hier: S. 80.

28 Renja Salminen (Hg.) 1979, v. 10–12; zitiert nach Paula Sommers 1986, hier S. 31. Auch J.R. Brink (Hg.) 1980, S. 39–50.

29 Marguerite de Navarre, Miroir, v. 941–2; 953–6 wie zitiert in P. Sommers 1986, S. 33.

30 Ebd., v. 248–50; 261–68, zit. n. P. Sommers 1986, S. 32–33. Auch Marguerite de Navarre 1547, S. 25. (Gerda Lerner verwendet im folgenden zur Charakterisierung der Neuinterpretation der Bibel durch Frauen das Adjektiv »slant«, einen Ausdruck der amerikanischen Dichterin Emily Dickinson, der auf eine verborgene Botschaft einer Aussage hinweist, wörtlich »schief« oder »schräg« bedeutet. A. d. Ü.)

31 Elaine V. Beilin 1985. Dort: Anne Askew, »Her First Examinacyon«, I, S. 10r–v, wie zitiert auf S. 85: »I answered hym, that I newe Paules meanynge so as he, which is, i Corinthiorium xiiii, that a woman ought not to speake in the congregacy on by way of teachynge. And then I asked hym, how many women he had seane, go into the pulpett and preache. He sayde, he never sawe non. Then I sayd, he ought to fynde no faute in poore women, except they had offended the lawe.«

32 Ebd., I, S. 27r–29r, wie zitiert auf S. 87 und I, S. 13v–14r, S. 86.

33 Die wichtigste antifeministische Schrift in Frankreich war Alexis Troussets *Alphabet de l'imperfection et malice des femmes*, zuerst erschienen 1617. Es gab 18 Auflagen zwischen 1617 und 1650.
Die Kontroverse in England begann mit der Veröffentlichung eines Pamphlets, das sich satirisch über die Frauen hermachte und alle ihre Laster katalogisierte: Anonym, *Here begynneth a litle boke named the Schole house of women: wherin every man may rede a goodly prays of the condicyons of women* (1541). Das Buch wurde in den nächsten Jahrzehnten viermal neu ediert. Es folgte von dem exilierten Puritaner John Knox: *The First Blast against the Monstrous regiment of Women* (1558), das eine Attacke gegen die katholische Königin Maria war und zugleich gegen alle Frauen. In den nächsten dreißig Jahren erschien eine große Zahl von Pamphleten, die zwar auch für, aber meist gegen Frauen argumentierten. Ein viel-

beachteter Streitschriften-Krieg, an dem auch Frauen teilnahmen, brach aus, als das frauenfeindliche Pamphlet von Joseph Swetnam *The Araignment of lewd, idle, fro-ward and unconstant women: Or the vanitie of them, choose you whether* (1615) erschienen war. Dieses Pamphlet wurde in den nächsten fünfzig Jahren etliche Male nachgedruckt, während die zur Verteidigung der Frauen veröffentlichten Pamphlete nicht nachgedruckt oder neu aufgelegt wurden. Vgl. Katherine Usher Henderson und Barbara F. McManus (Hg.) 1985, Teil I. Vgl. auch Ian Maclean 1977, S. 30.35; Lula McDowell Richardson 1929.

34 *Jane Anger, her Protection for Women*... 1589, Nachdruck in: Katherine U. Henderson und Barbara F. McManus 1985, S. 172–188. Ich stütze mich auch auf Simon Shepherd (Hg.) 1985. Shepherd vertritt überzeugend die These, daß Jane Anger (deutsch etwa Johanna Zorn) kein Pseudonym ist, wenn ihre Identität auch nicht genau festgestellt werden kann (ebd. S. 30).

35 Anger, bei K. U. Henderson, B. F. McManus 1985, S. 180–81.

36 Ebd.

37 Joseph Swetnam, *Araignment*... Swetnam übernahm als Plagiat einen großen Teil seiner Schrift von dem früheren frauenfeindlichen Text von John Lyly, *Euphues his censure to Philautus*, auf das Jane Anger geantwortet hatte. S. Simon Shepherd (Hg.) 1985, S. 53–55. Swetnams Streitschrift provozierte Antworten von Rachel Speght, Constantia Munda und Ester Sowernam sowie ein Theaterstück zur Verteidigung der Frauen: *Swetnam the Woman-hater arraigned by Woman* (London 1920), das 1919 im Red Bull Theatre aufgeführt wurde. S. Coryl Crandall 1968.

38 Rachel Speght 1621.

39 Rachel Speght 1617, S. 10.

40 Ebd., wie zitiert in Simon Shepherd 1987, S. 66.

41 Ebd., S. 67.

42 Paulus, 1.Kor. 7, Speght, ebd., S. 67f.

43 Ebd., S. 69–73, Zitat S. 69.

44 Ester Sowernam 1617, in: K. U. Henderson und B. F. McManus (Hg.) 1985, Zitat S. 224 ff. – Wir haben keine Information über die Lebensumstände der Person, die das Pseudonym Ester Sowernam benutzt hat, und Historikerinnen haben vermutet, der Text könnte von einem Mann verfaßt sein. Die gleiche Frage ist in bezug auf Constantia Munda gestellt worden. Shephard argumentiert überzeugend, es handele sich in beiden Fällen um Autorinnen, und verweist darauf, daß Rachel Speght sich als Zeitgenossin auf beide als auf Frauen bezieht. Siehe Simon Shepherd 1987, S. 86f., 126.

An anderer Stelle legt Shepherd zumeist aufgrund von textimmanenten Hinweisen überzeugend dar, daß ein anderes satirisches Pamphlet zur Verteidigung der Frauen, *The Women's Sharp Revenge*, von einem Mann verfaßt war, einem John Taylor. Dieser schrieb 1639 ein Pamphlet, in dem er Frauen als zänkische Drachen darstellte, und verfaßte selbst die Entgegnung unter dem Pseudonym »Mary Tattle-well und Joan Hit-him-home, alte Jungfern«. Diese Art der literarischen Täuschung ist ein Hinweis auf die Popularität der Debatte über die Frauen und zeigt, daß es profitabel zu sein versprach, derartige Pamphlete zu veröffentlichen, sowohl pro als auch contra. Ich habe mir Shephards Auffassung zu eigen gemacht und deshalb das »Mary Tattle-well...«-Pamphlet hier nicht berücksichtigt. Simon Shephard 1987, S. 160f.

45 Ester Sowernam 1617, in: K. U. Henderson und B. F. McManus 1985, S. 225.

46 Sarah Fyge Field Egerton 1687, zit. n. Moira Ferguson 1985, S. 157.

47 Aemilia Lanyer, *Salve Deus Rex Judaeorum*, sig. f3v, wie zitiert in Margaret Patterson Hannay 1985, S. 213.

48 Aemilia Lanyer, ebd, sts. 94.5.–96, 102.6–105.

49 Ebd., st. 121.

50 Anna Maria van Schurman, engl. zit. n. Joyce Irwin 1977, Zitate S. 53, 54, Rück-übersetzung ins Deutsche. Auch J. R. Brink 1980, S. 77–79.

51 Ute Brandes 1988.

52 Jeannine Blackwell 1988. Auch: Ernest Stoeffler 1987.

53 Antoinette Bourignon, wie zit. v. Gottfried Arnold 1729, Bd. 3, S. 150–157, zit. n. Nachdruck 1967, S. 162.

54 Margaret Fell 1667: Nachdruck 1979, S. 11.

55 Mary Astells Werk wird ausführlicher in Kapitel 9 diskutiert werden.

56 Mary Astell 1730, Nachdruck 1970, S. 115. Erstausgabe im Jahre 1700.

57 Ebd., S. 103 f.

58 Judith Sargent Murray 1790, zit. n. Alice S. Rossi (Hg.) 1974, S. 23.

59 Dazu die Anmerkungen Sarah M. Grimkés über Bibelübersetzungen. Sie gibt zu bedenken, daß »fast alles, was über dieses Thema [die Sphäre der Frau] geschrieben worden ist, sich ergibt aus einem Mißverständnis der in den Schriften dargestellten einfachen Wahrheiten, das auf der falschen Übersetzung von vielen Abschnitten der Heiligen Schrift beruht.« (1838, S. 4) Die beiden Zitate von Julia Smith aus Julia Smith 1876, Vorwort. Angaben zur Biographie von Julia Smith bei Elizabeth George Speare 1971 und bei Addie S. Hale 1932.

60 Vgl. Nancy Isenberg (1990) wegen ihrer Erörterung der komplexen Struktur der ideologischen, meist religiösen Vorläufer der Frauenrechtsbewegung.

61 Sarah M. Grimké 1838. Sarah Grimké schrieb diesen Text in enger Zusammenarbeit mit ihrer Schwester Angelina Grimké, doch er wurde unter ihrem Namen gedruckt und ist geprägt von ihrem Stil. Ihr früher veröffentlichtes Pamphlet, ein an den Klerus gerichteter, auf Bibeltexte gestützter Aufruf gegen die Sklaverei ist: *An Epistle to the Clergy of the Southern States* (1836).

62 Siehe Catherine Birney 1885; Gerda Lerner 1967.

63 Sarah Grimké 1838, S. 4. Hervorhebung durch die Autorin.

64 Luthers Ausruf lautet: »Hier stehe ich; ich kann nicht anders. Gott helfe mir!«

65 Sarah Grimké 1838, S. 5. Hervorhebung durch die Autorin.

66 Ebd., S. 7. Hervorhebung durch die Autorin.

67 Ebd., S. 10, 11.

68 Sarah Grimkés Argumentation reflektierte eine Debatte zwischen religiösen Abweichlern in den Nordoststaaten über die von der Kirche beanspruchte Autorität in bezug auf das spirituelle Verhalten ihrer Mitglieder. Diese Debatte erreichte in den 1840ern und 1850ern ihren Höhepunkt mit der Gründung einer großen Zahl von dissidenten religiösen Sekten. Eine gründliche Diskussion über diese Sekten und ihre Wirkung bietet Nancy Isenberg 1990, Kapitel 2 und 4.

  Meine allgemeinen Aussagen über die frühe Frauenrechtsbewegung stützen sich auf ein extensives Studium der relevanten Primärquellen, insbesondere die Protokolle aller Women's Rights Conventions vor 1860, Briefe und Tagebücher ihrer Teilnehmerinnen und die Niederschriften der von Frauen gegründeten Gesellschaften für die Abschaffung der Sklaverei.

69 Sarah Grimké, 1838, S. 118 f., Hervorhebung durch die Autorin.

70 Ebd., S. 60.
71 *Free Thought Magazine* 1898.
72 Elizabeth Cady Stanton: Brief an Matilda J. Gage 1890.
73 Programm der Women's National Liberal Union Convention, 22./25. Febr. 1890, Washington D.C.
74 Elizabeth Cady Stanton und Matilda J. Gage (Hg.) 1895.
75 Sarah Grimké 1838, S. 3.
76 Zum Aphorismus Newtons s. Robert K. Merton 1985 – Merton vertritt in dieser brillanten, witzigen Verspottung pedantischer Wissenschaft zugleich sachlich und ernsthaft die Auffassung, daß wissenschaftliche Entdeckungen »auf dem bestehenden kulturellen Fundament aufbauen und folglich unter Bedingungen, die ziemlich genau definiert werden können, praktisch unvermeidbar sind«. Obwohl sich das in bezug auf die Vorhersehbarkeit und Unvermeidlichkeit von nichtwissenschaftlichem Denken nicht so feststellen läßt, trifft dennoch zu, daß das Entstehen von Vorstellungen und Wissen in ähnlicher Weise gesellschaftlich bedingt ist wie das wissenschaftliche Denken. An diesem Punkt sehe ich die Unterschiede in der intellektuellen Entwicklung von Männern und Frauen am deutlichsten.

Kapitel 8

1 Anonym, »Wife's Lament«, zitiert nach Carol Cosman, Joan Keefe, Kathleen Weaver (Hg.), 1979, S. 63 f.
2 Übersetzung a. d. Engl.; wie zit. in Meg Bogin 1976, S. 89. Dt. Übersetzung von Gerda Lerner und Walmut Möller-Falkenberg.
3 Louise Labé, Sonett VIII, engl. zit. n. Aliki Barnstone und Willis Barnstone (Hg.) 1980, S. 209. Eine moderne französische Fassung in Gerard Guillot 1962, S. 129. – Hier zit. n. Louise Labé 1981; dt. Übersetzung v. Monika Fahrenbach-Wachendorff.
4 Louise Labé, Sonett XXIII, engl. zit. n. A. Barnstone und W. Barnstone (Hg.) 1980, S. 216. Vgl. französ. Fassung bei G. Guillot, S. 138. – Hier zit. n. Louise Labé 1981; dt. Übersetzung Monika Fahrenbach-Wachendorff.
5 Christine de Pizan, ohne Titel, in: A. Barnstone und W. Barnstone (Hg.), S. 203.
6 [Anne Bradstreet] *Correspondence from the Tenth Muse, Lately sprung up in America in several Poems, compiled with great variety of Wit* ... by a Gentlewoman in these parts, London 1650. The Memorial Libraries, University of Madison-Wisconsin. Dt. Übersetzung W. Möller-Falkenberg.
7 Adrienne Rich, »The Tensions of Anne Bradstreet«, in: Adrienne Rich 1979, S. 21 – 32, Zitat S. 31.
8 Alice Walker 1983.
9 »Epilogue«, Marie de France 1987, S. 257. Dt. zit. n. Marie des France, Äsop 1973, S. 274 ff.. Wie sehr sie von ihren Zeitgenossen und Zeitgenossinnen anerkannt war, wird darin deutlich, daß dreiundzwanzig Manuskripte der *Fables* von Marie de France aus der Zeit vom 13. bis 15. Jahrhundert erhalten sind, sowie fünf Manuskripte ihres Buches *Lais*. Vgl. Harriet Spiegel (Hg.) 1987, S. 3.
10 Wie ebd., S. 4.
11 Margaret Cavendish 1653, Nachdruck 1667 (daraus die Zitate).
12 Ebd., S. 178.

13 Ebd., S. 178, beide Zitate.

14 Sibylle Schwarz, »A Song Against Envy«, in: Gisela Brinker-Gabler 1978, S. 87–89.

15 Christiana Mariana von Ziegler, in: G. Brinker-Gabler 1978, S. 119.

16 Rachel Morpurgo, zitiert in C. Cosman, J. Keefe, K. Weaver (Hg.) 1979, S. 164 f.; dt. Übersetzung W. Möller-Falkenberg.

17 Mary Collier 1762, zit. n. Moira Ferguson (Hg.) 1985, S. 262; dt. Übersetzung W. Müller-Falkenberg.

18 E. L. V. Klenke, geb. Karschin (Hg.) 1797, S. 313. Hier zit.: »Gedicht nach vorgeschriebenen Endreimen, Halberstadt 21.. Februar 1762 nach Anna Luise Karschin 1981, S. 147 f.

19 Elizabeth Inchbald, die auch Theaterstücke schrieb, war eine andere Schriftstellerin, die sich ihren Lebensunterhalt selbst verdiente. Die beiden Romane Mary Wollstonecrafts brachten ihr zu Lebzeiten keine Einnahmen.

20 Paula Bennett 1990, S. 22.

21 So lautet die deutsche Übersetzung des Gedichtes »I dwell in Possibility –« (in: Emily Dickinson, Guten Morgen, Mitternacht, ²1992); zur Verdeutlichung der Zweideutigkeit des Originaltextes schlägt Gerda Lerner folgende Übersetzung vor: »Ich bin dort zuständig, wo alles möglich ist.«

22 Die feministische Literaturkritikerin Sandra M. Gilbert erörtert klarsichtig diesen Aspekt von Dickinsons selbsterschaffener Persona, indem sie besonders auf die symbolische Bedeutung der Auswahl eines weißen Kleides für die Zeit ihrer selbstgewählten Klausur hinweist. S. Sandra M. Gilbert 1983. Schon 1960 gab es eine Untersuchung zu diesem Thema: Louise Bogan: »A Mystical Poet«, in: Richard B. Sewell (Hg.) 1963, S. 137–143.

23 Meine biographischen Informationen stützen sich auf Richard B. Sewell 1974, 1980; Cynthia Griffin Wolff 1987; Sandra M. Gilbert und Susan Gubar 1985; »Einleitung«, S. 839–843.
  Die Gedichte im Original zit. n. Thomas H. Johnson (Hg.) 1955; die Briefe sind zitiert nach Thomas Johnson und Theodora Ward 1958. Außerdem habe ich gelesen: Rebecca Patterson 1979; Suzanne Juhasz 1983 (Undiscovered Continent); Inder Nath Kerr 1974; David Porter 1981.

24 Wie zitiert in Richard B. Sewell 1980, S. 74.

25 Brief an T. H. Higginson v. 25. April 1862, in: Letters, S. 404.

26 G. G. Wolff 1987, Teil 3: »Pugilist and Poet«, S. 161–366.

27 u. 27a Wie zitiert in Richard B. Sewell 1980, S. 420 und S. 394.

28 Dt. Übersetzung in: Emily Dickinson, Gedichte. Englisch/Deutsch. Ausgewählt und übertragen von Gertrud Liepe. Mit einem Nachwort von Klaus Lubbers, Stuttgart 1970, S. 101.

29 Dt. Übersetzung in: Emily Dickinson, Guten Morgen, Mitternacht. Gedichte und Briefe, ausgewählt und übertragen von Lola Gruenthal, Berlin ²1992, S. 33.

30 Dt. Übersetzung in: ebd., S. 31.

31 Dt. Übersetzung Gerda Lerner. Emily Dickinson benutzt in ihren Gedichten eine eigene Schreibweise, Großschreibung und Zeichensetzung – oft entgegen den sonst üblichen Regeln; hier z. B. schreibt sie »General«, 4. Zeile, groß.

32 Die Männer, von denen angenommen wird, daß Dickinson sie geliebt hat, sind identifiziert als Willie Dickinson, Henry Emmons, The Rev. Charles Wadsworth, Samuel Bowles und Thomas Wentworth Higginson. (Die drei Letztgenannten wurden von den späteren Interpreten/Interpretinnen als die wahrscheinlichsten Adressaten der »Meister«briefe angenommen.) Schließlich noch Richter Otis Lord.

Die erste feministische Kritikerin, die eine homoerotische Bedeutung der an Sue Gilbert gerichteten Gedichte vermutete, war Rebecca Patterson 1951. Sie wurde wegen dieser Interpretation so wütend angegriffen, daß bis 1971 niemand mehr darauf zurückkam, als der Psychiater John Cody sie aufgriff in seinem Buch *After Great Pain: The Inner Life of Emily Dickinson*. In neuerer Zeit haben feministische Literaturkritikerinnen dieses Thema beherzter verfolgt. Außer den bereits genannten Arbeiten von R. Patterson und S. Juhasz liegen vor: Lillian Faderman 1977; Suzanne Juhasz (Hg.) 1983 (*Feminist Critics*); Paula Bennett 1990, bes. Kap. 5. Ich fand die letzte Arbeit besonders überzeugend.

33 Edward Dickinson: »Female Education«, in: *New England Inquirer*, v. 5. Januar 1827, zitiert nach Cynthia G. Wolff 1987, S. 574. »Shakespeare«: Zitat ebd.

34 Ihre Beziehung zu Sue Gilbert dauerte dreißig Jahre lang. Es sind 153 Briefe und Notizen sowie 276 Gedichte bekannt, die an sie gerichtet und geschickt worden sind. Dies sind doppelt so viele Sendungen wie an irgendeinen anderen Adressaten. Wahrscheinlich waren sie sehr viel zahlreicher, denn es gibt eine unerklärte Unterbrechung der Korrespondenz zwischen Dickinson und Gilbert während der beiden Jahre, die auf die Heirat zwischen Sue und Austin Dickinson folgten. Lillian Faderman erklärt diese Lücke als Zeichen dafür, daß nach Emily Dickinsons Tod auf Verlangen Austins Briefe vernichtet worden sind, wahrscheinlich weil die Briefe für anstößig gehalten wurden. Vgl. L. Faderman 1979, S. 216–225.

35 Paul Bennett 1990, Kap. 5.

36 Die Möglichkeit wird unter verschiedenen Gesichtspunkten diskutiert in Adelaide Morris: »›The Love of Thee – A Prism Be‹: Men and Women in the Love Poetry of Emily Dickinson«; und Margaret Homans »›Oh, Vision of Language!‹: Dickinsons Poems of Love and Death« – beide in S. Juhasz 1983 (*Feminist Critics*), S. 98–133.

37 An T. W. Higginson, August 1962, in: *Letters*, II, S. 414.

38 Dt. Übersetzung Gerda Lerner.

39 Dt. Übersetzung Gerda Lerner.

40 Cynthia G. Wolff 1987, S. 5.

41 Brief an T. W. Higginson July 1862 in *Letters II* S. 411.

42 Allen Tate ist ähnlicher Ansicht: »Ihre Dichtung ist ein großartiges persönliches Bekenntnis, blasphemisch, und in ihrer Selbstoffenbarung, ihrer Ehrlichkeit fast obszön. Sie kommt aus einem intellektuellen Leben, demgegenüber sie keine moralische Verantwortung fühlt. Cotton Mather hätte sie als Hexe verbrannt.« Allen Tate in Richard Sewell (Hg.) 1963, S. 27.

Kapitel 9

1 Christine de Pizan 1986, S. 34. – Vgl. Mary Ann Ignatius 1978; Astrik L. Gabriel 1955.

2 Christine de Pizan 1986, S. 94.

3 Ebd., S. 95.

4 Ebd., S. 112.

5 M. Laigle 1912, S. 321.

6 Christine de Pizan, *Le Livre de la Mutacion de Fortune*, hrsg. v. S. Solente 1959–1966.

7 Eine Ausnahme ist Isotta Nogarola, über die ich in Kap. 2 ausführlich berichtet habe.

8 Enzo Guidici (Hg.) 1981, »Vorwort«, S. 17 (Aus dem Englischen zurückübersetzt). – Vgl. »Louise Labé«, in: M. Leon Feugère 1860, S. 4–21; Anne R. Larsen 1983.

9 Anna Maria van Schurman, zit. n. Gisela Brinker-Gabler (Hg.) 1988, Zitat S. 195.

10 Marie de Gournay 1622, Nachdruck französisch Paris 1989; »Mademoiselle de Gournay«, in: M. L. Feugère 1860, S. 127–232; Mario Schiff 1910; Marjorie Henry Ilsley 1963. Auch: Cecil Insdorf 1977; Pierre Michel 1971; Jean Morand 1971. Meine Darstellung ist beeinflußt von Maryanne Cline Horowitz 1986.

11 1. Zitat Marie de Gournay, Nachdruck 1989, S. 52 f.. Im Original: »Si donc des Dames arrivent moins souvent que les Hommes aux degrés d'excellence; c'est merveille que ce defaut de bonne éducation...« 2. und 3. Zitat nach Marjorie H. Ilsley 1963, S. 205 und 207.

12 Marie de Gournay »Grief des Dames«, in: Nachdruck 1989, S. 108 f. Im Original: »Heureux es-tu, Lecteur, si tu ne'es point de ce sexe, qu'on interdit de tous les biens, le privant de la liberté: qu'on interdit encore à peu près, de toutes des vertus, lui soustrayant des Chargés, les Offices en fonctions publiques: en un mot, lui retranchant le pouvoir, en la moderation duquel plupart des vertus se forment; afin de lui continuer pour seule félicité... l'ignorance, la servitude et la faculté de faire le sot si ce jeu lui plaît.« Deutsch zitiert n. Chronik der Frauen, Dortmund 1992, S. 256.

13 Sr. Marion Norman 1983.

14 Phyllis Stock 1978.

15 Bathsua Makin 1980, S. 29. Auch: J. R. Brink 1978.

16 Ebd., S. 23, 27, 28.

17 Ebd., S. 37.

18 Mitzi Myers 1985, Zitat S. 179; Zitat B. Makin 1980, S. 42.

19 Myers bietet einen aufschlußreichen Kommentar zur Signifikanz der Aufstellungen von B. Makin, vgl. ebd., S. 181–185. Ich werde das Thema in Kapitel 11 genauer behandeln.

20 Hannah Woolley in Gentlewoman's Companion, S. 1, wie zitiert in Ada Wallas 1929, S. 44.

21 Margaret Cavendish, Duchess of Newcastle, siehe Hilda Smith 1982, S. 82.

22 Margaret Cavendish, Duchess of Newcastle, »The Convent of Pleasure«, in: Playes Never Before Printed, London 1668, S. 7, wie zitiert bei Ruth Perry 1986, S. 143.

23 Mary Astell und John Norris 1695, S. 2 f.. Vgl. Ruth Perry 1986, S. 74–86.

24 Mary Astell und John Norris 1695, S. 49–51.

25 Ebd., S. 75.

26 Mary Astell 1694.

27 Mary Astell 1730, S. 172 f.

28 Ebd., S. 122 f. und 99.

29 [Eugenia] 1699.

30 Ebd., S. 53.

31 [Lady Chudleigh] 1709, S. XXI, XIX, XXIX; dt. Übersetzung W. Möller-Falkenberg.

32 Ebd., S. 40.

33 [Sophia] 1739, alle Zitate S. 23 f.

34 François Poulain de la Barre (1673) wurde 1677 in einer engl. Ausgabe publiziert als The Woman as Good as the Man. Diese hat sehr wahrscheinlich Mary Astell beeinflußt und ganz sicher »Sophia«. Ein anderes von einem männlichen Feministen verfaßtes Werk von einigem Einfluß in England war The Compleat Woman von Jacques du Bosc, die englische Übersetzung von N. N. des Textes L'honneste femme (London 1939).

35 [Sophia] 1739, S. 23 f.

36 Ebd., S. 40.

37 Ebd., S. 49 und 61.

38 Ein invektivenreiches Pamphlet als Erwiderung auf das ihre erschien einige Jahre später, verfaßt von »einem Gentleman«. Sophia beantwortete es mit *Women's Superior Excellence*... 1743. In dieser Erwiderung fügte sie ihren früher vorgetragenen Argumenten eine feministische Bibelkritik hinzu und verglich Frauen auf dem Heiratsmarkt mit »*Negern*, die auf einem Markt *Westindiens* verkauft und gekauft werden«, S. 69.

39 Meine allgemeinen Aussagen über Frauen im 18. Jahrhundert stützen sich auf Katherine M. Rogers 1982; Alice Brown 1987; Doris Mary Stenton 1957/1977; Moira Ferguson 1985; Syliva Harcstark Myers 1990.

40 Hannah More 1800.

41 Phyllis Stock 1978, S. 72–77.

42 Diesen Standpunkt vertritt Ruth Perry (1985). Ich danke ihr, daß sie mich auf diesen Artikel aufmerksam gemacht hat.

43 John Locke 1967.

44 Eine gründliche Diskussion und feministische Kritik der Vertragstheorie findet sich bei Carole Pateman 1988. Eine Erörterung der Implikationen der Philosophie der Aufklärung für Frauen bietet Linda Kerber 1980, S. 15–32.

45 Jean Jacques Rousseau 1763, III, S. 74 f. und 5 f. Hier zit. n. J. J. Rousseau 1963, 5. Buch, S. 721.

46 Mary Astell 1705. Siehe Ruth Perry 1986, S. 90–97.

47 Mary Wollstonecraft 1792, S. 51. Hier zit. n. dies., Bd. 1, 1978, S. 41. – Viel verdanke ich der Lektüre des Manuskripts von Virginia Sapiro 1992.

48 Mary Wollstonecraft 1792, S. VIII (1. Absatz des Zitats), S. 265 (2. Absatz), S. 312 (3. Absatz). Hier zit. n. dies., Bd. 2, 1976, S. 20 (1.), S. 96 (2.), S. 129 (3.).

49 Der Begriff »republikanische Mutterschaft« und die Geschichte dieser Idee wird diskutiert von Linda Kerber 1980, Kap. 7 und 8; dies. 1976; Mary Beth Norton 1980, S. 243–255; Jeanne Boydston 1990, Kap. 2.

50 The Rise and Progress of the Young Ladies' Academy of Philadelphia, Philadelphia 1794.

51 [Constantia] Judith Sargent Murray 1784.

52 Dies. 1798, Bd. 1, S. 168–179.

53 Emma Willard 1819.

54 Über Emma Willard und das Seminar von Troy siehe Anne Firor Scott 1984, S. 64–106. – Die wichtigste Primärquelle ist Mrs. A. W. Fairbanks (Hg.) 1898.

55 Frances Wright [d'Arusmont] 1834, S. 24–32.

56 Resolutionen der Ohio Woman's Rights Convention, 19./20. April 1850.

57 Fannie Jackson Coppin 1913. Auch: Linda M. Perkins 1990, Bd. 3, S. 1039–1048.

58 Informationen über afroamerikanische Lehrerinnen sowie Lehrerinnen und Schulgründer unter den Freigelassenen in Gerda Lerner 1972, Kap. 2. Auch Linda M. Perkins 1990, Bd. 3, S. 1049–1063; Ellen N. Lawson und Marlene Merrell 1990, Bd. 3, S. 847–868.

59 [Anna Julia Cooper] *A Voice from the South*... 1892, S. 78, 56, 60.

Kapitel 10

1 Desiderius Erasmus, *Opus Epistolarum Des. Erasmi Roterodami*, hrsg. v. P. S. Allen, Bd. 4, Brief 1247, S. 608f., wie zitiert in Roland H. Bainton 1984, S. 117–120, Zitat S. 119. Deutsch zit. n. Ursula Hess 1988, S. 134–137, Zitat S. 136.

2 Ursula Hess 1988, zitiert n. S. 135.

3 Ebd., S. 138–148, hier S. 146.

4 Ruth H. Sanders 1987, Zitat S. 176. Auch: B. Becker-Cantarino 1989, S. 259–276.

5 Ruth H. Sanders 1987, S. 170–194, hier: S. 190.

6 William Thompson 1825.

7 Die Historikerin, die in unserer Zeit dieser Frage am intensivsten nachgegangen ist, kommt zu dem Schluß, daß er tatsächlich den größten Teil der Arbeit geleistet hat, um ihrer beider Vorstellungen in einem Buch veröffentlichen zu können. Über Thompsons Kommentare und diese Auffassung: Barbara Taylor 1983, S. 22f., Fußnote S. 22.

8 [Theodor Dwight Weld] *American Slavery...* 1939.

9 Catherine H. Birney 1885, S. 258f.; Gerda Lerner 1967, S. 261–268.

10 John Jacob Coss (Hg.) 1924, S. 174. Eine umfassendere Erörterung der Zusammenarbeit von Mill und Taylor bei Alice Rossi (Hg.) 1970, S. 22–45. Vgl. die Widmung J. St. Mills zu *Über Freiheit*, Ausgabe Frankfurt 1969.

11 Margaret L. King; Albert Rabil Jr. (Hg.) 1983, S. 16–28.

12 Elisabeth Gössmann 1984, Kap. 3.

13 Die Subskription selbst wurde von Elstobs männlichen Unterstützern und Kollegen der angelsächsischen Philologie am Queens College in Oxford organisiert. Siehe »Einleitung« in Ruth Perry (Hg.): George Ballard, *Memoirs...*, 1985, S. 21–25.

   Die Tatsache, daß Elstob als gebildete Frau von männlichen Wissenschaftlern unterstützt worden ist, ist außergewöhnlich; ebenso außergewöhnlich ist aber, daß 121 Frauen zu den Subskribierenden gehörten. Vgl. Doris Stenton 1977, S. 241.

14 Myra Reynolds 1920, S. 174–185. Mary Astell hat sich für Elstob eingesetzt, wie wir daraus ersehen können, daß sie sich um einen Beitrag von Lady Ann Coventry für Elstobs »Homily« bemüht hat. Siehe Mary Astell an Lady Coventry, wahrscheinlich im Juni oder Juli 1714, Nachdruck in: Ruth Perry 1986, S. 366f.

15 George Ballard 1752 sowie die spätere Ausgabe London 1775.

16 Ruth Perry 1986, S. 268f.

17 Über die »Blaustrümpfe« allgemein: Sylvia Harcstark Myers 1990; Katherine M. Rogers 1982; Alice Browne 1987; Doris Stenton 1977, Kap. 10; Elizabeth Fox-Genovese 1987. Der Begriff »Blaustrümpfe« wurde zum ersten Mal 1756 in Elizabeth Montagus Briefen verwendet und dann sowohl für weibliche als auch männliche Mitglieder des Kreises gebraucht. In den späten 1770er Jahren bezog sich der Begriff nur noch auf Frauen und wurde dann nach und nach zu einem Ausdruck, der benutzt wurde, um gebildete Frauen der Verachtung und Lächerlichkeit preiszugeben. Hinweise dazu bei Sylvia H. Myers 1990, S. 9f. und Fußn. 5.

18 Sylvia H. Myers 1990, S. 168, 260.

19 Ebd., S. 153–155.

20 Elizabeth Elstob 1709, Landsdowne Manuscripts, »Preface«, S. XIII und IX, gedruckte Ausgabe 1839.

21 Bathsua Makin 1673, Nachdruck 1980, S. 3.

22 Ellen Moers 1976, S. 43 f., 46–49 (George Eliot); S. 53–55, 172 (E. B. Browning); S. 57–60 (E. Dickinson); S. 177 (M. Fuller). – Elizabeth Barrett Browning 1979.

23 Die Zahl der Frauen in Großbritannien, die sich mit Schreiben ihren Lebensunterhalt verdienten, nahm im späten 18. Jahrhundert stark zu: Charlotte Smith (1749–1806) schrieb und veröffentlichte mehr als 20 Romane und Gedichtsammlungen, während sie ihre zehn Kinder aufzog. Charlotte Lennox schrieb fünf Romane und übersetzte sechs Bücher aus dem Französischen, um den Lebensunterhalt für sich, ihren Mann und ihre Kinder zu verdienen. Sie gab auch ein Magazin heraus: *The Ladies' Museum* (1760–61). Sarah (Robinson) Scott verarmte nach einer schlechten Ehe und Scheidung, schrieb zwischen 1750 und 1772 fünf Romane und drei Erzählungen. Andere berufsmäßig schreibende Frauen dieser Zeit waren Elizabeth Inchbald, Elizabeth Haywood, Frances (Fanny) Burney.

24 Sara Evans 1979, S. 219 f.

25 Dena Goodman 1989, Zitat S. 329.

26 Ebd., S. 333, 335 f.

27 Carolyn C. Lougée 1976. – In ihrer Untersuchung über die Salonières als Gruppe benutzte Carolyn Lougée die Listen von berühmten Frauen, die den Schriften der feministischen Autorinnen in der Debatte über die Rolle der Frau beigegeben waren, als Basisdaten. Sie fand heraus, daß in der Stadt und Umgebung von Paris mehr als 250 Salonières und Freundinnen der Frauenbildung genannt sind. Dazu auch eine besonders umfangreiche Aufstellung, die von Lougée erwähnt wird, in Antoine Baudeau de Somaize, Grand Dictionnaire... Vgl. auch: Angela McCourt Fritz 1974; Elizabeth Fox-Genovese 1987, S. 256 f.

28 Günter Jäckel (Hg.) 1970, S. 343–345.

29 Gisela Dischner 1977, S. 69 ff.

30 Frühere Kreise von Anhängern der »freien Liebe« waren Gruppen von radikalen Aufklärern und Sympathisanten der Französischen Revolution, darunter Mary Wollstonecraft, Tom Paine, William Blake, William Godwin. Andere Gruppen gab es um Robert Owen in England und Robert Dale Owen in den USA. Frances Wright gehörte zu dem Kreis des letzteren.

31 Gisela Dischner 1979. Weitere biographische Einzelheiten bei Gisela Dischner 1977; Günter Jäckel 1970, S. 248 f.; Elke Frederiksen 1980; Margarete Susman 1960.

32 Sophie Mereau an Clemens Brentano, wie zitiert in: Gisela Dischner 1979, S. 87.

33 Karoline von Günderode an Clemens Brentano, 10. Juni 1804; zitiert in: Karoline von Günderode 1981, S. 193.

34 Karoline von Günderode an Gunda Brentano, 29. August 1801: zitiert ebd., S. 140.

35 Georg Friedrich Creuzer, *Die Mythologie und Symbolik der Alten Völker.* Das Werk wurde 1810, nach dem Tod der Günderode veröffentlicht, aber er teilte seine Forschungsarbeit mit ihr. Johann J. Bachofen, *Das Mutterrecht,* 1861. Dieses Werk beeinflußte wiederum Friedrich Engels, *Der Ursprung der Familie, des Privateigentums und des Staates,* 1884, und Robert Briffault, *The Mothers,* 1927.

36 Siehe z. B. Audre Lorde, »Uses of the Erotic: the Erotic as Power«, in: dies. 1984, S. 53–59.

37 Wie zitiert in Gisela Dischner 1977, S. 76.

38 Bettine Brentano an Karoline Günderode, Oktober 1805, wie zitiert in ebd., S. 93.

39 Bettine von Arnim, *Werke und Briefe,* hrsg. v. Gustav Konrad 1959–1961: *Die Günderode,* Bd. 1, S. 215–536.

40 *Goethes Briefwechsel mit einem Kinde*, in: ebd., Bd. 2 (1959); Clemens Brentano und Achim von Arnim (Hg.), *Des Knaben Wunderhorn*, 1805, die erste Sammlung von Volksliedern und Gedichten. Siehe auch Ursula Liebertz-Grün 1989.

41 Bettine von Arnim 1959–1961, Bd. 3, 4. Siehe die Anmerkungen des Herausgebers Gustav Konrad, S. 445–476.

42 Gisela Dischner 1977, Zitat S. 80f.

43 Siehe ihren Briefwechsel 1802 in bezug auf ihre Freundschaft mit einer Stickerin. Wie zitiert in Gisela Dischner 1977, S. 165f.

44 Meine Auffassung über die Berliner Salons ist beeinflußt von Deborah Hertz 1978. Der Hinweis auf die Eheschließungen auf S. 106f. Von den acht Jüdinnen in Berlin, die an Salongesprächen teilnahmen, konvertierten sieben: Esther Gan, Rebekka Friedländer, Marianne Meyer, Sara Meyer, Dorothea Mendelssohn Veit-Schlegel, Henriette Herz, Rahel Levin Varnhagen (ebd., S. 105, Fn 32).

45 Ich stütze meine Interpretation auf folgende Quellen: Karl Varnhagen von Ense 1834; Hannah Arendt 1975; M. Susman 1960, S. 77–105; Kay Goodman 1980; Deborah Hertz 1984; Ruth-Ellen Joeres 1984.

46 Friedhelm Kemp (Hg.) 1967, S. 19.

47 Zit. n. Karl Varnhagen von Ense 1834, Bd. 3, S. 266. Auch Rahel Varnhagen 1985.

Kapitel 11

1 Leonard Woolley 1965, S. 21–34.

2 Meine Informationen über die Nonnen im Merowingerreich sind entnommen Susanne Fonay Wemple 1985, S. 181–188.

3 Ebd., S. 185.

4 Ebd., S. 181. Siehe auch: Rudolf Schieffer, »Hugeburc«, in: Wolfgang Stammler u. a. 1978, Bd. 4, S. 221; Peter Dronke 1984, S. 33–35; Elizabeth Alvilda Petroff 1986, S. 86–89, 92–106.

5 Die biographischen Angaben über Roswitha stützen sich auf Anne Lyon Haight (Hg.) 1965, S. 3–12; Peter Dronke 1984, S. 55–83; Elizabeth Alvilda Petroff 1986, S. 89f., 114–135. Die Schreibweise des Namens variiert erheblich, darunter: Hrosvitha, Hrotsvitha; Hrotsvit; Roswitha.

6 Über den Verlust des Manuskripts informiert Fidel Raedle: »Hrotsvit von Gandersheim«, in: Wolfgang Stammler u. a. 1978, Bd. 4, S. 196–210.

7 Peter Dronke 1984, S. 57–59.

8 Hrotsvitha von Gandersheim 1973 (Epilog zu den Legenden), S. 171.

9 Diese Einsicht verdanke ich Sue-Ellen Case 1983.

10 Hrotsvitha von Gandersheim 1973 (Vorrede z. dritten Buch), S. 285.

11 Ebd., S. 293.

12 Ebd., S. 311.

13 Ebd., S. 315.

14 Ebd. (Vorwort z. zweiten Buch, Dramen), S. 176.

15 Wolfgang Stammler 1978, Bd. 4, S. 1073–1075.

16 Ebd., Bd. 2, S. 479–482.

17 Alle sind erwähnt ebd. Ich habe nur die deutschsprachigen Werke gelesen. Weitere Studien und Zusammenstellungen von Quellen über das Leben religiöser Frauen in anderen Ländern würden zur Klärung wichtiger Fragen beitragen.

18 Natalie Zemon Davis 1984; Hinweis auf die französische Klostergeschichte S. 161.
19 Die ersten Ausgaben enthielten nur Teile; die von Mathias Apiarius 1539 in Bern publizierte enthält alle Biographien, die Boccaccio über Frauen geschrieben hat.
20 G. Boccaccio 1963 (Guarino-Übersetzung) S. XXXVII. – Dazu Jacob Burckhardt, *Kultur der Renaissance in Italien*, Bd. II, S. 136 f.: »In Italien galt zu Boccaccios Zeit der Name virago als Ehrenname, und männlichen Geist zu besitzen für eine Frau als reiner Ruhm.«
21 G. Boccaccio 1963 (Guarino-Übersetzung), S. XXXVIII.
22 Ebd.
23 Ich habe für meine Arbeit folgende Ausgabe benutzt: Christine de Pizan 1982, übers. v. Earl Jeffrey Richards. (Dt. Ausgabe: Christine de Pizan 1986) Was Christine de Pizan zur Entwicklung des feministischen Denkens beigetragen hat, ist auf brillante Weise herausgearbeitet worden in Joan Kellys wichtigem Essay »Early Feminist Theory and the *Querelle des Femmes*«, in: dies. 1984, S. 65–109. – Andere Hinweise auf die Beiträge de Pizans zur *Querelle des femmes* finden sich bei: Lula McDowell Richardson 1929; Astrik L. Gabriel 1955; Mary Ann Ignatius 1978.
24 Christine de Pizan 1936–1940.
25 Beide Zitate von de Pizan, in: *Stadt der Frauen* 1986, S. 36.
26 Ebd., S. 42.
27 Ebd., S. 221.
28 Boccaccio über Sempronia s. G. Boccaccio 1963, S. 173–175; Christine de Pizan zum gleichen Thema s. *Stadt der Frauen* 1986, S. 117 (I,62).
29 Christine de Pizan 1986, S. 288 f.
30 Zitat ebd., S. 288 (letzteres unter 29).
31 Heinrich Cornelius Agrippa von Nettesheim 1652; François de Billon 1555.
32 Laura Cereta an Bibulus Sempronius, wie zitiert in Margaret L. King und Albert Rabil jr. 1983, Bd. 20, S. 81, 84. Zweiter Verweis auf Brief von Laura Cereta an Augustinius Aemilius, ebd., S. 77–80.
33 Lucretia Marinella (1600/1608), wie zitiert in Elisabeth Gössmann 1985, S. 34–41.
34 Ester Sowernam 1617.
35 Rachel Speght 1617.
36 Agrippa von Nettesheim 1652. Das Buch erschien in einer französischen, deutschen, italienischen, englischen und polnischen Ausgabe. François Poulain de la Barre 1988.
37 Johann Frauenlob (1631–1633), in: E. Gössmann 1985, Bd. 2. Es ist anzunehmen, daß dieser Name ein Pseudonym ist. Angelo Poliziano (1454–1494) war ein humanistischer Dichter und ideenreicher Schriftsteller unter der Protektion von Lorenzo die Medici. Er war als Wissenschaftler und Dichter hochangesehen.
    Rhodiginua Ludovicus Coelius (1450–1520) studierte Rechtswissenschaft in Padua, lebte einige Jahre lang in Paris und wurde zum Professor für griechische und lateinische Literatur in Mailand ernannt. Sein Hauptwerk ist *Lectionum Antiquarum* Libri XXX, eine Enzyklopädie über verschiedene Themenbereiche, etwa Drama, Literatur, Geschichte und Philosophie in der Antike.
38 Jacobus Thomasius, Johannes Sauerbrei, *De foeminarum eruditione*, zitiert in Elisabeth Gössmann 1985, Bd. 1, Kap. 7.
39 Der Begriff »women worthies« (»bemerkenswerte Frauen«) wurde weithin bekannt durch Natalie Zemon Davis' einflußreichen Essay »›Women's History‹ in Transition: The European Case« (1976).
40 Christian Franz Paullini 1705.

41 Johann Caspar Eberti 1706.

42 London 1640.

43 George Ballard 1752. – Ruth Perry, »Einleitung« zu George Ballard 1752, in: Ruth Perry (Hg.) 1985, ist die jüngste und gründlichste wissenschaftliche Arbeit über das Werk Ballards. Es gibt eine Reihe von anderen Bänden, die von Männern verfaßt wurden und einen Katalog von »bemerkenswerten Frauen« und kurzen biographischen Abrissen enthalten. Typische Beispiele: Charles Gerbier 1651 und John Shirley 1686, der einen breiten Überblick bietet.
Theophilus Cibber schreibt 1753 über vierzehn Frauen. Eine volkstümliche Zusammenstellung zur Erheiterung »des schönen Geschlechts« wurde von William Alexander 1779 veröffentlicht. Eine detaillierte Diskussion über die Behandlung von Engländerinnen in literarischen Biographien bei Myra Reynolds 1920, S. 421–425.

44 Ruth Perry, »Einleitung« zu George Ballard, 1985, S. 25.

45 Madeleine de Scudéry, 1642, wie zitiert in Faith E. Beasley 1990, S. 53–56. Beasley bezieht sich noch auf eine andere Frau, deren Katalog 1668 erschien, Marguerite Buffet.

46 John Duncombe 1754, Nachdruck 1981; Miss/Mary/Scott 1774, Nachdruck 1984.

47 Mary Hays 1803; Mary Roberts 1829.

48 Z. B. Louisa Stuart Costello 1844; Jane Williams 1861; Julia Kavanagh 1863; Georgiana Hill 1896; Elizabeth Casey 1887. Für Deutschland: Christian August Wichmann 1772–1775; Claire von Glümer 1856; Louise Otto 1856 und 1869. Für Frankreich: Marguerite V. F. Bernier Briquet 1804.

49 Lydia Maria Child 1835.

50 Ebd., Bd. 2, S. 211.

51 Harriet Beecher Stowe 1874.

52 Phebe A. Hanaford 1882.

53 Sarah Josepha Hale 1853; Sarah Knowles Bolton 1892.

54 Sarah Josepha Hale, S. VIII f., V.

55 Ebd., S. XXXV.

56 Frances E. Willard, Mary A. Livermore (Hg.) 1893.

57 Ebd.

58 Repräsentative Beispiele für dieses Genre sind Elizabeth Ellet 1852 und Mary O. Douthit 1905.

59 Mrs. N. F. Mossell 1908. Mrs. Mossell benutzte die Initialen der Vornamen ihres Mannes Nathan Francis. Die Arbeit ist nachgedruckt worden: Oxford University Press, New York 1988.

60 Julia Ward Howe 1883; Helen S. Campbell 1891; Mary S. Porter 1893; Annie A. Fields 1897.

61 Andrea Hinding (Hg.) 1979.

62 Repräsentativ für dieses Genre ist Jane Cunningham Croly 1898.

63 Elizabeth C. Stanton, Susan B. Anthony, Matilda J. Gage 1881–1922.

64 Für eine Kritik und Neubewertung des Werkes siehe Nancy Gale Isenberg 1990.

65 Es gibt zahlreiche Autobiographien und veröffentlichte Briefwechsel. Da viele von ihnen erst im 20. Jahrhundert publiziert worden sind, sind sie nicht Gegenstand dieser Untersuchung. Einige repräsentative Beispiele: Catherine Birney 1885; Anna D. Hallowell (Hg.) 1884. – Autobiographische Schriften, u. a.: Harriot K. Hunt 1856; Frances Willard 1889; Elizabeth Cady Stanton 1898; Mary A. Livermore 1889.

66 Die ersten Versuche einer Geschichtsschreibung speziell über Frauen von Frauen in den USA waren die Werke der Literaturwissenschaftlerin Elizabeth Ellet und der

Antiquarin und Amateurhistorikerin Alice Earle. Vgl. Elizabeth Ellet 1848–1850 und 1850; Alice Earle 1895 und 1899. – Über die Geschichte der organisatorischen Aktivitäten von Frauen in den USA siehe: Jane Cunningham Croly 1898; Frances E. Willard 1889; Mary I. Wood 1912; Mary Ritter Beard 1915. Eine Geschichte der Clubs für afro-amerikanische Frauen: Elizabeth Lindsay Davis 1933. Eine interpretative Frauengeschichte bietet Matilda Joslyn Gage 1893, Nachdruck 1980.

67 Über die frühesten Historikerinnen in den USA: Kathryn Kish Sklar 1975.

68 Kate C. Hurd-Mead 1938; Helen L. Sumner 1911.

69 Mary S. Benson 1935/1976; Elizabeth Anthony Dexter 1924; Julia Cherry Spruill 1938/1972; Willystine Goodsell, *Education of Women*, 1923.

70 Vgl. Eugenie Andrews Leonard 1965; Eleanor Flexner 1959/1975. Auch die biographischen Arbeiten von Alma Lutz und Katherine Anthony gehören dazu.

71 Mary Ritter Beard 1946/1962.

72 Das Zitat stammt aus einer Rede Mary Beards »The Direction of Women's Education«, die sie 1937 im Mount-Holyoke-College gehalten hat und die nachgedruckt worden ist in Ann J. Lane 1977, S. 159–167; Zitat S. 167.

73 Text und Zitat sind einem Pamphlet entnommen, das vom »World Center for Women's Archives« herausgegeben worden ist und sich im Besitz der Autorin befindet. Die Frauen, die sich um Unterstützung für dieses Projekt bemühten, waren Elizabeth Schlesinger, Miriam Holden, Eugenia Leonard und Mary Beard.

74 Das dritte und älteste dieser Archive, die Sophia-Smith-Sammlung im Smith College, ist ebenfalls durch ihr intensives Sammeln von Material besser ausgestattet worden.

75 Mary Ritter Beard 1915, 1931, 1946, 1953. – Das gemeinsam herausgegebene Werk, das sehr deutlich ihre Vorstellungen zum Ausdruck bringt, ist Charles A. Beard und Mary Ritter Beard, *The Rise of American Civilization*, 2 Bde., 1927. – Sie gab auch zwei Quellensammlungen heraus: *America Through Women's Eyes*, 1933, und mit Martha Bensley Bruere *Laughing Their Way*, 1934. – Als Quellen über Mary Beard sind zu empfehlen: Anne J. Lane (Hg.) 1977; Barbara Turoff 1979; Bonnie G. Smith 1984. – Meiner Arbeit ist die Studie von Nancy Cott über Mary Beard sehr zugute gekommen, die Nancy Cott mir großzügigerweise vor der Veröffentlichung in verschiedenen Phasen der Arbeit überließ; siehe Nancy Cott (Hg.) 1991.

76 Anna Maria van Schurman an André Rivet, wie zitiert in Elisabeth Gössmann 1984, Bd. 1, S. 44.

77 Eine detailliertere Diskussion des Kampfes der Historikerinnen gegen Diskriminierung und für die Anerkennung der Frauengeschichte findet sich in meinem Artikel »A View from the Women's Side« 1989.

Kapitel 12

1 Die Informationen über die Entstehung der Sufragettenbewegung in England, Frankreich und Deutschland stützen sich auf: Richard J. Evans 1977; Bonnie G. Smith 1989; Bonnie S. Anderson und Judith P. Zinsser 1988, Bd. 2; Margrit Twellman 1972.

2 Siehe Darlene Gay Levy, Harriet Branson Applewhite, Mary Durham Johnson 1979; Claire Goldberg Moses 1984.

3 *Frauen-Zeitung* 1 (1849), wie zitiert in Karin Hausen (Hg.) 1983, S. 200.

4 Ein Artikel in dieser Frauenzeitung stellte fest: »Ihr sprecht von Brüderlichkeit und nehmt nicht Anstand, eure Schwestern nicht allein von eurer Assoziation auszuschließen, sondern ihnen auch planmäßig die Arbeit und damit die Existenzmittel zu verweigern und zu entziehen!« *Frauen-Zeitung* 37 (1849), wie zitiert ebd., S. 212.

5 Simone de Beauvoir 1968, S. 13.

Eine weiterreichende Diskussion bei Gerda Lerner »Women in History«, in: Elaine Marks (Hg.) 1987, S. 154–167.

Literatur

Abel, James F.; Norman Bond: *Illiteracy in the Several Countries of the World*, Washington/D.C., U.S. Government Publications 1929.

Abels, Richard; Ellen Harrison: »The Participation of Women in Languedocian Catharism«, in: *Medieval Studies*, Bd. 61 (1979), S. 215–251.

Adams, Rev. John Quincy: »Jemima Wilkinson, the Universal Friend«, in: *Journal of American History*, Bd. 9, Nr. 2 (April–Juli 1915), S. 249–263.

Adamson, J. W.: »The Extent of Literacy in England in the Fifteenth and Sixteenth Centuries: Notes and Conjectures«, in: *The Library*, 4. Folge, Bd. 10 (1929–1930), S. 163–193.

»Address of Anti-Slavery Women of Western New York«, in: *National Anti-Slavery Standard* (20. April 1848).

Agrippa von Nettesheim; Heinrich Cornelius: *The Glory of Women*, übers. v. E. Fleetwood, London 1652. Vgl. Henrici Cornelii Agrippae Declamatio de nobilitate & praecellentia Foeminei sexus. s.l. 1532 (Exemplar: UB München, Sammlung Döllinger, Nr. 209).

Albistur, Maite; Daniel Armogathe: *Histoire du Féminisme Français du Moyen Age à nos Jours*, Paris 1977.

[Alcott, Louisa May]: s. Ednah D. Cheney 1889, Mary S. Porter 1893.

Alexander, William: *The History of Women from the earliest antiquity*, 2 Bde., London 1779.

Anderson, Bonnie S.; Judith P. Zinsser: *A History of their Own. Women in Europe from Prehistory to the Present*, 2 Bde., New York 1988.

Andrews, Edward D.: *The People Called Shakers. A Search for the Perfect Society*, New York 1953.

Andrews, William L. (Hg.): *Sisters of the Spirit. Three Black Women's Autobiographies of the Nineteenth Century*, Bloomington/Ind. 1986.

[Anger, Jane]: s. J. Joines; T. Orwin 1589.

Anonym: *Here begynneth a litle boke named the Schole house of women. Wherin every man may rede a goodly prays of the condicyons of women*, o. O. T. Peyt, 1541.

Anonym: *Swetnam: The Woman-hater*, London 1620.

Anonym: *La Femme généreuse*, Paris 1643.

Anonym: *Poems by Eminent Ladies*, London 1755.

Anonym: *The Rise and Progress of the Young Ladies' Academy of Philadelphia*, Philadelphia 1794.

Anonym: *Testimonies of the Life, Character, Revelations and Doctrines of Mother Ann Lee and the Elders with her...* Albany/N.Y. 1888.

[Anthony, Susan B.]: s. Ida Harper 1898–1908.

Arendt, Hannah: *Rahel Varnhagen. Lebensgeschichte einer deutschen Jüdin aus der Romantik*, Frankfurt am Main 1975.

Ariès, Philippe: *Centuries of Childhood. A Social History of Family Life*, New York 1962. (Dt.: *Geschichte der Kindheit*, München 1975.)

Aristoteles: »De generatione Animalium«, in: W. D. Ross (Hg.): *The Works of Aristotle*, Oxford 1921. (Dt. zit. n.: Aristoteles: »Über die Zeugung der Geschöpfe«, *Reihe Lehrschriften*, hg. v. Paul Gohlke, Paderborn 1959.)

– »Politica«, in: W. D. Ross (Hg.): *The Works of Aristotle*, Oxford 1921. (Dt. zit. n.: Aristoteles: *Politik*, 2., erw. Aufl., Zürich-Stuttgart 1971.)

Arnim, Bettine von: *Werke und Briefe*, hg. v. Gustav Konrad, 5 Bde., Frechen-Köln 1959–1961.

Arnold, Gottfried: *Unparteiische Kirchen- und Ketzerhistorie. Vom Anfang des Neuen Testaments bis auf das Jahr Christi 1688*, Frankfurt am Main 1729, 2 Bde., Nachdruck Hildesheim 1967, hier: Bd. 2 (Buch 3 und 4).

Ashe, Geoffrey: *The Virgin*, London 1976.

Astell, Mary: *A Serious Proposal to the Ladies*, London 1694.

– *An Essay in Defence of the Female Sex*, London 1696.

– *The Christian Religion, as Profess'd by a Daughter of The Church of England*, London 1705.

– *Some Reflections upon Marriage*, London 1730, Nachdruck New York 1970.

–; John Norris: *Letters Concerning the Love of God. Between the Author of the Proposal to the Ladies and Mr. John Norris*, London 1695.

Atkinson, Clarissa W. (Hg.): *Mystic and Pilgrim. The Book and the World of Margery Kempe*, Ithaca 1983.

– *The Oldest Vocation. Christian Motherhood in the Middle Ages*, Ithaca 1991.

Attreed, Lorraine C.: »From Pearl Maiden to Tower Princes: towards a new History of medieval Childhood«, in: *Journal of Medieval History*, Bd. 9, Nr. 1 (März 1983), S. 43–58.

Auerbach, Nina: *Communities of Women*, Cambridge/Mass. 1978.

Augustinus, Aurelius: *De Genesi ad literam*. (Dt.: *Über den Wortlaut der Genesis. Der große Genesiskommentar in 12 Büchern*, 2 Bde., Paderborn 1964, hier: Bd. 2, Buch 7–12).

– *De trinitate*. (Dt.: *15 Bücher über die Dreieinigkeit*, München 1936, Nachdruck Liechtenstein 1968, hier: Bd. 2, Buch 8–15).

Austen, Jane: *Selected Letters, 1796–1817*, hg. v. R. W. Chapman, Oxford 1985.

Auwers, Linda: »Reading the Marks of the Past: Exploring Female Literacy in Colonial Windsor, Connecticut«, in: *Historical Methods*, Bd. 13 (1980), S. 204–214.

[Ava]: s. Friedrich Maurer 1966.

Bachofen, Johann J.: *Das Mutterrecht. Eine Untersuchung über die Gynaikokratie der alten Welt nach ihrer religiösen und rechtlichen Natur*, Stuttgart 1861.

Bailyn, Bernard: *Education in the Forming of American Society*, Chapel Hill 1970.

Bainton, Roland H.: *The Reformation of the Sixteenth Century*, Boston 1952.

– *The Age of the Reformation*, New York 1956.

– *Women of the Reformation in Germany and Italy*, Minneapolis 1971.

- *Women of the Reformation in France and England*, Minneapolis 1973.
- *Women of the Reformation. From Spain to Scandinavia*, Minneapolis 1977.
- »Learned Women in the Europe of the Sixteenth Century«, in: Patricia H. Labalme 1984, S. 117–120.

Baker, Derek (Hg.): *Medieval Women*, Oxford 1978.

Ballard, George: *Memoirs of Several Ladies of Great Britain Who Have Been Celebrated for Their Writings or Skills in the Learned Languages of Arts and Sciences*, Oxford 1752, London 1775.

Bandel, Betty: »English Chronicler's Attitudes toward Women«, in: *Journal of the History of Ideas*, Bd. 16 (1955), S. 113–118.

Barmby, Goodwyn: »Document on Marriage in the New Common World«, in: *The Educational Circular and Communist Apostle*, neue Folge, Nr. 1 (November 1841).

Barnstone, Aliki; Willis Barnstone: *A Book of Women Poets from Antiquity to Now*, New York 1980.

Baudeau de Somaize, Antoine: *Le Grand Dictionnaire de Prétieuses historique, poétique, géographique, cosmographique, chronologique et armoirique*

Baum, Charlotte; Paula Hyman; Sonya Michel: *The Jewish Woman in America*, New York 1976.

Beard, Charles A.; Mary Ritter Beard: *The Rise of American Civilization*, 2 Bde., New York 1927.

Beard, Mary Ritter: *Women's Work in Municipalities*, New York 1915.
- *On Understanding Women*, New York 1931.
- *America Through Women's Eyes*, New York 1933.
- *Woman as Force in History. A Study in Traditions and Realities*, New York 1946.
- *The Force of Women in Japanese History*, Washington/D.C. 1953.
- ; Martha Bensley Bruere: *Laughing Their Way. Women's Humor in America*, New York 1934.

Beasley, Faith E.: *Revising Memory. Women's Fiction and Memoirs in Seventeenth-Century France*, New Brunswick 1990.

Beauvoir, Simone de: *The Second Sex* (1952), hg. v. H. M. Parshley, New York 1968. (Dt. zit. n.: dies.: *Das andere Geschlecht*, Reinbek 1951, 1970.)

Becker-Cantarino, Barbara (Hg.): *Die Frau von der Reformation zur Romantik. Die Situation der Frau vor dem Hintergrund der Literatur- und Sozialgeschichte*, Bonn 1981.
- (Hg.): *Anna Ovena Hoyers. Geistliche und weltliche Poemata*, Tübingen 1986, Nachdruck d. Ausg. Amsterdam 1650.
- »Frauen in den Glaubenskämpfen. Öffentliche Briefe, Lieder und Gelegenheitsschriften«, in: Gisela Brinker-Gabler (Hg.) 1988, S. 149–172.
- *Der lange Weg zur Mündigkeit. Frauen und Literatur in Deutschland von 1500 bis 1800*, München 1989.

Behn, Aphra: *The Histories and Novels of the late ingenious Mrs. Behn*, London 1696.
- *Works*, hg. v. Montague Summers, 6 Bde., London 1915.

Beilin, Elaine V.: »Anne Askew's Self-Portrait in Examinations 77–91«, in: Margaret Patterson Hannay (Hg.) 1985.

Beissel, Stefan: *Geschichte der Verehrung Marias in Deutschland während des Mittelalters. Ein Beitrag zur Religion, Wissenschaft und Kunstgeschichte*, Freiburg im Breisgau 1909, Nachdruck Darmstadt 1972.

Bell, Susan Groag: »Christine de Pizan (1364–1430): Humanism and the Problem of a

Studious Woman«, in: *Feminist Studies*, Bd. 3, Nr. 3/4 (Frühling/Sommer 1976), S. 173–184.

– »Medieval Women Book Owners: Arbiters of Lay Piety and Ambassadors of Culture«, in: *SIGNS*, Bd. 7, Nr. 4 (Sommer 1982), S. 742–768.

–; Karen M. Offen (Hg.): *Women, the Family and Freedom: The Debate in Documents*, Bd. 1: 1750–1880, Stanford 1983.

Benedek, Thomas G.: »The Roles of Medieval Women in the Healing Arts«, in: Douglas Radcliff-Umstead (Hg.) 1975, S. 145–159.

Bennett, H. S.: *Six Medieval Men and Women*, New York 1968.

Bennett, Paula: *Emily Dickinson: Woman Poet*, Iowa City 1990.

Benson, Mary S.: *Women in Eighteenth-Century America. A Study of Opinion and Social Usage* (1935), New York 1976.

Benton, J. F.: *A Reconsideration of the Authenticity of the Correspondence of Abelard and Heloise*, Trier 1980.

Benz, Ernst: *Die Vision. Erfahrungsformen und Bilderwelt*, Stuttgart 1969.

Berger, Pamela: *The Goddess Obscured. Transformation of the Grain Protectress from Goddess to Saint*, Boston 1985.

Billon, François de: *Le Fort Inexpugnable de l'Honneur du Sexe Feminin*, Paris 1555.

Bingen, Hildegard von: s. Hildegard von Bingen.

Bird, Phyllis: »Images of Women in the Old Testament«, in: Rosemary Radford Ruether (Hg.) 1974, S. 41–88.

Birney, Catherine: *The Grimké-Sisters: Sarah and Angelina Grimké. The First American Women Advocates of Abolition and Woman's Rights*, Boston 1885.

Blackwell, Jeannine: »Herzensgespräche mit Gott – Bekenntnisse deutscher Pietistinnen im 17. und 18. Jahrhundert«, in: Gisela Brinker-Gabler (Hg.) 1988, S. 265–289.

–; Susanne Zantop (Hg.): *Bitter Healing. German Women Writers 1700–1830. An Anthology*, Lincoln/Nebr. 1990.

Boccaccio, Giovanni: *Concerning Famous Women*, tr. by Guido A. Guarini, New Brunswick 1963. (Dt.: *De claris mulieribus*, hg. v. Karl Drescher, 205. Publikation des Literarischen Vereins Stuttgart, Tübingen 1895.)

Bock, E. Wilbur: »›Farmer's Daughter Effect‹: The Case of the Negro Female Professionals«, in: *Phylon*, Bd. 30 (Frühling 1969), S. 17–26.

Bogan, Louise: »A Mystical Poet«, in: Richard Sewall (Hg.) 1963, S. 137–143.

Bogin, Meg: *The Women Troubadours*, Scarborough/Eng. 1976.

Bolton, Sarah Knowles: *Famous Types of Womanhood*, New York 1892.

Bonnet, Jules (Hg.): *Letters of John Calvin*, Edinburgh 1855.

Børresen, Kari Elisabeth: »Christ Notre Mère. La Théologie de Julienne de Norwich«, in: *Mitteilungen und Forschungsbeiträge der Cusanus-Gesellschaft*, Bd. 13 (1978), S. 320–329.

– »God's Image, Man's Image? Female Metaphors Describing God in the Christian Tradition«, in: *Temenos*, Bd. 19 (1983), S. 17–32.

Boulding, Elise: *The Underside of History. A View of Women Through Time*, Boulder/Co. 1976.

Boxer, Marylin; Janet Quataert: *Connecting Spheres. – Women in the Western World 1500 to the Present*, New York 1980.

Boydston, Jeanne: *Home and Work. Housework, Wages and the Ideology of Labor in the Early Republic*, New York 1990.

Bradford, Sarah: *Harriet Tubman. The Moses of Her People* (1869), Secaucus/N. J. 1974.

Bradstreet, Anne: *The Works of Anne Bradstreet in Prose Verse*, hg. v. John Harvard Ellis, Charlestown/Mass. 1867.
- *The Poems of Mrs. Anne Bradstreet together with her Prose Remains* (1897), in: Arlen G. R. Westerbrook; Perry D. Westerbrook (Hg.) 1982.
- »To My Dear Children«, in: Jeannine Hensley (Hg.): *The Works of Anne Bradstreet*, Cambridge 1967.
[Bradstreet, Anne]: *Correspondence from the Tenth Muse, Lately Sprung up in America in several Poems, compiles with great variety of Wit...*, by a Gentlewoman in these parts, London 1650, The Memorial Libraries, University of Wisconsin-Madison.
Brandes, Ute: »Studierstube, Dichterklub, Hofgesellschaft: Kreativität und kultureller Rahmen weiblicher Erzählkunst im Barock«, in: Gisela Brinker-Gabler (Hg.) 1988, S. 222–264.
Brandon, S. G. F.: »Mary«, in: Richard Cavendish (Hg.) 1985, Bd. 7, S. 1747–1752.
Braude, Ann: *Radical Spirits. Spiritualism and Women's Rights in Nineteenth-Century America*, Boston 1989.
[Brentano, Clemens; Sophie Mereau]: *Briefwechsel zwischen Clemens Brentano und Sophie Mereau*, hg. v. Heinz Amelung, Leipzig 1908.
Bridenthal, Renate; Claudia Koonz; Susan Stuard (Hg.): *Becoming Visible. Women in European History*, Boston 1987.
Briffault, Robert: *The Mothers. A Study of the Origins of Sentiments and Institutions*, 3Bde., New York 1927.
Brink, J. R. (Hg.): *Female Scholars. A Tradition of Learned Women Before 1800*, Montreal 1980.
- »Bathsua Makin: Scholar and Educator of the Seventeenth Century«, in: *International Journal of Women's Studies*, 1978, S. 717–726.
Brinker-Gabler, Gisela (Hg.): *Deutsche Dichterinnen vom 16. Jahrhundert bis zur Gegenwart*. Geschichte und Lebensläufe, Frankfurt am Main 1978.
- (Hg.): *Deutsche Literatur von Frauen*, Bd. 1: Vom Mittelalter bis zum Ende des 18. Jahrhunderts, München 1988.
Briquet, Marguerite; V. F. Bernier: *Dictionnaire historique, littéraire et bibliographique des Françaises et des étrangères naturalisées en France*, Paris 1804.
Brittain, Vera: *Lady into Women. A History of Women from Victoria to Elizabeth II*, London 1953.
Brown, Alice: *The Eighteenth Century Feminist Mind*, Brighton/Sussex 1987.
Brown, Irene Q.: »Domesticity, Feminism and Friendship: Female Aristocratic Culture and Marriage in England 1660–1760«, in: *Journal of Family History*, Winter 1982, S. 406–424.
Brown, Judith C.: *Immodest Acts. The Life of a Lesbian Nun in Renaissance Italy*, New York 1986.
Browne, Thea Lawrence: »Irish Attitudes toward Women's Education and Learning in the Early Middle Ages«, in: *Studies in Medieval Culture*, Bd. 10 (1977), S. 27–32.
Browning, Elizabeth Barrett: *Aurora Leigh: A Poem* (1856), Chicago 1979.
Bucknell, Joanna: *Rooker Bucknell and Martha Elizabeth Papers*, Elizabeth and Arthur Schlesinger Library, Radcliffe College, Cambridge/Mass.
Burckhardt, Jacob: *The Civilization of the Renaissance in Italy* (1860), New York 1960. (Dt.: *Die Kultur der Renaissance in Italien*, Köln 1956.)

Burkhard, Marianne (Hg.): *Gestalt und gestaltend. Frauen in der deutschen Literatur*, Amsterdamer Beiträge zur neueren Germanistik, Bd. 10, Amsterdam 1980.

Burstyn, Joan N.: »Education and Sex: The medical Case against higher Education for Women in England 1870–1900«, in: *Proceedings of the American Philosophical Society*, Bd. 117, Nr. 2 (April 1973), S. 79–89.

– »Sources of Influence: Women as Teachers of Girls«, in: June Purvis (Hg.): *Proceedings of the 1984 Annual Conference of the History of Education Society of Great Britain*, London 1985, S. 61–76.

Bury, J. B. (Hg.): *The Cambridge Medieval History*, 8 Bde., Cambridge 1924–1936.

Butler-Bowdon, W. (Hg.): *The Book of Margery Kempe*, 1436. *A Modern Version*, London 1936.

Butterfield, L. H. u. a. (Hg.): *The Book of Abigail and John. Selected Letters of the Adams Family 1762–1784*, Cambridge/Mass. 1975.

Bynum, Caroline Walker: *Jesus as Mother. Studies in the Spirituality of the High Middle Ages*, Berkeley 1982.

– »Women Mystics and Eucharistic Devotion in the Thirteenth Century«, in: *Women's Studies*, Bd. 11, Nr. 1/2, (1984), S. 179–214.

– »... ›And Woman her Humanity‹. Female Imagery in the Religious Writings of the Later Middle Ages«, in: Caroline Walker Bynum; Steven Harrell; Paula Richman (Hg.) 1986, S. 250–279.

– *Holy Feast and Holy Fast. The religious Significance of Food to medieval Women*, Berkeley 1987.

–; Stevan Harrell; Paula Richman (Hg.): *Gender and Religion. On the Complexity of Symbols*, Boston 1986.

Cadden, Joan: »It Takes All Kinds: Sexuality and Gender Differences in Hildegard of Bingen's ›Book of Compound Medicine‹«, in: *Traditio*, Bd. 40 (1984), S. 149–174.

[Calvin, John]: s. Jules Bonnet (Hg.).

Campbell, Helen S.: *Anne Bradstreet and her Time*, Boston 1891.

Cannon, Mary Agnes: *The Education of Women during the Renaissance*, Washington/D.C. 1916, Nachdruck Connecticut 1958.

Cantor, Aviva: *The Jewish Woman 1900–1980. Bibliography*, Fresh Meadows/N.Y. 1981.

Capellanus, Andreas: *The Art of Courtly Love*, hg. v. Frederick W. Locke, New York 1957.

Capps, Walter Holden; Wendy M. Wright: *Silent Fire. An Invitation to Western Mysticism*, New York 1978.

Case, Sue-Ellen: »Re-Viewing Hrotsvit«, in: *Theatre Journal*, Bd. 35, Nr. 4 (Dezember 1983), S. 533–542.

Casey, Elizabeth: *Illustrious Irishwomen*. 2 Bde., o. O. 1987.

Castiglione, Baldesar: *The Book of the Courtier*, hg. v. Charles Singleton, Garden City 1959.

Catholic University, The (Hg.): *New Catholic Encyclopedia*, New York 1967.

Cavendish, Margaret, Duchess of Newcastle: *A True relation of My Birth, Breeding and Life*, Erstveröffentlichung in: Poems and Fancies, written by the Right Honourable, the Lady Margaret Countesse of Newcastle, London 1653, Nachdruck in: Margaret Cavendish 1657.

– *The Philosophical and Physical Opinions*, written by her Excellency, the Lady Marchioness of Newcastle, London 1655.

- *Philosophical Letters*, London 1664.
- *The Life of William Cavendish* (1667), hg. v. C. H. Firth, London 1857.
- »The Convent of Pleasure«, in: *Playes Never Before Printed*, London 1668.
- *A True Relation of the Birth, Breeding and Life of Margaret Cavendish*, Kent 1814.

Cavendish, Richard (Hg.): *Man, Myth and Magic. The Illustrated Encyclopedia of Mythology, Religion and the Unknown*, New York 1985.

Ceroke, C. P.: »Mary Blessed Virgin«, in: *The Catholic University*, 1967, Bd. 9, S. 335–347.

Chapman, John: »Mysticism (Christian, Roman, Catholic)«, in: James Hastings (Hg.) 1955–1958, Bd. 9, New York 1955, S. 90–101.

Cheney, Edna D. (Hg.): *Louisa May Alcott. Her Life, Letters and Journals*, Boston 1889.

Chenu, Marc D.: *Nature, Man and Society in the 12th Century*, Chicago 1968.

Chevigny, Bell: *The Woman and the Myth: Margaret Fuller's Life and Writings*, Old Westbury/N.Y. 1976.

Child, Lydia Maria: *Brief History of the Condition of Women in Various Ages and Nations*, 2 Bde., Boston 1835.

Christine de Pisan: *Le Livre de la Cité des Dames*, Paris 1405, v. Gerda Lerner zitiert nach Christine de Pisan, The Book of the City of the Ladies, tr. by Earl Jeffrey Richards, New York 1982, (dt. zit. n.: Christine de Pizan: *Das Buch von der Stadt der Frauen*, Berlin 1986.)
- *Œuvres poétique de Christine de Pisan*, hg. v. M. Roy, Paris 1886.
- *Le Livre des Trois Vertus de Christine de Pisan*, hg. v. Mathilde Laigle, Paris 1912.
- *Le Livre des fais et bonnes meurs du sage Roy Charles V.*, hg. v. Suzanne Solente, 2 Bde., Paris 1936–1940.
- *Le Livre de la Mutation de Fortune*, hg. v. Suzanne Solente, 4 Bde., Paris 1959–1966.
- »L'Avision«, in: Charity C. Willard 1984.

[Chudleigh] Mary Lee; Lady Chudleigh: *The Ladies Defence or the Bride-Woman's Counsellor Answered. A Poem in a Dialogue between Sir John Brute, Sir Wm. Loveall, Meliss and a Parson*, London 1709.
- *Poems on Several Occasions*, London 1709.

Cibber, Theophilus: *An Account of the Lives of the Poets of Great Britain and Ireland*, 4 Bde., London 1753.

Cipolla, Carl M.: *Literacy and Development in the West*, Harmondsworth 1969.

Clanchy, M. T. (Hg.): *From Memory to Written Record. England 1066–1307*, Cambridge/Mass. 1979.
- »Literate and Illiterate«, in: M. T. Clanchy (Hg.) 1979, S. 175–201.

Cocalis, Susan L.: *The Defiant Muse. German Feminist Poems from the Middle Ages to the Present*, New York 1986.

Cody, John: *After Great Pain. The Inner Life of Emily Dickinson*, Cambridge 1971.

Cohn, Norman: *The Pursuit of the Millenium. Revolutionary Millenarians and Mystical Anarchists of the Middle Ages*, New York 1970.
- *Europe's Inner Demons. An Enquiry Inspired by the Great Witch-Hunt*, New York 1975.

Cole, Helena; Jane Caplan; Hanna Schissler: *The History of Women in Germany from Medieval Times to the Present. Bibliography of English Language Publications*, Washington/D.C. 1990.

Colledge, Edmund; James Walsh (Hg.): *A Book of Showings to the Anchoress Julian of Norwich*, Toronto 1978.

Collier, Mary: *Poems on Several Occasions*, Winchester 1762, zit. n.: Moira Ferguson (Hg.) 1985, S. 258–265.

Collins, Adela Yarbro (Hg.): *Feminist Perspectives on Biblical Scholarship*, Society of Biblical Literature, Chico/Ca. 1985.

Conrad, Earl: *Harriet Tubman: Negro Soldier and Abolitionist*, New York 1942.

Conrad, Susan P.: *Perish the Thought. Intellectual Women in Romantic America*, 1830–1860, New York 1976.

Conway, Jill Kerr: »Perspectives on the History of Women's Education in the United States«, in: *History of Education Quarterly*, Bd. 14 (Frühling 1974), S. 1–12.

[Cooper, Anna Julia]: *A Voice from the South by a Black Woman from the South*, Xenia/Ohio 1892.

Coppin, Fannie Jackson: *Reminiscences of School Life*, Philadelphia 1913.

Cosman, Carol; Joan Keefe; Kathleen Weaver (Hg.): *The Penguin Book of Women Poets*, Middlessex/Eng. 1979.

Costello, Louisa Stuart: *Memoirs of Eminent Englishwomen*, 4 Bde., London 1844.

Cott, Nancy: *The Bonds of Womanhood. »Woman's Sphere« in New England*, 1780–1835, New Haven 1977.

– (Hg.): *A Women Making History. Mary Ritter Beard through her Letters*, New Haven 1991.

Crandall, Coryl: »The Cultural Implications of the Swetnam Anti-Feminist Controversy in the Seventeenth Century», in: *Journal of Popular Culture*, Bd. 2, Nr. 1, (Sommer 1968), S. 136–148.

Cremin, Lawrence A.: *American Education. The National Experience* 1738–1876, New York 1980.

[Crenne, Helisienne de]: s. Marianne H. Mustacchie; Paul J. Archambault (Hg.) 1986.

Cressy, David: »Levels of Illiteracy in England 1530–1730«, in: *The Historical Journal*, Bd. 20, Nr. 1 (1977), S. 1–24.

– *Literacy and the Social Order. Reading and Writing in Tudor and Stuart England*, Cambridge/Mass. 1980.

– »The Environment for Literacy: Accomplishment and Context in 17th Century England and New England«, in: Daniel P. Resnick (Hg.) 1983, S. 23–42.

Critchfield, Richard: »Prophetin, Führerin, Organistorin: Zur Rolle der Frau im Pietismus«, in: Barbara Becker-Cantarino (Hg.) 1980, S. 112–137.

Croly, Jane Cunningham: *History of the Woman's Club Movement in America*, New York 1898.

Cross, Barbara: *The Educated Woman in America*, New York 1965.

Cross, George: »Heresy«, in: James Hastings (Hg.) 1955–1958, Bd. 6, S. 618–622.

[Cruz, Sor Juana Ines de la]: s. Alan Trueblood 1988, Margaret Sayers Peden 1982, Mary Hays 1803, S. 440–443.

David-Windstosser, Maria (Hg.): *Deutsche Mystiker*, Bd. 5: Frauenmystik im Mittelalter, Kempten-München 1919.

Davin, Anna: »Imperialism and Motherhood«, in: *History Workshop*, Nr. 5 (1978), S. 9–65.

Davis, Elizabeth Lindsay: *Lifting as They Climb. National Association of Colored Women*, 1933.

Davis, Natalie Zemon: *Society and Culture in Early Modern France*, Stanford 1965. (Dt.: *Humanismus, Narrenherrschaft und die Riten der Gewalt. Gesellschaft und Kultur im frühneuzeitlichen Frankreich*, Frankfurt am Main 1987.)

– »›Women's History‹ in Transition: The European Case«, in: *Feminist Studies*, Bd. 3, Nr. 3/4 (1976), S. 83–103.
– »*Gender and Genre: Women as Historical Writers 1400–1820*«, in: Patricia H. Labalme (Hg.) 1980, S. 153–182.
Degler, Carl: *At Odds. Women and the Family in America 1776 to the Present*, New York 1980.
Deiss, Joseph Jay: *The Roman Years of Margaret Fuller*, New York 1969.
Dexter, Elizabeth Anthony: *Colonial Women of Affairs. A Study of Women in Business and the Professions in America before 1776*, Boston 1924.
[Dickinson, Emily]: *The Poems of Emily Dickinson*, hg. v. Thomas H. Johnson, Cambridge/Mass. 1955.
[–] *The Letters of Emily Dickinson*, hg. v. Thomas H. Johnson; Theodora Ward, 3 Bde., Cambridge/Mass. 1958.
[–] *Gedichte. Englisch/Deutsch*. Ausgewählt und übertragen von Gertrud Liepe. Mit einem Nachwort von Klaus Lubbers, Stuttgart 1970.
[–] *Guten Morgen, Mitternacht. Gedichte & Briefe*. Ausgewählt und übertragen von Lola Gruenthal, Berlin 1987.
Dinzelbacher, Peter: »Rollenverweigerung, religiöser Aufbruch und mystisches Erleben mittelalterlicher Frauen«, in: Peter Dinzelbacher; Dieter R. Bauer (Hg.) 1988, S. 1–58.
–; Dieter R. Bauer (Hg.): *Religiöse Frauenbewegung und mystische Frömmigkeit im Mittelalter*, Köln 1988.
Dischner, Gisela (Hg.): *Bettina von Arnim. Eine weibliche Sozialbiographie aus dem 19. Jahrhundert*, Berlin 1977.
– (Hg.): *Caroline und der Jenaer Kreis. Ein Leben zwischen bürgerlicher Vereinzelung und romantischer Geselligkeit*, Berlin 1979.
Donnelly, Lucy Martin: »The Celebrated Mrs. Macaulay«, in: *William and Mary Quarterly*, 3. Folge, Bd. 6, Nr. 2 (April 1949), S. 174–207.
Douglas, Ann: *The Feminization of American Culture*, New York 1977.
Douthit, Mary O.: *The Souvenir of Western Women*, Portland 1905.
Dronke, Peter: *Women Writers of the Middle Ages. A Critical Study of Texts from Perpetua (202) to Marguerite Porete (1310)*, Cambridge-London 1984.
Dubois, Elfrieda T.: »The Education of Women in Seventeenth-Century France«, in: *French Studies*, Januar 1978, S. 1–19.
DuBois, Ellen Carol: *Feminism and Suffrage. The Emergence of an Independent Women's Movement in America 1848–1869*, Ithaca 1978.
– u. a.: *Feminist Scholarship. Kindling in the Groves of Academe*, Urbana-Chicago 1985.
Du Bosc, Jacques: *The Compleat Woman*, London 1639.
Duncombe, John: *The Feminiad. A Poem* (1754), Nachdruck Los Angeles 1981.
Dwight, Timothy: *Travels in New England and New York*, 4 Bde., London 1823.
Dygo, Marian: »The Political Role of Virgin Mary in Teutonic Prussia in the 14th and 15th Centuries«, in: *Journal of Medieval History*, Bd. 15, Nr. 1 (März 1989), S. 63–81.

Earle, Alice: *Colonial Days and Good Wives*, Boston 1895.
– *Child Life in Colonial Days*, New York 1899.
Eberti, Johann Caspar: *Eröffnetes Cabinet des gelehrten Frauen-Zimmers*, Frankfurt am Main 1706.

[Ebner, Christina]: s. Karl Schroeder (Hg.) 1871, Georg W. K. Lochner (Hg.) 1872.

Ebner, Margaretha: *Die Offenbarungen der Margaretha Ebner und der Adelheid Langmann*, Weimar 1939.

Eckenstein, Lina: *Woman under Monasticism. Chapters on Saint-Lore and Convent Life between A. D. 500 and A. D. 1500*, Cambridge 1896.

Ecker, Gisela (Hg.): *Feminist Aesthetics*, London 1985.

Egan, Edward W.; Constance B. Hintz; L. F. Wise (Hg.): *Kings, Rulers and Statesmen*, New York 1976.

Egerton, Sarah Fyge Field: *The Female Advocate or An Answer to a Late Satyr against the Pride, Lust and Inconstancy Etc. of Women* (1687), zit. n. Moira Ferguson (Hg.) 1985, S. 154–167.

Elbogen, Ismar; Eleonore Sterling: *Die Geschichte der Juden in Deutschland*, Frankfurt am Main 1988.

Eliade, Mirca (Hg.): *The Encyclopedia of Religion*, 16 Bde., New York 1987.

Ellet, Elizabeth: *The Women of the American Revolution*, 3 Bde., New York 1848–1850.

– *Domestic History of the American Revolution*, New York 1850.

– *Pioneer Women of the West*, New York 1852.

Elstob, Elizabeth: *An English-Saxon Homily on the Birth-day of St. Gregory* (1709), Landsdowne Manuscripts, gedruckte Ausgabe Leicester 1839.

– *The Rudiments of Grammar for the English-Saxon Tongue*, London 1715.

Encyclopedia of Religion and Ethics, s. James Hastings (Hg.) 1955–1958.

Engels, Friedrich: *Der Ursprung der Familie, des Privateigentums und des Staates* (1884), Nachdruck in Karl Marx; Friedrich Engels: *Werke*, Bd. 21, Berlin 1962.

Erickson, Carolly; Kathleen Casey: »Women in the Middle Ages: A Working Bibliography«, in: *Medieval Studies*, Bd. 37 (1975), S. 340–359.

[Eugenia]: *The Female Advocate. Reflections on a Late Rude and Disingenious Discourse delivered by Mr. John Sprint in a Sermon of a Wedding, May 11, at Sherburn in Dorsetshire*, 1699, London 1700.

Evans, Richard J.: *The Feminist. Women's Emancipation Movements in Europe, America and Australasia 1840–1920*, New York 1977.

Evans, Sara: *Personal Politics. The Roots of Women's Liberation in the Civil Rights Movement and the New Left*, New York 1979.

Ezell, Margaret J. M.: *The Patriarch's Wife. Literary Evidence and the History of the Family*, Chapel Hill-London 1987.

Facinger, Marion F.: »A Study of Medieval Queenship: Capetian France, 987–1237«, in: William M. Bowsky (Hg.): *Studies in Medieval and Renaissance History*, Bd. 5, Lincoln/Nebr. 1968, S. 3–48.

Faderman, Lillian: »Emily Dickinson's Letters to Sue Gilbert«, in: *The Massachusetts Review*, Bd. 18 (Sommer 1977), S. 197–225.

– *Surpassing the Love of Men. Romantic Friendship and Love between Women from the Renaissance to the Present*, New York 1981.

Fairbanks, A. W. (Hg.): *Mrs. Emma Willard and Her Pupils or Fifty Years of the Troy Female Seminary 1822–1872*, New York 1898.

Farmer, Sharon: »Persuasive Voices: Clerical Images of Medieval Wives«, in: *Speculum*, Bd. 41, Nr. 3 (Juli 1986), S. 517–543.

Fell, Margaret: *Woman's Speaking Justified, Proved and Allowed of by the Scriptures* (1667), Nachdruck Los Angeles 1979.

Ferguson, Moira (Hg.): *First Feminists. British Women Writers 1578–1799*, Blooming-ton/Ind. 1985.

Ferrante, Joan M.: »The Education of Women in the Middle Ages in Theory, Fact and Fantasy«, in: Patricia H. Labalme (Hg.) 1984, S. 9–42.

Feugère, M. Leon: *Les Femmes Poètes au XVIe Siècle*, Paris 1860.

Fields, Annie A.: *Life and Letters of Harriet Beecher Stowe*, Boston 1897.

Fiorenza, Elizabeth Schuessler: »Word, Spirit and Power: Women in Early Christian Communities«, in: Rosemary R. Ruether; Eleanor McLaughlin (Hg.) 1979, S. 30–70.

Fiske, Fidela (Hg.): *Recollections of Mary Lyon with Selections from Her Instructions to the Pupils of Mt. Holyoke Female Seminary*, Boston 1866.

Flexner, Eleanor: *Century of Struggle. The Woman's Rights Movement in the United States* (1959), Cambridge/Mass. 1975.

– *Mary Wollstonecraft*, New York 1972.

Flores, Angel; Kate Flores: *The Defiant Muse. Hispanic Feminist Poems from the Middle Ages to the Present*, New York 1986.

Flynn, Gerard: »Sor Juana Ines de la Cruz: Mexico's Tenth Muse«, in: J. R. Brink (Hg.) 1980, S. 119–136.

Foote, Julia A. J.: »A Brand Plucked from the Fire. An Autobiographical Sketch« (1879), in: William L. Andrews (Hg.) 1986.

Foster, K.: »St. Catherine of Siena«, in: *New Catholic Encyclopedia*, [The Catholic University] Bd. 3, New York 1967, S. 258–260.

Fout, John C. (Hg.): *German Women in the Nineteenth Century*, New York 1984.

Fox, Charles: »Marie de France«, in: *English Historical Review*, Bd. 25, (1910), S. 303–306.

Fox-Genovese, Elizabeth: »Women and the Enlightenment«, in: Renate Bridenthal; Claudia Konz; Susan Stuard (Hg.) 1987, S. 251–277.

– »Culture and Consciousness in the Intellectual History of European Women«, in: *SIGNS*, Bd. 12, Nr. 3 (Frühling 1987), S. 529–547.

– *Feminisme Without Illusions: A Critique of Individualism*, Chapel Hill-London 1991.

Foxe, John: *Acts and Monuments of these latter and perillous dayes*, London 1563.

[de France, Marie]: s. Marie de France.

Frauenlob, Johann: »Die Lobwürdige Gesellschaft der Gelehrten Weiber (1631–1633)«, in: Elisabeth Gössmann (Hg.) 1984, S. 52–83.

Frederiksen, Elke: »Die Frau als Autorin zur Zeit der Romantik: Anfänge einer weiblichen literarischen Tradition«, in: Marianne Burkhard (Hg.) 1980, S. 83–153.

Free Thought Magazine, Bd. XVI, Nr. 6 (Juni 1898), Matilda Gage Papers, Schlesinger Library, Radcliffe College, Cambridge/Mass.

Fritz, Angela McCourt: »The Novel Women: Origins of the Feminist Literary Tradition in England and France«, in: Dorothy McGuigan (Hg.) 1974, S. 20–46.

Führkötter, Adelgundis: *Das Leben der Heiligen Hildegard von Bingen*, Düsseldorf 1968.

– *Hildegard von Bingen*, Salzburg 1972.

Fuller, Margaret: *The Great Lawsuit. Woman in the Nineteenth Century*, New York 1845.

– *Woman in the Nineteenth Century* (1845), New York 1971.

[–] The Writings of Margaret Fuller, hg. v. Mason Wade, Fairfield/N. J. 1941.

Gabriel, Astrik L.: »The Educational Ideas of Christine de Pisan«, in: *Journal of the History of Ideas*, Bd. 13, Nr. 1 (Januar 1955), S. 3–21.

Gage, Frances D.: »Reminiscences. Sojourner Truth«, in: Elizabeth Cady Stanton u. a. 1881–1922, Bd. 1, S. 115–117.

Gage, Matilda Joselyn: *Woman, Church and State. A Historical Account of the Status of Woman through the Christian Ages*, New York 1893, Nachdruck Watertown/Mass. 1980.

– *The Original Expose of Male Collaboration Against the Female Sex* (1893), hg. v. Sally Roesch Wagner, Watertown/Mass. 1980.

Gardiner, Judith Kegan: »Aphra Behn: Sexuality and Self-Respect«, in: *Women's Studies*, Bd. 7, Nr. 1/2 (1980), S. 67–78.

Gawthrop, Richard; Gerald Strauss: »Protestantism and Literacy in Early Modern Germany«, in: *Past and Present. A Journal of Historical Studies*, Bd. 57, Nr. 4 (August 1984), S. 31–55.

George, Margaret: *One Woman's Situation. A Study of Mary Wollstonecraft*, Urbana 1970.

Gerbier, Charles: *Elogium Heroinum or the Praise of Worthy Women*, o. O. 1651.

Gerin, Winifred: *Charlotte Brontë. The Evolution of Genius*, Oxford 1967.

Gies, Frances; Joseph Gies: *Women in the Middle Ages*, New York 1980.

Gilbert, Sandra M.: »The Wayward Nun Beneath the Hill: Emily Dickinson and the Mysteries of Womanhood«, in: Suzanne Juhasz (Hg.) 1983, S. 22–66.

–; Susan Gubar: *The Madwoman in the Attic. The Woman Writer and the Nineteenth-Century Literary Imagination*, New Haven 1979.

– *The Norton Anthology of Literature by Women. The Tradition in English*, New York 1985.

Gilkes, Cheryl Townsend: »›Together and in Harness‹. Women's Traditions in the Sanctified Church«, in: Darlene C. Hine (Hg.) 1990, Bd. 2, S. 377–398.

Gillespie, Charles Coulston (Hg.): *Dictionary of Scientific Biography*, New York 1972.

Ginzberg, Lori: »›Moral Suasion is Moral Balderdash‹. Women, Politics and Social Activism in the 1850s«, in: *Journal of American History*, Bd. 73, Nr. 3 (Dezember 1986), S. 601–622.

Ginzburg, Carlo: *The Cheese and the Worms. The Cosmos of a 16th Century Miller*, London 1980.

[Glückel von Hameln]: *The Memoirs of Glückel of Hameln*, New York 1932. (Dt.: *Denkwürdigkeiten der Glückel von Hameln*, hg. v. Alfred Feilchenfeld, Nachdruck der 4. Aufl. Berlin 1923, Frankfurt am Main 1987.)

Glümer, Claire von: *Bibliothek fuer die deutsche Frauenwelt*, 6 Bde., Leipzig 1856.

Gnädinger, Louise (Hg.): *Margareta Porete. Der Spiegel der einfachen Seelen. Wege der Frauenmystik*, Zürich 1987.

Gössmann, Elisabeth (Hg.): *Das Wohlgelahrte Frauenzimmer*, Archiv für philosophie- und theologiegeschichtliche Frauenforschung, Bd. 1, München 1984.

– *Eva, Gottes Meisterwerk*, Archiv für philosophie- und theologiegeschichtliche Frauenforschung, Bd. 2, München 1985.

Gold, Penny Schine: *The Lady and the Virgin. Image, Attitude and Experience in 12th Century-France*, Chicago 1985.

Golden, Hilda H.: »Literacy«, in: David L. Sills (Hg.) 1968–1991, Bd. 9, S. 412–417.

Goodman, Dena: »Enlightenment Salons: The Convergence of Female and Philosophic Ambitions«, in: *Eighteenth-Century Studies*, Bd. 22, Nr. 3 (Frühling 1989), S. 329–350.

- »Governing the Republic of Letters: The Politics of Culture in the French Enlightenment«, in: *History of European Ideas*, Bd. 13, Nr. 3 (1991), S. 183–199.

Goodman, Kay: »The Impact of Rahel Varnhagen on Women in the 19th Century«, in: Marianne Burkhard (Hg.) 1980, S. 125–153.

Goodsell, Willystine: *The Education of Women: Its Social Background and its Problems*, New York 1923.

- *Pioneers of Women's Education in the United States*, New York 1931.

Goody, Jack (Hg.): *Literacy in Traditional Societies*, Cambridge 1968.

[Gournay, Marie le Jars de]: s. Marie le Jars de Gournay.

Graef, Hilda: *Maria. Eine Geschichte der Lehre und Verehrung*, Freiburg 1964.

Graff, Harvey J. (Hg.): *Literacy and Social Development in the West*, Cambridge 1982.

Graham, Patricia Albjerg: »Expansion and Exclusion: A History of Women in American Higher Education«, in: *SIGNS*, Bd. 3, Nr. 4 (Sommer 1978), S. 759–772.

Grant, Douglas: *Margaret the First. Biography of Margaret Cavendish, Duchess of Newcastle, 1623–1673*, London 1957.

Green, Calvin; Seth Y. Wells (Hg.): *A Summary View of the Millenial Church or United Society of Believers, commonly called Shakers*, Albany 1848.

Green, David; Frank O'Connor (Hg.): *A Golden Treasury of Irish Poetry 600–1200*, London 1967.

Green, Lowell: »The Education of Women in the Reformation«, in: *History of Education Quarterly*, Bd. 19 (Frühling 1979), S. 93–116.

Grimké, Angelina Emily: *Appeal to the Christian Women of the Southern States*, New York 1836.

- *An Appeal to the Christian Women of the Nominally Free States*, New York 1837.

- *Letters to Catherine E. Beecher*, Boston 1838.

Grimké, Charlotte Forten: *The Journals of Charlotte Forten Grimké*, hg. v. Brenda Stevenson, New York 1988.

Grimké, Sarah Moore: *An Epistle to the Clergy of the Southern States*, New York 1836.

- *Letters on the Equality of the Sexes and the Condition of Woman. Addressed to Mary Parker, President of the Boston Female Anti-Slavery Society*, Boston 1838.

- Letters, notebooks and diaries in der Theodore Dwight Weld Collection, William L. Clements Library, University of Michigan, Ann Arbor/Mich.

Grundmann, Herbert: »Litteratus – illiteratus. Der Wandel einer Bildungsnorm vom Altertum zum Mittelalter«, in: *Archiv für Kulturgeschichte*, Bd. 40, Nr. 1 (1958), S. 1–65.

Günderrode, Karoline von: *Der Schatten eines Traumes. Gedichte, Prosa, Briefe, Zeugnisse von Zeitgenossen*, Darmstadt 1981. (Abweichende Schreibweise des Namens Günderode.)

Guarnieri, Romana (Hg.): »Il ›Miroir des simples âmes‹ di Margherita Porete«, in: *Archivo italiano per la storia della pieta IV* (1965), S. 501–635.

Guidici, Enzo: *Louise Labé. Œuvres complètes*, Genf 1981.

Guillot, Gerard: *Louise Labé*, edition Seghers, o. O. 1962.

Hadewych, Die Werke der – s. Josef Otto Plassmann (Hg.) 1923.

Hagemann, Elizabeth H.; Josephine A. Roberts: »Recent Studies in Women Writers of Tudor England«, in: *English Literary Renaissance*, Bd. 14 (Herbst 1984), S. 409–439.

Haight, Anne Lyon (Hg.): *Hroswitha of Gandersheim. Her Life, Times and Works and a Comprehensive Bibliography*, New York 1965.

Hajdu, Robert: »The Position of Noblewoman in the Pays des Coutumes, 1100–1300«, in: *Journal of Family History*, Bd. 2 (Sommer 1980), S. 122–144.

Hale, Addy Stancliffe: »The Five Amazing Smith Sisters«, in: *Hartford Daily Courant*, 15. Mai 1932.

Hale, J. R.: *A Concise Encyclopedia of the Italian Renaissance*, London 1981.

Hale, Sarah Josepha: *Women's Record or Sketches of Distinguished Women from ›the Beginning‹ till A. D. 1850*, New York 1853.

Halkett, Anne: *the Autobiography of Anne Lady Halkett*, hg. v. John Gough Nichols, London 1895.

Hallowell, Anna D. (Hg.): *Life and Letters of James and Lucretia Mott*, Boston 1884.

Hanaford, Phebe A.: *Daughters of America or Women of the Century*, Augusta/Maine 1882.

Hannay, Margaret Patterson (Hg.): *Silent but for the Word. Tudor Women as Patrons, Translators and Writers of Religious Works*, Kent/Ohio 1985.

Hardesty, Nancy: *Women Called to Witness. Evangelical Feminism in the Nineteenth Century*, Nashville 1984.

Harksen, Sibylle: *Women in the Middle Ages*, New York 1975.

Harper, Ida H.: *The Life and Work of Susan B. Anthony*, 3 Bde., Indianapolis 1898–1908.

Harris, Barbara J.; Joanne McNamara (Hg.): *Women and the Structure of Society*, Durham/N. C. 1984.

Hart, Columba, O. S. B.: »Hadewijch of Brabant«, in: *American Benedictine Review*, Bd. 13, Nr. 1 (1962), S. 1–24.

Harveson, Mae E.: *Catharine Beecher. Pioneer Educator*, Philadelphia 1932.

Hastings, James (Hg.): *Encyclopedia of Religion and Ethics*, 13 Bde., New York 1955–1958.

Hausen, Karin (Hg.): *Frauen suchen ihre Geschichte. Historische Studien zum 19. und 20. Jahrhundert*, München 1983.

Hays, Mary: *Female Biography or Memoirs of Illustrious and Celebrated Women of All Ages and Countries*, London 1803.

[–] *The Love-Letters of Mary Hays*, hg. v. A. F. Wedd, London 1925.

Heer, Friedrich: *The Medieval World. Europe 1100–1350*, London 1962.

Heid, Ulrich: »Studien zu Marguerite Porète und ihrem ›Miroir des simples Âmes‹«, in: Peter Dinzelbacher; Dieter R. Bauer (Hg.) 1988, S. 185–214.

Heilbrun, Carolyn G.: *Writing a Woman's Life*, New York 1988.

– *Hamlet's Mother and Other Women*, New York 1990.

Heiler, Anne Marie (Hg.): *Mystik deutscher Frauen im Mittelalter*, Berlin 1929.

Heinrich, Sr. Mary P.: *The Canonesses and Education in the Early Middle Ages*, Ph. D. Diss. Catholic University of America, Washington/D. C. 1924.

Hellerstein, Erna Olafson u. a. (Hg.): *Victorian Women. A Documentary Account of Women's Lives in Nineteenth-Century England, France and the United States*, Stanford 1981.

Henderson, Katherine Usher; Barbara F. McManus (Hg): *Half Humankind. Contexts and Texts of the Controversy about Women in England 1540–1640*, Sunnyside/N. Y. 1968, Urbana/Ill. 1985.

Henry, Sondra; Emily Taitz: *Written Out of History. Our Jewish Foremothers*, Fresh Meadows/N. Y. 1983, Sunnyside/N. Y. 1988.

Herlihy, David: »Life Expectancies for Women in Medieval Society», in: Rosemarie T. Morewedge (Hg.) 1975, S. 1–22.

– *Cities and Society in Medieval Italy*, London 1980.

Herold, J. Christopher: *Mistress to an Age. A Life of Madame de Staël*, New York 1958.

Hersh, Blanche Glassmann: *The Slavery of Sex. Feminist Abolitionists in America*, Urbana/Ill. 1978.

Hertz, Deborah: »Salonières and Literary Women in Late Eighteenth-Century Berlin«, in: *New German Critique*, Nr. 14 (Frühling 1978), S. 97–108. (Vgl. dies.: *Jewish High Society in Old Regime Berlin*, Yale 1988. Dt.: *Die jüdischen Salons im alten Berlin*, Frankfurt am Main 1991.)

– »Hannah Arendt's Rahel Varnhagen«, in: John C. Fout (Hg.) 1984.

Herschel, Susannah (Hg.): *On Being a Jewish Feminist*, New York 1983.

Hess, Ursula: »Lateinischer Dialog und gelehrte Partnerschaft. Frauen als humanistische Leitbilder in Deutschland (1500–1550)«, in: Gisela Brinker-Gabler (Hg.) 1988, S. 113–148.

Heywood, Thomas: *The Exemplary Lives and Memorable Acts of Nine of the Most Worthy Women of the World*, London 1640.

Hickson, Shirley Ann: *The Development of Higher Education for Women in the Antebellum South*, Ph. D. Diss. University of South Carolina 1985.

[Hieronymus]: *The Letters of St. Jerome*, Westminster Maryland 1963. (Dt.: Hieronymus: *Briefe über die christliche Lebensführung*, Schriften der Kirchenväter, Bd. 2, München 1983.)

Hildegard von Bingen: *Scivias*, Handschrift des Rupertsberg-Kodex, Kloster St. Hildegard zu Eibingen.

– *Causae et curae*, hg. v. Paul Kaiser, Leipzig 1903. (Zit. in: Joan Cadden 1984.)

– *Wisse die Wege. Scivias*, Salzburg 1954.

– *Heilkunde*, hg. v. Heinrich Schipperges, Salzburg 1957.

– *Naturkunde: Das Buch von dem inneren Wesen der verschiedenen Naturen in der Schöpfung*, Salzburg 1959.

– *Briefwechsel*, Salzburg 1965.

– *Das Buch de Operatione Dei, »Welt und Mensch«*, aus dem Genter Kodex übers. u. hg. v. Heinrich Schipperges, Salzburg 1965.

– *Das Buch von den Steinen*, Salzburg 1979.

– *Illuminations of Hildegard von Bingen*, with commentary by Matthew Fox, Santa Fe/N. M. 1985.

– *Scivias*, by Hildegard von Bingen, Santa Fe/N. M. 1986.

– *Vitae Sanctae Hildegardis*, autoribus Godefrido et theoderico monachis. Vgl. Y. Schmelzeis 1879.

Hill, Bridget and Christopher: »Catharine Macaulay and the Seventeenth Century«, in: *Welsh History Review*, Nr. 3/4 (Dezember 1967), S. 381–402.

Hill, Georgiana: *Women in English Life*, 2 Bde., London 1896.

Hinding, Andrea (Hg.): *Women's History Sources. A Guide to Archives and Manuscript Collections in the United States*, 2 Bde., New York 1979.

Hindman, Sandra L.: »With Ink and Mortar. Christine de Pizan's Cité des Dames. An Art Essay«, in: *Feminist Studies*, Bd. 10, Nr. 3 (Herbst 1984), S. 457–477.

– *Christine de Pizan's »Epistre Othea«. Paintings and Politics at the Court of Charles VI*, Toronto 1986.

Hine, Darlene Clark (Hg.): *Black Women in United States History*, 4 Bde., Brooklyn/N. Y. 1990.

Hobby, Elaine: *Virtue of Necessity. English Women's Writing 1649–1688*, Ann Arbor 1992.

Hoffman, Nancy: *Women's True Profession*, New York 1981.

Holland, David T. (Hg.): *The Encyclopedia Americana*, International Edition, 30 Bde., Danbury/Conn. 1990.

Homeyer, Helene (Hg.) s. Hrotsvitha von Gandersheim.

Hopkins, James K.: *A Woman to Deliver Her People. Joanna Southcott and English Millenarianism in an Era of Revolution*, Austin 1982.

Horowitz, Maryanne Cline: »The Image of God in Man – Is Woman Included?«, in: *Harvard Theological Review*, Bd. 72, Nr. 3/4 (Juli–Oktober 1979), S. 175–206.

– »Marie de Gournay, Editor of the Essays of Michel de Montaigne: A Case-Study in Mentor-Protegée Friendship«, in: *The Sixteenth Century Journal*, Bd. 17, Nr. 3 (Herbst 1986), S. 271–284.

– »The Woman Question in Renaissance Texts«, in: *History of European Ideas*, Bd. 8, Nr. 4/5 (1987), S. 587–595.

Houle, Cyril O.: *Patterns of Learning*, San Francisco 1984.

Houston, Rab: »Illiteracy in Scotland 1630–1730«, in: *Past and Present*, Bd. 55 (August 1982), S. 81–102.

– »Litaracy and Society in the West 1500–1850«, in: *Social History*, Bd. 8, Nr. 3 (Oktober 1983), S. 269–289.

Howe, Julia Ward: *Margaret Fuller. Merchesa Ossoli*, Boston 1883.

[Hoyers, Anna Ovena]: *Anna Ovena Hoyers. Geistliche und weltliche Poemata* (1650), hg. v. Barbara Becker-Cantarino, Tübingen 1986.

[Hrotsvitha (Roswitha) von Gandersheim]: *Hrotsvithae Opera*, hg. v. Helene Homeyer, Paderborn 1970. Werke in deutscher Übertragung, übers. und hg. v. Helene Homeyer, München-Paderborn-Wien 1973.

Huber, Elaine C.: »›A Woman Must Not Speak‹. Quaker Women in the English Left Wing«, in: Rosemary R. Ruether; Eleanor McLaughlin (Hg.) 1979, S. 154–181.

Hudleston, Dom Roger (Hg.): *Revelations of Divine Love Shewed to a devout Ankress, by name Julian of Norwich*, London 1927.

Hufton, Olwen: »Women in History. Early Modern Europe«, in: *Past and Present*, Bd. 101 (November 1983), S. 125–141.

Hug, P. L.: »St. Catherine of Genoa«, in: *New Catholic Encyclopedia*, Bd. 3, S. 254–256.

Huizinga, J.: *The Waning of the Middle Ages*, Garden City/N. J. 1954. (Dt.: *Herbst des Mittelalters*, hg. v. K. Köster, Stuttgart 1953.)

Humez, Jean M. (Hg.): *Gifts of Power. The Writings of Rebecca Jackson. Black Visionary, Shaker Eldress*, Boston 1981.

– »›My Spirit Eye‹: Some Functions of Spiritual and Visionary Experience in the Lives of Five Black Women Preachers, 1810–1880«, in: Barbara J. Harris; Joanne McNamara (Hg.) 1984, S. 129–143.

Hunt, Harriot K.: *Glances and Glimpses or Fifty Years Social including Twenty Years Professional Life*, Boston 1856.

Hurd-Mead, Kate C.: *A History of Women in Medicine from the Earliest Times to the Beginning of the Nineteenth Century*, Haddam/Conn. 1938.

Ignatius, Mary Ann: »A Look at the Feminism of Christine de Pisan«, in: *Proceedings of the Pacific Northwest Conference on Foreign Languages*, Bd. 29, T. 2 (1978), S. 18–21.

Ilsley, Marjorie Henry: *A Daughter of the Renaissance, Marie le Jars de Gournay. Her Life and Works*, The Hague 1963.

Insdorf, Cecil: *Montaigne and Feminism*, Chapel Hill 1977.

Irwin, Joyce L.: »Anna Maria von Schurmann. From Feminism to Pietism«, in: *Church History*, Bd. 46 (1977), S. 48–62.
– *Womanhood in Radical Protestantism* 1525–1675, New York 1979.
Isenberg, Nancy Gale: *The Co-Equality of the Sexes. The Feminist and Religious Discourse of the Nineteenth-Century Woman's Rights Movement*, 1848–1860, Diss. (unveröffentlicht) University of Wisconsin-Madison 1990.

Jackson, Guida M.: *Women Who Ruled*, Santa Barbara-Oxford 1990.
[Jackson, Rebecca]: s. Jean M. Humez (Hg.) 1981, Eva Jacobs u. a. (Hg.) 1979.
Jacobs, Eva u. a. (Hg.): *Woman and Society in Eighteenth-Century France: Essays in Honour of John Stephenson Spink*, London 1979.
[Jacobs, Harriet A.]: *Incidents in the Life of a Slave Girl*, hg. v. L. M. Child, 1861, hg. v. Jean Fagan Yellin, Cambridge/Mass. 1987.
Jäckel, Günter (Hg.): *Das Volk braucht Licht. Frauen zur Zeit des Aufbruchs*, 1790–1848, in Briefen, Darmstadt 1970.
James, Edward T.; Janet Wilson James; Paul Boyer (Hg.): *Notable American Women* 1670–1950. *A Biographical Dictionary*, 3 Bde., Cambridge/Mass. 1971.
Janssen-Jurreit, Marie-Louise: *Sexismus*, München 1976.
Jellinek, Estelle C.: *Women's Autobiography*, Bloomington/Ind. 1980.
Joeres, Ruth-Ellen: »Self-Conscious Histories. Biographies of German Women in the Nineteenth Century«, in: John C. Fout (Hg.) 1984, S. 172–196.
Johnson, Thomas H. s. Emily Dickinson.
Joines, J.; T. Orwin: *Jane Anger, her Protection for Women. To defend them against the Scandalous Reportes of a late Surfeiting Lover, and all other Venerians that Complaine so to be overcloyed with womens kindnesse*, o. O. 1589, Nachdruck in: Katherine Usher Henderson; Barbara F. McManus (Hg.) 1985, S. 172–188.
Jordan, Constance: *Renaissance Feminism. Literary Texts and Political Models*, Ithaca 1990.
Juhasz, Suzanne (Hg.): *Feminist Critics read Emily Dickinson*, Bloomington/Ind. 1983.
– *The Undiscovered Continent. Emily Dickinson and the Space of the Mind*, Bloomington/Ind. 1983.
Juliana von Norwich: *Offenbarungen von göttlicher Liebe*, hg. v. E. Strokosch, Einsiedeln 1960.
– *Eine Offenbarung göttlicher Liebe*, hg. v. Anna Maria Reynölds C. P., Basel-Freiburg-Wien 1960.

Kaestle, Carl F.: »Literacy and Mainstream Culture in American History«, in: *Language Arts*, Bd. 43, Nr. 2 (Februar 1981), S. 207–218.
– *Pillars of the Republic. Common Schools and American Society* 1780–1860, New York 1983.
– »The History of Literacy and the History of Readers«, in: Edmund W. Gordon (Hg.): *Review of Research in Education*, Bd. 12, Washington/D. C. 1985, S. 11–53.
Kaplan, Marion: »Tradition and Transition: The Acculturation, Assimilation and Integration of Jews in Imperial Germany – A Gender Analysis«, in: *Leo Baeck Institute Yearbook*, Bd. 27 (1982), S. 3–35.
Karsch(in), Ann(a) Louise (Luise): *Auserlesene Gedichte* (1764), Stuttgart 1966.
– *Gedichte und Briefe*, hg. v. Günther de Bruyn u. Gerhard Wolf, Märkischer Dichtergarten, Berlin 1981.
Kavanagh, Julia: *English Women of Letters*, 2 Bde., London 1863.
Kelly, Joan: *Women. History and Theory*, Chicago 1984.

– »Early Feminist Theory and the Querelle des Femmes«, in: Joan Kelly 1984, S. 65–109.

Kelso, Ruth: *Doctrine for the Lady of the Renaissance*, Urbana 1956.

Kemp, Friedhelm (Hg.): *Rahel Varnhagen im Umgang mit ihren Freunden. Briefe 1793–1833*, München 1967.

Kerber, Linda: *Women of the Republic. Intellect and Ideology in Revolutionary America*, Chapel Hill/N. C. 1980.

– »The Republican Mother: Women and the Enlightenment – An American Perspective«, in: *American Quarterly*, Bd. 28 (Sommer 1976), S. 187–205.

Kerr, Inder Nath.: *The Landscape of Absence. Emily Dickinson's Poetry*, New Haven 1974.

Kieckhefer, Richard: *Unquiet Souls. Fourteenth-Century Saints and their Religious Milieu*, Chicago 1984.

King, Margaret L.: »Book-Lined Cells: Women and Humanism in the Early Italian Renaissance«, in: Patricia H. Labalme (Hg.) 1980, S. 72f.

– »The Religious Retreat of Isotta Nogarola (1418–1466): Sexism and Its Consequences in the Fifteenth Century«, in: *SIGNS*, Bd. 3, Nr. 4 (Sommer 1978), S. 807–822.

– »Thwarted Ambitions: Six Learned Women of the Italian Renaissance«, in: *Soundings. An Interdisciplinary Journal*, Bd. 59 (1976), S. 280–304.

–; Albert Rabil Jr.: *Her Immaculate Hand. Selected Works by and about the Women Humanists of Quattrocento Italy*, Binghampton/N. Y. 1983.

Kirshner, Julius; Suzanne F. Wemple (Hg.): *Women in the Medieval World*, Oxford 1985.

Kleinbaum, Abby Wettan: *The War Against the Amazons*, New York 1983.

Klenke, C. C., geb. Karschin (Hg.): *Gedichte von Anna Louise Karsch(in), geb. Dürbach*, Berlin 1792 (1797).

Klinck, Anne L.: »Anglo-Saxon Women and the Law«, in: *Journal of Medieval History*, Bd. 8, Nr. 2 (Juni 1982), S. 107–121.

Knox, John: *The First Blast against the monstruous regiment of Women*, Geneva 1558.

Koch, Gottfried: *Frauenfrage und Ketzertum im Mittelalter. Die Frauenbewegung im Rahmen des Katharismus und des Waldensertums und ihre sozialen Wurzeln (12.–14. Jahrhundert)*, Forschungen zur mittelalterlichen Geschichte, Bd. 9, Berlin 1962.

Köster, Helmut: *Einführung in das Neue Testament im Rahmen der Religionsgeschichte und Kulturgeschichte der hellenistischen und römischen Zeit*, Berlin 1980.

Kolodny, Annette: »Some Notes on Defining a Feminist Literary Criticism«, in: *Critical Inquiry*, Bd. 2 (Herbst 1975), S. 75–92.

Konrad, Gustav (Hg.): s. Bettina von Arnim.

Kotanner, Helene: *Die Denkwürdigkeiten der Helen Kotannerin, 1439–1440*, hg. v. Karl Molloy, Wien 1971.

Kramer, Heinrich; James Sprenger: *The Malleus Maleficarum of Heinrich Kramer and James Sprenger (1487)*, hg. v. Montague Sommers, New York 1971.

Kristeller, Paul O.: *Renaissance Thought. The Classic, Scholastic and Humanist Strains*, New York 1966.

Kristeller, Paul O.: »The School of Salerno«, in: *The Bulletin of the History of Medicine*, Bd. 17, Nr. 1 (Januar 1945), S. 138–194.

Kuhn, Anne Louise: *The Mother's Role in Childhood Education. New England Concepts 1830–1860*, New Haven 1947.

Kuhn, Hugo: »Hrotsviths von Gandersheim dichterisches Programm«, in: *Deutsche Viertel-jahresschrift für Literaturwissenschaft und Geistesgeschichte*, Bd. 24 (1950), S. 181–196.

Labalme, Patricia H. (Hg.): *Beyond Their Sex. Learned Women of the European Past*, New York 1984.

Labarge, Margaret Wade: *A Small Sound of the Trumpet. Women in Medieval Life*, Boston 1986.

Labé, Louise: *Œuvres Complètes*, hg. v. Enzo Guidici, Genf 1980. (Dt. zit. n.: Louise Labé: *Sonette und Elegien*. Neu übersetzt von Monika Fahrenbach-Wachendorff mit einem Nachwort und Anmerkungen von Elisabeth Schulze-Witzenrath. Franzö-sisch-deutsche Ausgabe, Tübingen 1981.)

Ladurie, Emmanuel Leroy: *Montaillou, the Promised Land of Error*, New York 1979.

Lagemann, Ellen Condliffe: *A Generation of Women. Education in the Lives of Pro-gressive Reformers*, Cambridge 1979.

Lane, Ann J.: *Mary Ritter Beard. A Sourcebook*, New York 1977.

Langmuir, Gavin I.: »Medieval Anti-Semitism«, in: Henry Friedländer; Sybil Milton (Hg.): *The Holocaust. Ideology, Bureaucracy and Genocide*, Millwood/N. Y. 1980, S. 27–36.

Lanyer, Aemilia: *Salve Deus Rex Judaeorum*, zit. n. Margaret P. Hannay (Hg.) 1985, S. 94–96, 102–105, 213.

La Roche, Sophie von: *Pomona für Teutschlands Tochter*, hg. v. Jürgen Vorderstemann, 4Bde., München 1987.

Larsen, Anne R.: »Louise Labé's Debat de Folie et d'Amour: Feminism and the Defense of Learning«, in: *Tulsa Studies in Women's Literature*, Bd. 2, Nr. 1 (Frühling 1983), S. 43–55.

Lauter, Werner: *Hildegard-Bibliographie. Wegweiser zur Hildegard-Literatur*, Alzey 1970.

Lawson, Ellen N.; Marlene Merrell: »Antebellum Black Coeds at Oberlin College«, in: Darlene Clark Hine (Hg.) 1990, Bd. 3, S. 847–868.

[Lee, Ann]: (ohne Autor) *Testimonies of the Life, Character, Revelations and Doctrines of Mother Ann Lee and the Elders with Her ...* collected from living Witnesses, in Union with the Church, Albany/N. Y. 1888, New York 1975.

Lee, Jarena: *Religious Experience and Journal of Jarena Lee. A Coloured Lady, Giving an Account of her Call to Preach the Gospel* (1836), in: William L. Andrews (Hg.) 1986, S. 25–48.

Le Goff, Jacques: *Time, Work and Culture in the Middle Ages*, Chicago 1980. (Dt.: *Für ein anderes Mittelalter. Zeit, Arbeit und Kultur im Europa des 5.–15. Jahrhunderts*, Frankfurt am Main 1984.)

Lehrman, Sara: »The Education of Women in the Middle Ages«, in: Douglas Radcliff-Umstead (Hg.) 1975, S. 133–144.

Leonard, Eugenie Andrews: *The Dear-Bought Heritage*, Philadelphia 1965.

Lerner, Elinor: »American Feminism and the Jewish Question, 1890–1940«, in: David A. Gerber (Hg.): *Anti-Semitism in American History*, Urbana/Ill. 1986.

Lerner, Gerda (Hg.): *Black Women in White America. A Documentary History*, New York 1972.

– *The Grimké Sisters from South Carolina: Rebels Against Slavery*, Boston 1967.

– *The Majority Finds its Past. Placing Women in History*, New York 1979.

– »Black Women in the United States«, in: Gerda Lerner (Hg.) 1979, Kap. 5.

– »Women and History«, in: Elaine Marks (Hg.): *Critical Essays on Simone de Beau-voir*, Boston 1987, S. 154–167.

- »A View from the Women's Side«, in: *The Journal of American History*, Bd. 76, Nr. 2 (September 1989), S. 446–456.
Lerner, Robert E.: *The Heresy of the Free Spirit in the Later Middle Ages*, Berkeley 1972.
–; Standish Meacham; Edward McNall Burns: *Western Civilizations. Their History and Their Culture*, 11. Aufl., New York 1988.
Levy, Darline Gay; Harriet Branson Applewhite; Mary Durham Johnson: *Women in Revolutionary Paris, 1789–1795*, Urbana/Ill. 1979.
Lewis, C. S.: *The Allegory of Love. A Study in Medieval Tradition*, London 1958.
Liebertz-Grün, Ursula: »Höfische Autorinnen von der karolingischen Kulturreform bis zum Humanismus«, in: Gisela Brinker-Gabler (Hg.) 1988, S. 39–64.
- *Ordnung im Chaos. Studien zur Poetik der Bettine Brentano-von Arnim*, Heidelberg 1989.
Liebeschütz, Hans: *Das allegorische Weltbild der Heiligen Hildegard von Bingen*, Leipzig 1930.
Livermore, Mary A.: *My Story of the War. A Woman's Narrative of Four Years Personal Experience*, Hartford/Conn. 1889.
Lochner, Georg W. K. (Hg.): *Leben und Geschichte der Christina Ebnerin, Klosterfrau zu Engelthal*, Nürnberg 1872.
Locke, John: *Two Treatises of Government*, hg. v. Peter Laslett, Cambridge 1964 (Dt.: *Zwei Abhandlungen über die Regierung*, hg. v. Walter Euchner, Frankfurt am Main 1967.)
Lockridge, Kenneth A.: *Literacy in Colonial New England. An Enquiry into the Social Context of Literacy in the Early Modern West*, New York 1974.
Logan, Robert K.: *The Alphabet Effect. The Impact of the Phonetic Alphabet on the Development of Western Civilization*, New York 1986.
Lonsdale, Roger (Hg.): *Eighteenth Century Women Poets*, Oxford 1989.
Lorde, Audre: *Sister Outsider. Essays and Speeches*, New York 1984.
Lougee, Carolyn C.: *Le Paradis des Femmes. Women, Salons and Social Stratification in Seventeenth-Century France*, Princeton 1976.
Lucas, Angela M.: *Women in the Middle Ages. Religion, Marriage and Letters*, Brighton 1983.
Lutz, Alma: *Emma Willard. Pioneer Educator of American Women*, Boston 1964.
Lynn, Therese Ballet: »The Ditié de Jeanne d'Arc, its Political, Feminist and Aesthetic Significance«, in: *Fifteenth Century Studies*, Bd. 1 (1978), S. 149–157.
Lyon, Mary: *The Power of Christian Benevolence Illustrated in the Life and Labors of Mary Lyon*, New York 1858. (S. Fidela Fiske 1866.)

Macaulay, Catharine: *Letters on Education. With Observations on Religious and Metaphysical Subjects* (1790), hg. v. Gina Luria, New York 1974.
Maclean, Ian: *Woman Triumphant. Feminism in French Literature, 1610–1652*, Oxford 1977.
Mahl, Mary R.; Helene Koon (Hg.): *The Female Spectator. English Women Writers Before 1800*, Bloomington/Ind.-Old Westbury/N. Y. 1977.
Mahrholz, Werner (Hg.): *Der Deutsche Pietismus. Eine Auswahl von Zeugnissen, Urkunden und Bekenntnissen aus dem 17., 18. und 19. Jahrhundert*, Berlin 1921.
Makin, Bathsua: *An Essay to Revive the Ancient Education of Gentlewomen in Religion, Manners, Arts & Tongues* (1673), Nachdruck Los Angeles 1980.

Malverne, Marjorie M.: »Marie de France's Ingenious Uses of the Authorial Voice and Her Singular Contribution to Western Literature«, in: *Tulsa Studies in Women's Literature*, Bd. 2, Nr. 1 (Frühling 1983), S. 21–42.

[Manley, Mary de la Rivière]: *Letters written by Mrs. Manley*, London 1696.

Marcus, Jacob R.: *The American Jewish Woman. A Documentary History*, New York 1981.

Marguerite de Navarre: *Marguerites de la Marguerite des Princesses, Tresillustre Rayne de Navarre* (1547), Nachdruck New York 1970.

– *The Heptameron of Margaret, Queen of Navarre*, 5 Bde., hg. v. F. Kelly, London o.J.

Marie de France: *Fables*, hg. v. Harriet Spiegel, Toronto 1987. (Dt.: *Äsop*, Klassische Texte des Romanischen Mittelalters, Bd. 12, München 1973.)

Marie le Jars de Gournay: *Egalité des Hommes et des Femmes* (1622), Paris 1989.

– *Grief des Dames* (1626), Nachdruck o.O. 1989.

Marinella, Lucretia: *La Nobilita et Excellence delle Donne et I Difetti e Mancamenti de gli Huomini* (1600), Münchener Staatsbibliothek.

Marr, Harriet W.: *The Old New England Academies*, New York 1959.

Marshall, Helen F.: *Dorothea Dix* (1937), New York 1967.

Martines, Lauro: »A Way of Looking at Renaissance Florence«, in: *Journal of Medieval and Renaissance Studies*, Bd. 4, Nr. 1 (Frühling 1974), S. 15–29.

Masham, Damaris: *A Discourse Concerning the Love of God*, London 1696.

Mason, Mary G.: »The Other Voice: Autobiographies of Women Writers«, in: James Olney (Hg.): *Autobiography: Essays, Theoretical and Critical*, Princeton 1980.

Matter, Ann: »Mary: A Goddess?«, in: Carl Olson (Hg.) 1985, S. 80–96.

Mattingly, Garrett: *Catherine of Aragon* (1941), New York 1960.

Maurer, Friedrich (Hg.): *Die Dichtungen der Frau Ava*, Tübingen 1966.

May, William Harold: »The Confession of Prous Boneta: Heretic and Heresiarch«, in: John H. Mundy; Richard W. Emery; Benjamin N. Nelson (Hg.) 1955, S. 3–30.

McDonnell, Ernest W.: *The Beguines and Begherds in Medieval Culture, with special emphasis on the Belgian Scene*, New Brunswick 1954.

McGuigan, Dorothy (Hg.): *New Research on Women at the University of Michigan*, Ann Arbor/Mich. 1974.

McIlwain, James: »The ›bodelye syekness‹ of Julian of Norwich«, in: *Journal of Medieval History*, Bd. 10, Nr. 3 (September 1984), S. 167–180.

McKay, Nellie Y.: »Nineteenth-Century Black Women's Spiritual Autobiographies: Religious Faith and Self-Empowerment«, in: Personal Narrative Group, Joy Webster Barbre u. a.: *Interpreting Women's Lives. Feminist Theory and Personal Narratives*, Bloomington/Ind. 1989, S. 139–154.

McLaren, Dorothy: »Marital fertility and lactation 1570–1720«, in: Mary Prior (Hg.) 1985, S. 22–53.

McLaughlin, Eleanor: »Women, Power and the Pursuit of Holiness in Medieval Christianity«, in: Rosemary R. Ruether; Eleanor McLaughlin (Hg.) 1979, S. 100–130.

– »The Heresy of the Free Spirit and Late Medieval Mysticism«, in: Paul Maurice Clogan (Hg.): *Medievalia et Humanistica. Studies in Medieval and Renaissance Culture*, neue S., Nr. 4, Denton/Texas 1973.

– »›Christ My Mother‹. Feminine Naming and Metaphor in Medieval Spirituality«, in: *Nashota Review*, Bd. 15, Nr. 3 (Herbst 1975), S. 228–248.

– »Equality of Souls, Inequality of Sexes: Women in Medieval Theology«, in: Rosemary R. Ruether 1983, S. 213–266.

3

McLaughlin, Mary Martin: »Peter Abelard and the Dignity of Women: Twelfth Century Feminism in Theory and Practice«, in: Pierre Abelard, Pierre le Venerable: *Les courants philosophiques, littéraires et artistiques en occident au milieu du XIIe siècle*, Paris 1975, S. 287–334.

McNamara, Joann; Suzanne Wemple: »Sanctity and Power: The Dual Pursuit of Medieval Women«, in: Renate Bridenthal; Claudia Koonz; Susan Stuard (Hg.) 1987, S. 131–152.

Meade, Marion: *Eleanor of Aquitaine. A Biography*, New York 1977.

Mechthild of Hackeborn: *The Book of Gostlye Grace*, hg. v. T. A. Halligan, Toronto 1979.

Meech, Sanford B.; Emily Allan Hope (Hg.): *The Book of Margery Kempe*, London 1961.

Melcher, Marguerite Fellows: *The Shaker Adventure*, Princeton 1941.

Melder, Keith: »Mask of Oppression: The Female Seminary Movement in the United States«, in: *New York History*, Bd. 40 (Juli 1974), S. 261–279.

Menzies, Lucy: *The Revelations of Mechthild of Magdeburg (1210–1297) or the Flowing Light of the Godhead*, London 1953.

Merton, Robert K.: *On the Shoulders of Giants. A Shandean Postscript*, San Diego 1985. (Dt.: *Auf den Schultern von Riesen. Ein Leitfaden durch das Labyrinth der Gelehrsamkeit*, Frankfurt am Main 1989.)

Meyers, Carol: *Discovering Eve. Ancient Israelite Women in Context*, New York 1988.

Michel, Pierre: »Un apotre du Féminisme au XVIIe Siècle: Mademoiselle de Gournay«, in: *Bulletin de la Société des Amis de Montaigne*, 4. Folge, Nr. 27 (Oktober–Dezember 1971), S. 55–58.

Mierow, Charles C.: *The Letters of St. Jerome*, Bd. 1, Westminster 1963.

Miles, Margaret R.: *Image as Insight. Visual Understanding in Western Christianity and Secular Culture*, Boston 1985.

– *Carnal Knowledge. Female Nakedness and Religious Meaning in the Christian West*, New York 1991.

[Mill, John Stuart]: *The Autobiography of John Stuart Mill*, hg. v. John Jacob Coss, New York 1924.

Minnich, Elizabeth Kamarck: *Transforming Knowledge*, Philadelphia 1990.

[Mitchell, Maria]: *Maria Mitchell: Life, Letters and Journals*, hg. v. Phebe M. Kendall, Boston 1896.

Moers, Ellen: *Literary Women*, Garden City/N. Y. 1976, New York 1988.

Monaghan, Jennifer E.: »Literacy Instruction and Gender in Colonial New England«, in: *American Quarterly*, Bd. 40, Nr. 1 (März 1988), S. 18–41.

Moore, Marian Louise: *Journal of Marian Louise Moore*, Western Reserve Historical Society, Cleveland/Ohio.

Moorhouse, A. C.: *The Triumph of the Alphabet*, New York 1953.

Morand, Jean: »Marie le Jars de Gournay: La Fille d'Alliance de Montaigne«, in: *Bulletin de la Société des Amis de Montaigne*, 4. S., Nr. 27 (Oktober–Dezember 1971), S. 45–54.

More, Hannah: *Strictures on the Modern System of Female Education with a View to the Principles and Conduct Prevalent Among Women of Rank and Fortune*, Philadelphia 1800.

Morel, Gall (Hg.): *Offenbarungen der Schwester Mechthild von Magdeburg oder Das Fließende Licht der Gottheit*, Darmstadt 1963.

Morewedge, Rosemarie Thee (Hg.): *The Role of Woman in the Middle Ages*, Albany 1975.

[Morpurgo, Rachel]: »Rachel Morpurgo«, in: *Encyclopedia Judaica*, Bd. 12, Jerusalem 1971.

Moses, Claire Goldberg: *French Feminism in the 19th Century*, Albany 1984.

Mossell, N. F.: *The Work of the Afro-American Woman*, Philadelphia 1908, Nachdruck New York 1988.

[Mott, James; Lucretia Mott]: *Life and Letters of James and Lucretia Mott*, hg. v. Anna D. Hallowell, Boston 1884.

Munda, Constantia: *The Worming of a Mad Dogge*, London 1617.

Mundy, John H.; Richard W. Emery; Benjamin N. Nelson (Hg.): *Essays in Medieval Life and Thought*, New York 1955.

Muraro, Luisa: *Vilemina und Manfreda. Die Geschichte einer feministischen Häresie*, Freiburg 1981.

Murray, Judith Sargent (Constantia): *Some Deductions from the System Promulgated in the Page of Divine Revelation*, Portsmouth/N. H. 1782.

– »Desultary Thoughts upon the Utility of encouraging a degree of Self-Complacency, especially in Female Bosoms«, in: *The Gentleman and Lady's Town and Country Magazine*, Oktober 1784, S. 251–253.

– »On the Equality of the Sexes« (1790), in: Alice S. Rossi (Hg.) 1974.

– *The Gleaner. A miscellaneous Production in Three Volumes*, Boston 1798.

Mustacchie, Marianne M.; Paul J. Archambault (Hg.): *A Renaissance Woman. Helisienne's Personal and Invective Letters*, Syracuse 1986.

Myers, Mitzi: »Domesticating Minverva: Bathsua Makin's ›Curious‹ Argument for Women's Education«, in: *Studies in Eighteenth Century Culture*, Madison/Wisc. 1985, S. 173–192.

Myers, Sylvia Harcstark: *The Bluestocking Circle. Women, Friendship and the Life of the Mind in Eighteenth Century England*, Oxford 1990.

Navarra, Marguerite de: s. Marguerite de Navarre.

Newcomer, Mabel: *A Century of Higher Education for American Women* (1959) Washington/D. C. 1976.

Newman, Barbara: *Sister of Wisdom. St. Hildegard's Theology of the Feminine*, Berkeley 1987.

Norman, Marion: »A Woman for all Seasons: Mary Ward (1585–1645), Renaissance Pioneer of Women's Education«, in: *Paedagogica Historica*, Bd. 23, Nr. 1 (1983), S. 125–143.

Norton, The Honorable Mrs. [Caroline Elizabeth]: *Lost and Saved*, 3 Bde., London 1863.

Norton, Mary Beth: *Liberty's Daughters. The Revolutionary Experience of American Women 1750–1800*, Boston 1980.

Notestein, Wallace: »The English Woman, 1580–1650«, in: *Studies in Social History*, hg. v. J. H. Plumb, London 1955.

Oehl, Wilhelm: *Mechthild von Magdeburg. Das fließende Licht der Gottheit*, Deutsche Mystiker, Bd. 2, Kempten-München 1922, zitiert auch nach der Ausg. 1911.

Offen, Karen: »Depopulation, Nationalism and Feminism in Fin-de-Siècle France«, in: *American Historical Review*, Bd. 89, Nr. 3 (Juni 1984), S. 648–676.

– »Toward an Historical Definition of Feminism: The Contribution of France«, in: *Crow Working Papers*, Nr. 22, Center for Research on Women, Stanford University 1985.

Ohio Woman's Rights Convention, 19./20. April 1850, Resolutions.

Olson, Carl (Hg.): *The Book of the Goddess, Past and Present. An Introduction to her Religion*, New York 1985.

Orme, Nicholas: *From Childhood to Chivalry. The Education of the English Kings and Aristocracy 1066–1530*, New York 1984.

Otis, Leah L.: *Prostitution in Medieval Society. The History of an Urban Institution in Languedoc*, Chicago 1986.

Otto, Louise: *Merkwürdige und geheimnisvolle Frauen*, Leipzig 1868.

– *Einflußreiche Frauen aus dem Volke*, Leipzig 1869.

Ozment, Stephen: *When Fathers Ruled. Family Life in Reformation Europe*, Cambridge/Mass. 1983.

Pagel, Walter: »Hildegard von Bingen«, in: Charles Coulston Gillespie (Hg.) 1972, Bd. 6, S. 396–398.

Pagels, Elaine: *Adam and Eve and the Serpent*, New York 1988.

Painter, Nell Irvin: »Sojourner Truth in Feminist Abolitionism: Difference, Slavery and Memory«, in: Jean Fagan Yellin; John C. Van Horne (Hg.) 1992.

Pallister, Janis L.: »A Note on Sor Juana de la Cruz«, in: *Women and Literature*, Bd. 7, Nr. 2 (Frühling 1979), S. 42–46.

Papp, Edgar: »Ava«, in: Wolfgang Stammler u. a. 1978, Bd. 1, S. 560–565.

Patman, Carole: *The Sexual Contract*, Stanford 1988.

Patterson, Rebecca: *Emily Dickinson's Imagery*, hg. v. Margaret H. Freeman, Amherst/Mass. 1979.

Paullini, Christian Franz: *Das Hoch- und Wohlgelahrte Teutsche Frauenzimmer*, Frankfurt-Leipzig 1705.

Paulsen, Wolfgang (Hg.): *Die Frau als Heldin und Autorin. Neue kritische Ansätze zur deutschen Literatur*, Bern 1979.

Paz, Octavio: *Sor Juana or the Traps of Faith*, Cambridge/Mass. 1988.

Peden, Margaret Sayers (Hg.): *A Woman of Genius. The Intellectual Autobiography of Sor Juana Ines de la Cruz*, Salisbury/Ct. 1982.

Perkins, A. J. G.; Theresa Wolfson: *Frances Wright. Free Enquirer*, Philadelphia 1939.

Perkins, Linda M.: »Heed Life's Demands: The Educational Philosophy of Fanny Jackson Coppin«, in: Darlene C. Hine (Hg.) 1990, Bd. 3, S. 1039–1048.

– »The Black Female American Missionary Association Teacher in the South, 1861–1870«, in: Darlene C. Hine (Hg.) 1990, Bd. 3, S. 1049–1063.

Perry, Ruth: »George Ballard's Biographies of Learned Ladies«, in: J. D. Browning (Hg.): *Biography in the Eighteenth Century*, New York 1980, S. 85–111.

– »Introduction«, in: Ruth Perry (Hg.): *George Ballard. Memoirs of Several Ladies of Great Britain*, Detroit 1985.

– »Radical Doubt and the Liberation of Women«, in: *Eighteenth Century Studies*, Bd. 18, Nr. 4 (Sommer 1985), S. 472–493.

– *The Celebrated Mary Astell. An Early English Feminist*, Chicago 1986.

– »Colonizing the Breast: Sexuality and Maternity in Eighteenth Century England«, in: *Journal of the History of Sexuality*, Bd. 2, Nr. 2 (1991), S. 204–234.

Petersen, Karen; J. J. Wilson: *Women Artists. Recognition and Reappraisal. From the Early Middle Ages to the Twentieth Century*, New York 1976.

Petroff, Elizabeth Avilda: *Medieval Women's Visionary Literature*, New York 1986.

Phillips, John A.: *Eve. The History of an Idea*, New York 1984.

Pizan, Christine de: s. Christine de Pizan.

Plassmann, Josef Otto (Hg.): *Die Werke der Hadewych*, Schriftenreihe Kulturen der Erde, Textwerke 3, Hannover 1923.

– *Vom göttlichen Reichtum der Seele. Altflämische Frauenmystik*, Düsseldorf-Köln 1951.

Poovey, Mary: *The Propper Lady and the Woman Writer. Ideology as Style in the Works of Mary Wollstonecraft, Mary Shelley and Jane Austen*, Chicago 1984.

Porète, Marguerite: *Le miroir des simples âmes ancientes et qui seulement demourent en vouloir et désir d'Amour*. In der deutschen Übersetzung nach Louise Gnädinger 1987 und Ulrich Heid 1988 zitiert.

Porter, David: *Dickinson. The Modern Idiom*, Cambridge 1981.

Porter, Mary S. (Hg.): *Recollections of Louisa May Alcott*, Boston 1893.

Potter, Mary: »Gender Equality and Gender Hierarchy in Calvin's Theology«, in: *SIGNS*, Bd. 11, Nr. 4 (Sommer 1986), S. 725–739.

Poulain de la Barre, François: *De l'égalité des deux sexes*, Paris 1673.

– *The Women as Good as Men*, Detroit 1988.

Powell, David A.: *George Sand*, Boston 1990.

Power, Eileen: *Medieval English Nunneries*, Cambridge 1922.

– *Medieval Women*, Cambridge 1975.

Powicke, Sir Maurice: *The Reformation in England*, London 1941.

Prior, Mary (Hg.): *Women in English Society 1500–1800*, London 1985.

Prusak, Bernard P.: »Woman: Seductive Siren and Source of Sin?«, in: Rosemary R. Ruether 1983, S. 89–116.

Putnam, Emily James: *The Lady*, Chicago 1970.

Rabinowicz, Henry M.: *The World of Judaism*, London 1970.

Radcliff-Umstead, Douglas (Hg.): *The Roles and Images of Women in the Middle Ages and Renaissance*, Pittsburgh 1975.

Rapoport-Albert, Ada: »On Women in Hasidism. S. S. Horodecky and the Maid of Ludmir Tradition«, in: Ada Rapoport-Albert; Steven J. Zipperstein (Hg.): *Jewish History. Essays in Honour of Chimen Abramsky*, London 1988.

Rendall, Ruth: *The Origins of Modern Feminism. Women in Britain, France and the United States 1780–1860*, London 1985.

Reno, Christine M.: »Feminist Aspects of Christine de Pizan's Epistre d'Othea à Hector«, in: *Studi Francesi*, Bd. 71 (1980), S. 271–276.

Resnick, Daniel P. (Hg.): *Literacy in Historical Perspective*, Washington/D. C. 1983.

–; L. B. Resnick: »The Nature of Literacy. An Historical Exploration«, in: *Harvard Educational Review*, Bd. 47, Nr. 3 (August 1977), S. 370–385.

Reynolds, Myra: *The Learned Lady in England 1650–1760*, Boston 1920.

– »Elizabeth Elstob, the Saxon Nymph«, in: J. R. Brink (Hg.) 1980, S. 137–160.

Rich, Adrienne: *Of Woman Born. Motherhood as Experience and Institution*, New York 1976. (Dt.: *Von Frauen geboren. Über Mutterschaft als Erfahrung und Institution*, München 1979.)

– *On Lies, Secrets and Silence. Selected Prose 1966–1978*, New York 1979.

Richards, S. A.: *Feminist Writers of the Seventeenth Century*, London 1914.

Richardson, Lula McDowell: »The Forerunners of Feminism in French Literature of the Renaissance from Christine de Pisa to Marie de Gournay«, in: *The John Hopkins Studies in Romance Literatures and Languages*, Bd. 12, Baltimore 1929.

Richardson, Marilyn (Hg.): *Maria W. Stuart: America's First Black Woman Political Writer. Essays and Speeches*, Bloomington/Ind. 1987.

Riehle, Wolfgang: *Studien zur englischen Mystik des Mittelalters unter besonderer Berücksichtigung ihrer Metaphorik*, Heidelberg 1977.

Riemer, Eleanor S.; John C. Fout: *European Women. A Documentary History 1789–1945*, New York 1980.

Roberts, Mary: *Select Female Biography. Comprising Memoirs of Eminent British Ladies*, London 1829.

Robinson, Charles Edson: *The Shakers and Their Homes. A Concise History of the United Society of Believers called Shakers* (1893), Somerworth/N. H. 1976.

Robinson, Lillian S.: »Treason our Text: Feminist Challenges to the Literary Canon«, in: *Tulsa Studies in Women's Literature*, Bd. 2, Nr. 1 (Frühling 1983), S. 83–98.

Roche-Mahdi, Sarah: »The Sybil of the Rhine«, in: *Women's Review of Books*, Bd. 4, Nr. 2 (November 1986), S. 14f.

Rogers, Katherine M.: *Feminism in Eighteenth Century England*, Urbana/Ill. 1982.

Rohrbad, Peter: »St. Teresa of Avila«, in: James Hastings (Hg.) 1955–1958, Bd. 14, S. 405f.

Roodenburg, Herman W.: »The Autobiography of Isabella De Moerloose: Sex, Childrearing and Popular Belief in Seventeenth Century Holland«, in: *Journal of Social History*, Bd. 18, Nr. 4 (Sommer 1985), S. 517–540.

Rose, Mary Beth (Hg.): *Women in the Middle Ages and the Renaissance. Literary and Historical Perspectives*, Syracuse 1986.

Ross, Margaret C.: »Concubinage in Anglo-Saxon England«, in: *Past and Present*, Nr. 108 (August 1985), S. 3–34.

Rossi, Alice S. (Hg.): *Essays on Sex Equality. John Stuart Mill and Harriet Taylor Mill*, Chicago 1970.

– (Hg.): *The Feminist Papers from Adams to Beauvoir*, New York 1974.

Roswitha von Gandersheim: s. Hotsvitha von Gandersheim.

Rothkrug, Lionel: »Religious Practices and Collective Perceptions: Hidden Homologies in the Renaissance and Reformation«, in: *Historical Reflections*, Bd. 7, Nr. 1 (Frühling 1980), S. 3–263.

Rousseau, Jean Jacques: *Emilius or a Treatise of Education*, Edinburgh 1763. (Dt.: *Emile oder Über die Erziehung*, hg. v. Martin Rang, Stuttgart 1963.)

Rowbotham, Sheila: *Hidden from History. Rediscovering Women in History from the 17th Century to the Present*, New York 1974.

Roy, M.: *Œuvres poétiques de Christine de Pizan*, Paris 1886.

Rudolph, Frederick: *The American College and University. A History*, New York 1962.

Ruether, Rosemary Radford (Hg.): *Religion and Sexism. Images of Women in Medieval Theology*, New York 1974.

– »Misogynism and Virginal Feminism in the Fathers of the Church«, in: Rosemary R. Ruether (Hg.) 1974, S. 150–183.

– *Sexism and God-Talk. Toward a Feminist Theology*, Boston 1983.

–; Eleanor McLaughlin (Hg.): *Women of Spirit. Female Leadership in the Jewish and Christian Traditions*, New York 1979.

Runciman, W. G.: »Accelerating Social Mobility. The Case of Anglo-Saxon England«, in: *Past and Present*, Nr. 104 (August 1984), S. 3–30.

Salisbury, Joyce E.: »Fruitful in Singleness«, in: *Journal of Medieval History*, Bd. 8, Nr. 2 (Juni 1982), S. 97–106.

Salminen, Renja (Hg.): *Le Miroir de l'ama Pecheresse de Marguerite de Navarra*, Helsinki 1979.

Sanders, Ruth H.: »Ein kleiner Umweg. Das literarische Schaffen der Luise Gottsched«, in: Barbara Becker-Cantarino (Hg.) 1981, S. 170–194.

Sapiro, Virginia: *A Vindication of Political Virtue. The Political Theory of Mary Wollstonecraft*, Chicago 1992.

Schibanoff, Susan: »Medieval Frauenlieder: Anonymous was a Man?«, in: *Tulsa Studies in Women's Literature*, Bd. 1, Nr. 2 (Herbst 1982), S. 189–200.

Schiff, Mario: *La Fille d'Alliance de Montaigne, Marie de Gournay*, Paris 1910.

Schipperges, Heinrich (Hg.): *Hildegard von Bingen. Heilkunde*, Salzburg 1957.

– (Hg.): *Hildegard von Bingen. Mensch und Welt. Das Buch De Operatione Dei*, nach dem Genter Kodex übers., Salzburg 1965.

Schmelzeis, J.: *Das Leben und Wirken der heiligen Hildegardis nach den Quellen dargestellt*, nebst einem Anhang Hildegardischer Lieder mit ihren Melodien, Freiburg 1879.

Schofield, R. S.: »The Measurement of Literacy in Pre-industrial England«, in: Jack Goody (Hg.) 1968, S. 310–325.

– »Dimensions of Illiteracy, 1750–1850«, in: *Explorations in Economic History*, Bd. 10, Nr. 4, 2. Folge (Sommer 1973), S. 437–454.

Scholem, Gershom: *Major Trends in Jewish Mysticism* (1941), New York 1978. (Dt.: *Die jüdische Mystik in ihren Hauptströmungen*, 2. Aufl., Frankfurt am Main 1967.)

Scholz, Bernhard W.: »Hildegard von Bingen on the Nature of Woman«, in: *American Benedictine Review*, Bd. 31 (1980), S. 361–383.

Schrader, Marianne: *Die Herkunft der heiligen Hildegard*, neu bearb. v. Adelis Führkötter, Mainz 1981.

–; Adelis Führkötter: *Die Echtheit des Schrifttums der heiligen Hildegard von Bingen*, Köln 1956.

Schroeder, Karl (Hg.): *Ebner Christine. Der Nonne von Engelthal Büchlein von der Gnaden überlast*, Tübingen 1871.

Schulenburg, Jane Tibbets: »Sexism and the Celestical Gynaceum from 500 to 1200«, in: *Journal of Medieval History*, Bd. 4, Nr. 2 (Juni 1978), S. 117–133.

– »The Heroics of Virginity: Brides of Christ and Sacrificial Mutilation«, in: Mary B. Rose (Hg.) 1986, S. 29–72.

– »Women's Monastic Communities, 500–1000: Patterns of Expansion and Decline«, in: *SIGNS*, Bd. 14, Nr. 2 (Winter 1989), S. 261–292.

Schwager, Sally: »Educating Women in America«, in: *SIGNS*, Bd. 12, Nr. 2 (Winter 1987), S. 333–372.

Schwarz, Sibylla: Ein Gesang wieder (wider) den Neidt, in: Gisela Brinker-Gabler (Hg.) 1978, S. 87–89.

Scott, Anne Firor: *Making the Invisible Woman Visible*, Urbana/Ill. 1984.

– »The Ever-Widening Circle: The Diffusion of Feminist Values from the Troy Female Seminary, 1822–1872, in: Anne Firor Scott 1984, S. 64–88.

– »Almira Lincoln Phelps: The Self-Made Woman in the Nineteenth Century«, in Anne Firor Scott 1984, S. 89–106.

Scott, Joan Wallach: »Women in History: The Modern Period«, in: *Past and Present*, Nr. 101 (November 1983), S. 141–157.

Scott, Mary: *The Female Advocate. A Poem occasioned by Reading Mr. Duncome's Feminead* (1774), Nachdruck Los Angeles 1984.

Scott, Nina M.: »›If you are not pleased to favor me, but put me out of your mind‹: Gender and Authority in Sor Juana Ines de la Cruz«, in: *Women's Studies International Forum*, Bd. 2, Nr. 5 (1988), S. 429–437.

Scudéry, Madeleine de: *Les Femmes illustres*. Paris 1642.

Seidel, Michael: »Poulain de la Barre's The Woman as God as the Man«, in: *Journal of the History of Ideas*, Bd. 35, Nr. 3 (Juli–September 1974), S. 499–508.

Seligman, Edwin R. A. (Hg.): *Encyclopedia of the Social Sciences*, 15 Bde., New York 1930–1935.

Sewall, Richard B. (Hg): *Emila Dickinson. A Collection of Critical Essays*, Englewood Cliffs/N. J. 1963.

– *The Life of Emily Dickinson*, New York 1974, 1980.

Sewell, Elizabeth: *The Human Metaphor*, o. O. (University of Notre Dame Press) 1964.

Seymour, Alice: *The Express. Life and Divine Writings of Joanna Southcott*, 2 Bde., London 1909.

Shahar, Shulamith: *Die Frau im Mittelalter*, Königstein 1981.

Shank, Michael H.: »A Female University Student in Late Medieval Krakow«, in: *SIGNS*, Bd. 12, Nr. 2 (Winter 1987), S. 373–380.

Shapiro, Susan C.: »Feminists in Elizabethan England«, in: *History Today*, Bd. 27 (November 1977), S. 703–711.

Sheehan, Michael M.: »The Influence of Canon Law on the Property Rights of Married Women in England«, in: *Medieval Studies*, Bd. 25 (1963), S. 109–124.

Shepherd, Simon (Hg.): *The Women's Sharp Revenge. Five Women's Pamphlets from Renaissance*, London 1985.

Shirley, John: *The Illustrious History of Women*, o. O. 1686.

Showalter, Elaine: *A Literature of Their Own*, Princeton 1977.

Sicherman, Barbara: »Sense and Sensibility: A Case Study of Women's Reading in Late-Victorian America«, in: Cathy N. Davidson (Hg.): *Reading in America. Literature and Social History*, Baltimore 1989.

–; Carol Hurd Green (Hg.): *Notable American Women. The Modern Period*, Cambridge/Mass. 1980.

Sills, David L. (Hg.): *International Encyclopedia of the Social Sciences*, 19 Bde., New York 1968–1991.

Singer, Isidore (Hg.): *The Jewish Encyclopedia*, 12 Bde., New York 1901.

Sklar, Kathryn Kish: *Catharine Beecher. A Study in American Domesticity*, New Haven 1973.

– »American Female Historians in Context, 1770–1930«, in: *Feminist Studies*, Bd. 3, Nr. 1/2 (Herbst 1975), S. 171–184.

Smith, Bonnie G.: »Seeing Mary Beard«, in: *Feminist Studies*, Bd. 10, Nr. 3 (Herbst 1984), S. 399–416.

– *Changing Lives. Women in European History since 1700*, Lexington/Mass. 1989.

Smith, Hilda: *Reason's Disciples. Seventeenth-Century English Feminists*, Urbana/Ill. .1982.

Smith, Julia: *The Holy Bible containing the Old and New Testaments*, translated literally from the original Tongues, Hartford/Conn. 1876.

Smith, Preserved: *The Social Background of the Reformation*, New York 1962.

Smout, T. C.: »Born Again at Cambuslang: New Evidence on Popular Religion and Literacy in 18th Century Scotland«, in: *Past and Present*, Bd. 55, Nr. 97 (November 1982), S. 114–127.

Solomon, Barbara Miller: *In the Company of Educated Women. A History of Women and Higher Education in America*, New Haven 1985.

Soltow, L.; E. Stevens: *The Rise of Literacy and the Common School in the United States. A Socioeconomic Analysis to 1870*, Chicago 1981.

Sommers, Paula: »The Mirror and its Reflections: Marguerite de Navarre's Biblical Feminism«, in: *Tulsa Studies in Women's Literature*, Bd. 5, Nr. 1 (Frühling 1986).

[Sophia]: *Woman not Inferior*, London 1739.

[–]: *Women's Superior Excellence over Man or a Reply By Sophia. A Person of Quality*, London 1743.

Southern, R. W.: *The Making of the Middle Ages*, New Haven 1953.

Sowernam, Esther: *Ester hath hang'd Haman*, London 1617.

Spacks, Patricia Meyer: *The Female Imagination*, New York 1975.

Speare, Elizabeth George: »Smith, Abby Hadassah and Julia Evelina«, in: Edward T. James; Janet Wilson James; Paul Boyer (Hg.) 1971, Bd. 3, S. 302–304.

Speght, Rachel: *A Moussell for Melastomus, the Cyncial Baiter of, and foule mouthed Barker against Evahs Sex*, London 1617.

– *Mortalities Memorandum with a Dream Prefixed*, London 1621.

Spender, Dale: *Women of Ideas and What Men Have Done to Them. From Aphra Behn to Adrienne Rich*, London 1982.

–; Janet Todd: *British Women Writers. An Anthology from the Fourteenth Century to the Present*, New York 1989.

Spiegel, Harriet: *Marie de France. Fables*, Toronto 1987.

Spiegel, Marcia Cohn; Deborah Lipton Kremsdorf (Hg.): *Women Speak to God. The Prayers and Poems of Jewish Women*, San Diego/Ca. 1987.

Spruill, Julia Cherry: *Women's Life and Work in the Southern Colonies* (1938), New York 1972.

Spufford, Margaret: »First steps in literacy: the reading and writing experiences of the humblest 17th century spiritual autobiographers«, in: *Journal of Social History*, Bd. 4, Nr. 3 (Oktober 1979), S. 407–454.

Stammler, Wolfgang u. a.: *Die deutsche Literatur des Mittelalters. Verfasserlexikon*, 7 Bde., Berlin 1978.

Stanton, Elizabeth Cady: *Letter to Matilda J. Gage*, Nachdruck in: The Liberal Thinker, Syracuse/N. Y. 1890.

– *Eighty Years and More, 1815–1897*, London 1898.

–; Matilda Joselyn Gage (Hg.): *The Women's Bible*, New York 1895.

–; Susan B. Anthony; Matilda Joselyn Gage: *A History of Woman Suffrage*, 6 Bde., New York 1881–1922.

Stenton, Doris Mary: *The English Woman in History*, London 1957, New York 1977.

Stimpson, Catharine R.: *Where the Meanings Are. Feminism and Cultural Spaces*, New York 1988.

– »Ad/d Feminam: Women, Literature and Society«, in: Catharine R. Stimpson 1988, S. 84–96.

Stock, Phyllis H.: *Better Than Rubies. A History of Women's Education*, New York 1978.

Stoeffler, F. Ernest: »Pietism«, in: Mirca Eliade (Hg.) 1987, Bd. 14, S. 324–326.

Stone, Lawrence: »Literacy and Education in England, 1640–1900«, in: *Past and Present*, Bd. 42 (Februar 1969), S. 69–139.

– *The Family, Sex and Marriage in England 1500–1800*, New York 1977.

Stowe, Harriet Beecher: *Woman in Sacred History. A Series of Sketches drawn from Scriptural, Historical and Legendary Sources*, New York 1874.

– u. a.: *Our Famous Women*, Hartford/Conn. 1884.

[–]: *Life and Letters of Harriet Beecher Stowe, Annie A. Fields*, Boston 1897.

Strauch, Philipp (Hg.): *Margaretha Ebner und Heinrich von Nördlingen. Ein Beitrag zur Geschichte der Deutschen Mystik*, Freiburg 1882, Nachdruck Amsterdam 1966.

Strayer, Joseph R. (Hg.): *Dictionary of the Middle Ages*, New York 1982.

– *Western Europe in the Middle Ages. A Short History*, New York 1955.

Stuard, Susan Mosher (Hg.): *Women in Medieval Society*, Philadelphia 1976.

[Stuart, Maria W.]: s. Marilyn Richardson (Hg.): *Maria W. Stuart*.

Sullivan, Helen: »Literacy and Illiteracy«, in: Edwin R. A. Seligman (Hg.), Bd. 9 (1935), S. 511–523

Sumner, Helen L.: *History of Women in Industry in the United States*, Bd. 9 und 10, in: *Report on Condition of Woman and Child Wage-Earners in the United States*, U.S. Senate Document 645, Washington/D. C. 1911.

Susmann, Margarete: *Frauen der Romantik*, Köln 1960 (Jena 1929).

Swetnam, Joseph: *The Araignment of lewd, idle, froward and unconstant women or the vanitie of them, choose you whether*, London 1615.

Tattlewell, Mary; Joan Hit-him-home: »The Women's Sharp Revenge« (1640), in: Katherine U. Henderson; Barbara F. McManus (Hg.) 1985, S. 305–325.

Taylor, Barbara: *Eve and the New Jerusalem. Socialism and Feminism in the Nineteenth Century*, New York 1983.

Tertullian, »Du cultu feminarum« (Über den Putz der Frauen), in: Tertullian: *Sämtliche Schriften*, hg. v. H. Kellner, Kempten 1912. (Hier zit. n.: Schulz-Flügel: *Tertullianus: De virginibus velandis*, Diss. Göttingen, 1977, 307, XXXII.)

Thiebaux, Marcelle (Hg.): *The Writings of Medieval Women*, New York 1987.

Thomas, Keith: »Women and the Civil War Sects«, in: *Past and Present*, Bd. 13 (April 1958), S. 42–62.

Thomasius, Jacobus; Johannes Sauerbrei: »De foeminarum eruditione« (1617/1676), in: Elisabeth Gössmann (Hg.) 1984, S. 99–117.

Thompson, Eleanor Wolf: *Education for Ladies 1830–1860*, New York 1947.

Thompson, Sally: »The Problem of Cistercian Nuns in the Twelfth and Early Thirteenth Centuries«, in: Derek Baker (Hg.) 1978.

Thompson, William: »*Appeal of One-Half the Human Race, Women, against the Pretensions of the other Half, Men, to retain them on political and thence in civil and domestic Slavery: in Reply to a paragraph of Mr. Mill's celebrated ›Article on Government‹*« (1825).

Thorndike, Lynn: *A History of Magic and Experimental Science. During the First Thirteen Centuries of Our Era*, 2 Bde., New York 1929.

Tiffany, Frances: *The Life of Dorothea Lynde Dix* (1918), Detroit 1971.

Todd, Janet M.: *Women's Friendship in Literature*, New York 1980.

Tolnay, Charles de: »Sofonishba Anguissola and her relations with Michelangelo«, in: *Journal of the Walters Art Gallery*, Nr. 4, (1941), S. 115–119.

Travitsky, Betty: »The Lady Doth Protest. Protest in the Popular Writings of Renaissance Englishwomen«, in: *English Literary Renaissance*, Bd. 14 (Herbst 1984), S. 255–283.

Trial Norton v. Viscount Melbourne, for Crim. Con, London 1836.

Trueblood, Alan S.: *A Sor Juana Anthology*, Cambridge/Mass. 1988.

Truth, Sojourner: *Narrative of Sojourner Truth, a Northern Slave*, Boston 1850 – s. Frances D. Gage.

Turoff, Barbara: *Mary Ritter Beard as Force in History*, Dayton/Ohio 1979.

Twellman, Margit (Hg.): *Die deutsche Frauenbewegung im Spiegel repräsentativer Frauenzeitschriften: ihre Anfänge und erste Entwicklung, 1843–1889*, Meisenheim am Glan 1972.

Tyler, Alice Felt: *Freedom's Ferment Phases of American Social History from the Colonial Period to the Outbreak of the Civil War*, New York 1944.

Ulrich, Laurel Thatcher: *Good Wives. Images and Reality in the Lives of Women in Northern New England, 1650–1750*, New York 1983.

Underhill, Evelyn: »Medieval Mysticism«, in: *Cambridge Medieval History*, Bd. 7, Cambridge 1964, S. 777–812.

UNESCO Statistical Yearbook 1986.

U.S. Congress, House Special Subcommittee on Education: *Hearings on Discrimination against Women*, 2 Bde., Washington/D. C. 1970.

Varnhagen von Ense, Karl: *Rahel. Ein Buch des Andenkens für ihre Freunde*, 3 Bde., Berlin 1834, Nachdruck München 1983, Rahel-Bibliothek Bd. 1–3.

[Varnhagen von Ense, Rahel]: *Rahel Varnhagen im Umgang mit ihren Freunden*, hg. v. Friedhelm Kemp, München 1967.

Vicinius, Martha: *Independent Women. Work and Community for Single Women 1850–1920*, Chicago, London 1985.

Wade, Claire Lynch: »Marguerite de Navarre: ›Les Prisons‹«, New York 1989, S. I–XIII.

Wakefield, Gordon S.: *The Westminster Dictionary of Spirituality*, Philadelphia 1983.

Walker, Alice: »In Search of Our Mother's Garden«, in: dies.: *In Search of Our Mother's Garden. Womanist Prose*, San Diego 1983, S. 232–243.

Walker, W. O. jr.: »The ›Theology of Woman's Place‹ and the ›Paulinist‹ Tradition«, in: *Semeia: An Experimental Journal for Biblical Criticism*, Bd. 28 (1983), S. 101–12.

Wallas, Ada: *Before the Bluestockings*, London 1929.

Ward, A. A. und A. R. Waller (Hg.): *Cambridge History of English Literature*, 15 Bde., New York 1907–1933.

Ward, Benedicta: *Miracles and the Medieval Mind. Theory, Record and Event: 1000–1215*, Philadelphia 1982.

Ward, Marilyn I.: »The Feminist Crisis of Sor Juna Ines de la Cruz«, in: *International Journal of Women's Studies*, Bd. 1 (1978), S. 475–481.

Warner, Marina: *Alone of All Her Sex. The Myth and the Cult of the Virgin Mary*, New York 1983.

– *Joan of Arc. The Image of Female Heroism*, New York 1981.

Weinstein, Donald; Rudolph Bell: *Saints and Society. The Two Worlds of Western Christendom 1000–1700*, Chicago 1982.

Weissler, Chava: »The Traditional Piety of Ashkenazic Women«, in: Arthur Green (Hg.): *Jewish Spirituality from the Sixteenth-Century Revival to the Present*, An Encyclopedic History of the religious Quest, Bd. 14, New York 1987, S. 245–275.

– »The Religion of Traditional Ashkenazic Women. Some Methodological Issues«, in: *AJS Review*, Bd. 7, Nr. 1 (Frühling 1987), S. 73–94.

– »Women in Paradise«, in: *Tikkun*, Bd. 2, Nr. 2 (April/Mai 1987), S. 43–46, 117–120.

– »Images of the Matriarchs in Yiddish Supplicatory Prayers«, in: *Bulletin of the Center for the Study of World Religions*, Harvard University, Bd. 14, Nr. 1 (1988), S. 44–51.

– »›For Women and For Men Who Are Like Women‹: The Construction of Gender in Yiddish Devotional Literature«, in: *Journal of Feminist Studies in Religion*, Bd. 5, Nr. 5 (Herbst 1989), S. 7–24.

Wemple, Suzanne Fonay: *Women in Frankish Society. Marriage and the Cloister 500–900*, Philadelphia 1985.

Weld, Theodore Dwight: *American as it is. Testimony of a Thousand Witnesses*, New York 1939.

Wessley, Stephen E.: »The Thirteenth-Century Guglielmites: Salvation through Women«, in: Derek Baker (Hg.) 1978, S. 289–303.

Westerbrook, Arlen G. R.; Perry D. Westerbrook (Hg.): *The Writing Women of New England 1630–1900. An Anthology*, Metuchen/N. J. 1982.

Whitelock, Dorothy: *The Beginnings of English Society*, London 1984.

Whitley, W. T.: »Southcottians«, in: James Hastings (Hg.) 1955–1958, Bd. 11, S. 756.

Wichmann, Christian August: *Geschichte berühmter Frauenzimmer. Nach alphabetischer Ordnung aus alten und neuen in- und ausländischen Geschichtssammlungen und Wörterbüchern zusammengetragen*. 3 Bde., Leipzig 1772–1775.

Widmer, Bertha: *Heilsordnung und Zeitgeschehen in der Mystik Hildegards von Bingen*, Basler Beiträge zur Geschichtswissenschaft, Bd. 52, Basel 1955.

Wigoder, Geoffrey (Hg.): *The New Standard Jewish Encyclopedia*, New York 1977.

Wilkins, David: »Woman as Artist and Patron in the Middle Ages and the Renaissance«, in: Douglas Radcliff-Umstead (Hg.) 1975, S. 107–131.

[Wilkinson, Jemima]: s. Herbert A. Jr. Wisbey.

Willard, Charity Cannon: *Christine de Pizan. Her Life and Works*, New York 1984.

Willard, Emma: *An Address to the Public, Particularly to the Members of the Legislature of New York, Proposing a Plan for Improving Female Education*, Middlebury 1819.

Willard, Frances: *Glimpses of Fifty Years. The Autobiography of an American Woman*, Chicago 1889.

–; Mary A. Livermore (Hg.): *A Woman of the Century. Fourteen-hundred-seventy Biographical Sketches accompanied by Portraits of Leading American Women in all Walks of Life*, Chicago 1893.

Williams, Jane: *The Literary Women of England*, London 1861.

Wilson, Harriet E.: *Our Nig or Sketches from the Life of a Free Black*, (1859), New York 1983.

Wilson, Katharina M. (Hg.): *Medieval Women Writers*, Athens/Ga. 1984.

– »The Old Hungarian Translation of Hrotsvit's Dulcitius: History and Analysis«, in: *Tulsa Studies in Women's Literature*, Bd. 1, Nr. 2 (Herbst 1982), S. 177–187.

– »Figmenta vs. Veritas: Dame Alice and the Medieval Literary Depiction of Women by Women«, in: *Tulsa Studies in Women's Literature*, Bd. 4, Nr. 1 (Frühling 1985), S. 17–32.

Wisbey, Herbert A. Jr. (Hg.): *Pioneer Prophetess. Jemima Wilkinson, The Public Universal Friend*, Ithaca/N. Y. 1964.

– »Jemima Wilkinson«, in: Edward T. James u. a. (Hg.) 1971, Bd. 3, S. 609f.

Withey, Lynne E.: »Catharine Macaulay and the Uses of History: Ancient Rights, Perfectionism, and Propaganda«, in: *Journal of British Studies*, Bd. 16, Nr. 1 (Herbst 1976), S. 59–83.

Wolff, Canthia Griffin: *Emily Dickinson*, New York 1987.

Wolley, Hannah: *The Accomplished Lady's Delight*, o. O. 1677.

Wollstonecraft, Mary: »*Mary*«, A Fiction (1788), New York 1977.

– *A Vindication of the Rights of Woman with Strictures on Political and Moral Subjects*, London 1792, New York 1974. (Dt.: *Verteidigung der Rechte der Frauen*, Dresden, Leipzig 1899, Neuauflage Zürich, hg. v. Berta Rahm, 2 Bde., Bd. 1: 1975 u. 1978, Bd. 2: 1976.

Women's National Liberal Union Convention, 24.–25. Februar 1890: Programm.

Wood, Charles T.: »The Doctor's Dilemma: Sin, Salvation and the Menstrual Cycle in Medieval Thought«, in: *Speculum*, Bd. 56, Nr. 4 (Oktober 1981), S. 710–727.

Wood, Mary I.: *History of the General Federation of Women's Clubs*. New York 1912.

Woodward, William Harrison: *Studies in Education during the Age of the Renaissance 1400–1600*, Cambridge/Mass. 1924.

– *Vittorino da Feltre and Other Humanist Educators*, New York 1963.

Woody, Thomas: *History of Women's Education in the United States* (1929), 2 Bde., New York 1966.

Wooley, C. Leonard: *The Sumerians*, New York 1965.

Woolf, Virginia: *Three Guineas*, London 1938 (Dt.: *Drei Guineen*, München 1978.)

– *A Room of One's Own*, New York 1929. (Dt.: *Ein Zimmer für sich allein*, Frankfurt am Main 1981.)

– *Women and Writing*, hg. v. Michelle Barrett, New York 1979.

Wright, Frances [d'Arusmont]: *Course of Popular Lectures with 3 Addresses*, London 1834.

– Biography, Notes and Political Letters of Frances Wright d'Arusmont, New York 1844

– Views of Society and Manners in America... By an Englishwoman, New York 1821.

Wrigley, E. A.: *Population and History*, New York 1973.

Yellin, Jean Fagan; John C. Van Horne (Hg.): *An Untrodden Path. Antislavery and Women's Political Culture*, Ithaca/N. Y. 1992.

von Ziegler, Christiana Mariana: »Die Dichterin und die Musen«, in: Gisela Brinker-Gabler (Hg.), Frankfurt am Main 1978, S. 119.

Weiterführende Literaturhinweise

Für die deutsche Ausgabe wurde die Bibliographie der englischen Ausgabe in eine alphabetische Reihenfolge gebracht. In der englischen Ausgabe ist diese unterteilt nach allgemeiner Literatur, Quellen, Primär- und Sekundärliteratur, Büchern, Aufsätzen sowie nach zeitlichen Epochen. Um den Leserinnen und Lesern der deutschen Ausgabe bei Interesse eine weiterführende Lektüre zu erleichtern, hat der Verlag in Einverständnis mit der Autorin einige wichtige, in deutscher Sprache erhältliche Titel zu den behandelten Frauen und Themen zusammengestellt.

I. Ausgewählte Literatur zu Frauen und Frauengeschichte

Anderson, Bonnie S.; Judith P. Zinsser: *Eine eigene Geschichte. Frauen in Europa*, Zürich 1992.

Beauvoir, Simone: *Das andere Geschlecht*, Reinbek 1951, 1970.

Becker-Cantarino, Barbara (Hg.): *Die Frau von der Reformation zur Romantik. Die Situation der Frau vor dem Hintergrund der Literatur- und Sozialgeschichte*, Bonn 1981.

Davis, Natalie Zemon: *Humanismus, Narrenherrschaft und die Riten der Gewalt. Gesellschaft und Kultur im frühneuzeitlichen Frankreich*, Frankfurt am Main 1987.

–: *Frauen und Gesellschaft am Beginn der Neuzeit. Studien über Familie, Religion und Wandlungsfähigkeit des sozialen Körpers*, Frankfurt am Main 1989.

Duby, Georges; Perrot, Michelle (Hg.): *Geschichte der Frauen*. Bd. 1: *Antike*, hg. von Pauline Schmitt Pantel; Bd. 2: *Mittelalter*, hg. von Christiane Klapisch-Zuber; beide Frankfurt am Main/New York 1993 (Bd. 3: *Frühe Neuzeit*; Bd. 4: *19. Jahrhundert*; Bd. 5: *20. Jahrhundert* in Vorbereitung).

Ennen, Edith: *Frauen im Mittelalter*, München 1986.

Faderman, Lillian: *Köstlicher als die Liebe der Männer: Romantische Freundschaft und Liebe zwischen Frauen von der Renaissance bis heute*, Zürich 1990.

Gerhard, Ute: *Verhältnisse und Verhinderungen. Frauenarbeit, Familie und Rechte der Frauen im 19. Jahrhundert*, Frankfurt am Main 1978.

–: *Unerhört! Die Geschichte der deutschen Frauenbewegung*, unter Mitarbeit von Ulla Wischermann, Reinbek 1990.

Gössmann, Elisabeth: *Das Wohlgelahrte Frauenzimmer*, Archiv für philosophie- und theologiegeschichtliche Frauenforschung, Bd. 1, München 1984.

Hausen, Karin (Hg.): *Frauen suchen ihre Geschichte: Historische Studien zum 19. und 20. Jahrhundert*, München 1983.

–, Heide Wunder (Hg.): *Frauengeschichte – Geschlechtergeschichte*, Frankfurt am Main/New York 1992.

Hertz, Deborah: *Die jüdischen Salons im alten Berlin*, Frankfurt am Main 1991.

Heyden-Rynsch, Verena von der: *Europäische Salons. Höhepunkte einer vergessenen weiblichen Kultur*, München 1992.

Honegger, Claudia: *Die Ordnung der Geschlechter. Die Wissenschaft vom Menschen und das Weib*, Frankfurt am Main/New York 1991.

Jäckel, Günter (Hg.): *Das Volk braucht Licht. Frauen zur Zeit des Aufbruchs, 1790–1848, in ihren Briefen*, Darmstadt 1970.

King, Margret: *Frauen in der Renaissance*, München 1993.

Laqueur, Thomas: *Auf den Leib geschrieben. Die Inszenierung der Geschlechter von der Antike bis Freud*, Frankfurt am Main/New York 1992.

Lerner, Gerda: *The Majority Finds its Past. Placing Women in History*, New York 1979 (deutsche Übersetzung in Vorbereitung).

–: *Die Entstehung des Patriarchats*, Frankfurt am Main/New York 1991.

Mohr, Wilma: *Frauen in der Wissenschaft*, Freiburg 1987.

Muraro, Luisa: *Vilemina und Mayfreda. Die Geschichte einer feministischen Häresie*, Freiburg 1987.

Opitz, Claudia: *Frauenalltag im Mittelalter. Biographien des 13. und 14. Jahrhunderts*, Weinheim 1985.

Perrot, Michelle (Hg.): *Geschlecht und Geschichte. Ist eine weibliche Geschichtsschreibung möglich?*, Frankfurt am Main 1989.

Rowbotham, Sheila: *Im Dunkel der Geschichte. Frauenbewegung in England vom 17. bis 20. Jahrhundert*, Frankfurt am Main/New York 1980.

Schirmer, Eva: *Mystik und Minne. Frauen im Mittelalter*, Berlin (2. veränderte Aufl.) 1991.

Schissler, Hanna (Hg.): *Geschlechterverhältnisse im historischen Wandel*, Frankfurt am Main/New York 1993.

Shahar, Shulamith: *Die Frau im Mittelalter*, Königstein 1983.

Susmann, Margarete: *Frauen der Romantik*, Köln 1960 (Jena 1929).

Wichmann, Christian August: *Geschichte berühmter Frauenzimmer. Nach alphabetischer Ordnung aus alten und neuen in- und ausländischen Geschichtssammlungen und Wörterbüchern zusammengetragen*, 3 Bde., Leipzig 1772–1775.

Wilhelmy, Petra: *Die Berliner Salons im 19. Jahrhundert*, Berlin 1989.

Wunder, Heide: *»Er ist die Sonn', sie ist der Mond«. Frauen in der frühen Neuzeit*, München 1992.

II. Ausgewählte Literatur über schreibende Frauen

Becker-Cantarino, Barbara: *Der lange Weg zur Mündigkeit. Frauen und Literatur in Deutschland von 1500 bis 1800*, München 1989.

Brinker-Gabler, Gisela (Hg.): *Deutsche Dichterinnen vom 16. Jahrhundert bis zur Gegenwart. Geschichte und Lebensläufe*, Frankfurt am Main 1978.

– (Hg.): *Deutsche Literatur von Frauen*, Band 1: *Vom Mittelalter bis zum Ende des 18. Jahrhunderts*, München 1988.

Friedrichs, Elisabeth: *Die deutschsprachigen Schriftstellerinnen des 18. und 19. Jahrhunderts: Ein Lexikon. Repertorien zur deutschen Literaturgeschichte*, Stuttgart 1981.

Gnüg, Hiltrud, Renate Möhrmann (Hg.): *Frauen Literatur Geschichte. Schreibende Frauen vom Mittelalter bis zur Gegenwart*, Stuttgart 1985.

Möhrmann, Renate: *Die andere Frau. Emanzipationsansätze deutscher Schriftstellerinnen im Vorfeld der Achtundvierziger Revolution*, Stuttgart 1977.

III. Schreibende Frauen – ausgewählte Beispiele

BETTINE VON ARNIM (BRENTANO)

Arnim, Bettine von: *Werke und Briefe*, hg. von Gustav Konrad, 5 Bde., Frechen/Köln 1959–1961.

Dischner, Gisela (Hg.): *Bettina von Arnim. Eine weibliche Sozialbiographie aus dem 19. Jahrhundert*, Berlin 1977.

Drewitz, Ingeborg: *Bettine von Arnim. Eine Biographie*, Hildesheim 1992.

Jane Austen

Austen, Jane: *Die Abtei von Northhanger*, Frankfurt am Main 1992.
–: *Emma*, Zürich 1991.
–: *Gefühl und Verstand*, Zürich 1991.
–: *Mansfield Park*, Zürich 1990.
–: *Stolz und Vorurteil*, Frankfurt am Main 1990.

Christian Grawe: *Jane Austen*, mit einer Auswahl von Briefen, Dokumenten und nachgelassenen Werken, Stuttgart 1989.

Sor Juana Ines de la Cruz

Paz, Octavio: *Sor Juana Inés de la Cruz oder Die Fallstricke des Glaubens*, Frankfurt am Main 1991.

Emily Dickinson

Dickinson, Emily: *Gedichte*. Englisch/Deutsch. Ausgewählt und übertragen von Gertrud Liepe, mit einem Nachwort von Klaus Lubbers, Stuttgart 1970.
–: *Guten Morgen, Mitternacht. Gedichte und Briefe*, ausgewählt und übertragen von Lola Gruenthal, Berlin 1992 (2. Aufl.).

Hagenbüchle, Roland: *Emily Dickinson. Wagnis der Selbstbegegnung*, Tubingen 1988.

Margaretha Christina Ebner

Ebner, Margaretha Christina: *Die Offenbarungen der Margaretha Ebner und der Adelheid Langmann*, Weimar 1939.
–: *Der Nonne von Engelthal Büchlein von der Gnaden Überlast*, hg. von Karl Schröder, Tübingen 1871.

Lochner, Georg Wolfgang Karl (Hg.): *Leben und Gesichte der Christina Ebnerin, Klosterfrau zu Engelthal*, Nürnberg 1872.

Strauch, Phillip (Hg.): *Margaretha Ebner und Heinrich von Nördlingen. Ein Beitrag zur Geschichte der Deutschen Mystik*, Freiburg 1882, Nachdruck Amsterdam 1966.

Karoline von Günderode

Günderode, Karoline von: *Der Schatten eines Traumes. Gedichte, Prosa, Briefe, Zeugnisse von Zeitgenossen*, hg. und mit einem einleitenden Essay von Christa Wolf, Darmstadt/Neuwied 1981.

Dischner, Gisela (Hg.): *Caroline und der Jenaer Kreis: Ein Leben zwischen bürgerlicher Vereinzelung und romantischer Geselligkeit*, Berlin 1979.

Wolf, Christa: *Kein Ort. Nirgends*, Darmstadt/Neuwied 1985 (10. Aufl.).

HADEWIJCH

Hadewijch: *Die Werke der Hadewijch*, hg. und übersetzt von Josef O. Plassmann, Hannover 1923.

HILDEGARD VON BINGEN

Hildegard von Bingen: *Wisse die Wege*, Salzburg 1954.
–: *Heilkunde*, hg. von Heinrich Schipperges, Salzburg 1957.
–: *Naturkunde. Das Buch von dem inneren Wesen der verschiedenen Naturen in der Schöpfung*, Salzburg 1959.
–: *Briefwechsel*, Salzburg 1965.
–: *Das Buch de Operationae Dei*, »Welt und Mensch«, aus dem Genfer Kodex übersetzt und hg. von Heinrich Schipperges, Salzburg 1965.
–: *Das Buch von den Steinen*, Salzburg 1979.

Führkötter, Adelgundis: *Das Leben der Heiligen Hildegard von Bingen*, Düsseldorf 1968.
–: *Hildegard von Bingen*, Salzburg 1972.

Schrader, Marianne: *Die Herkunft der heiligen Hildegard*, neu bearbeitet von Adelgundis Führkötter, Mainz 1981.
–, Adelgundis Führkötter: *Die Echtheit des Schrifttums der heiligen Hildegard von Bingen*, Köln 1956.

ANNA OVENA HOYERS

Hoyers, Anna Ovena: *Geistliche und Weltliche Poemata* (1650), hg. von Barbara Becker-Cantarino, Tübingen 1986.

ANNA LOUISE KARSCH

Karsch, Anna Louise: *Auserlesene Gedichte* (1764), Stuttgart 1966.
–: *Gedichte und Briefe*, hg. von Günter de Bruyn und Gerhard Wolf, Märkischer Dichtergarten, Berlin 1981.

Hausmann, Elisabeth: *Die Karschin. Friedrichs des Großen Volksdichterin. Ein Leben in Briefen*, Frankfurt am Main 1933.

MARGERY KEMPE

Collis, Louise: *Leben und Pilgerfahrten der Margery Kempe: Erinnerungen einer exzentrischen Lady*, Berlin 1986.

LOUISE LABÉ

Labé, Louise: *Die vierundzwanzig Sonette der Louise Labé. Lyoneserin 1555*, Stuttgart 1979.
–: *Sonette und Elegien*, französisch-deutsche Ausgabe, Tübingen 1981.

Schulze-Witzenrath, Elisabeth: *Die Originalität der Louise Labé*, München 1974.

MARIE DE FRANCE

Marie de France: *Novellen und Fabeln*, Zürich 1977.
–: *Poetische Erzählungen nach altbretonischen Liebes-Sagen*, Essen 1986.

Zahn, Ulrike: *Liebeskonzeption und Erzählverfahren in den Lais der Marie de France*, Bochum 1987 (Diss. Universität Bochum).

Margarete von Navarra

Margarete von Navarra: *Die Liebesgedichte*, zweisprachige Ausgabe Französisch-Deutsch, Berlin 1974.
–: *Das Heptameron*, München 1979.

Mechthild von Magdeburg

Mechthild von Magdeburg: *Offenbarungen oder das fließende Licht der Gottheit*, hg. von Gall Morell, Freiburg 1980.

Oehl, Wilhelm: *Mechthild von Magdeburg. Das fließende Licht der Gottheit*, Deutsche Mystiker, Bd. 2, Kempten/München 1922.

Sophie Mereau (Brentano)

(Mereau, Sophie): *Briefwechsel zwischen Clemens Brentano und Sophie Mereau*, hg. von Heinz Amelung, Leipzig 1908.

Gersdorff, Dagmar: *Dich zu lieben kann ich nicht verlernen. Das Leben der Sophie Brentano-Mereau*, Frankfurt am Main 1990.

Louise Otto

Otto, Louise: *Merkwürdige und geheimnisvolle Frauen*, Leipzig 1868.
–: *Einflußreiche Frauen aus dem Volke*, Leipzig 1869.

Christine de Pizan

Pizan, Christine de: *Das Buch von der Stadt der Frauen*, Berlin 1986.

Roswitha (Hrosvitha) von Gandersheim

Roswitha (Hrosvitha) von Gandersheim: *Hrosvithae Opera*, Werke in deutscher Übertragung, übersetzt und hg. von Helene Homeyer, München/Paderborn/Wien 1970.

Rahel Levin Varnhagen von Ense

(Varnhagen von Ense, Rahel)/Varnhagen von Ense, Karl: *Rahel. Ein Buch zum Andenken für ihre Freunde*, 3 Bde., Berlin 1834, Nachdruck München 1983.
–: *Rahel Varnhagen im Umgang mit ihren Freunden*, hg. v. Friedhelm Kemp, München 1967.

Arendt, Hannah: *Rahel Varnhagen. Lebensgeschichte einer deutschen Jüdin aus der Romantik*, Frankfurt 1975.
Hahn, Barbara: »*Antworten Sie mir*«. *Rahel Levin Varnhagens Briefwechsel*, Basel/Frankfurt am Main 1990.
Thomann Tewarson, Heidi: *Rahel Levin Varnhagen*, mit Selbstzeugnissen und Bilddokumenten, Reinbek 1992.

ALICE WALKER

Walker, Alice: *Auf der Suche nach den Gärten unserer Mütter. Beim Schreiben der Farbe Lila. Essays*, München 1989.
–: *Good Morning, Revolution. Schreiben und sozialer Protest. Essays*, München 1988.
–: *Die Farbe Lila*, Reinbek 1992.
–: *Freu dich nicht zu früh. 14 radikale Geschichten*, München 1990.

MARY WOLLSTONECRAFT

Wollstonecraft, Mary: *Verteidigung der Rechte der Frauen*, Dresden/Leipzig 1899, Neuauflage Zürich, hg. v. Berta Rahm, Bd. 1, 1975 und 1978; Band 2, 1976.

VIRGINIA WOOLF

Woolf, Virginia: *Drei Guineen*, München 1978.
–: *Ein Zimmer für sich allein*, Frankfurt am Main 1981.
–: *Augenblicke. Skizzierte Erinnerungen*, Frankfurt am Main 1986.

Register

»Eine ausgezeichnete Einführung in die Frauengeschichte«

Elisabeth Fox-Genovese

Gerda Lerner
Frauen finden ihre Vergangenheit
Grundlagen der Frauengeschichte
Aus dem Englischen von Walmot Möller-Falkenberg
237 Seiten
DM 39,80/öS 291/sFr 38,80
ISBN 3-593-35242-7

Die bekannte Historikerin Gerda Lerner zeichnet in den hier versammelten Aufsätzen die Entstehung und Entwicklung der Frauengeschichte als Wissenschaft nach.
Warum haben Frauen ein besonderes Verhältnis zur Geschichte? Was bedeutet es, wenn unsere herkömmlichen Vorstellungen von Geschichte als universell gültige sich als falsch oder unhaltbar erweisen? Haben Frauen und Männer tatsächlich eine gesonderte Geschichte?

»Gerda Lerner insistiert auf der hierarchischen Struktur und plädiert für Analysen, die die klassischen Muster von unten und oben aufsprengen. Damit entwirft sie gleichzeitig ein politisches Programm, das die Frauen auffordert, den naiven Glauben an die große Einheit aller Schwestern aufzugeben. Es geht also auch um den Verlust dieser Unschuld. Und darum, neue Allianzen zu suchen.« *Tagesanzeiger*

Campus Verlag
Frankfurt/New York

Vielfalt lesen

Anthologien und Sammelbände zu einem
breiten Themenspektrum

Frauen-Geschichte(n)
Ein historisches Lesebuch
Herausgegeben von
Brigitte Hellmann
dtv 30627
Eine anregende Spurensu-
che in der Geschichte der
Frauen vom Altertum bis
in die Neuzeit.

Fliegen und Schweben
Annäherung an eine
menschliche Sensation
Herausgegeben von
Dieter R. Bauer und
Wolfgang Behringer
dtv 4693
Die Beiträge dieses
Buches beleuchten unter-
schiedliche Aspekte rund
um das Fliegen und veran-
schaulichen die große
Faszination dieses alten
Menschheitstraums.

Erlebte Antike
Ein Lesebuch
Herausgegeben von
Beatrice Heiber
dtv 4706
Namhafte Autoren lassen
diese grandiose und viel-
gestaltige Epoche lebendig
werden.

Lebendiges Mittelalter
Ein Lesebuch
Herausgegeben von
Brigitte Hellmann
dtv 4669
Eine Auswahl aus dem
breiten Feld der For-
schung, die dazu einlädt,
die Vielfalt des Mittelalters in Politik, Alltag,
Kultur und Religion zu
erkunden. Zu Wort kom-
men Umberto Eco, Joa-
chim Bumke, Régine Per-
noud, Ferdinand Seibt,
Jean Favier, Arno Borst
und viele andere.

Was ist Natur?
Klassische Texte zur
Naturphiliosophie
Herausgegeben von
Gregor Schiemann
dtv 4697
Ein Streifzug durch die
Geschichte der Naturphi-
losophie von der Antike
bis heute. Die ältesten
Fragen des abendländi-
schen Denkens, die um
das Verhältnis des Men-
schen zur Natur kreisen,
erhalten vor dem Hinter-
grund der ökologischen
Krise neue Brisanz.

Frauen, die Geschichte machten

dtv

Frauenleben

Oskar Maria Graf
**Das Leben meiner
Mutter**
dtv 10044

Angelika Schrobsdorff
**„Du bist nicht so wie
andre Mütter"**
Die Geschichte einer
leidenschaftlichen Frau
dtv 11916

Ruth Klüger
weiter leben
Eine Jugend
dtv 12261 und
dtv großdruck 25106

Anna Wimschneider
Herbstmilch
Lebenserinnerungen einer
Bäuerin
dtv großdruck 25059

Christian Graf von
Krockow
Die Stunde der Frauen
Bericht aus Pommern
1944 bis 1947
dtv 30014

Marion Yorck von
Wartenburg
Die Stärke der Stille
Erzählung eines Lebens
aus dem deutschen
Widerstand · dtv 30090

Inge Deutschkron
**Mein Leben nach dem
Überleben**
dtv 30460

Verena Kast
Die beste Freundin
Was Frauen aneinander
haben · dtv 35091

dtv

Lebendiges Mittelalter

dtv

Régine Pernoud im dtv

Régine Pernoud, die große alte Dame der französischen Mediävistik, hat viel dazu beigetragen, ein helles Bild des »dunklen« Mittelalters zu zeichnen.

Königin der Troubadoure

Eleonore von Aquitanien
dtv 30042
Eine lebendige Darstellung aus dem Frankreich des Mittelalters: Leben und Zeit der schönen und klugen Königin von Frankreich.

Herrscherin in bewegter Zeit

Blanca von Kastilien, Königin von Frankreich
dtv 30359
Königin Blanche, die Enkelin der Eleonore von Aquitanien, lenkte die Geschicke ihres Landes mit sicherer Hand durch die Turbulenzen der ersten Hälfte des 13. Jahrhunderts.

Heloise und Abaelard

Ein Frauenschicksal im Mittelalter
dtv 30394
Die Liebes- und Lebensgeschichte des mittelalterlichen Philosophen, der Entscheidendes der Frau in seinem Schatten verdankte.

Die Heiligen im Mittelalter

Frauen und Männer, die ein Jahrtausend prägten
dtv 30441
Leben, Wirken und Leiden jener Frauen und Männer im Mittelalter, die als Heilige bis heute verehrt werden.

Der Abenteurer auf dem Thron

Richard Löwenherz, König von England
dtv 30538
Er war klug, verwegen und das Ideal eines Ritters: Richard I., König von England. Régine Pernouds spannende und farbige Biographie macht mit diesem königlichen Abenteurer bekannt.

Christine de Pizan

Das Leben einer außergewöhnlichen Frau und Schriftstellerin im Mittelalter · dtv 30631
Régine Pernoud erzählt das Leben der französischen Schriftstellerin, die als erste Feministin in die Geschichte eingegangen ist.

Aktuelle Themen im dtv

dtv